易林补遗

[明] 张世宝　撰
闵兆才　编校

華齡出版社

责任编辑：薛　治
责任印制：李未圻

图书在版编目（CIP）数据

易林补遗 /（明）张世宝撰 ；闵兆才编校. -- 北京：华龄出版社，2017. 4

ISBN 978-7-5169-0962-1

Ⅰ. ①易…　Ⅱ. ①张… ②闵…　Ⅲ. ①占卜—中国—古代　Ⅳ. ①B992. 2

中国版本图书馆 CIP 数据核字（2017）第 069399 号

书　　名：易林补遗
作　　者：［明］张世宝　撰　闵兆才　编校
出版发行：华龄出版社
印　　刷：北京龙跃印务有限公司
版　　次：2017 年 6 月第 1 版　　2017 年 6 月第 1 次印刷
开　　本：710mm×1000mm　1/16　　印　　张：43
字　　数：640 千字
定　　价：68. 00 元

地　　址：北京市朝阳区东大桥斜街 4 号　　邮　　编：100020
电　　话：（010）58124218　　传　　真：58124204
网　　址：http://www.hualingpress.com

易林补遗题辞[1]

夫昜，广矣！大矣！精焉！惟焉！于物无所不包，于道无所不贯。先天后天，六虚[2]循环而叵测[3]；近取远取，万化[4]倚伏[5]而周流。画前易在，系后辞繁。四圣人[6]阐其奥，而令蓄无涯；诸先生溯其蕴，而研穷[7]未尽。卜筮民用以前，龟策[8]神物是寓。

校者注　① 题辞：文体名。标明全书要旨，并对作品表示赞许，进行评价或叙述读后感想。性质与序、跋相似，大都用韵文体裁，通常放在卷首。东汉·赵岐有《孟子题辞》。

② 六虚：《易经》六十四卦每卦六爻的位置。爻分阴阳，每卦之爻变动无定，故爻位称虚。《易经·系辞下》："《易》之为书也不可远，为道也屡迁，变动不居，周流六虚。"韩康伯注："六虚，六位也。"孔颖达疏："言阴阳遍流动在六位之虚。六位言虚者，位本无体，因爻始见，故称虚也。"

③ 叵测（pǒ cè）：不可预料；不可推测。

④ 万化：指万事万物；大自然；各种变化。《汉书·京房传》："房对曰：'古帝王以功举贤，则万化成，瑞应著。'"颜师古注："万化，万机之事，施教化者也。一曰万物之类也。"

⑤ 倚伏：祸与福互相依存，互相转化。《老子》："祸兮福之所倚，福兮祸之所伏。"晋·葛洪《抱朴子·任命》："祸福交错乎倚伏之间，兴亡缠绵乎盈虚之会。"

⑥ 四圣人：指伏羲、文王、周公、孔子。

⑦ 研穷：深入钻研；详细追查审问。

⑧ 龟策：指龟甲和蓍草，古人用之来占卜吉凶。策：卜筮用的蓍草。《礼记·曲礼上》曰："龟为卜，策为筮。"说明古时卜用龟甲，筮用蓍草。

左丘明[①]占象占爻，事多吻合；焦子贡[②]演文演卦，验最神奇。帘下陈词，君平[③]率能巧中；军中布武，孔明辙炳几先[④]。至于卦影[⑤]，捷

校者注　①　左丘明：即丘明（姓姜，氏丘，名明），生于公元前502年，卒于公元前422年，享年80岁。春秋末年鲁国都君庄（今山东省肥城市石横镇东衡鱼村）人。丘穆公吕印的后代。本名丘明，因其先祖曾任楚国的左史官，故在姓前添“左”字，故称左史官丘明先生，前世称“左丘明”，后为鲁国太史。左氏世为鲁国太史，至丘明则约与孔子（前551年–前479年）同时，而年辈稍晚。他是当时著名史学家、学者、思想家，著有《春秋左氏传》、《国语》等。他品行高洁，为孔子推崇，称“左丘明耻之，丘亦耻之”，即与其同好恶。汉司马迁亦称其为“鲁君子”，且以“左丘失明，厥有《国语》”为己著述《史记》的先型典范。

②　焦子赣：即焦赣（gòng），或作“焦贡”，字延寿。生卒年不详。西汉中后期梁国睢阳（今河南商丘）人，汉代著名哲学家。汉昭帝时，焦延寿出来作官，政绩很好。后来又专心读书，尤其下工夫研究《易经》，一边讲授，一边著书，著有《焦氏易林》。代表徒弟有京房。焦延寿出身贫民之家，但自幼发愤苦读，涉猎广泛，独钟于《易》学，并在《易》学方面有所成就，得到地方人的称颂。《汉书·儒林传》：“京房受《易》梁睢阳人焦延寿，延寿云尝从孟喜问《易》。”焦延寿于《周易》自称学于孟喜，其学生京房也认为“延寿易即孟氏学”。而孟喜正传弟子“瞿牧、白生不肯，皆曰非也”。其实，“焦延寿独得隐士之说，托之孟氏，不相与同”，“其说长于灾变，分六十四卦，更直用事，以风雨寒温为候，各有占验。”这些思想后来被其弟子汉代著名易学大师京房继承和发展。

③　君平：即严君平（公元前86年–公元10年），又称庄君平，西汉晚期道家学者，思想家。名遵，字君平（东汉班固著《汉书》，因避汉明帝刘庄讳，改写为严君平），蜀郡成都市人。好黄老，汉成帝（前32–前7年在位）时隐居成都市井中，以卜筮为业。归隐后著述、设馆授徒于四川成都市西北郫（pí）县平乐山，宣讲《老子》、《庄子》，并在此山上准确预测了“王莽篡权”和“光武中兴”两个重要的历史事件，培养出了得意弟子扬雄。严君平每天给别人看相，只收够一百个铜钱能维持生活，就收起摊子，回家闭门读书。由于他不慕仕宦，节操清奇，当时声名远播，很受敬重。著有《老子注》二卷、《老子指归》十四卷（注与指归本为一书被后人拆分）和《易经骨髓》，使老子的道家学说更加系统条理化，得以发扬光大。他又是个长寿者，活了九十多岁。扬雄称赞严君平说：“不作苟见，不治苟得，久幽而不改其操，虽随和，无以加之。”

④　几先：禅林用语，亦作“机前”。指事机之先兆；事机萌动未发之时。

⑤　卦影 ：古代术士于卜卦时为隐寓卦意以备应验所绘制的图形（或辅以文辞）。亦借指此种卜术。

同桴鼓[①]，杪忽[②]靡差[③]。迨夫梅花数例[④]，灵棋[⑤]纤毫[⑥]莫舛[⑦]。盖阴阳司吉凶之橐龠[⑧]，而动静转生克之枢机[⑨]。一经推测，成败昭然；少露端倪[⑩]，鬼神卓尔[⑪]。造命何能夺命，命不可兆；代天安得逆天，天果

校者注 ① 桴鼓（fú gǔ）：鼓槌与鼓，比喻相应迅速。语出宋・罗泌《路史・后纪三・炎帝》："教化兴行，应如桴鼓。"

② 杪忽（miǎo hū）：极小的量度单位。多形容甚少，甚微。亦作"杪曶"。[曶（hū）：古通"忽"。] 语出《后汉书・律历志中》："夫数出于杪曶，以成毫氂，毫氂积累，以成分寸。"

③ 靡差：没有误差。靡：无；没有。

④ 梅花数例：即《梅花易数》，《梅花易数》是中国古代占卜法之一。现在的八卦象数、梅花心易都是梅花易数的别称。相传为宋代易学大师邵雍所著，是一部以易学中的数学为基础，结合易学中的"象学"进行占卜的书，相传邵雍运用时每卦必中，屡试不爽。梅花易数依先天八卦数理，即乾一，兑二，离三，震四，巽五，坎六，艮七，坤八，随时随地皆可起卦，取卦方式多种多样。梅花易数可以产生声音、方位、时间、动静、地理、天时、人物、颜色、动植物等自然界或人类社会中的一切感知的事物异相，作为预测其发展趋势的方法，从而可洞悉其先机，达到知己知彼百战百胜的效果。

⑤ 灵棋：即《灵棋经》，《灵棋经》是中国唯一一部完整、系统地记述古代杂卜的著作，它对后代术数中影响最大的签书的产生和发展开辟了路径。《灵棋经》共分二卷，一百二十五卦，传说是黄石公传授给张良，后来东方朔掌握了其术，才流传于世。《灵棋经》以棋为卜具，卜棋成卦，卦有繇辞。它标志着中国卜筮发展到了一个新阶段。在此之前，中国卜筮所用的工具全部是带有灵气的自然物，如龟甲、蓍草、竹枝等，而灵棋则是人类自造的灵物。

⑥ 纤毫：极其细微。《三国志・魏志・武帝纪》："君秉国之钧，正色处中，纤毫之恶，靡不抑退。"

⑦ 莫舛（chuǎn）：没有错误。舛：错误，错乱。

⑧ 橐龠（tuó yuè）：原指风箱。现喻指本源；亦喻指造化，大自然。

⑨ 枢机：比喻事物的关键。亦指中央政权的机要部门或职位。《国语・周语下》："夫耳目，心之枢机也。"《文心雕龙・神思》："神居胸臆，而志气统其关健；物沿耳目，而辞令管其枢机。"

⑩ 端倪（duān ní）：事情的头绪，迹象。本意为推测事物的始末。《庄子・大宗师》："反覆终始，不知端倪。"

⑪ 卓尔：高高直立的样子。多形容超越寻常，与众不同。

有定。六壬篇秩浩繁，畴知[①]检校[②]？五行休咎[③]变幻，谁解参详[④]？

世宝张生者，苕水[⑤]星家[⑥]，吴门[⑦]术士，在幼丧明，从孩学易。盲于目而不盲于心，心源澄澈[⑧]；暗于外而不暗于内，内视晶莹。从明师

校者注 ① 畴知：谁知。畴：古同“谁”。《尔雅·释诂》：“畴，谁也。”

② 检校（jiǎn jiào）：审查核对；核实。古代官名。

③ 休咎：吉与凶；善与恶。清·潘荣陛《帝京岁时纪胜·岁暮杂务》：“出门听人言之吉凶，卜来年之休咎，名曰听谶语。”

④ 参详：参酌详审。唐·陈子昂《为陈舍人让官表》：“预参详于诏狱，叨奖渥于宸阶。”

⑤ 苕（tiáo）水：水名。在今浙江省境内。陕西省境内也有“苕水”，此处指前者。

⑥ 星家：即星相家。《新唐书·李德裕传》：“时天下已平，（李德裕）数上疏乞骸骨，而星家言荧惑犯上相，又恳丐去位，皆不许。”

⑦ 吴门：指苏州或苏州一带。历史上作为苏州的别称之一，为春秋吴国故地，故称。宋·张先《渔家傲·和程公辟赠别》词：“天外吴门清霅路，君家正在吴门住。”

⑧ 澄澈（chéng chè）：清澈，水清见底；清亮明洁；明白。亦作“澄彻”。晋·王献之《杂帖》：“镜湖澄澈，清流泻注。”唐·修睦《僧院泉》诗：“澄澈照人胆，深山只一般。”

而肄习[①]，不减穆、邵[②]之渊源；得异书而探求，何止王、蔡[③]之授受。耳提面命，业擅专门；口诵心维，神通灵窍。旨发先儒之秘，订二爻不变之讹；见称独得之真，纠暗动合住之谬。庶几闻所未闻，允乎见所未见。乃深慨凡情之用罔[④]，又复欲群动之纷纭。广列条章，群汇事类，自朝常至于鄙事，巨细兼收；由皇象以逮民功，精粗合载。生之道备

校者注 ① 肄习（yì xí）：学习；练习；演习。唐·韩愈《处州孔子庙碑》："又为置讲堂，教之行礼，肄习其中。"

② 穆、邵：指穆修、邵雍。**穆修**（979 年－1032 年）：字伯长，郓州汶阳（今属山东汶上）人。后居蔡州（今河南汝阳）。曾师从陈抟，传其《易》学。邵雍之师李之才曾从穆修学《易》。他在柳开之后继续倡导韩、柳古文，曾亲自校正、刻印韩愈和柳宗元文集。著有《穆参军集》。**邵雍**（1011 年－1077 年），字尧夫，北宋著名理学家、象数学家、诗人，与周敦颐、张载、程颢、程颐并称"北宋五子"。自号安乐先生、伊川翁，后人称为"百源先生"。创"先天学"，以为万物皆由"太极"演化而成。邵雍明白天地的运动变化规律、阴阳消长的规律、世道变迁的规律，他高深的智慧，被当时世人认为已达到不惑的程度。宋仁宗嘉祐与宋神宗熙宁初，两度被举，均称疾不赴。熙宁十年（1077 年）病卒，终年六十七岁。宋哲宗元祐中赐谥"康节"。

③ 王、蔡：指王湜（shí）、蔡元定。**王湜**（？－1150 年）：南宋同州（今陕西大荔）人，乡贡进士，哲学家。著有《易学》一书。汇编儿科全书《幼幼新书》，全书收录广博，汇集许多民间验方及私人藏方，对临床有较高的参考价值，为南宋以前儿科学之集大成者。说《易》首论太极、两仪、八卦，以夜半日中，心肾升降之气阐明。又杂以道家之说潜心邵雍之学，其先天之学，出于炉火。又知《皇极经世》一书，不尽出于邵雍，其言可谓皎然不欺，有先儒笃实之遗风。**蔡元定**（1135 年－1198 年）：字季通，学者称西山先生，建宁府建阳县（今福建省南平市建阳区）人，蔡发（字神与，号牧堂）之子。南宋著名理学家、律吕学家、堪舆学家，朱熹理学的主要创建者之一，被誉为"朱门领袖"、"闽学干城"（闽学的中坚骨干）。幼从其父学，及长，师事朱熹，熹视为讲友，博涉群书，探究义理，一生不涉仕途，不干利禄，潜心著书立说。为学长于天文、地理、乐律、历数、兵阵之说，精识博闻。蔡元定一生"于书无所不读，于事无所不究，义理洞见大原，下至图书，礼乐，制度，无不精妙。古书奇辞奥义，人所不能晓者，一过目辄解"。蔡元定曾协助朱熹著书立说。南宋庆元四年（1198 年），蔡元定逝世后，朱熹三撰诔（lěi）文，深致其哀。文曰："惟君学通古今，道极渊微，精诣之识，卓绝之才，不可屈之志，不可夺之节，有不可穷之辩，有继往开来之功，今不可复得而见之矣。"蔡元定在程朱理学的发展史乃至中国思想发展史上具有重要的地位。著有《律吕新书》、《西山公集》、《皇极经世旨要》、《八陈图说》、《发微论》、《太极图说解》、《周易参同契考异》等。

④ 罔（wǎng）：迷惑。通"惘"。《论语·为政》："学而不思则罔，思而不学则殆。"《楚辞·宋玉·九辩》："罔流涕以聊虑兮，惟著意而得之。"

矣，涉世之务赅焉。纲举目张，洞焉观火；支分节解，断似柝[①]薪。加之句协宫商[②]，篇工骈骊[③]，云霞[④]粲[⑤]于齿吻，金石[⑥]作于声容[⑦]。季主之辩[⑧]若悬河，逊其藻绘[⑨]；孝先之言如符契[⑩]，让其圆融。诚马庭高弟，羲陛忠臣矣。彼《启蒙》之杂乱，每膺托于前贤；视《何知》之浅陋，仅雷同于剿说[⑪]。相提而论，非碔砆[⑫]之与美玉，燕石[⑬]之与明珠

校者注　① 柝（tuò）：分开，判。

② 宫商：五音（宫商角徵羽）中的宫音与商音。《毛诗序》："声成文。"汉郑玄笺："声成文者，宫商上下相应。"

③ 骈骊（pián lì）：对偶藻饰之辞；亦指骈体文，多用对偶句，讲求对仗。亦作"骈俪"、"骈丽"。

④ 云霞：喻指文采。南朝梁·刘勰《文心雕龙·原道》："云霞雕色，有逾画工之妙。"明·袁宏道《与董思白书》："《金瓶梅》从何得来？伏枕略观，云霞满纸，胜于枚生《七发》多矣。"

⑤ 粲（càn）：本意是鲜明的样子，引申为言谈之美。

⑥ 金石：常用以比喻诗文音调铿锵，文辞优美。

⑦ 声容：指声势。明·李东阳《中元谒陵遇雨记》："《韶》，舜乐也。舜作《箫韶》，极声容之盛。"

⑧ 季主之辩：季主，即司马季主。据《史记·日者列传》记载："楚人司马季主，通《易经》，述黄帝、老子，博闻远见。"在与宣扬孔孟之道的宋忠、贾谊辩论易道之广大时，使宋、贾二人"忽而自失，芒乎无色，怅然'噤口不能言'"。司马季主为汉代道家易的代表人物之一。《道学传》、《仙苑编珠》云：卖卜于长安市中，后人委羽山大有宫，师事西灵都子，授以藏景化形之术，后得道仙去。

⑨ 藻绘：文辞，文采；彩色的绣纹。清赵翼《瓯北诗话·元遗山诗》："苏陆古体诗，行墨间多排偶；一则以肆其辨博，一则以侈其藻绘，固才人之能事也。"

⑩ 符契：犹符节。《韩非子·主道》："符契之所合，赏罚之所生也。"

⑪ 剿说（chāo shuō）：亦作"勦说"。抄袭别人的言论为己说。

⑫ 碔砆（wǔ fū）：似玉之石。亦作"珷玞"，又作"碔玞"，清·赵翼《题陈东浦藩伯》诗："连城有真璧，未可碔砆冒。"

⑬ 燕石：燕山所产的一种类似玉的石头。亦称"燕珉"。喻不足珍贵之物。《山海经·北山经》："北百二十里，曰燕山，多婴石。"晋郭璞注："言石似玉，有符彩婴带，所谓燕石者。"

哉！付之剞氏[①]，可称书部琳琅[②]；传之卜人，堪作易林鼓吹[③]。

万历甲辰[④]夏五月吉
赐进士第文林郎[⑤]前奉敕
巡视通仓管理河道巡按顺天兼督三关
侍经筵官陕西道监察御史西吴儆韦居士顾尔行[⑥]撰并书

校者注　① 剞（jī）氏：即剞劂（jué）氏，指刻板印书的经营人。明·张煌言《曹云霖中丞序》："兹云霖将削稿以付剞劂氏，贻书问序於予。"清·王韬《星轺指掌序》："金陵叶君爰出资重付剞劂氏，为袖珍本。"亦省作"剞氏"。

② 琳琅：精美的玉石，比喻美好珍贵的东西。借指美好的事物，指优美诗文、珍贵书籍。

③ 鼓吹：宣扬，使众人知道。唐·杜甫《进<雕赋>表》："则臣之述作，虽不足以鼓吹六经，至于沉郁顿挫，随时敏捷，而扬雄、枚皋之流，庶可跂及也。"

④ 万历甲辰：万历甲辰年，即万历三十二年，公元1604年。

⑤ 文林郎：文林郎不是职官，而是散官，清朝时为正七品文官所授的散官名。散官用来定级别，就好比现在说"行政级别"一样。跟现在比的话，因为明清时知县均为正七品，所以大概可以算得上正处级干部。文林郎于隋文帝开皇六年（586年）设置，当时是从九品上。明、清时都用来授正七品文官。

⑥ 顾尔行：字孟先，浙江吴兴（今浙江湖州）人，万历元年浙江乡试经魁，万历二年（1574年）进士，历官大名府推官、巡按直隶御史等。辑有《皇明两朝疏抄》十二卷。

吴兴卜士张星元易林补遗叙

湖人之医难可尽凭，故凭于卜，其卜者亦不问医而问鬼。故湖之民，半贫于鬼，其物畜亦半尽于鬼，非鬼之刑之，卜人之言刑之也。

星元张生，十言十当。余不为取何者言而当非，能令病者起，死者生也。盖张生幼而瞽[①]，遂学卜。每问师何以断鬼，都曰："我知何鬼，第家大则鬼大，病大则鬼亦大"，如是而已。张生心不然之，以故不言鬼而言医。盖十余年，而群鬼多畏之者。有附病妇，而命其夫曰："尔无卜于张星元，而妇犹可生，不者而妇死矣。"已而[②]妇竟死。张生亦悔之曰："病亦有鬼，第不可为妄言耳。"故其著为《易林补遗》，于《搜决神鬼》一章，特加精覈[③]，云由是病而卜者，有忏悔[④]而免，有斋素[⑤]而祀，其物产不为倾废，而生畜不尽于屠戮[⑥]，则是书之活之多矣。

校者注 ① 瞽（gǔ）：眼睛瞎。《荀子·解蔽》："瞽者仰视而不见星。"明·刘基《卖柑者言》："将炫外以惑愚瞽也。"

② 已而：不久；后来。宋·欧阳修《醉翁亭记》："已而夕阳在山，人影散乱，太守归而宾客从也。"

③ 精覈（hé）：细致精密地检验查核。宋·苏轼《转对条上三事状》："今后进士诸科御试过落之法，及特奏名出官格式，务在精覈。"

④ 忏悔：佛教语。佛教规定，出家人每半月集合举行诵戒，给犯戒者以说过悔改的机会。后遂成为自陈已过，悔罪祈福的一种宗教仪式。引申为认识了错误或罪过而感到痛心并决心改正。

⑤ 斋素：持斋吃素。宋·庄季裕《鸡肋编》卷上："寅午戌月，世人多斋素，谓之三长善月，其事盖出于佛书。"

⑥ 屠戮（tú lù）：杀戮，杀害。三国魏·曹冏《六代论》："奸谋未发，而身已屠戮。"

余读《易》五十余年，宦游[①]几半天下，求其可为问《易》者而不得。偶问张生曰："八卦甲子，止于四十八卦，毋乃非全书乎。"生曰："乾坤于冬至后首甲乙，夏至后宜首壬癸。"余不敢深辩，要之，其于《易》也，亦不为苟言[②]之矣。其于鬼神之情状，亦不敢谓尽知。然其立言之旨，根于天地生德，则于圣人开物之思，庶为近之也。

问易道人吴兴王豫叙

校者注　①　宦游（huàn yóu）：指士人外出求官或做官。宦：做官入仕。春秋时，鲁国孔子，带着弟子周游列国，游说诸侯，希望得到任用。战国时，孟轲历游齐、宋、滕、魏等国，曾为齐宣王客卿。当时，各种学派的人物游说诸侯当官，成为风气。苏秦、张仪、商鞅、尉缭、李斯等，皆为官而游，游中求宦。至汉以后，中央集权的封建国家形成，士为求官，外出游历名山大川，投拜经师硕儒，至京都求贵显者引荐，往往抛别双亲妻子，多年不归，风尘困顿。唐·王勃《送杜少府之任蜀州》："城阙辅三秦，风烟望五津。与君离别意，同是宦游人。海内存知己，天涯若比邻。无为在歧路，儿女共沾巾。"

②　苟言：不实之言；随便发表意见。

易林补遗序

《易》之变不居而其体则恒，圣人戒无恒，曰不占而已，君子是以玩其占也。占候家，如焦[①]、如京[②]最古，焦详于体变，而京详于时会。时会者，干支胜不胜之属，五而经之，十二而纬之，其道圆而禅，故其传简；体变者，六虚之义也，由三而八，由八而六十四，由六十四而四千九十六，其道方以顺，故其林繁。法为卜筮家袭。

校者注　①　焦：即焦赣（gòng），字延寿。见前注。

②　京：即京房（前77-前37年），西汉学者，本姓李，字君明，推律自定为京氏，东郡顿丘（今河南省清丰县西南）人。他受学于梁人焦延寿，焦延寿自称学《易》于孟喜，京房以为焦氏《易》即孟氏之学，而孟喜的弟子白生、翟牧都不承认。由于他开创了今文《易》学“京氏学”，自成一派。《易》作为中国学术源头之一，研求者代不绝迹，京房是其中颇有影响的一位。京房的《易》学得之于焦延寿。焦延寿讲《易》，喜推灾异，以自然灾害解释卦象，推衍人事。《汉书·京房传》概括焦延寿的学术道：“其说长于灾变，分六十卦更值日用事，以风雨寒温为候，各有占验。”在音律理论方面，京房把传统的十二律扩展成了六十律。在此之前，人们采用三分损益法计算十二律，用这种方法，当生到第十一次（即第十二律）后，不能回到出发律上，使得十二律不能周而复始。对此，京房采用了扩展十二律的解决办法。在京房易中，阴阳二气的对待深入于其各种学说。于其纳甲体系，《京房易传》云：“分天地乾坤之象，益之以甲乙壬癸。震巽之象配庚辛，坎离之象配戊己，艮兑之象配丙丁。八卦分阴阳、六位，配五行。光明四通，变易立节。”显然，京房的纳甲原则为阳卦配阳干，阴卦配阴干。除纳甲外，京房还将十二支纳入八宫卦中。广义的纳甲也包含纳支。纳支遵循的原则同纳甲一样，仍是阳卦纳阳支，阴卦纳阴支。

京氏之肤而不究其委，其犹言亭亭、白奸[①]及胜光[②]、神后[③]等云者亦希矣，而遑问四千九十六之所居凭！不佞[④]悼焦氏之学如线，患在分涂[⑤]于京氏之思为合其法，而未有杂也。敝笼中得苑洛韩公[⑥]所刊正《经纬》一书，曰："是亦焦氏本经者也。"已又得瞽者张世宝所撰《易林补遗》，呀然曰："尔何拾乎林而补之？岂又将合今卜筮家杂焦氏耶！且亦称四千九十六云者，则杂家体变之致乎，而又胡庸传道。"诸曰："子何以其体为载其事之？云体恒而虚，虚则觭[⑦]，而百事故繁；事无恒而实，实则有数，而可统记，故约。且吾以古御今，不若以伪附雅，推京氏之半，能合焦氏之渺论，苟有当乎，人亦其非分涂，而《易林》之全书可次第行矣！"

不佞舍然大喜[⑧]，勉刻《经纬》，遂附以其《补遗》，云："张瞽，

校者注 ① 亭亭、白奸：奇门遁甲术语，为兵占运筹之法。亭亭为天之贵神，白奸为天之奸神。《经》有"背亭亭击白奸，百战百胜"之说。

② 胜光：十二月将之一，午为胜光六月将。十二月将又名十二神，它们分别是：寅为功曹，卯为太冲，辰为天罡，巳为太乙，午为胜光，未为小吉，申为传送，酉为从魁，戌为河魁，亥为登明，丑为大吉，子为神后。月亮绕着地球公转，每月转一圈，由于地球是绕着太阳运行的，所以月亮每月在宇宙中的相对位置是不同的，十二地支分配到十二个月，正好每月占一个地支，古人习惯上称为地月将，简称为月将。亦为六壬十二神之一。

③ 神后：十二月将之一，子为神后十二月将。亦为六壬十二神之一。

④ 不佞（nìng）：指没有才能，旧时用来谦称自己。语出《论语·公冶长》："雍也，仁而不佞。"邢昺（bǐng）疏："佞，口才也。"

⑤ 分涂：喻事物性质或人的思想观点出现差别，产生分歧；犹分道，分路。清·彭绍升《南畇先生遗书后序》："道之歧出不统久矣。宋之世，朱与陆分涂；明之世，王与罗异辙。"

⑥ 苑洛韩公：即韩邦奇（1479年-1556年），明代官员。字汝节，号苑洛，陕西朝邑（今陕西大荔县朝邑镇）人。明中叶著名学者、思想家、音乐理论家和文学家，亦为"三原学派"的重要代表人物之一。韩邦奇在明代正德、嘉靖年间声名远播，二十二卷《苑洛集》是其代表作之一。韩邦奇文理兼备，精通音律，著述甚富。所撰《志乐》尤为世所称。韩邦奇嗜学，诸经子史及天文、地理、乐律、术数、兵法之学，无不精悉。嘉靖三十四年（公元1556年），因关中大地震，死于非命。

⑦ 觭（jī）：偏，偏向一边；角一俯一仰。觭（qí）：古通"奇"，单（与"偶"相对）。

⑧ 舍然大喜：成语，指舒心地喜悦。舍：释然、宽舒的样子。语出《列子·天瑞》："其人舍然大喜，晓诸亦舍然大喜。"

童而瞽，六书之点画形构，不能目受之而能言其义，使之占，传事陈理，间以谐讽，天人善败，几几乎莫之能违也。其而亦谓恒而贞者耶！”

大朴之子沈漼[①]仲雨氏撰

校者注 ① 沈漼(què)：沈漼(？－1623年)，字铭镇，湖州府乌程县（今浙江湖州）人。明万历二十年（1592年）进士，改庶吉士，授官检讨，累官南京礼部侍郎，掌管部事。其时，意大利传教士利玛窦入贡，移居南京，士大夫信奉天主教者甚众，沈漼极力反对。

易林补遗序

谈卜筮者必本于《易》，羲画周爻，民用赖之，然宁为卜筮设哉？鸿蒙[①]剖判[②]以后，凡日月之升沉，庶民之荣枯，人事之屈伸，不离阴阳，则不离变易，无之而非是，故曰“画前原有易”，智者得之，愚者惑焉。使天下而皆智也，则羲图之包涵已画，即彖[③]之爻之，犹为附益[④]也。惟天下不皆智也，则易象之昭示无尽，即极变穷占，犹不无阙遗[⑤]也。

古来精《易》者，无虑数百家，著书立言，可谓详矣！然用以导惑而教愚，犹嫌其略。略而更详之，此《易林补遗》之所为作也。吴郡有世宝张君者，幼而丧明，以卜筮为业，比长[⑥]，多好学，耳之所闻，无不深心体会，遂至辨天地之道，日月之运，阴阳吉凶之本。非惟

校者注 ① 鸿蒙：宇宙形成前的混沌状态；亦指道教神话传说的远古时代。传说盘古在昆仑山开天辟地之前，世界是一团混沌的元气，这种自然的元气叫做鸿蒙，因此把那个时代称作鸿蒙时代，后来此一词也常被用来泛指称远古时代。亦作“鸿濛”。

② 剖判：开辟；分开。西汉·司马迁《史记·孟子荀卿列传》：“称引天地剖判以来，五德转移，治各有宜。”

③ 彖（tuàn）：《易经》中解释卦义的文字，即彖辞，亦称“卦辞”、“总括之辞”、“小结”，即小结一卦之辞。又称《彖传》、《彖辞》。分上、下两部分，为《易传》中的两篇。说明《易经》各卦之义，专门解释卦名、卦象、卦辞，而不涉及爻辞。彖本义：包边、包括。引申义：总括。

④ 附益：增益，增加。《论语·先进》：“季氏富于周公，而求也为之聚敛而附益之。”

⑤ 阙遗：缺失，疏忽；缺少，遗漏。唐·韩愈《与少室李拾遗书》：“想拾遗公冠带就车，惠然肯来，舒所蓄积，以补缀盛德之有阙遗。”宋·曾巩《英宗实录院申请札子》：“其于搜访事迹，以备撰述，尤在广博，使无阙遗。”

⑥ 比长：等到长大以后。比：及，等到。

究成说，且能定折衷；非性周世故，且能谙兵略。探赜索隐[①]，分门折类，自成一家言，庶几盲于目不盲于心者欤！以之决趋避而全民用，厥功[②]岂细乎哉？

夫司马季主一屈贾、宋之辨，名垂至今。是编也，立义精，取用博，亦贾、宋之所宜闻而心折者也。倘逢龙门氏表章之，不将与季主同垂不朽耶。

赐进士第翰林院编修[③]兼起居注西[④]吴温体仁[⑤]题

校者注 ① 探赜（zé）索隐：探究深奥的道理，搜索隐秘的事情。探：寻求，探测；赜：幽深玄妙；索：搜求；隐：隐秘。语出《周易·系辞上》："探赜索隐，钩深致远，以定天下之吉凶，成天下之亹（wěi）亹者，莫大乎蓍龟。"

② 厥（jué）功：在某件事上，他（他们）的功劳。厥：代词，相当于"其"，"他的"。

③ 翰林院编修：主要是诰敕起草、史书纂修、经筵侍讲。实际上，其重要作用在于培养人才，类似于现在的实习生。古代的翰林院是封建皇帝的秘书机构，各个皇朝的翰林院的组织机构和作用大同小异。而翰林本身，也和现代的秘书一样，他的作用和权力，因领导对他的信任程度而有所差别。

④ 起居注：是我国古代记录帝王的言行录。顾炎武在《日知录》中讲："古之人君，左史记事，右史记言，所以防过失，而示后王。记注之职，其来尚矣。"从汉以后，几乎历代帝王都有起居注，但流传下来的很少。主要因其一般不外传，仅作为撰修国史的基本材料之一。负责修起居注的官员，在皇帝公开的各种活动中均随侍在旁，因此起居注记录的内容甚为广泛。

⑤ 温体仁（1573年-1639年）：字长卿，号园峤，浙江乌程（浙江今湖州）南浔辑里村人。明末大臣，崇祯年间朝廷首辅。万历二十六年（1598年）进士，改任庶吉士，授予编修官，累任到礼部侍郎。崇祯初年升为尚书，协理詹事府事务。崇祯三年（1630年）以礼部尚书兼东阁大学士，入阁辅政。入阁后他逼迫周延儒引退，自己成为首辅。翻阉党逆案，排斥异己。崇祯十年（1638年），被罢官回家，第二年在家中病死。温体仁是崇祯年间任期（八年）最长的首辅。温体仁在位时，无论对于辽东抵抗、清兵南下，还是对付李自成、张献忠的农民起义，未尝建一策。他向朝廷推荐的人也大多为平庸之辈，苟以充位而已。把本来就已是千疮百孔的明末政局搅得愈发不可收拾。

易林补遗自叙

世宝家世苏人，幼随父近山公寓吴兴，遂家焉。甫三岁，以痘失明，里人咸惜之。余父独太息曰："昔贾子[①]云：'古之圣人，不居朝廷，必在卜、医之中。'小子虽废乎目，倘能穷阴阳之变，剖吉凶之途，使病者或以愈，且死或以生，患或以免，事或以成，嫁子娶妇，或以养生，此之为德，岂不小补哉？小子勉之。"

余时闻之，窃沾沾自喜[②]。因遍访省内诸名师，相与讲求易理，若《玄妙赋》、《感应篇》、《鬼谷百问答》等书，靡不研究。久之，得《黄金策》，而飞伏互变之妙稍稍有窥，试之卜辄中，世谬以神断目之，然余心未敢自是也。尝试以为易道尚变，六爻动皆变，此取"用九，用六"之意，乃京房变法，谓一爻动则变，二爻动则不变，岂其传之误耶？则《火珠林》之术，其验如响，而变法与《易》不符，此何以故？他如《卜易阐幽》谓动爻逢合不变；《黄金策》谓卦静逢冲暗动，亦变动者老也，暗动者少也。《易》称老变而少不变，似不其然。夫诸书世所取衷者也，然其旨或舛而可疑，或隐而未畅，或略而未详，或散而无统，使学者不得其门而入，余窃悯焉。思有以折衷之，以诏来学，

校者注　①　贾子：即贾谊（前200-前168），汉族，洛阳（今河南洛阳东）人，西汉初年著名政论家、文学家，世称贾生。贾谊少有才名，十八岁时，以善文为郡人所称。文帝时任博士，迁太中大夫，受大臣周勃、灌婴排挤，谪为长沙王太傅，故后世亦称贾长沙、贾太傅。三年后被召回长安，为梁怀王太傅。梁怀王坠马而死，贾谊深自歉疚，抑郁而亡，时仅33岁。贾谊著作主要有散文和辞赋两类，深受庄子与列子的影响。代表作有《过秦论》、《论积贮疏》、《陈政事疏》等。

②　沾沾自喜：形容自以为不错而得意的样子。

而智虑谫陋[①]未能也。偶闻《管子》[②]书，有曰："思之思之，思之不得，鬼神从而通之。"始悟向之所未通者，特思未深耳。于是殚虑[③]研精[④]，旁搜博采[⑤]，务穷其奥而后已。或昼之所不得，夜以继之，沉潜既久，梦寐中恍若有指示余者，及觉而胸中豁然，蔽者以开，涩者以达。因以其所得，类而成书，其为集者四，其为卷者十有二，其为章者百四十有五。凡上而天道之运，下而民故之烦，巨细不遗，机缄毕露。藏诸椟中，时出以就正，诸缙绅先生咸谬为推许，命曰《易林补遗》，各锡[⑥]佳序，弁诸简端[⑦]，且欲付之剞劂。余自分管窥之见，何敢列于《易林》！亦惟是先人近山公以医、卜命之，间尝奉侍汤药，穷心岐黄方饵所投，庶几屡获奇效矣！而时方专力于卜，未遑[⑧]本业。

校者注 ① 谫陋（jiǎn lòu）：浅薄之意。

② 《管子》：《管子》是管仲及管仲学派的言行事迹，大约成书于春秋战国（前475年–前221年）至秦汉时期。是书篇幅宏伟，内容博大精深，思想丰富。汉初有86篇，今本实存76篇，其余10篇仅存目录。包括法家、儒家、道家、阴阳家、名家、兵家和农家的观点，其中以黄老道家著作最多。《管子》是研究我国古代特别是先秦学术文化思想的重要典籍。《管子》一书的思想，是中国先秦时期的政治家治国、平天下的大经大法。《管子》一书在诸子百家中占有十分重要的地位，是研究古代黄老道家的哲学、政治、经济、法律等各方面思想的珍贵资料。管仲（约公元前723年–前645年）：春秋时期法家代表人物，颍上人（今安徽颍上），周穆王的后代。是中国古代著名的经济学家、哲学家、政治家、军事家。齐桓公元年（前685年），管仲任齐相。管仲在任内大兴改革，即管仲改革，富国强兵。被誉为"法家先驱"、"圣人之师"、"华夏文明的保护者"、"华夏第一相"。

③ 殚虑：竭尽智虑。殚：极尽也。虑：思考；担忧。殚虑：北宋·李觏（gòu）《袁州州学记》："有屈力殚虑，祗顺德意；有假官借师，苟具文书。"

④ 研精：穷究精义；犹精研；尽心，专心。《后汉书·卢植传》："少与郑玄俱事马融，能通古今学，好研精而不守章句。"

⑤ 旁搜博采：广泛地搜集。语出南宋·魏了翁《苏和父墓志铭》："其始也，淹贯诸子百家，旁及老释二氏，旁搜博采，晚而敛博归约，落华就实。"

⑥ 锡：通"赐"。给予；赐给。

⑦ 简端：书籍的开头。

⑧ 未遑：没有时间顾及，来不及。汉·扬雄《羽猎赋》："立君臣之节，崇贤圣之业。未遑苑囿之丽、游猎之靡也。"

今是编也，苦思十载，幸而成矣。又幸而得诸名公为之表章矣，庸可自秘乎！虽未敢以为可传，然千虑一得者，少有裨于民用，以无负先人之志云尔。

时万历癸卯①岁季冬望日张世宝叙

校者注　①　万历癸卯：即万历三十一年，公元1603年。

张星元传

夫观人以外必以艺，观人以内必以心。若奇以显其艺，而巧以行其心，则在恒人且难之，况号称瞽者乎？昔左丘明厥有《国语》，此千载著书异人，而韩愈氏谓瞽者能吐胸中之奇，则非谫才浮枝，必且上下古今，纵横宇宙，有常人见之啧舌而不敢道者。吾于今世得一人，作《张星元传》。

《传》曰：君讳世宝，号星元居士，为苏之吴县人，盖望族也。其父近山公，性嗜法书名画，商鼎秦彝，遂挟千金重宝游湖中，爱山水清远，叹曰，此故学士松雪居也，乃家焉。此时星元君已生有十之三矣。

盖近山素苦无子，而得异梦，生星元，有异人相之，曰："此子当名闻天下，异汝家福薄，不可留。"已而，瞽于痘，异人复来视之，曰："疾则不死，终当显名。"年十五，自能闲于丝竹，或时作商音，凄然[①]动人，若有不自得者。于是湖中士大夫争奇之，谓此子既慧，何不教读书！近山公不惜百金，延明儒教之字形、训之字义，星元日记千余言，至丙夜朗朗为父诵，父喜曰："儿既已富于学，学可已乎！"星元泣曰："儿将游四方，究天人性命之学，岂若博士家执笔为句读耶！"近山公乃治巨舰，名香苦茗，携之东游于吴会云中，维扬之间，访山林高士，厚礼重币，纵谈宏辩，凡天文、地理、兵法、医学、堪舆之说，靡不口授心维。一日，恍然曰："宇宙之理，咸备于阴阳五行，故《易》之一书贯通百家。"乃弃去一切，而于《易》潜心焉。凡古之论《易》，上自京房，下至康节，皆有奇秘不传之书，星元捐金购得焉，

校者注　①　凄然：凄凉悲伤的样子。明·冯梦龙《东周列国志》第七十一回："孟嬴心惑其言，细细盘问宫人，宫人不能隐瞒，遂言其故。孟嬴凄然垂泪。"

篝灯令人读，而卧听之，尽获其髓。试之“射覆[①]”，辄验。效司马季主故事，垂帘市中[②]，士大夫求卜者，铁限为穿。其最奇者，归安汪邑侯召问转擢[③]，得卦之“既济”，则答以水主冬官，且居北部，而“世空”无司，旁观者笑曰：“升而无司，殆不升耶！”已而，果如其言。

本府陈郡侯，方日夜焦劳民事，命之卜雨，则亢旱而云雨兴；命之卜晴，则霖霪而云日出，皆克期[④]而至，如影随形。郡侯先期示民，民赖克济[⑤]。虽府主一念精诚，昭格天地，而星元实泄天意于於穆[⑥]也。

本府节推署素不利，卜得“风山渐”而动于初爻。星元曰：“巽象临空，青龙东陷，宜为高楼以镇之。且官化离宫，必转留都。”已而，

校者注 ① 射覆（shè fù）：中国民间近于占卜术的猜物游戏。在瓯、盂等器具下覆盖某一物件，让人猜测里面是什么东西。射：猜度之意，覆：覆盖之意。纵观史料，射覆游戏历史悠久，早在汉代时期已经流行于皇宫中。射覆是古代研易高手常做的一种研易应用实践活动，它属于信息预测中的一种方法。预测时可根据器物的形状起卦，也可根据当时的时间起卦，还可根据字或几句话的含义起卦，然后进行预测。乍看起来，射覆无任何规律，此时形象思维和逻辑思维都不会发生作用，猜中的可能性微乎其微，一般人的聪明才智在这种游戏上都不起作用。但从全息论角度来看，时间与空间构成了时空全息网。宇宙中万事万物与时间、空间及人的意识、思维都是全息的。而沟通和揭示其全息性的媒介就是易卦之象数。某人在什么时间、什么方位、什么次序、什么情况下隐藏什么东西，是受易理所阐述的规律性制约的。因此，理论上只要抓住时空网络中任何一个结点，我们都可以拎起整张全息网。所谓“君子居则观其象而玩其辞，动则观其变而玩其占”（《易经·系辞上》）。宋代易学大师邵雍云：“观物戏验者，虽云无益于世，学者于此验数而知圣人作易之灵耳。物之于世必有数焉。故天圆地方，物之形也；天玄地黄，物之色也；天动地静，物之性也；天上地下，物之位也。”

② 垂帘市中：指在都市以卖卜为生。卦屋通常有一个门帘，故称。

③ 转擢：升迁职位。明·瞿佑《归田诗话·莫士安寄问》：“次年，予转擢周府。次子达亦领河南乡荐。”

④ 克期（kè qī）：在严格规定的期限内。

⑤ 克济：能成就。《后汉书·杜诗传》：“陛下亮成天工，克济大业。”《周书·苏绰传》：“昔民殷事广，尚能克济；况今户口减耗，依员而置，犹以为少。”

⑥ 於（wū）穆：对美好的赞叹。於：叹词，表示赞美。穆：庄严粹美。语出《诗经·周颂·维天之命》：“维天之命，於穆不已。於乎不显，文王之德之纯。假以溢我，我其收之。骏惠我文王，曾孙笃之。”（意思是：是那上天天命所归，多么庄严啊，没有止息。多么庄严啊，光辉显耀，文王的品德纯正无比。美好的东西让我安宁，我接受恩惠自当牢记。顺着我文王路线方针，后代执行一心一意。）

独升于介四府，而又为应天司理，则卜之先兆验也。

吴按台事竣不得代，召星元卜之，许以冬孟转官，应如形响。盖自邑令二千石分司兵宪，观察左右辖御史大夫中丞公，靡不奇其术，而赐额[①]焉不可一、二计。乃翰林礼部两沈公[②]，尤爱而重之，故礼部给劄，捐资刻书，皆出两公盛心，为世罕有。兢识两公高义，而星元术固有以动之也。

著书出，乃父近山公之意，盖星元天性仁孝，近山易箦[③]之际，星元号为佛事，近山呼之曰："来，吾子，以子之慧而不得一官，天限子耳。今子惟著书流行四方，或好事者培植尔进贤一冠，他日衣冠拜吾墓下，吾愿足矣！"父没之后，星元遂苦心著书成，延两博士弟子校其字讹，乃书义则君独成，无一赞者[④]，可谓前无古人，后无作者矣！

吾乡王佥宪公，挂冠[⑤]之后，闭户读书，宏览博物[⑥]，而于《易》得周、孔心印，亦赏其书。星元感佥宪公知己之恩，私为其长公子卜之，当入粟[⑦]，且利于南。是时长公文章宏丽，为世作则，岂肯俯首入胄？即胄，亦北雍耳。星元强之胄，又强之南，而秋试告捷，若探囊取者。虽长公子之才，固所向无敌乎，星元谓必胄而后中，则术之神也。

然星元尝啬于子，而今且三郎君绕膝下如玉，乃吾所谓巧以行其心

校者注　① 赐额：赐予匾额或题额。唐·王建《题应圣观》诗："赐额御书金字贵，行香天乐羽衣新。"

② 翰林礼部两沈公：指沈漼、沈演。沈漼曾任南京礼部侍郎。沈演：沈漼之弟，沈节甫之子，浙江承宣布政使司湖州府乌程县（今浙江省湖州市）人。明万历二十年（1592 年），与兄沈漼同登进士，授工部主事。后历任礼部精膳司郎中、员外郎。天启三年（1623 年），担任顺天府府尹。天启五年，担任湖广右布政使，此后升任刑部左侍郎。崇祯三年（1630 年），改任工部左侍郎。次年，改任南京刑部尚书。

③ 易箦（zé）：更换床席，指人将死。箦：竹编床席。"易箦"是用来作病危将死的典故，源于《礼记·檀弓上》。

④ 无一赞者：没有一个人帮助。赞：帮助，辅佐。《易林补遗》一书是张世宝先生一人独立著成的，请的两位博士弟子只是负责"校其字讹"。

⑤ 挂冠：指辞官，弃官。清《睢州志·袁可立传》："时逆珰窃柄，可立叹曰：'此非挂冠神武门时乎！'"

⑥ 宏览博物：广泛浏览，知道许多事物。

⑦ 入粟：指纳粟于官府，用以买官或赎罪；亦指交纳一定数额的金钱捐取功名。

之仁者，可略言其概焉。

遇人之子来占其父则引之孝，遇人之弟来占其兄则引之恭，遇人之妻来占其夫则引之随。

有欲出妻者，问卜得“泰”，星元掷钱惊曰：“汝妻出则‘泰’反为‘否’，而汝应死。其人问：“何以免之?”则曰：“惟弗出耳!”乃号泣而止。其人去而门人问曰：“卦本吉而言凶，何也?”，答曰：“《书》不云乎‘悲莫悲于生离别’，且彼有离妇心，故不协耳。今闻吾言，殆将合也!”已而，夫果爱妻，生子，成数百金赀。不尔，则逐妇旷夫之恨，宁有已耶!

一少年嗜“呼卢[①]”，一掷万钱，父兄新戚环泣而谏之不止。鸣之官，而杻械枷锁又不止，私卜于星元，星元佯惊曰：“汝不旬日死矣。”问“何以不死术”，“惟有闭门绝党自守耳”。其人归而索居，不复赌矣。

一少年散千金于花柳场，止遗屋址弹丸地耳，犹欲市之，为歌姬卮酒费，来卜于星元，得卦“同人”，星元抛策大呼曰：“汝有不可同之人而同之，且白虎为恶疮，主折股失足，血流于床，皮废于面，叫号三岁乃死，死惟骨耳。”其人注曰：“何以免之?”星元曰：“惟同汝妻闭门不出三年乃免。”其人许诺，自此不入平康之境。

人家火葬者，官府严禁之，不得。星元呼不利，则惧而止。奴背主者，主人且无可奈何，星元一言凶，而叛心息矣。有河南人以事在逃，星元呼之曰：“汝有父母、妻、子而不归，奈何令汝家思汝耶?吾试为汝占之。”发策，则大叫“不祥，不归且有疾”，已而，疾作，其人神其言而亟归。令此人之家父母、妻、子欢然如故者，皆星元一激之力也。

妻子妒者，必教之娶妾则灾免；子弟之好游者，必劝之读书则无祸。盖星元盛名之下，畴不信之?一言而能令惰者勤，刻者恕，好争者

校者注 ① 呼卢：古代一种赌博游戏。用木制骰子五枚，每枚两面，一面涂黑，画牛犊；一面涂白，画雉，一掷五子皆黑者为卢，为最胜采；五子四黑一白者为雉，是次胜采。赌博时为求胜采，往往且掷且喝，希望得全黑，故称赌博为“呼卢喝雉”。亦称“呼卢”等。

息非，淫荡者自检。此其阴功其渺小哉！吾所谓巧以行其心之仁者，信非星元不能也。然吾闻张君于人暗昧之事，不欲显祝，且不敢直告者，则不复视卦，而但云不吉。吾地安邑粮房为利孔，亦为弊窦[①]，有数辈来占，空拳问利可获否？星元占曰："获利则倾舍，无利则全躯。卦如是止矣，汝自择之。"有信其言者果获全，而不住者则遇我陈郡主英断，无一漏网，皆如星元之言。盖张君之术有补于国家，非仅仅卜学已也。故说者谓星元之书当具疏[②]，而星元之名当载志，盖不徒取其奇以显术，而巧以行仁也，实有裨于国用云耳。

野史氏张辂曰，吾叩张君之学，渊渊乎其深哉！其谈鬼神事得异人授甚精，而克应如响，乃不欲深言者，少时有本空和尚戒之，切弗以物命活人命故也，则又通乎禅理矣。今观其《搜决神鬼章》，有味乎其言之欤！张君平时以不得褒其父为恨，然闻古之行兵法者，孙膑无足，则区区失明无论已。君于风角鸟占[③]甚神，八门遁甲了了胸次。观所著《出师征伐章》，神鬼为惊，矧[④]丑虏[⑤]耶！方今边塞多事，倘有能具疏、经略[⑥]、开府[⑦]之用，则趋吉避凶，百战百胜，足舒朝廷西北之忧而封诰可期，生平之志亦慰矣。辂山野病之夫，将拭目观之。是为之传。

时万历二十四年[⑧]仲冬朔日

吴兴杨文山明珠庵发僧张辂谨撰

校者注 ① 弊窦：产生弊害的漏洞；亦指作奸犯科之事。

② 具疏：亦作"具书"。备文分条陈述。

③ 风角鸟占：泛指占卜术。风角：用风声来占卜吉凶。鸟占：用鸟的飞鸣占卜吉凶。明・冯构龙《古今小说》卷二十二："有一术士，号富春子，善风角鸟占。"

④ 矧（shěn）：况且，何况。唐・柳宗元《敌戒》："矧今之人，曾不是思。"

⑤ 丑虏（chǒu lǔ）：是对敌人的蔑称。《诗经・大雅・常武》："铺敦淮濆（fén），仍执丑虏。"郑玄笺："丑，众也……就执其众之降服者也。"《后汉书・和帝纪》："匈奴背叛，为害久远。赖祖宗之灵，师克有捷，丑虏破碎，遂扫厥庭。"

⑥ 经略：指筹划治理的要略，大略。在中国古代也是一个官职名称。《晋书・袁乔传》："夫经略大事，故非常情所具，智者了于胸心，然后举无遗算耳。"

⑦ 开府：古代指高级官员（如三公、大将军、将军等）建立府署并自选僚属之意。

⑧ 万历二十四年：即公元1596年。

目 录

易林补遗卷之一　元集

易林补遗卷之二　元集

易林补遗卷之三　元集

易林补遗卷之四　亨集

易林补遗卷之五　亨集

易林补遗卷之六　亨集

易林补遗卷之七　利集

易林补遗卷之八　利集

易林补遗卷之九　利集

易林补遗卷之十　贞集

易林补遗卷之十一　贞集

易林补遗卷之十二　贞集

易林补遗卷之一　元集

易林总断章第一

（凡事取用爻为主，动变为凭。）

前圣炳[①]先机之奥旨[②]，开示迷途；后学补未尽之遗言，其臻[③]觉路[④]。

阐发诸家之秘，包罗万类之情。敬列数章，谬陈一得。

吉凶由八卦变通，须察吉变凶而凶变吉；

凶吉二字系乎卦爻动静，静则取暗动，并用爻为主，动则取之卦为凭。之卦者，即变卦也。变者，化之渐；化者，变之威。

飞伏在二仪交换，定然阳伏阴而阴伏阳。

校者注　①　炳：显示，显现，显著。

②　奥旨：奥义，要旨。唐·王勃《续书序》："爰考众籍，共参奥旨。"

③　臻（zhēn）：到，达到。

④　觉路（jué lù）：佛教语，谓成佛的道路。亦指觉悟之路，转迷开悟，走向正确的道路。唐·李白《春日归山寄孟浩然》："金绳开觉路，宝筏渡迷川。"

《易》有太极[①]，是生两仪[②]，两仪生四象[③]，四象生八卦[④]。乾为老阳，坤为老阴；震为长男，巽为长女；坎为中男，离为中女；艮为少男，兑为少女。故曰：乾、坎、艮、震属阳，巽、离、坤、兑属阴。

飞伏者，乃阴阳互换之理。凡占阳卦而伏阴，卜阴卦而伏阳。且如，卜得乾卦为飞，便取坤卦为伏；若得坤卦为飞，便取乾卦为伏。其余雷风、水火、山泽互换是也。八纯飞伏如此定之。

又论乾宫：姤、遁、否、观、剥、晋六卦者，皆伏本宫乾卦，惟独大有归魂伏在否卦是也。又如，坎宫二至七卦皆伏坎水，惟独师卦伏归既济。又说，艮内惟独归魂当还第四。八宫同例，不必细陈。

爻爻有伏有飞，伏无不用；

飞伏者，往来隐显之神也。飞为已往，伏为将来。若卦内有用神不居空陷，不必更取伏神。如六爻不见主象者，却取伏神推之。

且如，父占子病，未月、甲寅旬、壬戌日，卜得乾卦安静[⑤]：

校者注　①　太极：天地阴阳未分之前，宇宙呈现为元气混沦如一的状态，或称为“太初”、“太一”、“太和”，为战国时期流行的宇宙太极演化论的原初阶段。

②　两仪：太极分解为阴阳二气，阳轻清上浮而为天，阴重浊下沉而为地。因此两仪是指阴阳、天地，即两体之仪容。以《易》模拟太极演化，则《易》的阴阳爻未生之前，犹元气混沦之太极；阴阳爻（⚋、⚊）既生，则积阳为乾☰，乾者象天；积阴为坤☷，坤者象地，乾坤象两仪之立。

③　两仪生四象：天地两仪的运行形成四季。在《易》中，阴爻上再生一阴，得老阴⚏；再生一阳，得少阳⚎。阳爻上再生一阳，得老阳⚌；再生一阴，得少阴⚍。老阴、少阳、老阳、少阴，四象齐备。四象，亦指春、夏、秋、冬四季。

④　四象生八卦：八卦象征万物。春夏秋冬四季更替，万物应时生、长、壮、老、已。在《易》中，老阴⚏再生一阴一阳，得坤☷、艮☶；少阳⚎再生一阴一阳，得坎☵、巽☴；老阳⚌再生一阴一阳，得兑☱、乾☰；少阴⚍再生一阴一阳，得震☳、离☲。四象生八卦，象征四季生万物。

⑤　为方便广大易友研读《易林补遗》，以下“筮法案例卦象”为校者所加。下同。

乾宫：乾为天（六冲）

六神	【本　卦】		
玄武	父母壬戌土	▬▬▬	世
白虎	兄弟壬申金	▬▬▬	
螣蛇	官鬼壬午火	▬▬▬	
勾陈	父母甲辰土	▬▬▬	应
朱雀	妻财甲寅木	▬▬▬	
青龙	子孙甲子水	▬▬▬	

此卦子值旬空，本为凶兆。岂知伏出坤卦癸亥水子孙，在壬申金之下，水赖金生，正所谓“飞来生伏得长生”，反为有救。后至甲子日，本宫子象当权，病得瘥[①]也。

且如，问求财，三月卯日，卜得既济卦：

坎宫：水火既济

伏　神	【本　卦】		
	兄弟戊子水	▬ ▬	应
	官鬼戊戌土	▬▬▬	
	父母戊申金	▬ ▬	
妻财戊午火	兄弟己亥水	▬▬▬	世
	官鬼己丑土	▬ ▬	
	子孙己卯木	▬▬▬	

六位无财，只有本宫戊午火为财，又伏在亥水之下，飞能克伏，必无财也。

又如，求财，秋月甲申日，卜得睽之归妹：

校者注　①　瘥：瘥是一个多音字。瘥（chài）：病愈。瘥（cuó）：病。此处指前者。

六神	伏神	艮宫：火泽睽 【本卦】			兑宫：雷泽归妹（归魂） 【变卦】		
玄武		父母己巳火	▅▅▅	○→	兄弟庚戌土	▅ ▅	应
白虎	妻财丙子水	兄弟己未土	▅ ▅		子孙庚申金	▅ ▅	
螣蛇		子孙己酉金	▅▅▅	世	父母庚午火	▅▅▅	
勾陈		兄弟丁丑土	▅ ▅		兄弟丁丑土	▅ ▅	世
朱雀		官鬼丁卯木	▅▅▅		官鬼丁卯木	▅▅▅	
青龙		父母丁巳火	▅▅▅	应	父母丁巳火	▅▅▅	

此卦六爻无财，须看艮宫丙子水，所嫌伏在未土之下。水被土伤，本不为美，岂知未土空亡，透出子水，况逢长生申日，反主亨通！后至戊子日，果得厚利也。

又论，问求财，丑月、甲午旬、癸卯日，卜得噬嗑卦：

六神	巽宫：火雷噬嗑 【本卦】		
白虎	子孙己巳火	▅▅▅	
螣蛇	妻财己未土	▅ ▅	世
勾陈	官鬼己酉金	▅▅▅	
朱雀	妻财庚辰土	▅ ▅	
青龙	兄弟庚寅木	▅ ▅	应
玄武	父母庚子水	▅▅▅	

此卦辰财落空，未财月破，此二财皆无用也。所喜巽宫辛丑土财正临月建，伏于庚子水下，又得土旺于子，更论伏克飞神为出暴，必主吉祥，稍嫌卯日克财，故当日未得。坎宫甲辰日兄弟又空，内财帮比，反获倍利也。

卦卦有动有静，动无不之。

动者，老阴老阳，无不变化；变即之也。凡阳极而生阴，阴极即生

阳，故此交变单，而重变拆也。内有未知者，冲动曰变。冲者，暗动之爻，非在交重之位，岂得变乎？

亦有愚人者言：动值合而绊住，不能变也。即在老阴老阳，岂有不变之理？又论京房变法，第六爻为宗庙，纵动不变，其余一爻动则变，乱动则不变也。此法甚有差讹，后学切莫依此！

《易经》内，凡见交重则变，并无乱动不变之理。宗庙爻既不变化，焉能纯乾变为纯坤？《经》中自“用九，见群龙无首，吉[①]”爻辞可证，故此爻爻皆变也。

变出他宫，但取木金水火土；还归本卦，配成兄父子财官。

凡论变爻，细宜斟酌。且如，节之比卦：

坎宫：水泽节（六合）				坤宫：水地比（归魂）		
【本　卦】				【变　卦】		
兄弟戊子水	▅▅ ▅▅			兄弟戊子水	▅▅ ▅▅	应
官鬼戊戌土	▅▅▅▅▅			官鬼戊戌土	▅▅▅▅▅	
父母戊申金	▅▅ ▅▅	应		父母戊申金	▅▅ ▅▅	
官鬼丁丑土	▅▅ ▅▅			子孙乙卯木	▅▅ ▅▅	世
子孙丁卯木	▅▅▅▅▅		○→	妻财乙巳火	▅▅ ▅▅	
妻财丁巳火	▅▅▅▅▅	世	○→	官鬼乙未土	▅▅ ▅▅	

不可言“财变兄弟，子变父母”之论。只取坤宫未土配作坎宫官鬼，又将坤中巳火配成坎内妻财，正所谓“财化为官，子化为财”是也。又如，艮之谦卦：

校者注　① 用九，见群龙无首，吉：此乾卦爻辞的意思是，天空出现一群巨龙，皆不以首领自居，无过亢之灾，大吉大利。用九：乾卦特有的爻题。古代筮法，本卦为乾，变卦亦为乾，无爻变，六爻皆九，则以“用九”爻辞断占。

艮宫：艮为山（六冲）	兑宫：地山谦
【本　卦】	【变　卦】
官鬼丙寅木 ▅▅▅▅ 世 ○→	子孙癸酉金 ▅▅ ▅▅
妻财丙子水 ▅▅ ▅▅	妻财癸亥水 ▅▅ ▅▅ 世
兄弟丙戌土 ▅▅ ▅▅	兄弟癸丑土 ▅▅ ▅▅
子孙丙申金 ▅▅▅▅ 应	子孙丙申金 ▅▅▅▅
父母丙午火 ▅▅ ▅▅	父母丙午火 ▅▅ ▅▅ 应
兄弟丙辰土 ▅▅ ▅▅	兄弟丙辰土 ▅▅ ▅▅

单取癸酉金配成艮卦子孙，此乃“官化子”也。其余仿此。

水化金，则坎增其势；火化土，则离减其威。

且如，水爻变出金爻，水赖金生，其水转加威势，爻中纵有土兴，终难克制。倘若金又空亡，水纵变金，亦不得其生也。

又如，火爻化土，当为泄气，此火定无光耀矣！如得木动来生，其火反添焰丽，寅日占者，亦如此然。

亥之子曰进神，木得生而火被制；戌变未云退度，金不助而水无伤。

如亥变子上前者，为进气，其力更加，助木之功愈大，伤火之力非轻。如卦内纵有重重土动，水不全伤。爻中水象交重，火又贪生忘克。复陈寅变卯、辰变未之类，皆云进气也。

又如，戌变未爻落后者，名曰：退神。生金之力者轻，伐水之功者减。如得火爻再动，土气还源。退气者，乃是酉化申、辰化丑之类是也。

卦之墓绝非宜，远究伪真之辨；

凡卦变为墓绝者，事事皆凶。其中有绝而不绝、墓而不墓者也。且如，离卦为火变乾卦：

离宫：离为火（六冲）			乾宫：乾为天（六冲）		
【本　卦】			【变　卦】		
兄弟己巳火	▆▆▆▆	世	子孙壬戌土	▆▆▆▆	世
子孙己未土	▆▆ ▆▆	×→	妻财壬申金	▆▆▆▆	
妻财己酉金	▆▆▆▆		兄弟壬午火	▆▆▆▆	
官鬼己亥水	▆▆▆▆	应	子孙甲辰土	▆▆▆▆	应
子孙己丑土	▆▆ ▆▆	×→	父母甲寅木	▆▆▆▆	
父母己卯木	▆▆▆▆		官鬼甲子水	▆▆▆▆	

《地福诀》云："戌亥属乾垣"，故此戌亥二爻乃乾卦之本也。离火墓于戌、绝于亥，凡若甲子旬占，戌亥皆空，此火亦非墓绝也。

又如，甲辰旬丁未日，卜得兑之艮卦：

兑宫：兑为泽（六冲）				艮宫：艮为山（六冲）		
六神【本　卦】				【变　卦】		
青龙父母丁未土	▆▆ ▆▆	世	×→	妻财丙寅木	▆▆▆▆	世
玄武兄弟丁酉金	▆▆▆▆		○→	子孙丙子水	▆▆ ▆▆	
白虎子孙丁亥水	▆▆▆▆		○→	父母丙戌土	▆▆ ▆▆	
螣蛇父母丁丑土	▆▆ ▆▆	应	×→	兄弟丙申金	▆▆▆▆	应
勾陈妻财丁卯木	▆▆▆▆		○→	官鬼丙午火	▆▆ ▆▆	
朱雀官鬼丁巳火	▆▆▆▆		○→	父母丙辰土	▆▆ ▆▆	

兑者属金，丑寅乃艮卦之本，金绝在寅，寅空，绝于何处？金墓在丑，丑得未日冲开，此乃非绝非墓也。

更论占长子病，七月丙辰日，卜得恒卦九四爻动之为升卦：

六神	伏　神	震宫：雷风恒 【本卦】			震宫：地风升 【变卦】		
青龙		妻财庚戌土	▅▅ ▅▅	应	官鬼癸酉金	▅▅ ▅▅	
玄武		官鬼庚申金	▅▅ ▅▅		父母癸亥水	▅▅ ▅▅	
白虎		子孙庚午火	▅▅▅▅▅	○→	妻财癸丑土	▅▅ ▅▅	世
螣蛇		官鬼辛酉金	▅▅▅▅▅	世	官鬼辛酉金	▅▅▅▅▅	
勾陈	兄弟庚寅木	父母辛亥水	▅▅▅▅▅		父母辛亥水	▅▅▅▅▅	
朱雀		妻财辛丑土	▅▅ ▅▅		妻财辛丑土	▅▅ ▅▅	应

内卦不动则不言也，外卦震动化坤，子孙动在震宫，震者又为长男之用，墓于坤宫未内，绝居坤象申中；况申不空而未不破，此是真墓真绝也。卦中虽有用爻，而长男木象真投墓绝者，此子必死无疑也。

爻变生扶最利，更详喜忌之分。

凡原神遇生者喜，仇神遇生者忌。用象逢之无不为吉，忌神遇者无不为凶。

爻有伏吟不吉，术者未开；卦有反吟最凶，星家谁觉？

归妹变随为例，小畜之姤皆同；但识六爻克战，哪知二卦交冲！

奇门遁甲之中，专忌伏吟、反吟为上；周易卦内，岂不忌之？欲识伏吟、反吟之法，当明卦按十二地支。

《地福诀》云：“子向北方坎，丑寅艮上山，卯起东方震，辰巳巽风间，午见南离火，未申坤地关，酉在兑方取，戌亥属乾垣。”凡卜诸事，最忌伏吟、反吟。

伏吟者有二端：有卦象所犯，有爻辞所犯。卦犯者，如巽见巽、离见离，八纯卦皆是也。爻犯者，申变申、戌变戌之类。比如屯变泰、大有变噬嗑卦是也。

反吟者亦有二端：卦犯与爻犯者不同。

卦犯者，冲我之卦是也。且如，内乾外巽，戌亥乃乾宫之本，辰

巳为巽象之根，辰戌、巳亥皆冲，故曰：反吟之论。以上坎见离、震逢兑、艮配坤，皆是彼我相冲，反吟之卦。又如，既济、未济、归妹、小畜、谦、剥、姤、随，此八卦者，皆内外反吟也，其祸犹轻；惟独变出反吟，其凶最重。比如，归妹变随、小畜之姤、未济之为既济、谦之剥、剥之谦，皆是的确反吟也。

爻犯者，巳变亥、亥变巳之类，巽之坤、鼎之豫卦是也。故此反吟、伏吟，凡事遇之不吉。

变能生克于动爻，动不制扶于变象。

且如，变爻能克于动爻，动爻不能克制变爻，相生亦然。

静受动伤，静难制动；柔遭刚克，柔岂伐刚？

静者，少阳少阴；动者，老阳老阴。自古上能伐下，下不能伐上，故此动能克静，静不能克动也。又论，柔者，休囚之象；刚者，旺相之爻。休囚为退度之神，旺相乃当权之职，故此旺相能克休囚，休囚不克旺相也。

日月善能克爻神，爻神谁敢伤日月！

日为君主，旺衰之象尽能伤；月乃提纲，动静之爻皆可克。

日月二神，此权最大。不论卦内旺衰动静之爻，皆可生而咸可克。若爻神克日月者，世无此理也。法曰：日伤爻，真罹其祸；爻伤日，徒受其名。

本卦为贞为始，之卦为悔为终。

凡有动爻，便有之卦。以本卦为贞，之卦为悔。凡爻静无之者，便取内卦为贞，外卦为悔。以贞为始，以悔为终。

亲宫云：出现之爻，远年可取；他卦曰：伏藏之象，近日堪推。

凡八纯之卦便为出现。且如，天山遁内三爻他宫之象，故曰：伏藏；外三爻乾宫本象，便言：出现。

又如，火天大有内属亲宫出现，外当离卦伏藏。

又如，山地剥卦，内坤外艮，皆不是乾宫亲象，此乃体用皆伏藏也。用值伏藏旺相，争如出现休囚，凡得出现之卦，吉则绵长皆吉，凶则久远皆凶。爻在伏藏之内凶，忧目下；吉，应暂时。

内为己，外为他，喜生喜合；应为宾，世为主，嫌克嫌冲。

我生他而半吉，他克我以全凶。

凡内卦为我，外卦为他。又云：以世为我，应为他。如外生内，应生世者，全吉。遇合更加其美。若内生外，世生应者，半吉。如应克世、外克内者，全凶。其中世克应，或内克外者，半凶。逢冲则凡谋不逐，凡事不成。或宜生、或宜克者，另当详审。

世应齐空，两下目前退悔；主宾皆动，二边日后更张。

世空，则己心懒动；应空，则他意无成。世应俱空，彼我皆当退悔。世动则己变，应动则他更。世应皆动者，事纵见成，向后定然改换。若得世应相合，动中有绊住之功，虽变还须迟滞，目下无妨。

两间之爻动，则起居都阻；

间爻者，世应中之二爻也。近世之爻，恰似我家之友，近应之象，犹如彼室之亲。故此二爻皆不宜动，动则事多阻节，若得冲破无妨。

一身之位空，则祸福咸虚。

月卦者，一卦之身也，若落空亡，比同无也。自然祈福不至，间祸不招。此身乃一卦之主，卜家但识“子午持世身居初”之类，此乃世爻之身，亦非主卦之身也。典内但言身象者，必须将月卦为身，便知真宝矣！

且如，占得泽火革：

坎宫：泽火革

伏　神	【本　卦】		
	官鬼丁未土	▅▅ ▅▅	
	父母丁酉金	▅▅▅▅▅	
	兄弟丁亥水	▅▅▅▅▅	世
妻财戊午火	兄弟己亥水	▅▅▅▅▅	
	官鬼己丑土	▅▅ ▅▅	
	子孙己卯木	▅▅▅▅▅	应

人说“巳亥持世身居六”，身在未爻，非也。世若空亡，方用此象代世之劳耳。殊不知革者二月之卦，二月建卯，恰好取初爻卯木为身。譬如官问升迁，此卦身值子孙克伤官鬼，此卦焉得高升？

凡欲久长，用宜安静；如求脱卸，主利交重。

人求安乐久长之计，最要用爻安静。若逢发动及冲破空亡者，决不久留。如问脱货、离乡、迁移、改造、变产等事，须得用爻发动，事必有成。用若安静休囚，必然阻滞而无疑矣！

用木，金来纵吉而不吉；用土，火到虽凶而不凶。

原神却要生扶，忌客最宜制伏。

且如，用爻属木，最嫌动出金爻。水如并动，木又贪生忘克，反作佳祥。金动火又动，金被火伤，亦不能伐其用木也。但恐土动生金，更无水助，其祸倍加；纵然有气之水，凡遇土金皆动，决不为佳。

又论，用爻属土，最喜南方火到。如卦中火动，或土变火爻，皆为吉兆。但变午火为生，若化巳爻为绝；卦中巳动，善能助土之威，亦非为绝土。如变木，卦中纵有火兴，终难扶起。如象内木火皆动，主力转加；若木静火兴兼水动，火亦无功，土无倚赖。

复陈水作用爻，土为忌客，金乃原神。金摇土亦摇，重重之美；土动火亦动，叠叠之凶。土遇克冲为福，金逢生助为恩。以上诸爻，余皆仿此。

用神旺相，事必亨通；主象休囚，理当愁闷。

人间占卜，切莫乱言。一不可将卦名而断，又不可凭星煞而推。单看用爻，纤毫无惑。

如婚姻卦内，男占妇，以财为主；女占夫，以鬼为先。儒学以文书为用，仕宦以官鬼为凭。俗言“考试看官父，结婚推财鬼”。凡用神只有一爻，岂云二象？

凡占事，若得用神旺相，永远亨通，纵发忌神，终无大害。主象若值休囚，即时愁叹。如遇原神动助，远可为祥；若遭忌客来伤，必成凶咎。如或化出生扶，仍为吉断。

卦无凶而用爻失位，后查值日方成；
爻有吉而主象逢空，漫看冲时可就。

凡占事体，各有用爻。若卦内仇神忌神不动，原神已得司权，独无用爻者，未可便言不吉，待后用爻值日，无不佳矣！

且如，问行人，妇占夫到，十月甲辰日，卜得家人之益：

六神	伏神	巽宫：风火家人 【本　卦】			巽宫：风雷益 【变　卦】		
玄武		兄弟辛卯木	▅▅▅		兄弟辛卯木	▅▅▅	应
白虎		子孙辛巳火	▅▅▅	应	子孙辛巳火	▅▅▅	
螣蛇		妻财辛未土	▅ ▅		妻财辛未土	▅ ▅	
勾陈	官鬼辛酉金	父母己亥水	▅▅▅	○→	妻财庚辰土	▅ ▅	世
朱雀		妻财己丑土	▅ ▅	世	兄弟庚寅木	▅ ▅	
青龙		兄弟己卯木	▅▅▅		父母庚子水	▅▅▅	

此卦忌神不动而仇神又空，原神正临身世。独嫌卦内无官，伏出辛酉金在三爻亥水之下。又怪伏生飞，名为泄气，目下未来，待后申酉用爻值日，便得相逢，果应己酉日到也。

其中更有主象空亡者，事事嫌凶。谁知空中有真假不同，还宜细辨。

且如，八月甲辰旬，卜得卦中寅卯之爻，却是真空者也，纵见水动，永不生扶。辛亥日也，非相助亡，必须动化生扶，稍为半用；若再临月破，纵动无功。如爻内忌神不动，原神不空，惟主象独空者，又不临于月破，细查何日冲起空爻，名为填实，反有用也。

且如，兄占弟病，二月、甲申旬、壬辰日，占得讼卦安静：

离宫：天水讼（游魂）

六神	伏　神	【本 卦】		
白虎		子孙壬戌土	▅▅▅	
螣蛇		妻财壬申金	▅▅▅	
勾陈		兄弟壬午火	▅▅▅	世
朱雀	官鬼亥水	兄弟戊午火	▅ ▅	
青龙		子孙戊辰土	▅▅▅	
玄武		父母戊寅木	▅ ▅	应

卦内原神虽旺，独嫌用值旬空，细推空而带相，决不伤身，过旬方好。待后庚子日冲实，用爻不受水克，其病此日全然瘥也。

忌象交重用象无，主象他时逢受害；

用神衰弱原神绝，忌神异日遇遭伤。

卦内无用爻，而原神又不动，仇神忌神皆发，既无主象者，反不受亏；但恐后来日值用爻透出，反遭忌克，定主损伤。

又如，卦有用神而休囚又发动，原神又不得地，日月况不生扶，又不在生旺之处，独喜忌神不动，旦夕未伤；只恐后来忌神值日，方克用爻，其祸必难逃。

一神独发，此象非轻；五位皆与，静爻最重。

人间只识所用之爻，未知为主之象。六爻安静惟凭冲动之爻；再若无冲，须推世象。

一爻动，则阳爻为主；两爻动，取阴爻为主。阴者交，主未来，故有权要。若同阴同阳，取上动之爻为主。三爻动，以中爻为主。四爻动，取下静之爻为主。五爻动，取静爻为主。六爻皆动，须看变卦为主。

惟有一爻独发，其势愈大，却比所开诸爻大不同也。纵值休囚，也能制旺，单不克日月二神，其余皆忌。如去生扶他象，其力更深。如值原神，福非浅受；如临忌象，祸不轻当。

此即论动爻之法，未曾陈变象之因。

其变卦之端有二：一云“一爻动则变”，又云“六爻动皆变”，各有一情，未可执一。

凡一爻动变，理合京房，可用《海底眼》[①]中五章“六亲变法”断语——“父化父兮文不实”之类是也。试无不验，纵然宗庙爻与变法亦同此断。

凡乱动之爻变者，理道《周易》，取动爻与变爻，各配相生相克，及长生十二之宫，决其休咎，切莫用五章变法书推。

且如，夫占妻病，子月、甲午旬、辛丑日，卜得豫之小过：

		震宫：雷地豫（六合）			兑宫：雷山小过（游魂）		
六神	伏　神	【本　卦】			【变　卦】		
螣蛇		妻财庚戌土	▬▬ ▬▬		妻财戌土	▬▬ ▬▬	
勾陈		官鬼庚申金	▬▬ ▬▬		官鬼申金	▬▬ ▬▬	
朱雀		子孙庚午火	▬▬▬▬▬	应	子孙午火	▬▬▬▬▬	世
青龙		兄弟乙卯木	▬▬ ▬▬	×→	官鬼申金	▬▬▬▬▬	
玄武		子孙乙巳火	▬▬ ▬▬		子孙午火	▬▬ ▬▬	
白虎	父母子水	妻财乙未土	▬▬ ▬▬	世	妻财辰土	▬▬ ▬▬	应

校者注　①《海底眼》：宋代京氏易纳甲占筮学名著。全称为《增注周易神应六亲百章海底眼》，宋·王鼒（zī）（大鼎）撰，何侁（shēn）（信亨）重编，徐大升（进之）校正。

此卦用爻持世，忌神虽动，化绝在申，本当有救，谁知《海底眼》中所犯“兄化官兮休下状，占病难医须见哭”。后至癸亥日，兄弟绝处逢生，果然命尽，可应此言也。

当日，又一人占妻病，卜得豫之恒卦：

六神	伏　　神	震宫：雷地豫（六合）【本　卦】		震宫：雷风恒【变　卦】	
螣蛇		妻财庚戌土 ▅▅ ▅▅		妻财庚戌土 ▅▅ ▅▅	应
勾陈		官鬼庚申金 ▅▅ ▅▅		官鬼庚申金 ▅▅ ▅▅	
朱雀		子孙庚午火 ▅▅▅▅▅	应	子孙庚午火 ▅▅▅▅▅	
青龙		兄弟乙卯木 ▅▅ ▅▅	×→	官鬼辛酉金 ▅▅▅▅▅	世
玄武		子孙乙巳火 ▅▅ ▅▅	×→	父母辛亥水 ▅▅▅▅▅	
白虎	父母子水	妻财乙未土 ▅▅ ▅▅	世	妻财辛丑土 ▅▅ ▅▅	

此卦有两爻发动，巳火子孙变成亥水父母，卯木兄弟又变酉金官鬼，内有二爻动者，故不准“兄化官兮休下状，占病难医须见哭”，反取兄弟化为冲克，不能克制财爻。后至丙午日，才遇生扶，妻病全好。此将生克定之，故此乱动不可将京房书断，却宜细详。

世与卦身专主，非可轻言；旺与动象司权，当为重论。

凡占诸事，先察世爻，次评身象。世者一卦之主，身者作事之人，故宜旺不宜衰，喜生不喜克。又取旺相及发动之爻，司权最重，遇吉则吉，逢凶则凶。凡休囚安静之爻，纵有三扶，亦不能及其旺动之爻也。

吉内藏凶非是吉，凶中有吉不为凶。

且如，卦内用神发动，原神旺相，又无忌神者，乃大吉之卦也。岂知用爻化出忌神，日辰克制原神，或卦变反吟、伏吟及墓绝者，便为吉处藏凶也。

又如，主象休囚，忌神发动，本作凶推，岂知日月生助用爻，或主象变为生旺，忌神之为冲克死绝者，便为以凶化吉也。

假令，木为用象，水作原神，金为忌客，土是仇人。仇人者，我去伤他，何以为仇也？所凶此土向被木伤，无能抵敌，不过暗中妒忌，逢金即生，见水即克，阴中报复之类，故曰仇人也。凡事逢之，无不为祸。

如忌神不动者，仇人纵发，难以为殃。木为用象，卦中金动土亦动者，祸不可当；但逢水又发动，正所谓“贪生忘克”，其福更加。

又如，木土皆不动，独受金伤，如得火兴，金遭火克，此木又不受其制。其余火、土、金、水四用神者，仿此推详。

且如，丑月辛丑日，来问见官，卜得坤之剥卦：

	坤宫：坤为地（六冲）			乾宫：山地剥		
六神	【本　卦】			【变　卦】		
螣蛇	子孙癸酉金	▅▅ ▅▅	世×→	官鬼丙寅木	▅▅▅▅▅	
勾陈	妻财癸亥水	▅▅ ▅▅		妻财丙子水	▅▅ ▅▅	世
朱雀	兄弟癸丑土	▅▅ ▅▅		兄弟丙戌土	▅▅ ▅▅	
青龙	官鬼乙卯木	▅▅ ▅▅	应	官鬼乙卯木	▅▅ ▅▅	
玄武	父母乙巳火	▅▅ ▅▅		父母乙巳火	▅▅ ▅▅	应
白虎	兄弟乙未土	▅▅ ▅▅		兄弟乙未土	▅▅ ▅▅	

此卦子孙持世发动，更得日月生扶，本为佳兆，岂知“子化官兮防祸患，占病忧疑尽不如”。以后参官[①]，果受其累，正所谓“吉处藏凶”也。

又如，问进学，巳月甲寅日，需之兑卦：

校者注　① 参官（cān guān）：被参劾而罢官。

六神	伏　　神	坤宫：水天需（游魂）【本　卦】		兑宫：兑为泽（六冲）【变　卦】
玄武		妻财戊子水 ▅▅ ▅▅		兄弟丁未土 ▅▅ ▅▅ 世
白虎		兄弟戊戌土 ▅▅▅▅▅		子孙丁酉金 ▅▅▅▅▅
螣蛇		子孙戊申金 ▅▅ ▅▅ 世	×→	妻财丁亥水 ▅▅▅▅▅
勾陈		兄弟甲辰土 ▅▅▅▅▅	○→	兄弟丁丑土 ▅▅ ▅▅ 应
朱雀	父母巳火	官鬼甲寅木 ▅▅▅▅▅		官鬼丁卯木 ▅▅▅▅▅
青龙		妻财甲子水 ▅▅▅▅▅ 应		父母丁巳火 ▅▅▅▅▅

此卦子孙持世发动，兄又交重，《经》云：“兄弟雷同难上榜，子孙如动不荣昌。”更怪卦无文书，焉能及第[①]？谁知兄弟虽动，被日辰克制，纵有子兴，亦被日辰冲破，此兄子二爻皆无忌也。况月建文书伏在二爻长生之下，更喜官爻值日，竟入泮宫[②]之首，亦所谓“凶中有吉”也。

太岁乃一年之主，时辰掌顷刻之权。

日主宣威于一日，远近皆从；月将出令于三旬，往来咸服。

太岁乃帝君之星，占久远大事者，不可不用；如问目前小事，不必论之。凡时辰之爻，其中或有用处，问当日事情，却宜细辨，但不管次日之事也。

年月日时四建，惟重日辰。

校者注　① 及第（jí dì）：指科举考试应试中选，因榜上题名有甲乙次第，故名。隋唐只用于考中进士，明清殿试之一甲三名称赐进士及第，亦省称及第，另外也分别有状元及第、榜眼及第、探花及第的称谓。应试未中的叫落第、下第。考中进士也有其他别称，如：披宫锦（唐代）、登科、登龙门、烧尾、折桂。

② 泮宫（pàn gōng）：古代的国家高等学校。语出《礼记·王制》：“大学在郊，天子曰辟雍，诸侯曰泮宫。”辟雍中央为高台建筑，四面环水（圆环），而诸侯泮宫等级逊于辟雍，仅有三面环水（半圆环）。《汉书·郊祀志》：“周公相成王，王道大洽，制礼作乐，天子曰明堂辟雍，诸侯曰泮宫。”后泛指学宫。泮水：古代学校前有半圆形的池，名泮水。入泮：科举时代生员入学称入泮。

日乃君主之爻，岂止旦夕之事？数月之间，吉凶无不应验；况为六爻之主宰，其力非轻。凡值日之爻，纵变冲克墓绝，亦不受其害也。虽遇月建来伤，当日无咎，过后成凶。

月乃万卜之提纲，能管往来之祸福。用象如临月建，永远亨通；如值忌神，始终坎坷。纵被日辰冲克，不过当日为殃，改日无咎。

凡此四建，各有所专。时辰管一日之吉凶，日主管一月之祸福，月建管一年之得失，太岁管永远之荣枯。

又察情之重轻，事之远近，活变推详，不可执一。

且如，问当日求财，戌月、丁亥日、巳时，卜得蒙卦安静：

离宫：山水蒙

六神	伏　　神	【本 卦】		
青龙		父母丙寅木	▅▅▅	
玄武		官鬼丙子水	▅ ▅	
白虎	妻财酉金	子孙丙戌土	▅ ▅	世
螣蛇		兄弟戊午火	▅ ▅	
勾陈		子孙戊辰土	▅▅▅	
朱雀		父母戊寅木	▅ ▅	应

此卦六位无财，所喜本宫金财，伏于四爻土下，飞能生伏，便言有财。还怪用爻不透，直待酉时值财当得。

又如，此月此日，问月内何日得财？亦占蒙卦，待后丁酉日果得财也。

凡问何日者，须看日辰为主，不可以时辰定之。

又如，问远路行人，妻占夫本年内何月到？酉年、卯月、乙酉日，卜得旅卦：

离宫：火山旅（六合）

六神	伏　神	【本 卦】		
玄武		兄弟己巳火	▅▅▅	
白虎		子孙己未土	▅ ▅	
滕蛇		妻财己酉金	▅▅▅	应
勾陈	官鬼亥水	妻财丙申金	▅▅▅	
朱雀		兄弟丙午火	▅ ▅	
青龙	父母卯木	子孙丙辰土	▅ ▅	世

此卦六位无官，喜本宫亥水伏在申金之下，官赖财生，年中必到。但嫌用爻不透，日下未回。直待本年十月内甲寅日，官临月建，又得日辰冲飞合伏，其夫准到。

又如，妻占夫出外多年，要知何年返舍？此月此日亦得旅卦，便言亥年方到，不可将亥月推之。果然己亥年正月到家，应此理也。

故看卦之法，须审来情，活变断之无误也。

月卦者，作事之身；官鬼者，求谋之主。

卦内无身，百样事情无定向；爻中少鬼，万般谋作总空虚。

卦动二身，事知叠叠；爻兴两鬼，祸至重重。

官爻不动不空，胜心之美；身象不冲不陷，如意之欢。

月卦，按阴阳之理，乃一卦之尊，故为所作之身也。卦若无身，事无定向。如卦有二身皆动，事系两情，或更两度，必然重叠；若值空亡，祸福皆不实也。如卦身不空不破者，又得生旺之乡，无不如意。

复论鬼爻，能助文书，能克兄弟，故为主也。凡人间所重者钱财也，最嫌兄弟来伤。若卦无官鬼，兄必专权，财遭耗散，事必空虚；须待官来制兄，财能积聚，事又可成。若卦内两官皆动，又化出官爻，更得日月帮比，祸起多端，殃来不息。只有官宦遇之，连升数级，必主重重迁转也。惟官爻宜静不宜动，宜透不宜空，若在卦不冲不陷者，事事皆亨。

出行动土及迁移，官空反吉；孕育田蚕兼六畜，鬼动成凶。

官鬼之爻，万事之主。惟有出行、行人、迁移、动土、改造、生产、田蚕、六畜，无鬼大吉，空则亦然。如鬼动，大凶也。

日带凶神发动，长者之殃；时临恶煞交重，少丁之厄。

阳动忧于男子，阴与祸及女人。

日辰为尊长，时辰为卑幼，阳爻为男子，阴爻为女子。看哪爻临官鬼并凶煞动者，便知谁人有患。

且如，问家宅，那时卜得损卦二五爻动：

伏神	艮宫：山泽损 【本卦】			巽宫：风雷益 【变卦】		
	官鬼丙寅木	▅▅▅	应	官鬼辛卯木	▅▅▅	应
	妻财丙子水	▅ ▅	×→	父母辛巳火	▅▅▅	
	兄弟丙戌土	▅ ▅		兄弟辛未土	▅ ▅	
子孙申金	兄弟丁丑土	▅ ▅	世	兄弟庚辰土	▅ ▅	世
	官鬼丁卯木	▅▅▅	○→	官鬼庚寅木	▅ ▅	
	父母丁巳火	▅▅▅		妻财庚子水	▅▅▅	

此卦二爻官鬼属阳，正值时建动，便断儿童有病。又五爻属阴，虽动而不带官爻凶煞，故不断女人之疾。凡有爻动不带官鬼者，不可言病也。

父动，子孙僧道克，蚕畜无收；父空，尊长屋船亏，文书不就。

父母为尊长，不宜发动，动则能伤卑幼，兼克僧道、春蚕、六畜等件，如兄弟又动者，生助子孙亦不相克。若财又动者，本爻自受其伤，亦不克子也。父爻又不宜空，空则文书不就，并伤尊长、舟船、房屋之类也。

兄动，妻灾奴仆患，资财耗散事无成；

兄空，友绝弟兄亡，家业清安儿少育。

兄弟为奸诈之神，故不宜动，动则有伤妻妾、弟妇、嫂、仆、俸禄、货物等件，并耗资财。若子又动亦不然，或子静鬼又动，本象自遭鬼克，岂得伤财？兄爻亦不宜空，空虽家道清安，又主儿孙欠旺，并妨弟兄朋友也。

子动，夫伤官职退，民间有废无灾殃；

子空，儿损畜蚕虚，朝内少贤多奸佞。

子孙为至吉之神，动则朝无奸佞，民有祯祥，多生儿女，广获财源。惟有占官职并问夫病，亦不宜动也。此爻又不宜空，空则儿孙受害，蚕畜虚浮；问功名及夫病者，遇空反吉。

财动，椿萱[①]受害，文事难园；财空，妻仆遭迍，利资绝望。

妻财为财利之神，在相不宜动，动则文书不就，举状无成，兼伤尊长之亲，又损田、车、房屋，加鬼动则不然。财爻又不宜空，空则亏伤资本，兼损妻奴，又伤财帛。

官动，则有妨手足，病讼将萌；官空，则有犯夫君，功名未遂。

官鬼为祸殃凶恶之神，世上官灾火盗，无鬼不为。发动则有伤兄弟，兼作祸殃；又不宜空，空则功名不显，夫主有亏，诸般谋事少成，家资耗散。此爻不动不空，便为佳矣！

先道六亲空与发，次陈六兽动和冲。

龙为良善、清高、喜气、利名之兆；

甲乙为青龙，其神属木，名东方，春季得令，应甲乙寅卯之日。所

校者注　①　椿萱：将“椿”、“萱”合称“椿萱”即代指父母。父母都健在称为“椿萱并茂”。唐·牟融《送徐浩》：“知君此去情偏急，堂上椿萱雪满头。”“堂上椿萱雪满头”的诗句就是形容父母都老了，头发都白了。

主：屋宅之左、桥梁、寺观、舟车、贵宦、僧道、嫁娶、喜庆、善事、生育、竹木、青缘。发作，此神若遇动处，无不为祥，纵带凶神恶煞亦不为祸。疾遇得和、病遇得解，问喜即成、问财即得。但不宜冲，冲则其神失半；又不宜空，空则永无嘉兆也。凡月建青龙与戊辰青龙同断。

《书》云：“卦中吉将号青龙，作事求财喜气浓；名则嫁娶皆遂意，假饶忧事也无凶。”

蛇主虚浮、惊恐、忧疑、怪梦相干。

己上为戊土，其神为赤，无正位，故戊土之次附勾陈，应戊己辰戌丑未之日，其遇主：出路、绳索、粘带、缠绵、怪异、梦寐、火烛、虚惊、哄诈自己、赤色等件。月建螣蛇与日螣蛇同动，则概事不宁；空则武辰传神。

《书》云：“螣蛇终是有忧惊，怪梦邪魔恐见侵；举相女人多遂退，安然守静始清平。”

朱雀宜音信文章，又作祝融词讼[①]；

丙丁为朱雀，其神属火，伏临南方，夏季得令，应丙丁巳午之日。所主：屋宅之前、应灶吉烛热灾、宜敕文书、契券公讼、音信闹闹、焦紧干旱、女产安、舌朱紫等件。月朱雀与日朱雀同动，则事事皆兴；空则万般减灭。

《书》云：“朱雀临爻卦上来，文书发动事难谐；发讼火光并口舌，求谋交易尽心隳[②]。”

白虎利武官胎产，况招丧服血光。

庚辛为白虎，其神属金，居西方，秋季得令，应庚辛申酉之日。所主：屋宅之右、金玉瓦石、刀兵杀戮、丧服凶祸、哭泣血光、生产卒、

校者注　①　词讼：诉讼，诉状。语出《淮南子·时则训》：“（立秋之日）命有司修法制，缮囹圄，禁奸塞邪，审决狱，平词讼。”

②　隳（huī）：毁坏，动摇。隳（duò）：怠惰。通“惰”。

青龙素等件。大白虎与小白虎同动，则诸般不吉；空则产孕动生。

《书》云："白虎爻惊事不祥，多招疾病亦灾殃；见血强作有孝服，关防谋害及争刚。"

勾陈是田土、公差、坟茔、迟滞；

戊土为勾陈，其神属中央，则春季月当令，应戊己辰戌丑未之日。所主：屋宅之中、州郡城廓、田土、坟墓、阴晦、垣塘、隐伏、迟滞、堆垛、伏尸、蛊毒、山林、埋藏、公差、黄色等件。大勾陈与小勾陈同动，则事见迟留；空则田禾不利。

《书》云："勾陈事事主勾留，遁闷迟疑未罢休；若乃求官官未至，望求财物亦难过。"

玄武乃阴人、盗贼、水利、奸邪。

壬癸为玄武，其神属水，居北方，冬季得令，事应壬癸亥子之日。所主：屋宅之后、阴雨、江海、池井、坑厕、湿润、贼盗、小人、阴私、奸淫、暗昧、阴神、堕胎、悭吝、玄黑等件。大玄武与小玄武同动，则人事不安；空则江河枯竭。

《书》云："玄武原来是暗神，逃亡淫盗每相侵；求则难托终无实，赌博交关不称情。"

以上所论大六神者，即月建六神也，各有起例开后。

大青龙，正月从寅上起，顺行十二位是也。

大朱雀，正月从巳上起，顺行十二位。

大勾陈，正月从丑上起，顺行十二位。

大螣蛇，正月从辰上起，顺行十二位。

大白虎，正月从申上起，顺行十二位。

大玄武，正月从亥上起，顺行十二位是也。

龙往巫山，半为吉断；虎行南地，稍作凶推。

土中玄武贼轻防，木内勾陈田欠熟。

雀堕江湖，官司易解；蛇游草木，怪梦反成。

青龙属木，遇水为恩，若值金爻，非为全吉。

白虎属金，遇土转加横势，若应午地，不为大凶。

玄武属水，遇金转盛，如居土位，盗贼稍防。

勾陈属土，遇火添威，若在木爻，田禾欠熟。

朱雀属火，见木增光，若入水中，讼当息灭。

螣蛇虽附土中，本原属火，遇水难伤，逢木不克，故为妖怪之星也。

旺相则吉凶来速，休囚则祸福行迟。

吉凶二字，临生临旺方来，故旺相而速。休囚之爻，目前未发，待后生旺之日方见。吉凶远则取月，近则取日，活变推之，永无差错。

动则有变有更，空则无忧无喜。

凡爻动必有改更。世动则自己之变，应动则他人之变。财动不聚，鬼动不宁，父动费力，兄动不成。子爻若动，不利功名。凡爻神休囚空者，此同卦无此爻也，吉不为喜，凶不成忧。

长生与帝旺，远日兴隆；冠带与临官，近时茂盛。

用爻值长生、帝旺之中，并不受他爻伤克，非管一时之吉兆，尤关远岁之亨通；忌神遇此，过不可当。冠带、临官二位，远则主三、四月之吉凶，近则主三、四日之祸福。

衰病半凶之祸，受克全凶；胎养半吉之祥，得生全吉。

自古成功者退，故为衰；初泄气时，故为病。此二爻，不可便为凶兆也，如再得生扶者，复有用处，比旺相同。如遭克制，便为不祥。论五行之气，旺而衰，衰而病，病而死，死而墓，墓而绝，绝而复转为胎，胎既成而为养，养后又起长生，此乃周而复始之道也。胎、养二爻，相近长生，故有半吉。细辨胎不如养，养力更加。如再得扶助者，与长生仿佛也；如逢克破，仍不为祥。

墓库但逢冲破，若动若兴；死绝不遇生扶，如无如陷。

凡爻神入墓者，便曰暗藏，吉凶未应。其墓如得冲开透出，此象犹如不墓者也。

且如，问出行，戌日占得既济之屯卦：

伏　神	坎宫：水火既济 【本 卦】			坎宫：水雷屯 【变 卦】		
	兄弟戊子水	▅▅ ▅▅	应	兄弟戊子水	▅▅ ▅▅	
	官鬼戊戌土	▅▅▅▅▅		官鬼戊戌土	▅▅▅▅▅	应
	父母戊申金	▅▅ ▅▅		父母戊申金	▅▅ ▅▅	
妻财午火	兄弟己亥水	▅▅▅▅▅	世 ○→	官鬼庚辰土	▅▅ ▅▅	
	官鬼己丑土	▅▅ ▅▅		子孙庚寅木	▅▅ ▅▅	世
	子孙己卯木	▅▅▅▅▅		兄弟庚子水	▅▅▅▅▅	

正是世变入墓。《经》云："远行世墓身难动。"岂知戌日冲开辰墓，透出水爻，故当日中时得行也。

死绝二爻，各有分辨，死处还轻，绝中尤重。死象救而还易，绝爻生起尤难。救死不论阴阳，三象扶助回生。救绝须得寅申巳亥之爻，遇之有用。

且如，问借物，丙子日卜得否之遁卦：

六神	伏　神	乾宫：天地否（六合） 【本 卦】			乾宫：天山遁 【变 卦】		
青龙		父母壬戌土	▅▅▅▅▅	应	父母壬戌土	▅▅▅▅▅	
玄武		兄弟壬申金	▅▅▅▅▅		兄弟壬申金	▅▅▅▅▅	应
白虎		官鬼壬午火	▅▅▅▅▅		官鬼壬午火	▅▅▅▅▅	
螣蛇		妻财乙卯木	▅▅ ▅▅	世×→	兄弟丙申金	▅▅▅▅▅	
勾陈		官鬼乙巳火	▅▅ ▅▅		官鬼丙午火	▅▅ ▅▅	世
朱雀	子孙子水	父母乙未土	▅▅ ▅▅		父母丙辰土	▅▅ ▅▅	

此卦财爻发动持世，所嫌化绝在申，故未能得。虽有当日水，难生绝木，直待丁亥日，财遇绝处逢生，方得入手。死绝之象若不遇生扶者，比同无此爻也。

土至酉中金至午，遇败而无成；火临兔上水临鸡，反生而有力。

沐浴之爻，又为败论。总是一爻，内有分辨，其中逢生为沐浴，遇克为败。

且如，金临午地，金被火伤，岂为沐浴！乃为真败也。

又如，水土败于酉内，又不同。土到酉而泄气，本曰败乡；水行酉地逢生，当云沐浴。余皆仿此。

土逢巳绝，不可言生；金遇巳生，终难言克。

此凭日月变爻而断，非因世应动象而推。

巳爻持世必伤金，巳象动兴能助土。

土爻临巳日、巳月或变出巳爻，皆为绝论。

又如，卦内巳爻持世，或动出交重，便言生土之功，亦非绝也。

又论，金变巳爻，乃是自身化入长生，岂云伤克？但若卦中巳动，能伐其金，永不作长生也。

墓库曰藏，有刑破冲开之法；空亡曰陷，有补虚填实之方。

凡用爻入墓，便曰：暗藏；若遇刑冲，即为：开局。

且如，丑月戌日，妻占夫病，卜得革之困卦：

	坎宫：泽火革				兑宫：泽水困（六合）		
伏　　神	【本　卦】				【变　卦】		
	官鬼丁未土	⚋			官鬼丁未土	⚋	
	父母丁酉金	⚊			父母丁酉金	⚊	
	兄弟丁亥水	⚊	世		兄弟丁亥水	⚊	应
妻财午火	兄弟己亥水	⚊		○→	妻财戊午火	⚋	
	官鬼己丑土	⚋		×→	官鬼戊辰土	⚊	
	子孙己卯木	⚊	应	○→	子孙戊寅木	⚋	世

此用官为主象，未土正临月破，丑土变入辰墓，此二官皆非吉也。幸得戌日冲开辰墓，透出丑官，后至申日病即愈也。

凡爻值空亡，便为落陷。若变为相冲，或得日辰冲者，皆为补虚填实，不为空也。倘若月建来冲，名为月破，正所谓“空而又空”也。

陷叨月将生来，非为全陷；空被提纲克去，乃是真空。

旺相之爻过旬方用，休囚之象到底无功。

伏藏值此犹轻，出现临之更恶。

凡论空亡者，有轻重、真假，大不相同也，当详月令，便见假真。若得月建生扶，只为半空；如被月建伤克，乃是全空。又论立时空者，春土、夏金、秋木、冬火是也。此只四仲月①定之。

且如，春土空正、二、三月，各有所辨。正月土空，寅内暗藏丙火，土得丝毫生气，不作真空。又论土逢三月，正当旺地，岂作空亡？虽空，主一旬不利，过后还原。惟独土临二月，木能克土，乃是真空。余月仿此。

如空临旺相之乡，旬内断不为吉，旬外便不为空。惟独月破之爻，纵然旺相亦藏之内，乃他宫之象，此祸尤轻。若出见空亡亲卦之爻，其

校者注　①　四仲月：一年分春、夏、秋、冬四季，农历每一季为三个月。孟月、仲月、季月分别指每季的第一、二、三月。四仲月是指农历二月、五月、八月、十一月。

凶愈甚。

陷原神而最多坎坷，亡忌客而永没迍邅[①]。

空亡亦有可用、不用之分，如值用神原神者，断为凶兆；若临仇神忌客者，反而无虞。

男空则远行不利，女空则近日多殃。

凡男子占，值空者，不宜出境。若出外谋事不成，反遭疏失。如女人遇者，旦夕必有灾殃，亦不宜出门也。

财空富而不厚，官空贵而不荣。

子空儿女必伶仃，父空屋室还衰败；兄空则弟兄少力，间空则媒保无能。

六亲值空，皆不宜也。

妻财落陷，妻无相夫道，仆无助主之情；资财不聚，诸利无收。

官鬼如空，功名不显，谋事不成。夫主寡情，牙人少力。

子空则儿多不育，后代凋零，生涯不久，贼寇难擒。

父空则上人不佑，房宇萧条，舟车亏损，文事难图。

兄空则弟兄少力，朋友无情。

惟间爻为中、为保、为媒，空则皆无力也。

陷勾陈而田非久远，空玄武而盗不侵欺。

蛇空闲梦假妖邪，龙陷虚胎非喜庆；

雀避则讼非不起，虎虚则丧孝无干。

青龙空，喜星未照；朱雀空，讼事不成；勾陈空，田坟皆不久；螣蛇空，怪梦总无疑；白虎空，悲丧不作；玄武空，奸盗潜形。

校者注 ① 迍邅（zhūn zhān）：处境不利；困顿。

内卦若临空宅，休居旧地；外宫如犯迁移，勿往他图。

内宫为现住之方，空须莫住；外卦乃未居之地，陷不宜迁。

不测之灾遇者，身还可救；绵延之疾逢之，命不回生。

旬内得病者，用若逢空，盖因空而有病，岂断伤身？惟久远之灾，主象若临空地，决不再生也。

空世则已心疏懒，空应则他意徘徊。

凡占以世为我，应为他，皆不宜空。世空，则自己无心作事；应空，则他意暌违[①]。

空中动出不为空，墓内摧开非入墓。

凡发动之爻，切不可作旬空而断。冲门墓库，定不为入墓而推。

凡值旬空，或临月破，吉不能合生于物，凶不能冲克于神。

凶者旬空之杀，当辨兴衰；恶者月破之神，无分生克。

卦内空亡及月破之爻，永不能生扶他象，又不克制他人，冲合亦然。空亡又不受他爻生克。

用爻空者为凶，又看旺相者轻，休囚者重。如临月破之爻，不拘衰旺，概作凶推。纵有动爻日主来生，不能扶起，逢生不受，遇克能招，故此爻毫无所用。

事事宜空中之有气，般般忌合处又逢冲。

空亡之爻，若临旺相，或得日月扶持，或变为生，便为有气，凡事可成。六合之卦，若被日辰冲世或冲应、或冲用爻、或变为六冲，皆为合处逢冲之象，诸般遇此，盖不为佳。惟独月建之爻不能冲散。

校者注　① 暌违（kuí wéi）。差失，差错，背违；分离，分隔，离别。语出颜师古《汉书叙例》："匡正暌违，激扬郁滞。"

逢合虽凶而易就，遇冲纵吉似难成。

六合之卦，爻中纵有凶神，事当不吉，也有成就之时。凡遇六冲，卦中纵有吉神，用爻得地，虽曰吉祥，始终不就。

合被冲开，无丝毫之力；绝逢生起，有数倍之功。

合处逢冲者，永不相合也；非惟不合，见冲反凶。凡爻遇绝者，却如卦无此象也；若得动爻及变爻或日辰生起，便为绝处逢生。此在卦不绝之爻，其功愈大，用神遇之最吉，忌神遇之最凶。

三合三刑，亦有假真之论；六穿六合，岂无生克之分？

水会申辰，无鼠牙而不取；木成亥卯，少羊角以无妨。

凡成局者便为三合，亦有可成、不成之间。三合之局取中字为主，前一字生而主发，后一字墓而主藏，主象有发有藏，故为三合。其中有发而不藏者，事当有始无终；但有墓而无生者，事必先难后易。

且如，水局之论，用子为主，生于申，墓于辰，若得三字归完真三合也，如有申子二象无辰字者，虽成水局而少收藏。又如，有子辰而缺申字者，亦成水局，嫌少根源。故先难后易也。若有申辰二爻，独无子字，水象既无，焉能成局？

又如，木局无卯字者不成，有亥卯无未字也可合，有卯未无亥字亦成合。但缺一字者，断为半吉；若得三字皆全，方为全美。火金二局皆同。

凡用爻值三合者，见贵、谋事、嫁娶、求财、科甲、田蚕，诸般遂意也。

寅巳申三全为煞，丑戌未一缺非刑。

三刑者，必得三字全而为刑，如缺一字不为刑也。譬如用在寅爻，变为巳地，或卦中申动、或申年、月、日占，便为煞。

又如，有戌未而无丑、或有丑戌而无未，缺一字者，岂得为刑？

又论，刑之起例，刑者乃是四局而刑四类，木能刑水，水又刑木。惟金刚火强，自刑其方。

且如，亥卯未木局，能刑亥子丑水类；其中亥刑亥、卯刑子、未刑丑是也。

申子辰，能刑寅卯辰；申刑寅，子刑卯，辰刑辰是也。

寅午戌，能刑巳午未；故此寅刑巳、午刑午、戌刑未是也。

巳酉丑，又当刑申酉戌；巳刑申、酉刑酉、丑刑戌是也。

用辰卯害本为殃，用亥申穿非作祸。

穿心者，即是六害也。

且如，主象在辰，化出卯地，或卯日占之，害中加克，乃主大凶。用子见未相同。

又如，用临未位，见子来穿，穿中带旺，故为半凶。亥为用象，申字来穿，此论长生，非为六害，毫不成凶。用丑见午，用酉见戌，皆得生气，无害于事。

又如，用申见亥，本来泄我之气，岂不为穿？用寅见巳，泄气又加刑兆，其凶愈甚。用巳见寅，叨生无忌，虽不作福，亦不为殃；一见申来，此是三刑带害，其祸倍加。此等爻辞，何以为之六害？合处逢冲，故成害也！正所谓“得恩未结，离间乘之”。

且如，子与丑合，未来冲丑，子被穿心；或见午来冲子，即丑补穿心。各宫细察，六害皆同。六害者，害物伤象之神也，正是冤家之煞，仇敌之星，凡事逢之无不为害。

用戌卯合，被克而反凶；用酉辰谐，叨生而果吉。

戌为主象，见卯合，合中带克，还成半凶。用子见丑相同。

又如，卯是用爻，遇戌来合我必欺他，当为吉也。复论酉为主象，合见辰来，金赖土生，必获无穷之福。用寅见亥，用未见午者同。

又如，土居午上，合见未来，终嫌泄气之爻，乃为半吉。复论用申巳合，断作长生，岂云相克？一见寅爻，乃是三刑之煞，毫无合气，此祸大凶。用巳见申，无寅为合，虽合稍嫌刑兆，半作吉祥。以上诸爻概论。地支相合，再得天干又合者，此是天地合德，非比寻常之合，受恩非浅，享福无限，见伤不伤也。

合处带生，百事见之皆事悦；害中加克，千般犯此尽忧迍。

刑则骨肉伤残，穿则亲邻不睦。

以上所言，注见前篇，不须重述。

六合咸称吉象，若问遣人出狱以非宜；

六冲各骇[1]凶爻，如占散讼脱灾而反利。

六合之卦，事事皆祥。惟有出妻遣仆、撇友辞亲、离祖分居、出监脱锁，遇之反被牵连，未能遽[2]解。若得合处逢冲，便能消散。

六冲之卦，虽曰凶爻，亦有宜用之处。凡占散讼脱灾、诸般离别，逢之便得如心，终无连累。

青龙财福为祥，破之不吉；白虎兄官为咎，用之不凶。

青龙妻财、子孙贵人、天喜、禄马、天医等象，咸作吉推，如临月破旬空，或被动爻及变爻伤克，便不吉也。

白虎兄弟、官鬼朱雀、勾陈羊刃、天地传杀[3]之类，本作凶推；惟白虎利于生产，朱雀利于文书，勾陈利于田土，羊刃用在兵权。问手足须观兄弟，占仕宦必用官爻，孕育卦中，胎若逆生者，必要天地传杀，动则以逆化顺。以上诸象，各有所宜。

校者注　① 骇（hài）：惊吓，震惊。

② 遽（jù）：急，急速，仓猝，匆忙之意。本义为送信的快车或快马。

③ 天地传杀：查《象吉通书》、《鳌头通书》、《陈子性藏书》，皆为“天地转杀”，此处所言“天地传杀”，疑为古书笔误。天地转杀，亦称天地转煞。起例：春兔夏马天地转，秋鸡冬鼠便为殃；行人在路须忧死，造屋未成先架丧。物极而反谓之转，旺连天干曰天转，旺连纳音曰地转，谓之天地转。如春木旺之时，见乙卯乃天连天，谓之天转。见辛卯乃旺连纳音，谓之地转。夏乃火旺，见丙午为天转，见戊午为地转。秋乃金旺，见辛酉为天转，见癸酉为地转。冬乃水旺之时，见壬子为天转，丙子为地转。地转取纳音为是，其日最忌。上官、受职、出行、商贾、造作、嫁娶，必主凶。命逢此日，必主夭折。

日建岂为月破？月建非作旬空！

凡月破之爻，决无解救，惟独日主临之，不为月破。

且如，正月申日，二月酉日，占者不犯也。旬内空亡亦有全空、半空者出。阳日遇阳爻、阴日逢阴象，皆作全空。阳日逢阴、阴日逢阳者，皆作半空。惟月建之爻，永不落旬中之空也。

且如，四月甲午旬占者，巳爻不空也。

卦静逢冲为动，爻安遇合为和。

动处见冲为战征而散，动中加合因羁绊[①]而迟。

凡冲者有二：有日辰冲，有动爻冲。若日辰冲，不拘衰旺。动爻冲却辨三：衰旺相善能冲休囚，休囚不能冲旺相。

又云：空逢冲则实，静逢冲则动，动逢冲则散。惟日月二爻，纵动逢冲，决不散也。

自古旺相见冲则发，休囚见冲则散。安静之爻逢合，最能久远和谐。若占脱卸之事，最喜用爻发动；又被日辰或变爻合住动爻者，反遭羁绊，事必迟延。

且如，子占父来，甲戌日占得姤之乾卦：

六神	伏　神	乾宫：天风姤 【本　卦】				乾宫：乾为天（六冲） 【变　卦】		
玄武		父母壬戌土	▅▅▅			父母壬戌土	▅▅▅	世
白虎		兄弟壬申金	▅▅▅			兄弟壬申金	▅▅▅	
螣蛇		官鬼壬午火	▅▅▅	应		官鬼壬午火	▅▅▅	
勾陈		兄弟辛酉金	▅▅▅			父母甲辰土	▅▅▅	应
朱雀	妻财甲寅木	子孙辛亥水	▅▅▅			妻财甲寅木	▅▅▅	
青龙		父母辛丑土	▅ ▅	世	×→	子孙甲子水	▅▅▅	

校者注　①　羁绊：缠住不能脱身，束缚。羁：约束。绊：行走时被别的东西挡住或缠住，引申为束缚或牵制。

初爻父母，带青龙发动，又临世上，理应当日回来，岂知变爻合住用神，故未能到，直待壬午日冲破子合，方得归家。

用旺有绊持，虽遇凶星难作祸；主衰无救助，纵逢吉曜哪为佳。

凡占卦，先推用象，次察原神。若临旺相，或遇生扶，便言吉断，纵有凶星恶煞，难以为殃。用象若值休囚，又无生助者，岂得如心？纵有天喜、青龙、贵人吉曜同宫，终非为福。

身后世后及重爻，皆为已往；身前世前兼交位，各主未来。

月卦之爻，与世爻同看。爻在身世之后，便为已往；若在身世之前，便断将来。又云：重主过去，交主未来。

游魂宜出外，归魂利返乡。

游魂之卦，最利迁移、并远出更改等事。若游魂又化游魂，更后复当更改。归魂之象，最利返乡复旧，不宜出外迁更。

内为体，外为用，逢生云吉，克云凶；
动为速，静为迟，见合曰成，冲曰散。

论卦，内三爻为体，外三爻为用。又云：主卦为体，变卦为用。凡诸般爻象，逢生则吉，遇克则凶。动则急速，静则迟延。六合则利成利就，六冲则宜散宜分。

生主发，墓主藏，伏断将来飞断往；
阴主邪，阳主正，衰相稀少旺相多。

一应爻辞，遇长生则起发，入墓库则收藏。伏神管将来之事，飞神主过去之情。阴乃幽僻之爻，阳乃刚明之象。万物旺相主多，休囚主少，空绝主无。

事有大小，始终缓急，各审其因；卦开前后，飞伏正之，即详其理。

初求内外三爻，为飞为正为前卦；次化阴阳二象，为变为之为后爻。

卦静无之方取互，世空无主却凭身。

凡占下之卦即是，初求内外三爻，此卦其名有三：一名飞卦、一名正卦、一名前卦，总归是主卦也。

凡有动爻即当变也，变出之卦亦有三呼：一名变卦、亦名之卦、亦名后卦，总归是变卦也。

若六爻皆不动者，即无之变，方取互卦，以定吉凶。定互卦之法：将主卦除去初爻、六爻，却把二、三、四爻为内卦，三、四、五爻为外卦。再配成互卦。

若爻动取互又不同也。变卦二、三、四为内卦，主卦三、四、五为外卦。且如，观之否，互艮是也。

主卦内，身爻有二：有卦之身，有世之身，二者大不同也。卦之身，月卦是也。世之身，"子午持世身居初"之类是也。

凡卦身之身，用之为重；世之身，司事还轻。世若不空不破，不须论身伏之爻。世或空亡，祸福方凭身位。

之卦内之盈亏，变爻已定；互卦中之悔吝[1]，礼用为先。

看之卦之法，所重变爻，不变之爻，难分吉凶。

且如，观之艮卦，转取三爻财化绝、五爻鬼化克为重，其余四爻俱不论也。

又看，互卦之法，并不取十二支为用，但取体用。如乾兑金、震巽木、坤艮土、坎水、离火，取入本宫配成六亲，以明祸福。惟互卦体用二爻自能生克，永不受本卦动爻来伤。

且如，父占子病，八月丁巳日，卜得晋卦安静：

校者注　①　悔吝（huǐ lìn）：灾祸。亦指悔恨，追悔顾惜之意。语出《易经·系辞上》："是故吉凶者，失得之象也；悔吝者，忧虞之象也。"悔，后思有误而显忧愁之象；吝，不以小误为意，仍然乐而忘忧之象。故《周易本义》云："悔，自凶而趋吉；吝，自吉而趋凶也。"

乾宫：火地晋（游魂）

六神	伏　　神	【本　卦】		
青龙		官鬼己巳火	▅▅▅	
玄武		父母己未土	▅ ▅	
白虎		兄弟己酉金	▅▅▅	世
螣蛇		妻财乙卯木	▅ ▅	
勾陈		官鬼乙巳火	▅ ▅	
朱雀	子孙子水	父母乙未土	▅ ▅	应

此卦六爻无子，兼看亲官子水伏于初爻土下，又值空亡，日月二爻更无主象。必须互出水山蹇，取外卦坎水配为本宫子孙，方为有救。又取内卦艮土配作晋卦父母，子被父伤，后果死也。

又如，夫占妻病，六月丙午日，卜得睽卦安静：

艮宫：火泽睽

六神	伏　　神	【本　卦】		
青龙		父母乙巳火	▅▅▅	
玄武	妻财子水	兄弟乙未土	▅ ▅	
白虎		子孙乙酉金	▅▅▅	世
螣蛇		兄弟丁丑土	▅ ▅	
勾陈		官鬼丁卯木	▅▅▅	
朱雀		父母丁巳火	▅▅▅	应

此卦六位无财，亲官子水伏在未土之下，伏被飞伤，又无用处，况日月之中皆无财象，本无救也。再看互出既济，取外卦坎水配为艮内妻财，纵有月建忌神，不能伤克，至戊申日，财遇长生，病果愈也。

细观伏象之兴衰，当察飞神之动静。远推年月，近看日时。

飞伏并年月日时，已注在前，此故不具。

此篇概论总纲，后具分门别类。

此一章，总论兴衰动静，决寰中[①]得失荣枯。人间事变多端，数语岂能悉具！故分门数，次第开详，正所谓“天生事业，无不收藏”。学者须要一字精微[②]，万无漏泄。

校者注　① 寰（huán）中：宇内，天下。寰：广大的地域；古代帝王京城周围千里以内的地方。唐·王勃《拜南郊颂序》：“天下黎人，知四海之安乐；寰中殊域，奉三灵之康泰。”

② 精微：精深微妙，亦指精微之处。明·陈继儒《袁伯应诗集序》：“公（袁可立）皆为讲贯演习，洞入精微。”

易林补遗卷之二　元集

天时晴雨章第二

（占雨，取父母为主，水象为凭。占晴，取子孙为主，火象为凭。）

欲识天时晴与阴，子孙父母定其真；
次查水火阴阳理，动静兴衰变化寻。
此四句，乃天时之大旨也。

子位交重晴升升，父爻发动雨沉沉。

子孙为日月，若不受他爻刑克，又不临月破旬空，如居身世，虽不动亦主晴明，旺动则久远大晴，衰动则时下小晴。值日，主一日之晴；值月，主月内之晴。

又加父动，宜辨兴衰。父旺子衰，决非晴霁[①]；父衰子旺，原主光明。

若兄弟再动，又助子威，天必久晴，兼主风发。子化子或化兄，皆主久晴。化财，后主阴晦；化鬼，后主天变；化父，即变雨也。

父母者，为雨也。如无伤克及不空亡，若临身世，虽不动天时已变。旺动则大雨，衰动则细雨。值日，则一日之雨；值月，则月内之雨。财如同动，却看重轻；父衰财旺，纵雨不多；父旺财衰，淋漓未止；鬼又动，此雨倍加。若父化父，雨必连绵；父化鬼，雨未止而添雷；父化兄，则风雨交作；父化财或化子者，雨变晴天。

校者注　①　霁（jì）：雨雪停止，天放晴。

雨逢水动晴逢火，晴见阳多雨见阴。

天时原以水为雨，火为晴。水动，则有雨水。化水或化金，其雨转盛而连绵。化土，虽雨不多；化木，雨后生风；化火则变而为晴矣。火爻动则晴，火化火，晴能久远。如化木，晴久生风；化土，日后起浮云；化水，晴变为雨。又以阳为晴、阴为雨，纯阳水静则久晴，纯阴火静则久雨。阳化阴即晴变雨，阴化阳即雨变晴。

卦遇乾离朱雀动，九天红日照乾坤。

问阴晴，以外卦为主，内卦为次，先推外卦，可别晴阴。凡水火二爻及朱雀玄武，皆管目前晴雨。惟内外卦体能期久远天时。外卦若属乾与离象，必主久晴。朱雀动又主晴明。

爻逢坎兑加玄武，四野淋漓水满村。

外卦者临坎兑二象，必然入雨。若化出乾离，雨即变晴之兆。又论玄武爻，定有雨意。

震野鬼兴雷灌耳，坎家父动雨惊心。

官鬼为雷、为冰雹，若在震宫动，其雷愈大。再加白虎，雷必伤人。鬼居坎内发者，便为冰雹。土鬼交重又临世位，必见黄沙。如父动坎宫，终见倾盆之雨。

巽宫兄发为风报，坤艮兄摇起烟云。

兄弟为风、为雾、为露、为云。在巽宫动者，其风异狂。在艮动，则兴云势。坤内动，则烟雾迷空。若在乾离则为霜，为露。

六冲，雾散清光透；六合，云迷雨便临。

卦值六冲，定主云消雾散，纵动水爻，终无大雨。爻逢六合，雨意将成，再加水摇，雨当即至。纵有火动，决不久晴。若得合处逢冲，便为晴论。

应克世爻晴可望，世爻克应雨将倾。

世爻为地，应爻为天；又以内卦为地，外卦为天，故此应克世者晴，世克应者雨。世若逢空亦无雨至，应如空者，天不遂人。祈晴不晴，祈雨不雨。内外相克亦然。

鬼变文书雷致雨，兄之福德见风晴。

鬼为雷，父为雨，鬼变父者，必先雷而后雨。兄为风，子为日，兄化子者，待风发而天晴。

又云：

雨变晴天父变财，坎之离象步清街；

阴化阳爻水化火，后卦逢冲云渐开。

父母化财，及坎之离卦，阴化阳，水化火，或化出六冲，皆为雨变晴天也。

晴天变雨离之坎，子化文书水没台；

阳变阴宫火变水，之成六合雨将来。

离卦变坎及子孙化父，阳变阴，火化水，或化成六合者，皆是晴天变雨也。

久雨但占何日止，当寻哪日制文书；

应来克日天收雨，日月光华子值时。

久雨占晴，须得妻财当道、或子孙值日，便主晴明。又论应为天界，如来克日者，又为晴阴。

久晴又卜谁朝雨，父母相临足可知；

父静见冲天定变，应爻生日细详思。

久晴占雨，须得父母值日、或冲动父爻，雨皆可望。又看应临哪日，便察雨来。学者自宜通变。

地理风水章第三

（未葬，取父母为主，宜旺相以生身。已葬，取官鬼为凭，怕交重而克世。）

坟茔之卦忌相冲，化出冲时恐泛洪；
合处逢冲皆大忌，子孙失位莫安茔。

择地之卦，大忌六冲，惟《洞林秘诀》[1]内收用“乾坤二卦”。六冲乃水走沙飞之地，岂可安茔？况世为主穴，临下则吉，临上则凶，八纯世在最上之爻，焉能有穴？故八纯与六冲皆不用也。或变出六冲及合处逢冲者，目下虽安，后必败迁。如不，终见泛洪，必难久远。又论子孙为后嗣、为祭主，若不上卦，必主祖宗无人祭扫。

世爻福德为坟主，二位螣蛇作穴中；
此等爻无空破绝，葬之后代定兴隆。

世爻为主山，子孙为后代，二爻为正穴，螣蛇为次穴。此四等爻象皆不可值旬空月破，并临绝地。如不犯此，葬必兴隆。

二陷蛇伤无穴地，世空子绝少儿童。

二爻逢空月破，必无正穴；螣蛇再绝，傍穴皆无。世爻与子孙若临空绝者，难招子息也。

生坟父象宜安旺，葬墓官爻忌动空。

父母为坟地，未葬之时，不宜空破，若得静旺最吉。官鬼为伏尸，已葬之后，只宜安静，动则亡者不安，空则尸骨毁损。

校者注　①　《洞林秘诀》：明代京氏易纳甲占筮学名著，迄今未见完整刻本。《断易天机》对其内容收录较多。

父静子兴身世旺，桂馥[①]兰芬家业荣；

子得五爻生与合，官临吉曜受皇封。

父母为坟地，宜静不宜动，动则恐伤子息。子为后嗣，身为坟主，世乃坐山，皆得旺相者，后招百子千孙，家业荣华之兆。五爻为天子，如来生合子孙、官鬼为功名，若带青龙贵人，儿孙必贵，定沐皇恩。

后山不正亏玄武，朝向无情朱雀冲；

右处岭伤空白虎，左旁凹缺陷青龙。

玄武，坟之后，又为靠山；朱雀，坟之前，又为案山[②]；青龙，坟之左；白虎，坟之右。此四兽皆宜得地，如有一爻空破，便知一处刑伤。

世居五六非成墓，应是宾山[③]莫遇空；

间作明堂[④]宜旺相，明夷定有伏尸凶。

校者注 ① 桂馥（fù）兰芬：即“桂馥兰香”，形容气味芳香。出自清·曾朴《孽海花》第五回。桂、兰：两种散发芳香的花；馥：香。

② 案山：又称“迎砂”、“中阳”，是指穴山与朝山之间的山，即距穴山最近而小的朝山延伸略高出明堂的这一部分坡地。与案山相对为远者则为朝山。案山能使穴前萦绕更为周密，有助于生气凝聚，亦增居处者之尊重，案山有助于蓄聚穴山之气。杨筠松《疑龙经》云：“出人短小与气宽，皆是明堂与案山。明堂宽阔气宽大，案山逼迫人凶顽。案来降我人慈善，我去伏案贵人贱。”案山对于穴山，要有朝揖之势方贵，如果穴山呈依案山之势，则主客反情，主出人贫贱。案山与朝水，不宜顺水随势，应该逼水逆转，使其湾环缠绕，使生旺之气不泄，方为吉相。刘伯温《堪舆漫兴·案山》云：“面前有案值千金，远喜齐眉近应心。案若不来为旷荡，中房破败祸相侵。”

③ 宾山：即朝山，又名“朝砂”、“外阳”，指穴前远方高大秀丽之山，如宾主相对，成天然朝拱的形状，主大富贵。朝山是识别真龙的穴的标志，为寻龙点穴的佐证。刘伯温《堪舆漫兴·朝山证穴》云：“大都捉脉有明征，穴好朝山分外清。若使面前无真对，纵然有结力惟轻。”

④ 明堂：明堂，又名“内阳”，明堂本是中国先秦时帝王会见诸侯、进行祭祀活动的场所，是帝王宣明政教的地方。堪舆家谓穴前藏风聚气，平坦开阔，地气聚合，水聚交流之地。按距离穴场远近，明堂可分为小明堂、中明堂（内明堂）、大明堂（外明堂）。刘伯温《堪舆漫兴》云：“明堂食邑宜宽广，诸水朝来富可知。更爱湾环并方正，还期交锁及平夷。”

世爻为坐山，又为主穴，如临五、六之爻，定见绝嗣之叹！如在四爻之下，后代繁华。应爻为宾山，若遇空冲破绝，定对残岩损坏之峰。间爻为明堂，旺相则广阔，休囚定窄狭。官鬼为伏尸，若临辰戌丑未正持世上，必被前人葬过，不可用也。

内克外爻忧损失，内生外卦得亨通；

外离受克中房败，外震逢生长房丰。

凡占阴宅，以内卦为地，外卦为人。地若克人，必遭损失；人如克地，定见祯祥。地若生人，儿孙繁茂；人如生地，后代平常。要知哪房荣枯，须察外临何卦。

《书》云："乾坤父母众房吉，震巽二卦长房推。坎离便作中房论，末房艮兑看详细。所属何房利不利，进退成败皆可知。"

且如，卜得未济卦，内属坎水，外属离火，离被坎伤，便曰：中房不利。

又如，水地比卦，内坤外坎，水遭土克，亦主中房不宁。

又如，雷水解及风水涣卦，俱是木赖水生，震巽有气，可断长房发福。余皆仿此推详。

朝廷国事章第四

（以世爻为主，应象为佐，六合子旺为吉，六冲杀动为凶。）

国泰民安，共际唐虞[1]之化育；河清海晏[2]，全资文武之匡襄[3]。

云国之宁靖，民之太平，幸生尧舜之世，沾其化育。而黄河澄清，

校者注　① 唐虞（yú）：唐尧与虞舜的并称。亦指尧与舜的时代，古人认为尧舜时代为太平盛世。《论语·泰伯》："唐虞之际，于斯为盛。"《史记·汲郑列传》："陛下内多欲而外施仁义，奈何欲效唐虞之治乎！"

② 河清海晏：指黄河的水清了，大海也平静了。比喻天下太平。河：黄河；晏：平静。唐·郑锡《日中有王子赋》："河清海晏，时和岁丰。"

③ 劻襄（kuāng xiāng）：辅佐。劻，同"匡"。

海波宁息，皆藉文臣武将之力匡扶而致治也。

欲知宗社之安危，须审易爻而较量。

宗社乃宗庙社稷，六朝延治则安，乱则危。审析易理爻辞，而可剖决吉凶也。

亲宫为邦国，大忌空亡；本卦作朝堂，最宜旺相。

本卦者，乃所占之卦名；亲宫者，乃本宫之卦也。故为邦国朝堂，皆宜旺相兴隆，大忌空亡墓绝。

初属黎元[①]，吉曜当权培国本；二为士子，文昌得令焕文章。

初民为邦本，欣临吉曜；二士属文明，喜值文昌。

喜聚三垣，守令贤齐于渤海；

喜者，天喜是也。若值二爻，则府守邑令，贤能同于汉之龚遂[②]也。昔龚为渤海太守，化民卖刀买牛，故云。

校者注 ① 黎元：指黎民百姓。语出汉·董仲舒《春秋繁露·五行变救》："救之者，省宫室，去雕文，举孝弟，恤黎元。"

② 龚遂：字少卿，生卒年不详，山阳郡南平阳县（今山东省邹城市）人，西汉官员。初为昌邑国郎中令，侍奉昌邑王刘贺。刘贺行为不端，龚遂多次规劝他。刘贺继位后，骄奢淫逸，龚遂屡次劝谏，刘贺仍不改正，最终在位二十七天遭废。刘贺属臣二百多人都遭诛杀，只有龚遂与中尉王阳因多次规劝免于一死，但剃发判处四年徒刑。汉宣帝继位后，龚遂担任渤海太守。龚遂平定盗贼叛乱、鼓励农桑，很有政绩。后升任水衡都尉，最终卒于任上。龚遂担任渤海太守期间，发现齐地风俗奢侈，喜欢工商业，不务农事，于是龚遂亲自施行节俭以作表率，并鼓励百姓致力于农桑，规定每一个人种植一棵榆树、一百本薤、五十本葱、一畦韭，每一家喂养两只母猪、五只鸡。百姓有携带刀剑者，便让他们卖剑买牛，卖刀买犊。春、夏两季不得不从事农作，秋、冬两季按所收获的农作物的多少交纳相应赋税，多多储存果实、菱芡，因此郡中都有积蓄，吏民都很富裕，郡中官司逐年减少。

贵临四位，公侯绩迈于汾阳。

贵者，贵人星也。若临四爻，则卿相公侯之政绩，过于唐之郭令公子仪[①]。郭以文武全才辅佐肃宗，克复西京，中兴伟绩，赐爵汾阳王，故云。

福德司权，君子进而小人退；

福德者，即子孙。用爻值之则正人在位，邪佞潜踪。

青龙当道，干戈偃息文教彰。

青龙者，至吉之神。凡若临之，则干戈偃息，文教丕[②]兴。

圣主躬占，当以世爻安帝座；臣民问卜，还将五位定君王。

云当今躬卜者，当以世爻而安帝座。臣庶推占，仍以五爻而为天子。各得其理，断无舛误。

校者注　①　郭令公子仪：即郭子仪（697 年-781 年），华州郑县（今陕西渭南华州区）人，祖籍山西太原，唐代政治家、军事家。郭子仪早年以武举高第入仕从军，积功至九原太守，一直未受重用。安史之乱爆发后，郭子仪任朔方节度使，率军勤王，收复河北、河东，拜兵部尚书、同中书门下平章事。至德二年（757 年），郭子仪与广平王李俶收复西京长安、东都洛阳，以功加司徒，封代国公。乾元元年（758 年）八月，进位中书令。乾元二年（759 年）五月，因承担相州兵败之责，被解除兵权，处于闲官。宝应元年（762 年）初，太原、绛州兵变，郭子仪被封为“汾阳王”，出镇绛州评定叛乱，不久又被解除兵权。广德元年（763 年）冬天，唐朝廷与唐朝军将发生矛盾导致长安缺乏防御，程元振隐瞒军情不报，吐蕃趁机长安缺乏防御之时入寇、攻入长安；唐代宗启用郭子仪，郭子仪调集军队。吐蕃占长安 10 余天，听说郭子仪与唐军靠近，吐蕃立即逃离了长安。公元 765 年，唐朝官员仆固怀恩反叛，引吐蕃、回纥入寇，郭子仪在骑说服回纥，唐军骑兵联合回纥，大破吐蕃。大历十四年（779 年），郭子仪被尊为“尚父”，进位太尉、中书令。建中二年（781 年），郭子仪去世，追赠太师，谥号忠武。

②　丕（pī）：大。

不临克害刑冲，升平四海；如值生扶拱合，玉帛[1]万方。

克害刑冲，别章各有起例。若用爻不犯者，决主四海承平，万民乐业。卦内相生相合，若拱若扶者，则殊方绝域，皆来朝贡也。

宗庙管上爻，安静则邦家巩固；

宗庙者，专主社稷。若得比和安静，则皇图[2]巩固，磐石之安。

岁星关世运，光芒则国祚[3]绵长。

岁星，即太岁也。关乎治乱，光芒旺相也，若然值此，则国祚久远无疆也。

木位遇长生，会见前星焕彩；

木爻属东方，为青宫太子之象。前星者，亦太子之星；焕彩，言其得位。如遇长生有气，则德被长生。

金官逢制陷，乃知逆节潜藏。

金爻属西方，主兵革之象。鬼杀为叛逆之人，如有制服，或随空亡墓绝，则不久潜消耳。

粮饷论妻财，休临败绝；

妻财为粮饷，兴隆则国本克盈，衰败则京储匮乏。

城池看父母，莫变刑伤。

父母为城池，旺相则有金汤之固，刑伤宁无残缺之虞！

校者注　①　玉帛：玉器和丝织品，古时用于祭祀，国与国之间交际时用做礼物。泛指财物。

②　皇图：封建王朝的版图。亦指封建王朝，皇位，宏图，河图。

③　国祚（zuò）：指王朝维持的时间。亦指皇位或国运。祚：国运气数，用于专指帝王的宝座。清·洪昇《长生殿·觅魂》：“保洪图社稷，巩国祚延绵。”

祸福攸关于大象，变通洞烛机微；吉凶不离于五行，剖决精研衰旺。

人能格物致知[①]，报应捷于影响。

祸福吉凶，关系《易》之大象，不离卦之五行，千态万状，焉能悉论？筮者当察其衰旺，自宜变通活泼，相机而断，无有不验，若响之应声也。

出师征伐章第五

（以世应为主，福德为凭。）

折馘[②]执俘，全凭勇略；观时制变，各用机谋。

校者注　① 格（gé）物致知：是中国古代儒家思想中的一个重要概念，乃儒家专门研究物理的学科，已失佚。源于《礼记·大学》八目——格物、致知、诚意、正心、修身、齐家、治国、平天下——所论述的“欲诚其意者，先致其知；致知在格物。物格而后知至，知至而后意诚”此段。但《大学》文中只有此段提及“格物致知”，却未在其后作出任何解释，也未有任何先秦古籍使用过“格物”与“致知”这两个词汇而可供参照意涵，遂使“格物致知”的真正意义成为儒学思想史上的千古难解之谜。从最早为《大学》作注的东汉郑玄，一直到现代的儒学学者，已经争论了一千余年，至今仍无定论。《现代汉语词典》2012 年发行的第六版将“格物致知”解释为：“推究事物的原理，从而获得知识。”格：推究；致：求得。南宋理学家、教育家朱熹（世称朱文公）将格物致知解释为“穷究事物道理，致使知性通达至极”。

② 馘（guó）：“首”与“或”联合起来，表示“在一次边境巡逻时偶然碰到来犯之敌，将其执杀并割其头颅”。馘本义：边防军取得的敌人首级。

传受黄姜之《三略》[①]、《六韬》[②]，布演孔明之八门九遁。

虽识奇门之胜负，还凭易卦之吉凶。

彼我命将出师，各用谋臣参赞，故先贤授韬略之然，国师布遁奇之阵。神策异谋，决使全胜也。

《三略》者：黄遁全上略、中略、下略也。

姜子牙[③]《六韬》者：文韬、武韬、龙韬、虎韬、豹韬、犬韬也。

八门者：休、生、伤、杜、景、死、惊、开是也。

九遁者：乃阳数九遁、阴数九遁也。

运筹于帷幄之中，决胜于千里之外。功成名就则青史班班，以贻后世。倘若有勇无谋，气量偏浅，机关一失，小则陷身失职，大则破国亡家。祸从此始，岂云小可哉？故曰："虽识奇门之胜负，还评易卦之

校者注 ① 《三略》：即策略，谋略，战略，此书简略不穷，但其意精明，虽未述全，但不失为兵家上乘之略。相对于六韬更精深，更全面。《三略》原称《黄石公三略》，是著名的古代汉族军事著作，属于道家兵书。相传作者为汉初道家隐士黄石公，最早提及此书的是司马迁。此书侧重于从政治策略上阐明治国用兵的道理，不同于其他兵书。它是一部糅合了诸子各家的某些思想，专论战略的兵书。南宋晁公武称其："论用兵机之妙、严明之决，军可以死易生，国可以存易亡。"北宋神宗元丰年间被当时武学必读书《武经七书》编入。目前，该书已经成为世界各国将领必读的书籍之一。

② 《六韬》：又称《太公六韬》、《太公兵法》，是中国古代先秦时期著名的黄老道家典籍《太公》的兵法部分。中国古典军事文化遗产的重要组成部分，其内容博大精深，思想精邃富赡，逻辑缜密严谨，是中国古代军事思想精华的集中体现。最早明确收录此书的是《隋书·经籍志》，题为"周文王师姜望撰"。姜望即姜太公吕望。从此书的内容，文风及近年出土文物资料等分析，可大致断定《六韬》是战国时期黄老道家典籍。《六韬》分别以文、武、龙、虎、豹、犬为标题，各为一卷，共六卷，近二万字。《六韬》的内容十分广泛，对有关战争和各方面问题，几乎都涉及到了。其中最精彩的部分是它的战略论和战术论。

③ 姜子牙：中国著名历史人物，商末周初人。姜姓，吕氏，名尚，一名望，字子牙，或单呼牙，别号飞熊，因其先祖辅佐大禹平水土有功被封于吕，故以吕为氏，也称吕尚。相传姜子牙72岁时在渭水之滨的磻溪垂钓，遇到了求贤若渴的周文王，被封为"太师"（武官名），称"太公望"，俗称太公，被周武王尊为"师尚父"。姜子牙辅佐武王伐纣建立了周朝，是齐国的缔造者，周文王倾商，武王克纣的首席谋主、最高军事统帅与西周的开国元勋，齐文化的创始人，亦是中国古代的一位影响久远的杰出的韬略家、军事家与政治家。

吉凶。”

奇者：三奇乙、丙、丁是也。门者：八门已注“篇首”。坎是休门；艮是生门、震是伤门、巽是杜门、离是景门、坤是死门、兑是惊门、乾是开门，虽曰八门，岂为定例！自有超神接气起例。而惟此门时时改易，变化无穷，再与九星配合，以定吉凶。

九星者：天心、天柱居于金，天冲、天辅居于木，天蓬居于水，天英居于火，天芮、天禽、天任居于土。凡决交征之胜负，须要奇门、易卦二者皆精，方与此事，乃得万举万全。

独用奇门者，倘然彼此皆知，二敌俱从吉门而进，岂得并胜乎？况奇门者，所用接气超神为主，其中前后难评。倘若差之毫厘，谬之千里。况兵家得失，所系匪轻，务宜精细参详，不可鲁莽推测。其中更有太乙统宗，天之数也；奇门遁甲，地之数也；大六壬[①]，神人之数也。

二数总归八卦，诸般不离五行。军中虽用奇门遁甲，并大六壬等数者，岂如易卦兴衰、动静、生克了然？不但推军务之一端，而更指万民之趋避。易卦者，上应天时，下通人事，彰往察来，慎损益盈亏之理；开物成务，验休咎存亡之机。衡者必要精详，庶无差误也。

鬼煞司权，纵往开休生不吉；福神当道，虽行伤死杜无殃。

《烟波钓叟歌》云：“八门若遇开休生，诸事逢之总称情。”

凡卜出兵之卦，最嫌官鬼交重，鬼如动者，纵往吉门，决难取胜。若行子孙旺相发动、或持世爻，虽践凶门，亦无所害。

校者注　①　大六壬：为中国古代天文星象应用学，其产生来自于天文历法，为天文数术之首。此术以天人合一、天人相应的理论为指导，以天道对应人道，以时空信息包含万物运转的规律来推算人事吉凶。六壬以推算人事著称，俗话说：“学会大六壬，来人不用问。”因此大六壬有“人事王”之美誉。在六十花甲子纪数中，天干有壬者共六：壬子，壬寅，壬辰，壬午，壬申，壬戌。十天干以甲为首排序，壬为序数九，九为极数，极数之后归零，即十天干的收尾：癸。大六壬原名为“九天玄女式”，因壬表极数九，故古人又称之为大六壬。

鬼值坤宫，却嫌死户；子临兑卦，惟利惊门。

伤户云凶，震动将星征反胜；休门曰吉，坎兴大杀战还输。

艮内发青龙，生方大利；乾中摇白虎，开处非宜。

离福交重，景上行来能喜悦；巽宫发动，杜门战去甚睽违。

将军兵卒，要知忌入何门，利行何向，须推鬼值何宫，官临何象，莫入其门。又看子居谁卦，福在谁爻，宜由此户。

且如，坤宫鬼动，大忌死门。兑卦子摇，惊门可进，伤门为祸害，震宫有将星、福德乃为佳。

将星起例：正月午、二月卯、三月子、四月酉；五月又到午上。只此四位，周而复始。休户作祯祥；坎卦有大煞，鬼爻难获福。

大煞起例云：

正犬二蛇三月马，四未五寅六卯当；

七辰八亥九忌鼠，十牛十一在申方；

十一金鸡为大煞，国家遇此岂安邦？

“福带青龙摇艮丙”，如进生门，人获全功；“鬼临白虎动乾中”，纵入开门，未能取胜。

离家子动，宜步景门；巽土官兴，杜门莫往。

乙丙丁奇，得无不利；庚辛癸煞，见无不凶。

乙者日奇，丙者月奇，丁者星奇，甲变三奇，自然吉利。如变庚辛癸象，皆不为祥。要知卦配十干，须看范围数内。

《天禄诀》云：

壬甲从乾起，乙癸向坤求；丙向艮方取，丁出兑家游；

戊自坎中觅，己用离为头；庚震及辛巽，天禄最为攸。

诀内震巽坎离艮兑各属一干，惟乾坤二象每属二干。又接阴阳之道，冬至后阳令之时，乾者内甲外壬，坤者内乙外癸；夏至后阴升之节，乾者内壬外甲，坤者内癸外乙。

又论冬至后，卜得乾之遁卦，即甲变月奇；又如乾之履卦，即甲变星奇；设若乾之否卦，即甲变日奇。如此卦爻，得之大胜。又论夏至

后，卜得否之归妹，甲被庚伤；乾之巽卦，甲遭辛克。凡得此等卦爻，不宜出战者也。

伏吟、反吟犯者，急须回避；大煞、劫煞动时，切莫交征。

欲识伏吟、反吟之法，当明卦按十二地支，亦看范围数内。

《地福诀》云：

子向北方坎，丑寅艮上山；卯起东方震，辰巳巽风间；

午见南离火，未申坤地关；酉在兑方取，戌亥属乾垣。

如占交战，最忌伏吟、反吟。

伏吟者有二：有卦犯伏吟、有爻犯伏吟。

卦犯者，如乾见乾、坎见坎之类，八纯卦是也。

爻犯者，如寅变寅、辰变辰之类，随变夬，需变屯卦是也。

反吟者亦有二：有卦犯反吟、有爻犯反吟。

卦犯者，下巽上乾（姤卦）之类；或乾变巽、巽变乾皆是也。

行兵之际，又忌大煞、劫煞交重。大煞起例已注“章首”。

劫煞起例云：

正月逢亥二月申，三月随蛇四月寅；

五月循环又到亥，周而复始定其神。

此煞与天狱煞同。出征者，以上反吟、伏吟、大煞、劫煞，犯一不祥，无犯方美也。

易卦之中，大忌六爻兴二鬼；奇门之内，最喜三奇游六仪。

军中之卦，最嫌官鬼爻兴，倘遇二官皆动，祸不可当。纵然一鬼动变鬼爻，亦有患害。

奇门之法，却喜三奇，若在六仪之上，其美倍加。六仪者：甲子、甲寅、甲辰、甲午、甲申、甲戌是也。

又曰：甲午、甲戌，利见星奇；甲子、甲申，日奇喜遇；甲寅、甲辰，月奇更吉。虽曰三奇游六仪，亦谓三奇得使者也。

《经》云：“三奇得使诚堪取，六甲遇之非小补；乙逢犬马丙鼠猴，六丁壬女骑龙虎。”

譬如夏至后，乾之泰、遁之艮者是也。此等卦中，丙得子孙临日月，一应兴兵布阵，必有祯祥。

卦若兴隆，七纵七擒皆逐意；门如旺相，百战百胜总如心。

旺衰能辨乎盈亏，动静可知乎兴衰。

八卦旺衰又不取乾兑金、震巽木、坎水、离火、坤艮土也，自有八节而生八卦，各按其时。

立春至春分，艮旺震相；春分至立夏，震旺巽相；

立夏至夏至，巽旺离相；夏至至立秋，离旺坤相；

立秋至秋分，坤旺兑相；秋分至立冬，兑旺乾相；

立冬至冬至，乾旺坎相；冬至至立春，坎旺艮相。

凡占出战，以内卦为我，外卦为他。若得内旺外衰，更遇吉神发动，东征西讨，威镇华夷。奇门亦有旺衰，亦皆按于八节。

立春后生门太旺，春分后伤门当道，只嫌大象少加，反取木能生火，景门用之。

立夏后，杜门虽旺，亦不为祥，故取火相，景门用之得胜。

夏至后，正值景门大吉。

立秋后，虽令死门，不宜前进，当取金相惊门。

秋分后，惊门之令，进无不亨，水相开门亦吉。

立冬后，开门正旺，休作相门，二房俱美。

冬至后，休旺生相二门，俱能迪吉。

六爻安静，宜守不宜攻；二卦交重，利征不利止。

卦爻安静，更无暗动者，应又不克世爻，只宜坚壁不出。二卦者，内外也。若内动外摇，速宜出战，停留则长彼之智矣！

内城本寨，外是他营。

内卦与本宫皆为本国，又为我之营寨；他宫与外卦咸作他邦，更作彼之营寨。内卦兴，则吾营坚固；外卦弱，则彼寨萧条。

世为主帅之谋，应用贼魁之计。

夫交兵对敌，必分彼我，方决输赢。故以世为主将，应作贼魁。

如世旺则主将心忠力勇；若旺动，则耀武扬威，勤以厮杀。

世若衰微，则听卑智陋。世若衰动，谋孤势寡强施为。

如应值旺相，彼必强梁善略。应若休囚，则彼懦无能。故《经》云：“一卦中间主宰，莫非凭世应。”

安营立寨，推八卦之显幽；临阵交锋，阐各爻之生克。

行兵出战，先要择地安营。易卦之中，自有九宫八卦也。如乾宫利于西北之地，巽卦利于东南之方。余皆仿此。

各爻者，一卦之间，上下六爻，竟不知有变出六爻、有伏出六爻，又有互卦作用之爻。六爻之内，有彼生我、我生彼，有我克彼、彼克我。须详彼此吉凶，已决输赢之理。

世克应爻，师勇兵强宜剿伐；应伤世象，贼多凶炽莫撄锋[①]。

如世克应爻者，则我决胜。世若旺动，而带福神克应，克鬼者，则席卷长驱，势如破竹，一战而奏凯矣！世若旺克，而不带吉神动助，反被日辰动爻克世者，虽能取胜，未获全功。

若世衰应旺，彼虽受克，只可御敌而已。未得奇谋善策，大专征伐。若世化子孙，应化官鬼者，宜以假途灭敌，又不可复战邀功。若子孙伏于世下，而冲应克应者，必须暗度陈仓[②]。

如应克世者，必定彼赢，暂且按兵守候。应若旺而克世者，其势决炽。应旺而动克世，或同旺相鬼煞来克者，彼必合谋而夹战，机关叵

校者注　①　撄锋（yīng fēng）：指触碰锋镝。撄：接触，触犯；扰乱，纠缠。

②　暗度陈仓：比喻暗中进行某种活动。亦指正面迷惑敌人，而从侧翼进行突然袭击。陈仓，古县名，在今陕西省宝鸡市东，为通向汉中的交通孔道。明修栈道，暗度陈仓：指刘邦将从汉中出兵攻项羽时，大将军韩信故意明修栈道，迷惑对方，暗中绕道奔袭陈仓，取得胜利。这是古代一种非常规的用兵法则，是一种军事谋略，在历史上曾有许多非常成功的战例。

测。应上若加兄弟，非常诡谲[①]；加玄武必定偷营；加白虎，猖獗突甚。

杀不克身，纵值交重无大害；杀如伤世，虽居安静且休征。

夫杀者，大煞也。有劫煞、也有亡神，又有小白虎、大白虎，官鬼亦作杀神也。若诸杀或旺或动，不克身世者，决无大害。若不旺不动，而所克害于身世者，必然生祸，谨慎提防。若诸杀或旺或动，来克身世者，其祸骤来，决非小可。

若杀并日辰冲克静世者，名为暗动，必有阴谋窃劫之患。欲察何时来害，须推鬼煞生旺之期。故《经》云："福来而不知，祸来而不觉"，正此之谓也。大煞、劫煞，例注在前。

亡神杀例云：正月起亥，顺行十二位是也。小白虎：即庚辛日起白虎是也。大白虎者：正月起申，顺行十二位是也。

世陷，我军有难；应空，贼寇罹危。

凡世为主将，惟伏雄强对垒折冲，岂宜空陷欤？若值旬空，或临月破者，则兵疲将弱，力竭计穷，大失军机之兆。若应值空亡，彼必势倾谋拙，孤立无助，破在旦夕矣！

日月扶持合世爻，屡建搴旗之功烈；
子孙旺动生身位，每扬拔帜之威风。

日辰月将，易为凶，易为吉，生合者无不吉利，冲克者定见惊惶。故《经》云："六爻上下吉凶，全系乎日辰。"如日辰月建虽不上卦，若生合世爻者，必得佳音美事。

若日月在卦生合世爻者，乃得胜捷骈骈[②]之报。日月动带贵人、禄马、青龙、天喜、福德而生合世爻者，必得佳诰，赦万卒，沐恩波。

若子孙或动或旺，而生世合世持世者，主将能权能略，不克不私。

校者注 ① 诡谲（guǐ jué）：奇异，奇怪，令人捉摸不透，变化多端。
② 骈骈（pián）：指繁盛貌。

若加龙德、羊刃等类，则声振华夷，民安国泰；加青龙、贵人诸神，则威扬朝野，海晏河清，乃主圣臣忠、文全武备之时也。

世应带合相生，必属允和而释；
内外比合皆旺，无分胜败而归。

夫世应而为彼我，相冲相克，两必交征，可分胜败。若尔我比和，两相不克不伤，则彼此干休，俱无战意。

倘世旺生应，我内虽怯而外张威，制彼求和。世衰生应则已心灰冷，力竭计穷，自甘求息。如应爻衰旺而生世者，亦如是而已。又内外两官六卦，彼此反覆无异。虽然交战，必无输赢，渐渐解散矣！

世在阴爻，岂宜先举？身居阳象，不利后征。

凡拆爻属阴，动为老阴，而主未来之事。又云：“阴主迟滞”，故世在阴宫，不可妄自争先，先则有害，迟则有益。

单爻属阳，发为老阳，而主过去之由。又云“阳主迅速”，故世居阳象，兵贵神速，速行大利，迟则大害。此系大理，故不琐耳。

父乃旌旗，舒卷当凭乎动静；财为粮草，盈虚可决于兴衰。

营中旌旗，以父为用爻，旺相带青龙，则绣金华丽；加朱雀则书彩鲜明。旺而又动，则高张大旗，导引飘飘。若衰墓而逢白虎，则腐坏敝旧。空而又绝，或少或无，纵有必然损破。但得安静，则世态咸宁矣！

谚云：“三军未发，粮草先行。”故卦中之妻财，作车马之粮草。如财爻旺相，是兵粮丰盛，马草盈余。玄武兴，谨防偷窃；兄弟兴，决然抢夺。若财爻衰墓，粮不多而草不肥。卦内无财，若得子化财爻，必去邻邦借贷。此象若空若绝，粮草或失或无。

子作先锋，旺则强，而衰则弱；兄为伏寇，现则有，而空则无。

子孙为现之雄兵，是当先锋之论。若逢旺相，必智勇两全之将。若带吉神而能克应者，则冒险冲锋，争先首捷，唾手可成功矣！

子孙倘遇衰墓，则柔懦无谋，难充斯任。兄弟乃奸佞之神，即为埋伏之贼，若逢冲动，必有埋伏之兵，须防暗害。欲知何时有犯，必推生旺日时为期，若绝若无，则不必虑矣！

父母兴隆，机关炯炯[①]；妻财发动，兵甲纷纷。

子孙为兵之用，父母为子之忌。若父母旺而兴，则机关迭出，诡策多端，是为伤兵之兆。若子旺父衰，则将勇兵强，可作可为也。官鬼为彼之用，妻财为鬼之助。彼本不兴兵，财爻一发，则鬼逞豪强，故士卒纵横，兵戈扰攘。惟要财静，则官鬼孤立无助，自然太平矣！

兄象单兴，恐有绝粮之患；父爻独发，岂无伤卒之忧！

兄弟专主奸险之事，若在卦中独发，旺带白虎，则彼行凶打劫。衰临玄武，必被阴谋行窃。若得日辰克制兄弟，虽见行劫，决不失脱，乃伏木牛流马之固耳。父母能克子孙，若在爻间单动，则我兵大忌，又旺带凶煞，决被刑伤。若休加吉神，则彼势稍减，亦非小视哉！

福化文书，兵必骄而后悔无及；子之兄弟，将虽弱而大获全功。

父母为子之大忌，若子变父者，乃是用变忌神，而克伐犹雪狮之向阳，初张威势，日渐日苏，大有刑伤，噬脐无及矣！兄弟为子之原神，得子化兄者，乃是用化原神而扶助，如猛虎之添翼，越有精神，百战百胜，大获全功矣！

福遇青龙，必出忠良之将；子临白虎，当差猛勇之军。

若子遇青龙，必赤胆忠心之捷将，又加禄马贵人，必智勇谋略之士耳。子为兵卒，若临小白虎，虽然衰弱，亦是壮强之卒。若临大白虎，必是骁勇猛烈之雄兵也。

劫煞乃是凶星，怕临鬼动；亡神谓之恶曜，忌并官兴。

官鬼谓之贼魁，若休衰，可战易剿。若旺相，必是强梁谋勇之贼。

校者注 ① 炯炯：形容明亮。

若遇发动，则不可抵挡，岂可再加凶煞并行乎？凶煞者，即劫煞、太煞、亡神也。列注在前。若官鬼发动，勾同诸煞来克身世者，决主彼势猖獗，我军大有损伤。

杀陷鬼摇，虽凶不振，；官空煞动，纵乱勿忧。

鬼煞并兴，兵马云屯成大战；官凶俱绝，干戈顿息庆清平。

征战爻中，最忌鬼煞二神。若煞神空绝，官鬼纵然发动，难成大害。若官逢空绝，各煞虽是兴隆，亦无重祸。若鬼煞俱动，则鬼随煞势，煞趋鬼威，云屯蠛聚，大肆鏖战。或克世冲世者，必被刑戮不轻。若得官煞二神衰而又静，或空或绝者，方是弓藏胄解，太平之世矣！

鬼煞克身，吾兵难敌；交重伐应，彼寇易诛。

鬼者，官鬼也；煞者，大煞、劫煞之类也。鬼煞二神若来克世，吾兵大伤。若鬼煞静而又衰，来克旺世者，是旺不受克，料无大害。鬼煞旺相而克衰世者，此为旺能克衰，吾兵大被伐戮。若鬼煞旺动克应者，彼已受制，易以剿伐。

细究何爻克应，再查哪象伤官；用此奇方妙计，自然剿恶锄强。

鬼空惟取应，应陷可从官。

要识行兵之法，须求克应伤官，应若受伤，彼遭屠戮。鬼如被克，贼必生擒。

且如，火爻临应或临鬼，须求水来制火，用黑旗为号，并临水战，自然得胜也。余皆仿此。鬼若空亡，却凭应象；应如落陷，必看官爻。

子爻旺，鬼爻休，鬼虽克我我无忧；

应爻强，世爻弱，世纵伤他他难伐。

世遇生扶子象旺，则将勇兵骁；应遭克破鬼爻空，则贼衰寇退。

子能制鬼，若子孙旺，官鬼休，则彼先已被制，岂能克世乎？譬诸巨盗正欲劫人，已被官捕搜擒，何暇行劫，我何忧哉？

如应爻旺，世爻衰，然世虽克应，奈彼猖獗，难以取胜，“旺不受克”，正此之谓也。

若日辰月将生世合世，旺子又来扶助，则我兵精粮足，机深势大，决胜千里。若应衰受克、受冲，官鬼又落空亡，彼必丧胆，倒戈拔寨而逃遁矣！

金为兵甲，值官兴旺防战斗；土作城池，临鬼发动动干戈。

夫兵戈铠甲，皆用金以造，若临官鬼、或旺、或动，彼必坚甲利刃，异谋奇策，出其不意，突然冲突，勿为小觑。夫土者，旺于四季，列分四隅，又作城垣台堡，若鬼带土发则干戈扰扰，弥山漫野，无地无之。

密密刀枪，为金官之空动；飘飘旗帜，因火父之旺冲。

刀剑本属金，又属官鬼。若值空亡，又逢发动，是必振扬也，故《经》云：“金空则鸣。”必是：刀枪光耀日，金鼓振轰雷，密密重重营卫寨，乃提防有备耳。

旌旗，父母为之用爻，又属离火，若值旺相，更遇日冲，故曰：“火发则焰。”乃是：黄幡悬豹尾，彩帜书麒麟，飘飘摇摇，道军引阵，号令严明，军机整肃耳。

水乃江河，木为舟楫；二爻皆旺，水战偏宜；两像并伤，乘航欠利。

水为江海源流，木作舟船之本，水战各有所用。若水旺则盈，水绝则竭。木隆则船大，木衰则舟楫，木绝则无舟。二爻旺而又发，万事齐备，利用操舟。若二爻衰而又绝，凡物无成，难以觅渡矣！

火多营寨，土是城垣。此象兴隆，最宜陆战；其爻空绝，不利出征。

营垒以火为用，城台赖土生成。火空营险，土空成陷。二爻若值旺相动冲，可使西域沙漠之胜。两象若遇衰休空绝，必有华容小道之危。

火鬼伤身，须防劫寨；土官克世，恐堕陷坑。

官鬼带火克世者，须慎火攻而劫寨。鬼杀以土伤世者，恐防堕堑之危机。

火动则利迁营寨，父空则宜改旌旗。

军营以火为用。火若发动，动则变化，故营寨必利迁移为吉。若被刑冲、或加玄武、或加兄弟，必遭侵劫，急宜迁改。旌旗以父为用，若值旬空月破，必然损伤，急须改换。

土官动克世爻，他兴炮石；火鬼发伤身象，彼用火攻。

官鬼兴隆，带土来克世者，须防彼制擂木炮石来攻。若鬼动加火，同来克世者，他必举火烧屯，旺则太甚，衰则稍可。

鬼藏世下克世爻，切虑自兵谋主；子伏身中合应象，谨离我将降夷。

世下之伏鬼而克世者，则家兵杀主。若世旺鬼衰，奸心已蓄，无隙可乘；世衰鬼旺，则逆节潜谋，乘虚而入，故张飞受范疆[①]之刺。

若世下之伏子而合应者，则军心已离，各怀去意。如世衰应旺，则他国强梁，我军卑弱，故匈奴迫李陵[②]之降。若日辰生子，又加雀虎临之，必被阴谮阳唆，背义从仇耳。

校者注　①　范疆：本名范强，《三国演义》中误写作范疆。初为蜀汉车骑将军张飞帐下将。张飞为了给关羽报仇，下令三日之内制造白盔白甲。次日，张达和范疆请求宽限期限，张飞大怒，命武士将其缚于树上，各鞭背五十，并扬言若违期，杀二人示众，因此怀恨。两人商议，决定先下手。当天晚上潜入营帐中刺杀了张飞，投降东吴。后来孙权为了避免战争，将他和张达押送回蜀国，被张飞的儿子张苞万剐凌迟，以祭张飞之灵。

②　李陵：李陵（前134–前74年），字少卿，汉族，陇西成纪（今甘肃天水市秦安县）人。西汉名将，李广之长孙，李当户的遗腹子。初为西汉将领，善骑射，爱士卒，颇得美名。天汉二年（前99年）奉汉武帝之命出征匈奴，率五千步兵与八万匈奴战于浚稽山，最后因寡不敌众兵败投降。汉武帝死后，昭帝即位，汉匈和亲，李陵少时同僚霍光、上官桀当政，派人劝李陵回国，李陵“恐再辱”，拒绝回大汉，遂于公元前74年老死匈奴。

内外鬼兴伤世，祸由内应外通；前后子旺生身，利在前攻后击。

内官乃己之人，外鬼为彼之兵。若逢发动，而克世者，祸从己人，纠合他人，是为内应外合戕害。若世旺鬼衰，虽然发动，难以伤克。若世变子或鬼变子，乃鬼受制，则谋无决裂，是无夭害。《经》云：“有人制鬼，鬼动何妨。”本卦子孙、之卦子孙，旺而生世者，先攻后取，顺意行军，皆获全功。若内官旺相，外鬼兴隆，则彼此相抗，难以胜断也。

鬼架长生帝旺，寇兴世乱之时；官居墓库空亡，国泰民安之象。

内外无鬼，盗兵不来；世应俱空，战征已绝。

如战征之事，以世为主将，子作兵卒。以应为彼，官鬼为贼。如官鬼值长生、帝旺之乡，则盗寇纵横，西夷肆虐。若卦中内外无官，或逢墓绝，世应皆空，则干戈偃息，国泰民安矣！

胜败我先知，匪伊[①]测度；吉凶神已告，据理推详。

校者注　①　匪伊：不止之意。

易林补遗卷之三　元集

年时丰歉章第六

（以身世为主，财福为凭。）

福财旺相庆丰年，兄鬼交重饥馑连；

问年时，若得子孙妻财旺相，或临身世及太岁者，其年五谷丰登。若遇兄弟官鬼皆动，或临太岁持世，便主凶荒。

水火静安无旱潦[①]，阴阳交会庶民欢。

水动曰雨，火动曰晴，此二爻若得安静，自然风调雨顺。六爻内再得阴阳均安，必主国泰民安。

阳多火动文书绝，此岁方言亢旱天；

阴广水摇无福德，其年可断水淹田。

卦值纯阳再加火动，父母又临空绝，此岁定然亢旱。虽见阳多火动，若化水化阴，又不如是。凡卦值纯阴，水爻再发，更无子孙、或父母又动，其年必定洪水。如化出阳爻火象，定知先水后干。

金官骑虎忧征战，木鬼风狂叶价先；

巳午焦枯红焰起，土官时疫遍流传。

水爻值者愁淹没，玄武临之盗贼喧；

若被虫侵福化鬼，喧蝗扰害土金官。

校者注　① 旱潦（lǎo）：指水旱灾害。潦：雨水大。

凡卜年的，最嫌官鬼，静则无殃，动则有祸，看临何象便知何事将来。鬼属金兴，人防喘嗽，又加白虎必起刀兵。官居木动多见狂风，桑叶又增其价，人民多罹风灾，田禾虚耗。巳午鬼摇，心经受病，人防卒暴之灾，疮痍目疾，更虑火光之患，田禾枯槁，化水无妨。若临土动，脾胃受伤，天行时疫，半遂秋成。如遇水摇，民多肿胀，泄泻腰疼，田恐泛洪，田遭水害。鬼居玄武，贼寇蜂兴。惟有金土临官及福神化鬼，禾主虫侵之患。

勾陈若坐空亡位，地白出荒岂谬言？

勾陈为田土，若落空亡，自然欠熟。

财绝兄兴伤谷食，子空鬼动损春蚕。

妻财为粮食，如临绝地，又加兄动，必主无收。子孙蚕花，如犯旬空，更添鬼发，定损春蚕。

初同财位生扶旺，万物兴隆五谷全；
二与世爻空破绝，群黎百姓受迍邅。

初爻为万物，财爻为五谷，二者皆得生扶旺相，凡天生地产之物，无不昌盛；稻黍稷麦之类，皆得全收。世爻为地气，二爻为黎民，二者若逢空亡破绝者，小则饥馑，大则灾殃。

官兄值此居荒处，财子临方丰熟边；
譬若夏天占节卦，荒居北地熟东南。

要识何方丰歉，须查所值之爻，看兄弟、官鬼临于何象，便知此处凶荒。旺动尤甚，休囚稍可。妻财、子孙值在谁爻，方决其方丰熟。

且如节卦，财居火位，福在木爻，便言东南大熟。兄在水爻，北方不利，荒歉乘之。又推官临丑戌之乡，东北、西北二处多染时灾。

螣蛇入火多痧痘[1]，若见金乡妖怪缠；

太岁逢凶随处恶，流年遇吉遍方安。

螣蛇本属火，再临火地，主人间麻痘相传，蛇临金位，定见妖邪。凡卜年成祸福，须凭年建。太岁者，一年之主也，若带兄官、白虎、大煞、劫煞发动，或来克世，便主八方凶变，如临财福、青龙、贵人、天喜、天赦动者，必然各郡咸宁。

身命造化章第七

（占自已以世爻为主，占他人以用象为凭。）

卜平生之得失，世莫休囚；占一世之荣枯，身宜旺相。

凡占自己身命，先察世爻，若值休囚墓绝，平生作事乖张。如逢旺相生扶，一世亨通，非贵即富。

主卦乃胎元根本，根行少壮之初；之卦为体骨精神，连转中年之境。

所占者为主卦，内外二象为本，旺则家资丰厚，衰则产业轻微。

校者注　①　痧痘：即麻疹与天花，或作痘疹，对人体尤其是小儿危害甚大。自古有“走马看伤寒，回头看痘疹”之说，形容其瞬息万变。

又论大限行法[①]：初爻管五年，一至五岁。二爻管五年，六至十岁。三爻管五年，十一至十五。外三爻分十五年，共三十岁。三旬之外，却以变卦为凭，变即之也。之卦内三爻分管十五年，三十一至四十五。外三爻又管十五年，共至六十岁。倘占卦静无之，却取互卦六爻，照前行限。

桑榆[②]墓景[③]，伏卦稽查；小限游行，世爻起法。

六旬之上，以致终身，皆凭伏卦，又不取六爻分于大限，只将体用二官，管其祸福。八旬之下，内卦推之。自始至终，细观外象。

又论小限行法，必从主卦世爻论起。且如，世在二爻，即二爻为一岁也，二岁在初爻，三岁在六爻，自上至下周而复始。人年六旬之外，

校者注 ① 论大限行法：关于此处“论大限行法”及下文“又论小限行法”，《火珠林·占运限》云：“大小二限，从初世起；阳顺阴逆，六位周流。”注云：“卦之大限，以阳世为顺，阴世为逆。阳顺则自世而上，阴逆则自世而下。每一爻管五年，周而复始。逢生令则吉，遇刑伤则凶。其小限一年一位，周流而已。假如丁酉年七月甲午己巳时，占得大壮，自一岁在世上，至六岁与十岁在六五，至十一岁在上六，至十六在初九，二十一在九二，二十六在九三，甲辰比肩，但二十七岁小限在上六，故曰大小二限并兄弟，必先伤妻而后破财。余仿此。又有以本体为初，互体为中，化体为末者。又有以本卦管三十年，每爻五年；以之卦管三十年，每爻五年。学者亦可参之。”张世宝先生此处所论大限行法，为本卦与之卦（变卦）各管三十年，与《火珠林》“又有以本卦管三十年，每爻五年；以之卦管三十年，每爻五年”的方法相同，只是在起点和运行方式上有所不同。《火珠林》“从初世起，阳顺阴逆，六位周流”，即是以“初爻”或“世爻”为起点，按阳爻顺行、阴爻逆行的方式运行。《易林补遗》“初爻管五年，一至五岁。二爻管五年，六至十岁。三爻管五年，十一至十五。”，即是以初爻为起点，按顺行的方式运行（没有讲阳顺阴逆、以世爻为起点）。相比较而言，《火珠林》取大小二限的方法，应该较为合理一些。关于大小二限，王洪绪先生在《卜筮正宗·辟<易林补遗>终身大小限之谬》中，以自己终身成败得失的占卜实例验证，详细解析了《易林补遗》占终身大小限之法的不妥之处。并明确指出“诸书惟《增删卜易》有野鹤论‘分占终身之法’，甚妥。大概总言卜终身吉凶，宜向六亲生克制化、刑冲克合、动静空破之间是问。”

② 桑榆（sāng yú）：桑树与榆树，日落时光照桑榆树端，因以指日暮。比喻晚年；垂老之年。曹植《赠白马王彪》诗：“年在桑榆间，影响不能追。”李善注：“日在桑榆，以喻人之将老。”

③ 暮景：傍晚的景色；老年时的景况。

专凭小限而推。

大限则五年一度，小限则一载一宫。并看流年，方穷寿算。
最喜生而带合，切嫌克又加冲。

凡大限、小限与流年，皆喜相生相合，各嫌相克相冲。又看限与流年生合用爻则吉，克冲主象则凶。

世空则身不遐龄[①]，应陷则妻无永寿。

世为自己，空则无寿，惟有九流术士，遇者无妨，反主空手得利，终难积聚。应为妻室，陷则遭伤；纵不伤亦无相夫之德。

财子双全身象旺，富而且荣；兄官两备世爻衰，贫而且贱。

身命卦中，若得妻财、子孙全备，世又兴隆，定主一生富贵。若见兄弟、官鬼发动，世又休囚，决定终身偃蹇[②]。

子旺则官刑不犯，财兴则贸易常亨。
兄动伤妻，损除囊之积蓄；父摇克子，益自己之年龄。
交鬼为灾，重官作讼。

六亲之爻动则各有分别，子动伤官，永无鞭挞[③]。财摇克父，旺必兴家。兄动损妻，财无积聚。父摇克子，旺寿必长年。官动能伤兄弟，还宜细辨阴阳。阴官常染灾疾，阳鬼多招官事。

随官入墓，缠灾惹祸岂能安；助鬼伤身，好色贪财终受累。

身世命爻随官入墓者，多生灾疾。妻财值日发动，助鬼克世伤身，必因财致祸，为色添忧。

校者注　①　遐龄（xiá líng）：老年人高寿的敬语；高龄，晚年。
②　偃蹇（yǎn jiǎn）：穷困，不顺利。
③　鞭挞（biān tà）：原指鞭打，现多形容无情地指责披露。

世得生而且吉，身遭克以为凶。

月破世爻，必犯夭亡之命；岁冲身位，岂无疾厄之愆[①]？

世乃用爻，宜生不宜克，宜合不宜冲。日辰冲者犹轻，月建破之最重。纵有生扶，必无长寿。流年若来冲世，亦主生灾。

六冲则事事虚浮，家资零替；六合则般般稳实，技艺兴隆。

卦犯六冲，定主生涯冷淡，家业萧条。爻如六合，必然作事亨通，诸般和悦。

得富得荣，木架子孙于春月；发财发福，金乘妻禄于秋天。

家废资财，冬遇水兄而克世；名登慵业，夏逢火父以生身。

凡占卦，须察四时衰旺，方定吉凶。财福旺则吉，凶鬼旺则凶。

且如，正、二月子临木位，久享荣华。七、八月财至金乡，广招福禄。亥子月水兄克世，当废家资。四、五月火父生身，必登文榜。

庶民鬼值身中，多灾多讼；仕宦官居世上，越贵越荣。

庶民问卜，切嫌世值官爻，卦若逢之，非讼即病。士宦遇者，叠叠升迁。

爻若无官，财还耗散；卦如无子，嗣必伶仃。

兄空则手足无情，父陷则椿萱有损。

官鬼能伤兄弟，卦无鬼者，兄必专权，财遭劫夺。文士占之，功名不显。子为后嗣，无则儿女凋零。兄弟虽为恶客，空则手足无情。父母为尊长，空则有伤父母，动则有害子孙。

世克衰财，纵富焉能丰厚？身伤弱鬼，虽荣岂得清高！

兄弟当权，妻财无气，目下纵然充足，后来终致淹消[②]。子孙持

校者注 ① 愆（qiān）：罪过，过失。

② 淹消（yān xiāo）：消磨时日。

世，官鬼休囚，虽居职位，难得超迁。

鬼众财无，富贵终非攸远；财多鬼缺，荣华亦似浮云。

禄马俱无，一世虚名虚利；财官皆备，终身发产发家。

财官二象，为禄马之爻，故不宜无，亦不宜众，又不宜空，又不宜动。若无财而多鬼，或无鬼而多财，皆主目前享福，不能永久丰余。如禄马俱无，虽有得而倍失。财官两见，遇静旺而兴家。

福德当权，似春花之遇日；财福落陷，如秋草之逢霜。

子孙为福德，若临日月，或值世身，内处则安中加乐，外交则锦上添花。妻财为衣禄，如犯旬空或遭月破，必然生计萧疏[①]，资囊空乏。

财临帝旺长生，不忮不求[②]而发福；财值空亡死绝，无家无室以飘蓬。

财者，禄之主也，如逢生旺，求禄不谋自至。若居死绝，空缺难支。

家园窘迫[③]，皆因死败临身；道业兴隆，只为旺生持世。

世爻临死败墓绝，从来家业萧条。如逢旺相生扶，自后生涯茂盛。

限临财福，逢凶曜不为凶；年遇兄官，见吉星非作吉。

大限、小限、流年，按月如临福德、妻财，便为佳庆；纵有白虎、螣蛇、亡神、劫煞，亦不成凶。限中若遇兄弟、官鬼就作凶殃，虽带天乙、青龙、天喜在位，终不为祥。

校者注　① 萧疏（xiāo shū）：萧条，不景气；寂寞，凄凉。

② 不忮（zhì）不求：指不妒忌，不贪求。忮：妒忌。求：贪求。语出《诗经·邶风·雄雉》："百尔君子，不知德行。不忮不求，何用不臧。"

③ 窘迫（jiǒng pò）：形容人的生活水平非常穷困，也可以形容人所处的环境十分为难。

二限中煞逢战斗，官灾疾病绵绵；六爻内福遇生扶，家业资财涌涌。

大限、小限若逢恶煞相冲相克，多生官符疾病。主卦之中子孙更逢生旺，广增产业钱财。

恶煞逢冲，纵困而不困；凶神无制，虽荣而不荣。

凡兄弟、官鬼、白虎、螣蛇，皆为恶煞，在卦动者，本不为祥，若遇刑冲，反为吉兆。凶煞如无克制，有青龙、财福，亦不为荣。

世命双空，一世多成多败；身限两陷，百年劳力劳心。

世爻与本命同值旬空，平生起伏不常，终难稳足。卦身与限爻如临空地，便主身心劳顿，事业少成。

世居白虎官爻，灾中染疾；身住青龙子象，乐处加欢。

鬼临白虎持世，爻内又无子孙，终身病而复病，带疾之愆。要知何处染疾，细详何卦临官发动。乾为头，坤为腹，坎作耳，离作目，兑是口，巽是股，艮即手，震即足。

再察五行值鬼，便知五脏生灾。水为腰肾，金为肺，火主心胸，木主肝，土爻脾胃，休逢鬼旺重，衰轻仔细看。

又论人生四体，卦列六爻。

初足二腿三腰腹，四为背肋及心胸；

五为颈面分其位，六为头顶发相同。

看官临在何爻动，便决灾生此处中。

复陈福德青龙持世，更遇扶持，处世清安获福，美处加欢。

勾陈为迟钝之星，螣蛇乃虚浮之煞。

玄武发临天贼，常被穿窬[①]；朱雀动带官符，多招词讼。

校者注　①　穿窬（chuān yú）：打洞穿墙行窃。亦作“穿踰”。《论语·阳货》：“色厉而内荏，譬诸小人，其犹穿窬之盗也欤！”

以上所言皆论鬼临世上，动则尤甚。带勾陈，为人迟钝；遇螣蛇，作事虚浮。玄武常忧失脱，朱雀多犯官非，龙因酒色以招殃，虎为刚强而惹祸。

火官克世，忧逢回禄[①]之惊；水鬼伤身，虑患溺波之险。

鬼在卦中不拘动静，如来克世，无不为殃。火鬼虑遭火患，金官恐犯刀砧，水官莫往江湖，土鬼休登山陆，木鬼恐树林之害，午官虑骡马之亏。巳被蛇伤，寅遭虎噬，戌当犬咬，丑犯牛亡。华盖休交僧道，咸池莫爱邪淫。

世被谁爻冲克，方知谁辈之欺凌；身叨何象生扶，便识何人之阴庇。

动来克世之爻，便为侵害。父母克，被椿萱之贻祸。兄弟克，受手足之侵凌。财克，受妻奴之损。子伤，忍儿女之亏。若鬼克，犯官刑，子动方能解。

再查何象动来生世，即赖维持。父生，蒙尊长之恩。子生，得卑幼之力。兄生，叨手足之情。财生，赖妻奴之助。官生，仗贵宦相扶。鬼生，感神祇[②]护佑。

游魂世动，利往他途；身静归魂，休离本境。

内旺外衰忧出外，内衰外旺莫归宗。

凡游魂卦，便宜出外；纵不游魂，世爻动者，亦可登程。归魂之卦，只可安居，若卜返乡最宜。世静亦然。复看内为止，外为行。内卦

校者注　①　回禄：相传为火神之名，引申指火灾。

②　神祇（shén qí）：“神”指天神，“祇”指地神，“神祇”泛指神。神祇是宗教观念之一，超自然体中的最高者，一般被认为不具物质躯体，但有其躯体形象。不受自然规律限制，反之却高于自然规律，主宰物质世界，能对物质世界加以直接或间接影响。几乎所有的人类社会中，多少存有这种概念，但因文化的不同，人们对神的认知却又千变万化。很多人将“神祇”写成“神祗”，其实是错误的。祗（zhī）：敬，恭敬。

旺，守旧则吉；外卦旺，行后反亨。

生合之方，行当获吉；克冲之向，去必遭凶。

但看何爻生用，利往其方。谁来冲克主爻，莫奔此路。

且如，兄占弟命，卜得临卦：

坤宫：地泽临

【本宫】

子孙癸酉金 ▅▅ ▅▅

妻财癸亥水 ▅▅ ▅▅ 应

兄弟癸丑土 ▅▅ ▅▅

兄弟丁丑土 ▅▅ ▅▅

官鬼丁卯木 ▅▅▅▅▅ 世

父母丁巳火 ▅▅▅▅▅

土作用爻，土赖火生，宜行南地。土遭木克，忌往东方。丑被未冲，西南莫去。丑得子合，往北不过遇喜悦之人，无分凶吉。若卦内木爻又动，北更不宜取。金制木之乡，西反利。余卦仿此。

如问双亲，父母忌空财忌动；若观子侄，福神宜旺印宜衰。

占手足而观兄象，卜妻奴以看财爻。

世己应他，各取用爻之定例；衰凶旺吉，皆为总断之根因。

占父母、叔伯尊长之类，皆宜父旺则吉，犹嫌财动，反利官兴。卜儿女婿侄卑幼、僧道等，统要子兴，逢父限则凶，遇兄年反吉。

问兄弟、朋友者，咸怕兄空，父摇成吉，鬼动成凶。询妻妾、奴婢及情人者，皆用财爻，遇子为祥，见兄成咎。

探夫主及文武官员身命，其察官爻旺增荣耀，衰减光辉。子动云凶，财兴曰吉。

卜自身，世为主象；问他人，应作用爻。旺相逢生则为吉断，休囚遇克便作凶推。诚能依此推之，庶无一毫差谬矣！

六亲寿命章第八

（以用爻为主，父母为凭。）

要决椿萱之寿算，父母当详；欲知手足之夭年，弟兄可取。

问室须凭财象，占夫必用官爻。

卜自身世家寻察，观男女子位稽查。

各定用爻，可推修短。

旺静遇生扶，千秋可祝；衰动逢冲克，数载难延。

凡占身命当察用爻，若得旺相安静，必享遐龄。虽动又变生扶，亦为多寿；纵旺而逢墓绝，反不长年。主若休囚再加冲克，必见夭亡。用虽衰，动变遇生旺之乡，或遇日月动爻扶助，反益年华。

动化生方无忌象，寿并龟龄[①]；静居相地有无坤，命同鹤算[②]。

用爻变生又无克制，寿必高年。虽静而不化生扶，如有原神者，稳臻老迈。

落陷临空，体似风中之寸烛；日扶月助，身如谷内之乔松[③]。

用象落空，或临绝地，理合少亡。若得绝处逢生，将危复救。主不空亡，更逢日月二建及动象来生，多增寿考。

校者注　① 龟龄（guī líng）：比喻长寿。古人以龟为长寿之灵物，因以“龟龄”比喻长寿。南朝宋·鲍照《松柏篇》：“龟龄安可获，岱宗限已迫。”宋·张孝祥《鹧鸪天·为老母寿》词：“同犬子，祝龟龄。天教二老鬓长青。”

② 鹤算（hè suàn）：长寿。唐·无名氏《上嘉会节贺表》：“值清明驭气之时，当仁寿悦随之始，固可年同鹤算，岁比山呼。”宋·刘克庄《贺新郎·二鹤》词：“古云鹤算谁能纪。叹归来，山川如故，人民非是。”明·邵璨《香囊记·庆寿》：“祈寿考，愿鹤算绵绵，福海滔滔。”

③ 乔松：高大的松树。古代传说中王子乔和赤松子的并称，两人均为传说中的仙人。

衰中被害，虽无病以遭亡；旺处受伤，纵有灾而未丧。

用爻无气，又逢忌象交重，或动出变伤，或日辰冲克，体虽康健，也主倾亡。用爻旺相，纵被克伤，决非损其寿考。

不论尊卑之寿，皆凭父母之爻。

纵卜儿童，亦不可临于空破；既占卑幼，切非宜动出交重。

父母为寿算，旺益多年，空无远岁。惟占儿女，父母虽为忌客，亦不宜空，但宜静不宜动。

人间哪年数尽，用查空值何旬。阳生阴合得绵长，天克地冲难救度。

终寿之年，必是用临岁旬空内，岁旬空者，即是甲子至癸酉年，戌亥用爻便为空也。主爻虽不犯空，流年天克地冲，亦当绝也。

譬如，丙辰年、七月、己丑日，子占父寿，卜得革卦安静：

坎宫：泽火革

六神	伏神	【本卦】	
勾陈		官鬼丁未土 ▅▅ ▅▅	
朱雀		父母丁酉金 ▅▅▅▅▅	
青龙		兄弟丁亥水 ▅▅▅▅▅	世
玄武	妻财午火	兄弟己亥水 ▅▅▅▅▅	
白虎		官鬼己丑土 ▅▅ ▅▅	
螣蛇		子孙己卯木 ▅▅▅▅▅	应

此卦用爻正旺，更得丑日来生，理应多寿，直至戊寅年、子月、癸卯日，临此年正值甲戌旬，父临岁旬空内，又死子月建，原神又被寅年卯日来伤，故当绝命。

又如，戊辰年、六月、戊戌日，夫占妻寿，卜得丰卦安静：

坎宫：雷火丰

六神	【本　卦】		
朱雀	官鬼庚戌土	▅▅ ▅▅	
青龙	父母庚申金	▅▅ ▅▅	世
玄武	妻财庚午火	▅▅▅▅▅	
白虎	兄弟己亥水	▅▅▅▅▅	
螣蛇	官鬼己丑土	▅▅ ▅▅	应
勾陈	子孙己卯木	▅▅▅▅▅	

此卦财爻有气，日月克兄，故此无咎。直待丙子年、七月、庚辰日，其财虽不值岁旬空，正遭太岁天克地冲，又被日月会成水局克制火，水岂非绝也！

易林补遗卷之四　亨集

倩媒说合章第九

（占婚以间爻为主，问媒以应象为凭。）

嫁娶当求媒妁人，应为月老忌冲刑；
无功必遇空而陷，有力须逢旺与生；
克制世爻心不善，生扶身象意多能。

卜媒人，应为主象，切不可临于空冲破绝之乡，最喜遇扶合旺生之地。应克世爻，心怀刁诈；如来生世，却是良媒。

财官不失方谐合，世应临空岂得成？
三合其人能赞美，六冲此客欠调停。

凡求媒妁，兼占成与不成，卦得财鬼俱全，方能成就。爻如无鬼，事决不谐。世应若临空地，纵有财官，亦难相合。若得卦逢六合，定主成婚；如见六冲，姻缘未就。合处逢冲，将成有变。

占婚又不观其应，二间为媒细审情。

单占有月老，当看应爻。如在婚姻卦内推之，又不凭其应象，反取间爻为婚，旺须有力，空则无能。

婚姻嫁娶章第十

（以内外世应为主，阴阳财鬼为凭。）

易道无穷，须把阴阳为首；人伦有五①，还将夫归为先。

纯阳，恐男子之鳏，无财可比；纯阴，女人之寡，无鬼亦然。

凡论婚姻之事，先看阴阳，次凭财官，卦若纯阳或无财者，定见伤妻。纯阴之卦，或缺官爻，夫当早丧。

夫唱妇随，卦必阴阳得位；男情女喜，爻当财鬼俱全。

内卦为夫，外卦为妇；又以世为夫，应为妇。若得内阳外阴，或世阳应阴，二者皆为得位，婚姻遇之，百年和合。若内阴外阳，或世阴应阳，皆是阴阳交错，夫妻半遂其心。

又如，世应阴阳得位，内外纯阴纯阳，或内外阴阳得位，世应纯阴纯阳，皆为半吉。若内外、世应皆值纯阳纯阴，不成夫妇。自古纯阴不生，纯阳不化，须得一阴一阳方成配偶。

复论鬼为夫，财为妇。有鬼无财，有夫无妇；有财无鬼，有妇无夫。卦若财、鬼俱全，夫妇方能谐老。

男婚，须财象兴隆，晨昏共悦；女嫁，得官爻旺相，朝夕同欢。

男占妇，以财为主，决不可无；女占夫，用鬼为先，其理仿此。

校者注　①　人伦有五：“五伦”是中国传统社会基本的五种人伦关系，即父子、君臣、夫妇、兄弟、朋友五种关系，是狭义的“人伦”。古人以君臣、父子、夫妇、兄弟、朋友为“五伦”。孟子认为：父子之间有骨肉之亲，君臣之间有礼义之道，夫妻之间挚爱而又内外有别，老少之间有尊卑之序，朋友之间有诚信之德，这是处理人与人之间关系的道理和行为准则。《孟子·滕文公上》：“使契为司徒，教以人伦：父子有亲，君臣有义，夫妇有别，长幼有序，朋友有信。”人伦中的双方都是要遵守一定的“规矩”。为臣的，要忠于职守，为君的，要以礼给他们相应的待遇；为父的，要慈祥，为子的，要孝顺；为夫的，要主外，为妇的，要主内；为兄的，要照顾兄弟，为弟的，要敬重兄长；为友的，要讲信义。

世作男家，旺则荣华之宅；应为女室，衰还贫乏之门。

鬼是夫身，空无远寿；财成妻体，陷不遐龄。

世为男家，应为女宅。世旺应衰，便曰：女贫男富；世衰应旺，当云：女富男贫。

又云：鬼居此卦为男家，财值其宫为女宅。卦旺官衰，男家虽富而夫貌不充；卦衰官旺，夫宅虽贫而男容且秀。卦旺财衰，女舍丰而女姿欠美；卦衰财旺，女家寒而雪色精妍[①]。官作夫君，喜生不喜绝，绝则夫亡；财为妻室，宜旺不宜空，空须妇丧。

间曰良媒，逢空少力；子云后代，遇绝无儿。

两间之爻，皆为媒妁。近世则男家月老，近应则女舍冰人。临空犯绝，媒必无能；遇旺逢生，中须有力。

子孙之象，宜静不宜动，动则刑夫；宜旺不宜空，空须无子。若临绝地，又主无儿。绝中如得生扶，反主儿孙多育。

财爻变鬼变冲，妻遭久疾；鬼象化官化破，夫染陈灾。

财为妻体，切不宜冲，或化鬼爻，便生残疾。鬼为夫主，忌犯刑冲，再化官爻，夫当有疾。要知疾在何方，看鬼在谁卦谁爻，可断带疾之处。详见《身命章》中。

合内又生，必享天长地久；冲中再克，定应死别生离。

且如，用寅亥合，用未午来，用酉见辰，皆是得生得合，自然百年和谐。

又如，用午见子，用卯酉冲，便是有冲有克，此为终见分离。

校者注　①　精妍（yán）：指精良美好。南朝宋·鲍照《芜城赋》："财力雄富，士马精妍。"章炳麟《东夷诗》："东骑信精妍，艨艟与天齐。"

旺财与旺应生身，妆奁[1]厚实；衰世并衰官克应，聘礼轻微。

应为妻宅，财乃嫁资，二者旺而生世，倍得妆奁。世作男家，鬼作夫主，若值休囚克应，自然聘礼轻微。

男心少就，只因世陷世冲；女意多更，切为应空应动。

世爻若值空亡，或遭冲破，男家无意求成。应若临空或冲或动，女家无心匹配。

卦爻相合，必男妇之成欢；贞悔相冲，定夫妻之不睦。

卦得六爻相合，绵远和谐。若遇六冲，定然反目。

前冲后合，初离别复聚欢情；前合后冲，始谐和终遭变易。

未配之前，若卜冲中化合，决不相谐；成亲之后，如得先冲后合，初见生离，后还复就。若卦占六合被月辰冲开，世应财官或化六冲，皆主始初欢悦，后来定不和谐。

孤辰值鬼，夫必无儿；寡宿临财，妻当少子。

男怕孤辰忧临官鬼，女嫌寡宿忌值妻财，二者逢之，后无子息。非惟儿女遭伤，更主夫妻相克。

父旺少兄妨儿女，妻强无鬼捐公姑。

子摇固曰刑夫，财兴有解；兄动虽云克妇，子发无妨。

父摇兄不摇，决伤儿女；财动鬼不动，定损公姑[2]。子动伤夫，财

校者注　① 妆奁（zhuāng lián）：中国传统婚俗之一。原指女子梳妆打扮时所用的镜匣。后泛指随出嫁女子带往男家的嫁妆。亦作“妆匳”。妆奁原意是指古人盛放梳妆用品的器具，最早在战国时期就已经产生并流行开来，一直延续到明清时期，历史十分悠久。中国传统造物追求“器以载道”的意境，妆奁的发展代表了不同时代、不同阶层的审美情趣与价值取向，是中国传统文化的一个重要组成部分。

② 公姑：即翁姑。丈夫的父亲和母亲；公公和婆婆。唐·韩愈《扶风郡夫人墓志铭》：“入门而媪御皆喜，既馈，而公姑交贺。”

动生官反吉；兄兴害室，子孙并动无妨。

龙值财爻，形骸秀丽；蛇临妻位，情性虚浮。
白虎乃悖逆之星，玄武是风流之宿。
朱雀巧词绕舌，勾陈持重寡言。
带咸池则多情多欲，临驿马则勤往勤来。

财为妻性，看值何爻，便知美恶。带青龙貌如西子[①]，性主慈祥礼悌、柔顺贞廉。值螣蛇虚浮之性，多心机而少信实，言语感人。逢白虎，心怀妒悍，性亦刚强。犯玄武，为人悭吝，放荡无端。逢朱雀，急躁多言。遇勾陈事行迟钝。值咸池，则内乱人伦，外寻花柳；加驿马，则朝行东北，暮返西南。

凡配婚姻，须得永年和合；惟凭奇偶，自然顷刻昭彰[②]。

女卜男婚章第十一

(以官爻为主，应象为凭。)

女卜男婚当用官，财兴子静是良缘。

女占夫，以官爻为主，官旺为佳，鬼空莫用。又嫌子动伤官，所喜财兴助鬼。

校者注　①　西子：指西施，本名施夷光，春秋时越国有名的美女，一般称其为西施，后人尊称其“西子”。春秋末期出生于浙江诸暨苎萝村，西施与王昭君、貂蝉、杨玉环并称为中国古代四大美女，其中西施居首，天生丽质，是美的化身和代名词。“闭月羞花之貌，沉鱼落雁之容”中的“沉鱼”，讲的是“西施浣纱”的经典传说。苏轼《饮湖上初晴后雨》：“水光潋滟晴方好，山色空蒙雨亦奇。欲把西湖比西子，淡妆浓抹总相宜。”

②　昭彰：明显；显著；彰明。

妻看内爻夫看外，世为女体应为男。

女占男，反取内为妇、外为夫，又以世为妇、应为夫。

夫择妇兮阴应美，妇择夫兮阳应欢；
阴阳得位方和合，纵然交错乐长年！

夫聚妇，世阳应阴为得位；女嫁男，世阴应阳为得位。或内阴外阳者，亦同。若得阴阳得位，喜悦无穷；纵然阴阳交错，也主欢谐。

女家择婿章第十二

（以子孙为主，官鬼为凭。）

将女招夫继子祥，必须兼看结婚章；
内阴外阳称大吉，鬼旺财生夫妇昌。

赘婿者，比同继子也，却与《婚姻章》同看。卦中内外或世应，必须得一阴一阳，方为良配。如遇纯阴纯阳，决不可就。倘若财鬼不全，又不宜也。

父母忌神愁发动，子孙用象怕空亡；
世应变空难送老，六冲之卦岂绵长！

父母为忌神，不动为吉。子孙为赘婿，空则非定；又不宜动，动则犹恐妨夫。子孙虽动，而财亦动者，助鬼无妨。

又论世为己、应为婿，皆不可空。世空者，自有遣归之意；应空者，婿无久恋之心。世应皆动，后必有更。但遇六冲丝毫莫用。合处逢冲及变出六冲，主始得和谐，后当分拆。

后嗣有无章第十三

（以子孙为主，不遇绝空克破为佳。）

欲知向后生儿否，切忌福德犯空亡；
不论阴阳太衰旺，卦有其神定吉昌；
静废伏藏迟可立，交重出见早成行。

问后嗣者，须看子孙。若落空亡，再寻伏象；伏子再空，却看动爻化子，变出更无，必有绝嗣之叹。子孙不论阴阳衰旺，如在卦中，又不值旬空月破，决然有子有孙。要问得儿迟早，须观子象兴衰，旺相或动而来速，休囚或静以来迟。又云：出见早生，伏藏迟育。

兄弟值年方废贺，福临胎养一般详。

子如衰绝者，待兄弟值年可生。子若旺相者，临胎养之年可得。卦若无子者，候子孙值年方育。

且如，辛丑年、正月、申日，问何年得子？卜得鼎卦：

伏神	离宫：火风鼎 【本卦】		
	兄弟己巳火	▅▅▅	
	子孙己未土	▅ ▅	应
	妻财己酉金	▅▅▅	
	妻财辛酉金	▅▅▅	
	官鬼辛亥水	▅▅▅	世
父母卯木	子孙辛丑土	▅ ▅	

此卦子孙太弱，理合来迟。直待乙巳年受孕，又遭小产。然虽兄弟值年，盖为子临绝地，故此难招。再候丙午年生合用爻，方得成宗之子也。

又如，甲申年、二月、子日，问何年得子？卜得师卦：

坎宫：地水师（归魂）

【本 卦】

父母癸酉金 ▅▅ ▅▅ 应

兄弟癸亥水 ▅▅ ▅▅

官鬼癸丑土 ▅▅ ▅▅

妻财戊午火 ▅▅ ▅▅ 世

官鬼戊辰土 ▅▅▅▅▅

子孙戊寅木 ▅▅ ▅▅

此卦子居旺地也，主早生。果应乙酉年怀胎，丙戌年得子。盖为子孙属木，木胎在酉，木养在戌，故此酉年怀胎，而戌年育也。

又如，己亥年、四月、丑日，问子有无？卜得大畜卦安静：

艮宫：山天大畜

伏　神	【本 卦】		
	官鬼丙寅木	▅▅▅▅▅	
	妻财丙子水	▅▅ ▅▅	应
	兄弟丙戌土	▅▅ ▅▅	
子孙申金	兄弟甲辰土	▅▅▅▅▅	
父母午火	官鬼甲寅木	▅▅▅▅▅	世
	妻财甲子水	▅▅▅▅▅	

此卦六爻无子，喜伏在艮卦，申金子孙在三爻辰土之下，飞能生伏，必有其儿，还嫌子不透出，故见迟生。直待戊申年，子临太岁，方得有成家之子也。

世空本体多柔弱，应空室命少儿郎。

世爻为自己，若落空亡，便主精阳不足，还须医药调和。应多为妻室，如临空地，便推妻命无儿，理宜娶妾。世应皆不空亡，子独陷者，此乃天命无儿，非人力所定致也。

衰子化空或化绝，纵然得后复遭伤。

卦虽有子，合值休囚又化父母，或化绝或化空者，纵得其儿，后遭刑克。

怀胎虚实章第十四

（以子孙胎爻为主，青龙天喜为凭。）

夫卜妻胎辨子孙，子占母孕弟兄寻；
他人代问推龙喜，父母求之看福神；
此定用爻宜上卦，若逢空地孕非真。

夫问妻胎，及尊长父母辈占，皆取子孙为用。若子占母孕，不看子孙反评兄弟。他人代卜，当察应爻及青龙、天喜是也。

凡占胎孕，必得用爻上卦不值空亡，便言实喜。用如落陷，又无青龙、天喜动者，决是虚胎。

忌神旺动胎难保，第二爻辞怕鬼侵；
胎空子破官爻动，祸作灾生喜不临。
子旺龙交天喜照，身安体泰腹怀妊；
自古淳风收大畜，今来涣卦内藏人。

问妻胎，以子孙为主，父作忌神。占母孕，以兄弟为凭，鬼称忌客。卦中虽有用爻，若被忌神动者，难保其胎。

第二爻又为胎，忌临官鬼，二爻若值空亡，用象又逢月破，官爻再动，定主生灾，决非怀孕。若得子孙旺相，及青龙、天喜交重，必主怀胎，孕妇自然康泰。

淳风先师所收“大畜”之卦，人若占之，必为喜兆。愚意又收“风水涣”卦，涣字腹内有人，故怀六甲，试无不验。

安护胎息章第十五

（以胎爻为主，福德为凭。）

若欲安胎，喜子孙之静伏；如求定产，忌官鬼之交重。

凡卜安胎之事，须看子孙静旺尤吉，虽动化生无咎。倘之败绝，或化父母者，胎必难安。其中最喜鬼空为妙，官如发动，定见迍邅。

子破焉能足月？胎空岂得成人？

六冲则堕胎目下，六合则全孕怀中。

子孙爻为孕，第二爻为胎，二者如有一爻值旬空月破者，必主堕胎。卦值六冲，日前小产；爻逢六合，则是胎全。

鬼象乱兴，必求神而可疗；子爻不破，须服药以方安。

官鬼为神司，动出交重，速宜请祷。欲定何神作祟，细详《鬼祟章》中。子又为医药，不临空破，却要求医。

要问安胎定日，财生胎合鬼冲伤；欲推小产到时，父值鬼临子败绝。

安胎者，须得子孙值日，自然制鬼生财，或逢日合二爻，胎当安逸。

又论，小产到日，与生产大不相同，反取父官值日，或子孙临死绝败时，小产可知也。

虎动龙空方坐草，子冲胎破却临盆。

小产到日法有数端：白虎动青龙空，冲胎爻冲子象，俱决可生。

产母吉凶，财兴初爻详的确；儿胎动止，子同二位察分明。

初爻为产母，喜临旺相，忌值官爻；妻财为孕妇，大怕空亡，更忧变鬼。子孙与胎爻皆宜静旺，忌犯空冲。

收生保产章第十六

（以应爻为主，财象为凭。）

收生之妇应爻寻，次把妻财作用神；
喜见生身生产母，忌逢克世克儿孙。

稳婆[1]取应爻为主，次看财爻。此二爻内，若得一爻生世生子，又生初爻，方为大吉。如来克世克子，或克初爻，必有所害，不可用之。

初为孕妇无伤吉，鬼发兄摇祸必深；
财破应空谁赞美，单占如此定原因。

初爻为产母，世爻为主人，子爻为儿女，皆不可受应爻、财爻之冲克。财、应二象，如克初爻，恐伤产母；如克子孙，恐伤儿女；如克世爻，不过心怀欺诈。相冲亦然。卦中兄弟官鬼皆静则吉，动必有殃。若遇应空、财空或月破，斯人无力，还宜更换。独占坐姬此论。

生产卦中推此妇，五爻二间断其人；
自占如克身和世，坐姬当怀害己心。
夫问若伤财与应，稳婆每恐损妻身，
初爻不受其爻害，任用毫无恶计侵。

生产卦中兼看稳婆，都又不取财、应二爻为用，反将五爻为稳婆，间爻亦为稳婆。

孕妇自占，世为本体，如被五爻或间爻克制，身受其伤。

校者注　① 稳婆：旧时民间以替产妇接生为业的人。因历史时期和南北地域及民族文化的不同，其有“隐婆”、“产婆”、“收生婆”、“接生婆”及“老娘婆”等多种称呼，为属江湖“三姑六婆”之列。稳婆把婴孩称为“头子”，男婴为“多头”，女婴为“添头”，胎盘为“儿衣”，脐带为“长命”，剪刀为“交脐”，草纸为“垫子”等。

夫占妻产，又取财与应爻为主。倘遇五爻与间爻伤财克应，并伐初爻者，切莫用之。

六甲生产章第十七

（以子孙长生为主，世临胎养为凭。）

夫问妻胎财莫陷，子为儿女要兴隆；
交单是男重拆女，复论谁父包在中；
阳象包阴生少女，阴包阳象产婴童。

夫占妻产，财作妻身，不落空亡，便为大吉。子孙为儿女，若遇旺相生扶，便曰：儿无关煞。

要决是男是女，先看动爻。卦中阴动变阳为男，阳动变阴为女。倘然阴阳皆动，或六爻安静，难以定之，便以阴包阳是男，阳包阴是女。

如或阴阳又不相包者，方取子孙，值单为男，临拆为女。

惟有交重二爻动必有变，交虽属阴，变为少阳，成男；重虽属阳，变为少阴成女。

设若卦又无子者，便取伏卦子孙，阳即包阴也。阳即是男，阴即是女。

若伏子再空，又推互卦，却不用十二支取断，只取内外二宫配成本卦，如再无子，此孕必虚。若配子孙，又看乾坎艮震为男，巽离坤兑为女。

复陈主卦之中，如有两重子象，正临旺相，又遇生扶，必受双胎之孕，男女照前定之。

又论阴包阳与阳包阴之事。其法有二：有六爻内总象相包，有内外二卦各自相包。凡遇阴在上下，阳在中间，如小过䷽、恒䷟、咸䷞、谦䷎卦[①]之类，即阴包阳也。但逢阳在上下，阴在中间，如小畜䷈、中孚

校者注　①　小过、恒、咸、谦卦：此四卦和下文的小畜、中孚、益卦后面的卦符为校者所加。

䷼、益卦䷩之类，即阳包阴也。

又各自相包者，内外二卦也。且如，坎卦阴包阳，离卦阳包阴，此乃各自相包也。

且如，五月、丙午日，占男女若何？卜得未济卦安静：

离宫：火水未济

六神	伏　　神	【本　卦】		
青龙		兄弟己巳火	▅▅▅▅	应
玄武		子孙己未土	▅▅　▅▅	
白虎		妻财己酉金	▅▅▅▅	
螣蛇	官鬼亥水	兄弟戊午火	▅▅　▅▅	世
勾陈		子孙戊辰土	▅▅▅▅	
朱雀		父母戊寅木	▅▅　▅▅	

此卦有内外二子皆临相地，况得日月生扶，该怀双孕，内卦阴包阳是男，外卦阳包阴是女。此卦阳在先而阴在后，果得双胎。先生男而后女也。

又如，四月辛未日，问男女？卜得归妹卦：

兑宫：雷泽归妹（归魂）

六神	伏　　神	【本　卦】		
螣蛇		父母庚戌土	▅▅　▅▅	应
勾陈		兄弟庚申金	▅▅　▅▅	
朱雀	子孙亥水	官鬼庚午火	▅▅▅▅	
青龙		父母丁丑土	▅▅　▅▅	世
玄武		妻财丁卯木	▅▅▅▅	
白虎		官鬼丁巳火	▅▅▅▅	

此卦阴阳既不相包，六爻内又无子象，伏出兑家亥水更值旬空，难分男女。岂知互成既济，止取互卦，外宫坎水正配兑家子孙，坎曰中

男，果得男子也。

要知何日来分娩，还看何旬胎遇空；
近取动爻临白虎，弟兄值日喜匆匆。
世居胎养方能至，子入长生到亦同；
内外三爻无福德，日时遇此面相逢。
孙藏墓库宜开销，福陷空亡喜值冲。

占生产到日，先看何旬胎值空亡，世爻临胎养之日到也。若卦无子者，待子孙值日方来；如卦有子象，正值休囚，待兄弟值日，或子遇长生方到。

若子临绝处，遇生扶日可到。子若落空，待日辰冲子，方生。子如投墓，待日辰冲墓，方来。若遇白虎动，近日当生。卦值六冲，到达其甚速。

坐草[①]临盆嫌动鬼，胎前产后忌摇兄；
财临月破焉宁室，子犯旬空难继宗。

夫占妻妾，财是用神，若临月破旬空，当有产难。财虽上卦，变出兄爻，或卦中兄动，日月又不生扶，亦当妻患。财如旺相，鬼不交重，主临盆有庆，坐草无虞。子孙为儿女，如临空绝，虽育难招。子虽上卦，倘遭父动来伤，岂得长成？

产妇自占忧世绝，随官入墓祸重重；
吉神旺相扶身吉，凶象交重克世凶！

占自身，以世爻为主，逢生则吉，遇克则凶。凡犯随官入墓、助鬼伤身，必遭产厄。鬼若空亡，又得吉神生世，终见康宁。如逢鬼煞动来冲克，祸难逃矣！

校者注　①　坐草：妇女临产；分娩。

选择乳母章第十八

(以应爻为主，财象为凭。)

凡求乳母应爻详，次察妻财莫受伤；
应象临官多病疾，财神变鬼岂安康！

占乳母，先看应爻，次观财象，切不宜临在旬空月破之中。应如值鬼，或财变官爻，此妇多生病疾。

卦无亥子终无乳，爻有儿孙定有祥；
更怪应来冲克子，若然生福永无妨。

凡占有乳，专看水爻。卦无水象，其乳必无。虽有水爻，若变土者，必主先有后无。水若化金化旺，必然先少后多。卦中若得重重水透，又见金兴，乳必有余。

子孙为男女之爻，莫居空绝，如逢生旺，子必有成。应爻冲克福神，儿遭妇害。子得应爻生合，抚子有力。

六冲上下无缘分，父母爻兴子受殃；
鬼若发时终有祸，兄如动出耗非常；
应鬼咸池同伐世，倘遭暗计主须防。

但遇六冲，决然不相。纵然合处逢冲，或变出六冲者，皆当有始无终。

卦中父母之爻大不宜动，动则赤子遭迍。官鬼交重，多主咭咭。带朱雀，易惹闲非。同玄武，潜窃衣资。临白虎，灾延此妇。值螣蛇，惊及婴儿。兄弟动，多费资财，倍加衣饰。

又论，世为家主，应为乳母，应如带鬼及咸池动来克世，主贪淫，恐遭暗计。

婴童否泰[①]章第十九

（以子孙为主，不遇绝空克破为佳。）

婴童卦取子孙爻，不落空亡便可招；
化绝化空兼化克，虽观花吐未成桃；
如临绝地逢生助，纵见灾危命必饶！

占儿女，子孙为用爻。兄占弟，即兄弟为用爻。用爻若临空，决难长大。虽有用爻，化出空绝，或化忌神，或临月破，目前虽有，岂得成嗣？用如逢绝，却遇生扶，只恐多灾，决非伤命。

父母最嫌逢发动，弟兄能喜值重交；
财兴此子身还弱，官动其男病未消。

父占子，父母为忌神，宜静不宜动。兄弟为原神，宜兴不宜绝。卦内妻财动，则泄子孙之气，儿体欠安。官鬼为仇神，动则多关多煞，静则无病无忧。

如兄占弟，又不如此定之。兄占弟者，兄为用爻，鬼为忌象，父作原神，子当泄气，财作仇神，各有喜忌之分，不可一途而取。

助鬼伤身儿不旺，倘生残疾数难逃。

卦逢助鬼伤身，用象又临绝地，原神不动，定遭疾厄缠绵。

用之兄弟加朱雀，长大忧纵赌客交；
主象旺生龙贵照，定然日后显英豪。

用爻无气，况临朱雀变为兄弟，长成之日倘交无益之人，变化呼虞

校者注　① 否泰（pǐ tài）：《易经》的两个卦名。易经六十四卦之第12卦为“天地否”卦，第11卦为“地天泰”卦。不交闭塞谓之“否”；天地交，万物通谓之“泰”。后常以指世事的盛衰，命运的顺逆。《玉台新咏·古诗》：“否泰如天地，足以荣汝身。”

之子。主象如逢生旺，又带青龙贵人，后来必成大器，显祖荣宗。

出继男女章第二十

（以用爻为主，应象为凭。）

欲将男女更名姓，须向爻中福德查；
父发鬼摇灾又讼，兄兴子旺锦添花；
兄将弟继求兄旺，父动生兄福转加。

将男继出，女亦同推。若得子孙旺和兄又来生，继之得吉。子若逢空，终难长大。如逢父母或官鬼动出，必患多灾，况生口舌。如见父动而兄又动者，此子贪生忘克，反获佳祥。

若兄将弟继，不看子孙，反取兄是用爻，莫居空绝，若得父母动者转添吉庆，惟独官爻动则更忌。

卦得归魂宜暂继，游魂多变莫从他；
相冲相克居难久，相合相生继不差；
应位若逢空破进，此人非是育儿家。

归魂乃归乡之象，但可继名，不宜长久。游魂乃迁改之兆，去后终多变易。

凡占以世为我，应为他。若世应皆动，必有更张，又不宜相克。世克应还可，应克世非宜。若遇六冲，毫无缘分，切莫继之。

若得世应相合，必能久处，再遇相生，尤加和悦。倘然合处变冲，始相得而终见分离。应位若临旬空月破者，此人救已且不赡①，而奚暇②子挈人乎？

校者注 ① 不赡：不足，不及。出自《管子·国蓄》："岁适美，则市粜无予，而狗彘食人食；岁适凶，则市粜釜十镪（古代成串的钱），而道有饿民，然则岂壤力固不足，而食固不赡也哉！"

② 奚暇：哪里。孟子《齐桓晋文之事》："此惟救死而恐不赡，奚暇治礼义哉！"意思是：只把自己从死亡中救出来，恐怕还来不及，哪里还顾得上讲求礼义呢？

承继绩嗣章第二十一

(以子孙为主，应象为凭。)

凡人承继男和女，僧道传徒理亦同；
但喜子孙逢旺相，不宜父鬼遇交重；
儿临月破多灾疾，应值旬空少始终。

凡继男女及僧道传徒，皆以子孙为用爻，逢旺逢生则吉，遇空遇破则凶。父母动，子命不长。官鬼兴，灾生不测。应若空亡，决难久远。

世应两爻忧尽发，正之二卦忌相冲；
福神冲世终非吉，日辰克子断然凶；
六合后嗣年代远，游魂欲变两三重。

继子传徒，切不宜世应皆动，动则有更。又不可世应皆空，空须不久。卦值六冲，定主父南子北，岂得相谐？变出六冲，终无结秀，子孙爻不宜冲世克世，又不可被日月来伤。如得六合之爻，便得永年和悦。合处逢冲，后当改变。若犯游魂之卦，决主往来不定，多见变迁。

更名顶籍章第二十二

(以世爻为主，官鬼为凭。)

欲顶他人籍与名，六冲定见叹吁声，
世空世破咸非就，官绝官亡尽不成。

凡改姓名，及顶他人户籍，皆忌六冲。世若逢空，决难成就。日月冲世，事必难成。世纵不空而官空或绝者，或卦无鬼者，皆主不成。

更此官名宜鬼旺，顶其店业要财兴；
兄临雀动伤身世，犹恐旁人举斗争；

世不空冲官不陷，事当圆就永无更。

在官顶补姓名，尤要官爻旺相，又不可鬼克世身。顶人艺业，还求财象兴隆。不拘公私更改，兄爻独发难成。纵然乱动，兄带朱雀动来克世，或应带朱雀来克世者，必有旁人举首，争夺成非。世爻兴官爻若皆不空冲破绝，事事皆成，无谋不遂。

平生学艺章第二十三

（以妻财为主，世应为凭。）

业无大小贤愚，岂不从师？事有败成去就，还须问卜。

凡习三教[①]之流，师同伯叔。如得椿萱旺相，法必训严。但学百工之匠，处比弟兄。若然手足空亡，教非精巧。

凡习三教之流，师同伯叔，如得椿萱旺相，法必训详。父母如逢旺相，或来合世生身者，必获全传。

或习诸般技艺，先观兄弟，次看应爻，此二象若一空亡，便无承受。

金银铜钱之工，值乾兑酉申而最吉；

竹木芦藤之匠，得震巽寅卯以为佳。

造制鱼盐酒醋，利入坎宫；裁成䌷绢绫罗，喜临离象，

采石樵山须见艮，土工泥作要逢坤。

卦爻各有所属，工匠各有所宜。业金工者，财爻利值酉申，身世喜居乾兑。业木作者，喜遇卯寅财象，世临震巽之垣。水利偏宜坎位，丝竹最喜离宫。登山者，艮家为吉。土作者，坤卦为祥。

校者注 ① 三教：指儒教、佛教、道教。儒教主张“仁、义、礼、智、信”；佛教主张“生、老、病、死、苦”；道教主张“金、木、水、火、土”。

将本营生，子动财明终发达；空拳技艺，财摇鬼旺必兴家。

身佐官僚，世怕鬼爻冲克；名开行次，身宜福德生扶。

凡人习业，各有所分。将本者，财为主象，子作原神。空拳者，官是用爻，财为助主。

身在官人役，虽宜官鬼兴隆，冲克世身大忌。牙行生理，最要子孙旺则广招千里，空则门纲雀罗。卦中虽有子孙，应若逢空，亦无客至。

凡习经书，父须生旺；若求官职，鬼莫空无。

祝巫大利官兴，僧道惟宜子旺。

习儒业者，父母为用。求功名者，官鬼为用。祝巫者，迎神召将，照马关亡之类，亦用官爻。惟僧道之流，子孙为用。

凡用爻皆宜值旺相，各忌空亡，旺则事事有成，空则般般不就。

诸般道术，一应生涯。

皆把财为衣禄，养命之源；兼推子乃福神，发家之主。

诸般艺业，皆宜财神兴隆。财若空亡，利资必绝望矣！

无鬼，必无头无绪；游魂，必游去游回。

世犯旬空，自有更张之意；应遭月破，师无传授之心。

蹇遇六冲，彼我无情难习业；幸逢六合，师徒相得却成功。

一应徒师习业，不宜卦内无官鬼。若逢空，事无头绪。卦值游魂，往返不定。又看世为已，应为师，皆不可值旬空月破，又不宜卦值六冲。世应若不空亡，又遇爻逢六合，定主师徒相得，事必成功。

欲择明师，未知曲直；当占易卦，便见虚真。

五经定肄章第二十四

(以父爻为主，五行为凭。)

五经无不看文书，金作《春秋》[①]木作《诗》；
水是《书经》[②]火《礼记》，土爻为《易》少人知。

凡读书经，须详父母，旺则有成，空则无益。止卜一经，单推父母，不论五行；混卜何经，却要五行分别。父临申酉，宜读《春秋》。母在火爻，利宗《礼记》[③]。木视《毛诗》[④]最妙，土观《周易》为佳，

校者注 ① 《春秋》：儒家的经书，即《春秋经》，又称《麟经》或《麟史》，中国古代儒家典籍“六经”之一。也是周朝时期鲁国的国史，现存版本由孔子修订而成。《春秋》记载了从鲁隐公元年（前722年）到鲁哀公十四年（前481年）的历史，也是中国现存最早的一部编年体史书。解释和补注《春秋》的三部历史著作为《春秋公羊传》、《春秋谷梁传》和《春秋左氏传》（简称《左传》），其中《左传》的文学历史成就最高，而《公羊传》和《谷梁传》都旨在解说《春秋》的“微言大义”，偏重说理，略于记事，而且空言说经，穿凿附会之处很多，其历史和文学价值不高。

② 《书经》：即《尚书》，最早书名为《书》，是中国第一部古典文集和最早的历史文献，它以记言为主。自尧舜到夏商周，跨越两千余年。是《三坟五典》的可考记录。《尚书》列为儒家经典之一，“尚”即“上”，《尚书》就是上古的书，它是中国上古历史文献和部分追述古代事迹著作的汇编。《尚书》相传为孔子编定。

③ 《礼记》：中国儒家典籍“六经”之一。是战国至汉初儒家礼仪论著的总集。内容包括礼制和儒家哲学两部分，为研究中国古代社会、文物制度、典礼、祭祀、教育、音乐和儒家学说的重要参考书。《汉书·艺文志》著录131篇，西汉戴德删为85篇，名《大戴礼记》。他的侄子戴圣又删为49篇，名《小戴礼记》，收入十三经中。因此《礼记》又称《小戴礼记》。其中《中庸》、《大学》、《礼运》等篇是儒家重要的哲学著作，对后世影响很大。

④ 《毛诗》：指战国时，鲁国毛亨和赵国毛苌（cháng）所辑和注的古文《诗》，也就是现在流行于世的《诗经》。从大约公元前6世纪编定成书到如今，一直具有崇高的地位和深远的影响，是中国诗歌的光辉起点。《诗经》作为中国文学史的第一部诗歌总集（或谓乐歌选集），共305篇。毛诗每一篇下都有小序，以介绍本篇内容、意旨等。而全书第一篇《关雎》下，除有小序外，另有一篇总序，称为《诗大序》，是古代中国诗论的第一篇专著。东汉经学家郑玄曾为《毛传》作“笺”，至唐代孔颖达作《毛诗正义》。

水看《书经》，各遵其理。

易经若也为儒业，土象兴隆最及时；

父母若登申酉位，必在春秋折桂枝。

总卜读经之事，要知功名发在何经，父属土爻，必在《易经》高捷。如居金位，《春秋》定占高魁。其余仿此。

财子同兴难及第，平生虚费枉从师；

父官两旺修文吉，名播京机作宪司[①]。

从经之士，最忌妻财、子孙发动，偏宜父母、官鬼兴隆。父化父，后有败经之变；父化官，必成显达之荣；父化财，必始勤而终怠。化生则文墨转佳，化绝定心慵意懒。

求师训迪[②]章第二十五

（以文书为主，八卦为凭。）

延师习学，应爻莫下空乡；教子修文，父象休行绝地。

财动则其年少益，父空则此岁无功。

应爻为西席[③]，父母为文章，此二象皆要兴隆。应陷应冲，皆主半途而废；父空父绝，必然训诲无功。财若动时，一年虚废。

四刑四极四冲爻，常往常来常改易。

四刑四极四冲者，总是六冲之卦。从师遇此，定然彼我无缘，必难终始。主卦虽然相合，倘如变出六冲，春夏虽然相聚，秋冬定见分张。

校者注 ① 宪司：御史的别称。出自《宋书·刘瑀传》："明年，迁御史中丞。瑀使气尚人，为宪司甚得志。"

② 训迪：指教诲启迪。

③ 西席：古人席次尚右，右为宾师之位，居西而面东。后尊称受业之师或幕友为西席。

东家多退悔，世必家亡；西席有更张，应还发动。

世应皆空，彼我无终无始。

凡占以世为主，应为宾。世空，主不敬，宾自当疏慢；应动，宾非向主，彼必更张。世应俱动，各有变心；世应俱空，两无眷恋。若得相生相合，定然宾主和谐。

父旺持身，倍加学问；兄强立世，多废修仪。

父母旺相，日进其功，更来生世生身，尤多教益。如逢兄弟发动，或值世爻，束脩[①]倍费。

卦若游魂，自后他心能有变；应临月破，将来彼体岂无灾？

卦若游魂，彼必坐身不定，应临月破，或应或命随官入墓，其人定见灾殃，或遭词讼。

内外得乾坤离卦，经书开锦绣奇文。

乾乃六龙之象，坤离又作文章，故此儒士遇之，便能上进。或内或外，三中得一为佳。如卜纯乾、纯坤、纯离者，卦名虽吉，只怪六冲，故不用也。

凡熟此篇，变知其意。

校者注 ① 束脩（shù xiū）：古代学生与教师初见面时，必先奉赠礼物，表示敬意，名曰“束脩”。“束脩”就是一束肉干，又称肉脯，有点类似现在的腊肉。古人对老师是十分尊敬的，对孩子的教育非常重视。因此，在孩子入学拜师时，人们一般都要给老师送上珍贵的“束脩”作为见面礼。学费即是“束脩数条”，束脩就是咸猪肉，后来基本上就是拜师费的意思，可以理解为学费。束脩也指古代汉族民间上下、亲戚、朋友之间相互馈赠的一种礼物。《现代汉语词典》中，“脩”有两种用法，一是表示“旧时送给老师的酬金”，组词“束脩”；二是同“修”。并没出现“束修”这种写法。

求馆开设章第二十六

（以世应为主，财福为凭。）

觅馆招贤怕世空，应空岂得遇东翁？
父空书馆终非美，财陷修仪甚不丰。
世应不空须有望，变成冲散定无终；
无官之卦休寻访，无馆之年为六冲。

凡图[1]书馆，世为自己，应为东家，父为书馆，子为书生，财为束脩，鬼为荐馆之人，兄乃同胞之士。

世空不遇尊从，应空无东接纳。父空难逢美馆，财空修仪轻微，子空门弟不多，鬼空无人举荐，兄空无人抢夺，身空居处不安。诸空稍可推，得世应不空，终须有望。

凡值六冲之卦，或无官鬼，定无馆也。如合处逢冲，或变出六冲，虽见成就，其年定主不终。

游魂迁改它图吉，归魂乃旧胜西东；
哪日扶持生合世，便教宾主两相逢。

问迁更，游魂大利；占守旧，反要归魂。要知哪日成功，还详父母。卦中无父，但逢值日方在。如有父爻旺，求墓合之时。衰取旺生之日，又看何日生世、空世，亦可成功。

校者注　①　图：为求之意。

相资[1]寓所章第二十七

(以父母为主，世应为凭。)

习学修文就馆中，相资却与寓居同；
父宜旺相身宜旺，世莫空亡应莫空；
鬼忌动与财忌动，贞嫌冲破悔嫌冲。

凡占就彼相资附学[2]，寓居同断，皆要文书旺相，不宜世应空亡。世空，身有阻，纵去无功；应空，彼不容，纵容无益。父若空亡，经书虚费。财动恐伤文书，鬼动倘招灾祸。卦值六冲，决难谐就。如合处逢冲及变出冲者，始虽相得，后必改更。

无官来往皆难就，无父经书尽没功。

一卦无官，不能成就。六爻无父，枉费勤劳。

更论乾坤离卦体，三中得一妙无穷；
六爻安静无绕舌，一卦游魂不始终。

常人寓处不论卦名，财动父空俱不足论，只忌六冲、鬼动、世应空亡。惟有书馆如前继。又取卦名，方知有益无益。或内或外，乾与坤离得逢一象者，文添锦绣。若六爻安静，并无闲扰来干，卦见游魂，心常改变。

应克用爻休寓此，外生内象却亨通。

世为本家，应为别宅，又以内卦为本方，外卦为他处。凡卜相资附学，不可不辨用爻。若问儿孙，子为用象；如占自己，当看世爻。用受应爻，或外卦来克，必被欺凌。如来生合用爻，大得维持之力。

校者注　①　相资：指相互凭借，相互资助。
②　附学：旧时谓附入他人家塾读书。

雀临兄动闲非起，武带官摇盗贼逢；

白虎居官灾病染，青龙值父显光荣。

附学寓居，最嫌官鬼，静则无咎，动则生忧。临朱雀必有闲非，化兄弟反当欺诈，兄临雀动亦然。鬼加玄武之爻，须防失脱。逢白虎，忧染灾迍。遇螣蛇多惊多怪。见勾陈，须防跌蹼，作事迟疑推阻。青龙当分生克，生世则文中显贵，克世则喜处生悲。

不惟青龙一兽，但若官动克世，又看五行。金鬼来伤，恐被刀伤斧割；木官来克，克须防梁折楼塌。水忧上漏下漏，土愁壁垣倾，火防回禄，巳恐蛇伤。鬼爻不动克世，皆不言他。

复推财带咸池，休贪美色，助鬼伤身亦然。惟有父值青龙，文增光彩也。

应举科名章第二十八

（以文书为主，官鬼为凭。）

懦童进学兼科甲，独忌文书空与伤；

有父无官还及第，有官无父岂为良？

凡占进学并科甲，取父母为用爻。如临旺相，必占高魁；纵值休囚，若得变爻或日月生扶，亦当进取。倘若父值旬空月破之乡，名难登榜。

又论未试之龙，及试后在弥，未及阅录之先占者，虽凭父母，又重官爻，尤忌子孙发动。

阅卷之后将出案时，惟用父母，不用官爻。卦中有父无官，也须得第；卦内有官无父，未得峥嵘[①]。

鬼兴助印名书榜，财动伤文空返乡；

校者注　① 峥嵘：兴盛，兴旺；卓越，不平凡。亦形容山的高峻突兀或建筑物的高大耸立。

官值世爻财静旺，父临月建定帮粮。

凡占儒业，父作文章。鬼兴生父，似时雨滋苗，财动伤文，如秋霜杀草。

若得官爻持世，或值太岁日辰，财又旺而不动，卦无兄弟交重，父母再居旺地，考占优等，帮补驰名。

官父纵然旺相，又遭兄动财空，虽居首等，未得帮粮。

若还中后占廷试，方取官文二位强；
财子静安无阻滞，兄爻独发未能昌。

凡占乡试[①]、会试[②]，先察文书，次推官鬼。如卜殿试[③]及考入翰林[④]，先看官爻，次评父母。故此官文二象，皆要兴隆。若值空亡，未能高显。大忌子摇，次嫌财动。兄爻独发，定见阻挠。兄鬼同兴，不须

校者注　① 乡试：中国古代科举考试之一。唐宋时称“乡贡”、“解试”。由各地州、府主持考试本地人，一般在八月举行，故又称“秋闱”、“秋试”。中式称为“举人”，第一名称“解元”，第二名称为“亚元”，第三、四、五名称为“经魁”，第六名称为“亚魁”。中试之举人原则上即获得了选官的资格。凡中式者均可参加次年在京师举行的会试。

② 会试：会试是中国古代科举制度中的中央考试。应考者为各省的举人，录取者称为“贡士”，第一名称为“会元”。所谓会试者，共会一处，比试科艺。由礼部主持，在京师举行考试。因考试在春天，又称“春试”或“春闱”。

③ 殿试：为宋（金）、元、明、清时期科举考试之一。又称：“御试”、“廷试”、“廷对”，即指皇帝亲自出题考试。会试中选者始得参与。目的是对会试合格区别等第。殿试为科举考试中的最高一段。由唐高宗创制，但尚未成定制，宋代始为常制。明清殿试后分为三甲：一甲三名赐进士及第，通称状元、榜眼、探花；二甲赐进士出身，第一名通称传胪；三甲赐同进士出身。进士中一甲三人，殿试后立即授职，状元授翰林院修撰，榜眼、探花授翰林院编修；其他进士，按殿试、朝考名次，分别授以庶吉士、主事、中书、行人、评事、博士、推官、知州、知县等职。

④ 翰林：我国古代官名。皇帝的文学侍从官，唐朝以后始设，明、清改从进士中选拔。唐玄宗时，从文学侍从中选拔优秀人才，充任翰林学士，专掌内命由皇帝直接发出的极端机密的文件，如任免宰相、宣布讨伐令等。由于翰林学士参与机要，有较大实权，当时号称“内相”。首席翰林学士称承旨。北宋时，翰林学士开始设为专职。明代，翰林学士作为翰林院的最高长官，主管文翰，并备皇帝咨询，实权已相当于丞相。清代沿用明代制度，设置翰林院，主管编修国史，记载皇帝言行的起居注，进讲经史，以及草拟有关典礼的文件；其长官为掌院学士，以大臣充任；属官如侍读学士、侍讲学士、侍读、侍讲、修撰、编修、检讨和庶吉士等，统称为翰林。

畏忌。

卦如无父无官鬼，伏出其爻定吉祥；
日月若临官印者，福财纵动也无防。

文书、官鬼皆是用爻，卦中缺一，须看伏神。伏若再伤，又评日月。如有此爻，定然昌吉。日值文书，何忧财动；月临官鬼，谁怕子兴！卦内父官有气，又逢福财，白虎皆摇，身虽荣贵，即便无忧。

仕宦升迁章第二十九

(以官爻为主，世象为凭。)

官职升迁子莫刚，惟求官鬼动为良；
值生值旺当迁转，临陷临空且守常；
鬼化子字忧调降，官连财位沐恩光。

凡占升迁，须评官鬼。子乃忌神，不宜发动；官为主象，最利交重。若临生旺，定主高升。如值空亡，未能迁转。官化子孙，非降即调，卦中财子动亦然。若还财子同兴，转助官爻，又不降调。官若化财，平升品级；官化进气官爻，又主重超美职。

财之福象加爵禄，妻变兄爻减俸粮；
卦得归魂还复任，游魂迁转在他方。

妻财为俸禄，财化子孙，加衔赐禄；变成兄弟，罢俸减粮。若卜归魂，还当复任，归魂化归魂，理应致仕[①]。如遇游魂，官又旺者，必升别省。游魂化游魂，升后再升远处。

校者注　①　致仕：交还官职，即退休。古代官员正常退休叫作“致仕”，古人还常用致事、致政、休致等名称，盖指官员辞职归家。源于周代，汉以后形成制度。一般致仕的年龄为七十岁，有疾患则提前。

世空未得高升任，财动还须佐帝皇；

鬼变退神宜致仕，化居墓绝早还乡。

世爻为自身，本官自卜，当察世爻。世若空亡，未能迁转。他人代卜，又不取世爻为主，专看官爻。若得财动生官，自然显达。鬼爻若化退气，或变入墓绝之中，莫望升迁，远归田里。

欲知何月官升处，遇值逢生喜报祥。

欲决何时迁转，推评官鬼旺衰。旺则高承升在尔，衰则待生旺之期。若六爻无鬼，后查哪月临官，便知迁升决矣！

易林补遗卷之五　亨集

袭求武弁[①]章第三十

(以官爻为主，世象为凭。)

动业赞皇猷[②]，鹰扬[③]渭水；簪缨[④]绳祖武[⑤]，虎拜枫宸[⑥]。

大凡袭爵承官，皆沐君恩祖荫；欲识利名显晦，远凭卦象推详。

献策请缨，父象要兴财忌动；从戎比试，世爻喜旺应宜衰。

献策论者，专看文书。父旺必然高中，父空岂得成名？父若不空，又嫌财动。

若交锋者，又凭世应，世旺应衰他必弱，世衰应旺彼当强。世克应则大胜，应克世则难赢。

受荫袭封，喜遇贵乘禄马；买官进爵，恢逢龙聚财官。

所忌者，六冲世陷身空徒费力；所喜者，六合官兴财旺总如心。

校者注　①　武弁：武官；武冠。

②　赞皇猷（yóu）：辅佐帝王的谋划。皇猷：指帝王的谋略或教化。语出南朝梁·沈约《齐太尉文宪王公墓铭》："帝图必举，皇猷谐焕。"

③　鹰扬：威武的样子。语出《诗经·大雅·大明》，指威武貌。亦指武事的代称；逞威；大展雄才。或指古代武官名号。

④　簪缨（zān yīng）：古代达官贵人的冠饰。后遂借以指高官显宦。

⑤　绳祖武：踏着祖先的足迹继续前进。比喻继承祖先的事业。绳：继续，继承；武：足迹。语出《诗经·大雅·下武》："昭兹来许，绳其祖武。""绳其祖武"为一成语。

⑥　枫宸（fēng chén）：宫殿。宸，北辰所居，指帝王的殿庭。汉代宫庭多植枫树，故有此称。

军中占袭职，民间卜官，各忌世空官空，六冲之卦。若得官与世旺，定显威风。官爻或世爻，若带青龙贵人，及卦逢六合，威福更加。

鬼在酉申，耀武扬威膺世禄；官临乾兑，攘夷发夏树奇功。

官爻或世爻，如临乾兑卦中，或在酉申爻内，俱当名振华夷。

内外卦得兴隆，则功高誉远；身世爻当衰弱，则力怯机疏。

世旺逢生，勇冠三军蒙上赏；官兴得助，爵尊一品沐殊恩。

世逢日月克冲，戈戟最为下辈；身遇岁君生合，战征场内作高魁。

武职行中，若得内卦外卦兴隆，世爻应爻旺相，定然势压旁疆。世旺再逢太岁，或日辰月建生扶者，勇冠三军。世若休囚，卦不旺相，当推无力无能。又被日辰月建冲克世爻者，提拔全无，反遭弹劾，岂得驰名于军伍？其中又看官爻，旺则声名显赫，空则劾削兵权。

世带青龙，名驰朝野；官居白虎，威振华夷。

青龙为大贵之星，白虎乃兵权之煞，此二兽若得临世临官，定主威扬海内。

子动伤官，难遂参谋之策；财兴助鬼，能成赞尽之功。

鬼变福乡循降调，官之财地渐升迁。

鬼为官职，最嫌子动来伤，偏喜财兴助鬼。官变子孙，非降即调。鬼之财象，迭迭高迁也。

玩占易理玄微[①]，可决戎官之休咎[②]。

校者注　① 玄微：深远微妙，亦指深远微妙的义理。

② 休咎：吉与凶；善与恶。

援监纳吏章第三十一

(以官爻为主，财象为凭。)

买官纳吏选阴阳，僧道医官共审详；
世值旬空非久远，福神静旺永无殃。

援监纳吏，并一应奉例纳银求官者，皆把世爻与官爻为主。俱不宜空。空则不成，纵成不久。子孙虽为福德，亦不可动，动则伤官。又不可无，无则少利。身世之爻，若被鬼来冲克，反受其殃。如得鬼爻持世，再加财动来生，决主名成利就。

鬼克身爻遭责罚，财生世象必荣昌；
官化子孙难出仕，妻之兄弟利源伤。

身世之爻，若被鬼来冲克，反受其殃。如得鬼爻持世，再加财动来生，决主名成利就。官爻若化子孙，又难出仕[①]。妻财如变兄弟、或卦中兄爻发动，不惟无所得，反主亏伤。

吏典[②]财官宜旺相，贡生父鬼忌空亡；
太学[③]父兴官旺处，定显声名播四方。

僧官、道官、阴阳官、医官、吏典等类，皆宜鬼旺财兴。爻中有鬼无财，有名无实；有财无鬼，名利皆虚。

校者注　① 出仕：成为仕宦；出来做官。唐·韩愈《送董邵南游河北序》："明天子在上，可以出而仕矣。"

② 吏典：元、明、清府县的吏员。

③ 太学：是中国古代的国立大学。太学之名始于西周。夏、商、周，大学的称谓各有不同，五帝时期的大学名为成均，在夏为东序，在商为右学，周代的大学名为上庠，在洛邑王城西郊。汉武帝时，采纳董仲舒"天人三策"，"愿陛下兴太学，置明师，以养天下之士"的建议，于京师长安设立太学。隋代以后改为国子监，而国子监内同时也设太学。

又论，恩贡[1]、选贡[2]、岁贡[3]、监生[4]等类，虽用官爻，再凭父母，此二象俱不可空，若得父官有气，定然名播京都。

选缺参房章第三十二

（以官爻为主，世象为凭。）

官员选缺吏参房，皆把官爻及世详；
应动兄兴冲克世，同胞扰阻却提防。

官僚选缺及吏典参房，皆把官爻与世爻为主。此二象内，如有一爻犯月破旬空者，官不能得此缺，吏不能参此房。世纵不空，若被应动克世，或兄弟动来克世，必有同袍抢夺，却要提防兄兴，竞争强。

世爻若遇空冲绝，费尽勤劳怎得昌？
不遇六冲官有气，稳膺美秩姓名扬。

世若变为绝地，或被日主来冲，或卜六冲之卦，纵去谋为，决难成就。世象不空，官爻不陷，应与兄爻纵动，不来克世，所求必遂，并不更张。

参房获利宜财旺，鬼象休来克世方；

校者注 ① 恩贡：是科举制度中由地方贡入国子监的生员之一种。清特许“先贤”后裔入监者，亦称恩贡。明、清定制，凡遇皇室庆典，据府、州、县学岁贡常例，加贡一次作为恩贡。

② 选贡：指科举制度中由地方贡入国子监的生员之一种。明制，于岁贡之外考选学行俱优者充贡，因有此名。

③ 岁贡：科举制度中由地方贡入国子监的生员之一种。明清两代，一般每年或两三年，从府、州、县学中选送资深的廪生（廪生是生员之一种，给予廪粟）升国子监肄业（有规定名额），因称岁贡。由于大都挨次升贡，故有“挨贡”的俗语。

④ 监生：国子监学生的简称。国子监是明清两代的最高学府，按照规定必须贡生或荫生才有资格入监读书。所谓荫生，即依靠父祖的官位而取得入监的官僚子弟，此种荫生亦称荫监。监生也可以用钱捐到的，这种监生，通称例监，亦称捐监。

选缺求名愁福德，随官入墓恐遭殃。

论参房者，与选缺不同，若得官与财旺，定然所得非常。鬼克世身，难逃罪责。

论选缺者，亦要官兴，最嫌子动，鬼克世身，不须畏忌。但遇随官入墓，恐罹灾患。

官员荐奖章第三十三

（推荐以官文为主，旌奖以财鬼为凭。）

官吏贤能，望宪台[①]之荐奖；黎民良善，赖邑宰[②]之旌扬。

所喜者，鬼旺龙兴；所忌者，世空子动。

凡占奖荐，各要官爻旺相，青龙得地。大忌世值空亡，子孙发动。

臣沐君恩，必得岁君生世；下叨上荐，须求外鬼扶身。

卦有二官六部，重推重举；爻无一鬼三司，不奖不褒。

欲求恩宠，须看五爻为天子，太岁为朝廷。此二象内，若得一爻生世或生官，便沾天泽。天子与朝廷之位，如值空亡，恩先莫望。纵不值空，如来克世伤官，原不为福。

如占举荐，专看外卦官爻。外象如无，内官可用；内鬼再空，不须谋望。不论内外，卦中若有官来生身生世，决叨提拔之恩。如得旺官迭见，又来生合世爻，必得重重之荐。六爻内如无鬼者，定无推举之官。

推举得官父旺动，稳望高迁；奖劳若财鬼衰空，虚图给赏。

推荐者若得官父两全，便为佳兆。二中欠一，未得稳成。奖动者虽用官爻，又宜财旺。财鬼如空，定无奖勤给赏之美也。

校者注　①　宪台：官署名。御史官职的通称，后亦用为地方官吏对知府以上长官的尊称。

②　邑宰：县邑之长。即县令。晋·潘岳《河阳县作》诗：“谁谓邑宰轻，令名恐不劭。”

鬼化子爻，荐贤未听；官之财象，奖励能从。

荐与奖，皆以官为主，旺者来速，衰则来迟。动化子孙，虽荐未能听信。财来助鬼，奖得如心。

如卜官凭，但原文书逢旺气；若占到日，远寻父母遇生方。

又附占文凭到日，须看父母之爻，候临生临旺之期，此凭决到。卦无父，须待父爻值日，方得凭来。父若衰而又空，纵然等候而未至。

欲求坊匾方光辉，必藉官爻之旺相。世空绝望，子动难谋。

财动还须嘱托，鬼空不必祈求。六合则心怀喜悦，六冲则面染忧愁。

凡求牌坊匾额光辉门间，先看官爻，次推世象。二者若有一空，始终绝望。子孙动，亦不能求；财动生官，谋为遂意。

如求札帖，又看文书，反嫌财动。父鬼财空，允能给发。不拘匾贴，皆忌六冲。

上察官情之喜怒，皆由四象之兴衰；
下推人事之亲疏，不出两仪之变化。

上书咎奏章第三十四

（以太岁五爻为主，文书官鬼为凭。）

启奏君王看五爻，生身合命宠应叨；
岁君克世龙颜怒，月将生官品爵高。

启奏者须看五爻为天子，太岁为君王，此二者如有一爻生合身世，所奏如心。五爻与太岁如来冲克身世，恐犯天威，休陈情因。

又论，官多为本职，不值旬空月破，更得日月生扶者，必然破格超升。五爻为天子之爻。

进拜表章兼上本，父旺官兴御笔标；
亦忌六冲财子动，次愁印绶化财爻；
更嫌鬼象之为福，父绝官空莫进朝。

拜表上本启奏皆同，若得父旺官兴，定蒙准奏。若值六冲，或财摇子动，或父变妻财，或官之福①，或父绝官空，以上数端，如犯一节者，莫奏朝廷，纵奏，徒费心机，难迎圣意。

朝天面旨章第三十五

(以太岁五爻为主，官鬼世象为凭。)

面君官旺世无伤，折槛廷诤也不妨；
太岁五爻冲克世，休趋殿升惹天殃。

面君者，先推世象，次察官爻。此二爻如临旺相，不值空亡，又不受君爻冲克，面见天子，并无玷剥。世爻若被天子之爻冲克者，朝必遭殃，守静为上。

日辰月建生身吉，克世伤官尽不祥；
卦值晋升蒙上宠，爻成屯蹇岂为强！

世爻与官爻纵值休囚，得日月或动爻生助，或变出生扶，皆为佳兆，若动爻与日月伤官伤世，俱作凶推。

朝王卜得火地晋，晋者以臣遇君之象。又取地风升，升者，进而上也。故此二卦皆吉。若卜水雷屯、水山蹇二卦，皆为难也，遇者必凶。

逢冲莫去朝天子，遇合应来奏帝皇；
无鬼不能沾雨露，世空岂得受恩光！

六冲之象，切莫朝天。六合之爻，理宜面圣。爻虽攒合，卦中无

校者注　①　官之福：主卦官爻，变为之卦子孙爻。

鬼，或值空乡，渥恩[①]莫望。卦纵有官，世居陷地，还嗟运蹇[②]，岂沐天恩[③]！

恩封诰命章第三十六

（以文书为主，官鬼为凭。）

欲知紫诰[④]赠何人，卦内还须分六亲；
父作皇封世作己，官为吏部五为君。
更将太岁为天子，乾卦当称帝王尊；
君位怕临空与绝，五爻忌克世和身。

凡占诰命，父母为用爻。不绝不空，终须有望。又看世为自己，官为吏部，五爻为天子，太岁为朝廷，皆莫空亡。君位之爻，切莫伤身克世。乾卦又为君王，或内或外得此象者，必受恩封。

君爻生合何爻处，便见天恩赐那人；
财象遇生封妻室，子爻逢合荫儿孙；
世身若得君相合，品级加增作大臣。

五爻与太岁生合父母，必赠椿萱。生合财爻，必封妻室。生扶福德，当荫儿孙。生合世身，再加官爻旺相，自当品职高升。

鬼发父兴迎诰命，父空财动绝皇恩；
官鬼休囚宜嘱托，文书破绝莫劳心；
来召来宣同此例，去朝去奏照其因。

卦内官父两旺，定沐洪恩。父若空亡，难迎诰命。妻财独发，克制

校者注 ① 渥恩：深厚的恩泽。
② 运蹇：一足偏废，引申为不顺利。命运不佳。
③ 天恩：指帝王的恩惠；泛指极大的恩德。
④ 紫诰：指诏书。古时诏书盛以锦囊，以紫泥封口，上面盖印，故称。

文书，难沾雨露。鬼值休囚，夤缘[1]为美。父临空绝，枉使机谋。君来宣召，臣去朝天，皆喜君爻生世，官旺为佳。各忌帝位克身，鬼空不吉。

文书消息章第三十七

（以文书为主，官鬼为凭。）

官印文书宜父动，民修票约忌财兴；
财临身世徒书契，官不空亡准此情。

凡论文书票约，取父母为用爻，旺则有成，空则无用。财爻为动，或值世身空，劳纸笔枉费神思。

鬼是原神空不就，财为忌客动难成；
父之冲克真为假，母变生扶却信凭。

卦无官鬼或落空亡，皆主不就。妻爻发动，契必难成。财动官亦动，反能成契。父母若被日月冲破，或化绝化空，此契不能见信于人。父母若遇生扶，或变为有气，此书纵假而可为真也。

趋谒贵人章第三十八

（以世应为主，外卦月卦为凭。）

外卦原来是用爻，兴隆出现得相交；
无身无鬼皆非遇，主若伤宾情俱抛。

凡去谒贵，最嫌外卦空亡，若得外卦出现旺相，人必相逢。如外三爻皆动，定有变更。一二爻动，亦不如此论，又要取卦身与鬼官之爻，

校者注　①　夤缘（yín yuán）：本指攀附上升，后喻攀附权贵，拉拢关系，向上巴结。

如缺一神，又不遇也。

复看世为主，应为宾。又以内为主，外为宾。如遇内外世应相生、或比和、或应克世、外克内，皆主相逢得意也。惟独世克应与内克外，主反触宾，纵然相见，亦不相投。

世临空地难成事，应落空亡白费劳；
望客喜逢三合卦，见宾怕遇六冲爻。

趋谒之事，世应与官鬼皆莫空亡，三者如有一空，决不相得。纵不逢空，若值六冲，决无美意。若得三合、六合之卦，自然宾主相谐，若还应象交重，谓人不遇。

如求书贴忧财发，偏宜父母值重交；
或去解非并脱讼，子孙爻动祸殃消；
若还觅利抽丰者，财官两旺乐滔滔。

但去求文取帖，及送书递柬，不宜父母空亡，更忌妻财发动。如要解词息讼，反宜官鬼休囚，又怕应来伤世。若遇子孙持世或发动，祸必触消。如去假公事以济私情，或抽丰而利己者，须得财官两旺，切嫌兄弟交重。

谋望成事章第三十九

（以世应为主，内外为凭。）

成事须将世应查，世为本主应为他；
空冲破绝临其世，凡去谋为莫起牙；
冲破绝空居应位，他心不合枉嗟吁[①]。

凡成事体一应谋为，皆取世应为主。或世或应，如临绝地，或犯旬空月破日冲，皆难成就。次将内卦为谋事之人，不宜空破。如临旺相，

校者注　①　嗟吁（jiē yù）：伤感长叹。

定主亨通，再得内克外卦，或内外相生及比和，俱为美也。

六冲爻象难谐就，卦内无官事必差；
世应若逢日辰合，任君不愿也堪夸。

六冲之卦，事决不成。合处逢冲，成后复退。鬼若空亡及不上卦，皆不就也。世应二爻自相会合，或得日辰合世合应，纵若心中不欲，也得允成。

升官迁职兼兴讼，官鬼交重名倍加；
觅利还须财旺相，求书必得父光华；
兄爻独发般般忌，子象兴隆事事佳。

官中谋望，所断如前。复喜官爻旺相，独忌子摇。如谋利息，财忌空亡。若求文书，不宜财动；卦如无父，终不能成。

诸般谋事，各嫌兄弟交重，惟子动无不为佳，功名独忌。

谋役顶名章第四十

（以官爻为主，世象为凭。）

书辩捕兵民皂卒[①]，谋差顶役世爻详；
各忌六冲官害世，皆宜财鬼旺为强。

一应衙门生意，顶役谋差，若遇六冲决难成就，纵成不久。官鬼若伤身世，终遭罪责难逃。若得财官两旺其中，定见兴家。

更愁身命随官墓，世坐空亡谁赞襄[②]；
无鬼莫来谋此役，官临身世却宜当。

校者注　① 皂卒：古代的衙役和士兵，相当于现在的警察和军队中的士兵（但社会地位已大不相同）。

② 赞襄：辅助，协助。语本《书·皋陶谟》：“皋陶曰：‘予未有知，思曰赞赞襄哉。’”

但若身世本命随官入墓，祸不可当。世值空亡，焉能久远？卦中无鬼，所作不成；纵若成之，始终无益。若得官临身世，本命又遇生扶，宜充此役。

财空鬼弱兄爻动，但得虚名利不昌；
世不逢冲官不绝，差成役就乐欢肠。

财落空中，官居衰地，事虽见就，必主无财。卦中纵有衰财，或逢兄动，亦不为祥。世象不冲不破，官爻不绝不空，便言谋中得成，求财得利。

审役轻重章第四十一

（以官鬼为主，生克为凭。）

民当户役，有轻重之不同；卦出官爻，取旺衰之可验。
凡居旺相必高强，若得休囚方细小；
克世则厚而非薄，伤身则重而不轻。
带青龙而道吉，加白虎以言凶。

要知户役轻重，须看官爻衰旺，旺则重大，衰则轻微。或空或绝，皆主无忧。鬼纵休囚，克世还当繁重。官虽旺相，生世赔费还轻。值青龙终无责罚，临白虎必犯官刑。

月建临官应佥魁首，日辰克鬼当审轻微。
官爻值世估高名，福德加身登下榜。
子化官则将轻作重，官化子则改祸成祥。
兄弟动时多破费，子孙旺处少亏伤。
用爻强弱端详，解户浅深预定。

官临月建，至重之差。鬼值世爻，次重之役。鬼逢日月克伤，轻摇可必。子孙世或发动，其户亦轻。子变官爻，解轻赔赊。鬼之子象，役大赔微。兄弟发动或持世上，定多赔赊。子孙旺相或值身爻，费财

稍可。

扳人帮役章第四十二

（以世应为主，官鬼为凭。）

将役扳人忌应空，六冲无鬼彼难从；
应爻克世他无咎，鬼落空亡讼若风。

欲求帮户，须观应与官爻，应若空亡，师来帮贴。世遭应克，无力扳他。若卜六冲，决难遂意；如无官鬼，岂得扳人？鬼象临空临绝，官心无主无为。

应被世伤官鬼克，决能扳累获全功；
卦爻生合妻财旺，定来贴费两和同；
应上临官临月破，斯人受责受其凶。

世克应爻，或官伤应位，必是如心。世应相生相合，财逢生旺之乡，不必官扳，自然津贴。官爻值应，或应临月破者，官必佥帮，违选遭责。

除名脱役章第四十三

（以子孙为主，世象为凭。）

官爻克世兼临世，用尽机谋脱不成；
卦得六冲应脱役，子孙在世定除名。

凡求脱役，专看官爻。官如克世临世，欲退其役，难以推开。若得六冲或子孙持世，或子孙交重，皆主役去名消。

世空自退无忧虑，应陷他非上籍丁；
世应俱空官又动，旁人顶役两无刑。

世值空亡，自当解散；应值空亡，他难顶替。世应皆空官又动者，自能解脱。彼不克当，必有旁人代役，已免其忧。

鬼爻莅应兼伤彼，他必承当永不更；
鬼若兴隆财迭发，还须自己入公庭。

官爻临应兼克应，皆主他人代役。官临旺动，又不伤他，况遭财动生官，定难脱也。官爻纵动，如来生助世爻，反有益我之情，必然得脱。

人宅六事[①] 章第四十四

(以动爻为主，内外为凭。)

一卦之中，可决一家之休咎；六爻之内，能分六事之盈亏。
家庭消长，系于卦不系于爻；人口灾祥，在乎爻不在乎卦。
内曰宅居，喜逢旺相；外云人口，忌值休囚。要见吉凶，还详生克。

论卦衰旺之法：
立春后，艮旺、震相、巽胎、离没、坤死、兑囚、乾休、坎废；
春分后，震旺、巽相、离胎、坤没、兑死、乾囚、坎休、艮废；
立夏后，巽旺、离相、坤胎、兑没、乾死、坎囚、艮休、震废；
夏至后，离旺、坤相、兑胎、乾没、坎死、艮囚、震休、巽废；
立秋后，坤旺、兑相、乾胎、坎没、艮死、震囚、巽休、离废；
秋分后，兑旺、乾相、坎胎、艮没、震死、巽囚、离休，坤废；

校者注 ① 六事：有内六事和外六事之分。阳宅中，分为井、路、床、灶、磨、大门称为内六事。宅内六事，门、床、井、路应在四吉方招吉。生气、天医、延年、伏位为四吉方。灶座、厕坑、杂物房应在四凶方为压凶招吉，绝命、六煞、祸害、五鬼为四凶方。如安神台，书房应在四吉方。如在四凶方为忌。古代阳宅的“外六事”指门外的路、井、厕、牲畜栏、庙、桥六个因子，也就是指阳宅周围的外部环境。“外六事”的形状和所在方位与阳宅风水的吉凶密切相关。

立冬后，乾旺、坎相、艮胎、震没、巽死、离囚、坤休、兑废；

冬至后，坎旺、艮相、震胎、巽没、离死、坤囚、兑休、乾废。

凡占家宅，先观内外二象，内卦为住居，外卦为人口。内卦旺相，则住宅兴隆；外卦旺相，则人丁茂盛。如临胎没，稍主亨通。内卦若值死、囚、休、废，便言家庭不发。

又取内外相生及比和，或外克内卦，皆作佳祥。若内克外，便言住宅不宁，内卦纵然旺相，若克外爻，终不为福。内若休囚，外卦旺相，如克外者，柔难制刚，不为克也。

内外兴隆无禄马，终见亨通；宅人衰废有财官，也须愁叹。

星辰不若五行，爻象讵如八卦。凡看人宅六事，内外二卦皆临旺相之乡，爻内纵无官鬼、妻财、贵人、福德者，也主兴隆。人宅二爻俱值死、囚、休、废或落空亡，纵有财、官、青龙、天喜者，亦无佳兆。

先言二象，次辨六亲。鬼是正厅，父为堂屋。

子作廊厢披厦，财成仓库厨房；兄断门栏墙壁，间推甬道明堂。

世作本家，应为朝向。

遇冲遇克，其间损耗必须更；逢合逢生，此处清安宜久住。

官鬼为正厅，又为家堂，又为家主，空则无厅或无香火。鬼化鬼，必有二厅，或有两堂香火。

父母为屋宇、为经书、又为尊长，空则房屋衰颓，或经书少习。父化父，必有楼房，或家多文集。若有子孙同发，便言经典。

子孙为廊厦、厢房、披屋之类，又为善愿，又为卑幼，空无旁屋，或家不好善。子化子，侧屋甚多，或敬神重佛。

妻财为仓、为库、为下房、又为财宝、又为妻仆，空则家无仓库，或厨下萧条，资财不聚。财化财，连敖盛库，财帛丰盈。

兄弟为门户墙壁，又为弟兄，如值水爻，或带玄武，便为坑厕，空则门户亏伤，或墙垣坍塌。兄化兄，必有重门相对，或双脚墙垣。

间爻为月台，太旺加官贵方为甬道，空则无明堂。

世爻为本家，又为祈卜之人，空则门庭欠利，旺则家宅兴隆。

应爻为朝向，又为对邻，空则朝向不通，旺则宅方助宅。

以上诸爻，看哪象逢冲受克，便知哪处亏伤；何象遇合叨生，就决谁房益利。

既占阖宅，当审六爻。

初为儿女与鸡鹅，并连基地。

二推妻妾兼猫犬，灶及华堂。

三曰弟兄香火，猪并眠床。

四云门户萱堂，羊畜外族。

五是椿庭与宅长，众人道路兼牛。

六成祖辈与奴丁，坟墓栋梁加马。

初爻为基址、为井、为沟、为小口，又为鸡鹅鸭之类。

二爻为房屋、为华堂、为灶、为长母、为妻妾，又为猫犬之类。

三爻为正门、为香火、为闺房、为卧床、为兄弟，又为猪畜。

四爻为门户、为母、为外亲，又为羊畜。

五爻为路、为父、为宅长、为众人口，又为牛畜。

六爻为栋梁、为家眷、为墙壁、为坟墓、为祖父母、为奴婢，又为骡马。此乃通论而已。

世乃来占之主，应当问卦之妻。

倘若他人代卜，反将应象为尊；或令家人祝告，六爻所属难分。

止论五为家主之爻，二为宅母之命，

看哪爻临于日破月破，断此生灾；观何象值在旬空化空，言其抱患。

自已占，以世为主，以应为妻。他人代占，以世为问卦之人，应为本主。若家人代占，以五爻为宅长，二爻为宅母。

以上所言，皆论代占之事。虽不以六爻所属之分，各有用爻分定。惟有家主来占，方取六爻分宫而察。细看哪一爻逢日冲、月破、旬空者，便决此人非灾即讼。

且如，家主自占，寅月、甲寅旬、辛酉日，占姤卦安静：

乾宫：天风姤

六神	伏 神	【本 卦】		
螣蛇		父母壬戌土	▅▅▅	
勾陈		兄弟壬申金	▅▅▅	
朱雀		官鬼壬午火	▅▅▅	应
青龙		兄弟辛酉金	▅▅▅	
玄武		子孙辛亥水	▅▅▅	
白虎	妻财寅木	父母辛丑土	▅ ▅	世

此卦世在初爻，正临空地，世爻为家主，初爻为小口，其年二月内，家主与次男皆生病疾。又看五爻为父，又逢月破之乡，此年十月内，父患大灾，应此卦也。

又如，家人代占人宅，正月、甲子旬、壬申日，卜得大壮之大有：

	坤宫：雷天大壮				乾宫：火天大有		
六神	【本 卦】				【变 卦】		
白虎	兄弟庚戌土	▅ ▅		×→	父母己巳火	▅▅▅	应
螣蛇	子孙庚申金	▅ ▅			兄弟己未土	▅ ▅	
勾陈	父母庚午火	▅▅▅	世		子孙己酉金	▅▅▅	
朱雀	兄弟甲辰土	▅▅▅			兄弟甲辰土	▅▅▅	世
青龙	官鬼甲寅木	▅▅▅			官鬼甲寅木	▅▅▅	
玄武	妻财甲子水	▅▅▅	应		妻财甲子水	▅▅▅	

家人占者，不必取六爻分宫所断，此卦五爻临月破，理应宅长之灾，岂知申日卜之，不为月破，此宅长反主一年康泰。

又论第二爻为宅母，被日辰冲破，理合生灾，虽临月建，目下纵是平安，后至七、八月果染灾殃，有此验也。

又察鬼临何命，方知殃及何人。伏鬼同推，化官概论。

子变官爻，灾连儿女；财之鬼象，殃及妻孥。

人和病者，盖因本命临官鬼，且如鬼在子爻，便言属鼠生人有疾。若卦无官，又寻伏鬼。假令卜得未济卦，虽无鬼，伏出离宫亥水官爻，当决属猪生人患病。鬼若空亡，不须畏忌。

又论卦内动爻变出财兄父子，不必论之。若化官爻，便宜细究。

且如，子孙化鬼，卑幼有灾。父母化官，椿萱有患。财化鬼爻，妻孥[1]不泰。兄弟化出，手足难安。官化鬼爻，家庭病讼交作，妻如来卜，便推夫主生灾。世化鬼爻，当决来卜之人有疾，卦身化鬼亦然。化鬼若空，不必言也。

复查鬼克何爻，便决何人受疾；官临谁卦，当言谁体成殃。

卦内鬼爻发动，便作凶推。若克初爻，子孙有病。如伤二位，妻妾生灾。克三爻，弟兄有疾。克四爻，母受其殃。克五爻，父遭疾厄。克六爻，病于公祖，患及奴丁。克世爻，来卜之人有患。克应爻，妻室遭迍。若他人代占，鬼克应者，莫言妻病，反推本主生灾，非灾即讼。鬼不动不言也。

又看鬼值何宫发动，便知灾至何人。鬼在乾宫，当言父病。官居坤卦，便曰母灾。在震宫，长男有疾。在巽卦，长女遭殃。坎卦，中男不泰。离宫，中女不宁。鬼摇艮内，灾至少男。官动兑宫，殃及少女。

要知何病，须看五行。金官发动，病入肺经，吐痰、气急、咳嗽，又主斧割刀伤。

木鬼交重，灾由肝部，左瘫右痪、瘙痒、麻疯，又不可兴工伐树，动则有妨。

水鬼祸栽，肾部腰疼，湿气泄泻崩淋，又恐江湖染祸。

火鬼疾起心经，虑患癫痫、疮毒、眼赤、尿黄，莫临火境。

土动临官，患从脾胃，切忧肿胀、脸黄、时灾、疟疾，切莫立于岩墙之下。

青龙鬼发，喜处招殃。白虎官兴，丧家惹祸，又恐血光。朱雀因怒

校者注　①　妻孥（nú）：妻子和儿女的统称。

气得灾，螣蛇为惊惶患病，勾陈防跌蹼，玄武莫贪花。骡马临官，休登远道。

鬼居华盖，勿住空门。带咸池，莫酡酒色；逢羊刃忌执刀枪。

酉鬼香醪少饮，丑官牛肉莫食，午鬼忌乘骡马，卯官莫授车舆。巳虑蛇伤，戌防犬吠，寅恐虎狼之害，辰愁龙彻之惊。鬼如安静，亦不为美。

妻财动则灾至椿萱，父母摇则祸延兰桂[①]。

鬼动弟兄之病，兄兴妻仆之殃。

财爻动，便言父母之灾，鬼若同兴，反助椿萱之力，其财亦不为殃。

父母动，虽曰子孙抱患，若得妻财同发，父自受伤，岂能克制子爻也？

官鬼动，理应兄弟遭迍。兄若空亡，亦不受鬼来伤克。

兄弟动，当决妻奴不泰。兄象自临月破，焉得伤财？纵动亦不为咎。虽曰六亲之相克，还宜强弱细参详。

内为宅，外为人，人宅皆空倘灭门；

财为马，官为禄，禄马俱无难发福。

要知八卦空亡，且看《地福诀》内。《书》云："子向北方坎，丑寅艮上山，卯起东方震，辰巳巽风间，午见南离火，未申坤地关，酉在兑方取，戌亥属乾垣。"

内卦为宅，空则住居不利；外卦为人，空则长幼不安。

外卦若空，第五爻又空者，并无动爻与日月生扶，非但生灾，人口多遭损失。内卦若空，第二爻又空者，或又被动爻与日月相伤，非惟不利，住房还主倾盘。内空外不空，宅败人无厄。外陷内不陷，人亡宅不倾。内外皆空亡，况值休囚，又无救助者，定主家破人亡。

校者注　① 兰桂：指兰和桂，二者皆有异香，常用以比喻美才盛德或君子贤人，也用来比喻子孙。

且如，癸卯年、寅月、壬午日，家主来占一年人口六事，卜得咸卦二爻五爻动：

兑宫：泽山咸

六神	伏神	【本卦】		
白虎		父母丁未土	⚋	应
螣蛇		兄弟丁酉金	⚊	
勾陈		子孙丁亥水	⚊	
朱雀		兄弟丙申金	⚊	世
青龙	伏妻财卯木	官鬼丙午火	⚋	
玄武		父母丙辰土	⚋	

此卦内三爻太旺，房屋新创整齐者。外三爻是兑，正值休囚，况在甲戌旬占，兑酉又居空亡。五爻为人口，亦值空亡，虽云动不为空，岂知化出申爻亦空也！外卦与五爻皆绝子月建寅中，同败于日辰午内，又被动爻与日辰克制，人口之爻毫无救助，其家一十一口，此年春季同染瘟疫之灾，正、二、三月内，连丧十人，止留一口。卦验如此，宜细评之。

又论妻财为马，官鬼为禄，故此家宅卦中，财官不可无也。无禄者，资财耗散。无马者，妻妾不宁，二者俱无，家园零替[①]。

龙云喜，虎云丧，交重持世在家乡；

雀曰非，武曰贼，发动临官来屋室。

小青龙从甲乙日起，大青龙正月从寅上起，顺行十二位。若发动、或持世、或临财，皆主喜庆。

小白虎从庚辛日起，大白虎正月从申上起，顺行十二位。若发动、或持世，皆主凶丧，带鬼发尤盛。

小朱雀从丙丁日起，大朱雀正月从巳上起，顺行十二位。若发动、

校者注　①　零替：衰败。

或持世、或临鬼，皆主是非。

小玄武从壬癸日起，大玄武正月从丑上起，顺行十二位。若发动，事主迟留；若临官，田禾欠熟。

小塍蛇从巳日起，惟独大塍蛇，正月从辰上起，逆行十二位。若发动、或临鬼，皆主虚惊，又与怪梦。

青龙白虎同兴，丁口有增有减；玄武塍蛇并陷，门栏无盗无惊。

青龙为喜，白虎为孝。二爻同发，定然红白相交。武为盗贼，蛇乃虚惊。二象俱空，家无失脱虚惊也。

塍蛇逢巳午之乡，惊从火变；勾陈遇卯寅之地，户退田园。

塍蛇临火鬼交重，家防回禄；如有婴童幼女，兼痘疹之侵。勾陈临木鬼发动，主退田禾，定不丰熟。

青龙居应居财，必有怀胎之喜；朱雀临官临世，岂无举讼之非！

应爻为正妻，财爻亦为妻，又为妾，又为婢女，故论青龙临应、临财者，不拘动静，其年定见怀胎。

朱雀为闲非，又为词讼，若临官爻世爻者，定主春蚕亏损，六畜伤残。

羊刃兴而兄弟发，则财破妻灾；白虎动而子孙空，则蚕亏畜损。

羊刃与兄弟，皆是克财之神，二爻皆动，定主财散囊虚，妻灾仆病。白虎为刀砧，子孙为蚕畜，子若空亡，再加虎动者，定主春蚕亏损，六畜伤残。

火官当道，回禄宜坏；木子司权，春蚕许育。

鬼乃祸殃，火为红焰，火官发动，恐犯火灾，不克身世，请祷可免。鬼如克世，难免火焚。而子孙为蚕花，如临财火之爻，倍得春蚕之利。

官鬼如无如陷，为家堂而少力，宅长多迍；

父母若动若冲，因屋室以无安，儿孙有恙。

官鬼为家堂，又为家主。若不上卦及落空亡，便曰：家无香火；纵有亦主崩颓，宅长又多疾病。父母为屋宇，大忌逢冲发动，冲则房屋不宁，动则子孙多恙。

雀武鬼爻三动，乃作凶推，须忧物失非侵，更恐盗扳讼累；

虎蛇兄象三空，称为吉兆，亦免妻殃仆患，况阴怪异悲声。

朱雀为是非，玄武为盗贼，官鬼为词讼。若此三爻皆动，亦恐生非，亦防失脱，更虑盗贼指扳。

白虎为悲丧，螣蛇为妖怪，兄弟为劫财。如此三象皆空，一年无怪无悲，况得妻安仆泰。

子孙动则广进家资，父母兴则多伤禽兽。

子乃生财之客，或动或旺，普获资财。禽兽亦看子孙，若被父动来伤，血财不利。

官爻愁旺动，九流为业反生财；白虎怕交重，五服在身非作咎。

鬼为恶煞，虽不宜旺，也不宜动，空拳觅利之人遇之反吉。白虎为丧服，亦不宜动，如有旧孝在家，动亦无忌。

坎府蛇行，惊防波险；兑宫雀噪，祸虑红颜。

离象鬼兴风烛至，坤家官动土神妨。

螣蛇为虚惊，看临何卦，便识来踪。如在坎宫发动，莫往江湖；若居艮卦交重，休登山岭。震忧霹雳，巽虑狂风，乾行高处或寺观内之惊惶，坤往墓中或荒郊间之恐惧，离遭火烛之虚惊，兑犯红颜之顿骇。在内动，则家中仔细；在外动，则路上谨防。

再查朱雀为是非，动临何卦之中，便觉何由起声。看在哪爻之上，方知哪事成非。雀摇父母，若不为尊长之非，定不免文书之事。雀值子孙，非因卑幼，祸从僧道之门。雀动妻财，不受阴人之气，定因财帛生

非。雀居兄弟，祸起萧墙[①]，若免家庭之扰括，难逃朋友之喧哗。雀临鬼动，或化官爻，必遭公讼之牵连，又恐飞来之横祸。

复陈官鬼之爻，亦不宜动，离官鬼发，切忌火光。坤卦官兴，须忧动土。其余六象，一例而推。

六冲主改迁分居，或出行最利；六合能交关合伙，或进喜偏宜。

家宅之卦，若值六冲，定主迁移、合兴、改造，如不，必有远行之兆。若与弟兄亲族同居，当有分开之变。六冲者不过改迁之事，不可便以不利而言。

若得六合之卦，谋事可成，宜添人口。如欲交关合伙，无不遂心。但若合处逢冲，又主分更之变。

世动，有迁更之变；身空，无久远之居。

世爻为宅主，固不宜动，又不宜空。或动或空，皆主住居不久。

火化木，则灶须承漏；水化土，则沟欠疏通。

火爻为灶，如化水爻，必灶前或上漏、或下湿。水爻为沟渠，若化土爻，决主阴沟淤塞。土得冲破，反主流通。

金化火，而锅铁崩伤；木化金，而家堂钉钭。

金爻为锅，子亦为香炉，化出火爻，若非锅漏，即是香炉破损。木爻为家堂，又为卧床，若之金象，必是神堂有铁钭、或床上有铁钉。

事之否藏，人之祸福，待临值月期当见，候旺生时节方来。

要知祸到，当察凶爻；如望福来，远评吉象。凡爻神临于生旺之月，便见其因。吉神值月则吉，凶神值月则凶。

是吉是凶，不出五行之外；或悔或吝，咸从四象之中。

校者注　①　祸起萧墙：指祸乱发生在家里，比喻内部发生祸乱。萧墙：古代宫室内当门的小墙，即照壁，比喻内部。语出《论语·季氏》：“吾恐季孙之忧，不在颛臾，而在萧墙之内也。”

易林补遗卷之六　亨集

创造宫室章第四十五

(以子孙为主，身世为凭。)

兴工最怕鬼重交，更忌官来克世爻；
助鬼伤身灾定染，随官入墓祸能招。

起造兴工，大忌鬼爻发动，纵然不动，官来克世，尤凶。如逢助鬼伤身，有妨家主。随官入墓，造后岂得兴家！

内兴外旺年年发，父盛财安岁岁高；
子动鬼衰身世旺，并无神煞作精妖。

内卦为宅，外卦为人，二者皆临旺相，自然人宅兴隆。内外若值休囚，岂能发达？卦若空亡，便为凶断。父母为屋宇，如逢旺相，又无财动来伤，房屋定然绵远，后主荣华。卦得子孙发动、官鬼休囚、世爻不受冲克，动作之时，永无妨碍。

修方动土章第四十六

(以子孙为主，身世为凭。)

开业兴修兼所伐，身临福德却为奇；
子孙旺相千祥至，官鬼交重万祸欺。
世旺逢生无禁忌，身衰受克有方隅；
并占方向凶和吉，如此推之不改移。

凡动土、兴工、创作、修砌、拆卸、垦掘、斫伐、更方、改向之类，皆以子孙持世，或旺相，或发动，便无妨碍。

子若休囚，又不临世，卦中鬼爻又动，必有神煞为殃，切莫动作。

又看世爻喜临旺相则吉，纵逢衰地，亦得生扶，并无禁忌。世若休囚，却被鬼爻或日辰克冲，决有方隅。世落空亡，必多愆咎[①]。鬼如落陷，殃祸无干。凡遇助鬼伤身、随官入墓，不可用也。

福住水爻宜动北，官居金位怕兴西；
卯寅值子当修震，巳午逢官忌造离。
鬼在戌中乾莫改，杀临辰土巽休趋；
兄财父向皆无犯，独有官方必不宜。

修方动土之事，所喜者子孙，所忌者官鬼。看鬼临何卦何爻，此方莫动。查子值何官何象，其向宜兴。

假令卜得大壮卦，鬼在寅爻，艮方有煞，官居乾卦西北，有福神在震，官鬼亦属木，故东方又不可也。子居申象，惟独西南方永无禁忌。

又如萃卦，鬼在坤宫，又居巳上，切忌西南与东南向莫动土。子临亥水又值兑，家西北与正西兴修不犯。

其中兄弟、妻财、父母之方不须防避；惟有官临之处，动必有殃。子在之方兴之，获福德之方虽吉，卦中鬼动，或鬼克世，亦不宜动也。

拆但岂嫌财象发，兴新偏忌父爻虚；
造成屋室忧冲散，印绶无空更久居。

凡论房屋，以父母为用爻。最嫌财动，惟占拆卸旧房，不嫌财发，父纵落空，不须疑虑。凡创新房，父宜有气，但嫌财值交重。财爻又不宜空，空则家资淡薄。

又论未造之先，并拆旧者，纵遇六冲无咎。房屋既成，大忌六冲之卦，更怪父值空亡。卦不冲而父不空，方居久远。

校者注　①　愆咎（qiān jiù）：指罪过。《后汉书·章帝纪》："朕新离供养，愆咎众著，上天降异，大变随之。"

工匠巧拙章第四十七

(起造以间爻为主，单占以应象为凭。)

造室修船择匠工，须凭应上定形踪；
弟兄值此奸愚拙，财福临之精巧通；
父母在时为作首，鬼能压倒祝符同。

凡择五色工匠，皆看应爻。应临兄弟，此匠拙而且奸。应若临财临子，其人细巧多能。应临父母，堪为众匠之班头。应值鬼爻预防压倒。

多言朱雀归其位，迟钝勾陈立此工；
性独猖狂居白虎，才高伶利自青龙；
空亡墓绝无功绩，造不周圆犯六冲。

应临朱雀，开口多言，倘招口舌；应带勾陈，其人迟钝，再见鬼爻，匠忧跌扑。临白虎，其性刚而且狠毒。遇青龙，心多智慧而技艺精通。若应值螣蛇，匠主虚浮之性，又存一倒之心。应逢玄武，为人甚好奸雄，如带兄官，须防窃取。应爻纵带青龙财福，若落空亡、或临月破、或被日辰冲击，皆莫用之。如卜六冲之卦，匠必无缘，难全终始。

应克世爻兄或动，伤财费料弗依徒；
兴工卦内非如此，间作斯人辨吉凶。

应如克世，匠怀暗损之心。兄弟动来克世，多费资财。单选匠人依前。

凡占起造，卦内所兼问匠人者，不取应爻，反凭二间。间若空亡，匠工无力；间克世爻，匠来欺主。间爻临鬼值螣蛇，须防压倒。

涓选[1]日时章第四十八

（吉则用子孙为主，凶则用官鬼为凭。）

动土修房及造船，安床栽种下春蚕；
裁衣蓄发加冠带，举殡除灵安葬连。
探客出行医疗病，分居入宅与更迁；
诸般吉日嫌官动，又怕官爻克世边。

凡选一应吉日时，皆忌鬼爻发动；鬼纵不动，克世，亦凶。鬼如不动，不克世爻，不值作事之日，便为吉也。

虎动休迎棺椁至，兄兴开肆损财源；
六冲不用成亲日，子动单忧赴任官。

诸般吉日，忌鬼为先，凡接寿梛，又嫌白虎。如作生涯，不宜兄动。结婚承继，皆忌六冲。惟有赴任官员，不嫌鬼发，反忌子孙动、官空。

写像安神同祭祷，官爻静旺却为先；
鬼空必主神非在，鬼动还愁圣不安。

凡写佛像并安奉神堂，及祭天赛愿[2]，看鬼爻，切不宜空，空则神祇不在，又不宜动，动则阴司不安。须得静而又旺，便获佳祥。鬼克世爻，亦非宜也。

又论问卜，看通灵日，亦看官爻，或动或旺必通灵，遇绝遇空无感应。卖卜者，喜官鬼。

上学求师兼拜表，妻财发动事难圆；

校者注　①　涓选：选择，选取。
②　赛愿：祭神还愿，酬神还愿。

取徒继子并收养，父母交重永不全；

各定忌神愁旺动，还须鬼静祸无干。

上学攻书、延师重傅、具揭奏本、进呈表章、修史铸印，皆用父母爻为主。父不空而财不动，便作良时。

僧道传徒、民间继子、及牧养六畜，皆取子孙为用爻，最嫌父动。但择日时，卦内忌神不动，父不交重，鬼不克世，乃为吉日良时也。

迁移居什章第四十九

（以内外为主，衰旺为凭。）

守住迁居，内外两爻分得失；更方改向，福官二位察灾祥。

内爻为已住之堂，间守内衰终不发；外卦乃未居之地，占移外旺定然昌。

兄官若并内之爻，非宜旧室；财福如登外之象，大利新房。

凡占守旧，须得内外旺相，方为大吉，临胎没次之。若得妻财、子孙在内，守住为高。内卦如临死、休、囚、废，又带兄官，况无财福者，便宜火速移居，免遭愆咎。

若卜迁移，须看外卦，旺带吉神则吉，休囚值凶煞则凶。外若空亡，还须守旧；内如落陷，速要更新。内外俱旺，旧新皆吉；内外俱衰，行止皆凶。

如占改向，最宜财福兴隆，大忌兄官发动。虽然不动，兄鬼若临此向则凶。

且如，大有卦财福之方，宜朝东北、正北，鬼兄之向莫对东南、正西。离卦有兄官，正南尤忌。乾宫带财福，西北可宜。

又如，甲子旬、壬申日占此卦：

乾宫：火天大有

六神	【本　宫】		
白虎	官鬼己巳火	▅▅▅	应
螣蛇	父母己未土	▅ ▅	
勾陈	兄弟己酉金	▅▅▅	
朱雀	父母甲辰土	▅▅▅	世
青龙	妻财甲寅木	▅▅▅	
玄武	子孙甲子水	▅▅▅	

乾宫虽有财福，临空，不利西北；妻财虽在寅爻，冲破，不宜东北。惟有子孙之向正遇长生，只宜正北。

父为房屋之用爻，忧临空陷；子乃宅神之本位，喜值兴隆。

鬼曰凶爻，无则家资被耗；财云吉象，动则屋宇遭伤。

父带吉星，或化子孙而众福；父临凶杀，或之官鬼以成殃。

不论移居守旧，皆取父母为用。爻空则不久。子孙为宅神，旺须发福。官鬼为凶星，亦不宜动，动则多祸多殃；又不宜无，无则资财耗散。妻财为财帛，亦不宜空，空则生涯冷淡；又不宜动，动则房屋有亏。父母之爻若值青龙、天喜、贵人者，或变子孙，乃是发家之屋。父加白虎亡神，或变官鬼，便作损耗之房。

所喜者，生世合世之方；所忌者，克身冲身之向。

更忧官鬼之乡，又喜子孙之所。

混卜利行何处，专看世爻。遇合吻生宜往，逢冲受克莫行。又忌鬼值之方，更喜福临之向。空亡之位，岂可安居？墓绝之乡，不宜移徙。

假令问往何方，占得剥卦：

伏神	乾宫：山地剥 【本　卦】	
	妻财丙寅木 ▅▅▅	
伏兄弟申金	子孙丙子水 ▅ ▅	世
	父母丙戌土 ▅ ▅	
	妻财乙卯木 ▅ ▅	
	官鬼己巳火 ▅ ▅	
	父母乙未土 ▅ ▅	

此卦世临水象，大忌辰戌丑未克世之方，所喜申酉来生，往西则吉。又看鬼临巳上，莫至东南；福在水乡，利行正北。丑方虽合，克世不宜。

又如，六月、甲辰旬、乙巳日，卜得无妄卦：

六神	巽宫：天雷无妄 【本　卦】	
玄武	妻财壬戌土 ▅▅▅	
白虎	官鬼壬申金 ▅▅▅	
螣蛇	子孙壬午火 ▅▅▅	世
勾陈	妻财庚辰土 ▅ ▅	
朱雀	兄弟庚寅木 ▅ ▅	
青龙	父母庚子水 ▅▅▅	应

水来克世，不利北方；火赖木生，宜行东北。岂知木值空亡，东亦不宜；细查官在申方，西南尤忌；止喜福居午上，宜徙正南。因午属正南故也。

卦入六冲，居之不久；世投四墓，行之不成。

鬼动则诸般招祸，世空则凡事不宁。

不论迁移守旧，若值六冲，皆居不久。世临墓库，移徙难成，墓得冲开，反能迁去。

不拘住旧更新，不论东南西北，鬼如发动，便作凶推。

世若空亡，纵吉不吉。卦象纵然旺相，又带青龙、福德者，若值用爻空，官鬼发，永不为祥者也。

宜旧宜新，却要探微[①]索隐[②]；当行当止，还须阐易参玄[③]。

同居共寓章第五十

（以世应为主，生克为凭。）

与人共住应爻详，若值空亡不久长；
扶世生身皆吉庆，倘来克世主乖张；
世空已变他无变，应破他伤己不伤。

占人同住，却看世为我，应为他。应若空亡，他居不久。应如生世，必有益有情。应来克世，我被他伤。世值旬空，彼虽无变，我有更迁。应临月破，彼自遭殃，无伤于己。

应去生官官害世，彼唆殃祸至家乡；
火宫在应防回禄，武鬼临他引贼藏；
官鬼发时忧讼害，子孙旺处得祯祥。

应与官爻同来克世，或应生鬼象，鬼自来伤，皆主他唆殃祸，损我身家。应值火官，忧他失火。玄武鬼爻临应，虑彼不良，或窝赃盗、或引贼来家。六爻之内鬼如动者，便为不祥。若得子孙发动，或持世者，

校者注　①　探微：探索微妙的事理；察知微细之事。

②　索隐：搜索隐秘的事情。索：搜求；隐：隐秘。语出《周易·系辞上》："探赜（zé）索隐、钩深致远，以定天下之吉凶，成天下之亹（wěi）亹者，莫大乎蓍龟。"

③　参玄：泛指探究哲理。佛教语，犹参禅。

定见康宁也。

兄动伐身多损耗，交重朱雀有非殃；
六冲即便分南北，六合远须永远昌。

兄弟动来克世，暗耗资财。朱雀爻兴，多生是非祸殃。六冲之卦，二边不久各东西。六合之爻，主客和同堪久住。

置产立户章第五十一

（以福神为主，财象为凭。）

置买田园屋兴舟，创丁立户事同求；
福神当道妻财旺，管取兴隆利倍收。

凡占置买田地、山场、房屋、舟车等物，及成丁立户，事亦相同。卦得子孙持世或发动，妻财旺相或生世克世，定主广收花利，财帛丰盈。若财落空亡又无福德，置产者终无利息，立户者家不荣昌。

内外相冲非永远，兄官发动切须愁；
应爻克世防侵损，世值空虚不久留。

置产与创丁，皆忌六冲之卦，冲则不成，纵成不久，日辰冲世亦然。

又论兄与鬼，皆不宜动，兄动则无财无利，鬼动则多讼多非。若得鬼空兄陷，有利无殃。应如克世，常多侵扰之忧。世若空亡，产存不久。

朱雀鸣时招口舌，勾陈动者许更修；
船遇螣蛇惊渐至，屋逢玄武贼频偷。

朱雀值鬼兴，置产多招口舌。勾陈临福动，房屋却喜更修。临鬼亦不可也。螣蛇带鬼为虚惊，又为精怪。田地山场，不必忌之。舟船遇此，惊恐不常。屋宇逢之，内藏魇倒。惟有玄武临官动者，不拘问屋问

船，皆防贼至。

寄装丁产章第五十二

(以世应为主，福德为凭。)

将产寄装他户下，能嫌世应犯其空；
远年共籍爻逢合，近日分颜卦值冲。

凡卜寄丁寄产，须观世应之爻。世空或寄不成，纵寄不久。应空，彼不相容，虽容不美。世应皆空，决然不利；世应俱动，后必有更。卦逢六合，永久和谐。合处逢冲，后来退悔。如卜六冲之卦，必是口是心非，彼我无情，何能寄籍[①]？

福旺鬼衰皆喜悦，兄安雀静两和同；
世遭应害防吞占，应若扶身决始终。

寄装之事，须得子孙旺相，或持世上或值动爻，便无门户。鬼兄朱雀不动，终得安闲。兄值动爻克世，多遭破费。虽动不克世，纵费还轻。应带凶神克世，彼怀吞占之心。世得应生，全赖维持之力。应生世为美。

鬼雀动兴多户役，文书空陷莫投从；
旁爻克世加兄动，后虑傍人举首凶。

鬼临朱雀交重，决与词讼、或审差徭。父母为产业，若落空亡，不宜寄此。旁爻兄动克世，必有他人举首。若得子孙同发，不妨。

校者注　①　寄籍：指长期居住外地而取得该地的籍贯。

治家分合章第五十三

（以用爻为主，财福为凭。）

治国齐家权最重，分居合伙数同排；
弟兄当道兄宜旺，父母司权父怕衰。
子媳掌家求福德，妻奴管舍伏妻财；
自身专主推身世，各定爻神莫乱猜。

若问治家之主，各有用爻。兄如专主，兄弟宜逢生旺。父母当权，文书不宜空绝。用在儿女，子莫休囚。家托妻孥，财爻莫陷。自身作主，须看世爻。他人代卜，应莫空亡。

用旺变衰前获福，用衰变旺后生财；
用爻静旺无冲克，前后兴隆谢上台。

用神虽临旺相，而变墓绝克冲、或之退气泄气，始虽茂盛，终见萧条。

主象纵值休囚，化出生扶进气、或之帝旺长生，前虽贫乏，后主荣华。

用爻安静旺相，又无冲克刑伤，定见始终发达，家道兴隆。用旺虽临动处，更变生扶，此乃锦上添花，理合答谢天地。

六合年年增产业，六冲岁岁见多乖；
福财若动佳祥兆，兄鬼如兴横祸来。

若卜分居，或占合住，先看用爻，次评诸象。爻当六合，添丁进产之荣。卦犯六冲，损物费财之祸。若得妻财、子孙发动，或值世身，必多吉庆。兄弟动，则资财耗散；官鬼动，则词讼干连。

内外卦爻逢旺相，纵无吉曜称君怀；

死囚休废临其象，定主萧条又非灾。

星辰不若五行，爻象曾如八卦。虽看爻神之动静，还推卦体之兴衰。内外二卦如临旺相之乡，纵无财福吉神，也主兴家发产。如临胎没，稍得从容。内外若遇死囚休废，纵有吉星，也难发达，非惟无福，反有灾咎。

内外一旺一衰，事主半凶半吉；内外皆值空亡，定见破家荡产。

衰卦变生扶，先贫而后富；旺卦之冲克，前富而后贫。

添丁纳使章第五十四

（以妻财为主，不遇绝空冲破为佳。）

取奴财静称心怀，鬼动招殃兄动乖；
财兴应爻生世吉，应空财破岂能谐！

主占取仆，财乃用爻。亦不宜动，动须不久；又不宜空，空不助主。卦若无财，非为奴仆。财爻纵然有气，又不宜官鬼、兄弟交重。鬼动则多灾讼，兄动则多是多非。若得鬼爻安静，财兴应爻又来生世合世，必是助主兴家。应若空亡，或财被日冲月破，其仆身在此，心向他人，有何力哉？

游魂诚恐心常改，合处逢冲主仆开；
前后卦中冲大忌，用临驿马去难来。

凡卜游魂，此仆心常不定，不可用之。如逢六合之卦，财爻不动不空，决然主仆相投，又能绵远。若合处逢冲，始虽和而终必竞，岂能久乎？

若值六冲之卦，或变出六冲，皆说上下无缘，离心离德。复查驿马星，如值财爻或应爻动者，心在他行，后恐潜踪灭迹。驿马纵临财，应不动无妨。

雇请人工章第五十五

(以应爻为主，不遇绝空冲破为佳。)

雇工人把应爻推，若落空亡意渐随；
生合世身方得力，不逢冲破满年回。

凡雇人工，以应爻为主。应若落空，岂能助力？应加旺相，又来生世或合世，或与世比和，皆得助主之力。应爻若被日冲月破、或六冲之卦，皆不得满年足月，半途而废也。

兄官动以凶殃扰，财子兴而吉庆随；
世克应爻人必服，应伤世象主遭亏。

兄弟、官鬼二者，皆不宜动，动则不宁。带朱雀动，易惹是非；临玄武动，倘遭失脱。虽动不克世犹可。兄鬼动来克世，其祸愈加。妻财旺而生世者，必假其力以生财。子孙持世或发动，则无忧而有喜。世如克应，可以服人。应克世爻，反来欺主。若得相生，上和下睦。

布种田禾章第五十六

(以妻财为主，福德为凭。)

凡卜田禾当看财，如居空绝莫衅栽；
官爻持世与伤世，便作凶荒复细开。
火患焦枯天亢旱，水多洪雨没圩阶；
土金二象螟蝗出，木被风吹虚耗灾。
子动财兴方大熟，鬼空兄静永无乖。

若卜田禾，财为主象。财临绝地，又不生扶，若陷空中更无填实，子孙又不当道，必主无收。官鬼若持世上，纵不持世，如值交重，或来克世，如此三端犯一，便为荒歉。鬼值火兴，其年亢旱。官临水动，洪

雨连绵，临金临土，皆犯虫侵。惟值木官，收被狂风吹，偃壳枇轻收。如无风害，必遭虚耗。阴阳秀而不实，鬼爻不动，又不持世克世，虽带五行不必言也。若得子孙发动，妻财有气，鬼兄安静休囚，此等卦爻，主为大熟。

浼[①]妇育蚕章第五十七

（以应爻为主，财象为凭。）

浼妇来家代育蚕，财为主象应为先；
财中莫变兄和鬼，应上休临父与官。

凡占蚕妇先察应爻，次观财象。财若空亡，或化兄弟、官鬼，便曰：薄收。

应爻若临父母、官鬼，反伤蚕畜，不可用之。应发克世，设计中伤，终无利益也。

旺相子孙多蚕茧，交重兄弟少丝绵；
父摇有害忧人触，子绝无收费叶钱。

子孙旺相，多获丝绵。兄弟动兴，有亏资本。兄动子亦动，蚕反倍收。父母交重，犹恐人来触犯，宜慎蚕房。子如遇绝，或值空亡，枉费叶钱，蚕花无望。

鬼动六冲皆不用，卦逢震巽尽成欢；
应空彼力无毫忽，财旺丝金获万千。

官鬼发动，必损春蚕。鬼动子亦动，却辨兴衰。子旺鬼衰又无损害，子衰鬼旺仍作凶推。卦犯六冲，无缘莫用。惟有震巽为蚕娘，或内或外，得此卦中，其妇善能育饲。

又看三爻与应爻皆为蚕妇，若犯月破旬空，妇必懒惰，眠起失时，

校者注　①　浼（měi）：请托。

或此妇既时有病。蚕妇不临空地，兄鬼不动，财福皆兴，此等卦爻，十倍收成。

养蚕作茧章第五十八

（以福神为卦主，财象为凭。）

凡看春蚕，须得福神旺相；欲成丝茧，惟求财象兴隆。

子孙为蚕花，妻财为丝茧，二者不可空与无，大宜旺相。

鬼动福空，虽育半筐还损失；官衰子旺，任收十倍更盈余。

财福二爻临木火，静而尤美；兄官两象值世应，动则尤凶。

凡育春蚕，所喜者财福二爻，所忌者兄官两象。鬼如发动，子又空亡，此蚕不拘多寡，殄灭[①]无遗。鬼象衰而且静，子值旺乡，全收蚕利。子孙但临木火，多获丝斤。如临金水之爻，蚕僵利失。子居辰戌丑未，止得半收。

又论子孙为蚕命之爻，不动不空静旺，称为大吉。兄弟官鬼，不宜临世应之爻，静无大害，动兴灾。

有子官兴，速去祈禳终有益；无孙鬼动，纵来祭祷也无功。

子变父官，满室盈栏无结秀；官之财福，答天谢地有收成。

鬼虽发动，子无刑克冲伤，若还祭祷，终有收成。子孙若受克逢空及不上卦，纵然请祷，亦无所收。子虽得地，若变兄弟鬼爻、或之墓绝、或被月建相伤，三眠四起虽不可观，到老收成大失所望。卦有子孙又见鬼爻发动，未可便作凶推。鬼若变为财福，若去酬神[②]，自获蚕利。

校者注　① 殄（tiǎn）灭：消灭；灭绝。

② 酬神：祭谢神灵。亦作“酧神”。

子乃蚕身，无片言之辨；鬼为病症，有五类之分。

水犯湿青，火当焦退，金为亮白，土主痿黄，木被狂风。

蛇遭惊恐，勾陈因动作之妨，白虎为丧家之犯。

遇青龙虑笙箫歌唱，逢朱雀忧斗打喧争。

玄武则秽气而冲，咸池则秽人而触。

子防鼠耗，巳受蛇伤。

鬼到巽宫倘遭风报，官来震卦恐受雷惊。

坎中则被漏淋漓，离内则有伤火气。

子孙之论，其列在前，今推官鬼之爻，不宜发动，动必有伤，看值何爻，便知何病。

水鬼主蚕乌烂，火官渐渐焦稀，金主白僵，土当黄死，木鬼为日月风而损。

螣蛇因惊吓而伤，勾陈鬼或曾更前改后，动犯有妨。白虎反恐邻家举殡除灭，或有服之人进室，故损蚕花。青龙鬼倘逢淫乐及歌唱之声。朱雀鬼恐闻斗殴并喧嚷之非。玄武鬼防秽气之冲伤。咸池鬼忌秽人之独犯。

子鬼虑鼠来吞，巳鬼忧蛇来啖。

官临巽卦动，蚕被风伤。鬼在震宫兴，蚕遭雷吓。坎内鬼摇，蚕房雨滴。离中官发，伤火难调。

鬼若静时，莫将此断。

初为蚕种，见则宜更；

二作蚕苗，带须受病；

三曰蚕娘之位，犯必灾生；

四云蚕叶之爻，临渠价重；

五是蚕筐，逢之有损；

六当蚕茧兰，遇者无收。

虽临官而安静，稍见其殃；如值鬼以交重，定成此祸。

卦列六爻，皆为蚕体。但逢官鬼，祸必相随。静则其祸还轻，动则此殃最重。鬼若交重，便宜祭祷。要知何祟，详见《搜决神鬼章》。

父值身爻，有子无兄多损害；兄临世动，有财无子少丝绵。

贪生忘克若分明，万事千端皆透彻。

父母持世，或发动、或临日月，子必受伤，蚕难胜意。若兄弟与父爻同发，转助子威，蚕获大利。兄弟持世，或发动、或临日月，能克妻财，难收丝茧。如逢子兴，兄爻皆动转生子象，其年倍得丝绵。

凡看卦爻，须察贪生忘克，不可卤莽轻言。

桑叶贵贱章第五十九

(以妻财为主，福德为凭。)

先察蚕花之得失，次观叶价之高低。

蚕卦内惟凭三四之爻，叶卦中单取妻财之象。

旺而生克世，贵若黄金；衰遭世克，伤贱如白土。

蚕卦之中，兼推桑叶，却看三爻与四爻。如临官鬼，价必胜高，旺相尤贵。三、四爻不逢鬼象，或值休囚，此叶必贱。

单占桑叶，又不取三、四之爻，独推财象。财旺则价高，财衰则价薄，财空则大贱，财爻持世克世，价必如金。世爻或月建克财，贱如灰土。

财变兄官子变父，则前重后轻；妻之福德鬼之财，则前轻后重。

财如得地，目下价高。变出兄弟、或变官爻、或之墓绝，叶价后不如前。妻财若化子孙、或变长生、帝旺，价必日增贵高无比。卦纵无财，若官鬼或子孙化为水者，皆主始贱而终贵也。

用行死财日利必轻微，主到旺生时价还高厚。

要知叶价何日贵、何日发，专看财爻。如临死日、败日、绝日、并兄弟值日，其价必轻。才遇生日、旺日、及子孙值日，此价方高。如占一日内贵贱，却把增长定之。

卖恳子孙专主，买求兄弟当权。

卖主来占，还须财旺，财来生旺克世或持世，更逢福德交重，必得重价。买主来占，要逢财弱，兄弟持世、或发动，必当贱卖，其价轻微。

内旺外衰，他乡可置；内衰外旺，本境堪图。

内卦与亲宫，皆为本处；外象兼他卦，咸作别乡。

若内卦旺，或亲宫旺，或财居内卦、亲宫，本境价高，宜往他境可买。如外卦旺，或他宫旺，或财居外卦、他宫，远途反贵，本地偏宜。

内外俱衰或俱旺，远近皆同。

正卦有财之卦无，买须落后；主卦无财变卦有，卖则宜迟。

主卦财爻当道，变卦无财，叶宜早卖。主卦虽无财象，变出财来，有桑必须迟脱。

妻值火爻，必致朝增暮长；财居水位，决然日减时衰。

叶价取财爻为主，总言应时则贵，背时则贱。卖叶必在四月之间，财宜火地，纵然来年冬月来占，如卜火财，目下虽值休囚，至次年孟夏，此火自然当道，岂不贵乎?

此章若得精通，叶价便知贵贱。

六畜禽兽章第六十

（以子孙为主，分宫生肖为凭。）

一应飞禽，咸喜子孙旺相；诸般走兽，俱宜福德兴隆。

凡占诸般禽兽，皆看子孙，旺相生扶，定然长养。若值旬空月破，必主亏伤。

初鸡二犬三猪，四羊五牛六马。鸭同鸡位，猫共犬爻。

近日众牲，只取六爻之定位；远年禽兽，远凭八卦之分宫。

乾马坤牛震龙坎豕，兑羊艮犬离雉巽鸡。

再加生肖之爻，可决血财之利。

又附：亥鱼酉鸡，午鹿寅猫。

凡推六畜，各有分宫。如初爻为鸡、为鸭、为鹅。二爻为犬、为猫。三爻为猪。四爻为羊。五爻为牛。六爻为马、为骡、为驴。

凡一年半载之禽兽，方看六爻，凡过五岁之众牲，却凭八卦。乾为马、坤为牛、坎为猪、震马龙又为兔、兑为羊、艮为犬又为鸟。离为雉，巽为鸡。

不拘近远，禽兽不可不看生肖之爻。子鼠、丑牛、寅虎、卯兔、辰龙、巳蛇、午马、未羊、申猴、酉鸡、戌犬、亥猪。

细查演禽之法：丁亥为猪、癸亥为鱼，故鱼附在亥。丁酉为鸡、己酉为鸡、癸酉为鸦，故鸟附在酉。丙午为马、戊午为獐、壬午为鹿，故獐鹿附在午。丙寅为虎、壬寅为豹、戊寅为猫，故猫附于寅位也。

定位与分宫，不陷不冲逢旺吉；本命之生肖，临兄临鬼值空凶。

分官之爻，若值旬空、月破、日冲者，皆不为佳。或临官鬼、兄弟必犯灾迍。分位如临财福，又得生扶旺相，必然长养成群。本命即生肖之爻，纵值空冲破绝及兄弟之爻，俱各无碍，惟临官鬼，立见伤残。

父作忌神，不动或空为福；财当利息，逢生或旺为佳。

兄乃劫财，摇须亏本；鬼为恶煞，动必生灾。

父母为忌神，最宜安静。妻财为利息，大要生扶。兄弟为劫财，切嫌发动。官鬼为恶煞，纵不临分官本命之乡，动必为祸。兄鬼为空，始终为吉。

猫犬猪羊最嫌白虎，鸡鹅牛马惟喜青龙。

雀临鬼动讼忧生，武带官爻物恐失。

惟有猪、羊、猫、犬四兽，最嫌白虎交重，其余之兽不忌此星。青龙发动，件件能收。鬼临朱雀动，易惹官非，鬼临玄武动，终遭失脱。

六合还须养育，六冲切莫收留。

要决刚柔，须详动静；欲知肥瘠，却看兴衰。

六合之爻，便宜喂养；六冲之卦，岂可留延？合处逢冲，畜之不久，俱看分官与子孙。发动临恶煞，此畜顽劣，安静带吉星，其兽驯良。旺则肥，而衰则瘦也。

忧疑损害章第六十一

（以身世为主，福德为凭。）

人无远虑，倘遭旦夕之忧；易有久灵，能决往来之事。

世位临空，已不受他之阻节；应爻落陷，彼非诉我之情由。

官中扳害，外悉克内鬼愁兴；私下损伤，应忌伐身兄忌动。

预防扳害，当论世应之爻。世若落空，祸殃皆脱。应若落空，他难损我。世应若不空亡，便寻生克，世克应、或内克外，不论公私，毫无克害。如应克世、或外克内，必受其殃咎。若逢鬼动，事到公庭；如见兄摇，财遭破费。

旺相子孙，灾讼决其缠染；交重官鬼，祸殃岂不牵连！

月将生官，虽往宁家生不测；日辰制鬼，纵陪病体卧无妨。

世旺无伤，任其探灾问讼事；身衰有克，切非送殡乱辞幡。

凡去探灾、问讼、送殡、辞幡，防遭妨犯，虑被仇伤，一应忧疑，皆嫌官鬼。

若得子孙旺相，或发动、或持世、或临日月克制鬼爻，诸般无害。若逢官鬼发动，或旺相、或持世、或克世、或临日月，皆惹祸殃鬼。若空亡，般般无忌。又看世爻，旺遇合生者嘻，衰逢冲克者凶。

鬼值六神兴，定六般之患难；官临八卦动，分八向之忧危。

朱雀同宫，莫去传音附信；青龙并位，休来新保为媒。

如遇勾陈，拆旧更新当染患；若逢白虎，修棺合椁反招殃。

住螣蛇事防连累，居玄武物被侵偷。

官鬼之爻，看临何兽发动，便知何事招殃。

鬼临朱雀，事主文书，或寄信、或喧哗、或词讼、或往火场，恐惹祸端，皆宜速避。

青龙鬼动，事主花酒，或行善原、或往喜庆之家，反招殃祸。

勾陈鬼杀，或至征战之所，祸起难逃。

螣蛇鬼动，主妖怪或魇倒，或虚惊、或因动土而起。

玄武鬼动，事主盗贼，或坑厕、或水利、或阴人、或往江湖而染患。

在艮则忌临东北，不利山林；在坤则弗晦西南，岂宜坟墓！

震为东向巽东南，起屋上梁休奉贺；

兑乃西方乾西北，看经讲道莫登坛。

坎嫌北往及江河，离怪南行兼炉冶。

艮宫鬼动，祸起东北，或山林及骨冢、兼少男并犬畜、或击石樵柴之类。

坤宫鬼动，祸起西南，或坟墓及荒郊兼老妪，布疋犬兴并牛畜，或修砌动土之类。

震宫鬼动，祸起正东，或创作或树木、并舟楫兼长男、或木行船枋之类。

巽宫鬼动，祸起东南，或兴造及风报，兼长女并鸡畜、或竹芦花草之类。

兑宫鬼动，祸起正西，或庵堂或尼姑，及水利酒肆、并少女同羊畜、并祝巫妾妇，或念佛烧香之类。

乾宫鬼动，祸起西北，或寺观释子、或高楼兼金玉、并白翁、同骡马、及城垛，或看经讲道之类。

坎宫鬼动，祸起正北，或江河、或盗贼、及狱门，并中男、兼豚

家、或沟坑池井之类。

离宫鬼动，祸起正南，或锅灶并窑炉、及术士、兼中女，或火炮流星之类。

申酉避凶丧，又避战征场内；寅卯忧斫伐，兼忧造作门中。

水愁水路之行藏，火虑火场之来往。辰戌忌山岭，丑未忌坟茔。

鬼属金爻，忌丧家，及征战，并宰杀之类。鬼爻属木，忌造作并斫伐之类。

鬼属水爻，忌江河，并池井，及混堂之类。

鬼属火爻，忌火伤，及窑炉之类。

鬼属土爻，忌山林，及荒郊坟墓之类。

不动不必言也。又看鬼值何爻，便断何方莫去。且如，鬼在坤宫，可决西南惹祸。余皆仿此。

动必生殃，纵不克身仍不吉；静虽无咎，若然伤世定然凶。

随官入墓，处处迍邅；助鬼伤身，方方坎坷。

凡官鬼之爻，不拘临在何爻何卦，动必为殃。纵不克世伤身，既动无不作祸。且如，否卦四爻火官独发，前列火伤及窑炉大忌，不可拘疑，往北方水路，鬼动亦见凶危。

但若官摇，不论东南西北，概不为祥。鬼如安静，永不为殃。倘来冲克世爻，虽静亦能为祸。凡世身本命随官入墓、并助鬼伤身者，一切事情，决无佳况。

用象化官殃速至，鬼爻变子祸潜消。

世上有官，吉曜纵兴终有害；卦中无鬼，凶星虽动永无伤。

卦中鬼不交重，又不克世，本为清吉，岂知用神动化官爻，反遭愆咎。卦内鬼爻虽动，变出子孙，定主先凶后吉，祸必潜消。官虽不动，若值世爻，纵有天喜贵人，此殃难解。卦中无鬼及落空亡，虽逢朱雀白虎凶星恶煞交重，并无损害。

凡卜忧疑，鬼不临世、克世，又不发动，子孙旺相，又不化出官爻，此等卦爻，决无祸患。

人欲趋吉避凶，起居未定；卦乃决疑解惑，行止能分。心若竭而祈诚，言有叩而必应。

易林补遗卷之七　利集

防非避讼章第六十二

（以官鬼为主，朱雀为凭。）

时常问卜虑官司，却要官居空绝时；
子动龙摇无横事，鬼兴雀噪定成词。

凡占词讼有无，须推官鬼。鬼若空亡、或临绝地、或不上卦，便无官非。纵有官爻，若得子孙发动，或持世上，永不成词。鬼带青龙，亦无横祸；鬼临朱雀发动，讼必当兴；鬼爻若化子孙，见凶得吉。

螣蛇值鬼牵连讼，玄武阴人盗贼知；
白虎验伤分胜负，勾陈争产辩赢输。

螣蛇鬼动，若不为牵连之讼，定不免光棍之非。
玄武鬼动，祸起阴人，或为盗情，或因水利。
白虎鬼动，事干丧服，或主枪伤打伤之累。
勾陈鬼动，祸由田产，或为公差之事，亦或因债负之词。

又云：
更推何象之为鬼，便见谁人起讼端；
福德变成卑幼起，或因僧道及歌欢。
妻财化出阴人仆，或为生涯货物牵；
兄弟动来因手足，朋友喧哗或赌钱。
爻逢父母之官者，尊长文书衣产船；
官化官爻兴旧讼，变为空地不须言。

要知何事何人起讼，但看何爻化出官爻。

子孙化鬼，事起儿女之辈，或僧道医乐，及善原并禽兽，兼酌酒、或歌唱等类之讼。

妻财化鬼，事起阴人或奴仆，及买卖并财物，兼粮食等类之讼。

兄弟化鬼，事起弟兄，或姊妹及朋友并同类，兼中保媒妁等类；如加朱雀，便是赌博之讼。

父母化鬼，事起尊长等辈，或文书及房屋，并舟车兼袍服，或坟墓等类之讼。

鬼化鬼，事起旧讼，不然亦主两情、或三衙门、或结后复告。

以上六亲，纵然此日官鬼化鬼，若空，又不依前断之。

离中鬼动因中女，艮内官兴为少男；

以上他宫如此断，六爻安静讼无干。

离官鬼动，事因中女，或火炮及炉灶，并术士，兼文墨等类之讼。

艮官鬼动，事为少男、或山林及骨冢，并犬畜等类之讼。

乾官鬼动，事为老翁，或寺庙及释子，并城垛高楼，兼骡马等类之讼。

坎官鬼动，事为中男、或江河及盗贼，并水利，兼猪畜等类之讼。

震官鬼动，事为长男，或起造及树木，并舟揖等类之讼。

巽官鬼动，事因长女，或花草及竹芦，并使风，兼鸡畜等类之讼。

坤官鬼动，事因老妪，或坟墓及荒郊，并牛畜，兼布疋、大车等类之讼。

兑官鬼动，事因少女，或庵堂及尼姑，并水利酒坊，兼羊畜等类之讼。

凡占讼有无，鬼若休囚安静，朱雀不摇，便无讼扰。

防火避焰章第六十三

（吉则用子孙为主，凶则用官鬼为凭。）

占火惟凭官鬼寻，交重克世火殃临；
世中遇此兴家室，应上逢之起对门。
内卦鬼兴忧本宅，外爻官动虑乡邻；
要知何处红光透，八卦须将八向分。
鬼在艮宫东北起，官居离卦正南焚。

占火独须推官鬼，鬼如发动，便有火殃。不克世身并内卦，虽见无妨。动来伤宅，或克世爻，难逃回禄。

世值鬼摇，本家起火；应临鬼动，对宅兴灾。内卦亲官鬼动，祸不离家。他官或外卦官兴，火由邻里。

又看鬼动何官，便曰：何方火炽。乾宫鬼动，西北兴灾。鬼在坎宫，殃生正北。官居艮上，东北遭殃。震上鬼临，正东受患。巽宫鬼动，祸及东南。离内鬼兴，正南发觉。鬼在坤动，西南被害。在兑，正西起殃。卦中纵有鬼，若不动，则不必言。

或空或绝无回禄，安静休囚也不侵；
子动伤官殃息灭，福临世上火光沉；
鬼爻暗动伤身者，恐中冤仇报复心。

卦无官鬼，纵有或值空绝，必无火光。爻如有鬼，若值衰静，不克世爻，亦无害。卦见子动或持世，或陷日月，火必潜消。官虽静，或被动爻冲官，或日辰冲鬼，鬼与应爻同克世，恐仇人放火，防备须严。问火有无，须要官鬼休囚，亦不发动，又不克世，便无火殃。

提防盗贼章第六十四

（以官鬼为主，玄武为凭。）

子旺官空玄武静，门窗不闭永无忧；
玄摇鬼发远财助，墙壁坚牢也被偷。

凡占盗贼有无，却凭官鬼，鬼在空亡及不上卦，玄武又不发动，必无盗贼来侵。纵有鬼爻，不临玄武，又不交重，亦无贼至。

官爻虽动，而玄武不动，子孙又值交重，或临世上，终无失脱。子与鬼爻皆动，却看旺衰。子旺官衰，不须疑虑；子衰官旺，贼势难防。玄武与官鬼二爻皆动，又遇动爻助鬼，或日月生官，虽然屋宇坚牢，穿窬难免。鬼如化子，纵被侵偷，必然缉获。

哪月官临生旺值，便知此贼至门头；
交重玄武无官鬼，有口无心不必愁；
艮家鬼动防东北，坎北离南一理求。

要知贼冠何月来侵，便看鬼临长生、帝旺生扶之月，又看临值何月，便知此贼方来。

假如占得明夷卦，四爻土鬼动，土赖火生，先防五月；土生在申，再忧七月；鬼临丑土，腊月当来。其余诸卦，仿此推详。

玄武发动，鬼值旬空，贼虽起意，终不来侵。

要知贼在何方，且看鬼居何卦。

鬼在乾宫，贼居西北，不然亦在寺观之中。

鬼在坎宫，贼藏水口，不然亦在北方。

鬼在艮宫，便言东北，或在山林。

震宫鬼动，盗隐正东，若非树下，定近船坊，木行之所。

官居巽卦，当曰东南，必近竹园或草堆之所。

鬼在离宫，南方之贼，若不在窑炉之所，必匿于银铜铁匠之家。

坤宫鬼动，便断西南，若不居坟墓之所，必在荒郊旷野之内。

鬼入兑宫，贼从西路，或在鱼池水阁之旁，或近小庙庵堂之处。

卦内鬼多不动，玄武、朱雀皆兴，兄弟化出官爻，必是赌输而为盗。

玄武临财化鬼，若非妻妾之亲，必是奴丁为盗。在内则本家之仆，在外则他姓之奴。

玄武子孙化鬼，须防子侄，或僧道来偷。

玄武父母化鬼，倘遭尊长相侵，或被不就文人作盗。

玄武官化官爻，必是远年绩贼。

玄武鬼爻白虎，当推戴孝之人。

卦内官爻及化出官爻，如临空陷，皆不可以盗贼言之。

御避灾患章第六十五

（吉则用子孙为主，凶则用官鬼为凭。）

防灾避患忌官爻，安静休囚祸不招；
遇旺遇生灾速起，或无或陷病潜消。
不伤身世无魔瘴[1]，如值交重难莫逃；
日月制之殃咎散，子孙一动灭邪妖。

凡占自身疾病有无，当详官鬼，鬼逢生旺，必见灾速。若落空亡，或不上卦，永不为殃。鬼如发动，岂不生灾？不克世身，终无疾厄。官爻虽动，若得子孙同发，或子临日月、或子孙居世，万祸潜消。无鬼便无灾。

谁爻化鬼谁人犯，哪命临官哪个遭；
更论六亲谁受克，可推轻重决分毫。

校者注　①　魔瘴：亦作“魔障”，佛教用语。指修行人于修行中由恶魔所设的障碍；也泛指由别人所致的波折，磨难。

又论合家病疾有无，须寻用象。

父爻化鬼，灾至椿萱。兄象化官，祸延手足。子化官爻，殃从儿女。财之用象，病在妻奴。官化官爻，令门受患。世化官爻，病临自己；应之鬼位，妻妾不宁。

复查人之本命临官，必主为灾。假令占得某卦，午火临官，便曰：属马生人受患。余照其详。鬼若空亡，不依此断。

更看六亲之象，不可受伤。财动则祸忧尊长，鬼兴则殃及兄弟，兄摇妻病，父动儿灾，妻若来占，子动夫君受患。

其余问卜，子兴皆作康宁。问病有无，卦内忌神不动，鬼不交重，用神不值旬空月破，便言平安。

何处得病章第六十六

（以官爻为主，动象为凭。）

欲知何处起灾星，须把交复位向真；
爻静可将外卦取，无官却在本宫寻。
当推官伏何爻下，鬼上飞爻方有因；
假令卜得家人卦，鬼伏三爻辛酉金。
但看飞神己亥水，便言西北犯灵神；
飞官伏鬼皆空者，病体终无邪祟侵。

凡占何处得灾，并看何方犯祟，不论卦中有鬼无鬼，如见动爻，即以动爻取之。火动曰南，水动曰北。

如卦安静，亦有官鬼，便取外卦断之。外巽则东南起祸，外乾则西北招殃。

卦若安静又无鬼者，并不取外卦而推，却看鬼伏在何爻之下，鬼上飞爻定其方向。假令讼卦安静：

离宫：天水讼

伏　　神	【本　卦】		
	子孙壬戌土	▅▅▅	
	妻财壬申金	▅▅▅	
	兄弟壬午火	▅▅▅	世
伏官鬼亥水	兄弟戊午火	▅ ▅	
	子孙戊辰土	▅▅▅	
	父母戊寅木	▅ ▅	应

鬼伏三爻午火之下，便云：病起南方。

又如，遁卦三爻、六爻动：

乾宫：天山遁

伏　　神	【本　卦】		
	父母壬戌土	▅▅▅	
	兄弟壬申金	▅▅▅	应
	官鬼壬午火	▅▅▅	
	兄弟丙申金	▅▅▅	
伏妻财寅木	官鬼丙午火	▅ ▅	世
伏子孙子水	父母丙辰土	▅ ▅	

既有动爻便言动，动申是西南，戌乃西北。病从一处，岂有二方？即要二者并看，只曰：西方。

又如，遁卦安静，卦虽有鬼，并无动爻，便将外卦而决，祸从西北而来。

又如，小畜卦初爻、二爻动：

巽宫：风天小畜

伏　神	【本　卦】		
	兄弟辛卯木	▅▅▅	
	子孙辛巳火	▅▅▅	
	妻财辛未土	▅ ▅	应
伏官鬼酉金	妻财甲辰土	▅▅▅	
	兄弟甲寅木	▅▅▅	
	父母甲子水	▅▅▅	世

官鬼虽无，动爻可取。子当正北，寅为东北，二象并推，总言在北。

又如小畜卦初爻、二爻动，无官难取外卦，方看鬼伏三爻之下，祟于西北方来，卦如无鬼，伏鬼再空，并无神祟。

又论八宫鬼动云之一

坤象鬼兴遭坟野，艮家官动起山林；
离宫或到窑炉处，乾兑曾冲寺庙门。
震巽树林花草路，坎卦江河池沼村；
鬼值本宫非出境，官方惹祸却评论。

官若动时，亦不如前所断。

鬼在坤宫，必往西南犯祟，或登坟墓、或田野之间。

鬼在艮宫，曾行东北，不然便往山林。

鬼在离宫，南方染祸，或往火场、或到窑炉之所。

鬼在乾宫，理推西北，或到寺观之中、或步高楼之上。

鬼在兑宫，正西有犯，或往庵堂、或居水口。

鬼在震宫，正东惹祸，或往树林之下、或登船轿之中。

巽宫鬼发，曾步东南，或到竹园之侧、或居柴草之旁。

鬼在坎宫，病从北至，或履江湖之口、或逢骤雨淋身。

鬼如独发，又看地支所属之方。假令贲卦初爻独发，病起东方。余皆仿此。鬼如不独发，则不必言也。

如爻乱动，照前八卦推之。

又看鬼在本宫，或在内卦，便言当地之灾。鬼在外卦，或在他宫动者，当推病起外方。学者自宜通变。

又论六神值鬼云之二

青龙鬼动因权悦，或往亲朋喜事家；
或到树林芳草处，或叨酌酒及簪花[①]。

鬼值青龙，灾由喜处，或探亲访友，或酬酒簪花，或去游山，或居树下，或谒贵人。以上等方，病从此得。

朱雀鬼兴因恼怒，是非词讼及文章；
看书写字兼歌唱，皆是生灾惹祸方。

鬼临朱雀，灾由怒气，或被闲非词讼，或曾写书修书，或遇喧哗，或逢歌耍，或视火场，染其灾祸。

勾陈鬼动病难痊，倘至田傍墓后前；
或为他修并自作，莫非禁忌有牵连。

鬼值勾陈，灾由跌磕，或登坟左墓右，或行地后田前，或曾内外动作，故有灾障。

螣蛇若带鬼爻兴，病为惊惶惧吓成；
或被七情伤气血，或逢鬼魅作妖精。

鬼值螣蛇，灾由惊恐，或多思虑，或有忧愁，或遇妖邪，故生灾障。

校者注　①　簪花：旧时插于头上的首饰。

白虎相临官鬼兴，或闻邻近有悲声；

或观撤席行丧过，或视兵戈及宰牲。

官临白虎，祸起哀声，或邻里之临丧，或新朋之撤席，或往孝堂之内，或见刀兵，或逢宰杀。如此数般，祸从斯出。

玄武还从水路来，或贪酒色得其灾；

或经沐浴兼逢雨，或受寒邪病更乘。

玄武临官，灾由酒色，或往江河，或曾冒雨，或经失物，或被盗惊。起病之由，细宜斟酌。

痘疹起回章第六十七

（以官鬼为主，五行六象为凭。）

未种花时问种花，卦无官者痘无芽；

鬼空鬼绝无斑疹，官动官兴有痘痧。

凡占出痘，须看官爻。鬼若空亡及不上卦，决然不出。卦中纵有鬼动，若值休囚，或逢冲散，或遇绝乡，或化克绝，皆非出也。

官如发动，不临死绝刑伤，鬼纵休囚，若变为有气，便种痘花。鬼虽不动，或逢旺相之期，亦当起发。卦虽无鬼，倘然本月临官，反生痘痧。

年上临官年出痘，月中值鬼月栽花；

鬼休子旺当稀朗，鬼旺福衰稠密加；

若见螣蛇临火发，定主麻痘断无差。

若问何年种豆，便看鬼临生旺之年。卦若无官，又察何年值鬼。如占何月栽花，便推鬼逢生旺之月。要知何日，亦看鬼旺之期，大同小异，一理而推。

卦中官鬼休囚，子孙旺相，或值世家，纵然出痘，亦主稀疏。官如旺相，子若休囚，痘生时下，稠密非常。

又论螣蛇临火发动，鬼虽安静，必发痘疹。

病源真假章第六十八

（以官鬼为主，旺衰为凭。）

凡占疾厄假和真，官鬼交重病必兴；
旺相亦然遭此患，临空遇绝是虚名。

凡占是病不是病，只论官爻，再无别议。鬼若交重，必成此症。官虽不动，若逢生旺，亦断此灾。卦如无鬼，及落空亡，或临绝处，似是而非，病不真也。

随官入墓灾非假，助鬼伤身祸必兴；
日月制官实不实，子孙旺动疾难凭。

凡值随官入墓，助鬼伤身，其祸当兴，灾难回避。要知病散，须看子孙。若得子旺官衰，日月及临福德，卦内子爻或动，克制官鬼，此病非真。

疾病吉凶章第六十九

（以用神为主，原神为凭。）

疾病须求用象兴，原神旺动定为亨；
忌神切莫交重位，日月将来配克生；
动看变爻知去就，无寻伏象觉亏盈。

凡占疾病，专看用爻。卦中若得用爻有气，原神发动，忌神安静，便主无妨。忌神忌动，如原神同发者，转助用爻，病反得祥。卦内原神不动，用神况值休囚，更逢月建或日辰相克，也主倾危。用象虽临弱地，如逢日月生扶，决然无咎。

用如安静，不必细详；用若交重，须推变化。变出生扶，则吉；变成墓绝，则凶。

卦中如无用象，当察伏神，更推日月，日月又无主象，伏神又被刑伤，再查互卦。互中体用二爻亦无用神者，方言无救。主卦虽无用象，倘然伏出无伤，决难损命。伏出纵遭刑克，远查日月并互卦之中有一用爻，亦无害也。

又论用爻上卦正值旬空，却看病之远近。暴病逢空可救，久病逢空必死。虽值空亡，还分衰旺。空如旺相，纵然久病也无妨。空若休囚，但遇日冲亦不死。倘若立时空又值旬空，不拘远近之病，无不倾亡。

用爻虽不落空，如临月破必致伤身。

用爻有气原神动，忌神纵发不须惊；
主象休囚加克破，体虽无恙也遭倾；
用神旺相逢扶助，病纵临危反主生。

占病，得用爻旺相，原神又动，日月纵来相伤，永不受克；忌神虽发，亦不为殃。主象若值休囚，原神又静，忌神况值交重，或被月建日辰伐用，身虽小病，后必伤躯。用象如临旺地，又遇生扶，决有起死回生之兆。

忌变生而用变克，分毫之疾恐伤刑；
用之旺者忌之绝，沉重之灾即刻轻。
如此定之留万古，何须海外再求明；
休把卦名推祸福，莫将神煞决忧祯。
空身空命皆非忌，无鬼无财岂足凭！

疾病卦中，忌神旺动，又变生扶；主象衰摇，化成死绝，原神又被克破，岂有救哉？用神虽居衰位，化出帝旺、长生，又逢扶助；忌神虽动，而化为克伤死绝之乡，不能制用；病虽沉重，旦夕可安。如此推之，并无差谬。其中有论卦名者，切不可也。

《经》云：“易卦渊源论五行，阴阳之理本生生；可怜愚昧无知识，颠倒阴阳论卦名。”今有人论神煞者亦非也。

《经》云：“易卦阴阳在变通，五行生克妙无穷；时人不辨阴阳理，

神煞将来定吉凶。”

假令子占父病，父爻旺相，墓门煞或大煞又动，用爻有气，岂能死乎?

又如，夫占妻病，财爻无气，父兄皆动，纵得月解，天医同发，用既遭伤，岂不死推?

故此五行为重，神煞难凭，星家专忌本命空亡，此非正道。

且如，甲子旬占，空当戌亥，寰中万万属猪、属犬生人，岂皆命绝?

前人又言:“病人无鬼必死”，岂无验乎?《天玄赋》中虽曰:“占病无鬼，必无叩告之门，乃天年命尽也，其病不瘳[①]。”

且如，兄占弟病，鬼乃忌神，岂宜在卦?

又如，父占子病，鬼作仇人，焉可用之?若据理上论病，只取用爻旺衰生克，便决存亡。凡卦无鬼，不过无神祟耳，岂就作天年命尽乎?况今屡试无官之卦，未必死也。

又辨无财者，理更差误，财爻虽为饮食，无者不过目今饮食不食，焉能丧命?只有夫占妻、主占仆看，惟忌财空，其余占者皆不忌。

又云:

惟有六冲分缓急，病源却要自斟量;

初灾遇此当全瘥，久病逢之命必伤。

合处逢冲同此意，不凭主象弱和强;

更论土爻临鬼动，爻凶少吉祸难禳。

病得六冲化冲，合处逢冲，皆要审其远近重轻。如暴病来占，朝夕即当痊愈。若久病占之，用象虽然旺相，也主身亡。

又论近病逢冲则愈，重病逢冲则死。卦纵不冲，用爻亦旺，凡遇财鬼动者，万可言死。惟占尊长，鬼为原神，动则祈禳可疗。

校者注　①　瘳（chōu）:病愈。

疾病生克论之一

百病重轻，不出五行生死；万民生死，难逃八卦兴衰。

且如，水为主象，畏土纵金；卦中土静火兴，不须畏忌。爻内火安土动，却不为祥。怕逢巳午二时，喜遇木金二字。

又如，火土皆动，见木反凶，得酉申而助水，疑此病以方痊。

假令金藏土下，飞能生伏为佳，如木爻安静，日忌卯寅，若木象交重，时忧亥子，正所谓“逢金则吉，遇水则凶”。

复将土作用神，卦见水木火爻三动，不作凶推，当从吉断。时遇午申，土得生扶则吉；日逢卯巳，土临死绝则囚。

又论火是用爻，独逢水发，日遇戌辰丑未，水遭土克无妨，一见酉申当命尽，但求寅卯必身安。

若用居衰木，化入金乡，卦无亥子父兴，必难救度。查何日逢金，便决何时作殡。倘若金空，亦非此断，节临亥子，命亦回生。细究何爻动静，便知哪日存亡。其中有贪生忘克，救处遭伤，盈虚却要精详，岂可寻常概论？

占自己病断之二

自卜身宫疾病临，先凭世象次凭身；
怕逢月破旬空内，喜见生扶拱合亲。
克世之爻为忌客，来生之象作原神；
随官入墓灾难瘥，助鬼伤身命必沉。

自占己病，专看世爻。若临月破，不拘新旧之病，命亦难全。世若落空，当明缓急；急症堪医，旧病不救。若空中有气，目下无妨，后来难保。

世象不临旬空月破，又看旺衰。世若休囚，却被动爻相克，或遭日月来伤，或变为死绝，毫无救助之爻，岂不夭年命尽？世纵休囚，若得动爻生助，或逢日月扶持，或化为有气，纵临危而不死。世若旺相，虽

无生助之爻，亦无所害。

凡克世者，名曰忌象，宜静不宜动；生世者，名曰原神，宜旺不宜空。

占他人之病，身世随官入墓，不必忌之，命随鬼入墓即凶矣！惟独自占，身世命随鬼入墓者，命不回生。其中助鬼伤身，理亦同也。

又看卦身，若墓绝于月建，或墓绝于变爻，决无救矣！

占他人病断之三

代问他人看应爻，若临月破最难逃；
遇冲遇克身难救，逢旺逢生病必消。
生应原神宜发动，克他忌象怕重交；
卦身有气还须吉，应位逢官祸必招。

代卜他人之病，应作用爻。如临月破旬空，其命难保。应如衰弱，亦遭动象或日月来伤，或应变为墓绝，便主凶危。应纵休囚，若得变为生旺，或动爻及日月相扶，命还有救。

凡生应之爻是原神而宜动，克应之象乃忌客而宜空。鬼临应上，病必难痊。次察卦身，亦不可临于月破，又不可成墓绝之乡。卦身或墓，或绝于月建之中，皆为凶兆也。

占何日病退云之四

凡卜病人何日瘥，用临生旺体当安；
原神值日灾须减，忌象遭伤病必痊。
助鬼伤身逢福解，随官入墓见冲欢；
若然主象临其绝，且待生时免祸愆。

占病何日得痊，须推主象。

卦中原神旺相，忌客休囚。无用爻者，便取用爻值日而安。卦中如有用爻而衰弱者，方取生旺之期。倘若用爻重重太旺者，反喜入墓之时。如不太旺，又取原神值日。忌神若动，须逢冲克忌神之日，方得安康。

若逢助鬼伤身，又利子孙值日；随官入墓，还求冲墓之辰。用象如临绝地逢生，必主平宁！

占何日病凶云之五

病者来占凶日详，用爻无气更遭伤；
忌爻哪日逢生助，便主身危立孝堂。
忌神旺动仇人发，用神失位反无妨；
变怕日辰临用地，若还挨过免凄惶。
原神被克灾加重，忌客逢生定受殃；
月破用爻夭命止，纵然旺相也须亡。

论病何日见凶，不过看用爻生克。用如无气，被日辰克者为凶；忌动用衰，日辰再生忌神者死。

又论卦中原神不发，忌神与仇神皆动，独无用爻，日前无事，待后用神值日，难以回避，定入黄泉。倘若忌神、仇神与原神同发，亦无主象，候至用爻值日，反主无妨。

复陈卦内用象既衰，全赖原神相救，恐忧忌客来伤，日辰克制原神，灾当沉重。忌象如逢生旺之时，定成凶咎。

主象如逢月破，不拘衰旺，命必归阴。且如，子占父病，五月、甲子日，占得观之益卦：

		乾宫：风地观			巽宫：风雷益		
六神	伏　神	【本　卦】			【变　卦】		
玄武		妻财辛卯木	▅▅▅▅		妻财辛卯木	▅▅▅▅	应
白虎	兄弟申金	官鬼辛巳火	▅▅▅▅		官鬼辛巳火	▅▅▅▅	
螣蛇		父母辛未土	▅▅ ▅▅	世	父母辛未土	▅▅ ▅▅	
勾陈		妻财乙卯木	▅▅ ▅▅		父母庚辰土	▅▅ ▅▅	世
朱雀	子孙子水	官鬼乙巳火	▅▅ ▅▅		妻财庚寅木	▅▅ ▅▅	
青龙		父母乙未土	▅▅ ▅▅	应 ×→	子孙庚子水	▅▅▅▅	

此卦父爻动居旺地，又带青龙贵人，本为吉象，岂知父临月破，后至乙亥日，原神绝而忌神生，果然父丧。

又如，妻占夫病，三月、甲子旬、丁卯日，卜得涣之姤卦：

		离宫：风水涣			乾宫：天风姤		
六神	伏　　神	【本　卦】			【变　卦】		
青龙		父母辛卯木	▅▅▅▅▅		子孙壬戌土	▅▅▅▅▅	
玄武		兄弟辛巳火	▅▅▅▅▅	世	兄弟壬申金	▅▅▅▅▅	
白虎		子孙辛未土	▅▅ ▅▅	×→	兄弟壬午火	▅▅▅▅▅	应
螣蛇	伏妻财酉金	兄弟戊午火	▅▅ ▅▅	×→	妻财辛酉金	▅▅▅▅▅	
勾陈	伏官鬼亥水	子孙戊辰土	▅▅▅▅▅	应	官鬼辛亥水	▅▅▅▅▅	
朱雀		父母戊寅木	▅▅ ▅▅		子孙辛丑土	▅▅ ▅▅	世

所嫌仇神、忌神皆动，独无用爻，又鬼伏仇爻之下，又值旬空，毫无救助。挨至乙亥日用爻透出，鬼受忌神来伤，夫果死也。

假令弟占兄病，十月戊辰日，卜得剥初、二、三爻皆动：

		乾宫：山地剥		
六神	伏　　神	【本　卦】		
朱雀		妻财丙寅木	▅▅▅▅▅	
青龙	伏兄弟申金	子孙丙子水	▅▅ ▅▅	世
玄武		父母丙戌土	▅▅ ▅▅	
白虎		妻财乙卯木	▅▅ ▅▅	
螣蛇		官鬼乙巳火	▅▅ ▅▅	应
勾陈		父母乙未土	▅▅ ▅▅	

却本卦无兄弟，所喜申金兄弟伏在世爻，用爻透出，果应病痊。

又如，父占子病，五月、甲午旬、癸卯日，占得萃卦上六爻动：

兑宫：泽地萃

六神	【本　卦】		
白虎	父母丁未土	▅▅ ▅▅	
螣蛇	兄弟丁酉金	▅▅▅▅▅	应
勾陈	子孙丁亥水	▅▅▅▅▅	
朱雀	妻财乙卯木	▅▅ ▅▅	
青龙	官鬼乙巳火	▅▅ ▅▅	世
玄武	父母乙未土	▅▅ ▅▅	

此卦子孙太弱，父母相而又动，虽受卯日相伤，又逢月建扶起，父又化为进气，能克用爻，虽有原神暗动，又值立时空，不能相救。后至丙午日，忌象叨生，此男果死。

又如，夫占妻病，三月、甲戌旬、庚辰日，卜得师卦九二上六爻动：

坎宫：地水师

六神	【本　卦】		
螣蛇	父母癸酉金	▅▅ ▅▅	应
勾陈	兄弟癸亥水	▅▅ ▅▅	
朱雀	官鬼癸丑土	▅▅ ▅▅	
青龙	妻财戊午火	▅▅ ▅▅	世
玄武	官鬼戊辰土	▅▅▅▅▅	
白虎	子孙戊寅木	▅▅ ▅▅	

此卦青龙财爻持世，兄弟又不交重，鬼又化出财来，本为佳兆，岂知土官发动，《书》云："更论土爻临鬼动，多凶少吉祸难让。"果应五月庚申日，官遇长生，月建又扶土鬼，此鬼太刚，死而可验。

又如，父占女久远病，七月、甲寅旬、癸亥日，卜得艮卦安静：

艮宫：艮为山

六神	【本　卦】		
白虎	官鬼丙寅木	▅▅▅	世
螣蛇	妻财丙子水	▅ ▅	
勾陈	兄弟丙戌土	▅ ▅	
朱雀	子孙丙申金	▅▅▅	应
青龙	父母丙午火	▅ ▅	
玄武	兄弟丙辰土	▅ ▅	

此卦用爻临月建，忌神又不兴，似无凶兆，岂知卦犯六冲，《经》云：“初灾遇此当瘵瘥，久病逢之命必伤。”果应在子月戊午日，用象死于月建，败于日辰，其女死也。

又母占子病，九月、甲子旬、辛未日，卜得归妹卦安静：

兑宫：雷泽归妹

六神		【本　卦】		
螣蛇		父母庚戌土	▅ ▅	应
勾陈		兄弟庚申金	▅ ▅	
朱雀		官鬼庚午火	▅▅▅	
青龙	伏子孙亥水	父母丁丑土	▅ ▅	世
玄武		妻财丁卯木	▅▅▅	
白虎		官鬼丁巳火	▅▅▅	

此卦六爻无子，虽伏出亥水子孙在四爻之下，又落空亡；世上父母又被日辰冲动，本绝卦也，岂知互出水火既济，取互体坎水配成兑卦，子孙此乃无中生有也。惟互出之爻，再不受日月并动爻伤克。此子果应亥月戊子日，用值旺乡，病全脱体。

凡占父母及家主、尊长之类：取父母为用神，官鬼为原神，妻财为忌神，子孙为仇神，兄弟为泄气。

凡占兄弟朋友之类：兄弟为用神，父母为原神，官鬼为忌神，妻财为仇神，子孙为泄气。

凡占子孙卑幼之类：子孙为用神，兄弟为原神，父母为忌神，官鬼为仇神，妻财为泄气。

凡占妻妾、弟妇、子室、奴婢之类：妻财为用神，子孙为原神，兄弟为忌神，父母为仇神，官鬼为泄气。

凡占夫主、官员之类：官鬼为用神，妻财为原神，子孙为忌神，兄弟为仇神，父母为泄气。

占自己：取世为用爻，生世者为原神，克世者为忌神。

占他人：取应为用爻，生应者为原神，克应者为忌神。

此法非惟占病，凡看卦，无不用之。

灾病缠脱章第七十

（以福神为主，用象为凭。）

身处灾生相貌残，鬼兴鬼动定缠绵；
随官入墓终难脱，助鬼伤身永不痊；
世受官伤成痼疾，子孙一动立时安。

凡占带疾不带疾，最嫌官鬼兴隆。官如旺相，病必缠身；纵不旺相，发动亦然。若值随官入墓，或助鬼伤身，必成痼疾。鬼克世爻，亦难脱体。若得子孙旺相，或发动，或持世，或临日月，病得离身。

六冲旦夕灾殃散，无鬼终须病不缠；
鬼若空亡无疾厄，忌神旺发患多年；
鬼化福神他日解，用象兴隆祸不干。

六冲之卦，此患易消；合处逢冲，后来方解。鬼不上卦及落空亡，永无殃疾。纵有鬼象，若变福神，目下虽凶，后当解脱。虽凭官鬼，亦要看用爻，用值旬空月破，病亦难痊。

土象休囚，更被忌神发动，岂不成凶？用爻纵弱，如逢动出原神，虽有此灾，决非损寿。用父若得兴隆，官鬼又居衰地，始虽见病，终不成殃。

易林补遗卷之八　利集

却避灾暑章第七十一

（以用爻为主，福德为凭。）

天行酷暑，岂无避暑之方；人染患灾，亦有却灾之所。

悟道择清闲之处，修真访幽僻之居。

四者皆宜子动，诸般各忌官兴。占己世爻休墓绝，问他用体怕空亡。

凡占避暑、养病、悟道、修真等事，皆宜福德交重，各忌官爻发动。占自己，以世爻为主；卜他人，以应象为凭。若问亲人，当推用象。如临旺相，或遇生扶，却灾得脱，悟道得成。用神如遇月破旬空，或临墓绝，不惟无福，反惹非殃。

子孙发动好参禅，修心得道；官鬼交重难避暑，养病反凶。

子孙旺相，或发动者，参禅打坐，无不成功；避暑却灾，必如其愿。官鬼交重，或旺相者，心欲求安，反遭不测。

父母扶身，宜投书馆；福神生世，利到僧堂。

父母生世，宜往文墨之所，及尊长之家；子孙生世，利居僧道之门，并卑幼之处。兄弟生世，宜到弟兄朋友之家；妻财生世，当往妻族奴仆隶下人之寓。官鬼生世，偏宜宦宅安身。

一卦皆安，方是修行之路；六爻尽破，岂为养静之窝？

用爻旺者遇青龙，宜行此地；岂象兴而加白虎，弗往其家。

诸爻俱卜，随寓而安，一卦六冲，往返不定。用爻有气，更值青龙，利有攸往。忌象交重，又临白虎，此处休行。

动见螣蛇，还愁惊恐；交逢驿马，更虑奔驰。

武值鬼爻兴，失财欠利；雀临兄象动，绕舌不宁。

螣蛇动，倘遇惊惶。驿马临兄鬼动，不利游行；驿马动临财福，千里皆安。鬼临玄武交重，必遭失脱；雀值兄爻发动，是非当谨。

艮卦有官，休登山岭；坎宫见鬼，莫往江湖。

在震，则正东惹祸；临乾，则西北招殃。

兑中财变官爻，色迷尤忌；巽内兄之鬼象，风患难防。

艮宫鬼动，忌行东北，莫往山林。坎卦鬼摇，北方不利，水池非宜。

震鬼莫居船内，并忌东行。乾宫西北为凶，莫游庙宇。

兑宫鬼动，必有闹非。若财变官爻，毋贪美色。

巽卦鬼兴及兄化鬼者，皆恐冒风。离宫鬼动，虑见火惊。坤卦鬼兴，莫居墓侧。

主合咸池，休贪美色；用冲华盖，忌入空门。

世爻推远近之方，须凭内外卦象。察吉凶之兆，惟在兴衰。

用爻带咸池，或合咸池，倘逢美色，远之为祥。用象对冲华盖，或华盖克用爻，或鬼临华盖动，皆恐僧道之门惹祸。如却灾避暑，去则成凶；惟有悟道修行，反成正果。又看世在内卦与亲宫，宜居在迩[①]。世临他官与外卦，利在遐方。内卦旺，本境如心；外卦旺，他乡遂意。

校者注 ① 迩（ěr）：近。与“遐”反义。

求医疗病章第七十二

(以子孙为主，应象为凭。)

子为药剂应为医，福德交重病必驱；
鬼旺福灾病不治，官衰子旺患能除；
应空只恐人难遇，子陷还愁药不宜。

凡卜求医，子为用象，子如发动，药奏神功。其中官鬼太旺，子值休囚，此灾不愈。官如衰弱，福值兴隆，更得应克世爻，或外伤内卦，必遇卢医[1]，灾无不瘥。如内克外，及世克应，子孙旺相还可；子再休囚，药无效验。子孙纵旺，应若空亡，药虽灵而医人难愈。子孙若值旬空月破，此药无功。

父动无兄求救助，虽逢扁鹊也难医；
日辰值鬼医无验，月将伤官效有余；
鬼若遇生财或动，子孙纵发作空虚。

父如发动，药力全空。父与兄弟同发，子赖兄生，其药有效。

若得月建，或日辰克制官爻，如逢岐伯[2]。倘或鬼临日月，或鬼持世卦，虽有子药亦无功。

又如，子财并发，官伏财扶，岂能治病？财子纵发，卦无鬼或鬼空，仍复有效。凡论医药，若得子孙上卦，官父两安，应不空亡，方其效也。

校者注　① 卢医：是一代名医“扁鹊”的别称。“扁鹊”是中医学的开山鼻祖，世人敬他为神医，创造了望、闻、问、切的诊断方法，奠定了中医临床诊断和治疗方法的基础。从司马迁的不朽之作《史记》及先秦的一些典籍中可以看到“扁鹊”既真实又带有传奇色彩的一生。

② 岐伯（qí bó）：中国上古时期最有声望的医学家，后世尊称为“华夏中医始祖”、“医圣”。今传《素问》基本上是黄帝询问，岐伯作答，以阐述医学理论，显示了岐伯高深的医学造诣。中国传统医学素称“岐黄”，或谓“岐黄之术”，岐伯当属首要地位。

医家治病章第七十三

（以子孙为主，世应为凭。）

应为病者世为医，子为药效鬼为灾；
鬼强子弱殃难解，福旺官柔病渐衰；
应上坐官真疾病，身中带福妙医才。

医人来卜，反把应为病体，世乃自身，子为药效，鬼作灾殃。官旺子衰，或官摇子静，病决难医。子动官静，或子旺官柔，药无不效。应若临官，病真莫疗。世如值福，治病能痊。

世如克应灾当瘥，应若生身实主谐；
子动兄安财静旺，仙丹妙剂获多财；
应空他不迎吾救，世陷吾非治彼灾。

世克应爻，或内克外卦，能疗其灾。应如生世及外生内爻，或卦逢六合，有为而来，主宾相得。妻财旺相，子值交重，鬼静兄安，药且灵而利倍得。应值空亡，彼必无心就我。世居空地，已心悚[①]懒，医恐不成。

兄动倘遭同辈阻，财空休望谢金来；
六冲岂得终其事，官化官忧病复乖；
应克世身兄雀动，反遭非讼莫开怀。

兄弟发动或克世爻，必被同袍霸占。财若逢空，药金莫望。六冲之卦，医不始终。鬼化鬼爻，或卦有二官皆动，病复变病，岂能治之！应如克世，兄动财空，又加雀噪，非惟求谢，反惹闲非。

校者注 ① 悚（sǒng）：害怕，恐惧。

搜决神鬼章第七十四

（以官鬼动爻为主，五行六兽为凭。）

凡论神司，须凭官鬼。

不值旬空，或旺或衰皆作祟；但临卦上，若动若静概为神。

先推鬼值五行，次察官临六兽；再查病源缓急，便知何祟为殃。

若卜神司，当推官鬼。鬼若空亡及不上卦，决无鬼祟，不可妄言。鬼若不空，不拘衰旺动静，皆作神司。若发动或持世，神力猖狂，犯宜急祷。

又看鬼临何爻何兽，方言何鬼何神。六兽五行开列于后。

金为刀下之魂，喘嗽横亡之鬼。缓则关公总管，急则丧部伤司。

青龙为汉寿亭侯[①]，朱雀乃金都元帅。螣蛇云七煞，白虎曰丧殃。

玄武则曹堂西府，退送则病体安康。

金鬼，主刀枪伤死鬼、喘嗽鬼、横亡鬼。症之缓者，宜祷关爷并总管；病之急者，必酬丧杀并伤神。带青龙，则云长公之有碍。临朱雀，相金元七之为灾。带勾陈、螣蛇，为七煞土。带白虎，为丧煞及伤司。带玄武，为水伤水道之类。

木乃杖责之魂，疯疾悬梁之鬼。缓则山神五圣，急则东岳家堂。

白虎同宫，门外谢伤追锣鼓；青龙共位，堂前酬原品笙萧。

勾陈则九良星煞，螣蛇则树圣山神；

雀武为草野三郎，祭虞必灾非统汝。

校者注　① 汉寿亭侯：爵位名，常指关羽，东汉末年名将，字云长。河东解县（今山西运城解州镇）人。东汉末年，关羽跟随刘备起兵镇压黄巾起义，和张飞共同辅佐刘备，忠心不二，“恩若父子”（《三国志》记载），被誉为“忠义”的化身。刘备在徐州为曹操所败，关羽被俘，虽颇受曹操厚待，并封为“汉寿亭侯”，然仍斩颜良和文丑以报曹操，并且归投刘备。

木鬼，主刑责加析鬼、疯疾鬼、缢死鬼。症之缓者必犯山神、土地及五圣尊神；症之急者，必干东岳，并家堂众神。带白虎，速酬大小伤司。带青龙，宜赛枷锁之原，及祷喜庆之神。带勾陈，有犯九良星。土带螣蛇，若非山神，必是树上之神，又为作犯土。带朱雀或带玄武，皆为草野三郎。

水曰投河奔井之魂，服卣[①]腰疼之鬼。缓则水仙施相，急则河太金龙。

阳龙断云台法主，亦犯萧公[②]；阴龙推南海慈尊，又冲杜氏。

玄武为佑圣真君，朱雀恐江河许愿。

遇螣蛇断为坑厕，逢白虎论作水伤。

水鬼，主溺死鬼、腰疼鬼、服卣死鬼。症之缓者，则为水仙五圣，及镇海施相公[③]；症之急者，犯水中河太，或曹三并金龙四大王。阳鬼值青龙，乃三官大帝及五圣之神；阴鬼值青龙，为观世音及杜氏夫人。鬼带玄武，为北极真君[④]。带朱雀，水池上许愿心。带勾陈或螣蛇，便

校者注 ① 卣（yǒu）：是一种器皿，属于中国古代酒器。卣常见于商朝和西周时期，通常商朝的卣多椭圆形，西周则多圆形。

② 萧公：即萧伯轩，为遍祀于江河湖泊的水神。萧公庙位于江西省新余市仙女湖钟山峡东口之北岸。萧公庙建于清代初年，供奉江西水神萧伯轩、萧祥叔、萧天任。据《大洋洲萧侯庙志》记载，萧伯轩、萧祥叔、萧天任是一家祖孙三代。

③ 施相公：为上海地区信徒崇奉的道教神灵之一。施相公是明代崇明的施挺（崇明旧属太仓州），明嘉靖年间（1522 年－1567 年），倭寇多次侵犯长江口外诸岛，崇明横沙诸岛百姓深受其害，施挺率乡民起兵，打击倭寇，身先士卒，不幸战死，被封为“护国镇海侯”，崇明太仓等地先后修起了施相公庙。

④ 北极真君：又称“北斗真君”，是中国古老的民间宗教信仰。来源于古代中国人民对北斗七星的崇拜，其依次为天枢、天璇、天玑、天权、玉衡、开阳、瑶光，《道经》中命名为贪狼、巨门、禄存、文曲、廉贞、武曲、破军。《史记·天官书》说：北斗七星，分阴阳，建四时（春、夏、秋、冬），均五行（金、木、水、火、土），移节度（二十四节气），定诸纪（年、月、日、时、星辰、历数）。北极真君，又称“北斗七星君”，包括：1. 北斗第一阳明贪狼星君（天枢）；2. 北斗第二阴精巨门星君（天璇）；3. 北斗第三真人禄存星君（天玑）；4. 北斗第四玄冥文曲星君（天权）；5. 北斗第五丹元廉贞星君（玉衡）；6. 北斗第六北极武曲星君（开阳）；7. 北斗第七天关破军星君（瑶光）。

曰：水口作犯上。如水鬼化兄，或水兄化鬼，又带螣蛇者，便是坑厕土神。鬼临白虎，须求水部伤司。

火是毒疮痨之魂，带血焚烧之鬼。缓则东厨香愿，急则陆相华山。

青龙犯五福之星，陈蛇动三煞之土。

白虎玄坛加横鬼，玄武南堂共水神。

朱雀华光司命，并酬口原方宁。

火鬼，主疮毒鬼、痨怯鬼、带血鬼、烧死鬼、心疼鬼。症之缓者，宜谢灶神并香愿；症之急者，亦有轻重之分，轻病宜酬陆引，陆相即是南堂；重病宜拜华山，华山即五福大神。带青龙亦为五福。带勾陈或螣蛇皆为三煞土。带白虎为赵玄坛及痴癫鬼。带玄武为南堂及水神。带朱雀为华光，华光乃五显灵官，又为司命，即是灶神。

土言瘟疫之魂，膨胀虚黄之鬼。缓则庙神土府[①]，急则贤圣城隍[②]。

青龙为素土，勾陈曰土皇。白虎金神忌，玄武坑厕妨。

螣蛇当作犯，兼求本境之神；朱雀合天曹，并谢飞游之土。

土鬼，主瘟疫鬼、膨胀鬼、黄病鬼。症之缓者，为庙内之神、大为土神；症之急者，为五方贤圣，又为城隍。带青龙为正土，宜素诰。带勾陈为土皇，却宜中奏。带白虎为金神，即七煞土。带玄武为水口，作犯上，若鬼化兄、或兄化鬼，便为坑厕。土带螣蛇为作犯上，土又为螣蛇，上亦为当方土杀神祠。带朱雀为飞土。若在乾兑二卦，便作天曹。纵不在乾兑卦中，如带天咒或地咒，或负结煞，亦是天曹土。

天咒煞云：

正二鼠来三四酉，五六马头七猴走；

八鸡九犬十逢猪，子兔丑鼠为天咒。

地咒煞：

校者注 ① 土府：管土地的神祇。

② 城隍：有的地方又称城隍爷，是中国宗教文化中普遍崇祀的重要神祇之一，为儒教《周宫》八神之一。也是中国民间和道教信奉的守护城池之神。

正月从卯上，顺行十二位。

负结煞云：

正二猪亏三四牛，五六其星向兔游；

七八蛇宫九十未，十一十二酉中求。

看鬼临何卦何爻而发动，知哪处犯神犯煞以干连。

官居坎位北方侵，或兴水口；鬼到离宫南向碍，或动灶前。

艮主山林或遭东北，坤成坟墓或值西南。

乾为西北兑为西，或犯天曹修寺观；

巽作东南震作东，或伐树林并起造。

六鬼必造墙作墓，五官必砌路修街。

四象断门栏，或兴工于檐下；三爻推房内，或动犯于桥梁。

二乃修厨作灶，初为穿井开沟。

在世则本宅兴修，在应则对门垦掘。

临门爻，窗开不便；化兄弟，坑造不通。

以上所言，皆论上鬼，逐一开明，不必再注。

亥作天门及张壬之扰害，带青龙之象，宜叩三元；

子为北斗兼河伯以为殃，加玄武之爻，当酬圣帝。

丑言牛触之魂，寅是虎伤之鬼。卯禳东岳，辰谢龙王。

巳推火德尊星，蛇伤之鬼；午断金枪教主，马踏之魂。

未曰伽蓝，申云元帅。酉命雌雄二煞，戌逢恶犬伤人。

亥鬼为张壬，即祠山大帝[①]。外鬼带青龙，为三官大帝[②]；内鬼带

校者注 ① 祠山大帝：江南一带信奉的道教神仙，每年农历二月初八日举行宗教活动。祠山大帝为苏浙皖交界一带（主要为浙江湖州、安徽郎溪、广德、江苏溧阳、高淳）信奉的道教神仙。

② 三官大帝：是历史悠久的中国民间宗教信仰之一，属于道教尊奉的三位天神。一说是尧舜禹，指天官、地官和水官。一道经称：天官赐福，地官赦罪，水官解厄。中国上古就有祭天、祭地和祭水的礼仪，三官大帝的信仰渊源于中国古代先民对天地水的自然崇拜。

青龙，为水仙五圣。

子鬼为北斗，又为河伯水官，在外带玄武，为驿帝，在内带玄武，为水伤。丑鬼为土神，又为土伤之鬼。寅鬼为东岳，又为虎伤之鬼。卯鬼亦为东岳，辰鬼土神，又为龙王。巳鬼为火德星君并蚕室，又为蛇伤之鬼。午鬼为金枪教主，即五显灵官，并马伤之鬼。未鬼为土神，又为伽蓝土地。申鬼为元帅将军之职并伤司，又有寺观中所犯之神。酉鬼为佛象并丧煞，又为少女。戌鬼为土神，又为犬伤之鬼。

六乃上仓至圣，坟墓之神；
五为中界至尊，路途之鬼；
四推檐外伤朝，门前魍魉[①]；
三断家堂群主，桥上亡灵；
二定县隍灶府，厨下之魂；
初当土地井神，屋中之魄。

鬼在六爻，为上苍素原，并坟墓土神，或远方之鬼。

鬼在五爻，为中界至尊，即东岳也，又为栏路五圣，并五路大神，或倒路之鬼。

鬼在四爻，为大小伤神，并在右仪门将军，又为门前之鬼。

鬼在三爻，为家堂并郡王，即府城隍，又为床婆弟兄鬼，及房内鬼、桥上鬼。

鬼在二爻，为县城隍并灶神，又为夫妻等鬼、厨下鬼。

鬼在初爻，为土地并井泉童子，并井前之鬼，如无井即土鬼。

官临世上，注开六象之神；鬼值空中，莫断片殃之祟。

鬼值初爻持世，家堂作祸。

鬼值二世，上气为实，并社坛作祟。

鬼值三世，犯桥道中之鬼，若非桥道，即是园中花木之精。

校者注　①　魍魉（wǎng liǎng）：是古代神话传说中的山川精怪。一说为疫神，是颛顼之子所化。语出《孔子家语·辨物》：“木石之怪夔魍魉。”

鬼值四世，犯五道亦有师王佛实之灾。

五世无鬼不言。

鬼值六世，山神为害，及星宿降灾。

六爻内鬼虽持世，空则不言。

青龙财子化官爻，福神相照；兑雀文书之鬼象，前愿相催。

青龙若临财，或临福化出官爻，必是福神见咎。福神者，大则五福及荼延，小则五圣及五路。凡判鬼神，须审病源轻重，重则大神，轻则小祟。

复看朱雀临父母变出鬼爻，必是先年许下之愿。若居兑卦，又犯天曹。

父母内兴，方断祠堂之宗祖；椿萱外动，可言外族之高亲。

财动内宫，必妻魂而妾魄；妻摇外卦，非奴仆即情人。

兄兴为手足之亲，相知之辈；福动乃儿孙之鬼，僧道之灵。

父在内卦及亲宫动者，便曰：本宗之尊长。父居外卦及他宫动者，乃言外姓之尊亲。财临内卦或亲宫动者，必先亡之妻妾。财值他宫及外卦动者，若非奴仆，必恩爱之情人。兄弟动者，或昆弟、或姨妹、或朋友之魂。子孙动者，为儿女、为侄、为婿，又为僧道之魂。

卦有动爻，病有鬼魅。且如三爻动则三魂，四象兴而四鬼。

若定阴阳，重单是男交拆女；如分方向，卯动东方西动西。

凡推鬼官，专看动爻。一爻动则一魂，两爻动则两鬼。欲分男女，须看阴阳。重则为男，交则为女。要知鬼食荤素，惟有子孙及青龙爻动者，皆宜素祭。其余爻动，概合荤素。要知鬼在何方，却看动临何象。且如子爻动，正北方之鬼；丑爻动，东北方之鬼。其余仿此。

卦静当寻外象，无官另看伏神。鬼上飞爻，其方又定。

卦无动爻，只取外卦。且如，外属乾宫，则病从西北。外临坤卦，则祸起西南。六爻内有鬼者，如此看之。内外皆无官鬼，又不取外卦为凭，另寻鬼伏何爻之下，鬼上飞神，定其所向。

假令卜得颐卦安静，鬼伏三爻之下，便取飞神庚辰上，辰者，东南之向，断必无差。

又如，讼卦安静，鬼亦伏在三爻午火之下，便曰：南方。伏鬼再空，莫言祸祟。

细查何象临官，便议何神作祟。请祷则福无不至，祈禳则祸无不消。

今作此篇，切为却灾而度命；恐人妄断，恒忧好杀而费财。

万万不可轻言，一一还须细论。将六兽端配五行，决诸神终无一误。详其的确，方判无私。

总论八宫值鬼诀之一

鬼发乾宫庙内神，原因西北染灾迍；
天庭素愿头风鬼，白发苍翁及父亲。

乾宫鬼动，不论内外，皆从西北方来，误犯寺观或庙内神司，旧许上苍素愿，或天灯、香愿、经卷、斗齐之类，已逝椿庭并老故之魂，头风之鬼。

坎宫鬼动北方来，水部神司定作灾；
溺死耳聋同扰害，中男为耗岂能谐！

坎宫鬼动，祸在北方。水路神司，并家内中男作耗，亦有耳聋之鬼，淹死之魂。坎在外三爻又为北斗，又加玄武亦作玄天上帝。

艮卦官兴东北方，山神五圣少男当；
地祇土府方隅犯，手指皆疮烂鼻亡。

艮宫鬼动，东北方来，冒犯土神、五圣并山神，土地为殃，亦有家内少男，及臂疮手折指烂鼻等鬼。

震鬼东方犯九天，三茅东岳树神干；
杖伤之魂舟中鬼，折足之魂其长男。

震宫鬼动，祸在东方，宜叩九天。九天者，雷祀大帝，即王枢经也。又犯三茅真君[①]，及东岳尊神，及树头神圣，亦有长男为祟，或天嗔、或责毙兼折足，驾舟等鬼。

巽主东南施相尊，园林神道亦生嗔；
路冲腿折腰跎鬼，缢死麻疯长女魂。

巽宫鬼动，病患东南，有干镇海施相公、花园树木神道，并长女及缢死、疯疾腿折腰跎等鬼。

离家鬼发起南方，火部诸神司命王；
目疾焚烧亡二鬼，速酬中女及焚香。

离宫鬼动，神撤南方有犯。南斗六司、火德星君、五显灵官、香头灶神之类，更有中女并眼盲火烧之类。

坤鬼西南犯土皇，或因坟墓有相妨；
脸黄腹胀身亡鬼，老妪他魂及母娘。

坤宫鬼动，西南犯土不宁，或坟墓上，并已故萱堂及老阴人，兼虚黄鼓胀之鬼。

兑卦西方鬼缺唇，祝巫少女共伤神；
佛天口许何曾赛，更中仇家咒咀心。

兑宫鬼动，祸染正西。曾许佛天之类，亦犯伤神并少女，兼缺唇师巫等鬼。加朱雀动，若非自己罚誓心，是他人咒咀天曹。

校者注 ① 三茅真君：又称三茅君。道教茅山派创教祖师。北宋宣和元年（1119年）六月，诏封庄周为“微妙元通真君”，列御寇（即列子）为“致虚观妙真君”，配享混元皇帝。此外，对三茅兄弟（茅盈、茅固、茅衷）、张道陵、陆修静、陶弘景、翊圣、真武、关羽或赐“真人”、“真君”，或加封。

总论五行值鬼诀之二

金爻值鬼犯西伤，总管丧神七煞妨；
张相金罡刀下鬼，叶神钟师武安王。

鬼值金爻为煞，更有西伤，即五道也。叶神即九卓也。钟师即钟将军。武安王即关公。张相即六五相公并金神七煞，金元七总管及寺内金刚，自刎之鬼，锁条之愿。

木鬼茶廷枷锁当，船神草野及家堂；
萧公东岳悬梁鬼，树圣山神共九良。

鬼值木爻为茶延，草野家堂、东岳树神、山神、舟中神、枷锁原心、九良星煞。萧公即五圣。悬梁即缢死鬼也。

水鬼观音兴武天，龙王北斗又三元；
祠山杜氏金龙四，河太曹堂并水仙；
施相晏公兼宋相，落水亡灵坑井泉。

鬼值水爻，为观世音、三官驿帝、北斗龙王、祠山大帝、金龙四大王、水仙五圣、杜氏夫人、河太曹三、施相公、宋相公、晏公坑厕主、井泉童子、徐大将军、河伯水官并瀹[①]死亡魂。

火鬼玄坛五福祠，南堂五头灶东厨；
萧堂香原焚烧鬼，荧惑星君三煞司。

鬼值火爻，为赵玄坛、五福大神、五显灵官、火德星君、银神三煞、天灯香愿、南堂五圣、灶神并火烧鬼。

土鬼城隍社庙神，五方贤圣上皇尊；
皮肠大王瘟疫鬼、土地螣蛇太岁君。

校者注　①　瀹（yuè）：作动词，为浸渍之意；煮；疏导（河道）。

鬼值土爻，为城隍土壳神祠、庙中神道、五方贤圣、土皇土地太岁、螣蛇、皮肠大王并瘟疫鬼。

此论五行神所属，还将六兽入官寻；
轻重较量同此看，切莫胡言判鬼神。

总论六神值鬼诀之三

青龙东岳及家堂，五福茶筵花煞妨；
萧公五路花枷原，三官产妇海龙王。

鬼值青龙，为东岳、家堂、茶筵、花煞、五圣、龙王、三官大帝、五路尊神，并枷锁愿心，产亡之鬼。

朱雀城隍草野求，华光总管广灵侯；
天曹司命囹圄鬼，旧许金钱未答酬。

鬼值朱雀，为城隍、草野。总管天曹华光，即五显灵官。广灵侯，即南堂陆太君。司令即灶神。并旧欠愿心，牢中之鬼。

勾陈值鬼细推详，必犯承天后土皇；
跌死伤亡随体现，上苍贤圣降洪殃。

鬼值勾陈，为土皇并五方贤圣，跌死之鬼。

螣蛇妖怪却临门，作犯方隅皇社神；
或断螣蛇坟墓土，产亡缢死二灵魂。

鬼值螣蛇为妖怪，并作犯上。又为螣蛇，主当方土地，里社之神，及产亡、缢死二鬼。

白虎西台大小伤，金神五道叶神堂；
雌雄二煞玄坛将，刀剑伤身虎咬亡。

鬼值白虎，为伤司五道丧煞。赵玄坛金神即七煞也，叶神即九卓

也，并刀伤虎伤之鬼。

玄武采山同圣帝，伏尸坑厕井神台；
曹堂杜氏加河太，溺水穿斋二鬼来。

鬼值玄武，为圣帝、曹三、河太、伏尸、坑厕土、井泉童子、杜氏夫人。采山即草野三郎、并瀹死窃盗二鬼。

然定六神诸圣位，还须八卦五行排；
谁爻临鬼详端的，莫累人间虚费财。

总论星煞值鬼诀之四

凡居卦下论阴阳，定兴官爻细审详；
上值青龙天喜位，决然花煞有相妨。

凡看神司，须推官鬼。属阳则男伤，属阴则女鬼。看临何星何煞，便知何祟为殃。鬼值青龙天喜，可言花煞之神。天喜起例：正月从戌上，顺行十二位也。

如逢白虎丧门照，卦中值此犯丧殃。

丧门起例：正月戌、二月未、三月辰、四月丑；五月又到戌。只此四位，周而复始。鬼临白虎丧门者，便言丧煞为殃。

天火天烛同朱雀，五显灵官及灶皇。

天火起例：正月子、二月卯、三月午、四月酉，只此四位，周而复始。

又天烛煞云：

天烛正月起蛇宫，荡荡顺行数至龙；
卦内值时逢发动，作福祈禳也大凶。

此煞即大朱雀也，如临官鬼，即犯五显灵官，灶神为祟。

天贼天盗加玄武，采山草野水三郎。

天贼星云：

正龙二鸡三虎乡，四羊五鼠六蛇藏；

七犬八兔九猴位，十牛子马丑猪忙。

又天盗煞起例：正月亥、二月寅、三月巳、四月申，只此四位，周而复始。

玄武官爻临天贼星，或临天盗煞，便为草野三郎。

丧门吊客陈蛇位，伏尸土禁不为良。

丧门开在“篇首”。吊客起例：正月辰、二月丑、三月戌、四月未，只此四位轮之。勾陈官鬼或螣蛇官鬼，又临丧门或逢吊客，皆主伏尸土也。

沐浴咸池玄武动，杜氏夫人发祸殃。

沐浴起例：正月卯、二月子、三月酉、四月午，只此四位轮之。

咸池煞：正月卯、二月子、三月酉、四月午，亦此四位轮之。玄武鬼爻如带咸池沐浴，即为杜氏夫人也。

折煞勾陈加驿马，街妨跌死横伤亡。

折煞起例：正月酉、二月午、三月卯、四月子，只此四位，周而复始。

又驿马起例：正月申、二月巳、三月寅、四月亥，亦此四位轮之。鬼带勾陈又临折煞，并卦内驿马发动，必犯途中跌死伤亡。

官临玄武天河煞，井中溺鬼作灾殃。

天河煞起例：正月从辰上起，顺行十二位。玄武官爻又带天河煞者，必是井中淪死之鬼，不然必江河溺死者。

朱雀官符为总管，刀砧羊刃是西伤。

官符起例：正月从午上起，顺行十二位。

又刀砧煞起例；正月从午上起，顺行十二位。

羊刃煞起例：甲日在卯，乙日在辰，丙戊日在午，丁己日在未，庚日在酉，辛日在戌，壬日在子，癸日在丑。

鬼临朱雀更值官符，便言总管作祟，鬼带刀砧或逢羊刃，即是伤司。

太岁黄旌祈后土，贵人天喜谢萧堂。

太岁者，即年如也。黄旌星起例：正月戌、二月未、三月辰、四月丑，只此四位轮。

又天乙贵人云：

甲戊庚牛羊，乙己鼠猴乡；丙丁猪鸡位，壬癸蛇兔藏；六辛逢马虎，此是贵人方。

天喜星已列篇前，鬼值太岁若带黄旌，即为后土。后土者，土皇也。又论官临贵人或临天喜，便是萧堂五圣。

三丘五墓坟前土，暗金羊刃产中亡。

三丘五墓煞云：

春丑夏辰秋即未，三冬逢戌是三丘；

却与五墓对宫取，病人作福也难留。

又暗金煞云：

寅申巳亥巳来防，子午卯酉酉相妨；

辰戌丑未丑位是，暗金产妇最难当。

羊刃已列在前篇。鬼值三丘或临五墓，便为坟墓。土鬼带暗金煞或值羊刃星，即是产亡带血之鬼也。

冲对年庚为撞命，流年逢鬼岁君当。

撞对者，有天对、地冲之辨。

天对者，甲庚、乙辛、丙壬、丁癸是也。

地冲者，子午、丑未、寅申、卯酉、辰戌、巳亥是也。

假如病人丙子生，卦中壬午鬼动，正所谓“天对地冲”，此乃真撞命上也。

又如庚午鬼地冲天不对，乃傍撞命上也。余皆仿此。设若天对地不冲，非是撞命之论。如鬼值年建，当言太岁上也。

华盖僧魂并道者，咸池妓女及邪娘。

华盖起例：正月戌、二月未、三月辰、四月丑，只此四位，周而复始。咸池煞开在前，官临华盖乃为僧道之魂。鬼值咸池，即是邪淫之鬼。

天刑天狱牢中鬼，劫煞刀砧自刎伤。

天刑起例：正月从辰上起，逆行十二位。

天狱煞云：

正月逢亥二月申，三月龙蛇四月寅；

五月循环又到亥，周而复始定其神。

劫煞与天狱煞同。刀砧煞亦列在前。鬼值天刑煞，必犯责死之鬼；如临天狱杀，乃牢中之鬼。鬼临劫杀或刀砧煞，必定自刎而亡。

此是玄机真妙诀，千金不换乱传扬。

古之正人盖同天下，今时邪祟各按本方。此章系莒城新著，其别郡神司不同。凡吴下人，可依此断。如他方问卜，还宜另详。

又附解禳通用法之五

凡人疾病，占问鬼神。术人妄判神司，病家听信宰杀。

倾有限之家资，病未必愈；造来生之恶业，卜亦难逃。

且如，瘟疫系上帝之刺降，虽曰时行，亦不善而降殃。但当合门斋素，虔请戒僧，持诵莲经，自得消解。或童男礼拜，亦可迪吉。

又如虐疾，或有鬼邪。依通书之状式，设灶神而可遣。

胎产乃九天圣母所持，延道而诵《玉枢经》，可致临盆之庆；

怪病或倚草附木之妖，择僧而念《观音经》，自是弭灾之法。

冤业相寻，《梁皇忏》可以解除；亡魂出现，《地藏经》乃能超度。

火殃若降，择火闭日或火收日，延道诵《火德经》，火自灭矣。

精魅所临，大则告天师而请法，小则诵《真武经》而驱遣。

症患膈噎者，惟施食淡口，能超饿鬼之途；屠宰索命者，独戒杀放生，可免旁生之趣。又若妄罚誓愿，忤犯天曹，须设斋祭旧而勾消。

若贫难酬愿，可将天曹对疏，叩城隍而回缴。或富家向许猪羊牛愿后，若贫穷可作粉牲钱马，到天库地库除消，亦可杜绝兴工动作。告土须按其方隅设坛，无力粉圆可斋殷太岁。商贾江湖涌《三官经》，而可保士子功名。持《玉皇经》而虔祝药师佛，祈当世之延年，《金刚经》作来生之福利。

祷求嗣续，则建梓童清坛；保安婴幼，须念《大洞尊经》。

至如水火不通，或拆桥断路而招谴；左右瘫痪，或大秤小斗而生灾。士庶覆宗，盖为毁平冢墓；军民绝嗣，皆因起灭社坛。非求神而可除，惟改修而可解。若亵侮神明，须皈依三宝，或能求散；侵占祠宇，惟修复故刹，方得安全。

易卦类万物之情，因不悉备；卜筮通神明之德，自可参详。

僧道贤愚章第七十五

（以应爻为主，福德为凭。）

迎僧接道招贤者，却看何人立应中。

人生世间，有念佛行善，因果法缘。或祈福寿，或职悔业根，如修斋设法，如炼度书符，皆欲利益存亡，不无迎接僧道。而僧人有慈惠降龙，道士有法灵伏虎，皆以宣扬梵语[①]，礼诵经文，必能扶纲而植纪，始可入圣以超凡。

若请延不善，迎接非贤，则乱坛兆而淆荤坛，渎醮筵，以亲污积。是无感应，徒设衷诚。占卦但看应爻，便识休咎。

福德在时真戒行，父官居者法精通。

谓如子孙在应，决是受戒之善士，有行之真人。父母临之者，必法术精专。官鬼临之者，必神鬼钦伏。

兄爻值此多奸伪，财象临渠好利营。

供佛，赖僧之慈，因以盗助；迎真，藉道之法，力以赞参。兄弟应值，则奸欺而伪妄，多阻误而废更。妻财应临，其人贪婪图利，好色营财，乃鄙入蝎荤，非通天彻地[②]之流也。

恶辈子孙临白虎，善人福德带青龙。

子孙乃僧道也，白虎贴守，其心不胜凶险，立行匪凡善良。福德即子孙也，青龙卫护，其人极有慈善，宅心恒存德行。

神天不纳因官绝，僧道无缘为六冲。

道场善事，必一诚感格。如官爻值绝，人徒尔叩天而天不受。僧有善缘，而凡人因无缘法，盖缘卦值六冲。道多缘法，而斋主为没因缘，良为爻生冲激，故六冲不用也。

子破诵经宣若诳，应空礼忏拜如风。

校者注 ① 梵语（fàn yǔ）：现代语言学研究表明，梵语是印欧语系的印度-伊朗语族的印度-雅利安语支的一种语言，是印欧语系最古老的语言之一，同时对汉藏语系有很大的影响。梵语是现今印度国家法定的22种官方语言之一，但已经不是日常生活的交流语言，2001年仅有1. 4万人掌握该语言，是印度官方语言中使用人数最少的语言。严格意义上说，梵语与拉丁文、古代汉语一样，已经成为语言学研究的活化石。

② 通天彻地：形容本领十分高强。

子孙用神，主我家之事，诵经宣偈全要琳琅讽念。若逢冲破，则徒诵之而为诳语矣！僧道应位，为占主之用神，金经实偈诚敬宣扬。如遇被冲，则枉念之而成虚文矣！应空，则袈裟[1]赡礼何益？无子，则鹤氅[2]忏礼徒然。

鬼空设醮无因果，子旺修齐有大功。

官爻主设醮[3]之场，无鬼则无因无果；鬼煞临斋坛之事，官空则何德何功。子乘旺，斋坛功德无亏；福德权，醮主功程有力。

福化鬼爻官克世，非惟作福反遭凶。

设斋修善，福动化鬼，则求亲而疏矣！作福祈恩，官来克世，是求荣而反辱矣！谄之而不蒙福，媚之而反见遣。用人感应，用意昭孚天神，感格天理昭回，岂可亵渎，不加谨慎乎？

还赛解厄章第七十六

（以福神为主，用象为凭。）

因灾酬愿寻福德，凶吉还须辨用爻。

人身五脏，天气六经调摄者安，违和者病。然染灾而星辰不顺，则祈祷之；因罹患而祟鬼为殃则酬谢之。许愿当还赛神攸利，惟子卦无凶，寻福德占爻则吉。又当辨用爻之失令得令，能俾卜者之皱眉开眉。

用弱忌兴灾未退，忌衰用旺患能消。

谓我所占之人为用，而用休囚薄弱，其势危矣！而所忌之爻为害，而害如动兴，作谁抵敌哉？灾愆未退，厄患未解也。忌神若衰弱，则病

校者注　①　袈裟：为佛教僧众所穿着的法衣，以其色不正，故有此名。

②　鹤氅：道袍；鸟羽制成的裘，用作外套。泛指一般外套。鹤氅是汉服中的一种。仙鹤是道教常用的图案，世称成仙为“羽化登天”。

③　设醮（shè jiào）：指建立道场祈求福祉。设醮三日称三朝，设醮五日称五朝。

症可消。用爻如旺相，则灾疾立愈。

父兴克子洪恩浅，财动生官邪魅招。

父母动能克子，纵有天恩亦薄劣难承。财爻兴则生官，岂无鬼邪之张扬作祸？

世旺子强官受制，祭神之后别无妖。

世为我也，旺则病必安痊；子为福也，强则压制鬼祟。意谓此强余必弱，福旺鬼将除，赛神之后保平安，解厄罢时无青咎，禳之则吉，请祷无殃。

奉安神位章第七十七

(以官爻为主，子象为凭。)

凡安香火众神天，侍奉祠堂列祖先。

随身香火，家庭供之以安；治世福神，家堂奉之以位。此生成之，迎赖阴空得护持者。然我生必有治宗祖，请之以入家庙，我后必有嗣。祖先安之而居祠堂，子孙承之而春秋祭祀，昭穆[1]列而远近追思，乃诚之至，孝之竭也。

供义高真诸上圣，一应还将官鬼看。

上而伸者为神明，下而屈者为阴鬼。上圣高真即是神司，高曾祖同

校者注　① 昭穆：古代宗法制度，宗庙或宗庙中神主的排列规则和次序，始祖居中，以下父子递为昭穆，左为昭，右为穆。《周礼·春官·小宗伯》："辨庙祧之昭穆。"郑玄注："父曰昭，子曰穆。"古代宗庙制度规定，天子立七庙，诸侯立五庙，大夫立三庙，士立一庙，庶人无庙，以此区分亲疏贵贱。延伸到民间，祠堂神主牌的摆放次序也就是昭穆制度，如：始祖居中，左昭右穆。父居左为昭，子居右为穆。一世为昭，二世为穆；三世为昭，四世为穆；五世为昭，六世为穆。单数世为昭，双数世为穆；先世为昭，后世为穆；长为昭，幼为穆；嫡为昭，庶为穆。

推官鬼。

不绝不空神久在，不冲不动圣常安。

官鬼不绝，乃香火不绝。香火不空，则承祀不空。官若不冲，坐永堂而位亦常存。鬼如不动，安神先而祭之如在。

在位静安方是福，神祇不降卦无官。

官如静，则神圣安；鬼若空，则神不在。若夫祈祷神祇而不降临管摄，因无官鬼主难。若乃叩请神明而不御临张主，为无官鬼主司。

若还福德临爻上，天赐佳祥永百年。

卦爻若得子孙出现旺相，神天必赐祥瑞，是福德加临，而子孙长吉。

子象空无谁获庆，财爻静旺进田园。

子孙空亡，则阿谁承庆？福神不现，则若为承欢？财爻静旺则稳主并园，财遇生扶必田连阡陌。

兄兴妻患伤财物，父动鬼灾损畜蚕。

兄动而伤克妻财，非病而何？兄兴则剥削财物囊匮乏。子当避父之威，父动伤儿，若父爻一怒，则子位受害矣！福乃牺牲，父动主伤六畜；子为春蚕，父兴则损三蚕。

鬼克世宫殃叠叠，官生身位福绵绵。

兄贼阴害世爻，而患灾不一；官爻护生世位，则庸福绵绵。

六冲此向安非吉，六合其方奉有缘。

六冲者，内外之神安之，岂得为吉？六合者，上下之位奉之，似有宿缘。

白虎值官灾不浅，青龙坐鬼利无旁。

官爻虽是香火，然值白虎，则神煞不利，而官亦遂为祸殃矣！鬼位未必灾愆，而值青龙，则神随为锡之利益矣！而阴阳之位，安如磐石；祸福之效，捷于鼓桴。出入赖以扶持，止行仗而保佑。

停棺举殡章第七十八

（以子孙为主，身世为凭。）

停棺寄椁兼更座，举殡除灵事必同；
财福二爻宜旺相，兄官两象怕交重。

大雨钱情事申而雨能出殡，人哀愍舟助而可举棺或停棺。因择地寻坟，或寄柩在制中，赎屋移座，非为贫也。除灵适服关钦，事有数般，疑须一决。且如财爻福爻皆生财获福，二爻固宜旺相。至若兄象官象咸破耗，官灾两象最怕兴隆。

鬼兴克世般般恶，官静生身事事通；
复推用象生身吉，倘来克世祸重重。

鬼兴而能克世，在服孝之中更作凶论，诸事忌之则住。官静又乃扶身，犹遭丧之际还作吉推，百凡行之则吉。用象生身者，行无不善；用来克世者，向无不凶。

安灵寄柩宜相合，彻席除幡喜六冲；
逢冲不可停丧柩，择服辞灵庶免凶。

如卜设魂灵，宜合而静；占寄棺椁，爻稳乃安。六亲座旌，值卦冲而除之则吉；五服魂席，协爻散而撤之无妨。一切丧事，逢冲散而切不可停；大凡孝堂，见激剥而断不可寝。卦动而释服乃宜，爻交而辞灵则可。虽曰孝无终始，寄棺撤席有不得已而行之。若乃趋吉避凶，举殡停

丧，取理长则就之也。至如缞绖[①]染墨，军旅敢不遵依；诏命夺情[②]，朝廷岂可违悖！

怪梦感应章第七十九

(以动爻为主，幐蛇官鬼为凭。)

怪虑不详，谁识将来之事故；梦忧不测，难知未兆之情由。

欲决否藏，还凭易卦。

吉凶未应，朕兆先形。或夜里有微，呈梦中有见，致心主疑惑，须卦象搜求。

吉则因子孙发动，宅静人安；凶则逢官鬼兴隆，殃臻祸至。

子孙动，人口平安，家庭宁静；官鬼发，则宅眷迍邅，门阑萧索。

官临空绝，事假情虚；鬼值交重，怪真梦实。

但看谁爻带鬼，便知何事临门。

官空则无怪，反绝则情虚。鬼动则梦准，官发则怪灵。又如鬼爻带煞而动，便知何事何方。

土父则虑染时灾，火象则倘遭回禄。

木乃蚕桑之损，水为波浪之惊，

刀伤斧割为金神，损畜丧丁因虎兽。

土鬼疴染，瘟瘴大兴，倘逢回禄，木损桑苗，水瀹波险。刀割斧伤凭金神发现，人亡畜损，惧白虎咆哮。

校者注　①　缞绖（cuī dié）：指整套丧服，亦指服丧。缞：古代用粗麻布制成的丧服。绖：古时丧服上的麻布带子。

②　夺情：中国古代礼俗，是丁忧制度的延伸，意思是为国家夺去了孝亲之情，可不必去职，以素服办公，不参加吉礼。

逢龙则喜处生悲，遇雀则诗中起讼。

武防盗贼及扳陷之情，蛇被虚惊并牵连之事。

勾陈之煞，忌行动土之方；天喜之星，勿往结婚之所。

青龙值鬼，必乐极生悲。朱雀临官，文书涉讼。玄武兴，防盗陷情害。及螣蛇，主梦怪惊牵。勾陈鬼发，因动土争田，开掘方禁。天喜官加，犯喜筵酒肆，婚姻事情。

驿马同宫休出境，咸池共位莫贪花；

官伤世体主人灾，鬼克应家妻妾患。

驿马勿走跳路途，咸池戒奸贪姿色。世爻为家主，最怕鬼伤；应位是妻妾，尤嫌鬼克。

复看何爻化鬼，方推哪命遭迍。

父象化成，椿萱不泰；财爻变出，眷属难安。

鬼化鬼爻，灾未消而讼至；官连妻位，祸将灭以财生。

官变子孙，始见凶而终见吉；子之官鬼，先招祥以后招殃。

何象化官，知何人受患；何爻变鬼，即知何属遭殃。父化鬼，主祸在椿萱；官化财，该灾当妻仆。鬼化鬼爻，灾生而又讼；官之财象，祸退而有财。官变福，初凶后吉；子化鬼，先利后殃。

世带福神，能免万千之咎；卦无鬼煞，并无毫忽之愆。

子孙持世，则事事亨通；鬼煞空无，则常常康泰。

青龙父母值身摇，文墨光华之兆；白虎弟兄临世动，家资破耗之忧。

身值父母青龙，文章高显；世临白虎兄弟，资耗忧惊。

龙居财福有生扶，门添喜气；贵坐官文无克破，体沐恩光。

门栏添喜气，决是青龙临财福之爻，更逢生旺，家宅显荣。必有贵居，父母之位不遇刑伤。

事有百端，理归一字。

世有万端事绪，卦凭一理而推。

道明法正，何虑怪情。搜隐索微，难逃毫忽。

报应雪冤章第八十

（以官爻为主，世应为凭。）

人遭冤屈诉无门，或失衣资求见明；
或请鬼神验的确，或迎仙道写真情；
皆将官鬼来为用，旺发阴司近日灵。

朝中尚有申冤申屈，世上岂无诬马诬金？或屈而控诉无门，事遭诬而暴白难雪。鬼神理遁幽微，仙道情涵匀化。莫若卦推鬼用，旺发报应昭彰。

太岁值官年内报，提纲见鬼月中兴；
世遭鬼克吾遭辱，应受官伤彼受倾；
动速静迟终有应，空官绝鬼永无凭。

太岁报应在一年，月建鬼兴验一月。世受鬼克，乃见忧于吾；应被鬼伤，则行诛于彼。有官则有报应，但动在速而静在迟。无鬼则无准凭，况空无因而绝无据。

交重之象明中发，冲击之爻暗内行；
卦见子兴空拜圣，爻无鬼在枉投呈。

交重明中发作，冲击暗里推排。子孙散解，徒磕头拜跪；无鬼主张，枉申诉投呈。

易林补遗卷之九　利集

察人喜怒章第八十一

（以用爻为主，生克为凭。）

探人喜怒用爻推，民卜官员鬼上思；
若问他人观应位，子占父母看文书。

测人喜怒，凭卦推详。问官府，在鬼象精思；卜他人，于应位求索。子占父，文书为用；兄占弟，同类为凭。各定用爻，详其喜恶。

用爻生世心怀喜，主象伤身怒可知；
但得比和情更美，无忧无喜值空时。

用爻生世，则欢喜接谈；主象遭伤，则变颜反目。用世比和，心产契合；用如生世，会晤维持；用世相冲，心同吴越。用若空亡，或不上卦，乃无忧喜，无损益也。

逢六冲永不和谐，处六合终无怨辞；
白虎在爻忧损害，青龙临用赖扶持。

只冲难见，岂得和谐？六合易求，终无懊悔。处白虎，身忧损害；见青龙，尤可亲依。明人见颜色而言，智者观喜怒而进也。

探人虚实章第八十二

（以应爻为主，不空不绝为佳。）

察人心地应为先，生扶身世两家欢；
旬内值空心不实，月中犯破意非坚。

用卦中之应爻，察人身之心地。生扶身世，则宾主相投；彼同我心，则世应相洽。用破旬空，心虚不实；应临月破，意诈非真。

倘来克世冲身命，腹内藏刃性必偏；
但卜六冲无信实，凡占三合有忠言；
彼同朱雀能言语，应并螣蛇每变迁。

应伤世命，口蜜腹剑之徒；应冲身世，面是背非之子。三刑六害，必生妄语；三合六合，定出忠言。用值青龙心慈善，应临白虎主刚强。玄武奸怪肖象，勾陈性身稳重。口嘴喧哗，惟因朱雀；腰肢曲折，霉似螣蛇。听其言也，则捷给示人；睹其眸子，则倾险莫匿。

用人藏否章第八十三

（以用爻为主，应象为凭。）

凡用他人应上寻，家亲各有用爻分；
日冲月破空亡者，临在斯爻永不亨。

凡若用人行事，或请人代己之劳，或招人而作生涯，或托付而图利益。如用他人，以应爻为主；若占亲戚，以用象为凭。用爻若遇日辰冲、月建破、或落旬空者，皆主不成。纵成无力，又不久远，切莫用之。

用遇绝乡终不美，世遭用克却无情；
六冲反目非宾主，用变刑伤力必轻。

倘若用爻临绝，又无生助者，此人定主无能。用来克世者，实怀欺主之心，彼非仗义之人。若卜六冲之卦，终成反目，岂得和谐？卦上用爻虽然有气，变成克制之乡，或之墓绝，人必先勤后惰，事当有始无终。

以上七般发不犯，方言和悦又多能；
若还世得他扶助，必受渠恩事有成。

应爻并用爻，不遇日冲、月破、空亡、死绝，又不克世，又不变出冲伤，本卦与之卦皆非六冲，便曰：宾主相投，用之有力。用爻若来生世、合世者，赖以难持，周旋吾事。

仗托人力章第八十四

（以应爻为主，不遇绝空冲破为佳。）

佥解[①]京差，每有包完粮税；审当县役，常多代出公庭。
或央邻里之谋为，或浼亲朋之所作。身叨彼佑，事赖他成。
前列人之事情，皆附卦之应象。

粮从产出，似有差徭之重；产去粮存，尚多力役之征。或山长水远之迢遥，或人怯丁单之薄弱，不无亲属之托，须情故旧之央。事有万般，卦须一决，诸般仗托，皆看应爻。

应动应冲，此客有更有变；应空应破，其人无力无能。
最嫌世受应伤，更忌内遭外克。

应值交重，或逢冲动，仗彼终须改变；应值旬空，或临月破，托人决不始终。若应克世，或外伤内卦，皆主其心不善，不得误用也。

校者注 ① 佥解（qiān jiě）：受签解送，负责解送。

财福生身而有益，见官克世以亏财。

六冲则意乱无恒，岂谐岂就？六合则心平有信，能始能终。

妻财子孙发动，生助世爻，终须有益。若见兄弟官鬼交重，克冲世象，岂不遭伤？六冲作事无成，又失信实；六合所谋遂意，更有始终。

但若诸般之重托，惟凭一卦之端详。

百里倾心，千金重托，全凭一诺之寄，皆系六爻之定。

继身受产章第八十五

（以世应为主，财福为凭。）

但将身继，欲受他财。切嫌世应空亡，大喜福财生旺。

世陷则吾非受业，应空则彼不相从。

以己之身，为人之后承继，即是螟侄出姓，义当承祀，继人之志，述人之事，理当如此。受父之产，袭父之荫，古亦有之，在所必然，无足怪者。

凡卜续人之后，当看世应之爻。倘若世应逢空，彼此皆成虚望；若得子动财兴，后必荣华富贵。世空应不空，但恐身居不久，纵久亦难受业。应空世不空，切虑父心反变，到底不从我意也。

旁动克身，后被族中争夺；应兴伐世，远遭本主欺凌。

旁爻动克世爻，产被族中掠夺；应象动伤世象，远遭本主欺凌。

六冲主西荡东游，内愁外怨；六合主朝欢暮悦，老安少怀。

青龙虽见和谐，财不兴而少利；朱雀偏生口舌，鬼不动以无妨。

六冲则游荡西东，怨生眷墀，六合则欢歌朝暮，老幼安和。纵有青龙而财若休囚受克者，但主和谐，终无厚得；虽摇朱雀而鬼不交重空旺者，纵生咭聒[①]，而不成词讼。

父母勾陈衰败，产业虚浮；妻财福德兴隆，家资稳实。

妻弱兄强，必主分财夺禄；儿空鬼动，决然起讼为灾。

产业凋零，父母勾陈衰败；家资稳实，妻财福德兴隆。兄强妻必弱，夺禄分财；子空鬼愈狂，灾生讼起。

财化绝空，有物焉能入手；合逢冲破，无情岂得安身？

内处无官，恐难成就，阴阳都动，终见更张。

妻财而化之空绝，银钱哪能入手？合处而却被破冲，踪迹何处安身？

卦内无官，一世事难成就；六爻乱动，一身终见更移。

事欲绵长，卦须安静。

欲要攸久事基，六爻不动为妙。

防老膳终章第八十六

（以用爻为主，世应为凭。）

鳏寡之徒，仗亲朋而养膳；孤寒之辈，叨邻友以维持。

世应用爻空非绵远，兄官忌象动岂安宁？

夫妇不幸，而自独孤缺者曰鳏寡；爻空不期，而骨肉伤残者曰独孤。故西伯[②]有哀茕[③]之政，西京有拜老之行。是老需膳而安，幼求抚

校者注　① 咭聒（jī guō）：嘟囔，唠叨。咭为多音字，咭（jī）：古同“叽”，象声词。咭（xī）：笑的样子。咭（qià）：鼠叫。

② 西伯：特指周文王。《孟子·离娄上》：“吾闻西伯善养老者。”焦循正义：“西伯，即文王也。”西伯亦指爵位，自周始祖后稷以至周文王等十余人都曾在西伯位。

③ 哀茕（qióng）：忧伤，孤独。茕本意是鸟盘旋疾飞，常用指没有弟兄、孤独，即茕独，引申为忧愁。

而长。有仗亲戚而矜之以养，或托邻友而怜之以恩。此皆民恻隐之好生，而穷人之得所也。而今发课何以据凭，可将用爻并推世应。凡占以世为己，应为他；如占亲戚，各分用爻。

且如，占婿以子孙为主，占弟以兄弟为凭。世应并用，皆不宜空，空则靠非攸远。又不宜兄弟官鬼并忌神发动，动则岂得安宁？

前后六冲不久，福财而旺为佳。

主象生身昭彼力，用神克世被他欺。

前卦六冲而后卦六冲，足迹岂能长久？福爻旺相而财又旺相，口身永得饱温。主象生身似旱苗得雨，用神克世如枯草遭霜。

世遭月建相冲，自己将来多染祸；

应被变爻而制，他人日后不兴家。

财无鬼又无，岂能手终侍？世动应亦动，焉得齐心？

外卦兴隆彼命富，内官旺相我身荣。

世临月破，自防身体尩羸[①]；应变克伤，他必田园渐退。财鬼俱无，老少焉能尽瘁？世应俱动，彼此岂得同心？外卦兴隆世又兴，斯人富足；内官旺相世又旺，我得安荣。

再观生克，永决亲疏。

同血脉者，必生生；有瓜葛者，必垒垒。故亲则同气相求，而同声相应。

克者不久，冲者益疏，是道不同而不相为谋[②]。

校者注　①　尩羸（wāng léi）：指瘦弱之人。亦作“尪羸”。

②　道不同而不相为谋：走着不同道路的人，就不能在一起谋划。比喻意见或志趣不同的人就无法共事。

养亲馆友章第八十七

（亲族以用爻为主，他人以应象为凭。）

济难扶危，却是留恩于世上；怜贫敬老，岂非积德于阴中！

诚恐恩中招怨，还须卦里求明。

奉尊奉长，宜扶我以扶身；抚幼抚卑，忌子孙而伐世。

施粥是赈济留恩，舍资亦怜贫积德。当闻受惠效劳，岂可以怨报德？奉尊长之有德者，父必扶我以生身；养卑幼之无义者，子必忘恩而克世。

养族养亲，怕见用神来克；膳朋膳友，喜逢应象相生。

凶则鬼兄皆动，吉则财子咸强。

养吾宗亲，忌用之来克；善吾朋友，喜应象之相生。鬼兄动则咸凶，财福兴则皆吉。

世陷世空，已恐迍邅难顾彼；应冲应动，他多更变岂酬劳！

世应冲非久远，卦爻合最绵长。

世遭死绝或值空亡，日后家业萧条，恐难顾彼；应若交重或遭冲破，他时彼意变更，必致忘恩，决不酬惠。卦值六冲非久远，爻逢六合最延长。

合处变冲，花非结果；凶中化吉，树必成林。

扶人之难，用逢生助可相扶；救客之危，应破克伤须莫救。

遭祸遭殃遭损害，应克世爻；得名得利得祯祥，外生内卦。

合处变冲，不结子之花，岂能结果？凶中化吉，无心处之柳，不意成林。用逢生助，斯人有难可扶；应被克伤，厥后纵危莫救。应克世以招殃，外生内而多吉。

龙值福兴，行止获财而进喜；雀临兄发，始终费本以生非。

武鬼克身忧失脱，蛇官伤世虑牵连。

进喜得财，子值青龙而发动；生非破钞，兄临朱雀以交重。鬼临玄武，失脱难逃；官遇螣蛇，牵连祸至。

念忧恤孤，宇内修心之道；施恩布德，寰中积善之家。

然虽吾意无私，倘若彼心有害，未知后患，故叩先天。

施恩布德，诚积善之人；恤寡怜贫，乃慈心之玉。吾虽实意以无私，或彼虚心而有害。仰先天之不负，庶终吉之有微。倘凡庶之侮人，岂圣贤之欺我！

登舟涉水章第八十八

（以父爻为主，世应为凭。）

雇船装载渡长江，问卜须将父母详；

大要合生兼旺相，怕逢空绝及冲伤。

凡雇船装载，须将父母为用爻。如逢旺相，又遇日辰动又生合者，一路平安，百事和谐。若逢空亡墓绝、刑冲克害、月破者，非惟险阻，反有祸患。若凶煞休囚，恐无大利，亦无大害。

子孙动合方方美，官鬼休囚处处强。

子孙乃生财之神，若临世用发动及生合者，着处大吉，虽不动临世，亦为佳兆。官鬼乃凶恶之流，遇之不利。若得休囚墓绝，或受制伏，则不能克冲，不论远近，随后方吉。若带吉神克尤可，若带煞发动来克，大凶。

世乃己身嫌墓绝，应为船主莫空亡；

应克世爻遭损害，应生世者遇贤良。

世为雇船之主，应为驾舟之人，俱不宜旬空月破、墓绝，最要生合为美。

若应爻克世冲世者，必凶顽之汉，件件欺侵。若加朱雀，口多骂詈[①]。加白虎，好勇殴拒。加玄武，明抢暗窃。加兄弟，狡猾诓诈。休囚稍稍，旺动愈凶。若值旬空月破，必然痿弱，或非惯熟，或是灾生不测。

若应生世合世者，必善良之人，事事可托，和颜承顺。若带吉神扶拱，乃故家子弟出身，一力能扶助，万里可同行。

阴卦包阳难渡海，阳包阴卦好飘洋。

卦属阳，乃轻清上浮；卦属阴，乃重浊下坠。行船重载，远涉江海，只宜轻浮，不可重浊。故阳包阴则吉，阴包阳不利。

内外不宜占艮卦，逢之便作覆舟详。

艮卦者，艮覆碗也，但凡舟行必涉长江，大舟岂占翻覆之兆哉？凡遇纯艮卦，或居内或居外者，俱作凶断。

父母冲刑兼月破，决然渗漏进沧浪。

父母者乃船之用爻，若遇日冲月破刑害者，必定损伤不固，看在哪爻，便知端的。若在初爻，船稍有损；若在间爻，中舱渗漏；若在上爻，船头空隙。若值乾宫，上盖不密；若居坤位，下底疏虞。

水官克世防波险，火鬼伤身虑火殃；
土鬼交重忧凑浅，金鬼还愁石蹦伤。
木鬼舟中神祟扰，螣蛇官动主惊惶；
玄武贼伦朱雀讼，勾陈阻节路中央。
白虎灾生谋害起，不临鬼发定无妨。

校者注　① 骂詈（lì）：骂，斥骂。多用作书面语。《史记·魏豹彭越列传》："今汉王慢而侮人，骂詈诸侯群臣如骂奴耳。"

鬼值五行，不宜克世克身兼克用；官临六兽，切忌伤船伤世及伤身。水鬼动，风波大险；火官发，荧惑飞殃。土临鬼发，沙浮水耗；金并鬼动，石蹦体伤。木官交和，鬼祟来缠。

螣蛇不过惊惶忧虑，勾陈无非迟滞担延，决无大害。玄武防内外之盗贼，白虎虑大小之灾迍，朱雀口舌闲非，盛则以绵绵。

大凡不旺不动，稍轻。倘值墓绝，无妨。六爻内外无鬼，乃为大吉利。

风行顺逆章第八十九

（以世爻为主，兄弟日辰为凭。）

兄弟日辰同克世，飞沙折木关风张；
二神若也来生者，天赐凉风适远方。

兄弟动并日辰同来克世冲世者，必主飙风骤发。若在巽宫或加木爻旺动，乃飞沙走石，折木覆舟之险。若兄弟动兴日辰来生世合世者，获“片帆时送滕王阁[①]”之益。

兄生日克风横顺，兄克日生横逆详。

兄弟生合世爻，日辰克世者，乃横顺之风，勉强可行。若兄弟冲世克世，虽有日辰生者，亦是横逆之风，不可轻易举行者也。

兄空木绝风当息，水静官衰浪不狂。

兄弟若值旬空月破、水木二爻俱静，鬼亦休囚，又无风波白浪二煞，决主风恬浪静，坦坦前行。如二煞旺动，亦有小咎。风波煞例云：

校者注　①　滕王阁：江南三大名楼之首，位于江西省南昌市西北部沿江路赣江东岸。始建于唐朝永徽四年，因唐太宗李世民之弟李元婴始建而得名，因初唐诗人王勃诗句“落霞与孤鹜齐飞，秋水共长天一色”而流芳后世。滕王阁与湖北武汉黄鹤楼、湖南岳阳楼并称为“江南三大名楼”。历史上的滕王阁先后共重建达 29 次之多，屡毁屡建。

正月从子上顺行。白浪煞例云：正月从寅上顺行十二位是也。

乘车驾马章第九十

（占马以上爻为主，问车以父象为凭。）

乘车驾马游郊墅，福德爻兴稳稳移；

官鬼爻重防坎坷，世空来往切非宜。

陆行远道，心仗鸾舆骡马，皆得子孙旺发及生扶，则车马安逸，来往无虞。若鬼动克冲，或世值空者，必主灾非道险。

午宫值鬼休乘马，木象临官弗受车。

午为马匹之本禽，木属车轮之用爻，若临官鬼，各为大忌。

应克世爻兄弟动，马夫车汉恐相欺。

世乃占主，应是从夫，若克世爻，又加兄弟凶煞动来冲克，衰则欺凌，盛则残害。

六空骡马终无力，父旺车舆必整齐。

骡马之位，乃在六爻；车舆之相，系是父母。若逢生旺，则骏马高车；倘临休囚，必定羸骡敝辇耳。

折煞如兴忧跌蹼，勾陈若动路行迟。

攀鞍乘辙，谨防跌蹼；爻有折煞，决罹此危。衰旺则稍稍而已，旺动则大患伤残。爻有勾陈独发，路途多阻滞留，遇吉则因喜而阻，逢凶则祸患而稽。折煞例云：正月在酉、二月在未、三月在卯、四月在子，五月又从酉上起，照例而行。

水陆出行章第九十一

（占自己以世爻为主，占他人以用象为凭。）

出境须忧官鬼兴，官爻静伏决清宁；
龙摇万里咸和合，子动千乡永太平。

凡人远行，切忌官鬼发动，若得静伏，或值休绝，亦作清宁之断。或青龙发动、或子孙发动、或持世，皆主太平之象，顺意往返无虞。

世值鬼爻兼世墓，皆为阻节去难成；
归魂亦不离乡井，世落空亡岂得亨！

世值官鬼、世入墓乡、世在归魂、世落空亡，俱为凶象，终难举步，纵在勉去，必见灾殃。

克世之方身莫往，生身之所却宜行。

假如世爻属土，不可东行，乃能克土之故。若世爻属水，惟利西方，乃金能生水之益。凡卜自身，以世为主，若占别人，以用而推，不可概论。

用临月破灾难解，兄鬼加蛇被险惊。

若用爻被克被冲，或值旬空月破，去后灾危迭至，虽遇吉神，终难解释。兄弟官鬼若加螣蛇发动，必有虚惊。轻重之辨，休旺而推。

又忌明夷节艮坎，四般卦象最无情。

出行远回，不免登山涉水，凡看卦休爻象，不可忽类而推。且如明夷者，伤也。节者，止也。艮者，止也，又为覆舟。坎者，险陷也。皆系无情，岂为佳兆？

官居玄武财当失，朱雀临时口舌生。

官鬼动，不拘生克，皆不吉。临玄武，途遇强梁。衰则窃，而旺则劫。若临朱雀，道逢奸狡，衰则唔，而旺则讼。临白虎有斗殴之愆，临咸池有觅水之惧。总非美例，学者详之。

同行共处章第九十二

（以应爻为主，用象为凭。）

同行共处应为尊，切莫冲伤世与身；
若见落空并月破，丝毫无力负吾恩；
如来生合身和世，永赖维持若至亲。

同行共处，应为用爻。与世相生相合，必然言听计从，迤路艋桓亲切。若值旬空月破，决主负义忘恩。倘如玄武劫杀之类，或来克世，或动冲世，总不为良。衰则嫉妒，旺则相戕。

三合一途皆遂意，六冲半路便灰心；
起居亏损摇兄鬼，水陆清安动子孙。

爻逢三合或六合，万里同行情最切。卦位六冲或六害，半路抛离心反背。若兄弟官鬼交重，行住坐卧条尔生非。子孙吉神若动，陆路水程自然获福。

但卜他人依此断，凡占亲戚用爻寻。

若卜闲人，只依此断。如占亲戚，却看用爻生克而推。

关隘津渡章第九十三

（以福神为主，世象为凭。）

人往途中问过关，应来克世却烦难；

官空子旺无盘诘[①]，虎动兄兴有阻拦。

凡占关隘，以官为把隘之役，兄为阻隔之神，不可动，不可旺，又不宜应来克世。若官动生非，兄兴费财，虎动被责，克世皆然，无中生有，万般阻滞，大不吉利。如得子旺官空兄墓绝，查无盘诘巡拦之辈，如入无人之境。

一鬼交重难过关，六爻安静好通番。

官鬼独发，虽疏林野渡，决难过越。若得六爻安静，纵汉岭秦关，任凭来往。

旁行小路偷关税，须要青龙德兼全；
朱雀喧争人毁谤，勾陈阻隔物伤残。

旁途小路，私行偷税者，须要龙德兼全，或动或持世，方获吉利。若值朱雀，口舌哓哓[②]；若临勾陈，阻节淹淹。谩寻冲散之期，免决潜行之路。

世旺逢生逢善侣，身衰遇克遇强蛮。

世位有相，朋侣忠良。若加动爻或日辰来扶，定仗贵人相契。世爻衰弱，旅伴甲微。又遇凶神来克，决有奸凶来害。要知吉凶，衰旺可推。

旅望行人章第九十四

（以用爻为主，月卦为凭。）

凡占出路之人，非比还乡之客。
问归期，而归魂可到；占往外，而游魂可来。

校者注　①　盘诘：指查问；盘问。
②　哓哓（xiāo）：争辩不止的声音；因为害怕而乱嚷乱叫的声音。

应陷用爻空，还居家内；身兴主象动，必往途中。

凡占行人，各有不同。且如人在外乡，又占后人来否，若得游魂，已登途路；若遇归魂，尚在家庭。应陷用空，留恋家闺难登程；身兴主动，扬鞭策马已登程。

六冲尚未相逢，六合即当相遇。一卦皆安人未至，六爻乱动客将临。

卦值六冲，或六爻安静，望断征鸿[①]无信息；爻逢六合，或六爻乱动，立见他乡遇故知。

世去伤他，徒然等候；用来克世，不负邀迎。

世克用爻，刁定不来，徒然等候无功。若用来克世，不待邀迎，即来会合。此理重要。

忌众交重难会面，原神发动易同言。

忌神发动，被人牵羁难行。原神发动，良朋携挈[②]同来。

应及卦身合时可望，日同月将生用方来。

卦身或用爻与日时相合，日辰或月将来生用爻者，遥观车马填门，停看舣航抵岩岸。

用化官爻他被讼，主临月破彼遭灾。

用爻若变官鬼，公庭讼累；主家忽临月破，逆旅灾缠。

欲决来人迟速，惟凭爻象兴衰。

校者注 ① 征鸿：意为“远飞的大雁”，古人常利用它们寄寓自己的情怀。特别是唐诗宋词中，不同境遇的人见了这种现象会有不同的感受，作品也相应地或豪放或婉约，或雄浑或凄凉。南朝梁·江淹《赤亭渚》诗：“远心何所类，云边有征鸿。”明·刘基《自都回至通州》诗之二：“西风吹青冥，征鸿暮萧萧。”

② 携挈（xié qiè）：提挈，带领。

行人远回章第九十五

（以用爻为主，月卦为凭。）

世克用爻人未至，用爻克世许他归。

须问占者何人，详为用爻。若世克用爻，行人尚是逗留，未有归期。用爻克世，已为辎装，刻时可到。

如临绝处求生日，凡在空乡冲必回。

用爻逢绝，须看哪日来生，乃是辎装之期。用象若空，必求冲日，方挂归帆。近以日断，远以月推。

若乃卦中无主象，候观值日散愁眉；

卦身合日方言到，用遇生扶可接陪。

若卦中内外及互变飞伏，俱无用爻，是无主象也，直待日辰透出，乃是归期。卦身者，即月卦也，与日相合亦作归程。若干支相合，决到无疑。《经》云：“假令丙子水为身，辛丑日辰以时道。”若用爻遇动爻并日辰生扶者，皆是归来之兆。

卦静应空皆莫望，六合归魂共举杯。

六爻安静或值空亡，莫云倚门凝望；卦逢六合或遇归魂，即返故园欢会。

音书远信章第九十六

（以父母为主，朱雀为凭。）

书柬来时父母兴，父空雀动口传音；

应爻空绝谁捎寄，妻财持世信水沉。

卦中内外父母兴隆，千里书文传至。父母空亡，朱雀发动，数声音信传来。应爻空绝，书柬写成无使雁。财爻持世或发动，当知音信已水沉。

父带青龙为喜信，如临白虎作凶文；
须臾得见因朱雀，中途阻隔为勾陈。

父母带青龙，赍来喜庆之书。印绶临白虎，报传凶恶之文。加朱雀遍传迅速，逢勾陈阻滞淹留。

印绶化空遗失去，逢冲偷折看虚真。

父母化空，中途遗失，决难寻觅。印绶逢冲，被人偷开窍视情由。

哪日父临生旺合，决然相遇带书人。

欲觅寄书之人，须看父母之爻。临生日可见，临旺日相逢，临合日会晤耳。

觅人访友章第九十七

(以世爻为主，外卦为凭。)

访友寻人忌六冲，游魂他必往途中；
应空应动人非在，实主相逢世不空。

爻值六冲，亲不见，友难逢。卦是游魂，必在邂逅之间。应爻若空，应爻若动，其人已出外矣，决不在家，几遍登堂难见面。世位不空，世位不动，不期而会，面睹欢娱。

若觅他人外卦取，如寻亲族用爻从；
但临空地终吁叹，相合相生便得逢。

若寻外姓他人，以外卦为用。若寻亲戚族人，以六亲为用。生若合

我，可寻可见。若值旬空，或临月破，萍踪浪迹，何处追随？

中途候客章第九十八

（亲族以用爻为主，他人以应象为凭。）

凡候邻朋，应位怕临月破；但迎亲戚，用神忌值旬空。

如卜官员官莫陷，若占僧道福宜兴。

凡途中守候之人，各有用爻。若邻舍乡里之人，以应为用。族中亲眷，以六亲取用。有禄之人，以官鬼为用。僧尼巫道，以子孙为用。其用兴隆生合者，楚客吴宾终会合。若遇旬空月破者，鱼沉雁杳永无音。

游魂但化归魂，转回故里；世动再加应动，复往他乡。

游魂变作归魂，旅商获利，跨鹤[①]还乡。世动又兼应动，骚人乘兴，泛棹他邦。骚人，诗人也。

世破世冲，自己无心久候；应空应绝，他人无意来迎。

世位或冲或陷，自己灰心难等；应爻遇绝遇空，他人事纠难来。

世应二爻生合，声未绝兮相逢；内外两卦刑冲，眼望穿而未遇。

世应相生相合，邂逅三生有幸。六冲之卦，望穿两眼无踪。

日伤应位，当日难来；时克他爻，过时方至。

日来克应，定知当日不来；时来伤用，便待过时可遇。

旁爻动合应爻，遇朋留款；彼象化成空象，见路游行。

若见旁爻动合应爻，故友相邀留恋。用爻若成空象，寻花问柳

校者注　①　跨鹤：乘鹤，骑鹤。道教认为得道后能骑鹤飞升。语出宋·林景熙《简卫山斋》诗："何当蹑飞佩，跨鹤青云端。"

闲行。

捕贼捕逃，必要世爻克应；迎待亲朋，须得用爻生世。

生克了然，吉凶自应。

捕获盗逃，必要世爻克应。迎待亲朋，须得用爻生世。斟酌吉凶义理，参详衰旺玄微。

招宾接客章第九十九

（以应爻为主，福德为凭。）

涉险趋遐，揽接货财通贸易；扫门下榻，惟全信义款佳宾。

未议商人之美恶，须凭易卦之精微。

月合福生于世象，定接忠良；日冲应克于身爻，必招奸佞。

开张行次之得失，招纳商贾之往睐，难免奔驰，未知凶吉。若月日生世、子孙生世者，定有忠信之人千里来投，财利岂饶，信义允协。倘日辰冲世、应爻克世者，决有奸佞之徒，一朝聚寓非惟无利，抑且有害。

六冲乃实主无缘，空来空往；六合乃始终有利，能遇能逢。

合处逢冲，纵得来而复去；冲中化合，虽未就以还成。

六冲之卦，杳无客至，空在长途等候；六合之爻，定有商临，兼带丰资到舍。倘遇合处逢冲，车马临门而复去。若得冲中化合，或被阻隔，毕竟来归。

应空则宾不能招，纵招不至；世陷则主不能得，纵得难谐。

应落空亡，则无客商，纵使接而不来，来而不久。世遭空陷，自无力量，勉强而为，为而不振。

克爻合应伤身同类，人唆人去；应动化爻合世忠心，客引客来。

妻强子旺，倍得财源；父发兄兴，反亏资本。

兄弟者，为诈为虚，又为伴侣。若动来合应而伤世者，乃同行之人设计唆挑，决然宾主反目绝交。应爻是客，又是主顾，若动变合来世者，乃忠良之客。辗转举荐，必是商贾填门。子财俱旺，财利倍增，父兄并发，本资当失。

无福则休迎其客，无财则莫望其资；

无鬼则所为不就，无身则所作不成。

既明奇偶，便见亏盈。

卦无子孙休迎客，爻内无财莫望财；无世无身难成就，无官无鬼主无商。大象盈亏，用心斟酌。

陪宾优劣章第一百

（以应爻为主，福德为凭。）

家延门客号陪宾，应上还须论浅深；

不动不冲能久处，不空不绝永欢忻[①]。

陪宾者，乃宦豪之幕主也，以应爻为用，但喜不动不冲、不空不绝，即攸久相处而无间阻。若得世应相生，彼此和谐之兆。又云：应生世，乃客来求谒于主；世生应，乃主去聘宾耳。

应如克世宾欺主，鬼雀兄摇惹祸临。

若应来克世，必定宾欺主人。若带龙德贵人来克，是逞多能碓势，欺压主人。若带劫杀凶神，必奸佞狂妄，侮贱而已。若合财爻，与奴仆同欺，加咸池玄武，恐恃淫乱而至此。若得雀虎兄鬼临克，又或兴旺，

校者注　① 欢忻（xīn）：指欢欣。《晏子春秋・谏下二二》："为妻之道，使其众妾皆得欢忻于其夫，谓之不嫉。"宋・陆游《书怀示子遹》诗："东望故山百余里，父老欢忻来接迎。"

决致祸患不宁。

福德交重奸佞灭，六冲不日两灰心。

子孙发动，或生世或生应，名为解劝之神，群奸自退。倘值六冲，彼此情疏，渐渐分散矣！

倘然幕府迎参赞[①]，独喜官兴忌子孙。

凡公门将佐、师府参随之类，最喜官兴财动以生扶，惟对子发兄摇而克害。

校者注 ① 参赞：参与协助，参赞军务，参赞朝政。参赞一词来自于儒家经典《中庸》中之概念“参赞化育”，指人与天地自然间的参与和调节作用。现在多指驻外大使馆中顾问、参事之类职衔。“参赞”于日常生活中也常被使用，意为“参考、顾问”。

易林补遗卷之十　贞集

交朋结友章第一百一

（以世应为主，生克为凭。）

交友往来如手足，卦中兄弟忌空亡。

交友者，各有不同，有同气连枝，有邂逅乌合，或同艺业，或同游侠，或长幼之不同，或贵贱之嫌避。既为朋交，兄弟可推，不宜空绝。

世空我意多迁变，应破他心每改张；
相合相生如管鲍[1]，相冲相克如孙庞[2]；
比和彼我无高下，世位卑忧应克伤。

世空世动，则我之犹豫未决；应破应虚，乃彼之更变不常。若世应生合者，情孚契合；世应克者，两必参商[3]。世应生合，必为攸久和同，而无彼此。惟独应克世爻，占者大忌。

校者注　①　管鲍：是指公元前7世纪中国春秋时期的政治家管仲和鲍叔牙，他们俩是好朋友。管仲比较穷，鲍叔牙比较富有，但是他们之间彼此了解、相互信任。管仲和鲍叔牙之间深厚的友情，已成为中国代代流传的佳话。在中国，人们常常用“管鲍之交”，来形容自己与好朋友之间亲密无间、彼此信任的关系。

②　孙庞：是指孙膑和庞涓的并称。二人曾同学兵法。庞涓为魏惠王将军，忌妒孙膑的才能，诳他到魏国，施以膑刑。后孙膑秘密回到齐国，任齐威王军师，设计大败魏军于马陵 。庞涓自刎而死。见《史记·孙子吴起列传》。

③　参商（shēn shāng）：参指西方白虎七宿中的参宿，商指东方青龙七宿中的心宿，是心宿的别称。参宿在西，心宿在东，二者在星空中此出彼没，彼出此没，古人以此比喻彼此对立，不和睦、亲友隔绝，不能相见、有差别；有距离。

结议官员官鬼论，相知僧道福神当；
男占女色财宜旺，女卜男情鬼要强。

又论用爻，假如官员之人，以官鬼为用；师巫僧道，以子孙为用；朋友结义之类，以兄弟为用。男占女以财为用，女占男以鬼为用。余皆仿此详之。

用爻若也伤身世，来往终须反受殃；
合世生身终有益，用临空绝少祯祥。

用爻固不可无，如有而来克世者，不惟无益，反受其亏。必得生世合世，方好信义益友。用临空绝之乡，彼此非美，交朋大忌。

雀同鬼发招非讼，合处逢冲岂久长？

朱雀招唇吻，白虎作凶强，玄武能奸盗兴，同官鬼而动者，乃鸡豚狗寻，同群奸盗，诈伪靡所不为，讼非种种而生，岂可交结乎？又凭合处逢冲，交朋合侣若然犯此，聚不多时，意冷情寒，渐渐而解矣。大意不成，亦从此决。

纠合伙伴章第一百二

（以世应为主，生克为凭。）

凡去纠人，先究相生相克；如来合伙，次凭相合相冲。
土若生宾，挈人之美；应如扶世，益已之为。

凡纠人合伙者，须看卦中生克冲合，便见吉凶。若世生应爻，或内生外卦，皆主扶人而得成，引入而得进。如应生世，或外生内者，必然委之而得力，赖之而有功。

吾克他爻，久服吾之驱使；彼伤我象，终被彼之侵亏。
卦得比和，虽异姓交如骨肉；爻逢冲击，纵亲人一似冤仇。

凡占以世为我，应为他。世如克应，彼必心悦诚服，愈久而如坚。

若世被应克者，其心不善，定见侵欺。世应若得比和，彼此相得，情同管鲍。卦若六冲，两心相反，仇若孙庞。本卦虽吉，若变出六冲，或合处逢冲，是皆有始无终之兆也。

倘合长亲，父宜合世；但纠下辈，子忌冲身。

如纠伯叔上人为伴者，父作用爻，官宜旺相，生世合世尤佳。若合子侄下辈同处者，子为主象，大忌空亡，又不宜冲世克身也。

共作生涯，财绝兄兴皆费本；同行买卖，世空应陷两无情。

凡合伙生意，须要妻财有气，兄弟休囚，世应不空，方为大吉。倘若财临空绝，兄又交重，反亏资本。卦内财爻纵旺，倘若世空，则自心疏懒，应空则他意更张。世应俱空，两无情况，岂成伴侣乎？

问利有无，察财爻之消息；观人勤惰？凭用象之兴衰。

问得利之多寡，惟看财爻，旺则多，而衰则少，空则无。财克世则有，世克财则无。要知人之勤惰，当察用爻，旺则勤俭，衰则疏懒，空则无能无力也，最喜财来克我。

投行损益章第一百三

（以应爻为主，官鬼为凭。）

宾来投主，难知美恶之心；货脱求财，未审浅深之利。

惟凭神卜，方得忠良。

凡占脱货求财，必托牙行专主。忠信者固有，奸伪者亦多。易观面貌，难议心田。欲从善美，谩看吉凶。

官若兴隆，行主有千触之力；应如空陷，牙人无毫忽之能。

官旺应又旺，主人命亨、心实、行确、言忠，四方信服，千金尽托。应空官又空，其人家发必险，力竭能丧，外张声势，内蓄侵欺，不可交游。远之！远之！

世被应伤，忧人抖欠；财遭兄克，虑彼侵欺。

应克世爻，旧账且延新账，久难清楚；兄克财爻，后货哪偿前货，终被侵欺。

兄动则货难脱卸，子兴则物易交关。

兄弟动，阻隔迭生，货难罄脱；子孙兴，价值屯增，利息培厚。

买物反要财衰，更要身持兄弟；脱货正宜财旺，兼宜世值官爻。

将钱买物，财衰易得，又宜世克财爻。若脱货求财，妻兴可去，偏喜财爻生克世爻。

兄雀并摇，难逃口舌；武官同发，不免穿窬。

朱雀随兄动，时招咭聒；玄武并官兴，每遭盗贼。

世应对冲行却改，财官共合主方投。飞伏阐明，行藏自定。

世冲应，应冲世，其行或改或移；鬼合妻，妻合鬼，其主堪投堪托。精详飞伏互变，断决休咎行藏。

求财觅利章第一百四

（将本以财爻为主，福德为凭。空拳以官爻为主，财象为凭。）

将财求利财为用，凡值旬空月破凶；
旺相生身兼死世，金银倍得利无穷。
财源增益摇福德，资本亏伤动弟兄；
父发助兄能克子，生涯有始定无终。

将本求财，以财为用，不可空无。如遇旬空月破，不但无利，本亦亏折。如若旺来克世者，利息津津。生世者，财源滚滚。若得子孙发

动，乃生财之神，财如源水流而不竭，故《经》云："子动会青龙，乃生财之大道。"若兄动而子不动者，本利俱无。若父动而兄不动，更加白虎，乃在克子孙原神，财无生助，故《经》云："父兴临白虎，为绝利之根源也"。

空拳问利宜官旺，财作原神莫犯空；
反怪子兴来制鬼，不嫌父母值兴隆。

空拳问利者，九流之辈，工匠餐食之流，皆名白手求财。以官为主，须要兴隆，生世合世，又喜财爻兴旺而来扶助，此为大吉。犯忌子孙动，动则伤官，而用无用也。父母发动，空拳无害，将本为殃。即将本为殃，有资本者遭殃。

衙门但怕官伤世，店肆惟愁卦六冲；
走水官衰无险厄，祝巫鬼旺有神通。

公门之役，官为用爻，但不可伤世，若加白虎，必有刑之忧。店肆肆业，切忌六冲，冲则主雇难聚，货物不起。若涉江湖而觅利，风波不险，全赖官衰。惟有圆光召将，施符设咒，太保师巫等类，必仗官兴鬼旺，其应如音。《经》云："请师来巫水祈延术，蓍龟之卜。官旺合真人之应，法必高明；鬼空无野祟之灵，道非通彻。"

血财更虑文书发，顿货财衰利转浓；
脱物用爻宜发动，开张主象莫交重。

若是收养六畜，偏怪父母交重，而克害子孙者，则畜不长而财利轻。顿货偏要财爻衰弱而可置，脱货最宜财旺而动则易泄。开张店业，只要财静，纵若举动，必定败移。

梨园不忌官和弟，搏戏犹嫌鬼兴兄；
屠户官宜临白虎，空门子要带青龙。

搬演走戏，傀儡偶儿等类，不是一人所为之事，又要主雇来寻，兄弟为之伴侣，官鬼为用爻，若得两动，方为全美，故云：不怕官兴兄发。博弈赌钱关采争胜，乃系财物往来而决输赢。兄弟耗财，官鬼克剥，若值兄隆鬼旺，必致全输。屠宰之流须见血，必得官骑白虎。空门修道要安然，惟祈子跨青龙者也。

抽丰却喜财官旺，合会须忧世应空；
开矿淘沙兼取藏，伏财有气福骈从。

抽丰者，晋谒侯门，饕食伊利，以官为用。惟喜官旺官生官合，彼必慨然厚赠，又得财动助鬼，则积心遂意。而合会者，纠集亲朋，凑财济急，以世空为主。但得应爻生世合世，乃易成易得。

若应空他人见却，应被日冲月破、或兄弟动冲，皆主被人扰阻不成。若世空，我不能兴，虽兴物难入手。若世应两空，或值六冲，则彼此灰心，难济其事。地中宝乃藏而不露，但只取伏财为用，须要有气可获。沙内之金乃理而未吐，必得财隐旺土动而变化，淘之方有。劈山开矿，破石寻珍，以此无异，一理同推。

又云：欲知何日得钱财，但逢合处定欢谐。

凡一应求财，要知何日到手，但以日辰生合财爻是期矣！《经》云："财合日辰，方能入手。"

死绝财爻生日得，太旺财爻死墓来。

财爻逢衰绝之地，必得日辰生扶，乃可得之期。若财爻太旺太多，决定墓日免有。故《经》云："财逢墓库，便可归还。"又云："多财反覆，必须墓库以收藏。"

卦中有福无财者，财星值日也开怀。

六爻无财出现，虽有子孙，尚未可获。必逢财爻值日，物乃归囊。

开张店肆章第一百五

（将本以财爻为主，福德为凭。空拳以官爻为主，财象为凭。）

开张口诀无多语，卦内须求财福全；
福德临门人济济，妻财持世利绵绵；
空拳财鬼皆宜动，将本财官各要安。

开张店业亦有二端：将本求财者，以财为用，须要财子两全，财兴则财源炽盛无穷。子动则主雇络绎不绝[①]。但不宜兄动，又值世克财者，纵是勤谨之人，终无利息。故《经》云："世克动财，若越沙场之马。"

空拳问利者，以官为主，必得财鬼并值。财动则助鬼，鬼动则发财。九流之术，无中生有，空手得财，故《经》云："空拳问利，官爻喜遇兴隆。"

若遇六冲兄弟发，定是开张不满年。

卦值六冲，不论将本空拳者，毕竟不成，成来不久，岂有利禄哉？若兄弟独发，将本犹嫌，空拳无忌。

又云：世动己心多改易，应空伙伴再宜更。

世为自己，岂宜发动？动则心有变多端。应为伴伙，亦宜安静，动则怀反背之心，空则无能，亦不久远，若动而克世者，尤当欺害而分离。

校者注　①　络绎不绝：亦作"络绎于途"。形容人、马、车、船等连续不断。《后汉书·东海恭王刘彊传》："皇太后、陛下哀怜臣彊，感动发中，数遣使者太医令丞方伎道术，络驿不绝。"

财化鬼兄无结果，财之子象有收成。

财为根本，不可更变。若化鬼变兄，则财被耗散，两途无益，终难结果。若财化子孙，则利禄津津，永久无缰[①]。

收顿货物章第一百六

（以妻财为主，衰旺为凭。）

凡占顿货，先访脱期。有迟速之不同，取旺衰之名异。

近买近卖，于本月当旺相而得财；今置后脱，于经年值休囚而有利。

置买货物，欲求利息，专看迟速之期，可觅厚薄之财。近买近卖，求目下财旺之日而利入手。今置后脱，待年余财逢生旺之日而可入囊。

且如，冬藏夏货，宜巳午之财爻；秋放春收，喜卯寅之妻位。

夏育冬鱼利见水，春培秋果要逢金。

假令冬收夏发，乃夏旺于火，在四、五巳午之期有财。秋置春卖，乃春旺于木，故正、二月卯寅之期大吉。夏养冬鱼，乃冬旺于水，是十月、十一月亥子节而得利。春种秋收，乃秋旺于金，在七、八月申酉之令而财可得。

买时，世克财当贱；卖时，财克世为高。

兄临月将，价不长而宜收；财值提纲，利当兴而可脱。

但世克财爻，或兄临月将，或财值休囚，皆系价值贱而货宜买。若财爻克世，或财值月建，皆属货价高而利倍增。各赶其时，不可错也。

内宫为目下之时，外卦乃未来之节。

校者注　①　缰（jiāng）：出自《说文》，意思是牵牲口的绳子。其实文中应为“永久无疆”，疑为古书笔误。

内强外弱，必前重而后轻；内弱外强，必前轻而后重。

凡内卦为近时，外卦为远期。内卦旺相外卦衰，彼决见前贵后贱；外象强盛内象无气，必然后重前轻。

置脱用子孙发动，始终嫌兄弟交重。贵贱趁时，盈亏据卜。

大凡脱货制货，最宜子动，子动生财；独忌兄兴，兴则克财。大概如此，据理推详。

托本求利章第一百七

（以妻财为主，世应内外为凭。）

凡将资本借亲邻，房室用车赁与人。

凡放债求息并物件与人取利者，或将房船车轿赁与亲朋同断。

卦有子孙逢善客，爻逢官鬼遇强宾；
妻财最喜临生旺，兄弟单忧克世身。

爻有子孙妻财，或旺相，或生世合世克世者，有财有利。若遇官鬼兄弟发动，冲世克世者，多耗多非。若动亦非吉象，切宜忌之。

世空我必心多变，应陷他须意不真；
应克世爻遭虎噬，外伤内卦被鲸吞。

世空则我不情愿，应空则他必灰心。世应两空，彼此皆休。若应克世爻，他必狠心欺赖。外伤内卦，亦彼不良，必致忘恩负义。

上下彼我无相克，异姓相交胜嫡亲；
应生身世外生内，借主常思了债根；
贞悔比和世生应，也主和谐无异心。

内外比和，世应相合，乃彼我和顺，同胞无异。若应生世，外生内，是信义不忘，利资不少。世生应，内生外，或比和，亦主义中取利，两意绸缪[1]永久耳。

六合百年颜带悦，六冲旬日面生嗔；
前合后冲交不久，今人却要细沉吟。

六合之卦，鱼水相投；六冲之卦，冰炭不投。前合后冲，聚而不久两分离；前冲后合，分而再合交还可。

索取债利章第一百八

（以财爻为主，应象为凭。）

索债还从世应寻，应爻生世必欢忻；
世临兄弟财难取，应陷空中物送人。

放债本图利息，日久人心更变。若应爻生世，不负信行；遂有偿还之意。世临兄弟，财亦休囚，必然被骗。应落空亡，彼非逃故，亦是贫乏无力而还也。

应值鬼爻如克世，彼生恶计赖其银；
应逢兄弟伤身命，口是心非定不仁。

应值鬼爻克世，应临兄弟克世者，皆主不良。口吐出秽之言，心存奸险之意，不惟无利，资本亦亏。若加雀、虎，反有祸非。

纵若鬼兄临此应，不伤身世静非嗔。

但应爻临兄、临鬼、静不伤世者，虽见迟延，终无抵赖。

如带文书迟可得，应居财福遂吾心；
子兴财旺兄爻静，本利无亏倍获金。

如应临父母不克世者，或加勾陈，不过迟迟而已，终久有财可得。

校者注　①　绸缪（chóu móu）：紧密缠缚；事前准备等。

应值财爻，或临福德，纵不生世，财亦如心。若得子兴财旺，兄弟或休或静，本不亏而利倍获，乃上分大吉之卦。

兄动财空连本失，鬼化为财须诉论。

兄弟动或财空，本利绝望。若鬼化为财，必经官追诉，方可得之。

借贷财物章第一百九

（以妻财为主，世应为凭。）

借求资本要财兴，财不空亡无改更；

生合日期方可得，六冲爻象定虚名。

借本经营，须靠财爻旺相，或不落空，或生世克世，决然便得，而无阻隔。然待日辰生合财爻之日，方可到手。六冲之卦，万事无成，岂有得财之理者也？休望！休望！

世应不空兄不动，无财有鬼也须成；

后查何日财爻值，便是人间交兑情。

世应俱不落空，兄弟又不发动，乃无阻隔之神，虽无财爻上卦，而有鬼爻出现，必主得财。要知何日得财，财值之期是也。

凡若间爻空与绝，其间中保定无能。

一卦之中两间爻，系为中作保之人，但得旺相生合，决然扶助；若遇空遇绝，乃无力无能不能赞囊耳。若动来克世者，反生嫉妒阻挠。

日辰冲应遭人破，月建扶财囊可盈。

日辰冲应，或加朱雀交重，必被馋言破阻。日月生用，或加青龙，福德同官，决然财盈囊满耳。

借贷衣舟寻父母，哪移禽兽子孙凭。

凡借贷之物，各取其用，冠服、文书、舟车、器血之类，父母为用。飞禽走兽、鳞介生气之物，子孙为用。兴隆大吉，空绝大凶。

摇会得失章第一百十

（以财爻主为，世象为凭。）

摇会求财忌六冲，财官不失便亨通；
世无空破财不绝，管取其银入手中。

摇会者，乃实银赴会，祈而得之，最忌六冲，冲者散也，岂能成会而得财乎？惟要财官并见，生合世爻者必得自然之利。财世两爻，值空值破值绝，此乃用爻被害，乃无用也，会岂得成，而银岂得济哉？

兄爻持世兄爻动，世或空亡财或空。

兄弟者，乃阻耗之神，岂宜持世？又或发动，卦中大忌。世为主者，财为用爻，安可落空？爻中值此，定是会财不得。

无鬼无财皆不实，定然空去费心功。

卦内无财则无财利，卦中无鬼则无张主，皆不成事，则枉费心机，徒然一番话柄耳。

变产求财章第一百十一

（以应爻为主，财象为凭。）

要知产业何时脱，财值提纲便可抛；
世应相冲多退悔，勾陈持世永坚牢。

变卖产业，但看财爻生旺月日，便可卖去，财爻衰弱，终难交易。世应相冲，彼此退悔，两不成交。勾陈者，乃职专田主，又为迟滞之神，若持世或动者，决难更变，永久无移。《经》云：“勾陈职专田土，凡事终见迟留。”

应居空破谁人买，卦乏官爻孰与交；

应生合世妻财旺，争夺相求价必高。

应爻为承买之人，若落空亡乃无力成交。日辰冲破，被人挠阻，用户内外无官，亦难成事。应爻生世合世，又或财旺来生合，纷纷争夺，产价顿增。

兄动财安难脱卸，鬼加雀动讼非招。

兄弟若兴，财爻安静，又或空衰，决然难脱，不必多疑。若鬼鼓雀噪，必有讼累非招，牵缠不泰。

博戏求财章第一百十二

（以财福为主，世应为凭。）

呼卢博戏忌兄兴，子绝财空赌不亨。

赌钱博奕之事，若兄弟兴隆，必被抽筹穷码，明取暗耗，色不顺而心不快，财物当输。若子财不空不绝，稍稍而已。一逢空，纵有万贯囊资，浑如片雪投汤。

世克应爻我已胜，应来伤世被他赢。

世为自己，应作他人，倘不伤克，彼我无异。克有数端，旺相能克休囚，休囚不能克旺相。安静者，受克；发动者，难伤。故《经》云：“静休当受克，兴旺决难伤。”

世克应爻者，我当全胜，必满心积意而返。应伤世象者，我必大败，尽囊倒橐而归。若旺世而生休应，若带财子亦当大胜。不带财子，稍得数文而已。旺应而生衰世，则彼来随我，无不吉利。世应比和相生，彼此谦让，胜负无偏。

应空难遇输钱客，世陷还遭资本倾。

若应值空绝，场中寂寞而无对手；世当冲陷，袖里空虚惟剩空拳。

鬼静兄衰财福旺，君回定唱凯歌声。

若遇官鬼安静，兄弟衰绝，财爻旺相，子象兴隆，乃获大利，爽心遂意，复游笑乐而归矣。

捕猎畋渔章第一百十三

（以妻财为主，世应内外为凭。）

渔猎皆宜财旺相，爻中无鬼莫兴张；
财官两备方能获，一象逢空便不昌。

凡渔翁猎户来占，惟取财官为用，卦中缺一，便不为美，必得财旺官隆并见，乃渔得巨鳞，猎擒大兽。若财鬼二爻，一值空亡，则鹅飞戾天，鱼跃于渊，空张戈矢，而不能御。

世克应爻内克外，管教年得利非常；
外爻克内应伤世，枉费心机空自忙。

世为人，应为物；内为人，外为物。若我克物，渔猎尽善，俱获大利。若物伤我，纵有强弓硬弩，密网张戈，决难捕捉。

世落旬空兄弟动，纵然有物不收藏。

若世值旬空月破，乃自无良技奇能，或有兄弟发动，定是灵禽异兽、怪鳞智介，毕竟高飞远遁而难收捕。

安寄财物章第一百十四

（以妻财为主，世应为凭。）

物寄他家，宜财静官衰子旺，无妨；
货藏彼处，畏兄兴世破应空，有失。

如占寄顿财货于他家，须要财爻安静，官鬼不动，子孙旺相为最，兄弟发动不美。世爻被冲，应落空亡，毕竟消耗财物，伏托岂为美哉？

应伤衰世他非善，世随鬼墓我非祥。

世为我，应为彼，而世不可空，若被旺应伤克衰世，他必非是善良之辈。或世随官鬼入墓，而我亦不为佳。

财为主象，忌入空亡。
静无后患之辞，动有变爻之论。

货物悉以财爻为主，当形象于六爻，切忌空亡无气。财明沉静，则久久无损。兴发则有变动之机兆也。

化绝化空，终遭亏损；化兄化鬼，岂不成伤！

动者，化之机括；化者，动之变迁。如财爻一至于化绝则绝，无可生之理；或财爻一至于化空则空，宁有盈实之时！故曰：终遭亏损。

兄弟乃克财之神，化兄则财遭剥伐；鬼爻为泄气之辈，化鬼则财被侵谋。故曰：岂不侵伤者也。

化子化财咸吉庆，化生化旺永平宁。

子孙是福神，生财之母也；财爻为主宰，安寄之司也。咸皆吉庆，是为至理。财化生源，物化旺相，永获平宁，而岂妄焉！

化水防上下之玄冥，亥子父动皆然；

玄冥①，水神也。财化水爻，或卦中水爻发动，恐遭上漏下湿而致腐烂也。

化火防内外之祝融，巳午鬼兴同意。

祝融②，火神也。财如化火，或爻中火鬼交重，应虑内失外延，焚如之惨。

遇玄武，恒忧偷盗；逢朱雀，每恐生非。

玄武是贼人，恒者常也，常常忧盗贼侵偷子财。朱雀唇吻也，每亦常也，每每恐怕激生口舌。

六合最宜寄顿，六冲岂可安藏！

六合之爻，或日辰合世应，大胆寄财顿物，因其彼此心口投机。六冲之爻，或日冲主用，不得安货藏财，为其付托，后有更变也。

后之学者，宜细参详。

总言受读之者，更宜参酌推详，不可以其易而忽诸。

校者注　①　玄冥：在中国古代神话传说中主要指神的名字，如水神、冬神、北方之神等等。而道家则用来形容“道”的，道教称肾之神。到汉代，中国民间用来指阴间，九泉。到唐代以后，就有用来称为北方的，也有用来称为冬季的。但实际上，“冥”是商族领袖之一。因其“勤其官而水死”，故被后人奉为水神，称“玄冥”。

②　祝融：是三皇五帝时夏官火正的官名，与大司马是同义词。历史上有多位著名的祝融被后世祭祀为火神灶神。《左传·昭公二十九年》云：“木正曰句芒，火正曰祝融、金正曰蓐收，水正曰玄冥，土正曰后土。”里面提到的木正即春官，火正即夏官，金正即秋官，水正即冬官。所以《左传》所说的“火正曰祝融”，意思就是夏官的官名叫祝融。

取赎人产章第一百十五

（以世爻为主，用象为凭。）

收回人畜产和书，赎取衣衾宝其珠；
俱怕六冲兄独发，还嫌世位值空时。

但凡回赎男女、离兽、房产、车船、书籍、衣饰珍宝之类，皆忌六冲之卦。兄弟为阻节之神，不宜独发。世象乃赎物之主，最怕空亡。

更愁日月来冲世，合处加冲变定知；
应克世爻难合就，用空鬼失叹虚辞。

凡占以世为自己，最嫌日月来冲，又怕应爻来克。世应虽逢相合，若被日主或变象冲开，初当允谐，后必悔更。世象纵无冲破，徜若用值旬空，或卦无鬼，岂得如心？决难回赎。

诸般不犯方为得，见一徒劳意相痴；
再问所求何物件，用爻入卦原能知。

但占回赎货物，所忌六冲兄动，世空世破，合处逢冲，用象落空，六爻无鬼。以上数端毫无所犯者，事必胜心，物能返璧。

如犯忌爻，终当绝望。细查所赎何物，方定用爻。问妻仆而看财爻，占书籍而观父母，占禽兽而推福德，赎田地而察勾陈。若得用爻上卦，不值旬空，便能如愿。

探物真伪章第一百十六

（以用爻为主，不空不绝为佳。）

物之真伪却难凭，爻察虚盈必有因；

僧道兽禽凭福德，神仙妖怪鬼为尊。
珍珠古物财中取，印信文书父上寻；
芦藤竹木查寅卯，玉石钢铜辨酉申。
绫罗绢缎须从火，如此将来定用神。

探辨物之真假，由加意而窥测，难信虚浮，遽为实切，必察物之亏盈，庶免彼之悔弄。缁流羽上，子孙上究。飞禽走兽，福德中求。鬼是神仙妖怪，财乃玩器珠珍，父母寻印信文书，寅卯作芦藤竹木，金银铜铁玉石，莫逃于申酉；绫罗一疋绢丝，可索于南离。如斯剖决用神也。

遇空临绝推为假，逢旺逢生断作真；
受克受冲物必损，有扶有合价如金。

用若空亡死绝，定为假物；用如旺相长生，非是赝品。被克被冲，物身瑕玷有损；逢扶逢合，价值高贵不低。

若伏生中宜用负，如居克下不须擒。

设若伏处遇生，买之得当。倘伏制于克下，却为非宜。

世克用爻能易得，用爻克世最难求。

易得易求之物，定是世克用爻。难求难取之珍，断然用爻克世。物理隐蕴于幽微，人心旁搜于洞察。

卧床趋避章第一百十七

（以三爻为主，鬼静为凭。）

凡人问卜置眠床，却把三爻作用详。

寝室为歇息之所，眠床乃寝卧之区，置之迪吉，居之定安。百姓卜以否藏，三爻用为判断。

忌值鬼爻多病疾，宜加财福永安康。

用爻若逢官鬼，名曰：忌神管摄。便有疾病生焉。如遇财福是为吉象，岂不安宁？

但逢兄弟妻当厄，僧道占之反吉祥。

财为妻室，兄爻克之，定主荆人有厄；兄是比和，孤独见之，即为同伴何妨！

床爻克世身遭患，如临父母损儿郎。

凡是我御之者，得之安，则世世安然；凡克世爻者，遭之否，则常常染患。父母为伤儿之杀，不可亲临。

推官不独三爻上，凡鬼交重便作殃。

官若作殃，不独三爻而见；鬼能为祸，宁辞六位而推。

六冲非是安身所，用神不可犯空亡。

床欲安身，冲并难能宁谧，三为床体，空亡岂得安祥？屋犹榻定夫妇之居，床即房为蓄息之处，事非小可，乐莫大焉。

寿木喜忌章第一百十八

（以用爻为主，福德为凭。）

修合寿木用爻求，安静兴隆百载留。

人以百岁为期，棺以七寸普厚，为亲而充虞敦匠，因子而颜路请车。治造或吉岁而闰年，停阁原千秋而万纪。取舍凭占，喜忌援卜。用爻安静，绵远淹留[①]；主象旺兴，延长永久。

校者注　① 淹留：长期逗留；羁留。《楚辞·离骚》：“时缤纷其变易兮，又何可以淹留？”三国魏·曹丕《燕歌行》：“慊慊思归恋故乡，君何淹留寄他方？”

如陷如无延数日，逢生逢旺度千秋。

用若原无或倾陷，止活数日而已。用如长生或旺相，寿享长一。

化空化鬼身难久，无破无伤寿未休。

主爻化空化鬼，其身难久。不损无冲，厥寿靡穷。

鬼动忌兴休合椁，龙摇子发任兴修。

鬼爻为凶恶之神，忌神乃克用之煞，故不宜动，动则不可做材。龙福乃祯之兆，青龙为喜庆之星，兴摇允宜合木。

鬼克世身终害己，随官入墓即丁忧①。

应克世身者，鬼也。忌兴而反来克害于我，亦何益矣！葬埋棺椁者，坟也。忌鬼而反去，随官入墓，岂不忧哉？

凡遇间爻伤世者，尤防工匠起奸谋。

匠人在间爻上看，不发动伤世，工师不谋损于吾。若发动克身，匠作必肆奸害于我。

倘然惊倒寻官鬼，纵动无官莫虑愁。

又有一等木匠，不存恒心主人家，或有怠慢，则魔禳阴害，但官鬼不作，万无妨己，纵然别爻发动，不系官鬼，亦何愁虑之有？

校者注 ① 丁忧：根据儒家传统的孝道观念，朝廷官员在位期间，如若父母去世，则无论此人任何官何职，从得知丧事的那一天起，必须辞官回到祖籍，为父母守制二十七个月。丁忧源于汉代，至宋代则由太常主其事。丁，遭逢、遇到之意。忧，居丧。

妻仆去留章第一百十九

（以财爻为主，应象为凭。）

留妻留仆财为用，逢旺逢生必遂机；

应带煞神冲克世，阴谋诚恐害身躯。

男女原有室家，夫得妇以陪衾枕[①]，无今人不成君子，主得仆以当侯门扃[②]。或去或留，决同人之美恶；宜取宜舍，究藏获之吉凶。妻房以妻财为主，童仆以财象为凭。旺相而妻女在心，生扶而厮养得力。应带官鬼大煞而冲克于世，我后被设阴险之谋。用坐煞害而刑伤于我，世被彼生奸宄[③]之验。

应空身在心不在，财破情虚命又虚；

应不空亡财不破，妻无他意仆无欺。

应空则身浮心诈，财破则寿夭情虚。若得应不空亡，虽荆布而同心力；财无破损，不欺主而赤胆忠心。

财安子动留还吉，鬼发兄兴去速宜；

六合始终无变易，六冲朝夕应分离。

凡留妻仆，最宜财安子旺相。招养属，不宜鬼发兄兴。六合则有始有终，永无更变。六冲则难防不测，早晚分离。

校者注　①　衾枕：被子和枕头。泛指卧具。唐·孟浩然《晚春卧病寄张八》："念我平生好，江乡远从政。云山阻梦思，衾枕劳歌咏。"

②　扃（jiōng）：从外面关门的闩、钩等；上闩，关门。

③　奸宄（jiān guǐ）：违法作乱的事情；亦指违法作乱的人，劫夺，奸诈不法。宄：奸邪、作乱；泛指坏人、歹徒。《书·舜典》："蛮夷猾夏，寇贼奸宄。"孔传："在外曰奸，在内曰宄。"孔颖达疏："又有强寇劫贼外奸内宄者为害甚大。"

如留子侄儿忧绝，若用他人应莫虚；

手足却嫌兄弟陷，各分用象决高低。

如留子孙，取子孙为主；留他人，取应象为凭。留手足，观乎兄弟；留尊长，察其文书。各定用爻，莫临空绝。凡用爻生世合世则吉，冲世克世则凶。用应有拱向之理，世我大要生扶。若也无情，而不如始不相识；如临有益，而门祚①到底竟克合终。

校者注 ① 门祚（zuò）：家世。《新唐书·柳玭传》：“丧乱以来，门祚衰落。”

易林补遗卷之十一　贞集

斗殴争竞章第一百二十

（以世应为主，生克为凭。）

彼我相争世应寻，忌冲忌克喜相生。

凡占争斗，只把世应分为尔我，若世应行合，彼此并无大忿，亦无大损大益；倘遇克害刑冲，则争长竞短，各用机谋。故《经》云："欲分胜负，先将世应推详。"

日月冲身我受辱，交重克应彼遭刑。

世乃我之用爻，岂可伤克？若日辰月建冲克世者，我必被辱。若内外动爻克应者，彼必受亏。

应爻克世他当胜，世爻克应我当赢。

应爻为彼，若克我世者，我必有亏。彼旺克我，世又衰微，大受损伤。若带官兄雀虎劫煞等神来克者，小则受辱破财，大则经官被责，莫可轻视。

倘或应虽伐世，彼当衰绝之乡，或被日辰月将冲应克世者，名曰：自己受制，无能害人。我虽被克，决无大害，空则亦然。若世旺克应，或世动克应，日辰生我克应，或动爻助我克应者，则不费心力，理直势顺，大获全功。

世空自退无相敌，应空彼避不相征。

如世爻逢旬空，乃自己理屈心亏，有始无终而已。但得天乙、青龙、天喜吉神动扶，当有维持之力，若值兄鬼两动，必要破财。应爻落空，乃虎头蛇尾之事，彼必渐退，讼无了结。世应两空，则彼此甘休；官父并衰，乃公私尽释。

兴词举讼章第一百二十一

(以官鬼为主，父母为凭。)

文词相诉至公庭，须要官爻父母兴。

凡占造状诉词，父母为之状词文书。官鬼乃官府作主之人，须要二爻上卦为吉。

父陷休来投此状，官空莫去诉其情；
爻中无父谁签押，卦内无官讼不成。

如父母空亡墓绝，或无父母上卦，虽有词无处告理，虽造也不准。若官鬼逢空或绝，或无官上卦，乃无贵主张，决难举讼，纵举不结。

父鬼两全方准理，福财不动定标名。

但得父官旺相，或动而生世持世者，则状有理，告必准行，官能做主，讼必全胜。其中更忌妻财、子孙发动，动则徒费乎心。故《经》云："财动文书空费力，子动伤官事不亨。"凡占居讼卦中，若得父官有气，财子俱安，词能准理哉？

讼师美恶章第一百二十二

（以文书为主，应象为凭。）

举诉还须择讼师[①]，输赢胜负仗文书；
临空值破难举讼，遇动逢生易起词。

凡人兴讼，必仗讼师之忠厚，刀笔之利修，方可获胜，故以文书为主。若父母兴隆生合我者，则状易准而事亦胜。若日辰冲克父母，或临旬空月破、化财等类，则外有虚名，内无实学，不惟无益，抑且有害，大意难以兴举耳。

妻体动来终不准，夫身空去亦非宜。

文书为之用爻，若逢财动，乃伤用象，决非美辞，难以耸听。夫身者，即官鬼也，若值空亡，乃无贵主张，决不准理。卦爻之内，此为大忌也。

应如克世遭欺诈，鬼若伤身反被输；
应落空亡无彼方，世逢冲破有人欺。

一卦之中，胜负全在世应之生克。如应爻克世，或是鬼克世者，必然彼行欺诈之心，无益于我，反遭刑辱。应若空绝，决无奇策良词。世逢日冲月破，须防奸人有嫉妒暗伤之祸。

交重坐印行行美，日月生文字字奇。

举讼者，先凭文书为主，若父母发动，与日辰月建生用合用者，则

校者注　①　讼师：指帮人办理诉讼事务的人。旧时以替打官司的人出主意、写状纸为职业的人。

积金美玉之辞，运筹帷幄[①]之计。若父母逢空被克者，不过是孤陋寡闻，浮言浅见耳，岂堪大用哉！

保人强弱章第一百二十三

（占讼以间爻为主，问保以应象为凭。）

欲成词讼先寻保，曲直妍强论应爻。

被讼正庭必觅保歇，欲识善美用在应列。

若旺若生宜结识，如空如绝莫相交。

如应旺相，生世合世者，乃志诚忠直之人，有益于我，事可尽托。若逢旬空月破、墓绝者，乃系卑贱薄悻[②]之流，难旋大事，不可相交耳。

生我比和叨大力，不来伤世断为高。

保歇之人，以应为用，如生世或合世合比和者，乃得渠竭力扶助，公私协济。若不空，不克世者，也得一力，亦以为妙。

官伤世体还须忌，六象皆冲不必劳。

但凡官鬼伤克世爻者，最为大忌。卦值六冲者，并无斡旋之力，皆不可用也。

校者注 ① 运筹帷幄：在军帐之中谋划计策。常指在后方决定作战方案。也泛指主持大计，考虑决策。运：运用；筹：算筹，引申为谋划；帷幄：古代军队的帐幕。语出《史记·高祖本纪》："夫运筹帷幄之中，决胜千里之外，吾不如子房。"一个运筹帷幄的人，必须胸怀大志、眼光敏锐，能够随机应变，对敌我双方的实力对比、战局变化了如指掌，并善于把握时机，果断出击。同时要有大局观和对趋势的准确预见力。

② 薄悻：薄情固执，任性。

公私见证章第一百二十四

（占讼以间爻为主，间中以应象为凭。）

问讼全凭见证人，卦中应位察虚真。

凡临庭听讼理之曲直，全在中证之口，故占之吉凶。但取应爻为用神，可推忠佞之心，则理不辨而自明矣！

不空不绝无他意，居动居冲有变心；

若克世爻遭彼害，如生身世赖其恩。

以应为之用爻，不逢空、不逢绝，旺相而生我合世者，乃竭力尽忠，公私协护。若逢日辰冲动，面允心非，冷声暗语之人。若值发动，生世有益。克世，乃反而无情，凶恶之辈。若带蛇虎兄鬼，必蓄奸谄挟骗之心。倘得休衰或不克于我犹可知，逢旺相情势越炽。若来克世者，必被邪言功计，以直作曲，种种制陷，不可胜言。

爻爻冲击多更改，无鬼谁官问此人。

爻爻冲声者，即六冲卦也。此人翻云覆雨，情性不常。内外无官鬼，则临庭不问，此人徒投声势耳。故《经》云："官鬼空亡墓绝，须知无贵张主。"

中证受刑官克应，主人被责鬼伤身。

应为中见之人，必得兴隆而生合世者，极为有力之人，忽被官鬼克害刑冲应者，轻为话不投机，重则鞭林罪戾[1]。若鬼来克世者，我亦受累害非小可。

校者注　①　罪戾（lì）：罪愆；罪恶，罪行。

如占讼内推中见，弃应还从间位论；
二间却分原被证，方知意向哪旁存；
近世之爻吾诉有，近他之象彼家亲。

独占中证，取应为用。词讼卦中看者，应为被告，岂用中人？故论间爻，方为中见。近应者，为彼之证；邻世者，作我之中。二间之爻，毋论彼此。生我者，忠诚直斡；我生者，下气相求。合我者，自然和助；克我者，有损无益。故《经》云：“间爻伤世，须防硬证同谋。”

官司胜负章第一百二十五

（以官鬼为主，世应为凭。）

问讼须将官鬼凭，扶身扶世永无刑。

凡占讼事，惟以官鬼为凭。若生世，必是理顺人情，却无刑险。若带贵吉之神合世者，乃有不意中之人扶持，故言听计从，大获全胜。纵成索而亦无损益，吉则无喜，凶则无忧。故《经》云：“卦中无鬼休谋事，官爻不见事空虚。”

旺生之日公堂发，墓绝之时纸笔停。

如官鬼逢临官、帝旺之日，或生扶官鬼之日，乃是临庭决断之期矣。故《经》云：“官旺日则面拆庭诤。”如逢墓绝，毕竟淹留阻滞。若带青龙贵人，必因美之事停留。若滞白虎劫煞凶神，必有奸人索诈停住，未得决断。

要知何日问理，却看官爻衰旺，不可一见而言。官如旺相，反寻墓绝之期。鬼若休囚，问在旺生之日。官居库内，冲库方兴。鬼入空中，冲空可发。六爻无鬼，须求鬼值日时。此论断讼之期，不可轻视。

若临身世冲克世，纵胜还当拟罪名；
日月制官生合世，理亏也主称心情。

如官爻持世，冲世克世、临卦身者，大主有罪。若加白虎有杖责，

加勾陈螣蛇，主有牵连罪责者，日辰月将制服官爻，而生世合世者，纵然理折情曲，反得回凶作吉。《经》云：“有人制鬼，鬼动何妨？”

鬼临空地无官断，虽问无祥无险惊。

如官鬼值旬空月破，或不上卦，决是无官问断，枉自奔波，虽然勉强求问，问而不成案卷。

官化子兮词渐解，子化官兮讼复兴。

鬼为问断之官，若化子孙，乃变解和之神。此事日渐月消，终究有人和释矣。子孙本和和允之神，惊变官鬼，此乃吉变凶爻，本主自当解散，复又兴举。若化鬼克世者，大不吉之兆耳。

世空自懈宜和息，应空彼到没期程。

世爻值旬空者，乃自意懒心灰，无能听理，甘自求和。应值空亡者，彼亦退讼。

世被应爻兄动克，常多私下受期凌。

若应爻临兄动，或加白虎同来克世，不时防私下逞凶捉打。应若旺相克世者，种种欺凌，不可明言。

要知何日参官胜，应遭冲克世逢生；
且如寅日来占遁，生我冲他理必赢。

若问吉日决断，但逢日辰生合世爻，而冲克应爻之日，乃为大吉之期。例如，甲寅日占得天山遁卦：

乾宫：天山遁

六神	伏　神	【本　卦】		
玄武		父母壬戌土	▅▅▅▅	
白虎		兄弟壬申金	▅▅▅▅	应
螣蛇		官鬼壬午火	▅▅▅▅	
勾陈		兄弟丙申金	▅▅▅▅	
朱雀	伏妻财寅木	官鬼丙午火	▅▅　▅▅	世
青龙	伏子孙子水	父母丙辰土	▅▅　▅▅	

世居二爻丙午，赖寅日而生，午火乃生我之日，五爻应坐壬申，被寅日相冲，乃冲彼之日矣。是为生我冲彼，大获全胜之日矣。

易林补遗卷之十二　贞集

忧监虑禁章第一百二十六

（以官爻为主，世象为凭。）

问禁单愁官鬼摇，伤身克世祸当招。

锁狱禁监，惟忌官兴杀动。杀者，即天狱煞也。若官鬼动，或天狱杀动，或鬼来克世者，当犯囹圄之祸，故《经》云：“天狱杀动，此身须入牢房。”

鬼如空绝无监狱，子若交重免禁牢。

但得官鬼逢空，或逢绝，或卦中无鬼，乃无力兴祸，则无监禁之忧。若子孙发动，必制官爻，有何关锁之虑哉？

日月世身临福德，纵然有罪出潜消。

子孙为解神，若值日辰，或临月建，或持世上，或在卦身，或逢发动，皆能制鬼，焉有牢狱锁禁哉？

哪日见官无禁击，鬼逢克制便为高；
世临墓日休投到，身遇生时罪可逃。

如占何日见官可免凶禁者，须逢克鬼之日，乃是吉期，可以临庭听断。又得日辰月建生扶世爻者，不惟免禁脱罪，反有谋成讼胜。若世值死绝墓库之日，乃身无依靠之时，切莫去参官投到，告保催提等事。如若勉施为，反遭一场刑禁耳。

离枷出狱章第一百二十七

（以世爻为主，官鬼为凭。）

人问离监出狱门，去枷脱锁肘同寻；
用逢生旺离灾厄，官鬼交重狱久存。

若人被禁监牢，或枷锁锁肘，无法解脱，须占之易象。如用爻逢生逢旺之日，即可离监释祸矣！若用爻虽逢生旺，官鬼发动者，亦未得脱监卸枷。若鬼克世者，反要严刑，无法解脱。

合处逢冲忧变喜，墓中遇破锁离身；
假令戌日占观卦，辰日推开喜气临。

六爻之内，凡有逢冲必散，但得合处逢冲，墓中被破。假如戌日占得风地观卦，二爻巳火官爻身位临之，《诗》云："身随鬼入墓。"候逢辰日冲开戌墓，则忧容变喜，祸罪消释矣。

世值子孙殃易散，用爻化鬼反加迍；
子空财动官爻旺，还守囹圄度岁旬。

子孙为解散之神，若持世上，事当解散矣。如用化官鬼，乃是吉变凶神，必有祸患。若子孙值空，则官鬼无制，财爻一动，反助官爻旺相，旺反生灾祸，则监牢难脱，枷锁难疏。

卦内无官谁释放，细查鬼值哪良辰；
方言脱狱兼开肘，鬼绝逢生加此云。

六爻无鬼，或鬼空亡，乃无官做主，难以疏脱。鬼若绝处逢生，方是疏枷离狱之良辰也。

关提人卷章第一百二十八

（吊卷以文书为主，关人以世应为凭。）

若请卷宗，卦内父官宜旺相；欲提人犯，爻中彼应怕空亡。

凡吊卷提人，须得官鬼兴隆，文书兴旺，又要应爻生合世爻。倘世应值空值绝，人犯难拘，文书不发。

世空则我不擒他，应陷则彼非在舍。

但凡拘摄人犯，先须自壮，方可提获。若世值旬空月破者，乃自无主意，焉得人来会面？应落空亡，则彼已先逃，空自往返。

无父，必此关无力，卷吊难来；无官，必其事无成，人提不至。

父母为文书之用，凡关吊卷宗，须得父爻旺相，而生合世爻，即今文案而回。若父落空亡墓绝，或无父爻上卦，笔竟更移抽灭遣失弊隐，难以发行。官吏以鬼为用，若卜提人，须得鬼爻有气，则易以捉获。鬼逢空墓，或鬼不上卦，则无官主张，纵然拘摄，岂得提人至哉？

相合之爻，无心可见；相冲之卦，对面难从。

如六爻相生相合，犹如夙缘不期而会，财清和顺。若逢暗动六冲，却似捕风捉影，何处追寻？

玄武伐身，书吏起奸心之弊；勾陈克应，捕差全努力之功。

玄武乃奸狡之神，若持世克世者，必然是猾吏权书，隐情作弊，索诈钱财而已。勾陈乃拘摄之役，若克应者，则当事者，有操谋努力，得获全功矣！

官伤应兮世伤他，网中之物；动克身而应克世，野外之禽。

世为我，应为彼，勾摄公事，又以官为捕役，应为彼人。若卦中鬼克应，如釜中之肉，网中之鱼，手到拿来。倘逢动克世、应克世者，如穷岩猛兽，乔木流鹅，射猎未得，及防拒捕也。

但决从违，惟凭生克。

但看卦中旺衰生克而行，我强他弱，毕竟相从如过。应旺世衰，公然违拒，难以了结。

回关歇讼章第一百二十九

（以子孙为主，身世为凭。）

灭号回关，最喜文书陷绝；停词歇讼，大宜福德兴隆。

父母职专文书，凡欲停词歇案，独要父母空绝，则可以寝阁矣！子孙能以制鬼，若旺相发动，则官无力在意谋为停歇也。

鬼动文摇，讼息有重兴之日；

官动则事多变更，父发则文牒[①]纷纭，官父并兴，词案虽在隐息，不久重新兴发。

官空父绝，关回无再举之时。

官空无主，父绝无文。官父两空或绝，则上下无力一应文书，皆以休息矣。

日克官爻，此非易解；鬼伤世象，其祸难推。

若日辰克鬼，乃是凶爻受制，百凡事务，则冰消瓦解矣。若鬼爻克世者，此为官来伐我，必有刑伤大祸，忌之！

校者注　①　文牒（dié）：案卷，文书。唐·韩愈《上留守郑相公启》："盗相公文牒，窃注名姓于军籍中，以陵驾府县。"

兄兴生子断为祥，无子有财遭破费。

子孙为和解之神，又得兄弟原神发而生助，此为转祸为福，决无大害。若卦无子孙，是无劝解之人，反有财爻出现，兄必克财，必然事事趑趄[①]，破财费力耳。

财动助官推作祸，无官有父反消除。

占词最忌者，官兴财动。六爻之内官爻虽静，若逢财动，必然助鬼兴灾倡祸，靡所不至。官鬼纵绝，财爻一动，名曰绝处逢生，为非不小。卦中无鬼，或鬼空有父爻，财能克制，则文书妥贴，祸患消除矣！

子动清安，变出官爻词不息；官兴撩乱，化成福德讼能消。

子动是为吉兆，若化官爻，则私欲求安而官不允诺，乃“树欲静而风不宁”，正此之谓也。若官鬼发，本为不吉，化作子孙，是为转祸为祥，灾祸自然消释矣！

但占何日关来，便察父临旺处；凡卜何年讼发，还寻鬼值生方。

欲识文书可到，但看父临生旺之日是也。如卦无父母，又看父爻值日。关来要占讼祸之发，惟查鬼值生旺为期，远推年月，近看日时方不误。

动及兄官，公私未请；空临世应，原被无辞。

如鬼动、兄动、雀动、虎动，官非冗[②]冗，接踵而生，哪有休文住卷之时？但得世空、应空、官空、雀空，渐渐消薊，讼息心安矣！

一见六冲，讼当回缴；但逢六合，事反留连。

凡卜回关及回呈者，最喜六冲，不喜六合。冲则益消讼散，合则事

校者注　①　趑趄（zī jū）：行走困难。亦作“咨趄 ”、“趦趄”。犹豫徘徊貌，想前进又不敢前进。形容疑惧不决，犹豫观望。

②　冗（rǒng）：闲散的，多余无用的；忙，繁忙的事。

阻文羁。

欲推动止之良方，不出阴阳之妙断。

公私和息章第一百三十

（以子孙为主，世应为凭。）

息争处讼宜安静，子旺官衰祸必无。

凡公私之事，俱求六爻安静，则彼此允和，而无相拒之心矣！若得子孙旺相，官鬼衰休，则官灾横祸尽皆消释矣！

世应相生奸计少，主宾相克变心多。

如我世彼应，相生相合，则两相和顺，是非潜解。若世应相克者，则彼此奸猾，多生机窍，祸岂易宁乎？

六冲之卦词难息，六合之爻讼易和。

凡推求息之卦，但要相合相生，则两情允协，业冤已释矣！若事欲求息反得六冲之卦，或鬼暗动者，乃是兴发之气象，焉能宁息哉？

鬼发父兴多咭聒，世空应陷永无幸。

若值官鬼发动，父母兄弟兴隆，乃为官府搔扰，文牒催摇，倘得世应俱空，则彼此干休，公私复矣！

间如发动傍人阻，兄若交重物费多。

卦中两间爻，乃为中证之人，若是发动，必然摇惑，阻挠其事。加朱雀，则挑斗是非；加兄弟，则诈骗财物。若兄弟不在间爻而发动，亦要破财费力耳。

福化鬼爻忧再举，鬼之子象渐消磨。

子变为官，事恐复发；鬼化作子，讼以全消。

申详允驳章第一百三十一

(解审以官鬼为主，招详以父母为凭。)

但问招详，须看文书强与弱；如占解审，定推官鬼克和生。

若问解审招详之事，专以父作文移，官为用象，参推旺衰，可知允驳。细察克生，便知凶吉。

鬼爻不动不空，上合下心依此断；

父象不冲不发，官同民意照其详。

官爻安静，又不落空，则官体民情，民依官断。若文书不遇日冲月破旬空，又得安静，则招安供明，上怜下顺。

内外六冲，决然驳问；父官两动，必不允情。

卦值六冲，诸事难成，岂得公文俯就？故曰：决然驳问。父母为文书，官鬼为问官，父动则移文改稿，官兴则讯鞫[①]施为。

六爻皆静当依凝，世应同摇定改更。

父值青龙，详言有美；文临白虎，批语加刑。

但得六爻不动不冲，凡事妥当，文书依允矣！若世应同发，彼此皆有更变之心，故《经》云："世应俱发动，必然有改张。"文书若遇青龙，招详中此有美慰之句。若值白虎，驳示内多加险恶之言。

解审何愁鬼动，招详能忌官兴。

解审者，当厅鞫问，正宜官兴，但喜生我合我，便是我胜。招详

校者注　①　讯鞫（xùn jū）：审讯。亦作"讯鞠"。《史记·酷吏列传》："汤掘窟得盗鼠及余肉，劾鼠掠治，传爰书，讯鞫论报，并取鼠与肉，具狱磔堂下。"

者，只是文案申呈，不可鬼发，发则有变改驳。

问驳无官终不驳，问详无鬼必难详。

占驳无官，须知无贵主张，岂得驳乎？占详无鬼，定是缺官批允，宁得详乎？

鬼克世家批我重，官生应位驳他轻。

官爻克世，驳批我重。生世合世者，驳批我轻。若官爻克应，驳批他重，生应合应，驳批彼轻。

若要解神，为求福德。

在世则吾身有庆，此讼蠲[①]消；在应则彼处无疑，其词息灭。

如占讼事，但要子孙为解神，名曰：福德神。持世，则吾获吉庆；临应，则彼叨喜美。官府自能俯恤，事讼亦易消释矣！

应带父爻克世身，虑彼随招再诉；

世逢鬼动冲伤应，己心讼后兴词。

父母为文书，若临应克世，彼必随招越诉。官鬼为凶神，若动持冲克应者，虽然讼事杜结，我心不服，毕竟再举兴词。如世动应休，决难克我。世衰应旺，岂可伤伊？若得世应父官得遇空绝人衰，则公私讼息，万事情宁，永赖平安矣！

一得此章，万无其惧。

校者注　①　蠲（juān）：除去，免除；显示，昭明。

营为嘱托章第一百三十二

（以官鬼为主，不遇绝空冲破为佳。）

营为嘱托至官中，贞悔爻辞忌六冲。

嘱托之事凡有数之，有解我之忧，有制彼之罪，有睹面免托，有发柬移文，惟喜生合，最怪六冲。六冲者，反背无情之象，焉用嘱托之谋？

所喜鬼爻无克破，官来伤世反成凶；
鬼生鬼合专心听，官绝官空诈耳聋；
若挽他人来嘱咐，应爻切怪落其空。

官鬼作谋斡之人，又为官府，所喜生合世爻，不落空亡，则言听计从，方可成其大事。如值空亡，乃无权势不能动人。若来克世者，不惟不利，反有大害。如央人转求请托，以应为用，生世合世，称心遂意，十事九成。若遇空遇绝，枉费机关，万无一就耳。

欲要兴词兼得胜，皆宜官鬼值兴隆。

凡欲嘱托举讼包准赢，独要官鬼旺相发动，生合世爻，方获大吉。若值青龙旺动，大张声势，使人畏惧。如临玄武休兴，则卑谄阴唆，决非显扬全胜。

如求脱罪并归息，子孙持世永亨通。

凡营斡脱罪求息等事，须依子孙旺相，或发动持世，值日，皆为大吉。如子孙落空，则祸难解脱。

修书发帖忧财动，印绶交重定有功。

如卜书移文之属，以父为用。若值旺相发动，生合世者，乃文移得力，柬帖中机，大有功力。忽逢财爻独发，则父爻受克，书无恳切之句，文多泛泛之言，是为虚套耳。

送物受返章第一百三十三

（以应爻为主，财象为凭。）

应空不遇休来往，纵遇终遭侮慢声。

馈送财物，专在世应而断，若应值旬空月破，乃是无缘之故，其人不在，徒自咎来，纵然相遇，定非优礼尊崇。

财化退神物必返，若变空亡定纳情。

以应为彼，以财为值。若财变退神，决是相如完璧①；财如空绝，范增碎斗②无疑。

应克世身兄象发，本资亏折莫登程。

以礼馈送本为情义，若应克世者，反有间别，兄弟乃乡餮之神，又在卦中发动，中间必有谗侮，情疏礼薄，淡淡而已。

应爻生世财爻旺，一倍还加数倍盈。

若得应来生世，乃彼有情义之谊，又得财爻旺相，必得情投义重，礼仪丰赠。

校者注 ① 相如完璧：指蔺相如将完美无瑕的和氏璧，完好地从秦国带回赵国首都邯郸。比喻把原物完好地归还物品主人。

② 范增碎斗：“鸿门宴”这个故事发生在陈胜吴广起义后的第三年（公元前206年）。鸿门宴上，刘邦离去后，从小路回到军营里。张良进去辞别，将白璧一双送给项羽，将玉斗一双送给范增。范增接过玉斗，放在地上，拔出剑来敲碎了它，说：“唉！（项羽）这小子不值得和他共谋大事！夺项王天下的人一定是刘邦。我们都要被他俘虏了！”

六冲不可扳亲友，有物曾如且歇停。

六冲者，乃反背无情之象，卜值此爻，岂可交游？徒以礼馈于人，竟似无情流水。暂且消停，勿兴此念。

昧情隐事章第一百三十四

（吉则用子孙为主，凶则用官鬼为凭。）

瞒昧他人隐事情，噬嗑明夷革讼临；
大壮八纯兼无妄，卦占此象必知因。

占隐情事，乃暗昧之心，阴私之事，不可明显，只宜幽静。如噬嗑者，乃咬啮之象。明夷者，伤栽之卦。革者，鼎新革故。讼者，文词讦朔。地泽临卦，字有六口之形，难免路上有碑之颂。壮、妄八纯，皆系六冲之爻，反背无情，岂堪六耳司谋？

应空官绝无人觉，鬼雀兄摇难昧心。

应落空亡，官逢绝地，系是外人不知不觉，凡事无碍。朱雀为口舌之祟，兄弟是奸滑之神，又同鬼发，则摇唇鼓舌，伊谗他唆，是非胸胸，焉得瞒我哉？

日月不宜冲破世，子孙却喜动临身。

世被日冲月破者，必被外人暗晓，人难隐蔽，事渐发扬。子孙是解和之神，若得动临世象，反凶为吉，显而复隐矣！

动爻克世傍人报，合处逢冲后见真。

动者，发扬之象，若来克世，必遭傍人知觉，谤毁其事。合者，和合也，此占最宜六合，若被日冲合处，是名：合处逢冲，吉化为凶。故《经》云："事将成而复散，祸将灭而复萌"，正此之谓也。

福德化官忧祸起，世爻变鬼虑殃侵。

世为占者之身，子孙为和解之神，二者大宜旺相生扶，安静亦可。若动化官鬼，事多颠覆，隐者露而安静起祸患，缠延不泰矣！

遗迷失物章第一百三十五

（以妻财为主，福德为凭。）

遗失衣资兽与禽，财安鬼静却宜寻。

凡遗失物件各有属，用爻之中皆宜安静，不可发动，动则人移物变矣！

子孙独发须臾[①]见，玄武空变贼不真。

子孙为捕捉之人，又能生财制鬼，若在卦中兴发，所失之物必能寻获。玄武乃奸滑之流，又作盗贼，若值空亡，决非此辈，枉自猜疑。

鬼动兄兴财又陷，决然盗去永无因。

鬼动则行窃，兄发必骗耗，纵有坚墙固壁，必被穿窬窃去。若财爻又落空亡，失物以经变化矣，何从追捕哉？

衣服舟车凭父母，走兽飞禽用福神。

所失之物各有用爻，如衣服、舟车之类，以父为用；金银珍宝之物，以财为用；禽兽生气之畜，以子为用；强窃拐骗之贼，以鬼为用。各以生克衰旺参酌，方可追寻捕访根因。用若空亡，不可寻觅。

校者注 ① 须臾（xū yú）：表示一段很短的时间，片刻之间。

捕捉逃亡章第一百三十六

（以用神为主，应爻外卦为凭。）

失主获逃，能喜世兴伐应；公差捕贼，惟宜子旺伤官。

叛逆之人，以应为用；占问之主，以世为用。若得世克应者，以主执奴，有何难哉！强窃之贼，以鬼为用；捕捉之役，以子为用。若子旺子动，贼必就擒。故《经》云："子动伤官，日下须当捉获。"

应克世爻，潜踪灭迹；内伤外卦，易获能擒。

世为我，应为彼；又以内为我，外为彼。捕捉逃亡，我本捕彼，反被应克世爻，或外克内卦，则彼有机谋，潜藏秘密，似难寻获。若世克应，或内克外者，则贼以失机，易以就擒。如世应或内外比和，终须易见。若得世应相合，必然相会有期。

世伤伏下之爻，逃无去路；应值旬空之象，岂有形踪？

又论世卜伏神为逃者，若受世克，则贼投擒局，难以逃遁。假如天风姤卦，初爻世值辛丑土，能克伏神甲子水是也。如应值旬空，被遁远方，无从捉捕。

或占逃往何方，必详外卦；

凡占逃者在以何处，专以外卦推详。如乾住西北僻，巽遁东南隅，震藏东，而兑隐西，离南，坎北无疑，艮为东北方，坤是西南地，度其出入，参究玄微。

止问匿居此地，当察应爻。

若动若冲，非在其方隐遁；不空不陷，定居此处潜藏。

专问逃人在此处否，以应为用。若不空亡，又不发动，必匿此家，更逢日克世克，决难躲避，一力可擒。若应落空，不由此地，别处遁亡。应若发动，来而又去，复往他乡。日辰冲应，晚去晚来，或露或藏。

世空应不空，彼虽在而不获；鬼动子不动，人纵见以难擒。

世值空亡，自先懦怯，彼虽见在此处，无能寻捉。官鬼为彼逃奴，子孙为之捕役，官鬼发动，子反安静，似无人制服，纵然睹面，也难擒获。

六冲当路而行，把眼细观能撞彼；六合闭门而匿，用心密访却知情。

卦值六冲，乃是无情之兆，彼在拦街当路，独步散行，可以撞面。爻逢六合，是名和同之象，彼虽深闺秘室，匿迹敛形，自有情由透露，必用密缉方知。

如问亲人，当推用象。

若占亲友，详分六亲所属为用。如占公祖父母、伯叔母舅、姨姑姆婶尊长之类，以父母为用。

若卜占兄弟姐妹、表兄弟、结义合伙朋友、郎舅连襟、同窗同辈之流，以兄弟为用。

卜妻妾奴婢、宠嬖[①]情人之属，以财为用。

如子侄甥婿、小儿生徒、卑幼子孙，以子为用。

如非亲非友、不族不识、远亲故旧，难以列亲者，俱以应爻为用。详者深玩其理，不可错紊而误。

旺相合身，纵不寻而自至；空亡冲世，虽去觅以难逢。

如用爻旺相，而合身合世者，身虽远去，不久当归。用值空亡，或冲世克世者，身未出行，必先反背，飘然长往，觅之不见，召之不来。

校者注　① 宠嬖（chǒng bì）：指宠爱。

在内立本宫，逃非出境；临外居他卦，身至远途。

用爻若在本宫内卦者，潜匿于切邻近里，带青龙、贵人，则樵云钓月[①]，益友交游。加玄武咸池，则私归情窦，花酒留连。临白虎凶杀，则好勇斗狠，夜出晓归。

若居他宫或外象者，逃窜于异国他乡。遇青龙、天喜，则诗酒娱情，遨游于吴山越水[②]。逢玄武桃花，则寻花问柳，醉眠于楚馆秦楼[③]。兼白虎大杀，则张威耀武，猖獗于绿林海岛。

游魂路上偏游荡，归魂不久定归宗。

游魂而化归魂，人在途中，自后回归原籍；

归魂而化游魂，身居舍内，将来遍往他乡。

占得游魂之卦，不居旅邸，常于路上闲行，流荡忘返耳。若得归魂之象，触景怀思故里，不久已到家庭矣！游魂若化归魂，身居逆旅，心恋家乡，但迟弦朔，毕竟归宗。归魂若变游魂，纵然在舍，梦魂已系他乡。

但看何爻发动，便知隐在谁家。

要察逃者在何处，将内外卦中发动之爻，并用临之象细推可知。

青龙斋戒及文儒，喜庆门中可访；

卦值青龙发动，青龙者，擅诸喜事，遇之无不吉。逃亡值此，或寄于修行慈善之家，或集于诵经念佛之俦，或投于斯文儒雅之门，或躲于婚姻喜庆之场。用情询访，必有佳音。

校者注　① 樵云钓月：在明月高悬的夜晚钓鱼，在云气缭绕的山上砍柴。语出唐伯虎《渔樵问答图》诗："钓月樵云共白头，也无荣辱也无忧。相逢话到投机处，山自青青水自流。"

② 吴山越水：吴山，指江苏的青山；越水指浙江的碧水。

③ 楚馆秦楼：泛指歌舞场所，多指妓院。楚馆：楚灵王筑章华宫，选美人入宫；秦楼：秦穆公女弄玉善吹箫，穆公建楼给她居住。

白虎军兵并屠户，哀丧之所宜寻。

爻逢白虎兴隆，白虎者，能持凶恶，临之无不为害。推遁者，此乃入于将师军旅之队，或习于宰牲屠戮之业，或藏于军兵操演之营，或遁于哀丧举柩之前。留心密缉，可得相逢。

雀遇兄兴从博戏，逢兑卦而习梨园；

朱雀为口舌之神，若然发动，则哓哓而已。带兄弟，必随赌钱博奕之流。如父母，则投富室庸书教读。加妻财，则流于花酒淫欲之情窝。临兑卦，则演于戏乐之梨园。

武临鬼发作穿窬，化财爻而贪美色。

玄武乃阴私之属，倘若发动，岂堂堂乎哉？如官鬼，必作穿墙剜壁之主涯；化妻财，决逞携童挈妓之风流。杨花性态，逐处悠悠。

勾陈同泥土匠师，带杀则公差阻滞；

勾陈职专田土，又为阻滞之神，惯隐叛亡。若值发动，乃是锄泥漏土之作家，或砌墙造室之师流。或带官鬼，则公门之役拘留。

螣蛇共闲游光棍，遇子则僧道牵连。

螣蛇本主牵连，善为羁绊，若加发动，必主勾引。乃结游手好闲之辈，又同调歌喧乐之朋。若逢子孙，则罗齐于古刹，或炼药于丹丘。逢场作戏，走马秋迁，非僧非俗，假道假仙。

乾为寺观、马坊、城子及高楼；

用在乾宫，乃削发于上方古刹，或祷祈于社庙淫祠，或藏马厩之中，或游骡营之侧，或扬鞭策马，或题脚随骡，或高楼邃开以盘桓，或城垣台堡以栖迟。如斯之地，宜捕宜寻。

兑作庵堂、酒肆、鱼池兼水阁。

用临兑泽，乃为近涧近水之幽居，半村半浒之人家。躲避于茅庵草

舍之中，逃窝于鱼池会衅之旁。茶肆中洗盏烹茶，酒楼上当炉递酒，铜雀台[①]前问信，滕王阁上寻踪。如此之所可缉可擒。

坎隐江湖之口；

坎宫居水，逃者必隐江汉之间，或之舟于洞庭，或乘槎[②]于震泽，或飘于大海，或滞于长江，清泉洗耳濯足，长流渺渺茫茫，逐处堪留。

巽藏草竹之间。

巽宫属木，遁者必匿于丹丘之下，或结炉于苍松乔木之中，或驻节于茂林修竹之间，攀萝盖体，积草藏身，密密森森，随方可寓。

离当术士之门，或逃炉冶；

离本南方赤焰之火，乃托身于丝萝之店，寄迹于医卜之门，烧窑陶铸之炉冶，文章缠纬之方家。

震乃船枋之所，或躲木行。

震属东方木旺之乡，船舫安置，巨船盘桓，栖身于木牌之上，闪迹于林树之中，假扮撑船渡子，借形钓艇渔翁。

艮往山林，或与少男共往；

艮为峻耸之危峰，巍峨之门壑，探仙株避于幽谷，携少子栖于深林。沿山密缉，必得其踪。

坤行坟地，或随老妪同居。

坤为重地，广大无穷，高陵古迹埋名，僻垄荒茔避难。伴老妇于故

校者注　① 铜雀台：位于河北省邯郸市临漳县城西南18公里处，是全国重点文物保护单位。这里古称邺，古邺城始建于春秋齐桓公时，三国时期，曹操击败袁绍后营建邺都，修建了铜雀、金虎、冰井三台，即史书中之“邺三台”，是建安文学的发祥地。台高10丈，有屋百余间，因历代名人题咏甚多而名。

② 槎（chá）：木筏。

里，住寡妪之寒庐。牛栏之内宜搜，坟墓之中可获。农夫问信，牧子传音。

细观动静，便见行藏；既仗卦爻，何愁逃失！

潜身避难章第一百三十七

（以福神为主，用象为凭。）

人逢离乱避凶方，或为官灾去躲藏；
用旺子兴无患难，世空身陷永平康。

遭逢离乱之世，致罹兵火之危，欲远官非，或却沉疴[①]，卜幽隐遁，须得用爻旺相，子孙发动，乃为吉庆，骈臻[②]移避安稳。又得世空身空，则不受克，乃侨居巍座，远祸康宁矣！

六爻安静官无气，任尔行藏尽不妨；
鬼纵不摇来克世，难逃坎坷未为昌。

避难之人，不宜动扰，所忌者官鬼也。但得官衰卦静，则心安祸免矣！若官鬼虽然不动，而来克世者，乃余祸未除，终有累害。防之！防之！

用投墓库难离脱，主变生扶往必良。

墓库者，乃祸祟之门也。若用爻变入此门，如投罗网，灾祸难脱。但得用爻化出生扶，急迁别地，远避其危耳。

校者注　①　沉疴（kē）：指久治不愈的病。语出《晋书·乐广传》：“客豁然意解，沉疴顿愈。”

②　骈臻（pián zhēn）：并至，一并到来。

助鬼伤身风助浪，

官鬼能兴祸患，加财动来助，如虎添翼，又来克世者，决有大祸。譬如舟车行于湖海之中，只求安静，岂当风随浪涌，浪随风威，危险于顷刻之间？斟酌！斟酌！

随官入墓雪加霜。

墓者，墓库也。身世入墓，乃为不吉，若又随鬼入墓，大有凶祸。譬之严冬草木，既经霜伐，又加雪压，人本避难，争奈祸患接踵而来。慎之！慎之！

混占去向何方吉，福德临之便曰祥；

官入木中东有祸，子居水上北无殃。

若问四隅之内，吉者何所，切忌官鬼兴附之方。如木鬼要忌东方，火鬼莫去南乡之类。最喜子孙生旺之地，如子属金，宜往西边，子临水必去北疆。余皆仿此。

鬻[①] 身投主章第一百三十八

（以世应为主，父母为凭。）

命运乖违，必致鬻身延岁月；年时饥馑，还须投主度晨昏。

要决平生之事，当寻持世之爻。

不破不冲，百年可辅；落空落陷，一载难从。

鬻身者，出乎不得已，须择良善之生。若得世爻旺相生扶，可以聊生；若世落空亡，或值日冲月破，虽是暂时安置，毕竟终身落寞。纵然勉强，终是不久者耳。

校者注　①　鬻（yù）：卖。古同“育”，养育。

鬼立世中，殃有缠身之扰；空临应上，主无顾己之情。

为祸为灾，无非官鬼，若来持世，则灾生祸扰。应为主象，若值空绝，只可苟延岁月，是无作养厚情。

父母生身，蒙上辈维持之宠；弟兄克世，被同人谤陷之忧。

父母乃是主家，长上之尊，若生身生世者，常垂青目之盼。兄弟乃同辈之俦，倘来克世，则彼肆嫉妨之谋。

世冲父位，主仆无缘；财合身官，起居有利。

父为主，世为我，不可相戕，若值冲克，似为无缘不合，难以相利。财为衣禄，若得生合世爻，则衣禄无亏，利资有望。

子旺财明多积蓄，兄兴鬼发染灾非。

子动生财，财因子助，乃积蓄丰余，津津不竭。鬼同兄发，鬼耗官灾，乃灾生财散，件件不实耳。

鬼动并日辰伤世身，受夭殃；父兴同应位合财室，遭主玷。

卦中最忌者，官鬼也。若发动又同日辰克世者，须防不测之灾。财者，妻也。若父爻并应爻合财者，则主婢淫混。

多是多非，盖为动爻临朱雀；常来常往，皆因主象值游魂。

朱雀主口舌，若值动爻，则终朝咭聒，寝食不宁。游魂为游荡，若卜此卦，乃流荡忘返，萍踪浪迹之徒耳。

再推之卦之合冲，方决始终之遐迩。

之卦者，变卦也。细辨其中之冲合，可断终身之吉凶耳。

投充兵卒章第一百三十九

（以世身为主，财福为凭。）

投兵须把世爻详，逢旺逢生去必昌；
若遇旬空无对敌，如逢月破丧他乡。

凡占投充兵者，世以为用。但得日辰生世，或世旺相，则功成利厚，力加体康。若遇旬空，则无人对敌。若逢月破，则大有刑伤，大不吉利。

随官入墓身遭厄，助鬼伤身命受殃。

随军出战，所忌者官也。若临世临身临命而入墓者，名曰：随鬼入墓。必有丧亡之凶难。鬼宜安静，若逢财动能助鬼兴，又伤身世者，名曰：助鬼伤身。决主身陷命倾，难归乡井。

官鬼若还冲克世，曾如不去反为良。

军旅之忌，惟以官鬼，若来冲世，不过被彼克伐，未决输赢。若来克世，大有刑伤，乃未沾利禄，先遭戕戮。不如安分，且守故乡。

土官克世遭坑陷，金鬼冲身刀箭伤；
水鬼定然逢波险，火官必主犯红光；
木爻值鬼多刑责，福德交重最吉祥。

克世之官，大凶之象，须分五属，可以拒避。如鬼属土，防彼掘陷坑入，又防疾病。金鬼忌伊利锋刀箭，及防跌蹼。水鬼必设背水之略，又被风波险阻。火鬼惟逃火患，又虑烧屯之劫。木鬼是有鞭朴之刑。子孙为和解之神，须得一发，则万祸自消矣！

世去克他宜出战，应来克我莫登场。

世为我，应为彼，若世克应爻，则战必胜彼。应若克世，彼必多能。

财旺饷资加倍得，兄兴诚恐灭兵粮。

财乃口粮，旺相则丰余，休囚则不敷。兄为耗祟，安静则可；发动，则有扣除之患。

官爻持世无冲克，必作先锋佐帝皇。

官爻最宜持世，又宜安静旺相，则有奇能美爵。若值冲克，必有奸佞窃夺功权之祸。

出家修行章第一百四十

（以身世为主，金木为凭。）

羽士全真，跨鹤乘牛[①]而脱俗；缁流守戒，明心见性以离尘。

本官寅卯，允宜道院仙家；金卦酉申，尤利空门佛子。

世静善能和众，身安但可随缘。

道士宫观，羽衣蹁跹[②]；释子寺庵，缁衣守戒。或脱俗离尘入虚空境界也。

木主发生，乃仙家铅汞丹鼎炼度之处，是以青阳寅卯离得生生不已。

金位梵宇西方，正释氏慈悲，方便超度之门。故金天酉申水，赖化化无穷。又得子孙世静，利于十方供养，本身宁谧，尤便随处结缘也。

校者注　① 乘牛：指老子乘青牛。刘向《列仙传》记老子出关："后周德衰，乃乘青牛车去。入大秦，过西关。关令尹喜待而迎之，知真人也。乃强使著书，作《道德经》上下二卷。"在后人心目中，老子是一位大耳下垂、须发皆白，但精神爽朗，神态安详，乘青牛而隐逸的老者。

② 蹁跹（pián xiān）：形容旋转舞蹈。亦作"翩跹"。语出唐·元稹《代曲江老人》诗："掉荡云门发，蹁跹鹭羽振。"

既旺既相，寰中之士绥祯[①]；升阴升阳，物外之人迪吉。

华盖临身，应为僧道；孤辰值卦，当作虚无。

出家身世旺相，是寰宇[②]中真正之善士，而又值升进少阳少阴太初之若，诚为方外之吉人。

华盖者，卦中正月戌、二月未、三月辰、四月丑；五月又行戌，占只此四位轮之。

孤辰者，春巳、夏申、秋亥、冬寅。凡占出家，如值身，当为僧道。设若俗人得之，毕竟难为子息也。

身爻克世，出家守正如心；世应比和，行止谋为称意。

世云克身，道境僧堂宜敛足；财来伐世，檀那[③]施主尽孚诚。

如卦身克世，乃守身正行，出家焚修，无不遂心。而卦中世应一体，不犯侵夺，比并安和，则所作所为，悉皆如愿也。

至如世爻克害身爻，僧道则宜守规养静，不得野走闲行，慎之有益。如财爻克我世爻，则十方施主善人，都得开心见诚，尽来舍施，虽动何妨。

一位父重，变迁事务；六爻安静，纳福清规。

财旺逢生，广收贮福田之利益；鬼兴带贵，好参谒禄位之官员。

卦爻不妄动，一交一重，即有变更迁易，庶务显著昭告之机。若究六爻安然不动，则禅关道范享福无涯也。论财为养命之源，如得旺相，又值逢生，大宜福田广种，仓库充盈。若见官爻带贵，及青龙而动，尤利于参贵，谓官大有攸往之象。

勾陈持世俗缘缠，白虎加身官讼扰。

父母合身，蒙师接引；青龙附体，仗贵周全。

校者注　① 绥祯（suí zhēn）：安好，吉祥。

② 寰宇（huán yǔ）：指整个宇宙，整个空间。

③ 檀那：梵语音译。意译布施，即给与、施舍之意。中国、日本又将檀那、檀越引申为施主之称，即施与僧众衣食，或出资举行法会等的信众。

勾陈持世，系根生土养之处，故主俗家尘事牵缠，白虎临身，则惊动官讼扰害。设若父母合身合世，有承蒙师相接引之兆。果如青龙持世，则全仗贵人扶持，斡旋之征矣！

财之官鬼，被贼被冤；煞并勾陈，遭磨遭障。

陈临兄动，主法卷意外之勾连；空值父爻，定经文破遗之阻节。

财爻之化官鬼，被惹贼子，或遭冤抑之情状。煞爻并值勾陈，干犯殃魔，或业障之欺凌也。勾陈临于兄动，内主勾连经典之事绪。父若落空，有破阻文书之遗失。

父母贵交，则父师通圣；子孙龙并，则徒弟齐贤。

二父克身，心被俗家之绊；重官伤世，体遭枕席之灾。

印绶为出家人之父祖，天贵同官，则灵通神圣。福德为虚无子之后嗣，青龙其位，则智慧贤能。重重父母克世爻，方寸被俗家之羁绊；叠叠官爻伤世象，四体有采薪之忧[①]烦。

财陷则枉开疏簿，鬼空则徒费谋为。

纯阳易于修炼与参玄，乱动难为坐禅而入定。

寺院募缘，全凭注疏题名，财陷则写之无益；释道谋作，必得动止合规，鬼空则设亦徒劳。

艮坤利岩谷中栖身隐迹，离巽堪城市里养性修真。

煞值游魂，休游云水；世居衰绝，莫置田园。

艮山坤土，深岩隐而吸月食霞；离杂巽卑，闹市居而闭开卜迹。煞值游魂，不利天涯海角；世居衰绝，何须阡陌田庄。

校者注　①　采薪之忧：病了不能打柴，自称有病的婉辞。采薪：打柴。亦称“负薪之忧”。《孟子·公孙丑下》：“昔者有王命，有采薪之忧，不能造朝。”朱熹集注：“采薪之忧，言病不能采薪。”后因以“采薪之忧”指患病。

世空身旺，此是地行之仙；子动妻摇，斯为还俗之汉。

宝刹[①]无尘，缘身空之不动；琳宫[②]独盛，取应旺之来生。

世空身旺相，地行之仙，与子动显妻财，还俗之汉也。业林金壁辉煌，为身空不动。道境琳琅隆盛，缘应旺生身。

世奇应偶，身静神清；合世生身，寿高德邵[③]。

兄动则业根难灭，身兴则俗债未完。

世居阳，应居阴，神宇清，而身官静。世得生，身得合，德业大而年寿高。兄动则欲火方炽，身兴则俗缘未除。

世应不和身妄动，决非大神授受之正传；

岁君交作父加临，身获大君宠恩之上锡。

试观大易六爻，妙在玄机一泄。

佛老在世应比和，和则有缘有法。今乃世应相克，而身又妄动，此僧此道，决非天神正之妙。太岁若动，又在父母之位，则师公父祖，必受至尊恩宠之颁锡[④]也。试考《周易》经书，全有六爻判断，若于虚无事迹，还凭一理而推味之哉！

修真炼性章第一百四十一

（修释以金为主，修道以木为凭。）

离宫修定，瞿昙[⑤]之佛能成；坎府求玄，蓬岛[⑥]之仙可作。

校者注 ① 宝刹（chà）：敬辞，称僧尼所在的寺庙。佛寺或佛塔的美称。

② 琳宫：仙宫。亦为道观、殿堂之美称。

③ 寿高德邵：年纪大，品德好。邵：美好。

④ 颁锡：赏赐；分赏。亦作“颁赐”。“锡”通赐。

⑤ 瞿昙（qú tán）：释迦牟尼的姓。亦作佛的代称，或借指和尚。

⑥ 蓬岛：即蓬莱山。蓬莱是中国神话传说中的神山名，常泛指仙境，是仙人居住的地方。唐·李白《古风》之四八：“但求蓬岛药，岂思农扈春？”

人欲超凡入圣，须世旺身安。

灵台修持，出尘入定，西方佛子，证果皆成。肾水得坚，东来紫气，青牛独跨，超然入关。卦须世旺，又在身安。

无身则圣岸难登，空世则天书不绝。

阴阳安伏，心清意静好修真；内外交重，情乱性刚难学道。

若或无身，则彼岸难登。如其空世，则天书不录。阴阳得位，安然不动，是乃心清意静，真修之善士，若果内外交重，此乃情乱性刚，非为学道之高人。

六爻静则六贼不兴，五类全则五行恒逆。

无合无冲无阻节，不空不动不更迁。

六爻不兴，则六贼宁静。六贼者，眼、耳、鼻、舌、身、意也。五行恒逆，则五类真全。

五行者，心、肝、脾、肺、肾也。六贼不兴，必心有主宰，固宜修养。五行恒逆，则戕坎填离，金丹可就。无合无冲，事无阻隔节得。不空不动，身如磐石之无改移也。

烧丹养火，喜龙虎之交蟠[①]；面壁坐禅，得坎离之交姤[②]。

卦属金宫，释门可入；世临本地，道教宜从。

龙虎交蟠者，日青龙与月白虎。或月青龙与日白虎，同临身世即是。降龙伏虎，再加财福两旺，是炼丹得道而成。

坎离交媾者，卦值内火外水，或下火上水，既济卦是也，此乃火降水升，禅林上乘之士，内官秀实之人也。

卦居乾兑，或居酉申，大利空门之子；世值卯寅，或卦临震巽，诚为道教之徒。

校者注 ① 蟠（pán）：屈曲，环绕，盘伏。

② 交姤（gòu）：指交配。

世值升爻，渐往天堂之境；身居降位，难逃地狱之途。

鬼旺福柔，预布英雄之智量；子强官弱，夙培良善之根荄。

世值升阳，天堂堪往；身居降位，地狱难逃。官父旺福神柔，英雄之酌量预逞。子孙强鬼象弱，良善之根芽宿培。

官化子孙，先作后修成正道；子之官鬼，始修终作岂升天！

一字精微，万无漏泄。

官化子孙，先作后修而成功不小，有始有卒者能之。子之官鬼，始修终作而结果无真，此先贞后黩[①]者之为也。卦理字字，究入精微；易象六爻，岂容漏泄！

坐关不语章第一百四十二

(以世爻为主，福德为凭。)

闭关不语修心行，打坐参神莲气同；

一应最宜爻静合，诸般却忌世逢冲。

闭关者，锁住心猿意马。不语者，禁止妄语狂言。打坐者，运转性真元气。参禅者，恳求秘旨玄机。诸般功果，一切事宜，六爻皆当安静，身世最忌克冲，凡欲修真，须明此理，

世空自不专诚守，应陷难招施主从。

世为一身之主，如遇空绝，毕竟难守空门戒行。应任十方施主，若逢绝时，谁趋法座皈从。

身动必然心变革，斋粮缺乏犯财空。

心为一身之主，世爻若动，心必变更。财为日用之需，财若空亡，斋粮绝望。

校者注　①　黩（dú）：污辱，玷污；随随便便，滥用。

多灾多讼因官动，无始无终为六冲；
化出冲时难结果，六爻乱动改西东。

官鬼能兴灾祸。修道之人逢官发动，虽不克世，自然有灾有讼，若来克世，其祸不小。但凡求道之占，不宜冲克，若卦值六冲或化冲击，或六爻乱动，皆系变迁之象，岂得守真志满，必然逐物意移！

卦无福德空修炼，世值儿孙得大功；
父与上爻生合世，天人庇佑福无穷。

卦内子孙为福德，若占修道，全赖此神。须要生扶拱合，大则功成行满，白日飞升①；小则还元固本，益寿长年。

倘落空亡或不上卦，则心无诚敬，身有更张，祥关冷落，丹室荒芜，当为画虎不成之诮耳。如父母并上六爻生世合身者，天从人愿，得福无边。

持斋受戒章第一百四十三

（以官爻为主，福德为凭。）

心欲皈依五戒专，用爻得地好参神；
原神上卦天常佑，忌象临爻病久缠。

凡占参禅②修道，须得用爻有气，原神上卦。用爻有气，则道心坚固；原神扶助，则法力弥高。所忌者，冲用克用之爻。用遭冲克，病祸易生，道心易退。

自己奉斋身作主，他人受戒应为先；
落空值破遭磨折，遇旺逢生有善缘。

校者注　①　白日飞升：旧时指道家修炼得道后，在白昼升上天界，成为神仙。
②　参禅（cān chán）：佛教指静坐冥想，领悟佛理。

有为自己占，或为他人卜，己卜以世为用，他占以应为用。用值旬空月破者，虽则心怀善愿，又遭病入膏肓[①]。若得用爻逢生、逢旺而发动者，乃宿有善缘，终成正果也。

虎雀爻兴心不尽，游魂卦发意多迁；
子孙旺相根栽善，官鬼交重孽未完。

爻逢雀虎，卦值游魂者，中多事故。雀动有口舌，虎动多祸扰。游魂之卦，迁移不定，僧道远此，方可修行。若遇诸凶迭发，则素心奢侈、赋性轻狂。惟有子孙为之福德，旺相兴隆，前世植有善种，愈久愈坚。独怪官鬼为之孽冤，乃前生所造，未得顿除。

用与六爻生合者，天从人愿永长年；
六冲早晚开斋戒，内外相生道必全。

持斋受戒，欲求功成，须得内外相生，六爻相合，乃道念和同，义情宁静，永久无更。若值六冲，道不成而斋必破，心不安而行已亏，凡事无成矣！

食淡戒咸求却病，守箴绝欲保身安；
印经塑像皆祈福，一应修行共此篇。

凡修行之人，有戒咸食淡者，乃以六根[②]之秽守箴。绝欲者，乃蕴五内之玄，诵读祖师之经忏，绘塑神圣之仪容，延生延福，消罪消灾，诸般戒行，一体推详。

校者注 ① 病入膏肓（huāng）：形容病情严重，无法医治。膏肓：古以心尖脂肪为膏，心脏与隔膜之间为肓，膏肓之间是药力不到之处。比喻事情到了无法挽救的地步。

② 六根：佛家所说六根是指身体的六种感觉器官，也指六种认识的能力，即眼是视根，耳是听根，鼻是嗅根，舌是味根，身是触根，意是念虑之根。

开斋破戒章第一百四十四

(以用爻为主，福德为凭。)

开斋开戒还宜福，鬼若交重祸便生；
急要原神居旺地，不宜忌象值时兴。

凡占开斋破戒，须以子孙为用神，若得旺相或发动，去后平安。若子孙衰静，官鬼兴隆，乃无人制服，多生灾祸来侵。又宜原神旺相生助，助则有益，不堪忌神发动，动则生殃。

用爻若也空而绝，必犯灾危捐寿龄；
助鬼伤身随鬼墓，逢之多病岂康宁！

用爻若值空亡，或逢墓绝，破斋破戒之后，多灾之祸，损寿损元。或助鬼伤身，或随官入墓，皆系不祥之兆。

归宗还俗章第一百四十五

(以世身为主，财福为凭。)

僧道今占还俗宗，世人复祖概相同；
皆宜财福兴而旺，各忌兄官交与重。

凡僧道若占还俗，与赘继归宗同论，惟喜妻财。若旺则归宗，足有衣禄之用。子孙旺动，则家室安宁。独怪官兴兄发，官兴则是非接踵，灾病缠绵，兄动则财源耗散，艺业萧条。

世上有空谁曰吉，身中无破哪云凶？
八纯未可归宗族，卦得归魂返舍荣。

世是平生之本，只宜旺相兴隆，岂可空破？一值空冲，其身无倚，

焉得亨通！八纯者皆系六冲，冲者散也，乃是无情之象；占者遇此，百无一就，宁得遂其为乎！倘卜归魂之卦，或化归魂，方可归宗。故《经》云："游魂化入归魂，返舍回来大吉。"

宪台赐示

浙江等提刑按察司带管分守浙西道副使车为优奖事：照得冠带术士张世宝幼虽丧明，性多颖悟，乃能精穷易理，卜筮屡验，且著书成帙，谈兵颇通，诚盲于目不盲于心者，良可嘉尚[①]。除行县给匾，外为此劄[②]，仰冠带术士张世宝照劄事理。今承优奖之后，务要益精乃艺，为时名流，慎勿自画有孤。本道优嘉之意，须至劄付[③]者。

右劄付冠带术士张世宝准此。

有万历三十二年九月初六日印。

优奖事，劄付（有押），守字六号（有印）。

校者注 ① 嘉尚：赞美；赞许。

② 劄（zhá）：即劄子，官府中用来上奏或启事的一种文书。劄同“札”。

③ 劄付：官府中上级给下级的公文。

缙绅赠言

申太师（名时行，号瑶泉）

解绶归休半榻清，偶从卖卜识君平；
绿图秘诀千年异，紫笈高谈四座惊。

国泰有人占岁月，身困凭子问虚盈；
燃藜夜著床头易，洛史难专万古名。

潘尚书（名季驯，号印川）

古吴高士擅名流，颖悟玄微蕴斗牛；
道合枢机分造化，数明元会定春秋。
闲挥麈尾风生座，静煑[①]龙团月上钩。
晏起北窗醒午梦，自甘林壑傲王侯。

吴宪副（名秀，号屏山）

曾闻张仲号张仙，奕叶绵绵起后贤。
先生无乃是其系，胸多异术合重玄。

知来更知往，先天与后天；淳风元伯仲，鬼谷亦比肩。

古称明心胜明目，天机冥会千古前。
五运六气兮秘诀，三皇四圣兮真传。

校者注　①　煑（zhǔ）：同“煮”。

顾侍御（名尔行，号儆韦）

卖卜吴兴季主俦，垂帘永日复何求？
探玄不数葫芦秘，折卦还同谢石幽。
箧[①]有新书堪翼易，门多新弟解从游；
栖迟媿[②]我立园下，检点行藏谁似谋。

徐太常（名播，号仰斋）

归卧从谁论甲庚，张华尚异术何精；
闾间争问先天易，湖海遥传大隐名。
千载不须称季主，三吴亦自有君平；
由来胸次藏星斗，缓颊无烦宠辱惊。

王礼部（名谦）

君自乘槎银汉回，天机妙悟彻三台；
家居红蓼环苍水，门对青山荐绿醅[③]。
讲易春朝云满室，谈玄秋夜月侵台；
只缘术妙公卿动，冠盖翩翩结肆来。

校者注　①　箧（qiè）：小箱子，藏物之具。大曰箱，小曰箧。

②　媿（kuì）：古同“愧”。一般指因有缺点、错误或未能尽责等而感到不安或羞耻。

③　绿醅（lù pēi）：绿色美酒。唐·胡曾《姑苏台》诗：“吴王恃霸弃雄才，贪向姑苏醉绿醅。”

王会宪（名豫，号槐庭）

先生卖卜霅溪[①]浜，髣髴[②]城都市上人；
十载悬壶观世运，一时挥麈折星辰。
象涵太极心常照，机入先天道自神；
多少春明裘马客，秋风闲却白纶巾。

又

世路崎岖不可行，茫茫何处问前程；
红尘扰扰双眸乱，不似张君心独明。

张少卿（名邦伊）

石屋长餐海上霞，风吹吹动满庭花；
门前碧草来车马，知是成都卖卜家。

卢别驾（名舜治，号志庵）

羡尔高名四海知，易林操纵世应稀；
胸中妙算窥羲脉，笔底神占绶也脾。
漫说君平堪作偶，争夸季主未为奇；
异书莫竟空怀宝，亟捧明珠献盛时。

校者注 ① 霅溪（zhà xī）：又称霅川、霅水，是浙江省湖州市境内的一条河流。“霅”是形容水流激越的声音。东苕溪与西苕溪发源于天目山，分流至湖州市区后汇合，溪水湍急，霅然有声，如名霅溪，往北注入太湖。清光绪《乌程县志》：“霅川漫流群山，环列秀气可掬，城中二溪横贯，此天下所无。”苕溪与霅溪源出一脉，自古以来就是湖州的主要河流，因此，历史上往往以苕上、霅上、苕霅、霅川等来作为湖州的别称。

② 髣髴（fǎng fú）：隐约，依稀；约略的形迹；好像，相似于。同“仿佛”。晋·陶潜《桃花源记》：“山有小口，髣髴若有光。”

顾太守（名嗣衍，号肖溪）

隐沦清晤振儒林，道合梅花天地心；
决策市中惊握粟，著书海内重操金。
午风翠竹翻秋色，斜日苍梧转夕阴；
自抱玄玄轻世鞅，月明沉醉枕瑶琴[①]。

张运使（名汝诺，号省台）

曾闻秦晋多名卜，试见张君茗雪浜；
两目失明天独限，一心彻理世无伦。
谈玄倾倒悬河汉，论易精微惊鬼神；
深得秘传芳誉远，应来国宠动朝绅。

费太守（名兆元，号台简）

季主由来业有师，贾生从叩下帘时；
风生客座谈天处，杖满蚨钱[②]贳[③]酒资。
已向支干搜隐秘，更于禄命探幽奇；
三旌高爵非吾意，闲傍荆江一赋诗。

校者注　①　瑶琴：用玉装饰的琴。南朝宋·鲍照《拟古》诗之七：“明镜尘匣中，瑶琴生网罗。”

②　蚨（fú）钱：指钱币；新生的荷叶。

③　贳（shì）：本意为出租、出借，后引申为与之相关的经济活动。《说文》：“受者曰赊，予者曰贳。”贳，贷也。

丁比部（名浚，号见源）

妙悟元无际，高谈亦有秊[①]；漫将四圣理，常为世人传。
蚤[②]誉闻天下，先知见画前。君平千载后，那复更翩翩。

魏太史（名珩，号二方）

曾传仙术隐吴中，静几雄谈泄化工；
冠盖自天来冀北，声名动地振莒东。
数侔[③]管辂[④]鸣当代，卜擅君平振古风；
独步松窗心镜彻，任教明月下瑶空。

陶外翰（名大邦，号惺庵）

昭代推高雅，吴中仅见君；金书传秘诀，玉镜得真文。
决策饶春色，垂帘送夕曛；谈玄无俗驾，满座尽青云。

董仪部（名嗣成，号青芝）

似矜双目瞽，终是寸心明；帘肆藏名久，蓍龟见道精。
由来称季主，此日遇君平；为问遭阳九，何时际世亨？

校者注 ① 秊（nián）：“年”的异体字。

② 蚤：古同“早”。

③ 侔（móu）：相等，齐等。

④ 管辂（lù）：管辂（209－256 年），字公明，平原（今山东德州平原县）人。三国时期曹魏术士。年八九岁，便喜仰观星辰。成人后，精通《周易》，善于卜筮、相术，习鸟语，相传每言辄中，出神入化。体性宽大，常以德报怨。正元初，为少府丞。北宋时被追封为平原子。管辂是历史上著名的术士，被后世奉为卜卦观相的祖师。管辂一生著述甚丰，主要有《周易通灵诀》二卷、《周易通灵要诀》一卷、《破躁经》一卷、《占箕》一卷，给后人留下了宝贵的文化遗产。

钱大尹（名中选，号玉球）

无钱漫说五明奇，易圣何如董贺诗；
闻道苕溪张日者，著书神悟胜蓍龟。

严中翰（名自省，号一吾。）

双眸暗暗寸心明，神卜争传江左名；
十载著书传海内，一时纸贵价连城。

又

画前有易号先天，休咎由来总不传；
一自秘书增补后，教人如遇大罗仙①。

潘中翰（名廷圭，号鸡园）

张籍高名旧，逃玄托步占；谈虚能辨石，习静每垂帘。
榆巷深车辙，芸窗满轴籤②；圣朝崇隐德，雨露喜均沾。

王孝廉（名震，号荆庭）

蜀肆垂帘坐，悠然市隐仙；峨冠承国宠，秘术得家传。
细雨滋苔藓，轻云接绿烟；侯芭问奇罢，闭户独探玄。

张孝廉（名宪，号银河）

西吴产佳士，道自合重玄；旧誉流千里，新恩沐九天。
闲庭鸠杖雨，净几兽炉烟；王母时相讯，翩翩青鸟传。

校者注　①　大罗仙：即大罗神仙，指超脱一切时空，永恒逍遥的仙人。
②　籤（qiān）：剥掉，去掉。

易林补遗后序

予以《诗》起家，未尝攻《易》，然好《易》。终于兵宪王先生座上，闻讲《易》，先生谈《易》娓娓，自谓深入，不佞听之，若解、若不解，《易》真难言哉！

匪直经生老博士家，仅沿唾余，浑如嚼蜡，即所称勒成一家言者，凿空支离，言日以赘，旨日以晦，赘赘不已，晦晦相仍，建鼓而求亡，是邪非邪。夫子教人寡过，又语称为臣，不可不知《易》，予既无当于不知《易》者，又无当于知《易》者，怅怅[①]乎将终其身，聋且瞶焉，辄悔恨久之。

星元张君，吴产也。卖卜苕上二十年，与人谈吉凶趋避，事若指掌。又发愤思敩[②]，昔人垂空文以自表见，汇成一编，名曰《易林补遗》，探幽索隐，缕析星分，始读之棼如也，既按之秩如也，徐考之确如也，又渊如也。予卒业焉，曰异哉！嗟夫，予以有目眯，君以无目明，君之过不佞远矣！

昔君平之在蜀肆也，与父言慈，与子言孝，人人洒然顾化，其精诚上通于天，功岂小补？张君名既成，其益勉焉。端筴[③]立论，一如君平，予将以君为筚路蓝缕[④]，辟予榛莽[⑤]之途可也。予不佞，不作一切

校者注 ① 怅怅（chàng）：失意的样子。唐张南史《草》诗：“青青千里遥，怅怅三春早。”

② 敩（xué）：古同“学”。敩（xiáo）：效法；教导，使觉悟。

③ 筴（cè）：“策”的异体字。

④ 筚路蓝缕（bì lù lán lǚ）：驾着简陋的柴车，穿着破烂的衣服去开辟山林道路。形容创业的艰苦。筚路：柴车；蓝缕：破衣服。语出《左传·宣公十二年》：“筚路蓝缕，以启山林。”

⑤ 榛莽（zhēn mǎng）：杂乱丛生的草木。

溢美之言，政不敢诬张君，并不敢诬《易》，且诸大夫道详矣，何取不佞之赘？亦惟恐赘也，恐如向者愈赘而愈晦也。

赐进士第文林郎郡人钱中选撰

易林补遗后跋

昔者圣人作《易》，立象尽意，盖象立而吉凶消长之理、进退存亡之道备矣！中古圣人恐有画无文，民用弗彰而系之辞焉，而又举象之所示而阐明无遗，故曰“尽意”，又曰“尽言”。谓之曰尽，则絜净精微，无可增损，何遗又何补乎！

晚世“日者[①]”谓卜以道疑教愚，言不厌烦，于是各以己见成一家言，而说始林立。焦氏而后益浩繁矣。不知说愈多则舛合分而遗益众，盖多歧亡羊，势固然也。自非得意忘象，而糟粕前言者孰能补之？

张君幼稚目盲，长而究心易理，殆反观内照而得意者，故萃诸家所遗而补之。是书果行，其有功于卜筮不浅也。昔左丘明而传《春秋》，名在万世；今《补遗》之张君，意将与左氏并不朽耶！

会稽陶大邦

校者注 ① 日者：指古时以占候卜筮为业的人。亦指中国古代观察天象的人，称为天官。

附　录

卜筮正宗

［清］王洪绪　辑
闵兆才　编校

華齡出版社

目　录

卜筮正宗卷之一

卜筮正宗卷之二

卜筮正宗卷之三

卜筮正宗卷之四　黄金策总断

卜筮正宗卷之五　黄金策

卜筮正宗卷之六　黄金策

卜筮正宗卷之七　黄金策

卜筮正宗卷之八　黄金策

卜筮正宗卷之九　黄金策

卜筮正宗卷之十　黄金策

卜筮正宗卷之十一　黄金策

卜筮正宗卷之十二　黄金策

卜筮正宗卷之十三　十八问答(附占验)

卜筮正宗卷之十四　十八问答

陈 序[①]

戊子之岁[②]，余备员[③]南薰殿[④]，会纂方舆[⑤]。至秋，恭承简命[⑥]，来牧[⑦]平江。适当旱潦垒罹之候，簿书[⑧]纷扰，土俗繁嚣[⑨]，加之以疫疠[⑩]，凡所以轸恤[⑪]补救之事，刻无宁晷[⑫]。稗[⑬]者革之，利者兴之，谨身率属。幸吴民稍稍响化，不负余仰体[⑭]九重[⑮]，简畀[⑯]之至意。政事之

校者注 ① 陈序：《故宫珍本丛刊》版卜筮正宗，此篇序言题目为“序”，“张序”二字为校者所加。本书是以《故宫珍本丛刊》版卜筮正宗古书为底本，并参照多个版本编校而成。

② 戊子之岁：即康熙四十七年，公元1708年。

③ 备员：意思是凑足人员的数，充数。此处为谦词。

④ 南薰殿：明朝紫禁城宫殿。始建于明代的汉族宫殿建筑，位于外朝西路，武英殿西南，为一独立的院落。

⑤ 会纂方舆：指众人聚在一起编纂地理书籍。

⑥ 简命：选派任命。语出元·柯丹丘《荆钗记·堂试》：“简命分专邦甸，报国存心文献。”

⑦ 牧：统治；主管。

⑧ 簿书：官署中的文书簿册。

⑨ 繁嚣（fán xiāo）：繁杂喧闹。清·戴名世《老子论上》：“大抵为其术者，屏繁嚣，守清净。其说近老子，故亦时时称诵老子之道。”

⑩ 疫疠（yì lì）：瘟疫。急性传染病的通称。

⑪ 轸恤（zhěn xù）：深切顾念和怜悯。语出《旧五代史·梁书·太祖纪七》：“史载葬枯，用彰轸恤；礼称掩骼，将致和平。”

⑫ 宁晷（níng guǐ）：含义是安定的时刻。清·黄六鸿《福惠全书·莅任·详文赘说》：“自豫抚题定之后，一切使客差员，大半皆由东路送往迎来，日无宁晷。”

⑬ 稗（bài）：稻田里的一种杂草。此处引申为有害之事。

⑭ 仰体：谓体察上情。语出明·沈德符《野获编补遗·列朝·世庙改称》：“其后，庙号果不爽，亦辅臣徐阶辈能仰体上遗意也。”

⑮ 九重：指朝廷；帝王。

⑯ 简畀（jiǎn bì）：谓经过选择而付予。《书·多方》：“简畀殷命，尹尔多方。”孔传：“天与我殷之王命，以正汝众方之诸侯。”《清史稿·世祖纪二》：“反复思维，朕实不德。负上天之简畀，忝祖宗之寄托，虚太后教育之恩，孤四海万民之望。”

暇，凡吴民之以节孝称，吴士之以艺文著者，为之表扬奖励，以冀[①]有裨风教[②]。而师巫杂技，无不屏黜[③]，靡遗迩者。方舆之书，将次告竣[④]。

适有王生，以《卜筮正宗》一书呈政[⑤]。披览之余，知是书之旨，皆本青田[⑥]，而辟讹阐谬，几大反从前之诠解。证之以师传，考之于占验，谆切详辨，十有八论，皆布帛菽粟[⑦]之语，而一归于古人设教以前民之旨。

夫"惠迪、从逆[⑧]"，《书》有吉凶之训；阴阳奇偶，《易》宗河洛之传。左史而下，其术益著。余故不遑[⑨]详究其说，而于前此诸坊刻，亦尝博观而旁猎之，固未有明晳如斯者。

校者注　① 冀（jì）：希望，期望。《国语·鲁语》："吾冀而朝夕修我。"宋·王安石《答司马谏议书》："冀君实或见恕。"

② 风教：《诗大序》云："风，风也，教也。风以动之，教以化之。"后以"风教"指风俗教化。

③ 屏黜（píng chù）：排斥；抛弃。三国蜀·诸葛亮《临终遗表》："提拔隐退，以进贤良；屏黜谗奸，以厚风俗。"

④ 告竣（gào jùn）：指宣告事情完成或结束（多指大的工程）。

⑤ 呈政：敬辞。犹言请指正；呈上请指正。政，同"正"。清·青城子《志异续编·仙弈》："因设乩，请仙吕祖下降，布局呈政。吕祖云：'输一子半矣。'"

⑥ 青田：即刘基（1311－1375），汉族，字伯温，青田县南田乡（今属浙江省温州市文成县）人，故称刘青田。元末明初军事家、政治家、文学家，明朝开国元勋。明洪武三年（1370 年）封诚意伯，故又称刘诚意。武宗正德九年追赠太师，谥号文成，后人称他刘文成、文成公。刘伯温著作有《诚意伯文集》20 卷传世，收有赋、骚、诗、词 1600 余首，各种文体文 230 余篇。相关作品为：《郁离子》、《复瓿集》、《写情集》、《犁眉公集》、《春秋明经》、《卖柑者言》、《活水源记》、《百战奇略》、《时务十八策》。相关诗词为：《春蚕》、《五月十九日大雨》、《旅兴》、《薤露歌》、《美人烧香图》、《蜀国弦》。

⑦ 布帛菽粟：比喻极平常而又不可缺少的东西。帛：丝织品；菽：豆类；粟：小米，泛指粮食。指生活必需品。语出《宋史·程颐传》："其言之旨，若布帛菽粟然，知德者尤尊崇之。"

⑧ 惠迪、从逆：即"惠迪吉，从逆凶"的简写。语出《尚书·虞书·大禹谟》："禹曰：'惠迪吉，从逆凶，惟影响。'"意思是：禹说，凡是顺着天道而行的就是吉祥，违背天道而行的就是凶灾，这真像影随形、响应声一样。这九个字，充分展示了天人感格的真理。

⑨ 不遑：表示没有时间；来不及。

青田立说于前，是书诠释于后。一技虽微，学本经术，岂与师巫邪说可同类而并观哉？于其梓之成，因书以为序。

时康熙己丑[①]仲冬奉旨特简知苏州府事长沙陈鹏年[②]题

校者注 ① 康熙己丑：即康熙四十八年，公元1709年。

② 陈鹏年（1663年-1723年）：字北溟，又字沧州，湖南湘潭人，清代官吏、学者。康熙三十年（1691年）进士。历官浙江西安知县、江南山阳知县、江宁知府、苏州知府、河道总督。卒于任上。著作有《道荣堂文集》、《喝月词》、《历仕政略》、《河工条约》等。公元1962年，《人民日报》曾载有陈鹏年书目诗卷，郭沫若赞道："正气传吹鬼，青天德在人。一时天下望，万古吊中珍。"陈鹏年先生在衢县任满后，擢升江宁知府，在知府任内，因不忍朝廷追加江宁田赋，而被削职入狱。康熙南巡时平反，并擢升为河道总督。雍正元年（1723年），病故于河防工地。关于陈鹏年的事迹，《清史稿》中有多处记载。

黄　序[①]

从来立言[②]之士，类多魁奇[③]俊伟[④]，不得志于当时，思表见于该世，故出其胸中所蕴蓄[⑤]而不得伸者，垂[⑥]将来以传无穷，而其于当世

校者注　①　黄序：《故宫珍本丛刊》版卜筮正宗，此篇序言没有题目，“黄序”二字为校者所加。

②　立言：指创立学说，成为名言，永为后人传诵。语出孔颖达疏：“立言，谓言得其要，理足可传，其身既没，其言尚存。”立言是古人提出的“三不朽”之一。《左传·襄公二十四年》：“太上有立德，其次有立功，其次有立言，虽久不废，此之谓三不朽。”“三立”，现在我们可理解为人生的三个最高标准，或者说是成功人生的“三部曲”，即：修养完美的道德品行，建立伟大的功勋业绩，确立独到的论说言辞。简言之即是：立德——诚信做人，立功——严谨做事，立言——传承文明。

③　魁奇：杰出；特异。《晋书·赫连勃勃载记论》：“然其器识高爽，风骨魁奇，姚兴睹之而醉心，宋祖闻之而动色。”蔡东藩《清史演义》第一回：“到十个月后，竟产出一男，不但状貌魁奇，并且语言清楚，佛库伦不忍抛弃，就在家中抚养养。”［蔡东藩（1877-1945），浙江省山阴县临浦（今属杭州市萧山区）人。著名演义小说作家、历史学家。著有《中国历朝通俗演义》，被人誉为“一代史家，千秋神笔”。］

④　俊伟：形容出类拔萃的人才，有过人的才干，俊美伟大的人品。汉·陈琳《为袁绍檄豫州》：“故九江太守边让，英才俊伟，天下知名。”《三国志·魏志·钟繇华歆王朗传评》：“钟繇开达理干，华歆清纯德素，王朗文博富赡，诚皆一时之俊伟也。”明·郎瑛《七修类稿·事物八·玉华山樵》：“仪容俊伟，趣识超卓。”

⑤　蕴蓄：蕴藏；积蓄。唐·杜荀鹤《秋宿山馆》诗：“蕴蓄天然性，浇讹世恶真。”

⑥　垂：传下去，传留后世。韩愈《答李诩书》：“舍则传诸其徒，垂诸文而为后世法。”

也，往往韬光[1]匿迹[2]于农圃医卜之末，如韩康伯[3]、郭景纯[4]之流，代有其人，是皆不悖圣贤不朽之事，亦不得仅以小道目之。洞庭王子精于卜，尝持一编请正于余，谓是书之著，本欲以表师传、正纰缪，非有心以遐名，乃二十年来，疲精劳神，为当世之需应而稍稍可以自信者此耳。吾闻卜筮之书，如《易隐》、《易冒》、《补遗》[5]、《全书》[6]之类，往往择焉不精，语焉不详。近代惟刘青田精术数之学，其郁离[7]本集而

校者注 ① 韬光：比喻隐藏声名才华；亦指敛藏光彩。

② 匿迹：隐藏起来，不露形迹。

③ 韩康伯：即韩伯，字康伯，颍川长社（今河南长葛西）人，东晋玄学家、训诂学家。韩伯幼年家中贫困，已到大寒时节，母亲才给他做短袄。哲学思想以老庄思想为主，长大后清静平和，善于思辩，用心于文艺。其舅殷浩称赞他“能自定位置，显然是个超群的人才”。颍川人庾稣名重当时，常赞美并敬重韩伯。后举秀才，征召任职皆不就任。晋简文帝在藩镇时，引为谈客，从司徒左西属转任抚军掾、中书郎、散骑常侍、豫章太守，入朝任侍中。后改任丹杨尹、吏部尚书、领军将军。病重后朝廷改任为太常，还未就任便已去世，时年四十九岁。康伯和谢万（谢安之弟）、桓玄等并注《系辞》以发挥玄理。他们大都祖述王弼，摈落郑（玄）注。在王弼所注的基础上，康伯又补注《系辞传》、《说卦传》、《序卦传》、《杂卦传》，撰成《周易注解》三卷。合王弼注六卷及《略例》一卷，共十卷。

④ 郭景纯：即郭璞（276 年-324 年），字景纯，河东郡闻喜县（今山西省闻喜县）人。两晋时期著名文学家、训诂学家、堪舆家，建平太守郭瑗之子。西晋末年，郭璞为宣城太守殷祐参军。晋元帝时拜著作佐郎，与王隐共撰《晋史》。后为大将军王敦记室参军，以卜筮不吉劝阻王敦谋反而遇害。王敦之乱平定后，追赠弘农太守。宋徽宗时追封闻喜伯，元顺帝时加封灵应侯。郭璞为正统的正一道教徒，郭璞除家传易学外，还承袭了道教的术数学，是两晋时代最著名的方术士，传说他擅长预卜先知和诸多奇异的方术。他好古文、奇字，精天文、历算、卜筮，长于赋文，尤以“游仙诗”名重当世。郭璞曾注释《周易》、《山海经》、《穆天子传》、《方言》和《楚辞》等古籍，现今的《辞海》或《辞源》上均到处可见郭璞注释。郭璞是中国风水学鼻祖，著有《葬经》，亦称《葬书》。《葬经》不仅对风水及其重要性作了深入论述，还介绍了相地的具体方法，是中国风水文化之宗。王祎《青岩丛录》曰：“择地以葬，其术本于晋郭璞”。郭璞一生的诗文著作多达百卷以上，数十万言，《晋书 · 郭璞传》称“词赋为中兴之冠”。其中以《游仙诗》为主要代表，现仅存 14 首，是中国游仙诗体的鼻祖。

⑤ 《补遗》：即张世宝《易林补遗》。

⑥ 《全书》：即姚际隆《卜筮全书》。

⑦ 郁离：因明代刘伯温曾托名“郁离子”著《郁离子》，有人用以指刘伯温。

外作为《千金赋》、《黄金策》诸篇，阐明源流，发挥奥义，洵[1]为卜筮鼻祖[2]，虽当世雅知崇尚而注者，不能详明剖晰，且多诡谬附会之说，致作者之旨日晦[3]。

是编探微[4]抉奥[5]，确有所得，讵[6]非青田氏之功臣也哉！王子垂帘，吴市人共神其术，有管、郭之目，而彼方恂恂[7]儒雅[8]，以肥遁[9]自甘，绝无表见于时之心，斯真有托而逃善于立言者也。其书具在，有目者应共赏云。

康熙己丑长至监督江南苏松船政苏州府
海防同知闽漳黄尚宽题于虞山公署

校者注　①　洵（xún）：诚实，实在。

②　鼻祖：始祖，比喻创始人。亦指远祖之父（生己者为父母，父之父为祖，祖父之父为曾祖，曾祖之父为高祖，高祖之父为天祖，天祖之父为烈祖，烈祖之父为太祖，太祖之父为远祖）。语出《汉书·扬雄传上》："有周氏之婵嫣兮，或鼻祖于汾隅。"

③　晦：昏暗不明；农历每月的末一天，朔日的前一天。

④　探微：探索微妙的事理；察知微细之事。

⑤　抉奥：剖析奥秘。清·江藩《汉学师承记·纪昀》："大而经、史、子、集，以及医、卜、词曲之类，其评论抉奥阐幽，词明理正。"

⑥　讵（jù）：岂，难道。用于表示反问。

⑦　恂恂（xún）：恭谨温顺的样子。《汉书·冯参传》：为人矜严，好修容仪，进退恂恂。《论语·乡党篇》："孔子于乡党，恂恂如也，似不能言者。其在宗庙朝廷，便便言，唯谨尔。"（意思是：孔子在本乡的地方上显得很温和恭敬，像是不会说话的样子。但他在宗庙里、朝廷上，却很善于言辞，只是说得比较谨慎而已。便：辩，善于辞令。）

⑧　儒雅：谓风度温文尔雅，指博学的儒士或文人雅士。亦指学问渊博；风雅；典雅；优雅等。语出《<书>序》："汉室龙兴，开设学校，旁求儒雅，以阐大猷。"

⑨　肥遁：同"肥遯"。指称退隐。晋葛洪《抱朴子·畅玄》："知足者则能肥遁勿用，颐光山林。"

廖 序[1]

《易》之为书，启文字之源，为诸经之祖。其间有阴阳奇偶，卦象爻占，至理之中有不易之数存焉。古之所为神道设教[2]，以前民用者，此也。然其途既分为两[3]，习于数者，未必能溯流寻源，深其探索；而经生[4]家又鄙为卜筮小道，而不屑言。即言之，究于阴阳之理，每未有当，无惑乎！其术益以纷，而其道益以晦也。

余向以《易》隽[5]，尝为之探索其理而旁测其数，数筮仕平江，心益丛脞[6]。虽地多才俊，簿书鞅掌[7]之下，未遑进而问之。

有遵时王子者，淹雅[8]士也，公事之暇，时相过从。因得悉其世家，洞庭之麓，宗支繁衍，耕读而外，长于卜筮家言者，为伊兄洪绪，并出其生

校者注 ① 廖序：《故宫珍本丛刊》版卜筮正宗，此篇序言题目为“序”，“廖序”二字为校者所加。

② 神道设教：圣人遵循神妙法则推行教化。语出《易经・观卦》：“观天之神道，而四时不忒。圣人以神道设教，而天下服矣。”

③ 然其途既分为两：指人们视“经学”为大道，鄙“术数”为小道。《四库全书总目提要・易类》云：“易之为书，推天道以明人事者也。《左传》所记诸占，盖犹太卜之遗法。汉儒言象数，去古未远也。一变而为京、焦，入于禨祥。再变而为陈、邵，务穷造化，易遂不切于民用。王弼尽黜象数，说以老庄。一变而胡瑗、程子，始阐明儒理。再变而李光地、杨万里，又参证史事。《易》遂日启其论端。此两派六宗已互相攻驳。”清代《四库全书总目》将易学历史的源流变迁，分为“两派六宗”。两派：就是象数派和义理派；六宗：一为占卜宗（太卜遗法），二为禨祥宗（京房、焦赣论机祥），三为造化宗（陈抟、邵雍穷造化），四为老庄宗（王弼黜象数），五为儒理宗（胡援、程颐阐儒理，实际应为程、宋），六为史事宗（李光地、杨万里参史实）。

④ 经生：汉代称博士，掌经学传授。泛指研治经学的书生。宋・陈亮《上孝宗皇帝第二书》：“而天下之经生学士讲先王之道者，反不足以明陛下之心。”

⑤ 隽：鸟肉肥美，味道好，引申为意味深长。

⑥ 丛脞（cuǒ）：细碎，杂乱。《书・益稷》：“元首丛脞哉，股肱惰哉，万事堕哉。”孔传：“丛脞，细碎无大略。”

⑦ 鞅掌：指职事纷扰烦忙。

⑧ 淹雅：宽宏儒雅；犹高雅；犹渊博。

平得力而详参之书，问序于予。书凡十四卷，内列问难一十有八，略仿越人《难经》，以发挥宗旨。并备述夫师友渊源，其他之辟讹阐谬，搜罗剔抉①，颇属匠心。易数之内，真不啻②寻源溯流，极分肌刻理之妙矣。

余也劳人草草③，昔之所历，历亦忘焉？回忆杜门④拥书纂述以为乐，邈然⑤河汉⑥，而膺兹烦剧⑦，即友朋父酒之酬倡⑧。时亦不遑，更何能搜曲艺而细为之纂述哉！

适因遵时所请，而略为较阅，知其订正前修，嘉惠⑨后学。理数尽备，而不失之于歧途，实于设教以前民之旨，大相发明也。于是乎，书之以为弁言。

时康熙岁在己丑季秋上浣⑩文林郎知苏州府
吴县事凤水廖冀亨⑪瀛海氏题撰

校者注　①　剔抉：剔剜，抉择。唐韩愈《进学解》："爬罗剔抉，刮垢磨光。"

②　不啻（chì）：无异于，如同。唐·元稹《叙诗寄乐天书》："视一境如一室，刑杀其下不啻仆畜。"

③　劳人草草：指被谗之人忧愁焦虑。劳人：指被谗者。草草：陈奂《诗毛氏传疏》："草读为慅（cǎo 忧愁），假借字也。"语出《诗经·小雅·巷伯》："骄人好好，劳人草草。苍天苍天，视彼骄人，矜此劳人。"（意思是：进谗的人竟得逞，被谗的人心意冷。苍天苍天你在上，管管那些害人精，多多怜悯被谗人！）

④　杜门：闭门。《汉书·孙光传》："光退门间，杜门自守。"

⑤　邈然：高远貌。晋陶潜《咏贫士》之四："袁安困积雪，邈然不可干。"

⑥　河汉：比喻博大精深的事物；亦指银河。南朝梁刘孝标《辨命论》："夫圣人之言，显而晦，微而婉，幽远而难闻，河汉而不测。"

⑦　膺兹烦剧：接受此项繁重的事务。膺：接受，承当。烦剧：指繁重的事务。

⑧　酬倡：同"酬唱"。指用诗词互相赠答唱和。清·昭连《啸亭杂录·王文简公补谥》："因与理密亲王酬倡，为上所怒，故以他故罢官，没无恤典。"

⑨　嘉惠：对他人所给予的恩惠的敬称；指施予恩惠。唐·李益《从军有苦乐行》："一旦承嘉惠，轻命重恩光。"郭沫若《文艺论集·新旧与文白之争》："我以为这样的事，正可以嘉惠士林不少呢。"

⑩　上浣（huàn）：指上旬。

⑪　廖冀亨（约1660年-1711年）：清代良吏。字瀛海，福建永定人。时人称之为"十九青钱大清官"。康熙二十九年（1690年）举人，康熙四十七年（1708年），授江苏吴县知县，清廉有政声。康熙四十九年（1710年）被人诬陷夺职。逾年，召为原官，称病不赴选。卒后，吴县民众将其牌位祭祀于百花书院。有《求可堂家训》及诗文传世，《清史稿》有传（《清史稿·列传二百六十三·循吏一》）。廖冀亨是嘉定廖姓大家族的始祖。

张 序①

自古卜筮之说，莫神于《左氏春秋》。紫阳朱子②谓："三代如太卜太筮，职有专官，故其业精而其应神。后世既废其官，而占验之书亦不传，故鲜有神而明之③者。"

然近代如《黄金策》诸篇，始有以穷夫阴阳之阃奥④，造化之机缄⑤。但其间诠解未谛⑥，宗之占验者，未能无讹，以致有传书，而古

校者注 ① 张序：《故宫珍本丛刊》版卜筮正宗，此篇序言题目为"叙"，"张序"二字为校者所加。

② 紫阳朱子：即朱熹（1130－1200），小名沋郎，小字季延，字元晦，又字仲晦，号晦庵，晚称晦翁，又称紫阳先生、考亭先生、沧州病叟、云谷老人、逆翁。谥文，又称朱文公。汉族，祖籍南宋江南东路徽州府婺源县（今江西省婺源），出生于南剑州尤溪（今属福建三明市）。南宋著名的理学家、思想家、哲学家、教育家、诗人、闽学派的代表人物，儒学集大成者，世尊称为朱子，朱熹是唯一非孔子亲传弟子而享祀孔庙，位列大成殿十二哲者中，受儒教祭祀。朱熹是"二程"（程颢、程颐）的三传弟子李侗的学生，与二程合称"程朱学派"。朱熹的理学思想对元、明、清三朝影响很大，成为三朝的官方哲学，是中国教育史上继孔子后的又一人。

③ 神而明之：真正明白某一事物的奥妙。语出《易经·系辞上》："极天下之赜者，存乎卦；鼓天下之动者，存乎辞；化而裁之，存乎变；推而行之，存乎通；神而明之，存乎其人。"（意思是：穷极天下幽隐难见道理的，在于诸卦的卦象；鼓起天下振作奋动的，在于卦辞爻辞的精义；促使万物相互作用，交感化育并彼此塑造的，在于变动；顺沿变化加以推广，使之旁行于外的，在于会通；能否明白《易经》的神奇奥妙，并使之显明昭著，在于其人之心而已。）

④ 阃奥（kǔn ào）：比喻学问或事理的精微深奥所在。《三国志·魏志·管宁传》："娱心黄老，游志六艺，升堂入室，究其阃奥。"宋·苏轼《和寄天选长官》："藩篱吾未窥，敢议穷阃奥。"

⑤ 机缄：犹关键；指事物变化的要紧之处。黄远庸《政局之险恶》："盖彼中虽包罗万有，而能识今日之潮流及机缄，所在，以勇于建言者盖亦鲜矣。"［黄远庸（1884－1915），笔名远生，江西九江人，民国时期新闻记者。少年时期勤奋好学，曾在两年内连中秀才、举人、进士（清朝最后一次会试中高中进士）三榜而文名大噪。他年少风光，时人赞为"同是记者最翩翩，脱手新闻万口传"，更誉之为"报界之奇才"。］

⑥ 诠解未谛：解释的不详细。谛：详细，仔细。

人之精意不必与之尽传。苟有好学深思，神明其故者，不难自为其书，以与之发微阐幽[①]也。

林屋山人垂帘于吴郡治之东偏，与余居密迩，有疑辄往叩焉，奇验不爽，如烛照数计，远近咸颂之为神，而山人辞其名不受，曰："吾有所受之也，新安杨广含先生吾师之，所授《占验》一册，为坊刻群书所未及。比年以来，增益芟薙[②]，编成卷帙[③]，付之梨枣。"余序之曰："夫圣贤言理不言数，而大《易》实为卜筮之书，所设'吉凶悔吝，可以前知'者，以数测而实以理断也。今山人之书具在，其精搜妙验，固为数之独神，而苟非贯彻于阴阳变化、五行生克之理，亦何以为数学[④]哉！故是书为言数之书，而实言理之书也。由是以极深研几，虽古卜筮之神而明之者，亦何以加焉。"

时康熙己丑岁冬十月吴郡张景崧书于蓉江草堂

校者注　① 发微阐幽：阐明深奥、隐微的道理或事物。

② 芟薙（shān tì）：删除，清除。清·方苞《书删定<荀子>后》："其篇完者，所芟薙几半。"

③ 卷帙（juàn zhì）：书籍。书籍可舒卷的叫卷，编次的叫帙（多就数量说）。语出苏辙《次韵子瞻病中赠提刑段绎》："怜我久别离，卷帙为舒散。"

④ 数学：即术数之学。

曾 序[1]

善易者[2]不言易，亭毒[3]、寥邈[4]皆易象也；消长、推敛[5]皆易理也；高卑、融结、动息[6]、喙蠕[7]之属皆易数也。通俊[8]之衍为清言[9]，传义之阐其精蕴，或详或略，随人领悟而已。

至于吉凶趋避，藏往知来，圣人制为蓍法，以开物[10]前民[11]，其旨

校者注 ① 《故宫珍本丛刊》版卜筮正宗，此篇序言题目为“序”，“曾序”二字为校者所加。

② 善易者：指精研深解《易经》的人。

③ 亭毒：《老子》：“长之育之，亭之毒之，养之覆之。”一本作“成之熟之”。高亨正诂：“‘亭’当读为‘成’，‘毒’当读为‘熟’，皆音同通用。”后引申为化育，养育。《文选·刘孝标<辩命论>》：“生之无亭毒之心，死之岂虔刘之志。”李周翰注：“亭、毒，均养也。”前蜀·杜光庭《贺雅川进白鹊表》：“亭毒万方，再树乾坤之本；照临下土，重悬日月之光。”

④ 寥邈（liáo miǎo）：高远，遥远；稀少。唐吴筠《游仙》诗：“高真诚寥邈，道合不我遗。孰谓姑射远，神人可同嬉。”明·宋濂《赠李子贞序》：“昔天下盛时，文学行义之士，多出于江淮以北，今岂异于昔哉，何其寥邈而未之见也？”

⑤ 敛：收拢，聚集。

⑥ 动息：犹动静，情况，消息；指出仕与退隐；活动与休息；引申为人的动止起居。

⑦ 喙蠕（huì rú）：即喙息蠕动。喙息：有口能呼吸者，代指人和一切动物。蠕动：指爬行的昆虫；泛指像虫类爬行一样地动。《史记·匈奴列传》：“元元万民，下及鱼鳖，上及飞鸟，跂行喙息蠕动之类，莫不就安利而辟危殆。”

⑧ 通俊：通达而才智出众。

⑨ 清言：魏晋时期何晏、王衍等崇尚《老》《庄》，摈弃世务，竞谈玄理的风气；高雅的言论。晋·陶潜《扇上画赞》：“郑叟不合，垂钓川湄，交酌林下，清言究微。”

⑩ 开物：通晓万物的道理。语出《周书·武帝纪上》：“履端开物，实资元后；代终成务，谅惟宰栋。”

⑪ 前民：引导人民。语出《易经·系辞上》：“是以明于天之道，而察于民之故，是兴神物以前民用。”高亨注：“前，先导也”此句言圣人取此神物蓍草以占事，作人民用以占事之先导。”后以“前民”谓引导人民。

甚幽，其义甚著，明白正直，足以佑君子而詟宵人①。后代师之，源远末分，溺于术数，故禨祥②谶纬③之说，从而渎④乎其中，且有惑世诬民，莫可遏绝者，是又学士大夫所宜屏而勿问也。

虽然有艺有道，道而不艺，则衰旺莫得其解，倚伏莫测其机，变化动静莫穷其奥，既苦于迂踈⑤而无用；艺而不道，则探冥冥以为亲索，茫茫以骇物荒诞诡僻，取戾⑥于昔圣昔贤而不知惧。

今王君家世一经熟恚乎天人河洛之秘，而又旁搜远绍⑦，求博物之君子以酌其义类⑧而要其旨归⑨，道足以藏身，而艺复不悖于阴阳之进退。岁月涵泳，萃荟群言，学窥《皇极》之篇，身隐君平之肆，其寿

校者注 ① 詟（zhé）宵人：震慑小人。詟：震慑；惧怕。宵人：小人；坏人。出自《三国演义》第二回："欲除君侧宵人乱，须听朝中智士谋。"

② 禨祥（jī xiáng）：吉凶之先兆；祈禳求福之事；亦指变异之事。《明史·五行志一》："彼刘董诸儒之学，颇近于术数禨祥，本无足述。"郭沫若《中国古代社会研究·追论及补遗三》："据所述罗马人于建设都邑时，须由占师先占视飞鸟之行动以察其禨祥。"

③ 谶纬（chèn wěi）：谶书和纬书的合称。谶纬是盛行于秦汉时期的重要社会思潮，是传统文化的重要组成部分。纬书是对秦汉以来"纬"、"候"、"图"、"谶"的总称，其中保存了大量关于神话民俗文化的记载。谶是秦汉间儒家编造的预示吉凶的隐语，后来中国民间发展为庙宇或道观里求神问卜，渐渐地更加简化为求签。纬是汉代附会儒家经义衍生出来的一类书，被汉光武帝刘秀之后的人称为"内学"，而原本的经典反被称为"外学"。谶纬之学也就是对未来的一种政治预言。

④ 渎（dú）：轻慢，对人不恭敬。

⑤ 迂踈（yū shū）：迂远疏阔。亦作"迂疏"、"迂疎"。明·刘基《遣兴》诗之六："迂踈乏世用，矫情非所安。"

⑥ 取戾（qǔ lì）：获罪，受谴责。语出《左传·文公四年》："今陪臣来继旧好，君辱贶（kuàng）之，其敢干大礼以自取戾？"

⑦ 旁搜远绍：广泛地搜集引证资料，穷本溯源地说明来历，以进行论证。旁：广泛；搜：搜集；绍：继承。语出宋·刘肃《片玉集序》："以旁搜远绍之才，寄情长短句。"

⑧ 义类：文章事物的比义推类。汉·王充《论衡·谢短》："义类所及，故可务知。"《新唐书·柳芳传》："时国史已送官，不可追刊，乃推衍义类，仿编年法，为《唐历》四十篇，颇有异闻。"

⑨ 旨归：主旨，要旨；最核心的内容、思想、观点。《温病合编·自序》："其于卷帙浩繁者，必要旨归，琅琳珠璧，无美不搜，名曰《温病合编》。"

诸梨枣者，当有以信今传后可知也。若夫占决取用之法则，发凡起例[①]，其说自详，不待余之覶缕[②]矣。

己丑初冬湘潭曾世琮[③]题

校者注 ① 发凡起例：意为“发凡”和“起例”，指说明全书要旨，拟定编写体例。凡：大凡，概略。例：体例。发凡：揭示全书或某一学科的要旨。起例：定出体例；创立凡例。语出晋·杜预《春秋经传集解序》：“其发凡以言例，皆经国之常制。”

② 覶缕（luó lǚ）：详述。宋苏轼《答陈季常书》之二：“恐此书到日，已在道矣。故不覶缕。”

③ 曾世琮：湖南湘潭人，康熙四十八年（1709 年）己丑科进士。

王 序①

尝读《史记》“日者②”、“龟策③”等传，而知六艺④之余卜筮最为切用，故《洪范》有卜筮之建，用以阐图书⑤之秘，通造化之机。由朝廷挹⑥国，下逮闾阎⑦，无不藉以占休咎，决从违⑧，此中固有不易之定理，而不容以臆说⑨参也。

校者注 ① 王序：《故宫珍本丛刊》版卜筮正宗，此篇序言题目为“序言”，为统一格式，“王序”二字为校者所加。

② 日者：此处指《史记·日者列传》。该传记是《史记》专记日者的类传，是中国西汉伟大的史学家、思想家、文学家司马迁的作品，出自《史记》第一百二十七卷。所谓日者，即古时占候卜筮的人。

③ 龟策：指龟甲和蓍草，古人用它来占卜吉凶。《史记·龟策列传》是专记卜筮活动的类传。。《礼记·曲礼上》曰：“龟为卜，策为筮。”说明古时卜用龟甲，筮用蓍草。《太史公自序》曰：“三王不同龟，四夷各异卜，然各以决吉凶。略窥其要，作《龟策列传》。”它指明了写作此篇的动机与缘由。

④ 六艺：儒家所谓的礼（礼仪）、乐（音乐）、射（射箭）、御（驾车）、书（识字）、数（计算）等六种才艺。出自《周礼·保氏》：“养国子以道，乃教之六艺：一曰五礼，二曰六乐，三曰五射，四曰五御，五曰六书，六曰九数。”中国周朝的贵族教育体系，开始于公元前1046年的周王朝，周王官学要求学生掌握的六种基本技艺。这就是所说的“通五经贯六艺”的“六艺”。

⑤ 图书：即河图、洛书。

⑥ 挹（bāng）：古同“邦”。

⑦ 闾阎：平民居住的地方，借指民间。亦指平民老百姓。闾：泛指门户，人家。中国古代以二十五家为闾。阎：指里巷的门。《史记·列传第十一》：“甘茂起下蔡闾阎，显名诸侯，重强齐楚。”

⑧ 从违：取舍；依从或违背。清·李渔《闲情偶寄·词曲上·结构》：“持此为心，遂不觉以生平底里，和盘托出，并前人已传之书，亦为取长弃短，别出瑕瑜，使人知所从违，而不为诵读所误。”

⑨ 臆说：只凭个人想象的说法。北齐·颜之推《颜氏家训·归心》：“何故信凡人之臆说，迷大圣之妙旨。”

古[①]庸浅[②]之辈，窃其近似以蛊惑[③]愚蒙[④]，而于斯理之当否，有所不计。是以端策[⑤]而临不过酬应而已，求其验如响应者盖鲜闻焉。嗟虖[⑥]！先圣贤之用，著此理以歬[⑦]民者意果若是乎哉！

吾宗[⑧]洞庭小阮[⑨]洪绪，系耽[⑩]是术而雅爱浪游，是以知之者鲜。迩年[⑪]来始垂帘，吴市乡挹人并称心，谓其能一洗俗见，独探奥义，故其占验也如响，于造化、图书之理，几欲尽启其橐籥[⑫]。

尝出其秘笈以示余，谓二十年来所讲求而得力者是书也，行将广其传，且属[⑬]为之序。余见某晰理详以[⑭]明，辟谬精以确，而又悉本诸师

校者注　① 古：同“自”。（见《中华字海》第31页。）《集韻·至韻》：“自，古作古。”（见《汉语大字典》第2641页。）

② 庸浅：平庸浅陋。常用作自谦之词。南朝梁·萧统《止三郡民丁就役疏》：“臣意见庸浅，不识事宜。”

③ 蛊惑：指迷惑、诱惑、使人心意迷惑等。唐·白居易《古冢狐》诗：“何况褒姒（sì）之色善蛊惑，能丧人家覆人国。”南朝梁·刘勰《灭惑论》：“糜费产业，蛊惑士女。运迍则蝎国，世平则蠹民。”

④ 愚蒙：愚昧不明。唐·杜甫《杜鹃行》：“谁言养雏不自哺，此语亦足为愚蒙。”

⑤ 端策：把蓍草摆端正。此处指卜筮之事。

⑥ 嗟虖（jiē hū）：亦作“嗟乎”、“嗟呼”。叹词，表示感叹。

⑦ 歬（qián）：古同“前”。

⑧ 宗：宗族，宗亲，同族。

⑨ 小阮：侄儿。原指晋阮咸，阮咸与叔父阮籍都是“竹林七贤”之一，世因称阮咸为“小阮”，后借以称侄儿。宋·杨万里《戏赠子仁侄》诗：“小阮新来觅句忙，自携破砚汲寒江。”

⑩ 耽：沉溺，入迷。

⑪ 迩年：近年。

⑫ 橐籥（tuó yuè）：古代鼓风吹火用的袋囊，犹现代之风箱。在《道德经》中，老子将“橐籥”比喻为天地宇宙乾坤变化之象，内中空虚而生机不已，动静交织而无穷无尽。语出老子《道德经》第五章：“天地不仁，以万物为刍狗；圣人不仁，以百姓为刍狗。天地之间，其犹橐籥乎？虚而不屈，动而愈出。多闻数穷，不若守中。”

⑬ 属：古同“嘱”，嘱咐，托付。

⑭ 以：表示并列，相当于“而”。

承[①]，初非创为臆说，以蛊惑愚蒙者可比。尝诺其请，近以承正木天[②]，燕吴[③]迢隔，读中秘之笈，而于一切酬应颇踈[④]。今又走尺书[⑤]三千里外，谓是书赖从游之力，将次付梓，旧为叔父所赏识，幸不惜一言以章之，余喜吾侄之为人，与俗丅[⑤]相县殊[⑥]，又幸是书之得，即为昭布[⑦]而不诡于寿民之旨，于经史有吻合也。因书以寄之使为弁言。

己丑九秋叔云锦[⑧]题于金台邸舍

校者注　① 师承：指学术、技艺上的一脉相承。北宋·宋祁《宋景文公笔记·考古》："王弼注《易》，直发胸臆，不如郑玄等师承有来也。"

② 木天：指翰林院。明·唐寅《贫士吟》："宫袍着处君恩渥，遥上青云到木天。"清·钮琇《觚賸（shèng）续编·傅徵君》："是年应试中选者，俱授翰林院检讨。然其人各以文学自负，又复落拓不羁，与科第进者前后相轧，疑谤旋生，多不能久于其位，数年以后，鸿儒扫迹于木天矣。"

③ 燕吴：此处指北京和江苏吴县（今苏州市吴中区）。

④ 颇踈：十分疏忽。

⑤ 尺书：指书籍。古代简牍的长度有一定规定，官书等长二尺四寸，书非经律者，短于官书，称为短书。汉·王充《论衡·书解》："秦虽无道，不燔诸子，诸子尺书，文篇具在。"

⑤ 丅（xià）：古同"下"。《说文·丄部》："丅，底也。"

⑥ 县殊：悬殊。县通"悬"。

⑦ 昭布：明白地宣布；公布。明宋濂《送吕仲善采史序》："铺张上德，以昭布四方、垂诸无穷者，史臣之事也。"

⑧ 云锦：即王云锦（1657年-1727年），清代官吏。字海文，号柳溪。榜名施云锦，又名顾云锦，江苏无锡人。生于清顺治十四年（1657年），卒于清雍正五年（1727年）。清康熙四十五年（1706年）状元。授职翰林院修撰，掌修国史。康熙四十八年，任会试同考官。后来，出任陕西学政，居为提督此地的道员。任职期间，参加编纂《康熙字典》。在康熙、雍正两朝为官。

自 序

窃闻卜筮之道，一本于《易》，而《易》之理至精至微，所以孔子韦编三绝[①]，犹有假年之语则甚矣。《易》之不可易学，而卜筮之不可易言也。是非取前贤之遗编往笈，极深研几[②]，考疑订谬，亦岂能究其大原[③]、悉其条理、会其指归[④]也哉！

予始祖文辉公籍本中州，自宋时卜隐洞庭西山[⑤]之麓，逮[⑥]我父正方公晚年得子，不汲汲[⑦]于利禄，焚香煮茗，涉猎经史，著书满家，间及九流杂学，无不旁搜博览。予奉侍之暇，偶见卜筮等书，心窃喜而学

校者注 ① 韦编三绝：孔子为读《周易》而多次翻断了编联竹简的牛皮带子。比喻读书勤奋。韦：熟牛皮；韦编：用熟牛皮绳把竹简编联起来；三：概数，表示多次；绝：断。语出《史记·孔子世家》：“孔子晚而喜《易》……读《易》，韦编三绝。”

② 极深研几：形容钻研深刻、细致。研：研究，审查；几：细微。语出《易经·系辞上》：“夫《易》，圣人之所以极深而研几也。唯深也，故能通天下之志；唯几也，故能成天下之务；唯神也，故不疾而速、不行而至。子曰‘《易》有圣人之道四焉’者，此之谓也。”（意思是：《易》书，是圣人用来穷究幽深事理和精研细微征兆的书。唯其穷究幽深事理，所以才能通贯天下人的心志；唯其精研细微征兆，所以才能准确预见事物的发展趋向，因而能成就天下的事务 ；唯其神妙莫测，所以才能不须躁急而万事速成，不须行动而万理自至。孔子称述“《易》书含有圣人之道的四个方面”，这里所说的，正是孔子的意思。）

③ 大原：根源，根本。

④ 指归：主旨；意向。明·胡应麟《少室山房笔丛·经籍会通二》：“皇朝制作，稍以己意列其指归，析类分门，总为一集。”

⑤ 洞庭西山：西山世称洞庭西山，古称夫椒山，包山，西洞庭，林屋山，是太湖东南部的一个岛屿，位于江苏省苏州市西南端，距苏州古城 45 公里。西山岛南北长 11 公里，东西长 15 公里，面积 79. 82 平方公里，是中国内湖第一大岛，发脉于浙江天目山，从宜兴东南伸入太湖，巍然矗立于湖中，像一颗巨大的珍珠镶嵌在湖面上，熠熠发光 。西山岛由全长 4308 米的太湖大桥与太湖国家旅游度假区相连。

⑥ 逮（dǎi）：到。

⑦ 汲汲：形容急切的样子，急于得到。

焉，如《易林补遗》、《黄金策》，卜易诸书，无不一一讲究，而终莫得其宗旨。后予浪游秦楚，凡遇卜筮家，俱旁为搜讨，而不免于惑世诬民[①]，则又未尝不慨焉叹[②]，兴思有以正之。

己卯年[③]十一月丙午日，路过岳阳楼，风阻于湖滨，众友惶惶[④]。有新安杨先生，号广含者，邃[⑤]精易理，筮之得明夷卦。卦中卯木子孙独发逢空，丑土官鬼持世。先生曰："此风八昼夜方止。"予请其故，先生曰："古书以兄弟为风云，今日之风甚逆，舟不能行，非以兄弟为用神也；官鬼持世，乃阻隔忧疑之象，至甲寅日，子孙填实，丑鬼逢空，定主风息；至卯日，动福值日，顺风可必。"至期果然。予深服其论，因跽[⑥]而请教先生为之委屈[⑦]开导。同舟数日，得闻所未闻，予于是涣然释、豁然悟，而恨相见之晚也，即执北面礼。先生遂将生平《占验》一册授予，曰："子细阅之，自知妙解。"并为详论：《易林补遗》飞伏用神之谬；《黄金策》为卜筮金镜，而深惜姚际隆[⑧]之诠注未明。其所指教，俱剀切[⑨]详明，然后知易课自有精义，而天下入室者寡也。

校者注　① 惑世诬民：蛊惑世人。语出明·刘若愚《酌中志·内臣职掌纪略》："极厌憎释教，以为惑世诬民，最宜摈绝者。"

② 慨焉叹：慨然叹息。语出《吕氏春秋·先识览·知接》："公慨焉叹，涕出曰：'嗟乎！圣人之所见，岂不远哉！若死者有知，我将何面目以见仲父衣乎？'"

③ 己卯年：即康熙三十八年，公元1699年。

④ 惶惶：恐惧不安貌。语出南朝宋·刘义庆《世说新语·言语》："帝曰：'卿面何以汗？'毓对曰：'战战惶惶，汗出如浆。'"

⑤ 邃：精通；深晓。

⑥ 跽（jì）：长跪，挺直上身两膝着地。《史记·范睢蔡泽列传》："秦王跽而请曰：'先生何以幸教寡人？'"

⑦ 委曲：指事情的经过，底细。《水浒全传》第八十七回："烦他预先告知委曲。"

⑧ 姚际隆：明末苏州人，京氏易纳甲占筮学名著《卜筮全书》（成书于公元1630年）的作者。

⑨ 剀切（kǎi qiè）：切实，恳切；切中事理。《新唐书·魏征传》："征亦自以不世遇，乃展尽底蕴无所隐，凡二百余奏，无不剀切当帝心者。"

抵家后杜门谢客，举先生所提命[①]者，沉潜反覆。更博采前贤绪[②]论，窃欲破举世之迷，正斯道之宗。不揣固陋[③]，于《黄金策》解则为之诠注详明，于《易林补遗》则为之分晰差谬，于《启蒙节要》及《通玄赋》、《增删卜易》诸书，则为之删华就实，较讹正舛[④]，不啻汇群书之精要而集其大成。庶与吾师向日之授及予平日所占验者悉合券焉，故笔之于书，定为一十四卷，前《十八论》，后《十八问》。颜之曰："《卜筮正宗》欲以穷阴阳之秘，参造化之机，以无负于前贤，并无忝[⑤]于继述前人者而已。"爰授剞劂，以就正世之知道者，虽于易理之精微，不敢自谓自得，然惑世诬民之诮，吾知免矣。

时康熙四十八年岁次己丑仲秋上浣吉旦
林屋山人王维德洪绪氏书于凤梧楼

校者注 ① 提命：犹言耳提面命，谓亲自教诲。语本《诗经·大雅·抑》："匪面命之，言提其耳。"清·郑日奎《与邓卫玉书》："固未尝亲炙其人，受其提命者也。"

② 绪：整理，叙述。

③ 不揣固陋：不考虑固塞鄙陋，见识浅薄。

④ 较讹正舛：校正差错。

⑤ 忝（tiǎn）：有愧于，常用作谦辞。

卜筮正宗凡例

一、卜筮一道，导愚解惑，教人趋吉避凶。六爻既立，变化斯呈，莫不有至当不易之理。世人胸无成见，不能推究精微，只以惑世诬民，深可哀也。是书一宗正理，不敢妄执臆说，贻误后学，因名之曰“正宗”。

一、自鬼谷以钱代蓍，而易之道一变。其所重者，用神、原神、忌神、仇神、飞神、伏神、进神、退神、反吟、伏吟及旬空、月破等类，皆为卦内之纲领，不容草草忽过。余故定为《一十八论》，升堂入室[①]，无出范围，读者幸细参之。

一、古书论飞伏神，有“乾坤来往换”之语，《易林补遗》更有“爻爻有伏有飞”之说，讹以承讹，习而不察。余于是书逐卦分别为飞伏定例，庶几学者一目了然，疑团自释矣。

一、卜筮之书，如《天玄赋》、《易林补遗》、《易隐》、《易冒》、《增删卜易》，诸刻虽各有搜精标异，然其间非执偏见，即自相矛盾，读者不无遗憾。惟《黄金策》为刘诚意所著，洵足阐先天之秘旨，作后学之津梁[②]，而《千金赋总论》一篇尤包蕴[③]宏深[④]。惜姚际隆之注，

校者注　① 升堂入室：古代宫室，前为堂，后为室。原来比喻学习所达到的境地有程度深浅的差别，后来多用以赞扬人在学问或技能方面有高深的造诣。升：登上；堂：厅堂；室：内室。孔子《论语·先进》：“由也升堂矣，未入于室也。”

② 津梁：渡口和桥梁，比喻能起引导、过渡作用的人或事物。《魏书·封轨传》：“吾平生不妄进举，而每荐此二公，非直为国进贤，亦为汝等将来之津梁也。”

③ 包蕴：亦作“包韫”。包含，蕴藏。南朝梁·刘勰《文心雕龙·比兴》：“诗文弘奥，包韫六义。”朱自清《哀韦杰三君》：“他那两句话包蕴着无穷的悲哀。”

④ 宏深：宏大渊深；博大精深。《三国志·魏志·傅嘏（gǔ）传》：“盖闻帝制宏深，圣道奥远，苟非其才，则道不虚行，神而明之，存乎其人。”唐·王勃《梓州元武县福会寺碑》：“词源迅委，振法海之波澜；义宇宏深，接禅宫之阃奥。”

纰缪甚多，反失庐山面目。余于此颇费苦心，细加订正，知我罪我[①]，亦听之而已。

一、余幼研易理历有年，所幸后遇新安杨广含先生，因得以悉其所学。是书十三、十四卷，有《十八问》，皆吾师所授及余所占验。学者熟此，始知《启蒙节要》之法与《十八论》及《辟诸书之谬》，一理融贯[②]，天地间秘密深藏，尽泄于是矣。

一、余垂帘市肆，酬应纷如，拟异日返故山，结庐林屋，尽谢人事，聿著成书，藏之石室，不欲向外人道也。奈从游日至，因相与讲论之余，手定是编，蠡测管窥[③]之讥或所不免。四方高明君子，倘不弃而教之，余则幸甚！

校者注 ① 知我罪我：形容别人对自己的毁誉不一、褒贬不一。语出《孟子·滕文公下》："《春秋》，天子之事也。是故孔子曰：'知我者，其惟《春秋》乎！罪我者，其惟《春秋》乎！'"

② 融贯：即融会贯通之意。把各方面的知识和道理融化汇合，得到全面透彻的理解。

③ 蠡测管窥（lí cè guǎn kuī）：用瓢来量大海，从竹管的小孔看天空。比喻见识片面狭窄，看不到事物的整体。蠡：瓢；管：竹管；窥：从小孔缝隙里观看。

卜筮正宗卷之一

古吴洞庭西山王维德洪绪辑
壬午举人弟　需遵时　参订
吴　庠　钟　英子灿
蔡　鉴升明
门　人　谢朝柱巨材　同校
任用渊潛庵
男其　龙云客
章琢轩

卜筮格言

夫卜之为道，通于神明，所以断吉凶、决忧疑，辨阴阳于爻象，察变化之玄机①。此其义为至精，而其事为至大。圣经②曰："至诚之道，

校者注　①　玄机：天意，天机；深奥微妙的义理。《红楼梦》第一回："此乃玄机，不可预泄。"唐·张说《道家四首奉敕撰》之三："金炉承道诀，玉牒启玄机。"

②　圣经：指儒家经典《中庸》。《中庸》是一篇论述儒家人性修养的散文，原是《礼记》第三十一篇，相传为孔子之孙孔伋（字子思）所作，是一部儒家学说经典论著。经北宋程颢、程颐极力尊崇，南宋朱熹作《中庸集注》，最终和《大学》、《论语》、《孟子》并称为"四书"。宋、元以后，《中庸》成为学校官定的教科书和科举考试的必读书，对古代教育产生了极大的影响。《中庸》提出的"五达道"、"三达德"、"慎独自修"、"至诚尽性"等内容，对广大民众为人处事，人性修养有重要影响，能指导民众形成正确的人生观和价值观。

可以前知[①]。”故“问卜者不诚不格，占卦者妄断不灵”，此二语实定论也。

每见世之人遇事辄卜，而“诚”之一字昧焉罔觉[②]。或饮酒茹荤[③]，或淫邪不洁，迨至临时祷告，遂欲感格[④]神明，不亦惑乎！更有富贵之人，视卜为轻，或托亲朋，或委奴仆，不亲致其悃忱[⑤]，故卜而不应，占验无灵，遂委罪[⑥]于卜筮之家，而不自知诚有未至。此问卜者之过也。

至于卜筮者流，心存好利，借卜为囮[⑦]。即如疾病一节，为问卜莫大之事，乃有丧心之辈，勾通僧尼道观，讲定年规节礼，三七、二八常例，妄断求利；看卜者之贫富，为判断之多寡，妄断某寺某观礼忏[⑧]几

校者注　① 至诚之道，可以前知：达到至诚的境界，人就自然有前知（前知：可以预知事物未来的发展趋势）了。语出《中庸》：“至诚之道，可以前知。国家将兴，必有祯祥；国家将亡，必有妖孽。见乎蓍龟，动乎四体。祸福将至，善必先知之；不善，必先知之。故至诚如神。”（意思是：达到至诚的境界，人就自然有前知了。国家将要兴盛，就一定会有吉祥的征兆出现；国家将要灭亡，就一定会有妖孽出现。可以通过蓍龟表现出来，也可以通过四体动作表现出来。人的祸或者福将要发生的时候，好的情况，一定能够预先知道；坏的情况，也一定能够预先知道。所以说人能达到至诚的境界，就如同神明一样，可以神而明之，可以先知先觉。）

② 罔觉：无知。田北湖《论文章源流》：“最古之民，冥然罔觉，偏隅为固，八风不通。”［田北湖（1877 年－1918 年）：名其田，字自耘，号北湖，南京六合人，清末学者。13 岁即被擢入南菁书院，还曾被举荐到北京大学教授历史，并参与修纂《方舆图志》］。

③ 茹荤：本指吃葱韭等辛辣的蔬菜。后指吃鱼肉等。《宋史·孝义传·郭琮》：“绝饮酒茹荤者三十年，以祈母寿。”

④ 感格：感于此而达于彼。也可理解为感应，感化之意。于心性求感应，于上天求感应，都要用真诚之心，所谓“诚则灵，不诚无物”。明·袁了凡《了凡四训》：“凡祈天立命，都要从无思无虑处感格。”

⑤ 悃忱（kǔn chén）：诚恳；忠诚。悃：至诚。忱：真诚的情意。《明史·张芹传赞》：“张芹等怀抱悃忱，激昂论事。”

⑥ 委罪：指推委罪责，把罪责推给别人。明·冯梦龙《智囊补·术智·程婴》：“诸将不得已，皆委罪于屠岸贾。”

⑦ 囮（é）：诱骗，讹诈。

⑧ 礼忏（lǐ chàn）：佛教语。礼拜与忏悔的略称，又作拜忏。即礼拜诸佛、菩萨，忏悔所造诸恶业。大抵藉由礼佛、诵读经文，以为忏悔之意。《梁书·处士传·庾诜》：“晚年以后，尤遵释教，宅内立道场，环绕礼忏，六时不辍。”

部、某庵某庙诵经几日，卜者心慌意乱，无不依从。在富者费用犹易，其贫者至于典衣揭债[①]、弃产卖物，一时有手足无措之苦，以冀其病之痊可[②]。究竟礼忏未完，而病者已死；诵经甫毕[③]，而病者告殂[④]，则何益哉？此串通僧道之害也。更有初学医生，脉理未谙，嘱令引荐，令卜医者指明住处、姓名祷告，因而荐举。不知卜者所得不过年规节礼之微，而病者顿遭庸医杀人之害！此串通医生之祸也。二者郡城[⑤]恶套，处处皆然。

予垂帘卫前[⑥]，遂有若辈来相蛊惑，予誓绝之，一一照卦细断，无不响应。此非课学之精，实无妄断之失也。今幸学稍有得，偶辑《卜筮正宗》一书，请教高明，而犹恐问卜者有不诚不格之误，占验者有误断不灵之害也，故首识[⑦]之。

校者注　①　揭债：举债，借债。

②　痊（quán）可：谓疾病或创伤痊愈。清蒲松龄《聊斋志异·锺生》："星驰而归，则母病绵惙，下丹药，渐就痊可。"

③　甫毕：刚刚完毕。

④　告殂（cú）：死亡。

⑤　郡城：郡治所在地。此处指清代苏州府治。

⑥　垂帘卫前：在苏州城东门里摆卦摊卖卜。卫：明代军队编制名，清初曾沿用。于要害地区设卫，大致以五千六百人为一卫，由都司率领，隶属于五军都督府。一般驻地在某地即称某卫，如威海卫、金山卫等，后相沿成为地名。此处指城门。

⑦　识：记叙。宋汪藻《<苏魏公集>原序》："今乃尽得其书读之，可谓幸矣。故谨识其端，而归其书于苏氏 。"

启蒙节要

六十花甲纳音歌

甲子乙丑海中金，丙寅丁卯炉中火，戊辰己巳大林木，
庚午辛未路旁土，壬申癸酉剑锋金，甲戌乙亥山头火，
丙子丁丑涧下水，戊寅己卯城头土，庚辰辛巳白蠟金，
壬午癸未杨柳木，甲申乙酉井泉水，丙戌丁亥屋上土，
戊子己丑霹雳火，庚寅辛卯松柏木，壬辰癸巳长流水，
甲午乙未沙中金，丙申丁酉山下火，戊戌己亥平地木，
庚子辛丑壁上土，壬寅癸卯金箔金，甲辰乙巳覆灯火，
丙午丁未天河水，戊申己酉大驿土，庚戌辛亥钗钏金，
壬子癸丑桑柘木，甲寅乙卯大溪水，丙辰丁巳沙中土，
戊午己未天上火，庚申辛酉石榴木，壬戌癸亥大海水。

十天干所属

甲乙东方木，丙丁南方火，戊己中央土，庚辛西方金，壬癸北方水。

十二地支所属

子水鼠，丑土牛，寅木虎，卯木兔，辰土龙，巳火蛇，午火马，未土羊，申金猴，酉金鸡，戌土狗，亥水猪。

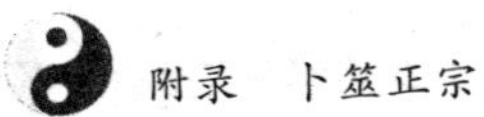

天干地支八卦方位之图

五行相生相克

金生水，水生木，木生火，火生土，土生金。
金克木，木克土，土克水，水克火，火克金。

六亲相生相克

生我者为父母，我生者为子孙，克我者为官鬼，我克者为妻财，比和者为兄弟。

天干相合相冲

甲与己合，乙与庚合，丙与辛合，丁与壬合，戊与癸合。

地支相合相冲

子与丑合，寅与亥合，卯与戌合，辰与酉合，巳与申合，午与未合。

子午相冲，丑未相冲，寅申相冲，卯酉相冲，辰戌相冲，巳亥相冲。

五行次序

水一，火二，木三，金四，土五。

八卦次序

乾一，兑二，离三，震四，巽五，坎六，艮七，坤八。

八卦象例

乾三连☰，坤六断☷，震仰盂☳，艮覆碗☶，
离中虚☲，坎中满☵，兑上缺☱，巽下断☴。

八宫所属

乾属金，坎属水，艮属土，震、巽属木，离属火，坤属土，兑属金。

以钱代蓍法

以钱三文熏于炉上，致敬而祝曰："天何言哉！叩之即应；神之灵矣，感而遂通。今有某姓，有事关心，不知休咎，罔释厥疑，惟神惟

灵，若可若否，望垂昭报。”

祝毕掷钱，一背为单，画“▬”，二背为拆，画“▬ ▬”，三背为重，画“○”，三字为交，画“×”，自下装上。三掷内卦成。再祝曰：“某宫三象，吉凶未判，再求外象三爻，以成一卦，以决忧疑。”祝毕，复如前法，再掷，合成一卦而断吉凶。至敬至诚，无不感应。

诀曰：两背由来拆，双眉本是单，浑眉交定位，总背是重安；单单单曰乾，拆拆拆曰坤，单拆单曰离，拆单拆曰坎。余卦仿此。

三背为重，三字为交，重交之爻谓“发动”。重作单属阳，交作拆属阴。凡动爻有变，重变拆，交变单。余爻仿此。

六十四卦名

乾宫八卦[①]：乾为天，天风姤，天山遁，天地否，风地观，山地剥，火地晋，火天大有。（乾宫八卦皆属金。）

坎宫八卦：坎为水，水泽节，水雷屯，水火既济，泽火革，雷火丰，地火明夷，地水师。（坎宫八卦皆属水。）

艮宫八卦：艮为山，山水贲，山天大畜，山泽损，火泽睽，天泽履，风泽中孚，风山渐。（艮宫八卦皆属土。）

震宫八卦：震为雷，雷地豫，雷水解，雷风恒，地风升，水风井，泽风大过，泽雷随。（震宫八卦皆属木。）

巽宫八卦：巽为风，风天小畜，风火家人，风雷益，天雷无妄，火雷噬嗑，山雷颐，山风蛊。（巽宫八卦皆属木。）

离宫八卦：离为火，火山旅，火风鼎，火水未济，山水蒙，风水涣，天水讼，天火同人。（离宫八卦皆属火。）

坤宫八卦：坤为地，地雷复，地泽临，地天泰，雷天大壮，泽天夬，水天需，水地比。（坤宫八卦皆属土。）

兑宫八卦：兑为泽，泽水困，泽地萃，泽山咸，水山蹇，地山谦，雷山小过，雷泽归妹。（兑宫八卦皆属金。）

校者注　①　“乾宫八卦”四字为校者所加。下同。

纳甲装卦歌（从下装起）

乾金甲子外壬午，子寅辰午申戌。坎水戊寅外戊申，寅辰午申戌子。

艮土丙辰外丙戌，辰午申戌子寅。震木庚子外庚午，子寅辰午申戌。

巽木辛丑外辛未，丑亥酉未巳卯。离火己卯外己酉，卯丑亥酉未巳。

坤土乙未外癸丑，未巳卯丑亥酉。兑金丁巳外丁亥，巳卯丑亥酉未。

安世应诀①

八卦之首世六当，已下初爻轮上飏；游魂八宫四爻立，归魂八卦三爻详。

六兽歌

甲乙起青龙，丙丁起朱雀，戊日起勾陈，己日起螣蛇，庚辛起白虎，壬癸起玄武。（从下装起。）

校者注　①　安世应诀：即是安（装）世爻、应爻的诀法。八卦之首世六当：八宫卦的首卦世爻装在第六爻（上爻）。以下初爻轮上飏：八宫卦首卦以下的卦，世爻从初爻开始向上排。游魂八宫四爻立：八宫卦的游魂卦（第七卦），世爻装在第四爻。归魂八卦三爻详：八宫卦的归魂卦（第八卦），世爻装在第三爻。以“乾宫八卦”为例：首卦“乾为天”，世爻装在上爻，应爻装在三爻。第二卦“天风姤”世爻装在初爻，应爻装在四爻。第三卦“天山遁”，世爻装在二爻，应爻装在五爻。第四卦“天地否”，世爻装在三爻，应爻装在上爻。第五卦“天地观”，世爻装在四爻，应爻装在初爻。第六卦“山地剥”，世爻装在五爻，应爻装在二爻。第七卦“火地晋”（即游魂卦），世爻装在四爻，应爻装在初爻。第八卦“火天大有”（即归魂卦），世爻装在三爻，应爻装在上爻。详见本书“卷之二”。

六兽起例

今以甲乙、丙丁日附载为式。余仿此①。

	甲乙日例	丙丁日例
六爻	玄武	青龙
五爻	白虎	玄武
四爻	螣蛇	白虎
三爻	勾陈	螣蛇
二爻	朱雀	勾陈
初爻	青龙	朱雀

天干 / 爻位	戊日	己日	庚辛日	壬癸日
六爻	朱雀	勾陈	螣蛇	白虎
五爻	青龙	朱雀	勾陈	螣蛇
四爻	玄武	青龙	朱雀	勾陈
三爻	白虎	玄武	青龙	朱雀
二爻	螣蛇	白虎	玄武	青龙
初爻	勾陈	螣蛇	白虎	玄武

校者注　①　本节第二个表为校者所加。

安月卦身诀[1]

阴世则从午月起，阳世还从子月生；欲得识其卦中意，从初数至世方真。

卦身之爻为所占事之主，若无卦身则事无头绪。倘卦身有伤，其事难成矣！

三合会局歌

申子辰会成水局，巳酉丑会成金局，寅午戌会成火局，亥卯未会成木局。

校者注　①　安月卦身诀：诗诀的意思是：如果世爻临阴爻，就从初爻开始数午，二爻未，三爻申，四爻酉，五爻戌，六爻亥。世爻在初爻，其卦身为午爻；世爻在二爻，卦身为未爻；世爻在三爻，卦身为申爻；世爻在四爻，卦身为酉爻；世爻在五爻，卦身为戌爻；世爻在上爻，卦身为亥爻。如果世爻临阳爻，就从初爻开始数子，二爻丑，三爻寅，四爻卯，五爻辰，六爻巳。世爻在初爻，卦身为子爻；世爻在二爻，卦身为丑爻；世爻在三爻，卦身为寅爻；世爻在四爻，卦身为卯爻；世爻在五爻，卦身为辰爻；世爻在上爻，卦身为巳爻。

长生掌诀

长生，沐浴，冠带，临官，帝旺，衰，病，死，墓，绝，胎，养。

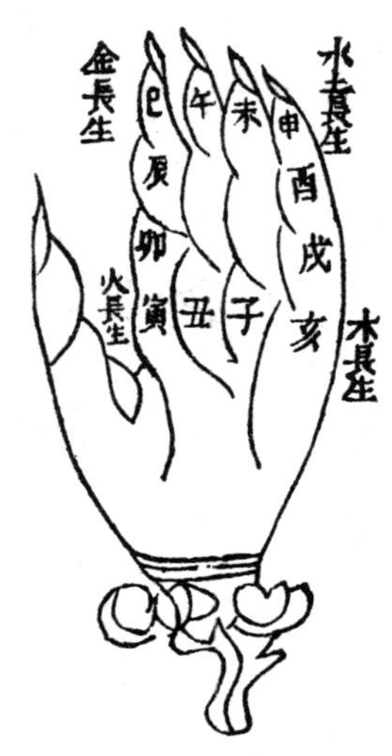

假如火长生在寅，从寅上起顺行，卯上沐浴，辰上冠带，依次顺行；木长生在亥，从亥上起。余可类推。

禄马羊刃歌

甲禄在寅，卯为羊刃；乙禄到卯，辰为羊刃；丙、戊禄在巳，午为羊刃；丁、己禄居午，未为羊刃；庚禄居申，酉为羊刃；辛禄到酉，戌为羊刃；壬禄在亥，子为羊刃；癸禄在子，丑为羊刃。

申子辰马居寅，巳酉丑马在亥，寅午戌马居申，亥卯未马在巳。

右禄马、羊刃从日辰上起。凡卜家宅、终身者，从本人本命上起亦是。

贵人歌诀

如甲戌日卜卦，见丑未爻即是日贵人。又如，甲戌生人，见之为命贵人。

甲戊兼牛羊，乙己鼠猴乡，丙丁猪鸡位，壬癸兔蛇藏，庚辛逢马虎，此是贵人方。

三刑六害歌

寅刑巳，巳刑申，丑戌相刑未并臻。子刑卯，卯刑子，辰午酉亥自相刑。

六害子未不堪亲，丑害午兮寅巳真；卯害辰兮申害亥，酉戌相穿转见深。

八宫诸物

乾为马，坤为牛，震为龙，巽为鸡，坎为豕，离为雉，艮为狗，兑为羊。

八宫诸身

乾为首，坤为腹，震为足，巽为股，坎为耳，离为目，艮为手，兑为口。

定间爻歌

世应当中两间爻，忌神发动莫相交；元辰与用当中动，生世扶身事事高。

年上起月法

甲己之年丙作首，乙庚之岁戊为头，丙辛之位从庚上，丁壬壬位顺行流，戊癸之年何方法，甲寅之上好追求。

日上起时法

甲己还加甲，乙庚丙作初，丙辛从戊起，丁壬庚子居，戊癸何方法，壬子是顺行。

定寅时法

正九五更二点彻，二八五更四点歇，三七平光是寅时，四六日出寅无别，

五月日高三丈地，十月十二四更二，仲冬才到四更初，便是寅时君须记。

通玄赋

易爻不妄成，神爻岂乱发？

体象或既成，无者形忧色。始须论用神，次必看原神。

三合会用吉，禄马最为良；爻动始为定，次者论空亡。

六冲主冲并，刑克俱主伤；世应俱发动，必然有改张。

龙动家有喜，虎动主有丧；勾陈朱雀动，田土与文章。

财动忧尊长，父动损儿郎；子动男人滞，兄动女人殃。

出行宜世动，归魂不出疆；用动值三合，行人立回庄。

占宅财龙旺，豪富冠一乡；父母爻兴旺，为官至侯王。

福神若持世，官讼定无妨；勾陈克玄武，捕贼不须忙。

父病嫌财杀，财兴母不长；无鬼病难疗，鬼旺主发狂。

请看考鬼历，祷谢得安康；占婚兼克用，占产看阴阳。
若要问风水，三四世吉昌；长生墓绝诀，卦卦要审详。
万千言不尽，略举其大纲；分别各有类，无物不包藏。

碎金赋

子动生财，不宜父摆。兄动克财，子动能解。财动生鬼，切忌兄摇。

子动克鬼，财动能消。父动生兄，忌财相克。鬼动克兄，父动能泄。

鬼动生父，忌子交重。财动克父，鬼动能中。兄动生子，忌鬼摇扬。

父动克子，兄动无妨。子兴克鬼，父动无妨。若然兄动，鬼必遭伤。

财兴克父，兄动无忧。若然子动，父命难留。父动克子，财动无事。

若是鬼兴，其子必死。鬼兴克兄，子动可救。财若交重，兄弟不久。

兄兴克财，鬼兴无碍。若是父兴，财遭克害。

本文皆言“生克制化”之理，以明凶中藏吉，吉内藏凶耳。

如金动本生水也，得火动则制金，而金不能生水矣。

如火动可克金也，得水动则制火，而火不能伤金矣。

如金逢火动则受克也，得土动则火贪生于土，忘克于金，名为“贪生忘克”，金反吉也。

如火动克金而土爻安静，更逢木动助火克，金必凶也。

学者宜按五行生克制化推之，吉凶了然矣！

诸爻持世诀

世爻旺相最为强，作事亨通大吉昌；谋望诸般皆遂意，用神生合妙难量；旬空月破逢非吉，克害刑冲遇不良。

父母持世主身劳，求嗣妾众也难招；官动财安宜赴试，财摇谋利莫心焦；占身财动无贤妇，又恐区区寿不高。

子孙持世事无忧，求名切忌坐当头；避乱许安失可得，官讼从今了便休；有生无克诸般吉，有克无生反见愁。

鬼爻持世事难安，占身不病也遭官；财物时时忧失脱，功名最喜世当权；入墓愁疑无散日，逢冲转祸变成欢。

财爻持世益财荣，兄若交重不可逢；更遇子孙明暗动，利身克父丧文风；求官问讼宜财托，动变兄官万事凶。

兄弟持世莫求财，官兴须虑祸将来；朱雀并临防口舌，如摇必定损妻财；父母相生身有寿，化官化鬼有奇灾。

世应生克空亡动静诀

世应相生则吉，世应相克则凶；世应比和事却中，作事谋为可用。

应动他人反变，应空他意难同；世空世动我心慵，只恐自家懒动。

卦身喜忌诀

身临福德不见官，所忧必竟变成欢；目前凶事终须吉，紧急还来渐渐宽。

身临原用与青龙，定期喜事入门中；若逢驿马身爻动，出路求谋事事通。

身爻切忌入空亡，作事难成且守常；刑伤破绝皆为忌，劝君安分守家邦。

飞伏生克吉凶歌

伏克飞神为出暴，飞来克伏反伤身；伏去生飞名泄炁，飞来生伏得长生。

爻逢伏克飞无事，用见飞伤伏不宁；飞伏不和为无助，伏藏出现审来因。

断易勿泥神煞

易卦阴阳在变通，五行生克妙无穷；时人须辨阴阳理，神煞休将定吉凶。

六爻安静诀

卦遇六爻安静，当看用与日辰；日辰克用及相刑，作事宜当谨慎。

更在世应推究，忌神切莫加临；世应临用及原神，作事断然昌盛。

六爻乱动诀

六爻乱动事难明，须向宫中看用神；用若休囚遭克害，须知此事费精神。

忌神歌

看卦先须看忌神，忌神宜静不宜兴；忌神急要逢伤克，若遇生扶用受刑。

原神歌

原神发动志扬扬，用伏藏兮也不妨；须要生扶兼旺相，最嫌化克及逢伤。

用神不上卦诀

正卦如无变又无，就将首卦六亲攻；动爻生用终须吉，若遇交重克用凶。

用神空亡诀

发动逢冲不谓空，静空遇克却为空；忌神最喜逢空吉，用与原神不可空。

春土夏金秋树木，三冬逢火是真空；旬空又值真空象，再遇爻伤到底空。

用神发动诀

用爻发动在宫中，纵值休囚亦不凶；更得生扶兼旺相，管教作事永亨通。

日辰诀

问卦先须看日辰，日辰克用不堪亲；日辰与用相生合，作事何愁不称心！

六亲发动诀

父动当头克子孙，病人无药主昏沉；姻亲子息应难得，买卖劳心利不存。观望行人书信动，论官下状理先分；士人科举登金榜，失物逃亡要诉论。

子孙发动伤官鬼，占病求医身便痊；行人买卖身康泰，婚姻喜美是前缘。产妇当生子易养，词讼私和不到官；谒贵求名休进用，劝君守分听乎天。

官鬼从来克兄弟，婚姻未就生疑滞；病困门庭祸祟来，耕种蚕桑皆不利。出外逃亡定见灾，词讼官非有囚系；买卖财轻赌博输，失脱难寻多暗昧。

财爻发动克文书，应举求名总是虚；将本经营为大吉，亲姻如意乐无虞。行人在外身将动，产妇求产身脱除；失物静安家未出，病人伤胃更伤脾。

兄弟交重克了财，病人难愈未离灾；应举夺标为忌客，官非阴贼耗钱财。若带吉神为有助，出路行人便未来；货物经商消折本，买婢求妻事不谐。

六亲变化歌

父母化父母，进神文书许，化子不伤丁，化鬼官迁举，化财宅长忧，兄弟为泄气。

子孙化退神，人财不称情，化父田蚕败，化财加倍荣，化鬼忧生产，兄弟谓相生。

官化进神禄，求官应疾速，化财占病凶，化父文书遂，化子必伤官，化兄家不睦。

妻财化进神，钱财入宅来，化官忧戚戚，化子笑哈哈，化父宜家长，化兄当破财。

兄弟化退神，凡占无所忌，化父妾奴惊，化财财未遂，化官弟有灾，化子却如意。

六兽歌断

发动青龙附用通，进财进禄福无穷；临仇遇忌都无益，酒色成灾在此中。

朱雀交重文印旺，煞神相并漫劳功；是非口舌皆因此，动出生身却利公。

勾陈发动忧田土，累岁迍邅为忌逢；生用有情方是吉，若然安静不迷蒙。

螣蛇鬼克忧萦绊，怪梦阴魔暗里攻；持木落空休道吉，逢冲之日莫逃凶。

白虎交重丧恶事，官司病患必成凶；持金动克妨人口，遇火生身便不同。

玄武动摇多暗昧，若临官鬼贼交攻；有情生世邪无犯，仇忌临之奸盗凶。

日月建传符

日建加青龙，财禄喜重重；朱雀宜施用，勾陈事未通；螣蛇多怪异，白虎破财凶；玄武阴私扰，应在时日中。月建如临此，断法亦相同。

八卦相配

乾为老父（属阳），坤为老母（属阴），震为长男（属阳），巽为长女（属阴）。

坎为中男（属阳），离为中女（属阴），艮为少男（属阳），兑为少女（属阴）。

六甲旬空起例

甲子旬中戌亥空，甲寅旬中子丑空，甲辰旬中寅卯空，甲午旬中辰巳空，甲申旬中午未空，甲戌旬中申酉空。

假如，甲子日至癸酉十日为一旬，旬内无戌亥，故曰“戌亥空”。又如，甲寅日至癸亥，旬内无子丑，故曰“子丑空”。余旬如例。

月破定例

立春正月节建寅破申，惊蛰二月节建卯破酉；
清明三月节建辰破戌，立夏四月节建巳破亥；
芒种五月节建午破子，小暑六月节建未破丑；
立秋七月节建申破寅，白露八月节建酉破卯；
寒露九月节建戌破辰，立冬十月节建亥破巳；
大雪十一月节建子破午，小寒十二月节建丑破未。
凡月建所冲之爻，名为月破。

（卜筮正宗卷之一终）

卜筮正宗卷之二

古吴洞庭西山王维德洪绪著

壬午举人弟	需遵时	参订
吴　庠　钟	英子灿	
	蔡　鉴升明	
门　人	谢朝柱巨材	同校
	任用渊潛庵	
	男其 龙云客 章琢轩	

卦爻呈象并飞伏神卦身定例

乾宫[①]：乾为天（属金）

父母 ▅▅▅ 壬戌土　世

兄弟 ▅▅▅ 壬申金

官鬼 ▅▅▅ 壬午火

父母 ▅▅▅ 甲辰土　应

妻财 ▅▅▅ 甲寅木

子孙 ▅▅▅ 甲子水

乾者，健也。乾宫之首卦，名曰“八纯”。财官父兄子俱全，为本宫下七卦之伏神也。（本卦无卦身[②]。）

校者注　①　“乾宫”二字为校者所加。下同。

②　“本卦无卦身”五字为校者所加。下同。

天风姤（属金）

父母 ▅▅▅▅▅ 壬戌土
兄弟 ▅▅▅▅▅ 壬申金
官鬼 ▅▅▅▅▅ 壬午火　应　卦身
兄弟 ▅▅▅▅▅ 辛酉金
子孙 ▅▅▅▅▅ 辛亥水　伏寅木妻财
父母 ▅▅ ▅▅ 辛丑土　世

姤者，遇也。卦中独缺妻财。以乾卦第二爻寅木伏于本卦第二爻亥水之下。木长生在亥，亥水是飞神，寅木是伏神，水生木，谓之“飞来生伏得长生”。

天山遁（属金）

父母 ▅▅▅▅▅ 壬戌土
兄弟 ▅▅▅▅▅ 壬申金　应
官鬼 ▅▅▅▅▅ 壬午火
兄弟 ▅▅▅▅▅ 丙申金
官鬼 ▅▅ ▅▅ 丙午火　世　伏寅木妻财
父母 ▅▅ ▅▅ 丙辰土　　　伏子水子孙

遁者，退也。卦中缺妻财、子孙。以乾卦第二爻寅木伏于本卦第二爻午火之下，午火是飞神，寅木是伏神，木生火，谓之“伏去生飞”，名为“泄气”。以乾卦初爻子水子孙伏于本卦初爻辰土之下，水墓在辰，谓之“伏神入墓于飞爻”也。（本卦无卦身。）

乾宫：天地否（属金）（六合卦）

父母 ▅▅▅▅ 壬戌土　应
兄弟 ▅▅▅▅ 壬申金　卦身
官鬼 ▅▅▅▅ 壬午火
妻财 ▅▅ ▅▅ 乙卯木　世
官鬼 ▅▅ ▅▅ 乙巳火
父母 ▅▅ ▅▅ 乙未土　伏子水子孙

否者，塞也。卦中缺子孙。以乾卦初爻子水子孙爻伏于本卦初爻未土之下，未土是飞神，子水是伏神，土克水，谓之“飞来克伏”。

乾宫：风地观（属金）

妻财 ▅▅▅▅ 辛卯木
官鬼 ▅▅▅▅ 辛巳火　　伏申金兄弟
父母 ▅▅ ▅▅ 辛未土　世
妻财 ▅▅ ▅▅ 乙卯木
官鬼 ▅▅ ▅▅ 乙巳火
父母 ▅▅ ▅▅ 乙未土　应　伏子水子孙

观者，观也。卦中缺兄弟、子孙。以乾卦第五爻申金兄弟爻伏于本卦第五爻巳火之下，巳火是飞神，申金是伏神，金长生在巳，谓之“伏下长生，遇引即出”。以乾卦初爻子水子孙伏于本卦初爻未土之下，未土是飞神，子水是伏神，土克水，谓之“飞来克伏”。（本卦无卦身。）

乾宫：山地剥（属金）

妻财 ▅▅▅ 丙寅木
子孙 ▅ ▅ 丙子水　世　伏申金兄弟
父母 ▅ ▅ 丙戌土　卦身
妻财 ▅ ▅ 乙卯木
官鬼 ▅ ▅ 乙巳火　应
父母 ▅ ▅ 乙未土

剥者，落也。卦中缺兄弟。以乾卦第五爻申金伏于本卦第五爻子水之下，子水是飞神，申金是伏神，金生水，谓之“伏去生飞”，名为“泄气”。

乾宫：火地晋（属金）（游魂卦）[①]

官鬼 ▅▅▅ 己巳火
父母 ▅ ▅ 己未土
兄弟 ▅▅▅ 己酉金　世
妻财 ▅ ▅ 乙卯木　卦身
官鬼 ▅ ▅ 乙巳火
父母 ▅ ▅ 乙未土　应　伏子水子孙

晋者，进也。乃乾宫之第七卦，名曰“游魂”。卦中缺子孙。以乾卦初爻子水子孙伏于本卦初爻未土之下，未土是飞神，子水是伏神，土克水，谓之“飞来克伏”。

校者注　①　“游魂卦”三字为校者所加。下同。

乾宫：火天大有（属金）（归魂卦）

官鬼 ▅▅▅ 己巳火　应
父母 ▅ ▅ 己未土
兄弟 ▅▅▅ 己酉金
父母 ▅▅▅ 甲辰土　世
妻财 ▅▅▅ 甲寅木　卦身
子孙 ▅▅▅ 甲子水

大有者，宽也。乃乾宫之末卦，名曰“归魂”。卦中财官父兄子俱全，不须寻伏神。

坎宫：坎为水（属水）（六冲卦）

兄弟 ▅▅▅ 戊子水　世
官鬼 ▅▅▅ 戊戌土
父母 ▅ ▅ 戊申金
妻财 ▅ ▅ 戊午火　应
官鬼 ▅▅▅ 戊辰土
子孙 ▅ ▅ 戊寅木

坎者，隐也。乃坎宫之首卦，名曰“八纯”。卦中财官父兄子俱全，为本宫下七卦之伏神也。（本卦无卦身。）

坎宫：水泽节（属水）（六合卦）

兄弟 ▅ ▅ 戊子水　卦身
官鬼 ▅▅▅ 戊戌土
父母 ▅ ▅ 戊申金　应
官鬼 ▅ ▅ 丁丑土
子孙 ▅▅▅ 丁卯木
妻财 ▅▅▅ 丁巳火　世

节者，止也。卦中财官父兄子俱全，不须寻伏神。

坎宫：水雷屯（属水）

兄弟 ▅▅ ▅▅ 戊子水

官鬼 ▅▅▅▅ 戊戌土　应

父母 ▅▅ ▅▅ 戊申金

官鬼 ▅▅ ▅▅ 庚辰土　　　伏午火妻财

子孙 ▅▅ ▅▅ 庚寅木　世

兄弟 ▅▅▅▅ 庚子水

屯者，难也。卦中缺妻财。以坎卦第三爻午火伏于本卦第三爻辰土之下，辰土是飞神，午火是伏神，火生土，谓之“伏去生飞”，名曰“泄气”。（本卦无卦身。）

坎宫：水火既济（属水）

兄弟 ▅▅ ▅▅ 戊子水　应

官鬼 ▅▅▅▅ 戊戌土

父母 ▅▅ ▅▅ 戊申金

兄弟 ▅▅▅▅ 己亥水　世　伏午火妻财

官鬼 ▅▅ ▅▅ 己丑土

子孙 ▅▅▅▅ 己卯木　　　伏寅木卦身

既济者，合也。卦中缺妻财。以坎卦第三爻午火伏于本卦第三爻亥水之下，亥水是飞神，午火是伏神，火绝在亥，谓之“伏神绝于飞爻”也。

坎宫：泽火革（属水）

官鬼 ▅▅ ▅▅ 丁未土
父母 ▅▅▅▅▅ 丁酉金
兄弟 ▅▅▅▅▅ 丁亥水　世
兄弟 ▅▅▅▅▅ 己亥水　　伏午火妻财
官鬼 ▅▅ ▅▅ 己丑土
子孙 ▅▅▅▅▅ 己卯木　应　卦身

革者，改也。卦中缺妻财。以坎卦第三爻午火伏于本卦第三爻亥水之下，亥水是飞神，午火是伏神，火绝在亥，谓之“伏神绝于飞爻”也。

坎宫：雷火丰（属水）

官鬼 ▅▅ ▅▅ 庚戌土　卦身
父母 ▅▅ ▅▅ 庚申金　世
妻财 ▅▅▅▅▅ 庚午火
兄弟 ▅▅▅▅▅ 己亥水
官鬼 ▅▅ ▅▅ 己丑土　应
子孙 ▅▅▅▅▅ 己卯木

丰者，大也。卦中财官父兄子俱全，不须寻伏神。

坎宫：地火明夷（属水）（游魂卦）

父母 ▅▅ ▅▅ 癸酉金　卦身
兄弟 ▅▅ ▅▅ 癸亥水
官鬼 ▅▅ ▅▅ 癸丑土　世
兄弟 ▅▅▅▅▅ 己亥水　伏午火妻财
官鬼 ▅▅ ▅▅ 己丑土
子孙 ▅▅▅▅▅ 己卯木　应

明夷者，伤也。乃坎宫之第七卦，名曰“游魂”。卦中缺妻财。以坎卦第三爻午火伏于本卦第三爻亥水之下，亥水是飞神，午火是伏神，火绝在亥，谓之“伏神绝于飞爻”也。

坎宫：地水师（属水）（归魂卦）

父母 ▅▅ ▅▅ 癸酉金　应
兄弟 ▅▅ ▅▅ 癸亥水
官鬼 ▅▅ ▅▅ 癸丑土　伏申金卦身
妻财 ▅▅ ▅▅ 戊午火　世
官鬼 ▅▅▅▅▅ 戊辰土
子孙 ▅▅ ▅▅ 戊寅木

师者，众也。乃坎宫之末卦，名曰“归魂”。卦中财官父兄子俱全，不须寻伏神。

艮宫：艮为山（属土）（六冲卦）

官鬼 ▅▅▅▅▅ 丙寅木　世
妻财 ▅▅ ▅▅ 丙子水
兄弟 ▅▅ ▅▅ 丙戌土
子孙 ▅▅▅▅▅ 丙申金　应
父母 ▅▅ ▅▅ 丙午火
兄弟 ▅▅ ▅▅ 丙辰土

艮者，止也。乃艮宫之首卦，名曰“八纯”。卦中财官父兄子俱全，为本宫下七卦之伏神也。（本卦无卦身。）

艮宫：山火贲（属土）

官鬼 ▅▅▅▅▅ 丙寅木
妻财 ▅▅ ▅▅ 丙子水　卦身
成都 ▅▅ ▅▅ 丙戌土　应
妻财 ▅▅▅▅▅ 己亥水　伏申金子孙
兄弟 ▅▅ ▅▅ 己丑土　伏午火父母
官鬼 ▅▅▅▅▅ 己卯木　世

贲者，饰也。卦中缺父母、子孙。以艮卦第二爻午火父母伏于本卦第二爻丑土之下，丑土是飞神，午火是伏神，火生土，谓之“伏去生飞”，名为“泄气”。以艮卦第三爻申金子孙伏于本卦第三爻亥水之下，亥水是飞神，申金是伏神，金生水，谓之“伏去生飞”，名为“泄气”。

艮宫：山天大畜（属土）

官鬼 ▅▅▅▅▅ 丙寅木
妻财 ▅▅ ▅▅ 丙子水　应
兄弟 ▅▅ ▅▅ 丙戌土
兄弟 ▅▅▅▅▅ 甲辰土　　　伏申金子孙
官鬼 ▅▅▅▅▅ 甲寅木　世　伏午火父母
妻财 ▅▅▅▅▅ 甲子水

大畜者，聚也。卦中缺父母、子孙。以艮卦第二爻午火父母伏于本卦第二爻寅木之下，寅木是飞神，午火是伏神，木生火，火长生于寅，谓之“飞来生伏得长生”。以艮卦第三爻申金子孙伏于本卦第三爻辰土之下，辰土是飞神，申金是伏神，土生金，谓之“飞来生伏得长生”。（本卦无卦身。）

艮宫：山泽损（属土）

官鬼 ▅▅▅ 丙寅木　应
妻财 ▅ ▅ 丙子水
兄弟 ▅ ▅ 丙戌土
兄弟 ▅ ▅ 丁丑土　世　伏申金子孙　卦身
官鬼 ▅▅▅ 丁卯木
父母 ▅▅▅ 丁巳火

损者，益也。卦中缺子孙。以艮卦第三爻申金子孙伏于本卦第三爻丑土之下，丑土是飞神，申金是伏神，金墓在丑，谓之“伏神入墓于飞爻”也。

艮宫：火泽睽（属土）

父母 ▅▅▅ 己巳火
兄弟 ▅ ▅ 己未土　伏子水妻财
子孙 ▅▅▅ 己酉金　世
兄弟 ▅ ▅ 丁丑土
官鬼 ▅▅▅ 丁卯木　卦身
父母 ▅▅▅ 丁巳火　应

睽者，背也。卦中缺妻财。以艮卦第五爻子水妻财伏于本卦第五爻未土之下，未土是飞神，子水是伏神，土克水，谓之“飞来克伏”。

艮宫：天泽履（属土）

兄弟 ▅▅▅ 壬戌土
子孙 ▅▅▅ 壬申金　世　伏子水妻财
父母 ▅▅▅ 壬午火
兄弟 ▅ ▅ 丁丑土
官鬼 ▅▅▅ 丁卯木　应
父母 ▅▅▅ 丁巳火　　　伏辰土卦身

履者，礼也。卦中缺妻财。以艮卦第五爻子水妻财伏于本卦第五爻申金之下，申金是飞神，子水是伏神，金生水，水长生于申，谓之“飞来生伏得长生”。

艮宫：风泽中孚（属土）（游魂卦）

官鬼 ▅▅▅ 辛卯木
父母 ▅▅▅ 辛巳火　伏子水妻财
兄弟 ▅ ▅ 辛未土　世
兄弟 ▅ ▅ 丁丑土　伏申金子孙
官鬼 ▅▅▅ 丁卯木
父母 ▅▅▅ 丁巳火　应

中孚者，信也。乃艮宫第七卦，名曰“游魂”。卦中缺妻财、子孙。以艮卦第五爻子水妻财伏于本卦第五爻巳火之下，巳火是飞神，子水是伏神，水绝在巳，谓之“伏神绝于飞爻”也。以艮卦第三爻申金子孙伏于本卦第三爻丑土之下，丑土是飞神，申金是伏神，金墓在丑，谓之“伏神入墓于飞爻”也。（本卦无卦身。）

艮宫：风山渐（属土）（归魂卦）

官鬼 ▅▅▅▅▅ 辛卯木　应　伏寅木卦身
父母 ▅▅▅▅▅ 辛巳火　　　伏子水妻财
兄弟 ▅▅ ▅▅ 辛未土
子孙 ▅▅▅▅▅ 丙申金　世
父母 ▅▅ ▅▅ 丙午火
兄弟 ▅▅ ▅▅ 丙辰土

渐者，进也。乃艮宫之末卦，名曰“归魂”。卦中缺妻财。以艮卦第五爻子水妻财伏于本卦第五爻巳火之下，巳火是飞神，子水是伏神，水绝在巳，谓之“伏神绝于飞爻”也。

震宫：震为雷（属木）（六冲卦）

妻财 ▅▅ ▅▅ 庚戌土　世
官鬼 ▅▅ ▅▅ 庚申金
子孙 ▅▅▅▅▅ 庚午火
妻财 ▅▅ ▅▅ 庚辰土　应
兄弟 ▅▅ ▅▅ 庚寅木
父母 ▅▅▅▅▅ 庚子水

震者，动也。乃震宫之首卦，名曰“八纯”。卦中财官父兄子俱全，为本宫下七卦之伏神也。（本卦无卦身。）

震宫：雷地豫（属木）（六合卦）

妻财 ▅▅ ▅▅ 庚戌土
官鬼 ▅▅ ▅▅ 庚申金
子孙 ▅▅▅▅▅ 庚午火 应 卦身
兄弟 ▅▅ ▅▅ 乙卯木
子孙 ▅▅ ▅▅ 乙巳火
妻财 ▅▅ ▅▅ 乙未土 世 伏子水父母

豫者，悦也。卦中缺父母。以震卦初爻子水父母伏于本卦初爻未土之下，未土是飞神，子水是伏神，土克水，谓之“飞来克伏”。

震宫：雷水解（属木）

妻财 ▅▅ ▅▅ 庚戌土
官鬼 ▅▅ ▅▅ 庚申金 应
子孙 ▅▅▅▅▅ 庚午火
子孙 ▅▅ ▅▅ 戊午火
妻财 ▅▅▅▅▅ 戊辰土 世
兄弟 ▅▅ ▅▅ 戊寅木 伏子水父母

解者，散也。卦中缺父母。以震卦初爻子水父母伏于本卦初爻寅木之下，寅木是飞神，子水是伏神，水生木，谓之“伏去生飞”，名曰“泄气”。（本卦无卦身。）

震宫：雷风恒（属木）

妻财 ▅▅ ▅▅ 庚戌土 应
官鬼 ▅▅ ▅▅ 庚申金
子孙 ▅▅▅▅▅ 庚午火
官鬼 ▅▅▅▅▅ 辛酉金 世
父母 ▅▅▅▅▅ 辛亥水 伏卦身寅木兄弟
妻财 ▅▅ ▅▅ 辛丑土

恒者，久也。卦中缺兄弟。以震卦第二爻寅木兄弟伏于本卦第二爻父母亥水之下，亥水是飞神，寅木是伏神，水生木，木长生在亥，谓之“飞来生伏得长生”。

震宫：地风升（属木）

官鬼 ▅▅ ▅▅ 癸酉金　卦身
父母 ▅▅ ▅▅ 癸亥水
妻财 ▅▅ ▅▅ 癸丑土　世　伏午火子孙
官鬼 ▅▅▅▅▅ 辛酉金　卦身
父母 ▅▅▅▅▅ 辛亥水　　　伏寅木兄弟
妻财 ▅▅ ▅▅ 辛丑土　应

升者，进也。卦中缺兄弟、子孙。以震卦第二爻寅木兄弟伏于本卦第二爻父母亥水之下，亥水是飞神，寅木是伏神，水生木，木长生在亥，谓之“飞来生伏得长生”。以震卦第四爻午火子孙伏于本卦第四爻妻财丑土之下，丑土是飞神，午火是伏神，火生土，谓之“伏去生飞”，名曰“泄气”。

震宫：水风井（属木）

父母 ▅▅ ▅▅ 戊子水
妻财 ▅▅▅▅▅ 戊戌土　世
官鬼 ▅▅ ▅▅ 戊申金　　　伏午火子孙
官鬼 ▅▅▅▅▅ 辛酉金　　　伏辰土卦身
父母 ▅▅▅▅▅ 辛亥水　应　伏寅木兄弟
妻财 ▅▅ ▅▅ 辛丑土

井者，静也。卦中缺兄弟、子孙。以震卦第二爻寅木兄弟伏于本卦第二爻父母亥水之下，亥水是飞神，寅木是伏神，水生木，木长生在亥，谓之“飞来生伏得长生”。以震卦第四爻午火子孙伏于本卦第四爻官鬼申金之下，申金是飞神，午火是伏神，火克金，谓之“伏克飞神为出暴”。

震宫：泽风大过（属木）（游魂卦）

妻财 ▅▅ ▅▅ 丁未土

官鬼 ▅▅▅▅▅ 丁酉金

父母 ▅▅▅▅▅ 丁亥水 世 伏午火子孙

官鬼 ▅▅▅▅▅ 辛酉金

父母 ▅▅▅▅▅ 辛亥水 伏寅木兄弟

妻财 ▅▅ ▅▅ 辛丑土 应

大过者，祸也。乃震宫第七卦，名曰“游魂”。卦中缺兄弟、子孙。以震卦第二爻寅木兄弟伏于本卦第二爻父母亥水之下，亥水是飞神，寅木是伏神，水生木，木长生在亥，谓之“飞来生伏得长生”。以震卦第四爻午火子孙伏于本卦第四爻父母亥水之下，亥水是飞神，午火是伏神，火绝在亥，谓之“伏神绝于飞爻”也。（本卦无卦身。）

震宫：泽雷随（属木）（归魂卦）

妻财 ▅▅ ▅▅ 丁未土 应

官鬼 ▅▅ ▅▅ 丁酉金 伏申金卦身

父母 ▅▅▅▅▅ 丁亥水 伏午火子孙

妻财 ▅▅ ▅▅ 庚辰土 世

兄弟 ▅▅ ▅▅ 庚寅木

父母 ▅▅▅▅▅ 庚子水

随者，顺也。乃震宫之末卦，名曰“归魂”。卦中缺子孙。以震卦第四爻午火子孙伏于本卦第四爻父母亥水之下，亥水是飞神，午火是伏神，火绝在亥，谓之“伏神绝于飞爻”也。

巽宫：巽为风（属木）（六冲卦）

兄弟 ▅▅▅▅ 辛卯木　世
子孙 ▅▅▅▅ 辛巳火　卦身
妻财 ▅▅ ▅▅ 辛未土
官鬼 ▅▅▅▅ 辛酉金　应
父母 ▅▅▅▅ 辛亥水
妻财 ▅▅ ▅▅ 辛丑土

巽者，顺也。乃巽宫之首卦，名曰“八纯”。卦中财官父兄子俱全，为本宫下七卦之伏神也。

巽宫：风天小畜（属木）

兄弟 ▅▅▅▅ 辛卯木
子孙 ▅▅▅▅ 辛巳火
妻财 ▅▅ ▅▅ 辛未土　应
妻财 ▅▅▅▅ 甲辰土　　伏酉金官鬼
兄弟 ▅▅▅▅ 甲寅木
父母 ▅▅ ▅▅ 甲子水　世　卦身

小畜者，塞也。卦中缺官鬼。以巽卦第三爻官鬼酉金伏于本卦第三爻妻财辰土之下，辰土是飞神，酉金是伏神，土生金，谓之“飞来生伏得长生”。

巽宫：风火家人（属木）

兄弟 ▅▅▅ 辛卯木
子孙 ▅▅▅ 辛巳火　应
妻财 ▅ ▅ 辛未土　卦身
父母 ▅▅▅ 己亥水　伏酉金官鬼
妻财 ▅ ▅ 己丑土　世
兄弟 ▅▅▅ 己卯木

家人者，同也。卦中缺官鬼。以巽卦第三爻官鬼酉金伏于本卦第三爻父母亥水之下，亥水是飞神，酉金是伏神，金生水，谓之“伏去生飞”，名曰“泄气”。

巽宫：风雷益（属木）

兄弟 ▅▅▅ 辛卯木　应
子孙 ▅▅▅ 辛巳火
妻财 ▅ ▅ 辛未土
妻财 ▅ ▅ 庚辰土　世　伏酉金官鬼
兄弟 ▅ ▅ 庚寅木
父母 ▅▅▅ 庚子水

益者，损也。卦中缺官鬼。以巽卦第三爻官鬼酉金伏于本卦第三爻妻财辰土之下，辰土是飞神，酉金是伏神，土生金，谓之“飞来生伏得长生”。（本卦无卦身。）

巽宫：天雷无妄（属木）（六冲卦）

妻财 ▅▅▅ 壬戌土
官鬼 ▅▅▅ 壬申金
子孙 ▅▅▅ 壬午火　世
妻财 ▅ ▅ 庚辰土
兄弟 ▅ ▅ 庚寅木
父母 ▅▅▅ 庚子水　应

无妄者，天灾也。卦中财官父兄子俱全，不须寻伏神。（本卦无卦身。）

巽宫：火雷噬嗑（属木）

子孙 ▅▅▅ 己巳火
妻财 ▅ ▅ 己未土　世
官鬼 ▅▅▅ 己酉金
妻财 ▅ ▅ 庚辰土
兄弟 ▅ ▅ 庚寅木　应
父母 ▅▅▅ 庚子水

噬嗑者，啮也。卦中财官父兄子俱全，不须寻伏神。（本卦无卦身。）

巽宫：山雷颐（属木）（游魂卦）

兄弟 ▅▅▅ 丙寅木
父母 ▅ ▅ 丙子水　伏巳火子孙
妻财 ▅ ▅ 丙戌土　世
妻财 ▅ ▅ 庚辰土　伏卦身酉金官鬼
兄弟 ▅ ▅ 庚寅木
父母 ▅▅▅ 庚子水　应

颐者，养也。乃巽宫第七卦，名曰“游魂”。卦中缺子孙、官鬼。以巽卦第三爻官鬼酉金伏于本卦第三爻妻财辰土之下，辰土是飞神，酉金是伏神，土生金，谓之“飞来生伏得长生”。以巽卦第五爻子孙巳火伏于本卦第五爻父母子水之下，子水是飞神，巳火是伏神，水克火，谓之“飞来克伏”。

巽宫：山风蛊（属木）（归魂卦）

兄弟 ▅▅▅ 丙寅木　应　卦身
父母 ▅ ▅ 丙子水　　　伏巳火子孙
妻财 ▅ ▅ 丙戌土
官鬼 ▅▅▅ 辛酉金　世
父母 ▅▅▅ 辛亥水
妻财 ▅ ▅ 辛丑土

蛊者，事也。乃巽宫之末卦，名曰“归魂”。卦中缺子孙。以巽卦第五爻子孙巳火伏于本卦第五爻父母子水之下，子水是飞神，巳火是伏神，水克火，谓之“飞来克伏”。

离宫：离为火（属火）（六冲卦）

兄弟 ▅▅▅ 己巳火　世　卦身
子孙 ▅ ▅ 己未土
妻财 ▅▅▅ 己酉金
官鬼 ▅▅▅ 己亥水　应
子孙 ▅ ▅ 己丑土
父母 ▅▅▅ 己卯木

离者，丽也。乃离宫之首卦，名曰“八纯”。卦中财官父兄子俱全，为本宫下七卦之伏神也。

离宫：火山旅（属火）

兄弟	▅▅▅	己巳火		
子孙	▅ ▅	己未土		
妻财	▅▅▅	己酉金	应	
妻财	▅▅▅	丙申金		伏亥水官鬼
兄弟	▅ ▅	丙午火		卦身
子孙	▅ ▅	丙辰土	世	伏卯木父母

旅者，客也。卦中缺父母、官鬼。以离卦初爻父母卯木伏于本卦初爻子孙辰土之下，辰土是飞神，卯木是伏神，木克土，谓之“伏克飞神为出暴”。以离卦第三爻官鬼亥水伏于本卦第三爻妻财申金之下，申金是飞神，亥水是伏神，金生水，水长生在申，谓之“飞来生伏得长生”。

离宫：火风鼎（属火）

兄弟	▅▅▅	己巳火		
子孙	▅ ▅	己未土	应	
妻财	▅▅▅	己酉金		
妻财	▅▅▅	辛酉金		
官鬼	▅▅▅	辛亥水	世	
子孙	▅ ▅	辛丑土	卦身	伏卯木父母

鼎者，定也。卦中缺父母。以离卦初爻父母卯木伏于本卦初爻子孙丑土之下，丑土是飞神，卯木是伏神，木克土，谓之“伏克飞神为出暴”。

离宫：火水未济（属火）

兄弟 ▅▅▅▅▅ 己巳火　应
子孙 ▅▅ ▅▅ 己未土
妻财 ▅▅▅▅▅ 己酉金
兄弟 ▅▅ ▅▅ 戊午火　世　伏亥水官鬼
子孙 ▅▅▅▅▅ 戊辰土
父母 ▅▅ ▅▅ 戊寅木

未济者，失也。卦中缺官鬼。以离卦第三爻官鬼亥水伏于本卦第三爻兄弟午火之下，午火是飞神，亥水是伏神，水克火，谓之“伏克飞神为出暴”。（本卦无卦身。）

离宫：山水蒙（属火）

父母 ▅▅▅▅▅ 丙寅木
官鬼 ▅▅ ▅▅ 丙子水
子孙 ▅▅ ▅▅ 丙戌土　世　卦身　伏酉金妻财
兄弟 ▅▅ ▅▅ 戊午火
子孙 ▅▅▅▅▅ 戊辰土
父母 ▅▅ ▅▅ 戊寅木　应

蒙者，昧也。卦中缺妻财。以离卦第四爻妻财酉金伏于本卦第四爻子孙戌土之下，戌土是飞神，酉金是伏神，土生金，谓之“飞来生伏得长生”。

离宫：风水涣（属火）

父母 ▅▅▅▅▅ 辛卯木
兄弟 ▅▅▅▅▅ 辛巳火　世
子孙 ▅▅ ▅▅ 辛未土　　　伏酉金妻财
兄弟 ▅▅ ▅▅ 戊午火　　　伏亥水官鬼
子孙 ▅▅▅▅▅ 戊辰土　应　卦身
父母 ▅▅ ▅▅ 戊寅木

涣者，散也。卦中缺妻财、官鬼。以离卦第三爻官鬼亥水伏于本卦第三爻兄弟午火之下，午火是飞神，亥水是伏神，水克火，谓之“伏克飞神为出暴”。以离卦第四爻妻财酉金伏于本卦第四爻子孙未土之下，未土是飞神，酉金是伏神，土生金，谓之“飞来生伏得长生”。

离宫：天水讼（属火）（游魂卦）

子孙 ▅▅▅▅▅ 壬戌土
妻财 ▅▅▅▅▅ 壬申金
兄弟 ▅▅▅▅▅ 壬午火　世
兄弟 ▅▅　▅▅ 戊午火　　　伏亥水官鬼
子孙 ▅▅▅▅▅ 戊辰土
父母 ▅▅　▅▅ 戊寅木　应　伏卯木卦身

讼者，论也。乃离宫第七卦，名曰“游魂”。卦中缺官鬼。以离卦第三爻官鬼亥水伏于本卦第三爻兄弟午火之下，午火是飞神，亥水是伏神，水克火，谓之“伏克飞神为出暴”。

离宫：天火同人（属火）（归魂卦）

子孙 ▅▅▅▅▅ 壬戌土　应
妻财 ▅▅▅▅▅ 壬申金
兄弟 ▅▅▅▅▅ 壬午火
官鬼 ▅▅▅▅▅ 己亥水　世
子孙 ▅▅　▅▅ 己丑土
父母 ▅▅▅▅▅ 己卯木

同人者，亲也。乃离宫之末卦，名曰“归魂”。卦中财官父兄子俱全，不须寻伏神。（本卦无卦身。）

坤宫：坤为地（属土）（六冲卦）

子孙 ▅▅ ▅▅ 癸酉金　世
妻财 ▅▅ ▅▅ 癸亥水　卦身
兄弟 ▅▅ ▅▅ 癸丑土
官鬼 ▅▅ ▅▅ 乙卯木　应
父母 ▅▅ ▅▅ 乙巳火
兄弟 ▅▅ ▅▅ 乙未土

坤者，顺也。乃坤宫之首卦，名曰“八纯”。卦中财官父兄子俱全，为本宫下七卦之伏神也。

坤宫：地雷复（属土）（六合卦）

子孙 ▅▅ ▅▅ 癸酉金
妻财 ▅▅ ▅▅ 癸亥水
兄弟 ▅▅ ▅▅ 癸丑土　应
兄弟 ▅▅ ▅▅ 庚辰土
官鬼 ▅▅ ▅▅ 庚寅木　　伏巳火父母
妻财 ▅▅▅▅▅ 庚子水　世　卦身

复者，返也。卦中缺父母。以坤卦第二爻父母巳火伏于本卦第二爻官鬼寅木之下，寅木是飞神，巳火是伏神，木生火，火长生在寅，谓之“飞来生伏得长生”。

坤宫：地泽临（属土）

子孙 ▅▅ ▅▅ 癸酉金
妻财 ▅▅ ▅▅ 癸亥水　应
兄弟 ▅▅ ▅▅ 癸丑土　卦身
兄弟 ▅▅ ▅▅ 丁丑土　卦身
官鬼 ▅▅▅▅▅ 丁卯木　世
父母 ▅▅▅▅▅ 丁巳火

临者，大也。卦中财官父兄子俱全，不须寻伏神。

坤宫：地天泰（属土）（六合卦）

子孙 ▅▅ ▅▅ 癸酉金　应
妻财 ▅▅ ▅▅ 癸亥水
兄弟 ▅▅ ▅▅ 癸丑土
兄弟 ▅▅▅▅▅ 甲辰土　世
官鬼 ▅▅▅▅▅ 甲寅木　卦身　伏巳火父母
妻财 ▅▅▅▅▅ 甲子水

泰者，通也。卦中缺父母。以坤卦第二爻父母巳火伏于本卦第二爻官鬼寅木之下，寅木是飞神，巳火是伏神，木生火，火长生在寅，谓之“飞来生伏得长生”。

坤宫：雷天大壮（属土）（六冲卦）

兄弟 ▅▅ ▅▅ 庚戌土
子孙 ▅▅ ▅▅ 庚申金
父母 ▅▅▅▅▅ 庚午火　世
兄弟 ▅▅▅▅▅ 甲辰土　伏卯木卦身
官鬼 ▅▅▅▅▅ 甲寅木
妻财 ▅▅▅▅▅ 甲子水　应

大壮者，志也。卦中财官父兄子俱全，不须寻伏神。

坤宫：泽天夬（属土）

兄弟 ▅▅ ▅▅ 丁未土
妻财 ▅▅▅▅▅ 丁酉金　世
妻财 ▅▅▅▅▅ 丁亥水
兄弟 ▅▅▅▅▅ 甲辰土　卦身
官鬼 ▅▅▅▅▅ 甲寅木　应　伏巳火父母
妻财 ▅▅▅▅▅ 甲子水

夬者，决也。卦中缺父母。以坤卦第二爻父母巳火伏于本卦第二爻官鬼寅木之下，寅木是飞神，巳火是伏神，木生火，火长生在寅，谓之“飞来生伏得长生”。

坤宫：水天需（属土）（游魂卦）

妻财 ▅▅ ▅▅ 戊子水　伏酉金卦身
兄弟 ▅▅▅▅▅ 戊戌土
子孙 ▅▅ ▅▅ 戊申金　世
兄弟 ▅▅▅▅▅ 甲辰土
官鬼 ▅▅▅▅▅ 甲寅木　伏巳火父母
妻财 ▅▅▅▅▅ 甲子水　应

需者，须也。乃坤宫之第七卦，名曰“游魂”。卦中缺父母。以坤卦第二爻父母巳火伏于本卦第二爻官鬼寅木之下，寅木是飞神，巳火是伏神，木生火，火长生在寅，谓之“飞来生伏得长生”。

坤宫：水地比（属土）（归魂卦）

妻财 ▅▅ ▅▅ 戊子水　应
兄弟 ▅▅▅▅▅ 戊戌土
子孙 ▅▅ ▅▅ 戊申金　卦身
官鬼 ▅▅ ▅▅ 乙卯木　世
父母 ▅▅ ▅▅ 乙巳火
兄弟 ▅▅ ▅▅ 乙未土

比者，和也。乃坤宫之末卦，名曰“归魂”。卦中财官父兄子俱全，不须寻伏神。

兑宫：兑为泽（属金）（六冲卦）

父母 ▅▅ ▅▅ 丁未土　世
兄弟 ▅▅▅▅▅ 丁酉金
子孙 ▅▅▅▅▅ 丁亥水　卦身
父母 ▅▅ ▅▅ 丁丑土　应
妻财 ▅▅▅▅▅ 丁卯木
官鬼 ▅▅▅▅▅ 丁巳火

兑者，悦也。乃兑宫之首卦，名曰“八纯”。卦中财官父兄子俱全，为本宫下七卦之伏神也。

兑宫：泽水困（属金）（六合卦）

父母 ▅▅ ▅▅ 丁未土
兄弟 ▅▅▅▅▅ 丁酉金
子孙 ▅▅▅▅▅ 丁亥水　应
官鬼 ▅▅ ▅▅ 戊午火　卦身
父母 ▅▅▅▅▅ 戊辰土
妻财 ▅▅ ▅▅ 戊寅木　世

困者，危也。卦中财官父兄子俱全，不须寻伏神。

兑宫：泽地萃（属金）

父母 ▅▅ ▅▅ 丁未土　卦身
兄弟 ▅▅▅▅▅ 丁酉金　应
子孙 ▅▅▅▅▅ 丁亥水
妻财 ▅▅ ▅▅ 乙卯木
官鬼 ▅▅ ▅▅ 乙巳火　世
父母 ▅▅ ▅▅ 乙未土

萃者，聚也。卦中财官父兄子俱全，不须寻伏神。

兑宫：泽山咸（属金）

父母 ▅▅ ▅▅ 丁未土　应
兄弟 ▅▅▅▅▅ 丁酉金
子孙 ▅▅▅▅▅ 丁亥水
兄弟 ▅▅▅▅▅ 丙申金　世
官鬼 ▅▅ ▅▅ 丙午火　伏卯木妻财
父母 ▅▅ ▅▅ 丙辰土

咸者，感也。卦中缺妻财。以兑卦第二爻妻财卯木伏于本卦第二爻官鬼午火之下，午火是飞神，卯木是伏神，木生火，谓之“伏去生飞”，名为“泄气”。（本卦无卦身。）

兑宫：水山蹇（属金）

子孙 ▅▅ ▅▅ 戊子水
父母 ▅▅▅▅▅ 戊戌土　伏酉金卦身
兄弟 ▅▅ ▅▅ 戊申金　世
兄弟 ▅▅▅▅▅ 丙申金
官鬼 ▅▅ ▅▅ 丙午火　伏卯木妻财
父母 ▅▅ ▅▅ 丙辰土　应

蹇者，难也。卦中缺妻财。以兑卦第二爻妻财卯木伏于本卦第二爻官鬼午火之下，午火是飞神，卯木是伏神，木生火，谓之“伏去生飞”，名为“泄气”。

兑宫：地山谦（属金）

兄弟 ▅▅ ▅▅ 癸酉金
子孙 ▅▅ ▅▅ 癸亥水　世
父母 ▅▅ ▅▅ 癸丑土
兄弟 ▅▅▅▅▅ 丙申金
官鬼 ▅▅ ▅▅ 丙午火　应　伏卯木妻财
父母 ▅▅ ▅▅ 丙辰土

谦者，退也。卦中缺妻财。以兑卦第二爻妻财卯木伏于本卦第二爻官鬼午火之下，午火是飞神，卯木是伏神，木生火，谓之“伏去生飞”，名为“泄气”。（本卦无卦身。）

兑宫：雷山小过（属金）（游魂卦）

父母 ▅▅ ▅▅ 庚戌土
兄弟 ▅▅ ▅▅ 庚申金
官鬼 ▅▅▅▅▅ 庚午火　世　伏亥水子孙
兄弟 ▅▅▅▅▅ 丙申金
官鬼 ▅▅ ▅▅ 丙午火　　卦身　伏卯木妻财
父母 ▅▅ ▅▅ 丙辰土　应

小过者，过也。乃兑宫第七卦，名曰“游魂”。卦中缺妻财、子孙。以兑卦第二爻妻财卯木伏于本卦第二爻官鬼午火之下，午火是飞神，卯木是伏神，木生火，谓之“伏去生飞”，名为“泄气”。以兑卦第四爻子孙亥水伏于本卦第四爻官鬼午火之下，午火是飞神，亥水是伏神，水克火，谓之“伏克飞神为出暴”。

兑宫：雷泽归妹（属金）（归魂卦）

父母 ▅▅ ▅▅ 庚戌土　应
兄弟 ▅▅ ▅▅ 庚申金　卦身
官鬼 ▅▅▅▅▅ 庚午火　伏亥水子孙
父母 ▅▅ ▅▅ 丁丑土　世
妻财 ▅▅▅▅▅ 丁卯木
官鬼 ▅▅▅▅▅ 丁巳火

归妹者，大也。乃兑宫之末卦，名曰“归魂”。卦中缺子孙。以兑卦第四爻子孙亥水伏于本卦第四爻官鬼午火之下，午火是飞神，亥水是伏神，水克火，谓之“伏克飞神为出暴”。

已上逐卦伏神及卦身定例，因《易林补遗》有“阳伏阴，阴伏阳”；《卜筮全书》有“乾坤来往换”等法之误，故以逐卦细[①]陈，以便后学。如六爻安静及动变之爻，又无用神者，当推此例；如卦中变爻有用神及卦身者，已有用神，不必再查伏神矣。假如天山遁卦安静，缺妻财，以乾卦二爻寅木，伏遁卦二爻午火之下；如遁卦初爻发动，变成天火同人卦，初爻丙辰父母即变出己卯妻财，当以卯木妻财为用神，不必看寅木矣！余卦仿此。

（卜筮正宗卷之二终）

校者注　①　细：为多音字。细（chōu）：指抽引，理出丝缕的头绪。细（chóu）：古同“绸”。

卜筮正宗卷之三　十八论

用神分类定例第一

凡占祖父母、父母、师长、家主、伯叔、姑姨，与我父母同辈、或与父母年若之亲友，及城墙、宅舍、舟车、衣服、雨具、求雨、紬[①]布、毡货、章奏、文章、馆室，俱以父母爻为用神。

凡占功名、官府、雷电、鬼神、丈夫、夫之兄弟同辈，及夫之相与朋友、乱臣、盗贼、邪祟、忧疑、病症、尸首、逆风，俱以官鬼爻为用神。

凡占兄弟、姊妹、姊妹丈、妻之兄弟、世兄弟、结盟同寅及知交朋友，俱以兄弟爻为用神。

凡占嫂与弟妇、妻妾，及友人之妻妾、婢仆、物价、钱财、珠宝、金银、仓库、钱粮、什物、器皿，及问天时晴明，俱以妻财爻为用神。

凡占儿女、孙、侄、女婿、门生、忠臣、良将、药材、僧道、六畜、禽鸟、顺风、解忧、避祸，及问天时日月星斗，俱以子孙爻为用神。

世应论用神第二

凡卦中世应二爻，世为自己，应作他人。世应相生相合，是云“宾主相投”；世应相克相冲，可见“两情不睦”。凡占自己疾病，或问寿数，或问出行吉凶，诸凡损益自身者，以世爻为用也。

凡占无尊卑之称呼、未曾深交之朋友、九流术士、仇人、敌国，或指实某处地头，或指此山此水、此寺此塔等类，俱以应爻为用神也。

校者注　①　紬（chóu）：古同“绸”。

如占自己有一地可造坟否？则世为穴场，应为对案。如将买他人之地而欲造坟，问此地若葬，益利我家否？以应作穴场，世是我家也。

用神问答第三

或曰：仆占主人，以父母爻为用神；主人占仆，不以子孙爻为用神，何也？

答曰：一切抚养庇护我身者，以父母爻为用神，即如城垣、宅舍、舟车、衣服等类是也。金银、物件、婢仆等一切驱使之类，以财爻为用神是也。

又曰：占兄弟之妻、妻之姊妹，以财爻为用；占夫之兄弟，以官爻为用，何也？

答曰：兄弟之妻、妻之姊妹，与妻同辈人也，既夫占妻以财爻为用，皆是财爻为用矣。夫之兄弟，与夫同辈人也，既妻占夫以官爻为用，皆是官爻为用矣。

又问：古书俱载兄弟为风云，今以官鬼之爻为逆风，子孙之爻为顺风，何也？

答曰：贵人以官为官星，庶人以鬼为祸祟；贵人以子孙之爻为恶煞，庶人以子孙之爻为福神。官乃拘束之星，鬼乃忧疑阻滞之宿。如连日风雨，或遇逆风、疾病缠染、官司扰害、盗贼忧虞，人心岂畅！福神能制官鬼，善解忧愁，故为之用也。

原忌仇神论第四

凡占卦要知原神，先看用神何爻，生用神之爻即是原神也。如用神旬空、月破、衰弱，或伏藏不现，得原神动来生之，或日辰月建作原神生之，必待用爻出旬出破，得令值日，所求必遂矣。如用神旺相，原神休囚不动，或动而变墓、变绝、变克、变破、变退，或被日辰月建克制，皆不能生用。是用神根蒂被伤矣，是不惟无益，而反有损也。

凡占卦要知忌神，亦先看用神。克用神之爻即是忌神也。如忌神动来克用，而用爻出现不空则受克也。倘卦中又动出一爻原神生用，则忌神反生原神，是名“贪生忘克”，则用神根深蒂固矣，其吉更倍矣！如忌神独发，而用神旬空，谓之“避空”；如伏藏不现，谓之“避凶”；如月建日辰生用，谓之“得救”。如是等仍为吉兆，夫亦何嫌何疑哉！如忌神变回头之克，或日辰月建克冲之，或动爻制忌之，谓之“贼欲害我”，是贼先受害也，我又何伤？如日辰月建生扶忌神，或忌神叠叠克用，即使用神避空伏藏者，至出空出透时，便受其毒，难免其灾也。

凡占卦要知仇神，亦看制克原神，生扶忌神者，即是仇神也。如卦中仇神发动，则原神被伤，用神无根，忌神倍力，其祸可胜道耶！

飞神正论第五

飞神有六：

凡卦既有伏神，伏神之上者，飞神一也；

六兽五类，飞神二也；

他宫五类赘入本宫，取财、官、父、兄、子，飞神三也；

一卦中上、下两爻一类，内静外兴，外飞内，四也；

外静内兴，内飞外，五也；

内外皆兴，飞去六也。

伏神正传第六

夫伏神者，谓卦之有缺用神，才看用神伏于何爻之下。既有用神现，即使旬空、月破、动、静、生、克、合、冲者，皆由机关之所发，是有病处，必以药医之。故空要值日、破要填合、伏待出露、冲待合、合待冲。此乃物穷必变，器满则倾。若以破空为无用，以乾为坤之伏，大有五类俱全，又扯否卦为伏，又爻爻有伏之说，岂非病失医药？其传谬矣！至于学者无门可入。今陈一定不易之理，以便读者易于升堂。且乾坤艮兑坎离震巽乃八宫之首卦，名曰“八纯”，其爻全金、木、水、火、土，其象备官、父、子、财、兄，本宫下七卦如缺一者，即以首卦为伏。假令姤、遁无财，须向乾宫借寅木；遁、否、晋、观缺水，移乾子水伏初爻；观、剥少金，乾卦申金为伏。今以乾卦为法，他宫他卦皆是以本宫首卦为下七卦之伏神也。

六兽评论第七

青龙最喜悦而多仁，附忌神凡谋不利。

白虎最凶勇而好杀，生用神诸为则吉。

朱雀克身，口舌是非常有；如来生用，文书音信当回。勾陈属土，空则田园欠熟；刚强克世，公差牵扯拘迟。螣蛇怪异虚惊，玄武私情盗贼。白虎血神，生产偏宜发动；午官朱雀，化水何忌火灾。螣蛇木鬼欺身，恐自缢难逃枷锁；玄武官生静世，交小人莫虑干连。世克静青龙，巡捕戏场酒肆；土鬼动勾陈，搜寻父母田园[①]。论祈祷速酬太岁，问病原肿胀黄浮。略举六神取用，莫将六兽推尊。遇吉神般般云吉，持凶宿件件称凶。

四生逐位论第八

火生于寅也，金生于巳也，水、土生于申也，木生于亥也。火库于戌，绝于亥；金库于丑，绝于寅；水、土库于辰，绝于巳；木库于未，绝于申。此长生墓绝定例。

卦卦必用者长生，爻爻须究者墓绝。除三者之余，卦中俱弗重也。假令火之沐浴于卯为相生，火之冠带于辰，衰于未，养于丑，为泄气；巳火临官于巳为伏吟，午火临官于巳为退神，巳火帝旺于午为进神，午火帝旺于午为伏吟，午火衰于未者为相合，午火病于申、巳火死于酉者为仇神。巳火病于申者为相合，胎于子者为相克。午火胞胎于子为克、为冲、为反吟。由此观之，余神奚足重哉！

校者注　①　“搜寻父母田园”这六个字为校者依据别的版本所加，《故宫珍本丛刊》版卜筮正宗无此六字。

月破论第九

凡卦中月破之爻，乃关因之所现也。动者亦能生克他爻，变者亦能生克本爻，目下虽破，出月不破矣！今日虽破，值日不破矣！月破最喜逢合填实，远应年月，近应日时。如破而安静，再值旬空衰弱，遇动爻、月建、日辰克害，此等月破，谓之“真破“”，到底破矣！

旬空论第十

凡卦中爻遇旬空，乃神机发现于此也。如旺相旬空，或休囚发动，日辰生扶、动爻生扶、动爻变空、伏而旺相，此等旬空到底有用，不过待其出旬、值日。有合空、冲起、冲实、填补之法，后卷占验注明。如休囚安静，或日辰克，动爻克，伏而被克，静逢月破，值此等旬空者，谓之“真空”，到底空矣！

反吟卦定例第十一

反吟卦有二：有卦之反吟，有爻之反吟。卦之反吟，卦变相冲也；爻之反吟，爻变相冲也。爻变相冲者，查卦中惟有坤变巽，巽变坤。

乾卦坐于西北，乾右有戌，乾左有亥。巽卦坐于东南，巽右有辰，巽左有巳。两卦相对，有辰戌、巳亥相冲。故“乾为天”卦变“巽为风”卦，“巽”卦变“乾”，“天风姤”卦变“风天小畜”，“小畜”变“姤”。此乾巽二卦相冲，反吟卦也。

坎卦坐于正北，坎下坐子；离卦坐于正南，离下坐午。两卦相对，有子午相冲。故“坎为水”卦变“离”，“离为火”卦变“坎”；“水火既济”变“未济”，“火水未济”变“既济”。此坎离二卦相冲，反吟卦也。

艮卦坐于东北，艮右有丑，艮左有寅。坤卦坐于西南，坤右有未，坤左有申。二卦相对，有丑未、寅申相冲。故“艮为山”卦变“坤”，

“坤为地”卦变“艮”；“山地剥”卦变“谦”，“地山谦”卦变“剥”。此艮坤二卦相冲，反吟卦也。

震卦坐于正东，震下坐卯；兑卦坐于正西，兑下坐酉。两卦相对，有卯酉相冲。故“震”卦变“兑”，“兑”卦变“震”，“雷泽归妹”变“随”，“泽雷随”卦变“归妹”。此震兑二卦相冲，反吟卦也。

子变午，午变子；丑变未，未变丑；寅变申，申变寅；卯变酉，酉变卯；辰变戌，戌变辰；巳变亥，亥变巳，亦以此变出相冲，乃爻之反吟也。

伏吟卦定例第十二

伏吟卦有三：“乾”卦变震，“震”变“乾”；“无妄”变“大壮”，“大壮”变“无妄”。此子寅辰复化子寅辰，午申戌复化午申戌。内外卦之伏吟一也。

“姤”卦变“恒”，“恒”变“姤”；“遁”变“小过”，“小过”变“遁”；“否”变“豫”，“豫”变“否”；“丰”变“同人”，“同人”变“丰”；“履”变“归妹”，“归妹”变“履”；“解”变“讼”，“讼”变“解”。此午申戌复化午申戌，外卦之伏吟二也。

“大有”卦变“噬嗑”，“噬嗑”变“大有”；“屯”卦变“需”，“需”变“屯”；“大畜”变“颐”，“颐”变“大畜”；“随”变“夬”，“夬”变“随”；“小畜”变“益”，“益”变“小畜”；“泰”变“复”，“复”变“泰”。此子寅辰复化子寅辰，内卦之伏吟三也。伏吟惟乾变震，震变乾，查其他卦无伏吟也。

旺相休囚论十三

春令木旺火相，夏令火旺土相，秋令金旺水相，冬令水旺木相，四季之月土旺金相，此八者旺相也。春土金兮，夏金水兮，秋木火兮，冬火土兮，此八者休囚也。

凡卦中旺相之爻，倘被日辰及动爻克制，目下贪荣得令，过时仍受其毒，此旺相者暂时之用也。凡卦中休囚之爻，如得日辰及动爻生扶，目下虽不能逞志，遇时仍然得意，此休囚者待时之用也。

合中带克论第十四

凡卦中子爻变丑，戌爻变卯，此子与丑合、卯与戌合，合中带克，合三克七之分。如旺相得日月生扶帮比，或卦中动爻生之，是作合论也。如休囚失令，被月日克之，或卦中动爻克之，是作克论也。惟申金化巳火者，即无日月与动爻相生，不作克论，乃化合化长生也；倘寅月日占之，是三刑会聚，申被寅冲则不可以吉论矣！

合处逢冲、冲中逢合论十五

合处逢冲有三：凡得六合变六冲一也；日月冲爻二也；动爻变冲三也。

冲中逢合亦有三：凡得六冲变六合一也；日月合爻二也；动爻变合三也。

合处逢冲，谋虽成而终散；冲中逢合，事已散而复成。

绝处逢生、克处逢生论第十六

金绝于寅，木绝于申，水、土绝于巳，火绝于亥。

譬如寅日占卦，金爻则绝于寅，如卦中有土爻动而生之，是绝处逢生也。

申日占卦，木爻则绝于申，如卦中有水爻动而生之，是绝处逢生也。

巳日占卦，水爻则绝于巳，如卦中有金爻动而生之，是绝处逢生也。

亥日占卦，火爻则绝于亥，如卦中有木爻动而生之，是绝处逢生也。

惟巳日占卦，土爻则绝于巳，如月建生扶帮比，土爻不可谓“绝”也，谓之“日生”。如土化出巳，有日月帮比，不云“化绝”，乃云“回头生”也。如日月制土，则是绝于日也，则是化绝于爻也。

如酉日占卦，寅爻被克，卦中有水爻动而生之，是克处逢生矣。余例如之。

大凡绝处逢生，寒谷逢春；克处逢生，凶后见吉也。

变出进退神论第十七

凡卦中亥变子，丑变辰，寅变卯，辰变未，巳变午，未变戌，申变酉，戌变丑，乃进神也。进神者，吉凶倍增其势也。

凡卦中子变亥，戌变未，酉变申，未变辰，午变巳，辰变丑，卯变寅，丑变戌，乃退神也。退神者，吉凶渐减其威也。

卦有验不验论第十八

凡人问卦，惟致诚可以感格神明。故斋庄戒谨，指占一事，神前祝告，而后卜之，则是用，是原；是忌，是仇；动、静、生、克；合、冲、变、化；旬空、月破、月建、日辰，研究其理，无不验也。如卜者不审其本来之心，而妄断之，则理有不通，不验也。兼问几事，则数有不逮，不验也。如奸盗邪淫之事，则天有不容，不验也。或乘便偶占，毫无诚敬，不验也。

又如，与人代占，必先说明是何名分，方可就其亲疏、上下，分别用神，以为占验，庶无差误。假如奴仆代主来占，则以父母爻为用神。今乃有人自顾体面，不说实情，假托亲戚，以致用神看差，虽占无益，不验也。更或求卜之人，心虽诚敬，或阻于他事，令人代卜，而代卜之人心或不诚，不验也。又或一事而今日占之，明日又占之，或一人连占四、五卦，是“再三渎，渎则不告①”，不验也。

校者注　①　再三渎，渎则不告：这是蒙卦的卦辞。全文是：“蒙：亨。匪我求童蒙，童蒙求我。初筮告，再三渎，渎则不告。利贞。”意思是：为什么蒙昧反而通达呢？因为事物随条件而变，蒙昧无知，通过学习，不知就可以转化为知，蒙可以变为不蒙。不是我有求于幼稚蒙昧之人，而是幼稚蒙昧之人有求于我。初次前来占筮，告诉他吉凶，再三占筮，便是渎犯神灵，如此，就不再告诉吉凶。筮得此卦，无论做什么都有利。蒙：蒙昧未明。亨：通达。匪：非。我：指筮者。

辟诸书之谬

辟《增删卜易》之谬

夫人因事有忧疑，惟卜可决，必致诚求卜，神必以吉凶相告，当以生克、制化、动静之理细推，无不应验。岂李文辉作《增删卜易》一书，“首章”云：“此书有十二篇秘法，单教世之全不知五行生克之士，亦不必念卦书，只要学会点课，就知决断吉凶，知功名之成败，知财物之得失，知疾病之生死，知祸福之趋避。种种诸事，概不必念卦书，则知决断，乃吾师野鹤老人苦心于世之秘法，万两黄金无处求”等语。阅其秘法曰：“求名以官爻为用神，以子孙爻为忌神，不必念卦书，不要看生克、制化、动静、冲合，只要会装卦，对神祷告曰：‘我若有功名，求赐官爻持世。’卜一卦官爻不临世，再卜；再卜又无，再再卜或明日再卜。倘得官爻持世，固知有名；倘得子孙持世，固知无名。求财见财爻持世则有，见兄弟爻持世则无。卜病见有用神持世则生，见有忌神持世则死。诸卜皆以用神持世断吉，忌神持世断凶。如无用神、忌神持世，必要卜见方止。”

予想李文辉又愚也，何不以筶爿祷告圣？阴阳为吉凶断，更捷径于此法也。今之丢筶者，岂不值万万两黄金乎？总之，李文辉侮圣人之《易》，迷后世之途，予故辟之。

辟《易林补遗》伏神之谬

凡卦中用神不出现，查变爻有，不必寻伏神矣。倘变爻又无，然后查用神伏于何爻之下，看有提拔没有提拔，以定吉凶，无不应验。其法，譬如坤宫“坤为地”卦，六爻五类备全，假使用爻旬空月破、刑冲克害，即就其本爻有病者论吉凶。如复、临、泰、大壮、夬、需、比七卦，倘正卦与变卦皆无用神，即将“坤为地”卦内用神为伏本卦某爻之下，此法乃万古一定不易。岂如张星元《易林补遗·总断》所云“飞伏在二仪交换，定然阳伏阴而阴伏阳”，“乾坤来往换，震巽两边求；艮兑相抽取，坎离递送留”等语哉？若据彼将“天风姤”卦为“地雷复”卦之伏神，不知“地雷复”卦所缺者文书爻，应将本宫首卦为伏，取“坤”之二爻巳火文书，伏“复”卦二爻寅木之下，寅木为飞，巳火为伏，谓之“飞来生伏”。如占文书、长辈事，屡验巳日。若据张星元以“天风姤”卦为“复”卦之伏，取“姤”卦第四爻午火伏“复”卦第四爻丑土下，妄将午火伏丑土泄气之下为凶，竟不以巳火伏长生之下为吉。

又如，“天山遁”卦缺子孙，必以“乾”卦初爻子水子孙伏“遁”卦初爻辰土之下，水库居辰，谓之“入墓于飞爻”也，看有提拔者吉，无提拔者凶，此亦万古不易之法。而张星元竟将“地泽临”卦第五爻癸亥水，伏“遁”卦第五爻申金之下，则曰“用神伏长生之下吉”，是扯张甲当李乙，妄论吉凶。又言用神上卦如遇旬空、月破、刑、冲、克、害，即当寻伏。又言归魂卦皆将本宫第四卦为伏。据称“大有”卦初爻子水子孙值旬空，该将“天地否”卦为伏神，而“否”卦六爻之内并无子孙，还是以出现旬空者凶乎？还是以伏卦中没有用神，无吉无凶乎！略辟其伏神一、二之谬，以示后学。

辟《易林补遗》胎养衰病之谬

凡卜卦，爻遇长生、沐浴、冠带、临官、帝旺、衰、病、死、墓、绝、胎、养，卦中所重者长生、墓、绝，其沐浴、冠带等七件各有合、冲、生、克、扶拱、进、退神分别。假如申酉金沐浴于午，金化午乃回头克也。或午日占，乃日辰克也。如申化酉曰“进神”，如酉化申曰“退神”。如金化未戌土曰“回头生”，如酉化卯曰“反吟”。申化辰曰“回头生”，酉化辰曰“化生合”也。

生克制化，合冲之间，神机报在，岂张星元“以胎养半吉之祥，以衰病半凶之祸”？若以胎养半吉之祥，假令巳午火长生于寅，胎于子，寅卯木胎于酉，子亥水养于未，还是化胎养半吉之祥，还是化回头克没有半吉？如金爻为用，动化戌土是回头生，凡占全吉。若据张星元说，“衰病半凶之祸”。又如，午火化未土是化合，诸占欲散者得之见阻，欲成者得之可成。半凶半吉之谬，误人不浅矣，故辟之。

辟《卜筮全书》世身之谬

《卜筮全书》以“子午持世身居初，丑未持世身居二，寅申持世身居三，卯酉持世身居四，辰戌持世身居五，巳亥持世身居六”。其注云：“持世之辰是子，即以初爻安世身；如世爻旬空、月破，日辰刑、冲、克、害，不必看世，当察身爻，以身爻代世爻之劳；如身爻吉，则言吉；身爻凶，则言凶。”今人宗之，大误于事！不知卦中所重者生克制化、空破刑冲动静。如占自己吉凶，理当推世，以世为我，以定吉凶是也。倘世爻逢凶，身爻逢吉，还是在于世之凶乎？还是在于身之吉乎？由此观之，而子午持世身居初爻，诸谬甚矣！

辩天医星之谬

凡占延医用药，以应爻为医生，以子孙爻为药石，此系万古不易之理。今术家不察应爻之有用无用，不看子孙爻之动静旺衰，竟查天医星之有无，则曰“天医上卦，服药有效，医生可用”，或“查天医不上卦，服药无效，医生不可用”。倘天医不上卦而应临子孙发动，有气克鬼生身，竟断医生不明，服药无效，有失先天之妙旨。况医生可寄死生，有关人命，故予辩之。

辟妄论本命之谬

大凡占病，当推用神，用神即如父占子病吉凶，以子孙爻为用神类是也。今术家竟不参究用神生克制化之理，而以病人之本命论吉凶死活，则曰“本命上卦，断之生；本命不上卦，断之死”。且如，用神受伤无救而本命上卦，还是断他用神受伤无救必死耶？还是断他本命上卦不死耶？后学不可以病人之本命妄断吉凶可也。

辩《卜筮全书》神煞之谬

昔京房作卦书，以神煞断卦。如出行忌往亡；疾病忌丧车、沐浴、哭声等煞，医药看天医，求财忌劫煞，词讼看官符。种种星煞，难以枚举，以致后学宗之，不执定五行生克制化，一味以神煞为凭。至明刘伯温先生作《千金赋》云："自古神煞之多端，何如生克制化之一理！"断易之法，始得归于正宗矣。

辩贵人禄马之谬

今人多以贵人之爻为官宦，以禄爻为俸禄，以驿马为来人，概以此论。不知贵人禄马临原神、用神，当以吉断。假如卜终身，白虎临官爻持世，得贵人临之，当以武职功名许之；如无贵人并临，当以病患强暴断之。若贵人之爻临忌神动来克害，不可以贵人为吉；如贵人临官鬼爻持世，不可以官鬼爻为祸患言凶。且如，卜行人，当察用神，如用神临驿马动，归期可订；如驿马动而用爻受伤，不可以驿马断其来。凡问俸禄，当以财爻为用神是也；若弃财爻之吉凶，而独以禄爻为俸者，亦谬矣。禄系丰足之神，马系行动之宿，贵人不过分别人品清高微贱之神。此三者临吉神是吉，临凶神是凶，学者不可概推。

辩《易林补遗》应为他人之谬

凡占交疏之常人，当以应爻为他人，以应爻为用神也。若异姓兄弟，或父叔之友，子孙之友，必分别称呼老幼取用神是也。不可概曰："我占他人，以应爻为用神。"

予因张星元不论父友、子友，皆以应爻为用神，甚至奴仆、妻婢、弟兄、父母、叔伯、邻长，概曰："我代他占，皆以应为用神。"今据

张星元作《妻妾奴仆去留章》云："以财为主，应象为凭"；《疾病章》云："代卜他人看应爻，若临月破最难逃；遇冲遇克身难救，逢旺逢生病必消。生应原神宜发动，克他忌象怕重交；卦身有气还须吉，应位逢官祸必招。"又《斗殴争竞章》云："以世应为主，生克为凭。"假如子侄与人斗殴争竞，惟恐受亏，故卜，岂可不看子孙爻生克，竟以世爻为主，生克世应为凭乎？又有《词讼章》云："以官爻为主，父母爻为凭"，"文词相诉至公庭，须看官爻父母兴"，倘然官父二爻动来克我，还是以官父二爻动，说有主有凭是吉乎，还是克害我者是凶乎？今之术家凡遇代占，则不论尊卑，概以应爻为用，凡为词讼，独用官爻，总不论用神生克制化。予不得不辩之。

辟《易林补遗》月破旬空之谬

凡卦中月破之爻，发动旺相或遇动爻生合，日神生合，或化回头生合，不过在月内不能为吉凶，出月值日合补，亦能吉能凶。张星元言"月破无可解救，概以凶推"。凡卦中旬空之爻，或旺相安静，休囚发动，日辰生合，冲之，或变出者，或伏而有提拔者，屡试屡验，应在出旬。不意张星元言"旬空之爻，犹如卦中无此一爻也"，惟月建临之，则曰"月建不作旬空，日辰不为月破"。致后学一见月破，无可解救；一见旬空，没有此爻。又曰："月建不作旬空。"注曰："全空，半空"："凡阳日遇阳爻，阴日遇阴爻，皆作全空；阳日遇阴爻，阴日遇阳爻，皆作半空。"试问，如人占病或得全空者，固知其必死，倘得半空者，还是病人死一半，活一半耶？其谬极至此，不得不辟之。

辩互卦

古大圣以蓍草演成一卦，推体象、用象、互象、爻辞，定事之吉凶。体象为我，用象为事。卦有内三爻，外三爻，世坐之处为体，应坐之处为用。譬如天地否卦，世居内坤第三爻，应居外乾第六爻，即以内宫坤卦为体象，以外宫乾卦为用象。内坤属土，外乾属金，谓之"体去生用”，不吉。

再看互卦。互卦之法，亦以否卦为例。除上六爻单，除下初爻拆。从第二爻起至第四爻见拆、拆、单，即内宫互成艮卦；从第三爻至五爻见拆、单、单，即外宫互成巽卦。艮卦属土，巽卦属木，木为乾宫否卦之财，如求妻财者得之，谓之“用来克体”，吉。

爻辞者，爻见单属阳，曰九；爻见拆属阴，曰六。即乾卦初爻，《易》曰：“初九，潜龙勿用[①]。”又如，否卦初爻，《易》曰：“初六，拔茅茹以其汇，贞吉，亨[②]。”否之四爻曰：“九四，有命无咎，畴离祉[③]。”

鬼谷子[④]仙师，因易理浩荡深远，恐愚人不能参透，以钱代蓍卜。定财官父兄子，生克制化；分别原、用、仇、忌四神，刑冲克害，生扶拱合，动静空破之法，使后学易觉，吉凶易剖。自后以蓍演《易》者，不察互、体、用象、爻辞而不灵；以钱卜卦者，用之则不验。学者宜知蓍演、钱卜断法不同。

校者注　① 初九，潜龙勿用：这是乾卦初爻爻辞。意思是：巨龙潜伏在深渊，暂时不宜施展才能。初九：爻题，指阳爻（九）居于初位。潜龙：比喻事物发展尚处在潜伏阶段，积聚力量，待时而兴。勿用：断占之词，不宜有所作为。

② 初六，拔茅茹以其汇，贞吉，亨：这是否卦的初爻爻辞。意思是：拔除茅草而牵连其同类，占问必获吉祥，亨通顺利。茹：根互相牵连的样子。

③ 九四，有命，无咎，畴离祉：这是否卦的第四爻爻辞。意思是：君王颁布诏命，必无灾祸，众人还会前来归附而同享福禄。命：君命。畴：同俦，众人。离：归附。祉：福。

④ 鬼谷子：姓王名诩，又名王禅，道号玄微子。春秋战国时期人，华夏族，额前四颗肉痣，成鬼宿之象。一说春秋战国卫国朝歌（今河南淇县）人；一说是战国魏国邺地（河北邯郸临漳）人；一说陈国郸城（河南郸城县）人。著名思想家、道家代表人物、兵法集大成者、纵横家的鼻祖，精通百家学问，　因隐居清溪鬼谷，故自称鬼谷先生。“王禅老祖”是后人对鬼谷子的称呼，为老学五派之一。二千多年来，兵法家尊他为圣人，纵横家尊他为始祖，算命占卜的尊他为祖师爷，谋略家尊他为谋圣，道教尊其为王禅老祖。鬼谷子的主要著作有《鬼谷子》、《本经阴符七术》、《关令尹喜内传》。《鬼谷子》侧重于权谋策略及言谈辩论技巧，而《本经阴符七术》、《关令尹喜内传》则集中于养神蓄锐之道，用以修心修身。《本经阴符七术》之前三篇说明如何充实意志，涵养精神；后四篇讨论如何将内在的精神运用于外，如何以内在的心神去处理外在的事物。

辟《易林补遗》终身大小限之谬

或为功名而卜终身有无，或因贫贱而卜终身富贵，或为无子而卜终身有无，或卜寿夭，或习艺而卜终身可赖，或为行道而卜终身可行，或为弟兄子侄之终身如何。种种卜者，各有用神。诸书惟《增删卜易》有野鹤论“分占终身之法”甚妥。大概总言，卜终身吉凶，宜向六亲生克、制化、刑冲、克合、动静、空破之间是问，神必以吉凶之机现于爻，以成败之机现于卦。

忆予于戊辰年、辰月、丙辰日，卜自己终身成败，得旅之蛊卦[①]：

六神	伏神	离宫：火山旅 【本卦】			巽宫：山风蛊（归魂） 【变卦】		
青龙		兄弟己巳火	▅▅▅		父母丙寅木	▅▅▅	应
玄武		子孙己未土	▅ ▅		官鬼丙子水	▅ ▅	
白虎		妻财己酉金	▅▅▅	应○→	子孙丙戌土	▅ ▅	
螣蛇	官鬼己亥水	妻财丙申金	▅▅▅		妻财辛酉金	▅▅▅	世
勾陈		兄弟丙午火	▅ ▅	×→	官鬼辛亥水	▅▅▅	
朱雀	父母己卯木	子孙丙辰土	▅ ▅	世	子孙辛丑土	▅ ▅	

彼时祖业丰裕，妄想富贵。此卦子孙朱雀持世，官爻入墓于日，显然功名不可问也。文书爻伏于世爻阴象之下，显然早年失慈。卦得六合，财福得合，显然祖业盈厚。此皆卜卦前之事也。

方上有严君，新婚未几，后来兴废刑伤，自然有验。孰知辛未年丧父、得子，是年父爻入墓之年也。五爻为长房，持未土子孙，果得长子。甲戌年生次子，予语一友，曰：“奇哉！此卦五爻持未，长子属羊，四爻化戌，次子属犬，初爻持辰，必末子属龙矣。”友曰：“土主五数，该有五子。”予曰：“非也！一重土数主五，以衰旺为之增减，

校者注 ① 以下筮法案例卦象为校者所加。

今子孙多现，理当见一有一。”后至丁丑年生一子，友曰：“汝言后子属龙，今属牛者，何来?”予曰：“虽得此子，不在数中，恐难养耳。”果次年即夭逢。至庚辰年果得子。自甲戌岁，予年二十六，家业渐废。己卯远行，壬午二月归，妻已故矣！节年颠沛，竟以卖卜为生。

或曰：“因何二十六岁颠沛起?”予曰：“交甲戌年，应财值年旬空，财临白虎化月破，世位逢冲之年，谓“合处逢冲”也；卯年冲应上财爻，以致夫妻远别，妻死不面。妻财爻又受午年之克也，卯月妻财爻又逢月建冲之。至于卖卜为业，朱雀持世，卦属离宫，斯文之象。次子无成，白虎戌土子孙值年、月、日三破，甲申年始得安稳。由此卦观之，《黄金策》云：“若问成家，嫌六冲之为卦；要知创业，喜六合之成爻。”予之先成后败者，此也。

若以《易林补遗》初爻起每爻各管五年是大限，初爻起每爻各值一年是小限，予二十一岁至二十五岁，大限在五爻，临未土子孙，二十三岁何致父故?三十一岁至三十五岁大限在初爻，临辰土子孙，三十四岁何致克妻?大限如是，小限可知矣。又曰：“变卦管三十岁后。”何至于二十六岁已先破家?三十五岁至四十岁，大限在第二爻兄弟勾陈处，何以反得安稳?若以互卦内见巽为文书，外见兑金为妻财，而卦中既互有文书、妻财，何致双亲早丧，中年失偶?若依张星元之法，不过惑人，曰“终身卦要如是推算大限、小限，不比寻常小卦，酬谢宜多”，究竟祸福吉凶，并无丝毫之应验。

后人若卜终身者，当知兴废，大局报于卦；刑伤克害，际遇机缘报于爻。若年年如是，月月照常，而爻中不及报应，妄推无准，莫若名利、祸福、寿夭逐件分占，便可显而易见也。读者当用意推详之。

辟《易林补遗》家宅之谬

断家宅之谬者，惟《易林补遗》之说。即如其以卦分旺相死没，“立春后，艮旺，震相，巽胎，离没，坤死，兑囚，乾休，坎废；春分后，震旺，巽相……”等说。又云：“凡看人宅六事，内外二卦皆临旺相，爻内纵无财官，也主兴隆。如临死、囚、休、废，纵有财官、青

龙、天喜，亦无佳兆。”试问，倘立春后，卜得颐、小过、蛊、渐、恒、益等卦，俱值旺相胞胎，必断其富贵无穷之好？如卜得晋、明夷、临、萃、比、师等卦，必断其败坏不止之凶？由此论之，生克制化之理乌有，竟为吉凶祸福捷径之法，其谬犹可。其大谬者，以官爻为家主之爻，又以五爻为家主之爻。倘遇官爻坏，五爻好，则家主之吉凶何分？

据云：“子孙动则广进家资。”此一句系古法也，虽则不谬，然以官鬼为家主，则子孙不可动，动则克伤官爻矣。若据张星元之论，欲要进家业者，反欲克伤其父乎？

又据云：“初为儿女，与鸡、鹅、井泉、基地。”试问，初爻逢凶，儿女、鸡、鹅、井泉、地基概凶矣，岂死鸡鹅之家，儿女亦必死乎？井必颓乎？墓必破乎？“二言妻妾兼猫犬、灶及华堂。”试问，二爻逢凶，妻妾、猫犬、灶与华堂概凶矣，岂死猫犬之家，妻妾亦必至于死乎？死妻妾之家，乃因灶与华堂之碍乎？

止陈两爻之谬，其余不及尽述。凡卜家宅，当以用神分别明白。后卷有家宅六爻分断，读者详之，庶无无矣。

辟《易林补遗》婚姻嫁娶之谬

一婚姻嫁娶，惟《易林补遗》之说最谬。“以内外卦、世应爻为主，以阴阳财鬼爻为凭。凡男卜女家，内卦为夫，外卦为妇；又以世为夫，应为妇。凡女卜男家，以外卦为夫，内卦为妇；世爻为妇，应爻为夫……”等说，使后学无定见。

假如男家卜婚姻，或遇外卦凶而应爻吉，此婚姻亦好亦不好，究竟可配不可配耶？今人宗之，不问父母叔伯为卜子侄女婚，不问兄弟母舅为卜甥弟女婚；一概以世应论夫妇，官鬼妻财为夫妇；不以用神生克制化之理，定其夫妇之吉凶，大失先天妙旨。孰知世应财官各有分别，世爻为我家，应爻为彼家；女人自卜嫁此郎为夫，当以官爻为夫，世为自己，官世相生、相合，官阳世阴，此谓之“得地”。男人自卜娶此女为妻，当以财为妇，世为自己，财世相生、相合，财阴世阳，亦谓之“得地”。或父母尊长辈，为子孙婚，欲配某家女为媳，以子孙为用神。

世上子孙或阳象，子孙皆指言我家之男也；应上子孙或阴象，子孙皆指言彼之女也。无冲破，有生合，自然可配，夫妇和谐；无生合，有冲克，自然夫妇不睦。或休囚，或受克，自然不寿。如父为子婚，世位而受伤者，自然悖逆而刑翁；财爻而受生者，自然孝顺而益姑。或为弟娶妹嫁者，皆以兄弟爻为用神也。

曾于午建乙卯日，父为女择婿，得否卦安静[①]：

乾宫：天地否

六神	伏　神	【本　卦】		
玄武		父母壬戌土	▅▅▅	应
白虎		兄弟壬申金	▅▅▅	
螣蛇		官鬼壬午火	▅▅▅	
勾陈		妻财乙卯木	▅ ▅	世
朱雀		官鬼乙巳火	▅ ▅	
青龙	伏子孙子水	父母乙未土	▅ ▅	

一人执此卦问予曰：“世阴应阳，官星旺令，卦得六合，日辰持财，财官相生，六爻安静，是必佳偶乎？”予曰：“若依张星元论，是佳偶也。子孙伏而旬空，是必无子息也。据予断：子水子孙伏阴爻未土之下，惟恐令爱不寿耳。”其人不然而去，后成婚不久，此女病故。

校者注　①　以下筮法案例卦象为校者所加。

又一人，申月甲午日，父为子择媳，得复之噬嗑卦[1]：

六神	伏神	坤宫：地雷复（六合）【本卦】				巽宫：火雷噬嗑【变卦】		
玄武		子孙癸酉金	▅▅ ▅▅		×→	父母己巳火	▅▅▅▅▅	
白虎		官鬼癸亥水	▅▅ ▅▅			兄弟己未土	▅▅ ▅▅	世
螣蛇		兄弟癸丑土	▅▅ ▅▅	应	×→	子孙己酉金	▅▅▅▅▅	
勾陈	伏父母巳火	兄弟庚辰土	▅▅ ▅▅			兄弟庚辰土	▅▅ ▅▅	
朱雀		官鬼庚寅木	▅▅ ▅▅			官鬼庚寅木	▅▅ ▅▅	应
青龙		妻财庚子水	▅▅▅▅▅	世		妻财庚子水	▅▅▅▅▅	

予曰："应爻合成子孙局生世，不但嫁资丰厚，更可享其孝顺之福。"后至巳年完婚，果孝顺贤淑，赠嫁不凡。若据张星元之说，官为夫，此卦寅木夫星月破，又被金局克，是必克夫，何完婚已及二十年，翁姑在堂，夫妇和谐，不惟子多，近已得孙矣！后学当如是断，庶无弃吉就凶，以致误人婚配也。

辩六爻诸占之谬

《天玄赋》以六爻定诸占之例，惟占国事以五爻为天子之位，家宅以二爻为宅，五爻为人，坟墓以五、六爻为气绝之位。此三者稍近乎理，然亦宜以用神生克制化断之。其天时、产育、行人、田禾、求谋、疾病、买卖、词讼、盗贼、斗殴、蚕桑、六畜、出行、鬼神等，种种定位，概不以用神生克制化之理推断，惟以定例而决事之吉凶，大失先天之玄妙。即就其天时以六爻为日，以五爻为雨。试问，晴雨不以子孙、父母爻推之，竟以五爻、六爻为，可决乎？又如，初爻为产母，二爻为胎孕，试问，产母不看用神，胎孕不察子孙，竟以初爻、二爻为，可决吉凶乎？其余种种之谬，难以尽辩，望后学详之。

（卜筮正宗卷之三终）

校者注 ① 以下筮法案例卦象为校者所加。

卜筮正宗卷之四　黄金策总断

千金赋直解

刘诚意　撰　　王洪绪　注

动静阴阳，反覆迁变。

动就是交重之爻，静就是单拆之爻。交拆之爻属阴，重单之爻属阳。若爻是单拆，这谓之安静，安静的爻，没有变化的理。若爻是交重，这谓之发动，发动的爻，然后有变。故此交、交、交原是坤卦属阴，因他动了，就变作单、单、单，是乾卦属阳了。

大凡物动，就有个变头。为什么交就变了单，重变了拆，该把那个“动”字，当做一个“极”字的意思解说。古云：“物极则变①，器满则倾②。”假如天气热极，天就作起风云来。倘风雨大极，就可晴息了。故古注譬以谷舂之成米，以米炊之成饭。若不以谷舂，不以米炊，是不去动他了，到底谷原是谷，米原是米，岂不是不动则不变了？发动之内，也有变好，亦有变坏。阳极则变阴，阴极则变阳。这个意思就是“动静阴阳，反覆迁变”了。

虽万象之纷纭，须一理而融贯。

校者注　① 物极则变：事物发展到顶点，就要（向相反的方面）发生变化。极：顶点。应是“物极必反，数穷则变”的简称。

② 器满则倾：器满了就要倾倒，比喻人自满就要犯错误。器：指古代的欹（qī）器。语出《荀子·宥坐》：孔子观于鲁桓公之庙，有欹器焉，孔子问于守庙者曰：“此为何器？”守庙者曰：“此盖为宥坐之器。”孔子曰：“吾闻宥坐之器者，虚则欹，中则正，满则覆。”

此一节，只讲得一个“理”字，那“象”字当作“般”字解。理就是中庸[①]之理。卦中刑冲、伏合、动静、生克、制化之间，有一个一定不易之理在里头，拿这个卦理，评到中庸之极至处，虽万般纷纷论头，一理可以融贯矣。

夫人有贤不肖之殊，卦有过不及之异。太过者损之斯成，不及者益之则利。

贤、不肖之殊，人生之不齐也；过、不及之异，卦爻之不齐也。人以中庸之德为主，卦惟中和之象为美。德主中庸，则无往而不善；象至中和，则无求而不遂。故卦中动静、生克、合冲、空破、旺衰、墓绝、现伏等处，就有太过、不及的理在焉。

大凡卦理，只论得中和之道。假如乱动，就要搜独静之爻；安静，就要看逢冲之一日。月破要出破填合，旬空要出旬值日。动待合，静待冲，克处逢生，绝处逢生，冲中逢合，合处逢冲，这些法则就是“太过者损之斯成，不及者益之则利”。

旧注以用神多现为太过，以用神只一位不值旺令为无炁，谓不及，其意浅矣！

不知卦中无不有太过、不及者，就是动静、生克合冲、旬空月破、旺衰墓绝、伏藏出现，个个字可以当他太过，亦可以当他不及。此活泼之中自有玄妙，学者宜加意参之。

生扶拱合，时雨滋苗；

生我用爻者谓之生，扶我用爻者谓之扶，拱我用爻者谓之拱，合我用爻者谓之合。

生者，即金生水类，五行相生也。扶者，即亥扶子、丑扶辰、寅扶卯、辰扶未、巳扶午、未扶戌、申扶酉。拱者，即子拱亥、卯拱寅、辰拱丑、午拱巳、未拱辰、酉拱申、戌拱未。合有二合、三

合、六合。二合者，即子与丑合类。三合者，即亥卯未合成木局类。六合者，即卦得六合卦也。

校者注 ① 中庸：儒家的道德标准，待人接物不偏不倚，调和折中。《论语·庸也》：“中庸之为德也，其至矣乎。”

此节亦承上文而言，不及者宜益之耳。倘若用神衰弱冲破，得了生扶拱合，就如旱苗得雨，则苗勃然兴之矣。倘若卦中忌神衰弱冲破，得了生扶拱合，谓之助桀为虐[①]，其祸愈甚矣！学者宜别之。下三条仿此。

克害刑冲，秋霜杀草。

克者，相克，即金克木类是也；害者，六害，即子害未、丑害午、寅害巳、卯害辰、申害亥、酉害戌是也。刑者，即寅巳申等类是也。冲者，子午相冲等类是也。

此亦结上文而言，倘用神衰弱，并无生扶拱合，反见克害刑冲，故喻之秋霜杀草也。大凡刑、冲、克三者，卦中常验。六害并无应验，犹当辨焉！

长生帝旺，争如金谷之园[②]；

长生，即火长生于寅类也。帝旺，即火帝旺于午类也。用神遇之，虽衰弱者亦作有气论，故以“金谷”譬焉。

此节论用神，长生、帝旺在日辰上头，不言长生、帝旺于变爻里边，若以变爻遇帝旺而言，误矣！假如午火又化出午火来，这是伏吟卦了，有甚么好处？安得以金谷喻之？大凡用神帝旺于日辰上，主速；长生于日辰上，主迟。盖长生犹人初生，长养以渐；帝旺犹人壮时，其力方锐。所以长生迟而帝旺速也。

死墓绝空，乃是泥犁[③]之地。

校者注　① 助桀为虐：比喻帮助坏人干坏事。桀：即夏桀，夏朝最后一个君主，相传是暴君；虐：残暴。语出西汉·司马迁《史记·留侯世家》：“今始入秦，即安其乐，此所谓‘助桀为虐’。”

② 金谷之园：即金谷园，西晋石崇的别墅，遗址在今洛阳老城东北七里处的金谷洞内。石崇是有名的大富翁。他因与贵族大地主王恺争富，修筑了金谷别墅，即称“金谷园”。遗址在今洛阳老城东北七里处的金谷洞内。“梓泽”是金谷园的别称。《晋书·石苞传》载：“崇有别馆在河阳之金谷，一名梓泽，送者倾都，帐饮于此焉。”园随地势高低筑台凿池。园内清溪萦回，水声潺潺。石崇因山形水势，筑园建馆，挖湖开塘，周围几十里内，楼榭亭阁，高下错落，金谷水萦绕穿流其间，鸟鸣幽村，鱼跃荷塘，整座花园犹如天宫琼宇。洛阳八大景一的“金谷春晴”指的就是这里的春天美景。

③ 泥犁：亦作“泥梨”、“泥黎”，梵语。意译为地狱，其中一切皆无，没有喜乐。

死、墓、绝，皆从长生上数起。空是旬空。死者，亡也，犹人病而死也；墓者，蔽也，犹死而葬于墓地；绝者，魘绝也，犹人死而根本断绝也；空者，虚也，犹深渊薄冰之处，人不能践履也。泥犁，地狱名，言其凶也。这四者与克害刑冲意思相仿，又引有过、不及之意。倘用神无生扶拱合，反遇死墓绝空，故以泥犁喻之。

大凡卦中爻象，只讲得长生、墓、绝三件，向日辰是问，就是变出来的也要看。惟沐浴、冠带、临官、帝旺、衰、病、死、胎、养，不可向变出之爻是问。若化出来的，当以生克冲合、进神退神、反吟伏吟论也。

日辰为六爻之主宰，喜其灭项以安刘；

日辰乃卜筮之主。不看日辰，则不知卦中吉凶轻重了。盖日辰能冲起、冲实、冲散那动空静旺的爻象，能合、能填月破之爻，衰弱的能扶助帮比，强旺的能抑挫制伏，发动的能去克得，伏藏的能去提拔，可以成得事，可以坏得事，故为六爻之主宰也。

如忌神旺动，用神休囚，倘得日辰去克制那忌神，生扶了用神，凡事转凶为吉。故曰：灭项兴刘①。

月建乃万卦之提纲，岂可助桀而为虐。

月建乃卜筮之纲领。月建亦能救事坏事，故言“万卦之提纲”。若是卦中有忌神发动，克伤用神，倘遇月建生扶那忌神，这是助桀为虐了。倘忌神克用神，如遇月建克制忌神，生扶那用神，就是救事了。

凡看月建，只论得生克，与日辰相同。大凡月建的祸福，不过司权于月内，不能始终其事。而日辰不论久远，到底有权的。就是长生、沐浴、冠带这十二神，与日辰固有干系，与月建上不过只论得月破、休囚、旺相、生克。今有人说衰、病、死、墓于月建上不好，长生、帝旺于月建上好，种种误传，不可信也！

最恶者岁君，宜静而不宜动；

即本年太岁之爻曰岁君，系天子之象。既能最恶，岂不能最善？既

校者注 ① 灭项兴刘：指项羽败亡，刘邦建立西汉王朝。清·李渔《笠翁对韵》“灭项兴刘，狡兔尽时走狗死。连吴拒魏，貔貅屯处卧龙归。”

宜安静，岂不宜发动乎？若是太岁那一爻，临忌神发动，来克冲世身用象，主灾厄不利，一岁之中，屡多驳杂，故曰“最恶”，故宜安静。

此言岁君若临忌辰，则宜静，而不宜动也。若是太岁那一爻，动来生合世身之象，主际遇频加，一岁之中，连增喜庆，当言最善，亦宜发动。若用神临之，其事必干朝廷，若日辰动爻冲之，谓之“犯上”，毋论公私，皆宜谨慎可也。

最要者身位，喜扶而不喜伤。

身，即月卦身也。“阳世则从子月起，阴世还从午月生”，其法见《启蒙节要》篇内。大抵，成卦之后，看卦身现与不现，与月建、日辰、动爻有无干涉，则吉凶便知。

占事为事体，占人为人身，惟喜生扶拱合，不宜克害刑冲。凡占卦，以身为占事之主，故曰“最要”也。

世为己、应为人，大宜契合；动为始、变为终，最怕交争。

交重为动，动则阳变为阴，阴变为阳。卦中遇此，当以动爻为事之始，变爻为事之终。发动之爻变克变冲，谓之“交争”。凡世应宜生合用神，怕变克冲也。

应位遭伤，不利他人之事；世爻受制，岂宜自己之谋！

应位者，该当一个用神解说。如占他人，亦各有用神分别。或占交疏之人及无尊卑之人，是应为他人也。倘占父友、家主、师傅辈，这是父母爻为用神了。子孙之友，这是子孙爻为用神了。妻妾奴婢，这是妻财爻为用神了。

那父友、自友、及子孙之友，虽是他人，当分别老幼称呼名份取用，不可一概以应位误断。如卜损益自己之事，以世爻为自己也，世若受制，岂宜自己之谋乎！

世应俱空，人无准实；

此节亦引上文而言世应也。但凡谋事，势必托人，世空则自己不实，应空则他人不实。若世、应皆空，彼此皆无准实，谋事无成。或世、应空合，谓之“虚约”，而无诚信。如托尊长辈谋事，而得父母爻生合世爻，托之自然有益。倘或应空，总得长辈之力，而那一边不实，亦难成事也。

内外竞发，事必翻腾。

竞者，冲克也，；发者，发动也。凡占的卦，内外纷纷乱动，乱冲乱击，是人情不常，必主事体反覆翻腾也。

世或交重，两目顾瞻于马首；应如发动，一心似托于猿攀。

马首是瞻，或东或西；猱猿攀木，自心靡定。世以己言，应以人言。《书》曰："应动恐他人有变，世动自己迟疑"，皆言其变迁更改，不能一其思虑耳。此引上文世应为彼我之意，又引竞发有翻腾而言。其事之吉凶，总不外乎生扶拱合、克害刑冲、空破间耳。

用神有气无他故，所作皆成；主象徒存更被伤，凡谋不遂。

用神者，如占文书、长辈，以父母爻为用神之类是也；主象者，亦即用神也。"故"字该作"病"字解。何谓之病？凡用神遇刑冲克害，就是病了。如卦中用神旺相，遇了病，可待去病日期，亦能成事；如旺相，而又无刑冲克害等病，凡谋必从心所欲，无不可成矣。

倘用神衰弱无气，而又遇月建、日辰刑冲克害，犹如一个天元不足，瘦弱不堪的人，岂可再加之以病乎？故爻弱而又受刑冲克害者，凡事枉费心力，终无可成之理。盖用爻虽然出现，别无生助，而卦中又无原神，纵有而值空、破坏者，谓之"主象徒存"。徒存者，徒然出现也，谋事焉能遂意哉！

有伤须救，

伤，伤克用神之神也；救，救护用神之神也。如申金是用神，而被午火发动来克，则申爻有伤矣。若得日辰是子，或动爻是子，子去冲克午火，或亥日亥爻制伏午火，则午火有制，而申金岂非有救乎？倘月建冲克用神，得日辰去生合用神；又或日辰去克用神，卦中动出一爻生他，这便是有伤得救了。凡遇有伤得救，每事先难后易，先凶后吉，用神得救，乃为有用耳。

无故勿空。

故者，谓受伤的意思。"勿"字该当他"不"字解说。大凡旬空之爻安静，又遇月建、日辰克制，这是有过之空了，即使出旬值日，亦不能为吉为凶，这样旬空，到底无用之空矣。若旬空之爻发动，或得月建、日辰生扶拱合他，或日辰冲起他，或动爻生合他，这是无故之空，待其出旬值日得令之时，仍复能事。故曰“无故之空爻，勿以为空”也。

虽值旬空，而没有受月建、日辰克伤的，不可当他真空论。又如，用神化回头克，又见会局来克，来克太过，岂不是有故了？若是日月来伤他，用神一空，则不受其克，亦称无故矣。古有避凶之说，亦近乎无故之理。

旧注误以“无伤克之爻不可空，日月二建克他又宜空”，大失先天之妙旨，又失是篇之文理矣！

空逢冲而有用，

凡遇卦爻旬空，今人不拘吉凶，概以无用断之。殊不知见日辰冲亦有可用之处，盖冲则必动，动则不空，所以“空逢冲而有用”也。

合遭破以无功。

此节独言合处逢冲。盖卦爻逢合，如同心协力，事必克济，凡谋望欲成事者，得之则无不遂矣。倘合处遇冲刑破克，惟恐奸诈小人两边破说，必生疑惑猜忌之心。如寅与亥合，本相和合，若见申日，或遇申爻动来冲克寅木，则害了亥水矣。故曰：“合遭破以无功”。

合者，成也，和好之意；破者，散也，冲开之意。凡欲成事，而得合处逢冲之卦者，事必临成见散。凡欲散之事，而得合处逢冲之卦者，必遂意也。冲中逢合者，反是。

自空化空，必成凶咎，

自空者，用爻值旬空也；化空者，亦言用爻化值旬空也。凶咎，言不能成事。此节亦引上文谋望之事而言。凡谋望无不欲成事，倘用爻空，或用爻动化空，则动有更变，空有疑惑，事必无成。故曰“凶咎”也。

刑合克合，终见乖淫。

合者，和合也。凡占见之，无不吉利。然人不知合中有刑有克，合而有克，终见不和；合而有刑，终见乖戾。

且如，用神未字为财爻，午字为福爻，午与未合，然午带自刑，名为刑合。又如，子字为财爻，子与丑合，丑土能克子水，谓之“克

合”。如果占妻妾，始和终背，诸事终乖戾[1]也。

动值合而绊住，

大凡动爻不遇合，然后为动；若有合则绊住，而不能动矣。既不能动，则不能生物、克物矣。如日辰合之，须待冲其本爻日至，可应事之吉凶。如旁爻动来合之，须待冲那旁爻之日至，可应事之吉凶矣。

假如用丑土财，而子日合之，待未日应事；子爻合之，待午日应事。又如，子孙爻动，而被日辰合住，则不能生财，待冲动子孙期至，方有财也。余仿此。

静得冲而暗兴。

大凡不发动的爻，不可便言之安静。若被日辰冲之，则虽静亦动，谓之“暗动”。犹如人卧而被人呼唤，即不能安然而睡。既是卦中发动的爻，也能冲得安静的爻。且爻遇暗动者，犹人在私下作事也。暗动之爻生扶我，定叨私下一人帮衬；倘或克害我，定被一人在私下谋损。其理深微，应事在于合日。

入墓难克，带旺匪空。

入墓难克者，言动爻入墓，不能去克他爻也。又言他爻入墓，不受动爻所克也。假如寅木发动，本去克土，倘遇未日占卦，那木入墓于未日；或化出是未，是入墓于未爻也，则不能去克土矣。又如，寅动克土，而土爻遇辰日，则入墓于日辰；或化辰爻，入墓于变爻，皆不受寅木之克。故曰“入墓难克”。

旺相者，即如春令木旺火相，夏令火旺土相，秋令金旺水相，冬令水旺木相，四季之月土旺金相。古谓：“当生者旺，所生者相”是也。此爻空亡，不作空论。又云：“旺相之爻过一旬，过旬仍有用。”故曰“匪空”。

有助有扶、衰弱休囚亦吉；

此节独指用神而言也。且如，春天占卦，用爻属土，是衰弱休囚，

校者注 ① 乖戾（guāi lì）：（性情、言语、行为）别扭，不合情理。唐·韦表微《池州夫子庙麟台》诗：“圣与时合，化行位尊。苟或乖戾，身穷道存。”唐·杜牧《上宰相求湖州第一启》：“即是本末重轻，颠倒乖戾，莫过于此。”

本为不美，倘得日辰动爻，生扶拱合，虽则无气，不作弱论。譬如贫贱之人而得贵人之提拔也。忌神倘无气，则不宜扶助也。

贪生贪合，刑冲克害皆忘。

此节亦指用神而言也。倘用神遇刑冲克害，皆非美兆，若得旁有生爻合爻，则彼贪生贪合，自不为患矣。故曰“忘冲忘克”。

假如用神是巳，卦中动出寅字来，寅本刑巳，但寅木能生巳火，故巳火贪其生，而忘其刑也。

又如，卦中动出亥字，来冲克巳火，又得动出卯字来，则亥水贪生于卯，而忘克于巳也；如寅字动，则亥水贪合于寅，而忘冲于巳也。此乃贪合、贪生，忘克、忘冲、忘刑之例。余皆仿此，详推可也。

别衰旺以明克合，辨动静以定刑冲。

此节分别衰旺、动静、生克、制化、阴阳之理。若独别衰旺，不辨动静，则胶于所用矣。如旺爻本能克得衰爻，若安静，纵旺而不能去克衰爻了。衰爻本不能去克旺爻，若发动了，就克得旺爻了。盖动犹人之起，静犹人之伏。虽则旺相，不过目下一时旺；虽则衰弱，亦不过目下一时衰。俟旺者退气，衰者得扶，而衰爻可克旺爻矣。如旺爻动克衰爻，而无日辰救护者，立时受其克也。惟是日辰能冲克得动静之爻，即如动爻生克不得那日辰；若是月建载在卦中，那动爻也能克得他了。如此则衰旺动静之理明矣。

并不并、冲不冲，因多字眼；

并者，谓卦中之爻日辰临之也；冲者，谓卦中之爻日辰冲之也。“不”字，言所并之爻不能并，所冲之爻不能冲也。

何谓不能并？假如子日占卦，卦中见有子爻作用神，日辰并之，倘子爻衰弱，已有日辰并之，便作旺论。然亦不可子爻化墓、化绝、化克，此谓日辰变坏，不能为善于爻，而凶反见于本日也，故曰“并不能并”也。

何谓不能冲？又如，子日占卦，卦中见有午字作用神，日辰冲之，如子爻在卦中动来冲克午爻，若得子爻化墓、化绝、化克，此谓日辰化坏，不能为害于午，而其吉反见于本日也，故曰“冲不能冲”也。

此二者皆因子日占卦，卦中多这个子爻变坏了，所以如此。余如此例。

刑非刑、合非合，为少支神。

刑，三刑也；合，合局也。如寅巳申为三刑，丑戌未为三刑，子卯为二刑，辰午酉亥为自刑。

假如卦中有寅巳二字而无申，有寅申二字而无巳，有巳申二字而无寅，为少一字，而不成刑也。如亥卯未为三合，申子辰为三合，巳酉丑为三合，寅午戌为三合。假如有亥卯而无未，有未卯而无亥，有亥未而无卯，为少一字，而不成合也。

三合、三刑之法，必须见全。有两爻动，则刑合得一爻起；如一爻动，则刑合不得两爻起了。如卦中刑合纵见全，倘俱安静，便不成刑合了。如此占验，就明白晓畅矣。

爻遇令星，物难我害，

令星者，月建之辰也；物者，指卦中动爻而言。倘用神是月建之辰，而月建乃健旺得令星也，即使动爻来伤，何足惧哉！故曰“物难为我之害”也。

伏居空地，事与心违。

伏者，伏神也。六爻之内而缺用神，当查本宫首卦用神为伏，卦上六爻为飞，飞为显，伏为隐。若六爻之中并无用神，而伏神又值旬空，倘无提拔者，谋事决难成就。故曰“事与心违”。

伏无提拔终徒尔，飞不推开亦枉然。

亦引上文之意。伏者，言用神不现，而隐伏于下也。如无日月动爻生扶拱合，谓之“伏无提挚”。飞者，是用神所伏之上显露神也。推者，冲也。言冲开飞神，使伏神可出也。

空下伏神，易于引拔；

言伏神在旬空飞爻之下。盖本爻既空，犹无拦绊，则伏神得引拔而出也。引者，是拱扶并之神；拔者，亦生扶拱合，冲飞引伏之意。

制中弱主，难以维持。

制者，言月建、日辰制克也；弱主者，指衰弱之爻也。如用神衰弱，而又被日月二建制克，纵得动爻生之，亦不济事。盖衰弱之爻，再遇日月克者，如枯枝朽树，纵有如膏之雨，难以望其生长新根。此指用神出现而言也，如伏神如是，纵遇并引，亦无用矣。

日伤爻，真罹[①]其祸，；爻伤日，徒受其名。

日辰为六爻主宰，总其事者也。六爻为日辰臣属，分治其事者也。是以日辰能刑冲克害得卦爻，卦爻不能刑冲克害于日辰也。月建与卦爻亦然。

墓中人，不冲不发；

大抵用爻入墓，则多阻滞，诸事费力难成，须待日辰动爻冲之，或冲克其墓爻，方有用也。古书云："冲空则起，破墓则开"。

身上鬼，不去不安。

身，借用而言世也。但凡官鬼持世爻上，如自己若非职役之人，以官鬼为忧疑阻滞之神，须得日辰动爻冲克去之，方可安然无虑矣。或忌神临于世上亦然，但不可克之太过，恐我亦伤。先圣曰："人而不仁，疾之已甚，乱也[②]。"惟贵得其中和耳。

德入卦而无谋不遂，忌临身而多阻无成。

德，合也。和合中自有恩情德义。故凡谋为，用神动来合世，或用神化得生合，或日辰临用合世，或日辰生合用爻，皆德入卦中，而无谋不遂矣。但合处逢冲，恐有更变。倘忌神如是，则多阻而无成矣！

卦遇凶星，避之则吉；

凶星即是忌神。凡用爻被月建、日辰伤克，不论空伏，始终受制，无处可避。如无月日伤克，独遇卦爻中忌神发动来伤，若用爻值旬空、伏藏，不受其克，谓之避，待冲克忌神之日，其凶自散矣。如用爻出现不空，便受其毒，难免其伤也。故曰"避之则吉"。

爻逢忌杀，敌之无伤。

校者注　①　罹（lí），指遭受苦难或不幸；忧患，苦难。

②　人而不仁，疾之已甚，乱也：出自《论语·泰伯》："子曰：'好勇疾贫，乱也。人而不仁，疾之已甚，乱也'。"意思是：孔子说："喜好勇敢而又恨自己太穷困，就会犯上作乱。对于不仁德的人或事逼迫得太厉害，也会出乱子。"疾：恨、憎恨。不仁：不符合仁德的人或事。已甚：即太过分。在孔子看来，老百姓如果不甘心居于自己穷困的地位，他们就会起来造反，这就不利于社会的安定。而对于那些不仁的人逼迫得太厉害，也会惹出祸端。所以，最好的办法就是"民可使由之，不可使知之"，要培养人们的"仁德"。

爻者，用爻也。如求财，以财爻为用之类是也。敌，救护之意。譬如求财，卦中财爻属木，倘有金爻动来克财，凶也。或得火爻发动克金，则金爻自治不暇，焉能克木？木爻无患矣。故曰“敌之无伤”。

主象休囚，怕见刑冲克害；用爻变动，忌遭死墓绝空。

主象，亦言用神也。如值休囚，已不能为事矣，岂可再见刑克？如用神发动，犹人勇往直前，，岂可自化墓绝？

用化用，有用无用；空化空，虽空不空。

用神化用神，有有用之用神，有无用之用神。有用者，用神化进神；无用者，用神化退神，并伏吟卦也。故以“有用无用”分别之。空爻安静，则不能化空，爻发动则能化，既发动，动不为空也，化出之空亦因动而化。凡动爻值空，或动爻变空，皆不作真空论，出旬有用矣。

养主狐疑，墓多暗昧。化病兮伤损，化胎兮勾连。

长生、沐浴、冠带、临官、帝旺、衰、病、死、墓、绝、胎、养，此十二神，卦中惟是长生、墓、绝三件，卦卦须看，爻爻要查。其余沐浴、冠带、临官、帝旺、衰、病、死、胎、养各神，俱另有生克冲合、进神退神、伏吟反吟论，不可执疑于养主狐疑、病主伤损、胎主勾连。《十八论》内已明论之，学者宜自详辩。

凶化长生，炽而未散；

用爻化入长生者吉。如凶神化入长生者，则其祸根始萌，日渐增长也。必待墓、绝日，始锄其势。

吉连沐浴，败而不成。

沐浴，其名败神，又称沐浴煞，乃无廉无耻之神，其性淫败。然而有轻重之分别。即如金败于午，败中兼克；寅木败于子，败中兼生；卯木败于子，败中兼刑；水败于酉，败中兼生；土败于酉，败中兼泄气；火败于卯，败中兼生。惟占婚姻，最宜忌之。

倘夫择妻姻，得财爻而化沐浴，兼生者，必败门风；兼克者，因奸杀身。即如诸占，倘世爻化之，生者，因色坏名；克者，因奸丧生。有救者，险里逃生。故曰“吉神不可化沐浴”也。

戒回头之克我，勿反德以扶人。

回头克，乃用神自化忌神。如火爻化水之类是也。诸占世爻、身爻、用爻，遇之不吉也。凡用神动出，生合世爻，是有情于我，谋为易成也。或用神发动，不来生合世身，而反生合应爻及旁爻者，皆谓“反德扶人”，凡占遇之，所求不易，是损己利人之象也。

恶曜孤寒，怕日辰之并起；

恶曜，指忌神言也；孤，孤独，无生扶拱合也。寒，衰弱无气也。凡占遇忌神孤寒，则永无损害我矣。惟怕日辰并起，而孤寒得势，终不免其损害，如值月建，真可畏也。

用爻重叠，喜墓库之收藏。

如卦中用爻，重叠太过，最喜用神之墓持临身世，谓之“归我收藏”也。

事阻隔兮间发，心退悔兮世空。

间爻者，世、应当中两爻是也。盖此二爻居世、应之中，隔彼此之路，动则有人阻隔。要知何等人阻，以五类推之。如父母动，即尊长之辈是也。凡世爻旬空，其人心怠意懒，不能勇往精进，以成其事。故曰“心退悔兮世空”。

卦爻发动，须看交重；动变比和，当明进退。

凡卦发动之爻，须看交重。交主未来，重主已往。如占逃亡，见父母并朱雀发动，若爻是交，当有人来报信；如值重爻，则信已先知。他仿此。动变比和者，指言进退二神也。如寅木化卯是进神，卯变寅是退神，《十八论》内详明。进主上前，退主退后。

煞生身莫将吉断，用克世勿作凶看。盖生中有刑害之两防，合处有克伤之一虑。

煞者，忌神也；生者，生合也。身者，如自占以世而言也。如卦中忌神发动，则有伤于用神矣，即使生合我，有何益哉？况生合之中有刑、有害、有克，如忌神生世，兼有刑克者，不但谋事无成，所求不得，恐因谋而致咎。

即如一人乡试，于辰月癸酉日，卜得节之坎卦，世爻巳火化寅木忌神，生中带刑，又卯木忌神暗动生世，后至临场病出。此是忌生身也，生中带刑也。害者相同，克者尤重。

又如，用神动来克世，谓之“物来寻我”，凡谋易就。勿因克我，当做凶看。得用神克世，本是吉也，不宜又去生合应爻，谓之“厚于彼而薄于我”，则虽用神克世，亦作凶看，不可不知也。

刑害不宜临用，死绝岂可持身!

凡用神、身、世，遇日辰相刑，必主不利。占事不成，占物不好，占病沉重，占人有病，占妇不贞，占文卷必破绽，占讼有刑害。爻不过坏事，大概相仿，化者亦然，须推衰旺生克，分其轻重详之。死绝于日辰之爻，临持世、身、用神者，诸占不利，变动化入者亦然。然有绝处逢生之辨，学者宜知。

动逢冲而事散，

盖冲之一爻，不可一例推之。如旬空安静之爻，逢冲曰起；旬空发动之爻，逢冲曰实；安静不空之爻，逢冲曰暗动；发动不空之爻，逢冲曰散，又曰冲脱。凡动爻而逢冲散脱者，吉不成吉，凶不能成凶也。

绝逢生而事成。

大凡用神临于绝地，不可执定绝于日辰论之，用神化绝皆是也。倘遇生扶，乃凶中有救，大吉之兆，名曰“绝处逢生”。

如逢合住，须冲破以成功；

卦中用神、忌神遇日辰合，或自化合，或有动爻来合，不拘吉凶，皆不见效，须待冲破日期，可应事之吉凶。假如用爻动来生世，凡事易成；若遇合住，则又阻滞，须待冲之日，事始有成。

此下皆断日期之法也。

若遇休囚，必生旺而成事。

断日期之法，不可执一，当以活法推之，庶无差误。

如用爻合住，固以冲之日期断矣。或用爻休囚，必生旺之期能成其事，故无气当以旺相月日断之。

若用爻旺相不动，则以冲动月日断之。

如用爻有气发动，则以合日断之。或有气动合日辰，或日辰临之动，或日辰临之动来生合世身，即以本日断之。

若用爻受制，则以制煞日月断之。

若用爻得时旺动，而又遇生扶者，此为太旺，当以墓库日月断之。

若用爻无气发动，而遇生扶，即以生扶月日断之。

若用爻入墓，当以冲墓、冲用月日断之。

若用爻旬空安静，即以出旬逢冲之日断之。

若用爻旬空发动，即以出旬值日断之。

若用爻发动旬空被合，即以出旬冲日断之。

若用爻旬空安静被冲，即以出旬合日断之。

若用爻旬空发动逢冲，谓之“冲实”，即以本日断之。

已上断法，撮其大要，其中玄妙之理，学者自当融通活变，分其轻重，别其用忌，断无差矣。

速则动而克世，缓则静而生身。

此亦断日辰之法也。如来人，定其迟速，若用神动而克世，来期甚速；如动而生世则迟；如静而生世，则又迟矣。更宜以衰旺动静推验，则万无一错。如衰神发动克世，比旺动来克者又缓矣。余仿此。

父亡而事无头绪，福隐而事不称情。

此一节指言公事，当看文书，文书即为父母爻也。凡占功名、公门、公事，以父母爻为头绪，当首赖文书，次尊官鬼。如文书爻空亡，恐事未的确。故曰“父亡而事无头绪”。凡占私事，以子孙爻为解忧、喜悦之神，又为财之本源，岂可伏而不现？故曰“福德隐而事不称情”也。

鬼虽祸灾，伏犹无气，

官鬼一爻，虽言其祸灾之神煞，然六爻之内，亦不可无。宜出现安静，不宜藏伏，藏伏了，谓之“卦中无气”。况那官爻，诸占皆有可赖之处，故此要他。即如占名，以官为用；占文书，以官爻为原神；占讼，以官爻为官；占病，以官爻为病；占盗贼，以官爻为盗贼；占怪异，以官爻为怪异；占财，如无官爻，恐兄弟当权，不无损耗。

子虽福德，多反无功。

多，多现；反，受克。惟占名，子孙为恶煞。除此，皆以子孙之爻为福德神也。占药，以子孙之爻为用神，若卦中多现，必用药杂乱，服之无功。如占求财，遇子孙爻受伤，不惟无利，恐反致亏本。

究父母，推为体统，；论官鬼，断作祸殃。

财乃禄神，子为福德，兄弟交重，必至谋为多阻滞。

此虽概言五类之大略，然亦有分别用之。假如占终身，以父母爻论其出身，如临贵人有气，是官家之后；如临刑害无气，乃贫贱之儿。

如占祸殃，当推官鬼附临何兽，或值玄武，即盗贼之殃。财乃人之食禄，故曰“禄神”；子孙可解忧克鬼，故曰“福德”。兄弟为同辈、劫财，动则克财争夺，故曰“凡谋多阻滞”也。

卦身重叠，须知事体两交关。

卦身，即月卦身也。其法“阳世还从子月起，阴世还从午月生”，《启蒙节要》论明矣。

凡卦身之爻，为所占事之体也，若六爻中有两爻出现，必是鸳鸯求事，或事干两处。若带兄弟，必与人同谋。兄弟克世，或临官鬼发动，必有人争谋其事也。卦身不出现，事未有定向。出现生世、持世、合世，其事已定。宜出现，不宜动，动则须防有变。如变坏，则事变坏矣。若持世，知此事自可掌握。若临应，知此事权柄在他。或动他爻变出者，即知此人亦属其事。如子孙为僧道、子侄辈类。或伏于何爻之下，亦依此类推详。

如六爻飞、变、伏皆无卦身，其事根由未的。空亡墓绝，诸事难成。大抵卦身当作事体看，不可误作人身看。若占人相貌美恶，以卦身看可知矣。凡遇身克世，则事寻我吉；世克身则凶。若得身爻生合世爻，更吉。

虎兴而遇吉神，不害其为吉；龙动而逢凶曜，难掩其为凶。

玄武主盗贼之事，亦必官爻；朱雀本口舌之神，然须兄弟。

疾病大宜天喜，若临凶煞必生悲；

出行最怕往亡，如系吉神终获利。

是故吉凶神煞之多端，何如生克制化之一理。

大抵卜易，当执定五行、六亲，不可杂以神煞乱断。盖古书神煞，至京房先生作《易》，乱留吉凶星曜，以迷惑后学。如天喜、往亡、大煞、大白虎、大玄武之类皆是。今人宗之，无不敬信。然神煞太多，岂能辨用？合以六兽而言其法，莫不以青龙为吉，以白虎为凶；见朱雀以为口舌，见玄武以为盗贼。不分临持用神、原神、忌神、仇神，概以六兽之性断之，大失先天之妙旨。何则？白虎动固凶也，若临所喜之爻，生扶拱合于世、身，则何损于吾？故曰凶“不害其为吉”。

青龙动固吉也，若临所忌之爻，刑冲克害乎用神，则何益于事？故曰虽吉而“难掩其为凶”。

朱雀虽主口舌，然非兄弟并临，则不能成口舌也。玄武虽主盗贼，若非官爻并临，则不能称盗贼也。盖六兽之权，依于五行、六亲生克，故也。

又如天喜，吉星也。占病遇之，虽大象凶恶，竟不以死断，因天喜故也；若临忌神，我必以为悲，而不以为喜。往亡，凶煞也，出行遇之，虽大象吉利，竟断其凶，因死之故也。若临所喜之爻动，来生扶拱合世、身、用爻者，吾必以为利，而不以为害。盖神煞之权轻，而五行之权重，故也。由是观之，遇吉则吉，遇凶则凶，系于此而不系于彼，有验于理，而不验于煞，何必徒取幻妄之说哉？不然，吾见其纷纷繁剧，适足以害其理而乱人心，岂能一一中节耶？盖神煞无凭，徒为断易之多歧，而不若生克制化之一理为妥。能明其理，则圆神活变，自有条理而不惑矣。六亲本也，六兽末也。至于天喜、往亡、天医、丧车等吉神凶煞，末中之至末也。欲用之者，惟六兽可也。必当急于本而缓其末。然六兽但可推其情性形状，至于吉凶得失，当专以六亲生克为主。学能如此，则本末兼该，斯不失其妙理，而一以贯之[①]矣！

呜呼！卜易者知前则易，

世人卜易，皆泥古法，能变通者鲜矣。故有龙虎推其悲喜，水火断其雨晴，空亡便以凶看，月破皆言无用，身位定为人身，应爻概称他人。凡此之类，难以枚举。刘伯温先生作是书，取理之长，舍义之短，阐古之幽，正今之失。凡世之执迷于前法者，亦莫不为之条解。有志是术者，苟能究明前说，自知通变之道矣！其于《易》也，何有？

求占者鉴后则灵。

校者注 ① 一以贯之：用一个根本性的事理贯通事情的始末或全部的道理。贯：贯穿。之：代词，代“道”。语出《论语·里仁》：子曰：“参乎！吾道一以贯之。”曾子曰：“唯。”子出，门人问曰：“何谓也？”曾子曰：“夫子之道，忠恕而已矣。”参：曾参。

推占者固当通变，而求占者亦不可不知求卜之道也，后诚心是也。

筮必诚心，

圣人作易，幽赞神明[①]，以其道合乾坤，故也。故凡卜易，必须真诚敬谨，专心求之，则吉凶祸福，自无不验。今人求卜，多有科头跣足[②]，短衫露体，甚至有不焚香、不洗手者，更有富贵自骄，差家人代卜，或烦亲友代卜。孰不知自虽发心，而代者未必心虔。忽略如此，而欲求神明之感格者，未之有也，可不慎欤！

何妨子日。

阴阳历书中，有“子不问卦”之说，故今人多忌此日。刘国师[③]谓：“吉凶之应，皆感于神明。神明无往不在，无时不格，能格其神，自无不验矣。”故凡卜易，惟在人之诚不诚，不在日之子不子也。

以上全篇，总说断易之法，乃通章之大旨，不如此则诸事难决。有志于是者，当先观此篇，若能沉潜[④]反覆，熟读玩解，此理既明，则事至物来，迎刃而解矣！其于卜易也，何有？

（卜筮正宗卷之四终）

校者注 ① 幽赞神明：暗中赞助神妙的变化。幽：隐，暗。神明：神妙的变化。语出《易经·说卦传》：“昔者，圣人之作《易》也，幽赞于神明而生蓍。”高亨注：“言圣人作《易》，暗中受神明之赞助，故生蓍草，以为占筮之用。”

② 科头跣（xiǎn）足：形容生活困苦，也指散漫、无拘无束。科头：不戴帽子；跣足：光脚。光着头赤着脚。语出西汉·司马迁《史记·张仪列传》：“虎贲之士跿跔科头。”《新五代史·王彦章传》：“彦章为人骁勇有力，能跣足履棘行百步。”

③ 刘国师：指刘伯温。

④ 沉潜：集中精神；潜心。

卜筮正宗卷之五　黄金策

刘诚意　撰　　王洪绪　注

天　时

天道杳冥[1]，岂可度思夫旱潦？

易爻微渺[2]，自能验彼之阴晴。当究父财，勿凭水火。

《天玄赋》、《易林补遗》皆以水火为晴雨之主，而不究六亲制化，盖执一不通之论也。且如，以水爻为雨，其言旺动骤雨，休囚微雨。然水居冬旺则雨，岂独骤于秋冬，而轻微于春夏耶？知乎此，不攻自破矣？凡卜天时，当看父、财，勿论水、火也。

妻财发动，八方咸仰晴光；父母兴隆，四海尽沾雨泽。

以父母爻为雨，财动则克制雨神，所以主晴。

应乃太虚，逢空则雨晴难拟；

占天时，应空则雨晴难拟，须凭父、财及日辰断之。

世为大块，受克则天变非常。

应为天，万物之体也；世为地，万物之主也。若世受动爻刑克，必有非常之变。

日辰主一日之阴晴，

如父母爻动，被日辰克制者，不雨；倘父母爻动，日辰生扶，主大雨。财爻动，日辰生扶，主烈日。日辰为主也。

子孙管九天之日月。

校者注　①　杳冥（yǎo míng）：指天空，高远之处；奥秘莫测。

②　微渺：精微要妙；幽微杳远。亦作“微眇”。

阳象子孙为日，阴象子孙为月。旺则皎洁，衰则晴淡，空伏蒙蔽，墓绝暗晦。墓宜逢冲，绝宜逢生。

若论风云，全凭兄弟；

风云当看兄弟爻，以旺动衰静论风云大小、浓淡。若问顺风逆风，莫看兄弟，以子孙为顺风，以官鬼为逆风。

要知雷电，但看官爻。

官鬼在震宫动有雷，旺相霹雳，化进神亦然。或卦无父母，虽雷不雨，父母值日方有雨也。

更随四季推详，

此节引上文而言，冬令不可以雷断矣。

须配五行参决。

五行各有时旺，春冬多霜、雪、冰雹，夏秋多雷电、朝露。

晴或逢官，为烟为雾；

卦得晴兆，官鬼若动，有浓烟重雾，恶风阴晦。冬或大寒，夏或大热。

雨而遇福，为电为虹。

卦得雨兆，子孙若动，有闪电彩虹。盖子孙主彩色，虹与电亦有其象，故以类而推之。

应临子孙，碧落无瑕疵之半点；

凡应临子孙动者，日必皎洁；或财临应动，化福亦然。

世临土鬼，黄沙多漫散于千村。

或父母爻空伏，而世临土鬼发动，是落沙天也。待父爻出空出透日，方有雨也。

三合成财，问雨哪堪八卦；

卦有三合成财局，有彩霞无雨，三合父局有雨。

五乡连父，求晴怪杀临空。

五乡者，金、木、水、火、土五行也。惟父爻为雨，以财爻为忌煞。若求晴，最怪财爻旬空。

财化鬼，阴晴未定；

财主晴明，鬼主阴晦。如遇财鬼互化，或鬼财皆动，必主阴晴

（不定）。

父化兄，风雨靡常。

父主雨，兄主风，两爻互化，或俱发动，皆主风雨交作。凡论先后，当以动为先，变为后，，俱动则以旺为先，衰为后。

母化子孙，雨后长虹垂蝃蝀[①]；

弟连福德，云中日月出蟾蜍[②]。

日月虹霓，皆属子孙。若遇父爻化出，必然雨后见虹；兄爻化出，则是云中见日。

父持月建，必然阴雨连旬；

如求晴，岂宜父持月建？若无子孙同财爻齐发，是必连旬阴雨也。

兄坐长生，拟定狂风累日。

长生之神，凡事从发萌之始。如父爻逢之，雨必连朝；兄爻逢之，风必累日。官逢之，阴云不散；财逢之，雨未可望。须至墓绝日，然后雨可止，风可息，云可开，阴可晴也。

父财无助，旱潦有常；

官鬼、父母无气，而财爻旺动者必旱。子孙、妻财无气，而父母旺动者必潦。遇此，最怕日月动爻来生扶，则潦必至淹没，旱必至枯槁。如父财二爻虽旺动，却有制伏，又无扶助，纵旱有日，纵潦有时。

福德带刑，日月必蚀。

子孙带刑化官鬼，或官鬼动来刑害，或父带螣蛇来克，皆主日月有蚀。阳爻日，阴爻月。

雨嫌妻位之逢冲，

占雨，若财爻暗动，则父受其暗伤，雨未可望。

晴利父爻之入墓。

发动父爻入墓，而无日辰动爻冲开墓库，则雨止。

校者注　① 蝃蝀（dì dōng）：虹的别名。又作“蝃蝀”。借指桥。也比喻才气横溢。《幼学琼林》云：“虹名蝃蝀，乃天地之淫气；月里蟾蜍，是月魄之精光。”

② 蟾蜍（chán chú）：也叫蛤蟆。两栖动物，体表有许多疙瘩，内有毒腺，俗称癞蛤蟆、癞刺、癞疙宝。在我国分为中华大蟾蜍和黑眶蟾蜍两种。从它身上提取的蟾酥以及蟾衣则是我国紧缺的药材。

子伏财飞，檐下曝夫犹抑郁；

财爻主晴，不主日。得子孙出现，发动旺相，然后有日。倘无子孙，则财爻无根，官鬼必专权，非久晴之兆也。

父衰官旺，门前行客尚趑趄[①]。

雨以父为主，得官爻旺动有雨。如父爻居空地，仍为无雨，必密云凝滞不散之象，父爻出旬逢冲，当有雨也。

福合应爻，木动交而游丝漫野；

子孙乃旷达之神，若临木动与应交合，或在应上生合世身，必是风和日暖，游丝荡飏之天也。

鬼冲身位，金星会而阴雾迷空。

鬼临金爻，动来冲克世身，或冲克应爻，或临应上发动，皆主有浓烟重雾，蔽塞郊野之象。

卦值暗冲，虽空有望；

如占雨父空，占晴财空，若日辰冲之，则冲空不空。欲定日期，出旬有望。

爻逢合住，纵动无功。

父动雨，财动晴，理固然也。若被日辰合住，虽动犹静。待日辰冲父之日可雨，冲财之日可晴也。

合父鬼冲开，有雷则雨；合财兄克破，无风不晴。

如动爻合住父爻，得官爻去冲动爻，先雷后雨。财被动爻合住，得兄弟克破动爻，无风则不晴。

坎巽互交，此日雪花飞六出[②]**；**

坎巽者，指言父兄两动。在冬令占，有风雪飘扬之象。

阴阳各半，今朝霖雨慰三农。

阴阳者，言官父二神也。如求雨，见官父皆旺动，而无冲合伤损，当日有雨也。

校者注 ① 趑趄（zī jū）：亦作“趑且”、“趦趄”。想前进又不敢前进。形容疑惧不决，犹豫观望。

② 雪花飞六出：东西南北上下，到处都飘飞着雪花。

兄弟木兴系巽风，而冯夷[①]何其肆虐；

遇兄弟属木，在巽宫旺动，刑克世爻，当有飓风之患。如父亦旺动，主风雨交作也。

妻财发动属乾阳，而旱魃[②]胡尔行凶。

财爻发动，或变入乾卦，而又遇月建、日辰生扶合助者，必主大旱。

六龙御天[③]，只为蛇兴震卦；

震为龙象。若见青龙或辰爻在此宫旺动者，必有龙现。从父化辰，先雨后龙；如辰化父，先龙后雨。父爻安静或空伏，龙虽现而无雨，化财亦然。

五雷驱电，盖缘鬼发离宫。

有声曰雷，无声曰电。若鬼在离宫动，当以五雷驱电断之。盖离为彩色之象故也，火鬼亦然。

土星依父，云行雨施之天；木德扶身，日暖风和之景。

土主云，父主雨。故土临父动，有云行雨施之象。木主风，财主晴。故木临财动，有日暖风和之景。

半晴半雨，卦中财父同兴；

妻财父母俱动，必然半晴半雨。父衰财旺，晴多雨少；父旺财衰，雨多晴少。

多雾多烟，爻上财官皆动。

财动主晴，鬼动主阴。官旺财衰，大雾重如细雨；鬼衰财旺，烟迷少顷开晴。

身值同人，虽晴而日轮含曜；世持福德，纵雨而雷鼓藏声。

校者注 ① 冯夷：中国古代神话中的黄河水神。也作“冰夷”。在《抱朴子·释鬼篇》里说他过河时淹死了，就被天帝任命为河伯，管理河川。

② 旱魃（bá）：是中国古代神话传说中引起旱灾的怪物。《诗经·大雅·云汉》：“旱魃为虐，如惔如焚。”

③ 六龙御天：语出《易经·彖传》：“大明终始，六位时成，时乘六龙以御天。”六龙：指乾卦六爻，象龙之潜、见、惕、跃、飞、亢，升降变化。御天：驾御天道变化，喻事物生长、发育、成熟、收藏的变化过程。

凡兄弟持世，动则克财，财若旺相，亦非皎洁天气。子孙持世，动则克官，官若发动，虽雨必无雷声。

父空财伏，须究辅爻；克日取期，当明占法。

辅爻者，即原神也。占雨，以父母爻为用神，以官鬼爻为原神。占晴，以财爻为用神，以子孙爻为原神。如用神空伏、衰旺、动静、出现、墓绝、合冲、月破，当以病药之法决断日期。

今以用神为法，原神之例如之。

即如用神伏藏，俟用神出透之日应事。

如用神安静，俟冲静之日应事。

如用神旬空安静，俟出旬逢冲之日应事。

如用神静空逢冲，谓之“冲起”，俟出旬逢合之日应事。

如用神静空逢合，俟出旬逢冲之日应事。

如用神发动，而无他故者，俟逢合之日应事。

如用神旬空发动逢冲，谓之“冲实”，本日应事。

如用神发动逢合、动空逢合、及静而逢合者，皆俟冲日应事。

如用神入墓于日辰者，俟冲用神之日应事。

如用神自化入墓者，俟冲开墓库之日应事。

如用神被旁爻动来合住，或自化出作合，俟冲开合我之爻之日应事。

如用神月破，俟出月值日，或逢合之日应事。

如用神绝于日辰，或化绝于爻者，俟长生日应事。

如原神会局来生，而用神伏藏，俟出透之日应事。

如旬空，俟出旬之日应事。

故合待冲、冲待合、绝待生、墓待开、破待补、空出旬、衰待旺等法，远断月日，近断日时，故曰：“克日取期，当明占法”也。

雨宜察父爻之空不空，晴宜察财爻之伏不伏。既知用神，还宜兼察原神，故曰“父空财伏，须究辅爻”。“须”字当作“兼”字解，而古注疑以占雨而父空，不必宗父爻，当以辅爻推之；占晴而财爻伏，不必宗财爻，当以辅爻断。以辞害义，故予琐陈。

要知其详，别阴阳可推晴雨；欲知其细，明衰旺以决重轻。

此节言其大略而已。阴阳，动变之意。重，大也；轻，小也。以旺衰可决雨之大小也。

能穷易道之精微，自与天机而吻合。

年 时

阴晴寒暑，天道之常；水旱兵灾，年时之变。

欲决祸福于一年，须审吉凶于八卦。

年时，一年中四时事也。国家、官府、天道、人物，皆在六爻内也。

初观万物，莫居死绝之乡；次察群黎[①]，喜在旺生之地。

万物属初爻，临财福吉，临官鬼凶。二爻为人民之位，遇子孙四时安乐，逢官鬼一岁多灾。

三言府县官僚，兄动则征科[②]必迫；四论九卿[③]宰相，冲身则巡警无私。

三爻以有司官断。生合世爻，有仁民爱物之心；若临子孙，清廉正直；若临官鬼，残酷不仁；临兄弟发动克世，征科急迫。若九卿上司，皆看四爻。临子孙生合世身，必然治国忧民，正直无私。

校者注 ① 群黎：万民；百姓。《诗经·小雅·天保》："群黎百姓，遍为尔德。"郑玄笺："黎，众也。"

② 征科：征收赋税。《元史·世祖纪七》："诏江南、浙西等处，毋非理征科扰民。"

③ 九卿：古代中央部分行政长官的总称。明清有大小九卿之别。明之大九卿为六部尚书及都察院都御史、大理寺卿、通政使；小九卿为太常寺卿、太仆寺卿、光禄寺卿、詹事、翰林学士、鸿胪寺卿、国子监祭酒、苑马寺卿、尚宝司卿。清代皇帝的谕旨中常以六部九卿并提，可见不把六部计算在九卿之内。九卿究竟指哪些官，说法不一致。其小九卿则指宗人府丞、詹事、太常寺卿、太仆寺卿、光禄寺卿、鸿胪寺卿、国子监祭酒、顺天府尹、左右春坊庶子。

五为君上之爻，六为昊天[①]之位。

五爻为天子之位。最不宜动来刑克世爻，其年必受朝廷克剥。若临财福生合世爻，必有君恩；化出父母，当有赦宥；空动，有名无实。六爻为天。若空，其年必多怪异事，盖天无空脱之理，所以主有变异也。

应亦为天，克世则天心不顺；世还为地，逢空则人物多灾。

应爻又作外郡，世爻又作本境看。

太岁逢凶乘旺，有温州之大飓[②]；

太岁乃一年主星，惟遇子孙、妻财为吉，其他皆非所利。如临兄动，其年多风，克世必有风灾。

流年直鬼带刑，成汉寝之轰雷[③]。

太岁临官鬼动，多雷多灾，六爻无官，年月不带，或衰绝皆吉。

发动妻财，旱若成汤之日[④]；交重父母，潦如尧帝之时[⑤]。

若只占年时水旱，妻财临太岁发动，而父爻衰弱者，必主亢旱。若父持太岁发动，子孙衰弱者，主大水。

校者注　① 昊天：是中国文化中“昊天上帝”的简称，作为华夏文明圈的至高神，中华文化中的至高上帝，自古受到朝廷祭祀。在各朝天坛祭祀上，都有明确分别，昊天上帝是皇帝和朝廷正典祭祀，而其他民间信仰都不入国家正典祭祀，这里面有很大区别。《史记·五帝本纪》：“乃命羲、和，敬顺昊天，数法日月星辰，敬授民时。”

② 温州之大飓：据《元史·卷四十一·本纪第四十一·顺帝四》记载：“（至正四年）秋七月戊子朔，温州飓风大作，海水溢，地震。益都濒海盐徒郭火你赤作乱。”元顺帝至正四年即是公元1344年。据《明史·卷三十·志第六·五行三》记载：“宣德六年六月，温州飓风大作，坏公廨、祠庙、仓库、城垣。正统四年七月，苏、松、常、镇四府大风，拔木杀稼。”明宣德六年即是公元1431年，明正统四年即是公元1439年。

③ 汉寝之轰雷：据《后汉书　志第十五》记载：“桓帝建和三年六月乙卯，雷震宪陵寝屋。先是梁太后听兄冀枉杀李固、杜乔。灵帝熹平六年冬十月，东莱冬雷。中平四年十二月晦，雨水，大雷电。雹。献帝初平三年五月丙申，无云而雷。”东汉桓帝建和三年即是公元149年。宪陵：东汉顺帝刘保与皇后梁妠的陵寝。

④ 旱若成汤之日：成汤即商汤，商朝的建立者。春秋管仲《管子·轻重篇》：“汤有七年旱，民有无粮卖子者。”

⑤ 潦如尧帝之时：尧为中国古代五帝之一，五帝即黄帝、颛顼（zhuān Xū）、帝喾（kù）、唐尧、虞舜。尧帝，姓伊祁，号放勋，史称唐尧。《史记·卷一·五帝本纪第一》：“尧之时，‘汤汤洪水滔天，浩浩怀山襄陵。’”

猛烈火官，回禄[1]兴灾于熙应；

火鬼发动，主有火灾。若与世无干，而与应爻有关碍者，邻人被灾也。以内外论远近耳。

汪洋水鬼，玄冥作祸于江淮。

水鬼发动，主有水灾。在外卦动，他处淹没；在内卦动，近处河决。若不克世，虽溢无事。

尤怕属金，四海干戈如鼎沸；

金鬼发动恐刀兵。冲克应爻，生合五爻，是朝廷征讨。如在外卦，又属他官，克五爻或克太岁，是外番侵犯中华。或两鬼俱动，必非一处作乱。或化回头克，月建日辰动爻克制，虽反叛不妨。如休囚动，乃是盗贼。

更嫌值土，千门疫厉若符同。

土鬼发动，或临白虎，皆主瘟疫。若克世，人多病死，有制不妨。

逢朱雀而化福爻，财动则旱蝗相继；

鬼带朱雀动，刑克身世，主有蝗虫之灾。盖朱雀能飞故也。

遇勾陈而加世位，兄兴则饥馑[2]相仍[3]。

勾陈职专田土，官鬼逢之，必非大有之年，持世克世，定是歉收之岁。财化兄或与鬼俱动，则当饥馑相仍。

莽兴盗起，由玄武之当官；

鬼加玄武，动克世爻，其年必多盗贼。若临金冲克岁君或五爻者，谋动干戈，扰乱四海以犯上也。

灾沴[4]异多，因螣蛇之御世。

螣蛇乃怪异之神，在第六爻上动，虽非官鬼，主有变异；鬼在六爻

校者注　①　回禄：相传为火神之名，引申指火灾。

②　饥馑（jī jǐn）：灾荒；指因为粮食歉收等引起的食物严重缺乏的状况。《尔雅·释天》："谷不熟为饥，蔬不熟为馑。"《诗经·小雅·云汉》："天降丧乱，饥馑降臻。"

③　相仍：相继；连续不断。《楚辞·九章·悲回风》："观炎气之相仍兮，窥烟液之所积。"王逸注："相仍者，相从也。"

④　灾沴（lì）：指自然灾害。沴的本意是水流遇到阻碍而不顺畅。

上动，虽非螣蛇，亦主变异也。

若在乾宫，天鼓两鸣于元末[1]；

螣蛇官鬼动，若在乾宫，主有天鼓鸣之异。以五类分别，如金爻子孙或化入兑卦者，有星月之异。余仿此。

如当震卦，雷霆独异于国初[2]。

螣蛇鬼动在震宫，有雷霆之异，如夏秋间无云，而雷霆震也。震卦为龙，若临辰或化辰，主有龙现之象。

艮主山崩，临应则宋都有五石之陨[3]；

螣蛇鬼在艮宫动者，主有山崩之异，如元统间山崩陷为地之类[4]。

校者注 ① 天鼓两鸣于元末：据《元史·卷四十七·本纪第四十七顺帝十》记载："二十七年春正月乙未，绛州夜闻天鼓鸣，将旦复鸣，其声如空中战斗者。"元顺帝至正二十七年，即是公元 1367 年，当时南方多地已经被起义军占领，只过了一年多，元朝就灭亡了。古人认为，天鼓鸣为天象示警，预示天将降大灾于某个国家，或某个朝代行将灭亡。

② 雷霆独异于国初：据《明史·卷二十八》记载："洪武六年十一月戊申，雷电交作。十三年五月甲午，雷震谨身殿。六月丙寅，雷震奉天门。十月甲戌，雷电。十二月己巳，广州大风雨雷电。十八年二月甲午，雷电雨雪。二十一年五月辛丑，雷震玄武门兽吻。六月癸卯，暴风，雷震洪武门兽吻。"洪武六年，即公元 1373 年；洪武十三年，即公元 1380 年。其余类推。发生雷震的地点，除广州外，均在明初都城南京的皇城。

③ 宋都有五石之陨（yǔn）：据《左传·僖公十六年》记载："十六年春，陨石于宋五，陨星也。"大意是：鲁僖公十六年（公元前 644 年），有五块石头掉落到宋国，是陨落的流星。宋都：即宋国国都，在今河南省商丘市南。陨：即陨石，也称"陨星"，是地球以外脱离原有运行轨道的宇宙流星或尘碎块飞快散落到地球或其它行星表面的未燃尽的石质、铁质或是石铁混合的物质。大多数陨石来自于火星和木星间的小行星带，小部分来自月球和火星。陨石大体可分为三大类：石陨石（主要成分是硅酸盐），铁陨石（铁镍合金）和石铁陨石（铁和硅酸盐混合物）。

④ 元统间山崩陷为地之类：据《元史·卷三十八·本纪第三十八·顺帝一》记载："四年六月己巳，帝即位于上都。八月壬申，巩昌徽州山崩……九月，秦州山崩……冬十月甲子，太阴犯斗宿。丙寅，凤州山崩。"元顺帝于至顺四年（公元 1333 年）六月即位于上都（今内蒙古正蓝旗东闪电河北岸），随即改元为元统。当年八、九、十月，徽州（治所在今安徽省歙县）、秦州（治所在今甘肃省天水市）、凤州（治所在今陕西省凤县凤州镇）连续发生了三次山崩。古人认为，山崩地陷为天象示警，预示某个国家将有大灾难。

坤为地震，带刑则怀仁有二所之崩[①]。

螣蛇鬼在坤宫动者，主有地震。逢金则有声，带刑则崩裂。坤卦为牛，鬼临丑动，必有牛异。乾坤二卦是人有异事，非物也。如妇生须，男孕子。元未有此异。

坎化父爻，雨血雨毛兼雨土[②]；

坎卦螣蛇鬼动化父爻，皆以雨断。雨血、雨毛、雨土，皆元未之异事也。

巽连兄弟，风红风黑及风施[③]。

螣蛇鬼动巽宫化兄，主有异风，元顺帝时有黑风。若不化兄，勿作

校者注　① 怀仁有二所之崩：据《元史·卷二十一·本纪第二十一·成宗四》记载：“（大德九年）夏四月……乙酉，大同路地震，有声如雷，坏官民庐舍五千余间，压死二千余人。怀仁县地裂二所，涌水尽黑，漂出松柏朽木，遣使以钞四千锭、米二万五千余石赈之。是年租赋税课徭役一切除免。”元成宗大德九年，即公元1305年。元大同路的治所在今山西省大同市。元怀仁县，即今山西省怀仁县。

② 雨血雨毛兼雨土：据《元史·卷五十·志第三上》记载：“至治三年二月丙戌，雨土。”又据《元史·卷五十一·志第三下》：“元统二年正月庚寅朔，河南省雨血。是日众官晨集，忽闻燔柴烟气，既而黑雾四塞，咫尺不辨，腥秽逼人，逾时方息。及行礼毕，日过午，骤雨随至，沾洒垩墙及裳衣皆赤。……元统二年六月，彰德雨白毛，俗呼云‘老君髯’。民谣曰：‘天雨氂，事不齐。’至元三年三月，彰德雨毛，如线而绿，俗呼云‘菩萨线’。民谣云：‘天雨线，民起怨，中原地，事必变。’六年七月，延安路鄜州雨白毛，如马鬃，所属邑亦如之。至正十三年四月，冀宁榆次县雨白毛，如马鬃。”元英宗至治三年，即是公元1323年。元顺帝元统二年，即是公元1334年。元世祖至元三年，是即公元1266年。元至正十三年，即是公元1354年。

③ 风红风黑及风施：据《元史·卷四十七·本纪第四十七·顺帝十》记载：“（至正）二十七年……三月丁丑朔，莱州大风，有大鸟至，其翅如席。扩廓帖木儿遣兵屯滕州以御王信。庚子，京师大风自西北起，飞砂扬砾，白日昏暗。……（至正二十八年）秋七月癸酉，京城红气满空，如火照人，自旦至辰方息。乙亥，京城黑气起，百步内不见人，从寅至巳方消。”

风断，是草木禽兽之异，春秋时六鹢退飞[①]，唐库中金钱化蝶[②]类。

日生黑子，宋恭惊离象之反常；

螣蛇鬼动离宫，主有日异。如宋恭帝时日中有黑子[③]。若临午爻，有火异也，如大德间，火从空降，燃烧禾稼。

沼起白龙，唐玄遭兑金之变异。

兑为泽，主井池沼。若螣蛇鬼在兑宫动者，如唐玄宗时沼中白龙腾空而起[④]。元顺帝太子寝殿后新甃一井，中有龙出[⑤]，光焰烁火，变幻不测，宫人见之，莫不震慑。

发动空亡，乃验天书之诈；

以上螣蛇发动，不临空化空，其怪异或者有之。如遇冲遇空，是诈

校者注 ① 春秋时六鹢（yì）退飞：据《左传·僖公十六年》记载："十六年春，陨石于宋五，陨星也。六鹢退飞过宋都，风也。"大意是：鲁僖公十六年（公元前644年），有五块石头掉落到宋国，是陨落的流星。有六只鹢鸟倒退着飞过宋都，是逆风太大的缘故。鹢：古书上说的一种似鹭的水鸟。

② 唐库中金钱化蝶：唐·苏鹗《杜阳杂编》云，唐穆宗李恒（820-824年在位）时，殿前种有千叶牡丹，花开时节香气袭人。唐穆宗每夜宴，皆有无数黄白蝴蝶在花间飞舞，天明即散去。人们张网捕捉到数百只蝴蝶，天明后都变成了金玉。后来打开宝橱才发现，原来蝴蝶皆库中金银所化。

③ 宋恭帝时日中有黑子：据《宋史·本纪第四十七》记载："德祐二年，……二月丁酉朔，日中有黑子相荡，如鹅卵。辛丑，率百官拜表祥曦殿，诏谕郡县使降。大元使者入临安府，封府库，收史馆、礼寺图书及百司符印、告敕，罢官府及侍卫军。壬寅，犹遣贾余庆、吴坚、谢堂、刘岊、家铉翁充祈请使。是日，大元军军钱塘江沙上，潮三日不至。"宋恭帝：即赵㬎(xiǎn)（1271年-1323年），又称宋恭宗，南宋第七位皇帝。黑子：即太阳黑子，太阳的光球表面有时会出现一些暗的区域，它是磁场聚集的地方，这就是太阳黑子。

④ 唐玄宗时沼中白龙腾空而起：据《新唐书·卷四十·志第二十六》记载："（天宝）十四载七月，有二龙斗于南阳城西。《易坤》：'上六，龙战于野。'《文言》曰：'阴疑于阳必战。'"天宝十四载：即是公元755年，这一年爆发了安史之乱，范阳、平卢、河东三镇节度使安禄山在范阳（今北京城西南）起兵反唐。《易坤》：即是《易经·坤卦》。

⑤ 元顺帝太子寝殿后新甃（zhòu）一井，中有龙出：据《元史·卷五十一·志第三下》记载："（至正）二十七年六月丁巳，皇太子寝殿新甃井成，有龙自井而出，光焰烁人，宫人震慑仆地。"元至正二十七年，即是公元1367年。甃：砌，垒。

说，非真。如宋真宗时天书下降[①]之类。

居临内卦，定成黑眚之妖。

螣蛇鬼在本宫内卦，妖怪见于家庭。宋徽宗时有黑眚见掖庭[②]之类。

欲知天变于何方，须究地支而分野[③]。

凡遇变异之象，须看见于何方，以所伤之方定之。如子为齐域，丑为吴城，寅为燕城之类。

身持福德，其年必获休祥[④]；

子孙为福德，生财克鬼神也。若得旺动，年必丰熟，国正民安，官清太平，万物咸亨[⑤]之象。

世受刑伤，此岁多遭惊怪。

校者注　① 宋真宗时天书下降：宋真宗，即赵恒（968-1022年），北宋朝第三位皇帝。997年至1022年在位。大中祥符初年，宋真宗梦见神人赐“天书”于泰山，宰相王钦若为迎合宋真宗仙道需求，伪造天书，争献符瑞，蛊惑朝野，封禅泰山，号为大功业。

② 宋徽宗时有黑眚（shěng）见掖庭：据《宋史·本纪第二十二·徽宗四》记载：“（宣和三年）秋七月丁卯，振温、处等八州。丁亥，废纯、滋等十二州。戊子，童贯等俘方腊以献。是月，洛阳、京畿讹言有黑眚如人，或如犬，夜出掠小儿食之，二岁乃息。八月甲辰，曲赦两浙、江东、福建、淮南路。乙巳，以童贯为太师，谭稹加节度。丁未，祔明节皇后神主于别庙。丙辰，方腊伏诛。”黑眚：古代谓五行水气而生的鬼祟灾祸。五行中水为黑色，故称“黑眚”。掖庭：亦作“掖廷 ”。宫中旁舍，妃嫔居住的地方。

③ 分野：指与星次相对应的地域。古人依据星纪、玄枵（xiāo）、娵訾（jū zī）、降娄、大梁、实沈、鹑（chún）首、鹑火、鹑尾、寿星、大火、析木等十二星次的位置划分地面上州、国的位置与之相对应。就天文说，称作分星；就地面说，称作分野。我国古代占星术认为，地上各周郡邦国和天上一定的区域相对应，在该天区发生的天象预兆着各对应地方的吉凶。地支与十二分野：丑——吴·扬州；子：齐·青州；亥——卫·并州；戌——鲁·徐州；酉——赵·冀州；申——晋·益州；未——秦·雍州；午——周·三河；巳——楚·荆州；辰——郑·兖州；卯——宋·豫州；寅——燕·幽州。

④ 休祥：吉祥。《尚书·泰誓中》：“朕梦协朕卜，袭于休祥，戎商必克。”孔传：“言我梦与卜俱合于美善。”《史记·孝武本纪》：“赞飨曰：‘德星昭衍，厥维休祥。寿星仍出。渊耀光明。信星昭见，皇帝敬拜泰祝之飨。’”

⑤ 咸亨：万品物类无不亨通。语出《易经·象传》：“坤厚载物，德合无疆。含弘光大，品物咸亨。”

世乃年时主爻，三农百姓、五谷六畜，皆系于此。临财福旺相，必然称意；如受岁、月、日及动爻克，必多惊险。

年丰岁稔，财福生旺而无伤；

子孙得地，财爻有气不空，兄鬼衰静，必是丰年熟岁。

冬暖夏凉，水火休囚而莫助。

以财、父爻看水旱，水、火爻看寒暑。若水居空地冬必暖，火居死绝夏必凉。若旺动克世，暑必酷，寒必严也。

他宫伤克，外番侵凌；

他宫为外番，无他宫则看外卦。若来伤克本宫，其年外番必来侵犯。外生内卦，必多进贡。

本卦休囚，国家衰替[①]**。**

本宫为国家，无本宫则看内卦。旺相国家强盛，无气则国家衰替。

阴阳相合，定然雨顺风调；

凡遇世应相生，六爻相合，其年必主雨顺风调。更得安静，财福不空，必是丰登之岁。

兄鬼皆亡，必主民安国泰。

兄弟乃克剥破败之神，官鬼系祸患灾殃之主。二者空亡，或不上卦，必主国泰民安。

推明天道，能知万象之森罗；识透玄机，奚啻[②]**一年之休咎！**

国　朝

君恕则臣忠，共济明良之会；

国泰则民乐，当推祸福之原。

虽天地尚知其始终，况国家岂能无兴废？

校者注　①　衰替：衰落、颓败。替：衰废。

②　奚啻（xī chì）：何止；岂但。亦作“奚翅”《孟子·告子下》：“取食之重者与礼之轻者而比之，奚翅食重？”

本宫旺相，周文王创八百年之基①；大象休囚，秦始皇遗二世之祸②。

如臣卜，以本宫为国朝，以太岁为君爻，岁合为后爻，月建为臣爻，日建为东宫，子孙为黎庶，父爻为国。卜得本宫旺相，如周文王子孙享国八百年之久。若本宫休囚，大象又凶，则如秦始皇二世亡国。

九五逢阳，当遇仁明之主；四爻值福，必多忠义之臣。

五爻为君位，逢阳象遇青龙财福，是仁明之君。四爻为臣位，临旺福乃敢谏直臣，临兄鬼乃阿谀佞臣也。

岁克衰宫，玉树后庭花欲谢；

校者注　①　周文王创八百年之基：周文王：即姬昌（前1152年-前1056年），姬姓，名昌，周太王之孙，季历之子，周朝奠基者，岐周（今陕西岐山）人。其父死后，继承西伯侯之位，故称西伯昌。西伯昌四十二年，姬昌称王，史称“周文王”。在位50年，是中国历史上的一代明君。周文王在位期间，“克明德慎罚”，勤于政事，重视发展农业生产，礼贤下士，广罗人才，拜姜尚为军师，问以军国大计，使“天下三分，其二归周”。建都丰京（今陕西西安），为武王灭商奠基。旧传《周易》为其所演。除此之外，创周礼，被后世儒家所推崇。孔子更是称文王为“三代之英”。前1046年，姬昌嫡次子周武王姬发灭商建周，追尊姬昌为文王。690年，武则天称制时自称武家为姬昌后代，追尊周文王为始祖文皇帝。周朝（前1046年-前256年）：又称先秦朝代，是中国历史上继商朝之后的第三个也是最后一个世袭奴隶制王朝，其后秦、汉开始成为具有从中央到地方的统一政府的大一统国家。周亦为“华夏”一词的创造者与最初指代。周朝共传30代37王，共计约791年，另一说是868年，两者相差近一百年，问题在于周朝的建国之年一直无法确认。周朝分为“西周”（前11世纪中期-前771年）与“东周”（前770年-前256年）两个时期。西周由周武王姬发创建，定都镐京（宗周），成王五年营建东都成周洛邑；公元前770年（周平王元年），平王东迁，定都雒邑（成周），此后周朝的这段时期称为东周。史书常将西周和东周合称为两周。其中东周时期又称“春秋战国”，分为“春秋”及“战国”两部分。

②　秦始皇遗二世主之祸：秦始皇（前259年-前210年），嬴姓，赵氏，名政，秦庄襄王（嬴楚）之子。中国历史上著名的政治家、战略家、改革家，首位完成华夏大一统的铁腕政治人物，也是古今中外第一个称皇帝的君主。秦始皇重用李斯、尉缭，自前230年至前221年，先后灭韩、赵、魏、楚、燕、齐六国，39岁时完成了统一中国大业，建立起一个以汉族为主体统一的中央集权的强大国家——秦朝，并奠定了中国本土的疆域。秦始皇统治后期，求仙梦想长生，苛政虐民，动摇了秦朝统治的根基，前210年，秦始皇东巡途中驾崩于邢台沙丘。秦始皇死后，秦二世胡亥与赵高合谋篡改秦法导致秦末农民起义。前207年，秦朝灭亡。秦朝历秦始皇、秦二世二帝，国祚共十四年。

本宫衰弱，遇太岁克，国有乱亡之兆。陈后主选宫女，曲有《玉树后庭花》[①]，君臣酣歌，旦夕为常，后为隋所灭。

年伤弱世，鼎湖龙去[②]不多时。

已下指言国君自卜。如太岁刑冲克害世爻，主疾病，或内难将作。

世临沐浴合妻财，夫差恋西施而亡国[③]；

皆指言帝自卜也。如世临沐浴合财爻、应爻，或沐浴动克合世，必是好色。如夫差恋西施之美，为越所灭。

校者注 ① 《玉树后庭花》：宫体诗，被称为亡国之音，作者是南朝陈后主陈叔宝，是南朝陈亡国的最后一个昏庸皇帝。传说陈灭亡的时候，陈后主正在宫中与爱姬妾孔贵嫔、张丽华等众人玩乐。王朝灭亡的过程也正是此诗在宫中盛行的过程。陈后主虽然不是一个称职的皇帝，但是他在辞赋上确实有很高的造诣，创作出了很多辞情并茂的好作品。从《玉树后庭花》这首诗就可以看得出来。《玉树后庭花》歌词中云：“玉树后庭花，花开不复久。”陈后主的好日子就像这玉树后庭花一样短暂，前后不足七年（582年至589年）。589年，隋兵进入建康（今南京），陈后主被俘，后病死于洛阳。《玉树后庭花》遂被称为“亡国之音”。后来就有了杜牧的《泊秦淮》：“烟笼寒水月笼沙，夜泊秦淮近酒家。商女不知亡国恨，隔江犹唱《后庭花》。”《玉树后庭花》：“丽宇芳林对高阁，新妆艳质本倾城。映户凝娇乍不进，出帷含态笑相迎。妖姬脸似花含露，玉树流光照后庭。花开花落不长久，落红满地归寂中。”

② 鼎湖龙去：亦称“龙去鼎湖”，是指黄帝铸鼎于荆山下，鼎成黄帝乘龙升仙的故事。以后也用鼎湖龙去代指帝王去世。鼎湖：古地名。荆山，山名，我国有五座荆山，分别在湖北省南漳县西部，在陕西省阎良区、三原县、富平县三地交界处，河南省灵宝县阌乡南，安徽省怀远县西南，甘肃省灵台县。此处荆山，指位于河南省灵宝之荆山。相传黄帝采首山铜铸鼎于此。亦名覆釜山。《史记·封禅书》：“黄帝采首山铜，铸鼎于荆山下。”

③ 夫差恋西施而亡国：夫差，姬姓，吴氏，春秋时期吴国末代国君，阖闾之子，前495年-前473年在位。夫差执政时期，吴国极其好战，连年兴师动众，造成国力空虚。夫差迷恋越国美女西施，对越国过于宽容。越王勾践不忘会稽之耻，国力逐渐恢复。趁夫差举全国之力赴黄池之会时，越军乘虚而入，并杀死吴太子。夫差与晋争霸成功，夺得霸主地位后匆匆赶回。前473年，越再次兴兵，终灭吴国，夫差自刎，时年55岁。

应带咸池临九五，武后革唐命而为周[①]。

君自卜，以应爻为皇后。若带咸池，其后必淫。更居九五尊位克世，如唐武后废中宗为庐陵王，革唐命为周。

游魂遇空，虞舜南巡不返[②]；

卦遇游魂，不宜迁都巡狩。若加凶煞克世，或世爻动化墓绝，如虞舜南巡，崩于苍梧之野。

校者注 ① 武后革唐命而为周：武则天周朝（690 年–705 年），是武则天建立的朝代，为区别于历史上先秦的周朝而称之为武周。弘道元年（683 年），唐高宗病逝，太子李显即位，是为唐中宗，“尊武后为皇太后，政事咸取决焉”。684 年九月，太后废中宗为庐陵王，立中宗弟豫王李旦为帝，是为唐睿宗，改嗣圣元年为光宅元年，改洛阳为神都，由太后临朝改制。唐载初元年（公元 690 年）九月九日，唐睿宗等六万多人上表请改国号，武则天见时机已到，遂改唐为周，定都洛阳（今河南省洛阳市），自己加尊号为圣神皇帝。把睿宗改为皇嗣，赐姓武。于神都洛阳立武氏七庙，改置社稷。改载初元年为天授元年，史称武周。神龙元年（公元 705 年），张柬之等人发动宫廷政变逼迫武则天退位。中宗复位，恢复唐朝旧制。同年十二月，武则天于洛阳上阳宫去世，享年 82 岁。武则天执政期间，国家较贞观时期有更大的发展，史称“贞观遗风”。

② 虞舜南巡不返：虞舜，即舜帝，是上古五帝之一，姓姚，传说目有双瞳而取名“重华”，号有虞氏，故称虞舜。尧命他接替自己的首领职位，并把自己的两个女儿给他作妻室。舜为首领时，开创了上古时期政通人和的局面。正如《史记》所云：“天下明德，皆自虞帝始。”舜继位后，曾经在尧时期的旧臣子密谋造反。时逢江河湖海肆意泛滥。舜授意鲧（gǔn）去各处研查。举办大典时，舜被刺客刺伤，为了查出幕后主使，舜带上禹等人开始南巡。度过种种磨难，铲除了浑敦、三苗王等邪恶势力，众人主张杀掉三苗王等一干要犯，舜认为要想这片土地从此不动刀戈，必须从精神上征服强悍的对手。原本要继承王位的丹朱是一切的幕后主使者，丹朱认为自己活着的目的就是战胜不可战胜的舜。舜继续南巡恰逢鲧筑坝防水，鲧得意的向众人展示他的成果时，洪水突然决堤，鲧在自刎前向舜推荐自己的儿子禹来治水。丹朱率大军前来进犯，舜带领大军与丹朱会战，丹朱、三苗王具备擒获。丹朱不愿接受舜的赦免，自裁于狱中，三苗王终于心悦诚服。舜命禹治理水患，天下太平，四海宾服。

归魂带煞，始皇返国亡身[①]。

若归魂卦遇动爻克世身，如始皇求仙海上，返国崩于沙丘。

子发逢空，张子房[②]起归山之计；

他官子孙为臣，若逢空动，被世克害，必是君欲害臣。如汉张良，弃职从赤松子游也。

将星被害，岳武穆[③]抱吁天之冤。

将星，寅午戌日卜，午爻为将星，其余类推。若将星临财子，必得忠良智勇；值官鬼白虎，必强悍之将。若将星持鬼克害世爻，恐有造谋

校者注 ① 始皇返国亡身：秦始皇第三次东巡山东，是在公元前210年（秦始皇三十七年）。这次巡行的路线是由南向北，最后到达琅琊行宫。这时，徐福闻讯秦始皇驾临琅琊，急忙从家乡赶来面见秦始皇。徐福从第一次入海求仙到现在已有十年时间，耗资巨大，始终没有求得仙药。为了逃避惩罚，他只好向秦始皇说，长生不老药本来可在蓬莱仙山求得，只是水神派大鲛鱼守护无法近前取药，请皇帝增派一些射箭能手同去。秦始皇求药心切，当即批准了徐福的请求，命他选拔童男女、各种工匠、弓箭手等入海求取仙药。秦始皇为了给徐福求仙扫清道路，他一面派人带着捕鱼工具入海捕捉大鲛鱼，一面自己带上连发的弓弩准备与大鲛鱼搏斗。秦始皇一行乘船从琅琊港出发，经荣成成山头前往芝罘。一路上没有什么发现，直到临近芝罘才看见一条大鱼。秦始皇将大鱼射杀以后，西航至黄县北海岸的黄河营港。在此作短暂停留后，秦始皇等人乘船继续西行，至莱州湾西岸的厌次县（今山东省阳信县东南处）上岸。在返回咸阳的路上，秦始皇病死于沙丘平台（今河北省邢台市广宗县大平台村南），年仅五十三岁就离开人间，至死也没吃上长生不老药。徐福送走秦始皇以后，带领着童男女和五谷百工入海求仙，随之，东渡日本。

② 张子房：即张良，字子房，颍川城父人，秦末汉初杰出的谋士、大臣，与韩信、萧何并称为“汉初三杰”。张良的祖父、父亲等先辈在韩国的首都阳翟（今河南禹州）任过五代韩王之相。曾劝刘邦在鸿门宴上卑辞言和，保存实力，并疏通项羽叔父项伯，使刘邦得以脱身。后又以出色的智谋，协助汉高祖刘邦在楚汉战争中最终夺得天下，帮助吕后扶持刘盈登上太子之位，被封为留侯。张良去世后，谥为文成侯。汉高祖刘邦曾评价他说：“夫运筹策帷帐之中，决胜于千里之外，吾不如子房。”表现出张良的机智谋划、文韬武略。后世敬其谋略出众，称其为“谋圣”。张良精通黄老之道，不留恋权位，晚年据说跟随赤松子云游。

③ 岳武穆：即岳飞（1103年－1142年），字鹏举，宋相州汤阴县（今河南汤阴县）人，抗金名将，中国历史上著名军事家、战略家，民族英雄，位列南宋中兴四将之首。在宋金议和过程中，岳飞遭受秦桧、张俊等人的诬陷，被捕入狱。1142年1月，岳飞以“莫须有”的“谋反”罪名，与长子岳云和部将张宪同被杀害。宋孝宗时岳飞冤狱被平反，改葬于西湖畔栖霞岭。追谥武穆，后又追谥忠武，封鄂王。

之变；若将星被动爻克害，如岳武穆遇秦桧之害也。

应旺生合世爻，圣主得椒房[①]之助；

应为皇后，若旺相合世爻，更临财福，主后智略仁慈，导君以善。如汉马后[②]、宋宣仁[③]，为女中尧舜[④]是也。

日辰拱扶子位，东宫[⑤]摄天子之权。

若本宫子孙生旺，更得日辰扶助，欲传位太子，当国摄天子事也。

校者注 ① 椒房：西汉未央宫皇后所居殿名，亦称椒室。在未央宫，为汉代皇后居住的宫殿。以椒和泥涂壁，使温暖、芳香，并象征多子。后亦用为后妃的代称。

② 汉马后：即东汉明德马皇后（公元39年–公元79年），扶风茂陵（今陕西兴平东南）人，伏波将军马援的小女儿，东汉汉明帝刘庄的皇后。公元52年（建武二十八年），她被选入太子宫时只有十三岁。由于她生性谦恭和顺，对太子的母亲阴皇后服侍体贴，对其她妃嫔诚挚热情，宫中无人不对她称赞，太子对她也是敬爱有加。公元57年（中元二年），光武帝病逝，刘庄即位，即汉明帝。马氏即被封为贵人。公元60年（永平三年）春，马氏被立为皇后。马皇后一生以俭朴自奉、不信巫祝、待人和善、约束外戚著称，公元79年（建初四年），马皇后去世，终年四十余岁，谥号明德，与汉明帝合葬于显节陵。东汉明德马皇后为东汉皇帝显宗所编撰的《显宗起居注》，是历史上最早的专门记录皇帝日常言行的著作，也为后世开创了“起居注”这一新的史书体例。自此后世便有专人从事该编撰工作。明德马皇后开始写史比班昭补写《汉书》早了约二十多年，因此被称为中国第一位女史学家。

③ 宋宣仁：即高滔滔（1032年–1093年），小名滔滔，北宋英宗皇后，史称“宣仁圣烈皇后”，1085年–1093年临朝称制。勋戚之后，宋仁宗皇后曹氏是她的姨母，亳州蒙城（今安徽省蒙城县）人。治平二年（1065年）被英宗册封为皇后。元丰八年（1085年）其子神宗病故，立哲宗赵煦，时高太后已是太皇太后，她奉神宗遗诏辅佐年幼的皇上，垂帘听政。高太后一执政，就开始任用司马光为宰相，将王安石的新法全部废止。高太后虽反对王安石的变法派，但是却有十分优秀的执政才能。她执政期间，勤俭廉政，励精图治，因此，宋哲宗时期是北宋经济繁荣、天下小康、政治清明、国势较强的时期。这与高太后的贤德是分不开的。高太后也被后人誉为“女中尧舜”。

④ 女中尧舜：即北宋英宗皇后高滔滔。尧舜，传说中的上古贤明君主。女中尧舜，妇女中的贤明人物。古代多称颂执政的女王。《宋史·英宗宣仁圣烈高皇后传》：“临政九年，朝廷清明，华夏绥定……人以为女中尧舜。”她治下的九年，史称“元祐之治”。

⑤ 东宫：太子所居之地称“东宫”，或称“青宫”、“春宫”等。《诗经·卫风·硕人》以东宫指太子，后世沿用。

世克福爻，唐玄宗有杀儿之事[①]；

若世克本宫之墓绝子孙，太子遇谗被害。如唐玄宗信李林甫谮，将太子英、鄂王瑶、光王琚皆废，复赐死。

子伤君位，隋杨广有弑父之心[②]。

本宫子孙旺动，克害世爻，乃太子有篡位之兆。如隋杨广弑父，自立为帝。

一卦无孙，宋仁宗有绝嗣之叹[③]；

卦中无子孙，或子孙休囚动入墓绝，必是国无太子。如宋仁宗无子而叹。

校者注 ① 唐玄宗有杀儿之事：李隆基登基后立发妻王氏为后，另有宠妃武惠妃亦觊觎后位。武氏遂百般诋毁，并遍布卧底监视皇后，终使玄宗废其为庶人，不久即郁郁而殁。武氏为则天侄女，因此为大臣所阻未予封后。此女心仍不死，复欲令帝废太子，立己子李瑁为储。一日，太子李瑛、鄂王李瑶、光王李琚，同时接进宫捕盗之令，三人不辨真假，即刻带领兵马入宫。武氏遂向玄宗上奏："三子带兵进宫，意欲谋逆篡位。"玄宗中计，立即将三子押入大牢，废为庶人。为绝后患，武氏不断编造谎言中伤三子，玄宗信以为真，盛怒之下，将三子一齐处死。此事令朝野大为震惊，经反思，玄宗追悔莫及，便疏远武氏，既未立其为后，亦未立其子为储。

② 隋杨广有弑父之心：隋炀帝杨广（569年-618年），一名英，小字阿摐，华阴人（今陕西华阴），隋文帝杨坚与文献皇后独孤伽罗次子，隋朝第二位皇帝。隋文帝仁寿四年（604年）7月，文帝卧病在床，杨广于是写信给杨素，请教如何处理文帝后事和自己登基事宜。不料送信人误将杨素的回信送至了文帝手上。文帝大怒，随即宣杨广入宫，要当面责问他。正在此时，宣华夫人陈氏也哭诉杨广在她来途中调戏她，使文帝顿悟，拍床大骂："畜生何足付大事！独孤误我！"急忙命人传大臣柳述、元岩草拟诏书，废黜杨广，重立杨勇为太子。杨广得知后将柳述、元岩抓入狱，并让右庶子张衡入文帝寝殿侍疾并将文帝周围的侍从打发走。传说文帝就是他亲手所杀，不久文帝便驾崩。杨广弑父在《隋书列传第十三》杨素传、《隋书列传第十》杨勇传、《隋书列传第二十一》张衡传、《隋书·后妃列传》等《隋书》章节中也有多处记载。

③ 宋仁宗有绝嗣之叹：宋仁宗赵祯（1010年-1063年），初名赵受益。宋朝第四位皇帝（1022年-1063年在位），宋真宗赵恒第六子，母为李宸妃。嘉祐八年（1063年），赵祯崩逝，享年五十四岁。在位四十二年，为宋朝在位时间最长的皇帝。宋仁宗生有儿子赵昉（追封杨王）、赵昕（追封雍王）、赵曦（追封荆王），皆早亡。后来，宋太宗赵光义曾孙，商王赵元份之孙，濮王赵允让第十三子——赵宗实，宋仁宗将其收为养子。嘉祐七年（1062年），被立为皇子，改名赵曙。嘉祐八年（1063年），赵曙即帝位，为宋朝第五位皇帝。

四爻克子，秦扶苏中赵相之谋①。

四爻乃臣位，若旺动伤克本官子孙，则如秦太子扶苏被赵高矫诏赐死。

身值动官，唐太宗禁庭蹀血②；

身世持官带杀旺动，必至杀克兄弟。如唐太宗伏兵玄武门，射死建成、元吉，血流禁庭马蹀践也。

世安空弟，周泰伯让国逃荆③。

世持空弟，与应爻生合，有吉神动克，是兄弟推让天位之象。如周泰伯托为采药，逃之荆蛮，让位季历也。

校者注　①　秦扶苏中赵相之谋：扶苏（？－前210年），嬴姓，名扶苏，常称公子扶苏，秦始皇长子，母芈氏。扶苏是秦朝统治者中具有政治远见的人物，秦始皇对其寄予厚望。嬴扶苏认为天下初定，百姓未安，反对实行焚书坑儒等严峻政策，因而触怒秦始皇，秦始皇便将其派到上郡监督蒙恬军队，协助蒙恬修筑长城、抵御匈奴。前210年，秦始皇在巡游途中病逝，中车府令赵高和丞相李斯等人害怕扶苏登基后，对他们不利，于是伪造诏书，扶持胡亥登基，并逼令扶苏自尽。

②　唐太宗禁庭蹀血：唐太宗李世民（598年－649年），祖籍陇西成纪，是唐高祖李渊和窦皇后的次子，唐朝第二位皇帝，杰出的政治家、战略家、军事家。李世民少年从军，曾去雁门关营救隋炀帝。唐朝建立后，李世民官居尚书令、右武候大将军，受封为秦国公，后晋封为秦王，先后率部平定了薛仁杲、刘武周、窦建德、王世充等军阀，在唐朝的建立与统一过程中立下赫赫战功。公元626年7月2日（武德九年六月初四），李世民发动玄武门之变，杀死自己的兄长太子李建成、四弟齐王李元吉及二人诸子，被立为太子，唐高祖李渊不久退位，李世民即位，改元贞观。

③　周泰伯让国逃荆：据《史记·周本纪》载：古公（即周太王，姓姬，名亶父，又称古公亶父，是西伯君主，周朝之先祖）有长子叫太伯（亦称泰伯），次子叫虞仲（亦称仲雍）。太姜生小儿子季历（亦称公季、王季），季历娶太任为妻，太姜、太任都是贤惠的妻子。太任生子姬昌（即周文王），有圣明之兆。古公说："我的后代当有成大事者，大概就是姬昌吧？"长子太伯和次子虞仲知道古公想立季历，以便将来能传位于姬昌，所以两人便逃亡到了荆蛮，（按当地风俗）身刺花纹，剪短头发，而让位给季历。古公死后，季历即位，是为王季。王季遵循古公留下的原则，笃行仁义，诸侯都顺从他。太伯逃奔到荆蛮，自称句吴。荆蛮人钦佩他的品德高尚，追随并且归附他的有上千家，被拥立为吴太伯。

凶神生合世爻，玄宗信林甫[①]之佞；

若鬼煞动来生合世爻，必是佞臣阿谀，人君信任。如唐玄宗信任李林甫一十九年，养成天下大乱。

君位克伤四位，商纣害比干之忠[②]。

四爻为臣，持财子而被世爻动克，如比干之尽忠，而被纣王之诛也。

校者注 ① 林甫：即李林甫（683年－753年），小字哥奴，祖籍陇西，唐朝宗室、宰相，唐高祖李渊堂弟长平肃王李叔良曾孙，画家李思训之侄。李林甫出身于唐朝宗室郇王房，早年历任千牛直长、太子中允、太子谕德、国子司业、御史中丞、刑部侍郎、吏部侍郎、黄门侍郎，后以礼部尚书之职拜相，加授同三品。开元二十四年（736年），李林甫接替张九龄，升任中书令（右相），后进封晋国公，又兼尚书左仆射。李林甫担任宰相十九年，是玄宗时期在位时间最长的宰相。他大权独握，勾结宦官、嫔妃，蔽塞言路，排斥贤才，导致纲纪紊乱，还建议重用胡将，使得安禄山做大，被认为是使唐朝由盛转衰的关键人物之一。

② 商纣害比干之忠：比干，子姓，名干，沫邑（今河南淇县）人，商代帝王文丁的次子，帝乙的弟弟，帝辛的叔叔，官少师（丞相）。20岁就以太师高位辅佐商王帝乙，又受托孤重辅帝辛（商纣王）。从政40多年，主张鼓励发展农牧业生产，提倡冶炼铸造，富国强兵。比干是殷商王室的重臣，辅佐殷商两代帝王，忠君爱国，为民请命，敢于直言劝谏，被称为“亘古忠臣”。商纣王暴虐荒淫，横征暴敛，滥用重刑，比干叹曰：“主过不谏非忠也，畏死不言非勇也，过则谏不用则死，忠之至也。”遂至摘星楼强谏三日不去。纣问何以自恃，比干曰：“恃善行仁义所以自恃。”纣怒曰：“吾闻圣人心有七窍，信有诸乎？”遂杀比干剖视其心，终年（公元前1063年）63岁。比干是中华林姓祖先。

离宫变入坎宫，带凶煞而徽钦亡身于漠北[①]；

卦象凶，世又遭克，或动入墓绝，乃死亡之兆。离南坎北，离化坎，由南入北。如宋徽、钦被金所掳，死于漠北。

乾象化为巽象，有吉曜而孙刘鼎足于东南。

乾变巽宫，大象皆凶，若有吉曜，如刘玄德与吴、魏，三国鼎足[②]而立也。

国之治乱兴衰，卦理推详剖决。

校者注 ① 徽钦亡身于漠北：徽钦：即宋徽宗和宋钦宗。宋徽宗赵佶（1082年-1135年），宋神宗第十一子、宋哲宗之弟，宋朝第八位皇帝。宋徽宗即位之后启用新法，在位初期颇有明君之气，后经蔡京等大臣的诱导，政治情形一落千丈，后来金军兵临城下，受李纲之言，匆匆禅让给太子赵桓（即宋钦宗）。宋徽宗在位25年（1100年-1126年），国亡被俘，被囚禁了九年。金天会十三年（1135年）四月甲子日，宋徽宗终因不堪精神折磨而死于五国城（今黑龙江省依兰县城北旧古城），终年54岁。他自创一种书法字体被后人称之为“瘦金体”，他热爱画花鸟画自成“院体”。是古代少有的艺术天才与全才。被后世评为“宋徽宗诸事皆能，独不能为君耳！”编写《宋史》的史官，也感慨地说如果当初宰相章惇的意见被采纳，北宋也许是另一种结局。并还说如“宋不立徽宗，金虽强，何衅以伐宋哉”。宋钦宗赵桓（1100年-1156年），宋朝第九位皇帝，北宋末代皇帝，宋徽宗赵佶长子，在位1年零2个月。宋钦宗为人优柔寡断、反复无常，对政治问题缺乏判断力和敏锐力。他是历史上懦弱无能的昏君，听信奸臣谗言，罢免了李纲。金兵围攻汴京，却无力抵抗。靖康之变时被金人俘虏北去，南宋绍兴26年（1156年）驾崩于燕京，终年57岁。

② 三国鼎足：亦称“三国鼎立”。从公元220年起，在我国历史上先后建立了曹魏、蜀汉、东吴三个国家，它们三分东汉州郡之地，各霸一方，称王称霸，互相对峙，这种政治局面称为“三国鼎足”。魏国（220年-266年）：是三国时期割据政权之一，后世史家多称曹魏，是三国之中最强大的国家。延康元年（220年），曹丕逼迫汉献帝禅让，正式取代汉王朝，建立曹魏，定都洛阳，至咸熙二年（265年），司马炎篡魏，改国号为晋，曹魏灭亡。蜀汉（221年-263年）：公元221年，刘备在成都称帝，国号汉，史称“蜀”或“蜀汉”，亦称“刘蜀”、“季汉”。263年为魏所灭。共历二帝，四十三年。吴国（222年-280年）：是孙权在中国东南部建立的政权，国号为“吴”，史学界称之为孙吴。由于与曹魏、蜀汉呈鼎立之势，所统治地区又居于三国之东，故亦称东吴。天纪四年（280年）5月1日，孙吴亡于西晋，标志着中国汉末三国以来割据局面的彻底结束。

征 战

医不执方，兵不执法，堪称大将之才能；

谋事在人，成事在天，当究先师之妙论。观世应之旺衰，以决两家之胜负；

将福官之强弱，以分彼我之军师。

世为我，应为彼，世旺克应则胜，应旺克世则负。子为我之将，鬼为彼之师。

父母兴隆，主望旌旗之蔽野；金爻空动，侧听金鼓之喧天。

父母为旌旗，金动则闻金鼓声，金空则响，故也。

财为粮草之本根，兄乃伏兵之形势。

财为粮草，旺多衰少，空为无粮。兄为伏兵，又为夺粮之神，不宜旺动。

水兴扶世，济川宜驾乎轻舟；火旺生身，立寨必安于胜地。

水若动来生扶世身，或水爻子孙动，宜乘舟决战以取胜。火若旺动生扶世身，结寨必得形胜之地也。

父母兴持，主帅无宽仁之德；子孙得地，将军有决胜之才。

父母持世动，乃主帅不恤士卒，上下离心；若带兄弟官鬼，须防自变。若子孙持世旺动，将军必决胜千里。

水爻克子子孙强，韩信背水阵而陈余被斩[1]；

校者注 ① 韩信背水阵而陈余被斩：韩信（约公元前231年–前196年）：淮阴（原江苏省淮阴县，今淮安市淮阴区）人，西汉开国功臣，中国历史上杰出军事家，与萧何、张良并列为“汉初三杰”，与彭越、英布并称为汉初“三大名将”。他率军出陈仓、定三秦、擒魏、破代、灭赵、降燕、伐齐，直至垓下全歼楚军，无一败绩，天下莫敢与之相争。作为军事理论家，他与张良整兵书，并著有兵法三篇。韩信是中国军事思想“谋战”派代表人物，被萧何誉为“国士无双”，刘邦评价曰：“战必胜，攻必取，吾不如韩信。”韩信被后人奉为“兵仙”、“战神”。“王侯将相”韩信一人全任。背水阵：即背水一战，又称井陉之战，发生于汉高祖三年（前204年），汉军和赵军在井陉交战，汉军大将韩信利用赵军主帅陈余轻敌之心，摆下兵家大忌的背水阵，鼓励本军将士奋勇作战以求死里逃生，并另调两千轻骑趁隙夺取赵军军营并在军营内插满汉旗。赵军想回营稍作歇息之余惊见本营插满汉军旗帜，以为汉军已经全部俘获赵国的国王和将领们，大势已去，于是军队大乱，纷纷落荒潜逃，一哄而散。汉军前后夹击，大破赵军，斩成安君陈余，在泜水岸边生擒了赵王歇。《史记·淮阴侯列传》：“信乃使万人先行，出，背水陈。赵军望见而大笑。”

世持水动，或水爻克子孙，若子孙亦动，得日月生扶，可效韩信背水战而反胜也。

阴象持兄兄克应，李愬雪夜走而元济遭擒[①]。

兄为伏兵。在内象动克应，乃我之伏兵；克世是他人之伏兵。若在阳象宜日间伏，在阴象宜夜间伏。如唐宪宗朝，李愬雪夜衔枚，直捣蔡城，以擒吴元济也。

世持子而被伤，可效周亚夫坚壁不战[②]；

世持子孙，将必才能，可以克敌。若被动克宜固守，不宜速战。如汉景帝时七国反，帝使周亚夫屯细柳以攻之，中夜军惊，扰乱至帐下，亚夫坚卧不起，深沟高垒，数日乃定，遂破七国之兵。

校者注　①　李愬雪夜走而元济遭擒：李愬（773年-821年）：唐代大将，字元直，洮州临潭（今属甘肃）人，李晟子。有韬略，善骑射。初任坊、晋二州刺史。元和十一年（816年），任唐、随、邓节度使，率兵讨伐吴元济的叛乱。他善于观察形势，选择战机。次年冬，乘敌松懈，雪夜攻克蔡州（即下文蔡城，今河南省汝南县），生擒吴元济，进授山南东道节度使，封凉国公。吴元济（783年-817年）：唐代宪宗（李纯）时叛藩的首领。沧州清池（今河北沧州东南）人。吴元济之父吴少阳为淮西节度使，治蔡州。唐代宗（李豫）、德宗（李适）以来，淮西镇勾结河北诸镇，成为唐廷心腹大患。吴元济后被斩于长安，至此，唐朝统一的局面暂时有所加强。

②　周亚夫坚壁不战：周亚夫（前199年-前143年），沛郡丰县人，西汉时期的军事家、丞相。他是名将绛侯周勃的次子，军事才华卓越，在吴楚七国之乱中，他统帅汉军，平叛得胜，拯救了汉室江山。七国之乱：是发生在中国西汉景帝时期的一次诸侯国叛乱。汉景帝即位后，御史大夫晁错提议削弱诸侯王势力、加强中央集权。景帝三年（前154），汉景帝采用晁错的《削藩策》，先后下诏削夺楚、赵等诸侯国的封地。这时吴王刘濞就联合楚王刘戊、赵王刘遂、济南王刘辟光、淄川王刘贤、胶西王刘昂、胶东王刘雄渠等刘姓宗室诸侯王，以“清君侧”为名发动叛乱。由于梁国的坚守和汉将周亚夫所率汉军的进击，叛乱在三个月内被平定。周亚夫在平叛时，屯兵细柳（古地名，在今陕西省咸阳西南，渭河北岸），坚壁不战，后获胜利。

应临官而遭克，当如司马懿固垒休兵[①]。

应持官旺，彼将才能，我难与敌，虽有子孙动，不能大胜。如三国时，司马懿自料不能如孔明[②]，甘受巾帼，坚壁不战也。

世持衰福得生扶，王翦以六十万众而胜楚[③]；

身世虽持子孙，衰弱亦难胜。若得月建日辰生扶，可效始皇时王翦以六十万众，而成胜楚之功。

校者注　① 司马懿固垒休兵：司马懿（179年-251年），字仲达，河内郡温县孝敬里（今河南省焦作市温县）人。三国时期魏国杰出的政治家、军事家、战略家，西晋王朝的奠基人。曾任职过曹魏的大都督、大将军、太尉、太傅。是辅佐了魏国三代的托孤辅政之重臣，后期成为掌控魏国朝政的权臣。善谋奇策，多次征伐有功，其中最显著的功绩是两次率大军成功抵御诸葛亮北伐和远征平定辽东。司马懿和诸葛亮在对阵五丈原时，司马懿以“坚壁拒守，以逸待劳”的指示，与诸葛亮相持百余日。诸葛亮数次挑战，司马懿均坚壁不出，以待其变。诸葛亮便派人给司马懿送来“巾帼妇人之饰”，欲激司马懿出战，司马懿仍不出战。司马懿曾说：“亮志大而不见机，多谋而少决，好兵而无权，虽提卒十万，已堕吾画中，破之必矣。”曹魏在司马懿、曹真等人的人正确指挥下，以优势兵力采取防御战略迫退蜀军，取得了最后的胜利。

② 孔明：即诸葛亮（181年-234年），字孔明，号卧龙（也作伏龙），徐州琅琊阳都（今山东临沂市沂南县）人，三国时期蜀汉丞相，杰出的政治家、军事家、散文家、书法家、发明家。诸葛亮一生“鞠躬尽瘁、死而后已”，是中国传统文化中忠臣与智者的代表人物。诸葛亮的著作主要有《草庐对》、《出师表》、《诫子书》、《诫外甥书》、《将苑》（又名《心书》）、《便宜十六策》。

③ 王翦以六十万众而胜楚：王翦，战国时期秦国名将，关中频阳东乡（今陕西富平东北）人，秦国杰出的军事家，主要战绩有破赵国都城邯郸，消灭燕、赵；以秦国绝大部分兵力消灭楚国。与其子王贲一并成为秦始皇兼灭六国的最大功臣。杰出的军事指挥才能使其与白起、李牧、廉颇并列为战国四大名将。王翦是琅琊王氏和太原王氏的始祖。秦始皇二十二年（前224年），王翦领兵伐楚，大军抵达楚国国境之后整整一年坚壁不出，六十万士兵都囤积起来休养生息，甚至每天比赛投石以作娱乐。楚军因为兵少而无可奈何，一年后终于按捺不住，正当楚军在调动之际，王翦就率兵出击大破楚军，杀项燕于蕲，虏楚王负刍，平定楚国。随后又南征百越，取得胜利，因功晋封武成侯。王翦是秦国杰出的军事家，也是继白起之后，秦国不可多得的大将之材。除韩之外，其余五国均为王翦父子所灭。王翦一生征战无数，但他智而不暴、勇而多谋，在当时杀戮无度的战国时代显得极为可贵。

卦有众官临旺子，谢玄以八千之兵而破秦①。

官父虽多而安静，子孙虽少而旺动，必寡可胜众也。如晋谢玄、刘牢以八千兵，破秦王苻坚九十万众也。

两子合世扶身，李郭同心而兴唐室②；

卦有两子旺动生世，主有二将合谋胜敌。如唐李弼、郭子仪二人同心，以忠义自厉，终能靖乱，复兴唐室。

校者注　①　谢玄以八千之兵而破秦：谢玄（343 年-388 年），字幼度。陈郡阳夏（今河南太康）人。谢裒之孙，谢奕之子，谢安之侄。东晋时期军事家。谢玄有经国才略，善于治军。早年为大司马桓温部将。太元八年（383 年），在淝水（今安徽省寿县的东南方）之战中，任前锋都督，先遣部将刘牢之率部夜袭洛涧，首战告捷；继而抓住战机，计使秦军后撤致乱，乘势猛攻，取得以八千之兵胜敌军九十万的巨大战果。

②　李郭同心而兴唐室：李光弼（708 年-764 年），营州柳城（今辽宁省朝阳）人，契丹族。唐朝名将，左羽林大将军李楷洛第四子。。李光弼是中唐出色的统帅、军事家，为平息安史之乱的主帅，史称“其与郭子仪齐名，世称‘李郭’，而战功推为中兴第一。”李光弼足智多谋，在其戎马生涯中，善于出奇制胜，以少胜多，他治军威严而有方。郭子仪（697 年-781 年），华州郑县（今陕西渭南华州区）人，祖籍山西太原，唐代政治家、军事家。郭子仪早年以武举高第入仕从军，积功至九原太守，一直未受重用。安史之乱爆发后，郭子仪任朔方节度使，率军勤王，收复河北、河东，拜兵部尚书、同中书门下平章事。至德二年（757 年），郭子仪与广平王李俶收复西京长安、东都洛阳，以功加司徒，封代国公。郭子仪戎马一生，功勋卓著。史书称他“再造王室，勋高一代”，“以身为天下安危者二十年”。郭子仪不但武功厥伟，而且还善于从政治角度观察、思考、处理问题，资兼文武，忠智俱备，故能在当时复杂的战场上立不世之功，在险恶的官场上得以全功保身。

二福刑冲化绝，钟邓互隙而丧身家[1]。

两重子孙旺动，皆化入死墓绝空，虽胜敌将，必争权夺宠，两相残害。如晋钟会、邓艾领兵平蜀，蜀平而嫌隙互生，乃至自相屠戮，身家俱丧。

子化死爻，曹操丧师于赤壁[2]；

子孙为我军卒，若动入死墓绝败，应临鬼父动伤身世，必致损兵折将。如曹操为周瑜、黄盖火攻所败。

校者注　① 钟邓互隙而丧身家：钟会（225年-264年）：字士季，颍川长社（今河南长葛东）人，魏太傅钟繇之幼子、青州刺史钟毓之弟。他在魏国官居要职，是三国后期 魏国重要的策臣与谋士，制定伐蜀计划并参与灭蜀之战的智将。同时也是一位书法家。钟会自幼才华横溢，上至皇帝、下至群臣都对他非常赏识。平定诸葛诞叛乱时，钟会屡出奇谋，被人比作西汉谋士张良。后迁司隶校尉，朝廷大小事钟会无不插手，又在任内 献策杀害名士嵇康。景元年间，钟会独力支持司马昭的伐蜀计划，从而被任命为镇西将军，主持伐蜀事宜。景元四年（263年）魏灭蜀之战，钟会与邓艾分兵攻打蜀汉，导致蜀汉灭亡。此后钟会与蜀汉降将姜维共谋，欲据蜀自立，遂打压原同僚邓艾，并且图谋反叛，矫诏起兵 以郭太后遗命之名讨伐司马昭。却因部下的兵变而失败，自己也死于乱军之中，时年40岁。邓艾（约197年-264年）：字士载，义阳棘阳（今河南新野）人。三国时期魏国杰出的军事家、将领。其人文武全才，深谙兵法，对内政也颇有建树。他与钟会分别率军攻打蜀汉，最后他率先进入成都，使得蜀汉亡国。后因遭到钟会的污蔑和陷害，被司马昭猜忌而被收押，最后与其子邓忠一起被卫瓘派遣的武将田续所杀害。他被推崇为古今六十四名将之一。

② 曹操丧师于赤壁：曹操（155年-220年）：字孟德，一名吉利，小字阿瞒，沛国谯县（今安徽亳州）人。东汉末年杰出的政治家、军事家、文学家、书法家，三国中曹魏政权的奠基人。曹操精兵法，善诗歌，抒发自己的政治抱负，并反映东汉末年人民的苦难生活，气魄雄伟，慷慨悲凉；散文亦清峻整洁，开启并繁荣了建安文学，给后人留下了宝贵的精神财富，史称“建安风骨”。赤壁之战：是指东汉末年，孙权、刘备联军于建安十三年（208年）在长江赤壁（今湖北省赤壁市西北）一带大破曹操大军，奠定三国鼎立基础的以少胜多，以弱胜强的著名战役。赤壁之战也是中国历史上第一次在长江流域进行的大规模江河作战，标志着中国军事政治中心不再限于黄河流域。孙刘联军最后以火攻大破曹军，曹操北回，孙、刘各自夺去荆州的一部分。

世逢绝地，项羽自刎于乌江[①]。

世为国主、三军之帅，宜旺动克应。若衰世而被应爻刑冲克害，动入死墓空绝者，如项羽自刎于乌江也。

水鬼克身，秦苻坚有淝水之败[②]；

水鬼旺动，伤克世身，敌兵必得舟楫渡江之利。如秦苻坚，败于谢玄八千渡江之兵也。

火官持世，汉高祖遇平城之围[③]。

火官带鬼，贼寨必近；火爻持世，须防困围。子孙旺动，被围得

校者注 ① 项羽自刎于乌江：项羽（前232年-前202年）：项氏，芈姓，名籍，字羽，楚国下相（今江苏宿迁）人，楚国名将项燕之孙，他是中国军事思想“兵形势”代表人物（兵家四势：兵形势、兵权谋、兵阴阳、兵技巧）的军事家，也是以个人武力出众而闻名的武将。项羽早年跟随叔父项梁在吴中（今江苏苏州）起义反秦，项梁阵亡后他率军渡河救赵王歇，于巨鹿之战击破章邯、王离领导的秦军主力。秦亡后称“西楚霸王”，定都彭城（今江苏徐州），实行分封制，封灭秦功臣及六国贵族为王。而后汉王刘邦从汉中出兵进攻项羽，项羽与刘邦展开了历时四年的楚汉战争，期间虽然屡屡大破刘邦，但项羽始终无法拥有固定的后方补给，粮草殆尽，又猜疑亚父范增，最后反被刘邦所灭。公元前202年，项羽兵败垓下（今安徽灵璧县南），突围至乌江（今安徽和县乌江镇）边自刎而死。

② 秦苻坚有淝水之败：前秦世祖宣昭皇帝苻坚（338年-385年）：字永固，又字文玉，氐族，略阳临渭（今甘肃省秦安县）人，十六国时期前秦的君主，公元357-385年在位。苻坚在位前期励精图治，重用汉人王猛，推行一系列政策与民休息，加强生产，终令国家强盛，接着以军事力量消灭北方多个独立政权，成功统一北方，并攻占了东晋领有的蜀地，与东晋南北对峙。苻坚急于统一天下，准备伐晋。苻坚于383年发兵南下意图消灭东晋，史称“淝水之战”。但最终前秦大败给东晋谢安、谢玄领导的北府兵，国家亦陷入混乱，各民族纷纷叛变独立，苻坚最终亦遭羌人姚苌杀害，终年48岁，谥号宣昭帝，庙号世祖。

③ 汉高祖遇平城之围：汉太祖高皇帝刘邦（前256年-前195年）：沛丰邑中阳里人，汉朝开国皇帝，汉民族和汉文化的伟大开拓者之一，中国历史上杰出的政治家、卓越的战略家。平城之围：又称白登之围，是公元前200年（汉高祖七年）汉高祖刘邦被匈奴围困于白登山（今山西省大同市东北马铺山）的事件。公元前201年（汉高祖六年），韩王信在大同地区叛乱，并勾结匈奴企图攻打太原。汉高祖刘邦亲自率领32万大军迎击匈奴，时值寒冬天气，天降大雪，刘邦不顾前哨探军刘敬的劝解阻拦，轻敌冒进，直追到大同平城，结果中了匈奴诱兵之计。刘邦和他的先头部队，被围困于平城白登山达7天7夜，完全和主力部队断绝了联系。后来，刘邦采用陈平的计谋，向冒顿单于的阏氏（冒顿妻）行贿，才得脱险。

胜；若子衰官旺，如汉高祖被围平城，七日乃解。

应官克世卦无财，张睢阳食尽而毙[①]；

应爻持鬼冲世，卦中无财，乃食尽死亡之象。如张巡被围睢阳城也。

世鬼兴隆生合应，吕文焕无援而降[②]。

旺鬼持世，乃困围之象。卦爻又无财，子孙又弱，世又生合应爻，乃兵少食尽，降敌之兆。宋吕文焕守襄阳，元兵围久，贾似道[③]隐蔽不援，城中食尽，遂降。

外宫子动化绝爻，李陵所以降虏[④]；

校者注 ① 张睢阳食尽而毙：张睢阳，即张巡（708 年-757 年）：字巡，蒲州河东（今山西永济）人，《新唐书》本传载为邓州南阳（今河南省南阳市）人。唐玄宗开元末年，张巡中进士。安史之乱时，起兵守雍丘，抵抗叛军。至德二年（757 年），安庆绪派部将尹子琦率军十三万南侵江淮屏障睢阳（今河南省商丘市），张巡与许远等数千人，在内无粮草、外无援兵的情况下死守睢阳，前后交战四百余次，使叛军损失惨重，有效阻遏了叛军南犯之势，遮蔽江淮地区，保障了唐朝东南的安全。终因粮草耗尽、士卒死伤殆尽而被俘遇害。后获赠扬州大都督、邓国公。

② 吕文焕无援而降：吕文焕（？-1299 年）：中国南宋后期将领。号常山，小名吕六，安丰军霍丘县（今安徽霍邱）人。吕文焕在宋蒙襄樊之战后期任宋朝守将，与蒙元相持达 6 年之久。1273 年，襄阳兵尽粮绝，吕文焕投降元朝，并为元朝策划攻打鄂州（今湖北武汉），自请为先锋。随后为元大将伯颜向导，引元军东下，攻破及招降沿江诸州。1276 年，元军占领南宋都城临安（今浙江杭州），吕文焕与伯颜一起入城。他官至江淮行省右丞，1286 年告老还乡，大德年间卒于家。

③ 贾似道：贾似道（1213 年-1275 年），字师宪，号悦生，浙江天台屯桥松溪人。南宋晚期权相。嘉熙二年（1238 年）登进士第，时姐已为宋理宗贵妃，遂擢为太常丞、军器监。宝祐二年（1254 年）加同知枢密院事，临海郡开国公，后晋参知政事、知枢密院事，开庆初年于军中拜为右丞相兼枢密使，宋理宗以“师臣”相称，百官都称其为“周公”。宋理宗驾崩后，立理宗养子赵禥为帝，是为宋度宗，度宗即位后不久，贾似道升任太师、平章军国重事。咸淳九年（1273 年），襄樊陷落，德祐元年（1275 年）贾似道精兵以 13 万出师应战元军于丁家洲（今天安徽铜陵东北江中），大败，乘单舟逃奔扬州。群臣请诛，乃贬为高州团练副使，循州安置。行至漳州木棉庵，为监押使臣会稽县尉郑虎臣所杀。

④ 李陵所以降虏：李陵（前 134-前 74 年），字少卿，陇西成纪（今甘肃天水市秦安县）人。西汉名将，飞将军李广长孙，李当户的遗腹子。善骑射，爱士卒，颇得美名。天汉二年（前 99 年）奉汉武帝之命出征匈奴，率五千步兵与八万匈奴兵战于浚稽山，最后因寡不敌众兵败投降。

子在外官动，世被应克，终必有败，又化绝爻，不免降虏。如汉武帝时李陵之事也。

内卦福兴生合应，乐毅所以背燕[①]。

子孙发动，反去生合应爻，伤克身世，是我将卒有背主降敌之兆。如燕将乐毅，背燕投赵是也。

鬼虽衰而遇生扶，勿追穷寇；

官爻虽衰，若遇动爻日辰生扶拱合，是敌兵虽少，必有救援。

子虽旺而遭克制，毋急兴师。

子孙虽旺，若被日辰动爻克害，彼必有计，不可急攻。攻之必被摧折，虽不大败，亦损军威，宜缓图之。

鬼爻暗动伤身，吴王被专诸之刺[②]；

旺官暗动，克害世身，如吴王被专诸之刺。世克暗动之鬼，或子动来救，如荆轲刺秦王[③]不中，自反被诛也。

子化官爻克世，张飞遭范张之诛。

校者注 ① 乐毅（yuè yì）所以背燕：乐毅：生卒年不详，子姓，乐氏，名毅，字永霸。中山灵寿人，战国后期杰出的军事家，魏将乐羊后裔，拜燕上将军，受封昌国君，辅佐燕昭王振兴燕国。公元前284年，他统帅燕国等五国联军攻打齐国，连下70余城，创造了中国古代战争史上以弱胜强的著名战例，报了强齐伐燕之仇。后因受燕惠王猜忌，投奔赵国，被封于观津，号为望诸君。

② 吴王被专诸之刺：专诸：春秋时吴国棠邑（今南京市六合区西北）人，吴公子光（即吴王阖闾）欲杀王僚自立，伍子胥把他推荐给公子光。公元前515年，公子光乘吴内部空虚，与专诸密谋，以宴请吴王僚为名，藏匕首于鱼腹之中进献（鱼肠剑），当场刺杀吴王僚，专诸也被吴王僚的侍卫杀死。公子光自立为王，是为吴王阖闾，乃以专诸之子为卿。

③ 荆轲刺秦王：荆轲（？-前227年），姜姓，庆氏（古时“荆”音似“庆”）。战国末期卫国朝歌（今河南鹤壁淇县）人，战国时期著名刺客，也称庆卿、荆卿、庆轲，是春秋时期齐国大夫庆封的后代。喜好读书击剑，为人慷慨侠义。后游历到燕国，随之由田光推荐给太子丹。公元前227年，荆轲带燕督亢地图和樊於期首级，前往秦国刺杀秦王。临行前，燕太子丹、高渐离等许多人在易水边为荆轲送行，场面十分悲壮。“风萧萧兮易水寒，壮士一去兮不复还”，这是荆轲在告别时所吟唱的诗句。荆轲与秦舞阳入秦后，秦王在咸阳宫隆重召见了他，在交验樊於期头颅，献督亢（今河北涿县、易县、固安一带）之地图，图穷匕首见，荆轲刺秦王不中，被秦王拔剑击成重伤后为秦侍卫所杀。

子孙化官鬼生合应爻，反来克害身世者，是我兵卒杀主降敌。如后汉张翼德，被部卒范疆、张达之刺帐下，因之而投孙权也。

要识用兵之利器，五行卦象并推详。

土为炮石，金为刀箭，水木为舟，火为营寨。又乾兑为刀，震巽为弓马，火为枪，坤为野战类。若有克应之神，宜用此器敌之。如应爻克世，须防敌人用此器也。

仁智勇严之将，岂越于此？攻守克敌，当审于时。

身 命

乾坤定位，人物肇生。感阴阳而化育，分智愚于浊清。

既富且寿，世爻旺相更无伤；非夭即贫，身位休囚兼受制。

人生一世，贵贱高低，欲知何等人物，但看世爻为主。旺相又得日辰动爻生合，必主其人富贵福寿；若休囚无气，而被日辰动爻克制，其人非贫即夭。

世居空地，终身做事无成；身入墓爻，到老求谋多戾。

凡占身命，大忌世身空亡，主一生做事无成。如世身入墓，主其人如醉如痴，不伶不俐，诸谋少就。

卦宫衰弱根基浅，爻象丰隆命运高。

盖人之根源系于卦，命之凶吉依于爻。故卦宫无气根基薄，爻象得时命运高。

若问成家，嫌六冲之为卦；要知创业，喜六合之成爻。

遇六冲卦，必主作事有始无终。得六合卦，为人交游谦善，基业开拓。冲中逢合后成，合处逢冲后败。

动身自旺，独立撑持；衰世遇扶，因人创立。

世爻不遇生扶，而自强旺发动者，必白手成家，无人帮助。若无气，而遇日月动爻生扶，必遇人提拔成家。

日时合助，一生偏得小人心；岁月克冲，半世未沾君子德。

世爻遇年月日生合，得贵人亲爱，小人忠敬。如见冲克，不免欺凌。如父来合，定得父荫；兄来克，受兄弟累。

遇龙子而无气，纵清高亦是寒儒；

青龙子孙持世，必然立志高远，不慕功名富贵，如邵康节①、陶渊明②等辈。子孙无气，是超群绝俗之寒士也。

逢虎妻而旺强，虽鄙俗偏为富客。

白虎临旺财持世，其人虽不知礼仪，然必家道殷实，如李澄③、萧宠④之徒。旺财有制伏，亦粗通文墨也。

父母持身，辛勤劳碌；鬼爻持世，疾病缠绵。

遇兄则财莫能聚，见子则身不犯刑。

父母持世，主辛苦劳碌，动则克伤子孙。官为祸殃，遇之则主带疾病，或招官讼，若贵人并临则贵。兄乃破败之神，克妻破耗多端，一生难聚财物。遇子孙不能求名，一生官刑不犯，安闲自在，衣禄丰盈，大

校者注 ① 邵康节：即邵雍（1011－1077年），北宋著名理学家、象数学家、诗人。字尧夫，自号安乐先生，谥康节，与周敦颐、张载、程颢、程颐并称“北宋五子”。先世河北范阳，后移居衡漳（今河北南部），再迁共城（今河南辉县），又徙洛阳。少师李之才，之才闻道于穆修，之才传邵雍河图、洛书、伏羲八卦及六十四卦图象。青年时期刻苦自学，一生隐居不仕。融合儒、道思想，把《周易》归结为“象”和“数”，以为象数系统是最高法则，并按照自己推衍的象数解释事物的构成和变化图象，构造出宇宙发生的图象体系。认为“太极，道之极也”，“生天地之始，太极也”（《皇极经世书·观物外篇》）。世界万物均由一个总的本体“太极”演化而来，然后“一分为二”生出阴、阳，“二分为四”生出日、月、星、辰四象。“四分为八”生出八卦，“八分十六”生出暑寒昼夜、雨风露雷、性情形体、飞走草木。依次分化，遂生世界万物。发挥《中庸》“天命之谓性”的思想，提出“天使我有之谓命，命之在我谓之性，性之在物之谓理”的观点。其象数学对于宋明理学的产生与发展有重大影响。著作有《皇极经世书》、《伊川击壤集》、《渔樵问对》等。

② 陶渊明：陶渊明（352或365年－427年），字元亮，又名潜，私谥“靖节”，世称靖节先生，浔阳柴桑（今江西省九江市）人。东晋末至南朝宋初期伟大的诗人、辞赋家。曾任江州祭酒、建威参军、镇军参军、彭泽县令等职，最末一次出仕为彭泽县令，八十多天便弃职而去，从此归隐田园。他是中国第一位田园诗人，被称为“古今隐逸诗人之宗”。著作有《陶渊明集》。

③ 李澄（733年－786年）：辽东襄平人，唐代将领，隋蒲山公李宽远胄，初为偏将，升任滑州刺史，虽一时降于淮西李希烈，后仍归顺朝廷，授检校尚书左仆射、义成军节度使，获封武威郡王。贞元二年（786），李澄去世，享年五十四岁，赠司空。据《新唐书·李澄传》记载，李澄始封陇西公，后乃进封武威郡王，每次上表章，必定把两个爵号都署上，士大夫们都嘲笑他鄙野无知。

④ 萧宠：不详。

怕休囚。

禄薄而遇煞冲，奔走于东西道路；

以财为禄，若临死绝无气则禄薄，而世爻又被恶神冲动，无吉神救助，是至下之命。

福轻而逢凶制，寄食于南北人家。

子爻若遇死墓绝空，谓之“福轻”，而世爻又被克制，是受制于人，必主依靠寄食于他人也。

子死妻空，绝俗离尘之辈；

以福为子，财为妻，而爻若临死墓绝空之地，乃是刑丧妻、子之兆，必绝俗离尘辈也。

贵临禄到，出将入相之人。

贵人、禄马，旺临身世，而官鬼父母又来扶助，或月建日辰生合，必是将相之兆，富贵非常之人。

朱雀与福德临身合应，乃梨园子弟[①]；

子孙是喜悦之神，朱雀又善言语。若临身世，生合应爻，是合欢于他人，故为梨园子弟之兆。不然，伶俐人也。

白虎同父爻持世逢金，则柳市屠人。

父母属金，带白虎持世，是宰猪羊之辈。盖白虎临金为刀，而父母又克子孙之神，子孙为六畜，故曰“屠人”。

世加玄武官爻，必然梁上君子；身带勾陈父母，定为野外农夫。

玄武鬼，主盗贼，如临身世，乃梁上君子也。勾陈职专田土，加父母勤苦之神持世者，乃耕种耘耨之事也。

财福司权，荣华有日；官兄秉政，破财无常。

若得财福二爻旺相发动，纵目下淹蹇，终须发达。若见兄官当权旺动，虽目下亨利，亦有破败贫穷之时。

卦卜中年，凶煞幸无挫折；如占晚景，恶星尤怕攻冲。

校者注　① 梨园子弟：原指唐玄宗时梨园宫廷歌舞艺人的统称。后泛指戏曲演员。唐玄宗十分喜欢音乐，大臣给他讲春秋时期宋王修筑练武场墙壁时，请歌唱家癸与射稽伴唱，提高劳动效率的故事，于是唐玄宗想让音乐发挥更大的作用，就建立音乐学校梨园，经常演奏《霓裳羽衣曲》。唐玄宗还经常亲自去梨园看望这些梨园子弟。

如卜中年运，或问财福，必须财福二爻旺相发动，生身或持世，得日月生合，又无动爻刑冲克害身世，是必妻财子孙无刑克破耗也。倘占中年功名运，不可子孙发动；世持官爻，并无日月动爻冲克害，得日月动爻生扶拱合，又得九五之爻生合，是必官上加官也。

如占生子，不宜子孙爻空伏墓绝，日月动爻克之；如有日月动爻生扶提拔，即断其生扶提拔之年生子。后卷占验著明，兹不细述。

如占晚景结局，最怕世爻休囚，被日月动爻克冲；如得子孙动来生世，当主晚年有子有孙，享孝敬之福；如财爻相合无冲，许夫妇和谐；如子孙克世，世爻旺相，纵有寿而子孙悖逆；如子孙空绝无救，财爻无气，老年孤独不堪也。如问寿数，生世之爻为寿；如生世之爻被何年刑冲克害，又看何年月伤克世爻，即此年寿数止矣。《易林补遗》定大小二限，小限一爻管一年，正卦管前三十年，之卦管后三十年，互卦又互管六十岁后。余屡卜无验，敢说其谬，以示后学者。

正卦不利，李密髫龄迍邅①；

正卦者，卜卦前之事。如正卦凶，已前多苦。

校者注 ① 李密髫龄迍邅：李密（224 年-287 年）：即李令伯，西晋初年官员，字令伯，一名虔，犍为武阳（今四川彭山）人。髫（tiáo）龄：童年，幼年。迍邅（zhūn zhān）：处境不利；困顿。李密幼年丧父，母何氏改嫁，由祖母抚养成人。李密幼年多病，至九岁才会走路。后李密以对祖母孝敬甚笃而名扬于乡里。师事著名学者谯周，博览五经，尤精《春秋左传》。初仕蜀汉为尚书郎。蜀汉亡，晋武帝召为太子洗马，李密以祖母年老多病、无人供养而力辞。历任温县令、汉中太守。后免官，卒于家中。著有《述理论》十篇，不传世。其生平见载《华阳国志》、《晋书》。代表作为《陈情表》。

之卦有扶，马援期颐矍铄[①]。

之卦者，变卦也。管卜卦后事。如变出生扶，将来旺健享福也。

一卦合同，张公艺家门雍睦[②]；

占身得六爻安静，无冲破克害，相生相合，则家门欢好。如张公艺九世同居，上和下睦也。

六爻同出，司马氏相残骨肉[③]。

六爻乱动，卦又冲克，或三刑六害者，必主亲情不和，骨肉相残。

校者注　① 马援期颐矍铄：马援（前14年–49年）：字文渊，扶风茂陵（今陕西杨凌西北）人。西汉末至东汉初年著名军事家，东汉开国功臣。东汉天下统一之后，马援虽已年迈，但仍请缨东征西讨，西破羌人，南征交趾，官至伏波将军，因功封新息侯。马援与其他开国功臣不同，大半生都在“安边”战事中度过。马援为国尽忠，殒命疆场，实现了马革裹尸、不死床箦的志愿。他忠勤国事，令人钦佩。马援进身朝廷，没有一个人推举荐拔，全靠自己公忠为国。后来居于高位，也不结势树党，堪称一代良将。期颐：百岁之人。源于汉时戴圣所辑的《礼记・曲礼篇》：“人生十年曰幼，学。二十曰弱，冠。三十曰壮，有室。四十曰强，而仕。五十曰艾，服官政。六十曰耆，指使。七十曰耋，而传。八十九十曰耄，七年曰悼，悼与耄，虽有罪，不加刑焉。百年曰期，颐。”矍铄（jué shuò）：形容老人目光炯炯、精神健旺。《后汉书・马援传》：“援据鞍顾眄（miǎn），以示可用。帝笑曰：‘矍铄哉！是翁也。’”

② 张公艺家门雍睦：张公艺：郓州寿张（今河南省台前县孙口乡桥北张村）人，生于公元578年（北齐承光二年），卒于公元676年（唐仪凤元年），历北齐、北周、隋、唐四代，高寿九十九岁。张公艺是我国历史上治家有方的典范，他们家族九辈同居，合家九百人，团聚一起，和睦相处，千年以来，倍受历代人民尊敬，传为美谈。公艺自幼有成德之望，正德修身，礼让齐家，立义和广堂。制典则，设条教以戒子侄，是以父慈子孝，兄友弟和，夫正妇顺，姑婉媳听，九代同居，合家九百人，每日鸣鼓会食。养犬百只，亦效家同，缺一不食。唐麟德二年，高宗与武则天，率文武大臣、宫妃命妇去泰山封禅。车驾过寿张（今台前县），闻张氏九世同居，累朝都有旌表，因而也慕名过访。问张何能九世同居？公艺答：“老夫自幼接受家训，慈爱宽仁，无殊能，仅诚意待人，一‘忍’字而已。”遂请纸笔，书百“忍”字以进。高宗连连称善，并赠绢百端，以彰其事。

③ 司马氏相残骨肉：指西晋年间发生的八王之乱。司马氏皇族为争夺中央政权而引发的内乱，前后共历时十六年。其核心人物有汝南王司马亮、楚王司马玮、赵王司马伦、齐王司马冏、长沙王司马乂、成都王司马颖、河间王司马颙、东海王司马越八王。西晋皇族中参与这场动乱的王不止八个，但八王为主要参与者，且《晋书》将八王汇为一列传，故史称这次动乱为“八王之乱”。八王之乱是中国历史上最为严重的皇族内乱之一，当时社会经济遭到严重破坏，导致了西晋亡国以及近三百年的动乱，使之后的中国进入五胡十六国时期。

如晋司马氏，八王树兵，俱遭诛戮。

闵子骞[①]孝乎内外，父获生身；孔仲尼[②]父友家邦，兄同世合。

父母爻为生我之亲。若世能生合父母爻，如闵子骞之孝父母也。若世爻与兄弟生合，如孔仲尼之内和兄弟，外信朋友也。兄爻在本官以兄

校者注 ① 闵子骞：即闵子（前536-前447），名闵损，字子骞，尊称“闵子”，世以字行。比孔子小十五岁，春秋末年鲁国武棠邑（今山东省鱼台县武台乡大闵村）人，生于曲阜。据《闵氏家乘》记载：闵子骞于周景王八年（公元前536年）正月出生。他的父亲闵马父夜梦文魁星身着五彩斑斓的服饰，手持玉符宝玺，与福禄寿星一起站在床前。当马父醒来时，屋内兰香绕室漂浮，达三个时辰，接着子骞便出生了。此婴英俊而秀灵，仪表非凡。因生其“表相乃奇赢二气盈成，夫日中则移，月满则亏也，故名‘损’。譬如濯污而曰污，治乱而曰乱”，名损有由亏损转盈余之意。孔子高徒，在孔门中以德行与颜回并称，为七十二贤之一。中国古代著名的思想家、教育家、政治家、儒家学说的创始人之一。其父闵马父，为鲁国史官。其父曾娶后妻，生二子。子骞为父御，失辔，父持其手，寒，衣甚单。父归，呼其后母儿，持其手，温，衣甚厚。即谓妇曰：“吾所以娶汝，乃为吾子，今汝欺我，寒儿，汝去无留。”子骞前曰：“母在，一子寒；母去，三子单。”其父默然，而后母亦悔之。后人把这个故事称为“单衣顺亲”。明朝编撰的《二十四孝图》，将闵子骞孝亲的故事排在第三，使之家喻户晓，成为中华民族文化史上著名的先贤之一。孔门四科十哲（德行科）之一（颜子、子骞、伯牛、仲弓、子有、子贡、子路、子我、子游、子夏），受儒教祭祀。后为十二哲之首。《论语·先进》：“‘孝哉闵子骞！’人不间于其父母昆弟之言。”意思是说，闵子骞真是孝顺呀！别人对于他爹娘兄弟称赞他的言语并无异议。不间：人无异辞。闵损守身自爱，“不仕大夫，不食污君之禄”。季氏曾派人去请他出任费邑宰，他却要来人替他婉言推辞，并说，如果再来召我的话，那我就渡过汶水出国去了。闵子骞是孔门弟子中唯一明确主张不做官的人。他宽厚仁爱，纯真至孝的情怀，成为做人的千古楷模。他的懿行美德，世人仰慕，惠及裔孙。儒家经典著作《论语》中曾13次提到闵子。历史上先后有10多位帝王12次对其嘉封，先后被赐封为“费侯”、“费国公”、“琅琊公”、“笃圣”等封号。历代帝王，都将其以“十二哲”身份配享从祀。

② 孔仲尼：即孔子（前551年-前479年），子姓，孔氏，名丘，字仲尼，鲁国陬邑人（今山东曲阜），祖籍宋国栗邑（今河南夏邑），中国著名的大思想家、大教育家，儒家学派的创始人。孔子曾受业于老子，带领部分弟子周游列国十四年。相传他有弟子三千，其中有七十二贤人。孔子去世后，其弟子及其再传弟子把孔子及其弟子的言行语录和思想记录下来，整理编成儒家经典《论语》。孔子在古代被尊奉为“天纵之圣”、“天之木铎”，是当时社会上的最博学者之一，被后世统治者尊为孔圣人、至圣、至圣先师、大成至圣文宣王先师、万世师表。其儒家思想对中国和世界都有深远的影响，孔子被列为“世界十大文化名人”之首。孔子被尊为儒教始祖（非儒学）。古人认为孔子曾修《诗》、《书》、《礼》、《乐》，序《周易》（称《易经》十翼，或称易传），撰《春秋》。

弟言，在他宫以朋友言，看内外应爻，以别亲疏。

世应相生，汉鲍宣娶桓氏少君为妇；

悔贞相克，唐郭曦招升平公主为妻。

世是一生之本，应为百岁之妻子。若见生合，必然夫唱妇随；若见冲克，必然琴瑟不调。

箕踞鼓盆歌，世伤应位；

世持虎蛇临兄弟，乘旺发动，刑害应爻，应爻临无气之地，必主克妻。如春秋时庄子[①]，妻死鼓盆而歌。

河东狮子吼，应制世爻。

应爻克冲世爻，其人凭妻言语。如宋陈季常[②]，河东狮子吼之事也。

校者注　① 庄子：姓庄，名周，字子休（亦说子沐），宋国蒙人，先祖是宋国君主宋戴公。他是东周战国中期著名的思想家、哲学家和文学家。创立了华夏重要的哲学学派庄学，是继老子之后，战国时期道家学派的主要代表人物。庄子最早提出“内圣外王”思想对儒家影响深远，庄子洞悉易理，深刻指出“《易》以道阴阳”；庄子“三籁”思想与《易经》三才之道相合。他的代表作品为《庄子》，其中的名篇有《逍遥游》、《齐物论》等。与老子齐名，被称为老庄。庄子的想象力极为丰富，语言运用自如，灵活多变，能把一些微妙难言的哲理说得引人入胜。他的作品被人称之为“文学的哲学，哲学的文学”。据传，又尝隐居南华山，故唐玄宗天宝初，诏封庄周为南华真人，称其著书《庄子》为《南华真经》。《庄子》在哲学、文学上都有较高研究价值，它和《周易》、《老子》并称为“三玄”。

② 陈季常：名慥（zào），字季常，四川眉山人，乃北宋隐士。其父陈希亮名公弼。陈季常豪侠、好酒、狂放傲世，所以怀才不遇，愤然“毁衣冠、弃车马、遁迹山林”。晚年隐于黄州歧亭（今湖北麻城歧亭），常信佛，饱参禅学，自称龙丘先生，又曰方山子，与苏东坡是好友，常与苏轼论兵及古今成败，喜好宾客，蓄纳声妓。陈季常的故事主要见于苏轼《方山子传》、洪迈《容斋三笔》和戏剧《狮吼记》。成语“河东狮吼”的典故即出自陈季常和其妻子柳月娥的事迹。每当陈季常陪客至酒酣耳热时，柳月娥就在邻房用木杖猛敲墙壁，大呼小叫，使陈季常很丢面子。。北宋元丰三年（公元1080年）苏东坡被贬黄州，慕名造访陈季常，见陈妻如此厉害，于是苏轼赋诗《寄吴德仁兼简陈季常诗》：“龙丘居士也可怜，谈空说有夜不眠。忽闻河东狮子吼，柱杖落手心茫然。”河东是古郡名，柳姓是河东望族，狮吼在佛家比喻威严，陈季常好谈佛，所以苏轼这么写。从此“河东狮吼”就比喻凶悍的妇人。

世值凶而应克，愿听《鸡鸣》[①]；

倘世爻自带兄官虎蛇等凶神者，反喜应来克世，谓之“克我之凶，去我之病”，主有贤妻。如齐襄公荒怠慢政[②]，得陈贤妃，有夙夜警戒相成之道，故诗有《鸡鸣篇》。

身带吉而子扶，喜闻鹤和。

世带吉神旺动，子孙又来生扶者，主有贤子共成事业，以济其美。《易》曰：“鹤鸣在阴，其子和之[③]”。

校者注 ① 《鸡鸣》：即《诗经：齐风·鸡鸣》：“鸡既鸣矣，朝既盈矣。匪鸡则鸣，苍蝇之声。东方明矣，朝既昌矣。匪东方则明，月出之光。虫飞薨薨，甘与子同梦。会且归矣，无庶予子憎。”意思是：公鸡喔喔已叫啦，上朝官员已到啦。这又不是公鸡叫，是那苍蝇嗡嗡闹。东方曚曚已亮啦，官员已满朝堂啦。这又不是东方亮，是那明月有光芒。虫子飞来响嗡嗡，乐意与你温好梦。上朝官员快散啦，你我岂不让人恨！关于此诗的背景，西汉·毛亨《毛诗序》认为，《诗经·齐风·鸡鸣》是一首陈贤妃贞女劝谏齐襄公要及早登朝议事的叙事诗。宋·朱熹《诗集传》则以为是直接赞美贤妃。而宋·严粲《诗缉》以为是“刺荒淫”，清·崔述《读风偶识》以为是“美勤政”，清·方玉润《诗经原始》以为是“贤妇警夫早朝”。

② 齐襄公荒怠慢政：齐襄公（？-前686年），姜姓，吕氏，名诸儿，齐僖公长子，齐桓公异母兄，春秋时期齐国第十四位国君，前698年-前686年在位。齐襄公在位期间，荒淫无道，昏庸无能，与其异母妹文姜私通，派彭生杀害妹夫鲁桓公，而后再杀彭生以向鲁国交代。当时齐国国力渐强，齐襄公曾出兵攻打卫国、鲁国、郑国。公元前686年，齐襄公遭连称、管至父、公孙无知等人所杀，公孙无知自立为君。公元前685年，雍廪袭杀公孙无知，齐襄公之弟公子小白即位，是为齐桓公。

③ 鹤鸣在阴，其子和之：鹤在树荫下鸣叫，小鹤应声相和。语出《周易·中孚卦》：“九二：鹤鸣在阴，其子和之；我有好爵，吾与尔靡之。”后两句的意思是：我有美酒一爵，愿与您共享同乐。

福遇旺而任王育子皆贤[①]；

子孙若旺相不空，及无伤害者，主有贤子。如任遥之子昉，王浑之子戎，见称于阮籍[②]诸贤。

子化兄而房杜生儿不肖[③]。

子孙动变月破，官鬼与兄弟爻相合，或动临玄武，或与玄武官合，其子必不肖。盖兄弟乃破败之神，官鬼多灾祸之宿，玄武奸险盗贼之星，月破无成之神，故也。李英尝曰："房杜平生辛苦，又皆生子不

校者注 ① 任王育子皆贤：任遥的儿子任昉和王浑的儿子王戎，皆为贤人。任昉（460年-508年）：字彦升，小字阿堆，乐安郡博昌（今山东省寿光市）人。南朝著名文学家，地理学家，藏书家，"竟陵八友"之一。任昉幼而聪敏，早称神悟。初为奉朝请，举兖州秀才，拜太学博士。永明初，卫将军王俭引为丹阳主簿。梁武帝践阼，历黄门侍郎、吏部郎中，除御史中丞，转秘书监，出为义兴太守。为政清省，吏民便之。任昉之父任遥，为南朝齐中散大夫。任昉著有《述异记》、《杂传》、《地理书钞》，《地记》、《文集》、《文章缘起》等，明人辑《任彦升集》。王浑（223年-297年）：字玄冲，太原晋阳（今山西太原）人。东汉代郡太守王泽之孙，司空王昶之子。三国曹魏至西晋初年名臣、将领。王戎（234年-305年）：字濬冲，琅玡临沂（今山东临沂白沙埠镇诸葛村）人。西晋名士、官员，"竹林七贤"（阮籍、嵇康、山涛、刘伶、王戎、向秀、阮咸）之一。元康七年（296年），升任司徒。王戎认为天下将乱，于是不理世事，以游山玩水为乐。

② 阮籍（210年-263年）：三国时期魏诗人。字嗣宗。陈留（今属河南）尉氏人。竹林七贤之一，建安七子之一，阮瑀之子。曾任步兵校尉，世称阮步兵。崇奉老庄之学，政治上则采取谨慎避祸的态度。阮籍是"正始之音"的代表，著作有《咏怀》、《大人先生传》、《通老论》、《达庄论》、《通易论》、《清思赋》、《首阳山赋》等，其著作收录在《阮籍集》中。

③ 房杜生儿不肖：房杜指房玄龄和杜如晦。房玄龄（579年-648年）：名乔，字玄龄，以字行于世，唐初齐州人，房彦谦之子。武德九年，他参与玄武门之变，与杜如晦、长孙无忌、尉迟敬德、侯君集五人并功第一。永徽三年，玄龄次子遗爱与其妻高阳公主被指谋反，遗爱被处死，公主赐自尽，诸子被发配流放到岭表。玄龄嗣子遗直也被连累，被贬为铜陵尉。房玄龄配享太庙的待遇也因而被停止。杜如晦（585年-630年）：字克明，京兆杜陵（今陕西西安长安）人。唐朝初年名相。李世民即位后，杜如晦获封蔡国公，累迁尚书仆射。杜如晦次子杜荷，娶唐太宗第十六女城阳公主，为驸马都尉，官至尚乘奉御，封襄阳郡公。贞观十七年（643年），杜荷与李元昌、赵节、李安俨建议太子李承乾兵变。杜荷对太子说：天文有变，当速发以应之，殿下但称暴疾危笃，主上必亲临视，因是可以得志。有人告发太子谋反，杜荷、侯君集、李安俨等人因谋反罪被斩首，公主改嫁薛瓘。杜如晦长子杜构因弟杜荷的牵连而被流放岭南，死于边野。

肖”。

伯道无儿[①]，盖为子临空位；卜商哭子[②]，皆因父带刑爻。

子孙若临空地，必主无子。如邓伯道，弃子而不生。若父带虎蛇动克子孙，如子夏，哭子丧明也。

校者注　①　伯道无儿：伯道即邓攸（？－326年），字伯道，平阳襄陵（今山西襄汾东北）人，两晋时期官员，太子中庶子邓殷之孙。西晋永嘉末年，石勒兵起，当时邓攸正在河东太守任上，被石勒俘虏。当初他用担子挑着儿子和侄子南逃，邓攸从石勒军中逃离后，带着妻儿逃难。他自知不能同时保住儿子与侄子，便对妻子贾氏道：“我弟弟早死，只有一个儿子，按理不能使他绝嗣，只能舍弃我们自己的儿子。如果我们能够幸存，将来一定能再生儿子的。”贾氏含泪应允。但儿子被丢弃后，却总是追上父母。邓攸只得将他绑在树上，带着妻子与侄子离去。邓攸逃到江南，东晋元帝司马睿任其为吴郡守，官至尚书右仆射。邓攸渡江后，因妻子始终未能再孕，便纳一姬妾，后在询问其亲属姓名时，方知是自己的外甥女。他素有德行，为此悔恨不已，从此不再纳妾。因而到死也没能再生出儿子。时人都感叹道：“天道无知，竟然让邓伯道没有儿子。”后人常用“伯道无儿”、“邓攸无子”、“邓家无子”、“伯道之忧”表示对他人无子的叹息。

②　卜（bǔ）商哭子：卜商（前507年－?）：字子夏，尊称“卜子”或“卜子夏”。春秋末年晋国温地（今河南温县）人，一说卫国人，“孔门十哲”之一，七十二贤之一。性格阴郁，勇武，为人“好与贤己者处”。以“文学”著称，曾为莒父宰。提出过“仕而优则学，学而优则仕”的思想，还主张做官要先取信于民，然后才能使其效劳。后来孔子丧，孔门乱，子夏到魏国西河教学。李悝、吴起都是他的弟子，魏文侯尊以为师。孔子“述而不作”，他整理编订《六经》，寄寓了自己的思想主张，子夏所传经学，对弘扬孔子学说起了关键作用。在孔门弟子中，子夏并不像颜回、曾参辈那样恪守孔子之道。他是一位具有独创性因而颇具有异端倾向的思想家。他关注的问题已不是“克己复礼”（复兴周礼），而是与时俱进的当世之政。因此，子夏发展出一套偏离儒家正统政治观点的政治及历史理论。卜商哭子，指子夏因儿子死了而哭瞎了眼睛。《礼记·檀弓上》：“子夏其子而丧其明……吾离群而索居，亦已久矣”

父如值木，窦君生丹桂五枝芳[①]；

若问子多少，当以五行生成数论之。若父爻属木，则子孙属土，土数五，如窦燕山生五子。

鬼或依金，田氏聚紫荆三本茂[②]。

如鬼爻属金，则兄弟属木矣，主有兄弟三人，如田真、田广、田庆。

兄持金旺，喜看荀氏之八龙[③]；弟依水强，惊睹陆公之双璧[④]。

六亲类，固当以生成数推之，然不可不别衰旺。如逢生旺者倍加，

校者注 ① 窦君生丹桂五枝芳：窦君即窦禹钧，蓟州渔阳（今天津蓟县）人。五代后周时期大臣、藏书家。与兄窦禹锡皆以词学著名。唐末时任幽州掾，历官齐州、邓州、安州、同州等八州支使判官。后周时期，升户部郎中、太常少卿，以右谏议大夫致仕。窦禹钧生于唐末，卒于后周。蓟州人。因为蓟州所处燕山，故又名窦燕山。《三字经》：“窦燕山，有义方，教五子，名俱扬。”说的就是窦禹钧教子有方的故事。窦禹钧有5个儿子，家教甚严，建书房40间，买书数千卷，聘请文行之士为师授业。四方有志学者，听其自至。5个儿子聪颖早慧，文行并优，时人赞为“窦氏五龙”。长子窦仪，字可象，五代后晋天福六年（941年），举进士。后汉时，官至礼部员外郎。次子窦俨，字望之，后晋天福六年举进士，历仕后晋、后汉、后周各朝，屡任史官。三子窦侃，文行并优，后晋天福六年举进士，在后周官至起居郎。四子窦偁，字曰章，为人刚直不阿。后汉乾祐二年（949年）举进士。后充职左谏议大夫，任参知政事。五子窦僖，在北宋任左补阙，为官清廉，名扬城内。

② 田氏聚紫荆三本茂：据南朝梁·吴均《续齐谐记》记载：京城地区田真兄弟三人分家，别的财产都已分妥，剩下堂前的一株紫荆树。兄弟三人商量将荆树截为三段。第二天就去截断它，那树就枯死了，像是被火烧过的样子。田真看到树（被烧焦的样子时），十分惊愕，对两个弟弟说：“树本来是同根，听说将要被砍后分解，所以枯焦，这（说明）人比不上树木。”于是不能控制自己的悲伤，不再分树。树听到田真的话后立刻枝叶茂盛，田真兄弟大受感动，于是就像当初那样和睦。田真仕至太中大夫。后以“紫荆”作为称美兄弟的典故。西晋·陆机《豫章行》“三荆欢同株”讲的即是田真三兄弟之事。

③ 喜看荀氏之八龙：荀氏即荀淑（83年-149年），字季和，为郎陵侯相，东汉颍川颍阴人（今河南许昌）人。汉和帝至汉桓帝时人物，以品行高洁著称。有子八人：俭、绲、靖、焘、汪、爽、肃、专，都有名，当时的人叫他们为“八龙”。荀季和的孙子荀彧是曹操部下著名的谋士。

④ 惊睹陆公之双璧：双璧指陆暐和陆恭之。陆暐：字道晖，陆凯长子，代人。与弟陆恭之并有时誉。洛阳令贾祯见其兄弟，叹曰：“仆以老年，更睹双璧。”陆恭之：有操尚。赠散骑常侍、卫将军、吏部尚书、定州刺史。恭之所著文章诗赋凡千余篇。暐与恭之晚年不和睦，为时所鄙。

休囚者减半。故兄持金旺，如荀淑子兄弟八人，以八龙似之；若临水旺相，如陆暐与弟陆恭之双璧。若旺相有制，休囚有扶，又当以本数断。余仿此。

若用爻逢重叠，须现在以推详。

若卦中只有一位，可以五行数推。如两重三重，则以现在几爻，断其二位、三位几位是也。

财动克亲于早岁，兄衰丧偶于中年。

财动伤克父母，兄动则克妻财。

化父生身，柴荣拜郭威为父①；

卦有父母，又化出父母来生合世身者，必重拜父母，身为他人子。如五季时，柴世宗之于周太祖也。

化孙合世，石勒养季龙为儿②。

卦有子孙，又外官化出子孙，与身世生合者，主其人必有螟蛉之子。如晋时后赵，石勒之子季龙是也。

世阴父亦阴，贾似道母非正室③；

父与世皆属阴者，必是偏生庶出。如宋贾似道是也。

校者注　①　柴荣拜郭威为父：后周太祖郭威（904年–954年）：字文仲，别名郭雀儿。邢州尧山（今河北省邢台市隆尧县）人。五代时期后周建立者（951年–954年在位）。曾为后汉的邺都留守，后汉隐帝刘承祐“厌为大臣所制”，派人前往邺都去谋杀郭威，从而激起了郭威反叛。乾祐三年（950年）冬郭威发兵南向，攻入开封，推翻后汉。广顺元年（951年）2月，郭威即位建元，国号周，史称后周。后周世宗柴荣（921年–959年）：是五代时期后周皇帝，柴荣是郭威内侄，从小在姑父郭威家长大，因谨慎笃厚被郭威收为养子。954年，郭威驾崩，柴荣继位为帝。959年，柴荣驾崩，终年三十九岁。其子柴宗训柩前即位，时年七岁。

②　石勒养季龙为儿：石勒（274年–333年），字世龙，初名石㔨（bāo）背，小字匐勒，羯族，上党武乡（今山西榆社）人。部落小帅石周曷朱之子，十六国时期后赵建立者，史称后赵明帝。后赵武帝石虎（295年–349年）：字季龙，羯族，上党武乡（今山西榆社）人，后赵明帝石勒堂侄，十六国时期后赵君主，334年–349年在位。337年，石虎自称天王，349年，称帝。石虎在位期间，生活十分荒淫奢侈，极为残暴，表现出种种残暴的一面；对百姓杀人不眨眼，对亲生儿子更为残暴，石邃、石宣皆惨死。石虎卒年五十四岁，其子为争帝位互相残杀，后赵逐渐衰落。

③　贾似道母非正室：南宋权相贾似道是京湖制置使贾涉之子，生母胡氏是贾涉的小妾。贾涉死时，贾似道年仅11岁。

身旺官亦旺，陈仲举器不凡庸[①]。

官爻旺相，身世亦旺相，又逢贵人禄马，文书生合世爻者，必主异日金榜标名。如陈仲举，为不凡之器。

化子合财，唐明皇有禄山之子；

子从他官化出，乃螟蛉子也。若与财爻相合，带咸池玄武，必与妻妾有情。如安禄山与杨贵妃之通也。

内兄合应，陈伯常[②]有孺子之兄。

兄爻在内卦，乃兄弟，非朋友也。若与应爻或财爻相合，其妻必与兄弟相通。如陈平之盗嫂也。

应带勾陈兼值福，孟德耀[③]复产于斯时；

勾陈主黑丑、诚实，子孙主贤淑，应爻为妻。旺相临之而无伤损者，妻如孟光，貌虽不扬，而德甚美也。

财逢玄武更逢刑，杨太真[④]重生于今日。

玄武乃淫乱之神。若临财爻妻不。发动与应爻相合，或与他爻相合，如杨贵妃污行尤甚。

校者注 ① 陈仲举器不凡庸：陈仲举即陈蕃（？－168年），字仲举。汝南平舆（今河南平舆北）人。东汉时期名臣，与窦武、刘淑合称“三君”。少年时便有大志，师从于胡广。被举为孝廉，历郎中、豫州别驾从事、议郎、乐安太守。延熹八年（165年），升太尉，任内多次谏诤时事，再遭罢免。灵帝即位，为太傅、录尚书事，与大将军窦武共同谋划翦除宦官，事败而死。

② 陈伯常：即陈平（？－前178年），西汉王朝的开国功臣之一。史载他曾与自己的嫂子私通，并因而生子。成语“盗嫂受金”，讲的即是陈平之事，据《史记·陈丞相世家》载，绛侯、灌婴等咸谗陈平曰：臣闻平居家时，盗其嫂；臣闻平受诸将金，金多者得善处，金少者得恶处。于是汉王疑之。

③ 孟德耀：即东汉平陵人孟光，长得很肥胖，肤色黝黑，容貌欠佳，但力气极大，能力举石臼。“举案齐眉”的典故说的就是东汉贤士梁鸿的妻子孟光（四大丑女之一）的故事。相传孟光随梁鸿至吴地为人佣工，梁鸿归家，孟光每为具食，举案齐眉，以表示对丈夫的敬重。

④ 杨太真：即杨玉环（719年－756年），号太真。姿质丰艳，善歌舞，通音律，为唐代宫廷音乐家、舞蹈家。其音乐才华在历代后妃中鲜见，被后世誉为中国古代四大美女之一。

合多而众煞争持，乃许子和之钱树[①]**；**

应位财爻见合过多，再加玄武刑害、临持者，乃娼妓也。如许子和为妓，临死谓其母曰："钱树子倒矣"，是也。

官众而诸凶皆避，如隋炀帝之彩花[②]。

凡日月动变，见官鬼爻太过合财，而财爻不临玄武等煞者，必主其妇重婚再醮，如隋炀帝西苑剪彩为花也。若本宫官鬼冲克财爻者，乃生离活别之兆，非夫死再嫁者也。

白虎刑临，武后淫而且悍[③]**；**

白虎乃强暴之神，妇人见之，必然凶悍，更加刑害临财爻，。如武则天，凶悍且淫也。

校者注　①　许子和之钱树：许子和，即许合子，又名许和子，原是吉州永新县（今江西吉安永新县）的民间歌手，其家世代都是乐工。开元末年被选入宫廷，入教坊宜春院为内人，后改名"永新"。许合子不仅年轻貌美，而且声音甜润，善于表达歌曲的思想和意境，还能变古调为新声，可以和历史上的著名歌手韩娥、李延年齐名，是我国古代著名的女歌唱家。天宝十四年（755 年），安史之乱爆发，许合子逃出长安，颠沛流离，后流落风尘。她临死时凄然地对母亲说："母亲，你自己好好过吧，你的摇钱树倒了！"

②　隋炀帝之彩花：指隋炀帝兴宫室剪彩为花，点选绣女，荒淫无度。隋炀帝：即杨广（569 年–618 年），一名英，小字阿摐，华阴人（今陕西华阴），隋文帝杨坚次子，隋朝第二位皇帝。在位期间开创科举制度，修隋朝大运河，改州为郡，改度量衡依古式，对后世颇有影响。然而其频繁的发动战争，如亲征吐谷浑，三征高句丽，加之滥用民力，致使民变频起，造成天下大乱，导致了隋朝的覆亡。大业十四年（618 年），骁果军在江都发动兵变，杨广被叛军缢杀。唐朝谥炀皇帝。隋《全隋诗》录存其诗 40 多首。

③　武后淫而且悍：武则天主政初期，大兴告密之风，重用酷吏周兴、来俊臣等。后世史学家不齿于她违反传统的礼教，身为女子，竟然拥有不少男性嫔妃（称为"男宠"），也公开与多名男性欢好，不以为耻，所以史书内都对她的所作所为大加鞭鞑，直斥其阴险、残忍、善弄权术。《旧唐书》中记载的较为有名的武则天的面首（男宠）有薛怀义、张易之、张昌宗、沈南等，他们都是相貌英俊、体格健壮的男人，能够满足武则天的欲望。武则天的男宠数量很多，为了加强对他们的管理，公元 698 年，武则天成立了控鹤监。公元 700 年初，她又将控鹤监改为奉震府，由张易之、张昌宗二兄弟管理，俨然成为历代皇帝的"三宫六院"，张氏兄弟就像是东西宫的"皇后"、"贵妃"，并成为武则天"妃嫔"的总管。

青龙福到，孟母淑而有慈[①]。

青龙主仁慈，子孙主清正。若财临青龙化子，或子临青龙生财，其妇必慈祥恺悌[②]，贤德如孟母也。

逢龙而化败兄，汉蔡琰[③]聪明而失节；

财遇青龙，本主聪明，如化兄弟及沐浴，皆主不贞洁，兼不寿。如蔡琰，文章绝世，失节胡人。

化子而生身世，鲁伯姬贤德而无疵[④]。

财动化出子孙，生合世身者，必有懿德。如鲁庄公夫人伯姬，言行皆善，无疵可议之也。

合而遇空，窦二女不辱于盗贼[⑤]；

若他爻动来相合，或玄武、咸池动来克合，若财爻值空，如唐奉天窦氏二女，被盗劫，投崖，宁死不受辱也。

校者注 ① 孟母：仉（zhǎng）氏，生卒年不可考，孟子的母亲。战国时晋国（今山西省晋中市太谷县东西仉村）人，以教子有方著称。孟子三岁丧父，靠母亲教养长大成人，并成为后世儒家追慕向往的“亚圣”。孟母也留下了“孟母三迁”、“断机教子”等教子佳话。孟母克勤克俭，含辛茹苦，坚守志节，在中国历史上受到普遍尊崇。黎民百姓传颂着她的故事，文人学士为其立传作赞，达官显贵、孟氏后裔为其树碑修祠，后人把她与“精忠报国”岳飞的母亲岳母、三国时期徐庶的母亲徐母，列为母亲的典范，号称中国“贤良三母”，而且位居“贤良三母”之首。

② 恺悌（kǎi tì）：和乐平易。亦作“岂弟”，或作“恺弟 ”。《左传·僖公十二年》：“《诗》曰：‘恺悌君子，神所劳矣。’”杜预注：“恺，乐也；悌，易也。”

③ 蔡琰：字文姬，又字昭姬。生卒年不详。东汉陈留郡圉县（今河南开封杞县）人，东汉大文学家蔡邕的女儿。初嫁于卫仲道，丈夫死去而回到自己家里。后因匈奴入侵，蔡琰被匈奴左贤王掳走，嫁给匈奴人，并生育了两个儿子。十二年后，曹操统一北方，用重金将蔡琰赎回，并将其嫁给董祀。蔡琰同时擅长文学、音乐、书法。《隋书·经籍志》著录有《蔡文姬集》一卷，但已经失传。现在能看到的蔡文姬作品只有《悲愤诗》二首和《胡笳十八拍》。

④ 鲁伯姬贤德而无疵：鲁伯姬，春秋时期鲁宣公与缪姜（穆姜）之女，鲁成公之妹，宋共公的夫人。亦称宋伯姬、宋共姬。宋共公死后，执节守贞。

⑤ 窦二女不辱于盗贼：唐代有窦氏姐妹，京兆奉天（今陕西省乾县）人。唐永泰（公元765年）年间，遇到贼寇抢掠，姐妹俩逃进深山。贼寇循着踪迹找到了她俩，准备实施奸污。当时姐妹两人正在悬崖边上，姐姐说：“我岂能遭受贼的侮辱？”于是，纵身一跃，跳下悬崖，贼大惊。妹妹跟着也跳下了悬崖。二人被当地官府旌表为烈女。

静而冲动，卓文君投奔于相如[①]。

咸池玄武持财，若衰空不动者无碍；若日辰动爻冲之，如相如以琴挑动，卓文君夜奔相如，后当垆卖酒。

福引刑爻发动，卫共姜作誓于《柏舟》[②]；

子孙旺动主克夫，然子乃贞洁之神，主守节之象。如卫共姜作《柏舟》诗，以死自誓也。

身遭化鬼克刑，班婕妤感伤于秋扇[③]。

如卦象六合，而世爻化官鬼刑克，以动爻为始，以变爻为终。如汉班姬于成帝，始亲爱，后疏绝，所以见秋扇而感伤，作词以寓其凄楚之意。

二鬼争权水父冲，钱玉莲逢汝权于江浒[④]；

若有二鬼发动，俱来生合财爻，又遇水父来冲，而财爻值空者，必

校者注　① 卓文君投奔于相如：卓文君（前175年-前121年），原名文后，西汉时期蜀郡临邛（今四川省成都市邛崃市）人，汉代才女。卓文君为蜀郡临邛的冶铁巨商卓王孙之女，姿色娇美，精通音律，善弹琴，有文名。司马相如（约公元前179年-前118年），字长卿，蜀郡成都人，祖籍左冯翊夏阳（今陕西韩城南），西汉辞赋家，中国文化史文学史上杰出的代表。卓文君与司马相如的一段爱情佳话（夜奔相如）至今被人津津乐道。她也有不少佳作，如《白头吟》，诗中“愿得一心人，白头不相离”堪称经典佳句。

② 卫共姜作誓于《柏舟》：卫共姜，周时卫国世子共伯之妻。共伯早死，其妻共姜为之守节，作《柏竹》诗，誓不再嫁。后常用为女子守节的典范。语出《诗经·鄘风·柏舟序》：“柏舟，共姜自誓也。卫世子共伯蚤死，其妻守义。父母欲夺而嫁之，誓而弗许。故作是诗以绝之。”

③ 班婕妤感伤乎秋扇：班婕妤（公元前48年-公元2年），名不详，汉成帝刘骜妃子，西汉女作家，古代著名才女，是中国文学史上以辞赋见长的女作家之一。善诗赋，有美德。初为少使，立为婕妤。班婕妤哀怜自己年华老去，借秋扇自伤，作《团扇歌》，班婕妤自知，自己如秋后的团扇，再也得不到汉成帝的怜爱了。班婕妤现存作品仅三篇，即《自伤赋》、《捣素赋》和一首五言诗《怨歌行》（亦称《团扇歌》）。

④ 钱玉莲逢汝权于江浒：据剧本《荆钗记》所述，南宋温州女子钱玉莲鄙弃富豪孙汝权的求聘，宁嫁一贫如洗、以荆钗为聘的穷书生王十朋。婚后半年，十朋赴京考中状元，因拒绝万俟丞相逼婚，被改调烟瘴之地潮阳任职。孙汝权偷改十朋家书为“休书”，继续纠缠玉莲不止。钱玉莲后母逼她改嫁，玉莲不从，投河遇救，跟随恩人远去他乡。十朋闻玉莲“死”讯后，决意终身不另娶。玉莲误听十朋病亡噩耗，也执意不再嫁。数年之后，他们于吉安重逢，夫妻团圆。

有两夫争权之象，父母逼勒之兆，自有守节之操，故入于空。如孙汝权之于钱玉莲类也。

六爻竞合阴财动，秦弱兰遇陶谷于邮亭[①]。

男带合则俊秀聪明，女带合则浇浮淫佚。若六合卦而财爻又属阴者，不动尤可，动则淫滥无耻。如秦弱兰遇陶学士也。如财爻与世相合，不可此断。如女人自卜，以世为自己，发动合旁爻，亦此断。

鬼弱而未获生扶，朱淑贞良人愚蠢[②]；

凡女人身命，以鬼为夫星，不宜旬空，空则难为夫主；又不宜弱，弱则招夫不肖。若衰弱而无生扶合助，兼带勾陈、螣蛇等煞者，必如朱淑贞之夫，愚蒙不正，人物侏儒，因有断肠之诗。

官强而又连龙福，吴孟子夫主贤明[③]。

若鬼爻旺，临青龙、禄马、贵人，主有贵显贤明之夫。如吴孟子，得鲁昭公为夫也。若衰弱而逢生助，亦然。

若卜婴孩之造化，乃将福德为用爻。

凡卜小儿生长难易，所喜兄弟兴隆，最忌父母旺动。若父母旺动则

校者注　① 秦弱兰遇陶谷于邮亭：秦弱兰是南唐名妓，陶谷是宋初的翰林学士。北宋初年，宋主准备进攻南唐，先派遣翰林学士陶谷前去劝降，同时探听虚实。当时南唐国力弱小，而陶谷态度傲慢，在南唐后主（李煜）面前出言不逊。南唐臣僚忿而设下圈套，派金陵名妓秦弱兰扮做驿吏之女以诱之。原本盛气凌人的陶谷，见到温婉美丽的秦弱兰之后，不禁邪念萌动，曲意奉迎并赠词讨好她，甚至想娶秦弱兰为妻。陶谷为秦弱兰题词《风光好》，词云："好姻缘，恶姻缘，奈何天。只得邮亭一夜眠，别神仙。琵琶拨尽相思调，知音少。待得鸾胶续断弦，是何年?"不日，后主设宴招待陶谷，陶谷又摆出正人君子派头。后主令秦弱兰出来劝酒唱歌，歌词即是陶谷所赠《风光好》。陶谷顿时面红耳赤，狼狈回国。陶谷回国后慌称南唐兵精粮足，暂时未可加兵。宋主听信了陶谷，撤回了准备进攻的军队，南唐暂时避免了亡国之祸。

② 朱淑贞良人愚蠢：朱淑贞，南宋女诗人，与李清照齐名，浙中海宁人，一说浙江钱塘（今浙江杭州）人，号幽栖居士，是唐宋以来留存作品最丰盛的女作家之一。她无法敌过顽固的封建势力的压制，受父母之命、媒妁之言嫁给了一俗吏为妻。婚后，她与丈夫没有共同语言，精神生活十分贫乏，苦闷不堪，抑郁而终。作品有《断肠诗集》、《断肠词》传世。

③ 吴孟子夫主贤明：吴孟子，古代同姓不婚，春秋时，鲁昭公娶吴女为夫人，因两人都姓姬，乃改夫人姓孟，称吴孟子。鲁昭公，春秋时期鲁国第二十四位国君，前542年-前510年在位。

伤克，兄弟动则生扶，盖有生扶则易养。

随官入墓，未为有子有孙；助鬼伤身，不免多灾多病。

若见子孙入墓，或化官入墓，或化官鬼，必死。故曰“未为有子有孙”。若遇鬼伤克兄弟爻，致子孙爻无根，必然多病难养。财动助鬼克兄，或鬼持世临身，亦主多病。

胎连官鬼，曾经落地之关；

子孙之胎爻临鬼，或化出鬼爻，或鬼来冲克者，临盆时绝而复甦，俗所谓“落地关”是也。

子带贵人，自有登天之日。

子爻若带禄马贵人，主此子他日必然贵显。

遇令星如风摇干，逢绝地似雨倾花。

凡父母动克子，若得子孙值日辰月建，虽见小悔，犹微风摇干，无妨；若逢墓绝，一有克战，如骤雨倾花，有损。

子孙化鬼，孝殇十月入冥途①；禄贵临爻，拜住童年登相位。

子孙休囚，化鬼化父，皆死之兆。似汉殇帝，生才十月即亡。若临贵人禄马旺相，如元拜住②，年十四岁即为相。

凶煞来攒震卦，李令伯③至九岁而能行；

震为足，若遇官鬼凶神刑克，走必迟。如李魏公④九岁方能行，盖为凶神缠足也。

校者注　①　孝殇十月入冥途：东汉孝殇帝刘隆，汉和帝刘肇少子，养于民间，东汉第五位皇帝。元兴元年十二月（106 年 1 月）辛未日夜即皇帝位，登基时离出生百余日，一岁多时夭折，在位约八个月。他是中国历史上寿命最短的皇帝，谥号孝殇皇帝，被史家称为“八月皇帝”或“百日皇帝”。

②　拜住：即札剌亦儿·拜住（1298－1323），元朝政治家。成吉思汗开国功臣木华黎之后，名相安童之孙。元英宗硕德八剌大臣。好儒学，通汉族传统礼仪。曾任右丞相。君臣着手改革，推行新政，起用儒士，访求人才。由于其改革措施触动了原有贵族的利益，导致至治三年（1323 年）在南坡之变中与元英宗一起被杀。

③　李伯令：即李密。见前注。

④　李魏公：也叫李密，自号魏公，此李密与翟让皆为隋末农民起义中瓦岗军领袖，也是“牛角挂书”典故中的李密。但不是“九岁而能行”的李密。古书注解有误。牛角挂书：比喻读书勤奋，学习刻苦。《新唐书·李密传》：“闻包恺在缑山，往从之。以蒲鞯乘牛，挂《汉书》一帙角上，行且读。”

吉神皆聚乾宫，白居易[①]未周年而识字。

乾为八卦首，属金卦，数一，纯阳之象。阳主上达，金主聪明，一则数之始也。若遇龙德及子孙在此宫者，必然幼敏。如白乐天，生甫七月，便识“之”、“无”二字。

八纯顽劣，晋食我狼子野心[②]；

八纯卦六爻相冲，小儿见之，必主顽劣性悍。如晋食我，心野不驯，犹狼之子也。

六合聪明，唐李白[③]锦心绣口[④]。

大抵六合卦必然阴阳相半，小儿遇之，聪明智慧，他日文章必有掷地有声之妙。如李白之文才也。

阳象阳宫，后稷所以岐嶷[⑤]；

阳主高明，上达之象，子临阳宫阳爻，如后稷生于姜塬，克岐克嶷也。

校者注 ① 白居易：白居易（772年-846年），字乐天，号香山居士，生于河南新郑，是唐代伟大的现实主义诗人，唐代三大诗人之一。白居易与元稹共同倡导新乐府运动，世称“元白”，与刘禹锡并称“刘白”。白居易的诗歌题材广泛，形式多样，语言平易通俗，有“诗魔”和“诗王”之称。官至翰林学士、左赞善大夫。相传白居易幼年时就聪慧过人，出生七个月时就能认识“之、无”二字了，对于此事，明代的《唐音癸签》曾有记载。

② 晋食我狼子野心：晋食我，即杨食我（？-前514年），复姓羊舌，名食我，字伯石，也称羊舌食我、杨石，晋国大夫羊舌肸（叔向）之子，母亲是大美人夏姬之女。因为祁氏的“换妻事件”受牵连而身死族灭。杨食我刚出生时，叔向的母亲听到孩子的哭声，扭头就回去了：“这是豺狼之声啊！狼子野心，除了他，再没别人能让羊舌氏遭殃了。”

③ 李白：李白（701年-762年），字太白，号青莲居士，又号“谪仙人”。是唐代伟大的浪漫主义诗人，被后人誉为“诗仙”，与杜甫并称为“李杜”，为了与另两位诗人李商隐与杜牧即“小李杜”区别，杜甫与李白又合称“大李杜”。李白爽朗大方，爱饮酒作诗，喜交友。他深受黄老列庄思想影响，有《李太白集》传世。

④ 锦心绣口：形容文思优美，词藻华丽。锦、绣：精美鲜艳的丝织品。

⑤ 后稷所以岐嶷（yí）：后稷：周朝始祖，姬姓，名弃。后稷为童时，好种树麻、菽，成人后，有相地之宜，善种谷物稼穑，教民耕种，曾在尧舜时代当农官，被认为是开始种稷和麦的人。后世将后稷尊为农业之祖。《诗经·大雅·生民》：“诞实匍匐，克岐克嶷，以就口食。”《毛传》（西汉毛亨《毛诗故训传》之简称）：“岐，知意也；嶷，识也。”后谓幼年聪慧为“岐嶷”。

阴卦阴爻，晋惠所以戆騃[①]。

阴主卑污，下达之象，子临阴宫阴爻，主痴愚。如晋惠帝闻蛙声，曰："为公乎？为私乎？"见人饥死，曰："何不食肉糜？"故史以"戆騃"讥之。

龙父扶身，效藏灯于祖莹[②]；

青龙为吉神，父母为诗书学馆。若临身世，或生合世身福德者，主此儿好学。如祖莹，八岁躭书，父母恐其成疾，禁之，乃密藏火，待父母寝，复燃灯读也。

岁君值福，希投笔于班超[③]。

岁君乃君象也，子孙临之，此儿必志大。如汉班超为儿时，尝投笔叹曰："大丈夫当立功异国，安能久事笔砚乎？"后出使西域，果万里封侯。

官鬼无伤，曹彬[④]取印终卦爵；

校者注　①　晋惠所以憨騃（ái）：晋惠帝司马衷（259 年-307 年），字正度，晋武帝司马炎次子，母武元皇后杨艳，西晋第二位皇帝，290 年-307 年在位。司马衷于 267 年被立为皇太子，290 年即位，改元永熙。他为人痴呆不任事，初由太傅杨骏辅政，后皇后贾南风杀害杨骏，掌握大权。在八王之乱中，惠帝的叔祖赵王司马伦篡夺了惠帝的帝位，并以惠帝为太上皇，囚禁于金墉城。齐王司马冏与成都王司马颖起兵反司马伦，群臣共谋杀司马伦党羽，迎晋惠帝复位，诛司马伦及其子。又由诸王辗转挟持，形同傀儡，受尽凌辱。相传被东海王司马越毒死。騃：傻，呆痴。

②　祖莹：祖莹（？-535 年），字元珍，范阳遒县（今河北涞水县）人。北魏大臣，著名文学家。祖莹自幼喜欢读书。八岁，能诵《诗》、《书》；十二，为中书学生。好学耽书，以昼继夜，父母恐其成疾，禁之不能止。常密于灰中藏火，驱逐僮仆，父母寝睡之后，燃火读书，以衣被蔽塞窗户，恐漏光明，为家人所觉。由是声誉甚盛，内外亲属呼为"圣小儿"。尤好属文，中书监高允每叹曰："此子才器，非诸生所及，终当远至。"

③　班超：班超（32 年-102 年），字仲升，扶风郡平陵县（今陕西咸阳东北）人。东汉时期著名军事家、外交家，史学家班彪的幼子，其长兄班固、妹妹班昭也是著名史学家。班超为人有大志，不修细节，但内心孝敬恭谨，审察事理。他口齿辩给，博览群书。不甘于为官府抄写文书，投笔从戎，随窦固出击北匈奴，又奉命出使西域，在三十一年的时间里，平定了西域五十多个国家，为西域回归、促进民族融合，做出了巨大贡献。官至西域都护，封定远侯，食邑千户，后人称之为"班定远"。

④　曹彬：曹彬（931 年-999 年），字国华，真定灵寿（今属河北）人，北宋开国名将，在北宋统一战争中立下汗马功劳。曹彬周岁时，他的父母把各种玩具摆放在桌子上，看他取什么。曹彬左手拿干戈，右手抓俎豆，过一会儿又拿一方印，其他的不屑一顾，人们都感到惊异。

岁君值福，固有大志，然官鬼受制，或落空亡，则志虽大，而终莫能遂。官鬼无伤，斯能称意。如曹彬，周岁时提戈取印，后出将入相，终封爵也。

父母有气，车胤囊萤[①]卒显名。

龙父扶身，固知好学，然身世用神及官父临墓绝，徒取辛勤，必有气，方有成望。如车胤勤学，卒以成业也。

金爻动合，啼必无声；

五行中惟金有声，五脏中惟肺有声，故以金爻为人之声音。或冲或空，声必响亮，如动被合，啼哭无声也。

父母静冲，儿须缺乳。

若子孙旺相乳必多，休囚空破乳必少；最怕父动，或静而逢冲，若非缺乳，定克子也。

用旺儿肥终易养，主衰儿弱必难为。

子孙旺相无伤，儿肥易养；子孙休囚有克，多灾瘦弱难养。

身临父母，莫逃鞠养之辛劳；

父母持世，儿多灾晦，故鞠育之劳所以不免。盖父母为辛勤劳碌之神，故为小儿之恶煞。

世遇子孙，终见劬劳之报效。

子孙持世，儿必孝顺，故劬劳之恩，必然报效。盖子孙临于世者，以其有亲亲之义也。

若问荣枯，全在六亲之决断；要知寿夭，必须另卜以推详。

一卦六爻，管人一生之荣枯得失，可将财、官、父、兄、子决断。如卜寿夭，须另占一卦可知。后卷占验注明。

（卜筮正宗卷之五终）

校者注 ① 车胤（yìn）囊萤：车胤（约333年-401年），字武子，东晋南平郡（今湖北公安，湖南安乡、津市一带）人。东晋大臣，曾官至吏部尚书。车胤自幼聪颖好学，因家境贫寒，常无油点灯，夏夜就捕捉萤火虫，用以照明，自此学识与日俱增。风姿美妙，敏捷有智慧，荆州刺史桓温辟为从事。宁康初年，迁中书侍郎，累迁侍中，转骠骑长史、太常，进爵临湘侯，因病离职。为人公正，不畏强权。

卜筮正宗卷之六　黄金策

刘诚意　撰　　王洪绪　注

婚　姻

男女合婚，契于前定。朱陈缔结，分在夙成。

然非月老①，焉知夫妇于当时？不有宓羲②，岂识吉凶于今日？

欲谐伉俪，须定阴阳。

阳奇阴偶，配合成婚。如男家卜，宜世属阳，应属阴，用神阴阳得位；女家卜，宜世阴应阳。阴阳相得，乃成夫妇之道。

阴阳交错，难期琴瑟之和鸣③；

如男卜女，遇世阴应阳，世阴财阳者，是阴阳交错，后主夫妻欺凌，终朝反目。

内外互摇，定见家庭之挠括④。

占婚姻卦宜安静，安静则家庭雍睦无争。若财动则不和公姑，鬼动

校者注　①　月老：民间又称月下老人，是中国民间传说中主管婚姻的红喜神，也就是媒神，是天庭的一位上仙。关于月老的事迹，在唐代之前，并没有记载。月下老人以赤绳相系，确定男女姻缘，反映了唐人姻缘前定的观念，是唐人命定观的表现之一。唐人以为，人的命运，不是自己可以确定和改变的，“天下之事皆前定”（《感定录·李泌》）。

②　宓羲（fú xī）：即伏羲氏，亦作“宓戏氏 ”。中国传说中的上古帝王。宓，通“伏 ”。《汉书·古今人表》：“太昊帝宓羲氏 。”颜师古注：“宓，音伏，字本作虙，其音同。”

③　琴瑟之和鸣：即琴瑟和鸣，比喻夫妇情笃和好。据文献记载，伏羲发明琴瑟。琴与瑟均由梧桐木制成，带有空腔，丝绳为弦。琴初为五弦，后改为七弦；瑟二十五弦。古人发明和使用琴瑟的目的是顺畅阴阳之气和纯洁人心。

④　挠括：扰乱，榨取，搜求。

则不和妯娌，父动则不和子侄，兄动则不和妻妾。动加月建日辰，不惟不和，更有刑克。

六合则易而且吉，六冲则难而又凶。

六合卦，一阴一阳配合成象，世应相生，六爻相合，占者得之，必主易成而又吉。六冲卦，非纯阴则纯阳也，其象犹二女同居，两男并处，志必不合。占者得之，必主难成，纵成亦不利。

阴而阳、阳而阴，偏利牵丝之举[①]。

世与用，宜阳反阴；应与财，宜阴反阳。占娶妻，多为不利，惟入赘最吉。

世合应、应合世，终成种玉之缘[②]。

男家卜，世为男家，应为女家，若得相合，是两愿之象，必主易成，后亦吉利。

欲求庚帖[③]，岂宜应动应空；若论聘仪，安可世蛇世弟！

欲求庚帖，须得应爻安静，生合世爻者，必然允许；若应爻发动，或空或冲，皆主不允。世临蛇弟，主男家悭吝，礼必不多；应爻临之，主女家妆奁澹泊。如旺动，主克妻也。

应生世，悦服成亲；世克应，用强劫娶。

校者注 ① 牵丝之举：唐朝宰相张嘉贞欲纳郭元振为婿，因命五女各持一红丝线于幔后，露线头于外，使郭牵其一，牵到者即为郭氏之妻。五代·王仁裕《开元天宝遗事·牵红丝娶妇》：“郭元振少时，美风姿，有才艺。宰相张嘉贞欲纳为婿。元振曰：‘知公门下有女五人，未知孰陋，事不以仓卒，更待忖之。’张曰：‘吾女各有姿色，即不知谁是匹偶，以子风骨奇秀，非常人也。吾欲令五女各持一丝，幔前使子取便牵之，得者为婿。’元振欣然从命。遂牵一红丝线，得第三女，大有姿色。后果然随夫贵达也。”后以“牵丝”、“牵红”、“牵红线”、“牵红丝”为选婿或择妻。

② 种玉之缘：晋·干宝《搜神记》卷十一：“公汲水作义浆于坂头，行者皆饮之。三年，有一人就饮，以一斗石子与之，使至高平好地有石处种之，云：‘玉当生其中。’杨公未娶，又语云：‘汝后当得好妇。’语毕不见。乃种其石。数岁，时时往视，见玉子生石上，人莫知也。有徐氏者，右北平著姓，女甚有行，时人求，多不许。公乃试求徐氏。徐氏笑以为狂，因戏云：‘得白璧一双来，当听为婚。’公至所种玉田中，得白璧五双，以聘。徐氏大惊，遂以女妻公。”后因以“种玉”比喻缔结良姻。

③ 庚帖：中国民间婚俗之一。旧时订婚，男女双方互换的八字帖。帖上写明姓名、生辰八字、籍贯、祖宗三代等。

应爻生合世爻，主女家贪求其男，则易成；若世爻生合应爻，主男家贪求其女。如旺世克衰应，乃恃富欺贫，用强劫娶也。

如日合而世应比合，因人成事；

世应比合，得日辰合世应者，或间爻动来合世应者，是赖媒人之力也。

若父动而子孙墓绝，为嗣求婚。

若因无子而娶，遇父旺动或子孙墓绝，主无子息，父持身世者亦然。

财官动合，先私而后公；

夫占以财为妇，世与动财合，是必先通而后娶，财与世爻动合亦然。财爻动与旁爻合，与他人有情，财遇合多亦然。

世应化空，始成而终悔。

世动生合应爻，男家愿成；应动生合世爻，女家愿嫁。皆易成之象，但怕变入空亡，必有退悔之意也。

六合而动象刑伤，必多破阻；世冲而日辰扶助，当有吹嘘。

世应逢生主吉，若遇动爻日辰冲克，两边必有阻隔难成。世应冲克本凶，若遇动爻日辰生合两边，必有吹嘘可成。要知吹嘘破阻之人，依五类推之，如父母为伯叔尊长类；外官他卦，以外人而言。

鬼克世爻，果信绿窗[①]之难嫁；用合身位，方知绮席[②]之易婚。

如鬼煞克世，不独不愿为婚，更防祸殃。如用神生合世位，不但易成，后必恩爱。

财鬼如无刑害，夫妻定主和谐；

财鬼刑冲克害，夫妻必然不睦，如无此象，到老和谐。

文书若动当权，子嗣必然萧索。

父母旺动，子孙旬空，反可得子。至子孙出空之年，亦难免克；若

校者注　①　绿窗：指贫女的居室。与“红楼”相对，红楼为富家女子居室。唐·白居易《秦中吟　议婚》：“红楼富家女，金缕绣罗襦……绿窗贫家女，寂寞二十余。”亦指女子居室。唐·李绅《莺莺歌》：“绿窗娇女字莺莺，金雀娅鬟年十七。”前蜀·韦庄《菩萨蛮》词：“劝我早归家，绿窗人似花。”

②　绮席：华丽的席具。古人称坐卧之铺垫用具为席。

不空现受其伤，主无子息。

若在一宫，当有通家之好；若加三合，曾叨会面之亲。

世应生合比和，财鬼又同一宫，是亲上亲也。不带三合，虽亲未认，若带三合，必曾会过矣。

如逢财鬼空亡，乃婚姻之大忌；苟遇阴阳得位，实天命之所关。

夫卜女以财爻，女卜夫以鬼爻，为卜婚姻之用神也。若值空亡，必不吉利，然不可执法推。财空妻失，鬼空夫亡，盖男占女以财为主，鬼空不妨；女占男以鬼为主，财空不妨。如父母伯叔卜子侄女婚姻，必要看子孙爻何如；若兄占弟婚，必看兄弟爻。遇吉则吉，逢凶则凶。当从用神断，不可一概而言之也。

应财世鬼，终须夫唱妇随；应鬼世财，不免夫权妻夺。

世持鬼，应持财，如男自占，是阴阳得位之象，必然夫秉男权，妻操妇道，能夫唱于前，妇随于后。若应持鬼，世持财，是阴阳失位也，必然夫权妻夺，惟赘婿反吉。

妯娌不合，只为官爻发动；翁姑不睦，定因妻位交重。

夫占婚以兄为妯娌，父为翁姑。卦有官动则克兄弟，主妯娌不和。有财动则克父母，主公姑不睦。若旺而无制，父爻衰弱不能敌，与亲有刑克也。

父合财爻，异日有新台之行[①]；世临妻位，他时无就养之心。

占婚遇财父二爻带玄武动合者，有翁淫子媳之事；若财临世身、玄武，不动合者，其妇必不善事公姑。

空鬼伏财，必是望门之寡妇；动财值虎，定然带服之婺娘。

卦中财爻伏于空鬼之下，其女先曾受聘，未婚夫死，俗谓之“望

校者注　①　新台之行：春秋时，卫宣公为儿子伋娶齐女，闻其貌美，欲自娶，遂于河边筑新台，将齐女截留。卫国人对此丑行非常厌恶，因此作《新台》诗三章来讥讽卫宣公。《国风·邶风·新台》：“新台有泚，河水弥弥。燕婉之求，蘧篨不鲜。新台有洒，河水浼浼。燕婉之求，蘧篨不殄。鱼网之设，鸿则离之。燕婉之求，得此戚施。”（译文：新台明丽又辉煌，河水洋洋东流淌。本想嫁个如意郎，却是丑得蛤蟆样。新台高大又壮丽，河水漫漫东流去。本想嫁个如意郎，却是丑得不成样。设好鱼网把鱼捕，没想蛤蟆网中游。本想嫁个如意郎，得到却是如此丑。）

门寡”。若加白虎发动，则是已嫁而夫死带孝。若鬼伏财下不空者，必是有夫妇女。如被日辰动爻提起，刑克世爻者，后防争讼。

世应俱空，难遂百年之连理；

世空自不欲成，应空彼不欲成，勉强欲成，终不遂意。

财官叠见，重为一度之新人。

男占女卦有两财，女占男卦有两鬼，必是再续再嫁，重为一度新人。两鬼发动，必有两家争娶。鬼伏财下，男必有妻在家；财伏鬼下，女必有夫在身。鬼不空而动爻日辰冲克妻财，必是生离改嫁。

夫若才能，官位占长生之地；妻如丑拙，财爻落墓库之乡。

要知男女情性容貌，财鬼二爻取之。旺者身肥，衰者瘦弱。如虎、蛇、勾陈、玄武属土火，貌丑；如青龙属木金，貌美。衰而有扶，丑有才能；旺而入墓，美偏愚拙。

命旺则荣华可拟，时衰则发达难期；

命者，即求卜人之本命爻是也。旺衰二字，古注以四季论之，谬矣。倘木命人择于春秋占，必发达乎？岂富贵贫贱由人自取耶？予之屡验者，为本命爻临财福、青龙、贵人等吉宿，或遇日辰动爻生扶拱合者，固荣华有日；如命临兄、鬼、白虎等凶神，或遇日辰动爻刑冲克害者，固发达无期。

如命临父母主好技艺，若加青龙主好诗礼。临兄弟则爱赌好费，临财福必善作家。临官鬼带凶神，主疾病官刑；不加凶神，乃公门人役，带贵人则贵。学者宜以类推。

财合财，一举两得；鬼化鬼，四覆三番。

占婚遇财化进神，有婢仆同来，谓之“赠嫁”，遇冲，终必走失。财化子有儿女带来，谓之“他有名”，逢空虽来不寿。如化退神逢冲，日后背夫改嫁，或退母家。大抵鬼化鬼不论进退神，凡事反覆不定。

兄动而爻临玄武，须防劫骗之谋；

兄弟临玄武、螣蛇，来刑冲世身者，须防其中奸诈，设计骗财。若世应生合，阴阳得位，亦必大费而可成。

应空而卦伏文书，未有执盟之主。

父母为主婚人，若不上卦，或落空亡，必无主婚。如卦身临财，乃其妇自作主张。

两父齐兴，必有争盟之象；双官俱动，斯为竞娶之端。

卦中动变，见有两重父母，主有两人主婚，不然主两家庚帖。若两鬼俱动，则有两家争婚多变。若卦中见有父化官，官化父，父官皆动，恐有争讼之患。兄临朱雀，必有口舌。

日逢父合，已期合卺[①]于三星；

日辰与父爻作合，或日辰自带文书，主成婚日期已选定。

世获财生，终得妆奁于百两。

凡占妆奁，当看财爻，若财爻生合世爻，又得日辰动爻扶助，必有妆奁；如临勾陈，必有奁田。

欲通媒妁，须论间爻。

占庚帖以间爻为媒人。如独指媒人占，又非间爻论，必以应爻为媒妁是也。

应或相生，乃女家之瓜葛；世如相合，必男室之葭莩[②]。

间爻与世生合，言我家亲；与应生合，言彼家亲；与世、应俱生合，两家皆有亲也。旺相新亲，休囚旧眷，本宫至亲，他宫外亲。

先观卦象之阴阳，则男女可决；

阳男媒，阴女媒，以衰动旺静取之是也。

次看卦爻之动静，则老幼堪推。

交重二爻或衰弱者是老年人，单拆二爻或旺相者是少年人。

论贫富当究身命，决美丑可验性情。

男问妇看财爻，女问夫看鬼爻。女问男家，男问女家，皆看应爻。若应旺财衰，女家虽富，女貌不扬。余类推。

雀值兄临，惯在其中得利；

校者注 ① 合卺（hé jǐn）：传统婚礼仪式之一。即新婚夫妇在新房内共饮合欢酒。举行于新郎亲迎新妇进入家门以后，起于上古。本用匏（葫芦）一剖为二，以七将两器（瓢）之柄相连，以之盛酒，夫妇共饮，表示从此成为一体，名为“合卺”。后世改用杯盏，乃称“交杯酒”。

② 葭莩（jiā fú）：亲戚的代称。蒲松龄《聊斋志异·婴宁》：“葭莩之情，爱何待言。”原指芦苇秆内的薄膜；亦比喻关系极其疏远淡薄。

间爻如值螣蛇、朱雀及兄弟者，其人惯赖媒妁获利。

世应冲合，浼他出以为媒。

间爻安静，被世应冲合起，及日辰冲并起者，其人无心作伐，必央他说合也。间爻自动者，勿如此断。

两间同发，定多月老以争盟；二间俱空，必无通好以为礼。

两间俱动，必有两媒，或动出两鬼，主有争竞为媒。须看衰旺及有制无制，可知哪个执权。

世应不合，仗冰言而通好；

世应相冲相克，若得间爻生合动世动应，须赖媒人两边说合方成。

间爻受克，总绮语亦无从。

欲求亲，必得应爻生合间爻，必然听信媒言；如间爻反被应爻冲克，虽甜言亦不从。

财官冲克，反招就里愆尤[①]；

间爻若被日辰动爻或财官冲克，其媒必然取怨于两家。世爻克冲，男家有怨；应爻克冲，女家有怨。

世应生扶，必得其中厚惠。

间爻遇世应日辰带财福生合，其媒必有两家酬觋。旺相多，休囚少，世旺男家多，应旺女家多。

一卦凶吉，须察精微委曲；百年夫妇，方知到底团圞[②]。

此章惟论男卜女婚，女卜男姻之意。今术家不辨其详，凡择婿、择媳、嫁妹、娶嫂，竟不以用神断，概以官为夫、财为妇，大误于人！况章内有云："妯娌不合，只为官爻发动；翁姑不睦，定因妻位交重"，此二句可征矣。学者当凭用神吉凶推断，不可概论财官是也。

校者注　①　愆尤：罪过。唐·李白《古风》诗之十八："功成身不退，自古多愆尤。"

②　团圞（tuán luán）：团聚。唐·杜荀鹤《乱后山中作》诗："兄弟团圞乐，羁孤远近归。"

产育（附老娘、乳母）

首出混沌，判乾坤而生人物；继兴太昊[①]，制嫁娶以合夫妻。

迄今数千百年，化生不绝。虽至几亿万世，络绎无穷。

盖得阴阳交感，方能胎孕相生。先看子孙，便知男女。

阳为男子，掌中探见一枝新；阴是女儿，门右喜看弧帨[②]设。

子孙为占产用神。旺相单重为阳爻，是男；休囚交拆为阴爻，是女也。

主星生旺，当生俊秀之肥儿；命曜休囚，必产委靡之弱子。

子孙生旺，子必肥大，异日主俊秀不凡；休囚无气，子必弱小，异日主委靡不振。

如无福德，莫究胎爻。

用神不出现，查伏于何爻之下，当以伏神吉凶断之也。

双胎双福必双生，一克一刑终一梦。

卦有两重子孙爻，又有两重胎爻，纵不发动，亦主双生。若子化子，又见胎化胎者，如化退神，主双胎不收。阴阳动静，可定男女。一动一静，一阴一阳，一男一女类。卦无子，若胎爻又被月建、日辰、动爻刑克，大凶之兆，一场春梦，言其子必亡也。子孙衰弱受克者，亦然。

胎临官鬼，怀妊便有采薪忧；财化子孙，分娩即当勿药喜。

鬼临胎爻，主孕妇有疾。或财合福爻，则分娩安泰。

妻财一位，喜见扶持，；胎福二爻，怕逢伤害。

夫占妻，财为产母，胎为胞胎，福为儿女，三者皆喜月建、日辰、

校者注　①　太昊：即伏羲氏。是上古东夷的祖先和首领，是三皇之首，也有东方天帝一说。亦作大暤、太皞、大皞、风姓。昊，通“皞”。最早见于文字记载的是春秋战国前期的主要文献《左传·昭公十七年》：“陈，太皞之虚也。”陈地在今河南淮阳，淮阳今存太昊墓。

②　弧帨（shuì）：古时生男子则置木制的弓（弧）于门左，生女子则设事人的佩巾（帨）于门右。弧：弓。帨：佩巾。

动爻生扶合助，则产母安，胎胞稳，子易养。若见刑冲克害，产母多灾，胞胎不安，生子难养。如化入死墓空绝，亦然。

虎作血神，值子交重胎已破；

白虎为血神，若临子孙或临胎爻发动，其胎已破，临财动，亦然。

龙为喜气，遇胎发动日将临。

占产以青龙为喜，若在胎福财爻上动者，生期已速，必然当日临盆也。

福遇龙空，胎动乃堕胎虚喜；

福临青龙空亡受制，又见胎爻发动，或被日辰动爻冲动者，乃堕胎虚喜。

官当虎动，福空乃半产空妊。

白虎临官发动，或临财化官，或临鬼动空化空，或被冲散者，当小产，其子不育之象。

福已动而日又冲胎，儿必预生于膝下；

福神发动，而日辰冲胎者，其子已生膝下矣。

福被伤而胎仍化鬼，子当齬死于腹中。

子孙墓绝，又被日月动爻刑冲克害者，大凶；或胎临官鬼，或动化鬼，必是死胎。如财爻受伤，防母子有难。

兄动兮不利其妻，父兴兮难为厥子。

兄动则克妻财，父动则克子孙。如夫卜妻产，见兄动则产母不安，见父动则难为厥子。

用在空亡逢恶煞，何妨坐草之虞；

父爻发动，本为克子，如福爻有月建日辰生扶，或避空不受克，故云“无虞”。

妻临玄武入阴宫，果应梦兰之兆①。

巽、离、坤、兑属阴，如财子二爻皆居此象，必生女。如财临玄

校者注　①　梦兰之兆：旧时比喻妇女怀孕。北周·庾信《奉和赐曹美人》诗：“何年迎弄玉，今朝得梦兰。”唐·杜甫《同豆卢峰贻主客李员外贤子棐知字韵》：“梦兰他日应，折桂早年知。”

武，或与玄武应爻旁爻作合，是野合得孕。

克世克身，诞生日迫；

得子孙胎爻冲克身世，生期以速，当以日时断之。

不冲不发，产日时迟。

胎福不动，又无暗冲者，必然迟缓，须待冲月日时，方分娩也。

胎福齐兴官父合，临产难生；

胎福二爻发动，本主易生，若被官鬼父母动爻合住，或日辰合住，皆主临产难生，待冲破日时，方得分娩。

子财皆绝日辰扶，将危有救。

如遇子财二爻在墓绝之地固凶，若得日辰动爻生扶，此乃将危有救之兆。

间合间生，全赖收生之力；

老娘收生，以间爻推之。若动而生合财爻，必得老娘收生之力。

官空官伏，定然遗腹之儿。

如旁人及孕妇来占，遇卦无官鬼，或在真空墓绝之处，主产妇之丈夫已死，是遗腹子也。如官爻伏而旺相，有提拔者，其父远出，乃背生儿也。

游魂卦官鬼空亡，乃背爹落地；

卦遇游魂，官鬼值空，若非过月，定主其夫出外而产，谓之“背生”也。若其夫自占，勿论官爻，以世爻言之；如世爻空遇游魂，主出门后生产。

发动爻父兄刑害，必携子归泉。

父兄爻若当权旺相，动来刑克妻财子孙，而财福二爻又无救助者，主母子俱凶。

官化福胎前多病，财化鬼产后多灾；

鬼化出子孙，主胎前有病；财化官鬼，恐产后多灾。

三合兄局儿缺乳，六冲遇子妇安然。

卦有三合，成兄弟局者，生子必然乳少，夫占更防克妻。若得福神发动，或安静得日辰冲动，则财有生气，所以产母安然也。

应若逢空，外家无催生之礼物；

以应为外家，若逢空，必无催生礼物。

世如值弟，自家绝调理之肥甘。

兄值世衰，则家贫而少将息，产妇必难强健。

阳福会青龙，无异桂庭之秀子；阴孙非月建，何殊桃洞之仙姬。

子孙临月建青龙，或月建带青龙生合子孙者，必是男喜，后主俊秀聪明；如子孙爻不是月建日辰，又无月建日辰生之，临阴象阴爻者，必是女。

若卜有孕无孕，须详胎伏胎飞。

凡占胎孕有无，专取胎爻为主，不看子孙。如卦中六爻上下及年月日时，皆无胎爻者，俱主无孕。卦中有动爻化出者，目下无胎，后必有胎。惟遇胎爻出现，便为有胎。

出现空亡，将衃而复散；交重化绝，既孕而不成。

衃，音胚，凝血也。衃者，阳精阴血凝聚成胎之谓，盖未成形曰“衃”，已成形曰“孕”。胎爻出现如遇空亡，主虽有胎，不能成形而散。若得发动，其胎已成，惧怕变入墓绝，则胎孕虽至成形，不能产育，是亦不成而已矣。

姅必逢官，妩必遇虎。

姅，音半，孕伤也。胎临官，或被官爻、月建、日辰刑冲克害，皆主胎孕有伤。娠妇既孕，月事又通曰“妩”。若未及月，胎临白虎，必是漏胎；如遇煞冲，或发动化鬼者，必小产。

带令星而获助，存没咸安；

凡胎爻旺相，又有生合扶助，不临官鬼、父母及空亡者，其胎必成。临阳爻则生子易养。

有阴地而无伤，缓急非益。

胎爻临阴休囚，而得月建、日辰、动爻生合，再无凶神刑克者，其胎亦成，但生女，故曰：“缓急非益”也。

如逢玄武，暗里成胎；若遇文书，此前无子。

胎临玄武，所受之胎非夫妻正受也。若临父，主此前未曾有子，今始成胎也。

孕形于外，只因土并勾陈；胎隐于中，端为临龙合德。

胎临勾陈，怀胎显露；胎临青龙，其胎不露。更逢三合六合，必隐。

若问收生之妇，休将两间而推；如占代养之娘，须以一财而断。

如占胎产，以卦中间爻为老娘也。今人独占老娘吉凶，概以间爻论者，则失于理矣。故凡单占老娘及乳母，俱以妻财一爻为用神，不可又以间爻推之是也。

兄动兮手低，乳母须防盗物；

兄弟发动，占老娘乳母，则主此妇见财起意，又主贪食；临玄武必滥。

父兴兮乳少，老娘窃恐伤胎。

父母发动加刑害，儿必为其所害，切不可用。如占乳母，亦然。

子孙发动，乳多手段更高能；

子孙旺相发动，不受制伏，生扶财爻，老娘手段必高，乳母必主乳多也。

兄鬼交重，祸甚事机犹反覆。

官鬼发动，必有祸患，不伤身世，虽凶亦浅，一遭克害，祸不可言。

财合福爻，善能调护；身生子位，理会维持。

卦身与财合子孙最吉。占老娘，惯能救死回生；占乳母，主其妇善抚小儿，乳亦必多也。

如逢相克相冲，决见多灾多咎。

子孙被财与卦身刑冲克害最忌，儿亦必被其所害。

进人口

独夫处世，休言无子即忘情；君子治家，难道一身兼作仆？

必须便嬖[①]，乃足使令于前；若不螟蛉，焉继宗支于后！

老而无子曰“独”，过继他人之子曰“螟蛉”，如《诗》所谓“螟蛉有子，蜾蠃负之”[②]是也。

校者注 ① 便嬖（bì）：指在身边供使唤的人或帮闲者。亦指能说会道，善于迎合的宠臣，亲信。

② 螟蛉有子，蜾蠃负之：蜾蠃是一种寄生蜂。蜾蠃常捕捉螟蛉存放在窝里，产卵在它们身体里，卵孵化后就拿螟蛉作食物。古人误认为蜾蠃不产子，喂养螟蛉为子，因此用“螟蛉子”比喻义子。语出《诗经·小雅·小宛》：“中原有菽，庶民采之。螟蛉有子，蜾蠃负之。教诲尔子，式穀似之。”

须别来占，方知主用。

过继小儿以子孙为主，买妾婢童仆，及收留迷失之人，皆以财为主。若窝藏有难之人，则看其人与我如何相识，如朋友以兄弟为主，尊长以父母为主，妇人以妻财为主类。

用不宜动，动必难留；

用爻发动，其人难托。若遇游魂或化入游魂，异日主逃窜；若来生合世爻，不致连累。

主不可伤，伤须夭折。

主象衰弱，而被日辰动爻乘旺来刑伤克害，更无解救者，必然夭折。

衰入墓中，拟定委靡不振；旺临世上，决然干蛊[1]有成。

用爻入墓，其人性慵懒；衰弱无气空绝，主委靡不振。若得旺相临身持世，或生合世爻者，乃大吉兆也。

动化空亡，有始无终之辈；蛇合官鬼，多谋少德之人。

用爻发动变入空亡，主其人有头无尾；若临螣蛇动合官鬼，其人虽多谋，然奸诈不实，妇人不贞节。

临玄武而化兄爻，门户须防出入；遇青龙而连福德，赀财可付经营。

用临玄武动化兄弟，主其人贪财好色，莫用出入。用临青龙动化子孙，生合世爻，主其人至诚忠厚，托以财物则守而不失，使之经营则利归于主也。

若逢太过及空亡，反主少诚兼懒惰。

卦中用爻见有三四重，或旬空者，其人暗藏机巧，反覆不实。

用爻生合世爻，必得其力；主象克冲身象，难服其心。

用爻生合世爻，其人可用，凡有事干，必然用心。大怕合处逢冲。

财化子，携子偕来,；世合身，终身宠用。

凡占妻婢，财爻化出子孙，有小儿带来。若动财生合世爻，而化子

校者注　① 干蛊：语出《周易·蛊卦》："初六：干父之蛊，有子，考无咎。厉，终吉。"干，匡正；蛊，弊端。后遂以"干父之蛊"指儿子能匡正父亲的弊端，有这样的儿子，父亲没有灾咎。亦指儿子能继承父志，完成父亲未竟之业，有所成就。

反来刑克者，其婢可使，子必顽劣。卦身一爻，占事为事之体，占人为人之身，若遇世爻生合，主其人必得宠用。

受动变之伤，向后终难称意；得日月之助，他日定见如心。

月建日辰动爻克世，其人不可用，世爻衰必被其害。若得变动日月生扶合助，然后为吉也。

世与卦身，以和为贵；

世身二爻相合、相生、比和为吉，相克、相冲、刑害为凶。

兄弟官鬼，惟静为佳。

兄动为破财口舌，官动为祸患疾病，故二爻皆不宜动，静心称意。

兄鬼交重，诚恐将来成讼；三合绊住，须知此去徒劳。

兄与官爻发动，或官与文书互变，主日后兴词成讼。纵遇合住，日后亦成徒劳之事也。

若在间爻，乃是牙人作鬼；

买卖交易，以间爻为牙行人，若临兄弟官鬼发动，必是牙人作鬼为谋。

如居空地，不过卖主争财。

官鬼一爻空动，而与应爻相合，必卖主牙人作鬼论财。

卦象两官两父，须知事系两头；

卦中父母、官鬼俱有两爻，恐重叠交易。

兄鬼一动一冲，切莫财交一手。

卦遇应爻克世，而兄官发动，须防设谋诓骗。

应生世，他来就我，；世生应，我去求人。

占买雇奴婢、托人等事，以应为主。如生合世，是他来就我，成事最易；若世生应，我去求他，成事难也。

和合易成，最怕日辰冲破；

如得应来生合世爻，凡事易成；若是合处逢冲克坏，主有人破阻。要知何等人，以破合之爻定之。

相冲难就，偏宜动象生扶。

世应相冲相克，凡事难成。若得动爻日辰生扶合助，必有贵人维持，事亦可成。

兄爻发动，为诈为虚；卦象纷乱，多更多变。

兄弟为反覆不定之神，乱动则事不定，故多更变。

六爻无父，定无主契之人；

以父母为文书主契之人，若六爻皆无父母，必无主契之人；若动爻变出者，则旁边有人作主。

两间俱空，未有作中之子。

间爻为媒中，如空，须浼人①居间。

世获间生，喜媒人之护向；

间爻生世合世，媒人必然向我。如临子孙，即系子侄辈人也。

生扶弟出，防卖主之合谋。

若兄鬼动克世爻，而应爻又来冲克刑害我者，则是间来生合，假意合谋，非真心也。

父化兄，契虚事假；

凡遇父母化兄弟者，决主事体不直，文契不实。卦无父母，而从兄弟化出者，亦然。

兄持世，财散人离。

兄弟持世，必然徒费钱财，事亦干众，一应托人买婢不得力。更带凶神旺动，必主人离财散。

应若空亡，我欲成交徒费力；世如发动，彼来谋合亦难成。

应空，则他意难同；世动，则自多更变。故不成也。

弟因财乏，鬼必疑心。

兄弟持世者，必因资财欠缺；鬼爻持世，则自心多疑，或进退不定，故难成也。

四覆三番，事机不定；千变万化，卦象无常。能求不见之形，自喻未来之事。

凡占收留遗失子女，最怕鬼临玄武发动，必是盗贼；用临玄武，或化出鬼爻，亦然。刑克世爻，必被其害。

（卜筮正宗卷之六终）

校者注　①　浼人：请求别人。

卜筮正宗卷之七　黄金策

刘诚意　撰　　王洪绪　注

病　症

人孰无常？疾病无常；事孰为大？死生为大。

凡占疾症，以官鬼爻为轻重。得病根由，独发之爻亦可推之。

火属心经，发热咽干口燥；水归肾部，恶寒盗汗遗精。

金肺木肝，土乃病侵脾胃；衰轻旺重，动则煎迫身躯。

鬼爻属火，心经受病，其症必发热、咽干、口燥类。

属水，肾经受病，其症必恶寒、盗汗，

或遗精白浊类。

属金，肺经受病，其症必咳嗽、虚怯，或气喘痰多类。

属木，肝经受病，其症必感冒风寒，或四肢不和类。

属土，脾经受病，其症必虚黄、浮肿，或时气瘟疫类。

若鬼爻衰弱则病轻，旺相则病重；安静则安卧，发动则烦躁之类也。

坤腹、乾头，兑必喉风咳嗽；艮手、震足，巽须瘫痪肠风。

鬼在坤宫，腹中有病。火鬼，必患腹疾。水鬼，腹中疼痛。动化财或化水鬼，必泻痢。土鬼，则是食积痞块，或痧胀蛊症。木鬼，绞肠痧痛，或大肠有病。金鬼，胁肋疼痛，在上胸痛，在下腰痛。此鬼在坤宫断，余卦类推之。

螣蛇心惊，青龙则酒色过度；勾陈肿胀，朱雀则言语颠倒；

白虎损伤，女子则血崩血晕；玄武忧郁，男人则阴症阴虚。

螣蛇鬼，则坐卧不安，心神不定。青龙鬼，则酒色过度，虚弱无力。勾陈鬼，胸满肿胀，脾胃不和。朱雀鬼，狂言乱语，身热面赤。白虎鬼，跌打气闷，伤筋损骨，女人血崩血晕[1]，产后诸症，盖白虎血神，故也。玄武鬼，色欲太过，郁闷在心，在本宫主阴虚，化子孙男子阴症阴虚，盖玄武暗昧之神，故也。断宜通变。

鬼伏卦中，病来莫觉；官藏世下，病起如前。

遇官鬼不出现必隐藏，得症不知何由；官鬼伏在世下，必是旧病复发。

若伏妻财，必是伤饥失饱；如藏福德，定然酒醉耽淫。父乃劳伤所致，兄为食气相侵。

鬼伏财下，必是伤食，或因财物起因，或因妇女得病。鬼伏子下，必是酒醉过度，或恣行房事，夏或过于风凉，冬或多着裘帛，或过服补药所致。鬼伏父下，必是劳心劳力，忧虑伤神，或因动土所致，或因尊长得病。鬼伏兄下，必因口舌争竞，停食感气，或有咒诅得病。

官化官，新旧两病；鬼化鬼，迁变百端。

卦中现有官爻，而又变出官爻，主新旧两病也。又如，官爻化进神则病增，或退神则病减。

化出文书在五爻，则途中遇雨；变成兄弟居三位，则房内伤风。

化出父母，必在修造之处得病；若在五爻属水，则在途中冒雨而得也。如化兄弟，必因口舌呕气，或是伤食；若在三爻，必房中脱衣露体，感冒风寒。若化子孙，则是在僧道寺院，或渔猎游戏。化财伤食，或因妻孥，或因买卖。已上六亲化出官鬼爻，亦依此断。

本宫为在家得病，下必内伤；他卦为别处染灾，上须外感。

鬼在本宫，家中得病，在下三爻，必是内伤症候。官在外宫，外方得病，更在上三爻，必是外感风邪。上下有鬼，内伤兼外感，症得不一。

上实下空，夜轻日重；

鬼在内宫，病必夜重；鬼在外卦，病必日重。若卦有二鬼，一旺一空，或一动一静，必日轻夜重也。

动生变克，暮热朝凉。

凡动爻为始，变爻为终。若动爻生扶用爻，而变爻刑克用爻者，必

校者注　①　血晕：中医指女人产后因失血而晕厥的病症。

朝凉暮热，日轻夜重。动克变生，反此断。

水化火，火化水，往来寒热；

水化火，火化水，不拘鬼爻，但有干犯主象者，皆是寒热往来之症，卦有水火二爻俱动亦然。水旺火衰，寒多热少，倘水受伤，火得助，则常热乍寒也。坎宫火动，内寒外热；离宫水动，皮寒骨热；若带日辰，必是虐疾。

上冲下，下冲上，内外感伤。

上下有鬼，病必内外两感；俱动俱静者，一同受病；二鬼自冲者，适感而适愈也。

火鬼冲财上临，则呕逆多吐；

火性炎上，财为饮食。故占病遇火鬼动克外财，必是呕吐，重则反胃不食。

水官化土下直，则小便不通。

水官化出回头土克，在本宫初爻是小便不通，属阴是大便不通。阳宫阴象，阴宫阳象，二便俱不通。若加白虎阳爻，是尿血，阴爻是泻血，白虎血神，故也。带刑害是痔漏症。

若患牙疔[①]，兑鬼金连火煞；

鬼在兑宫，口中有病。若金鬼化忌神，或忌神化金鬼，必患牙疔，不化忌神则是齿痛。静鬼逢冲，齿必动摇。

如生脚气，震宫土化木星。

鬼在震宫，病在足，加勾陈足必肿，加白虎必折伤破损。土鬼化木则患脚气，木鬼酸痛麻木，水鬼是湿气，火鬼必生疮毒，金鬼是脚骱膝疼、骨痛，或刀刃所伤类。

鬼在离宫化水，痰火何疑；官来乾象变木，头风有准。

震遇螣蛇仍发动，惊悸颠狂；艮逢巳午又交重，痈疽[②]疮毒。

离宫鬼化水爻，痰火症候，水动化鬼亦然。乾宫鬼化木爻，头风眩

校者注　① 疔：中医学指病理变化急骤并有全身症状的恶性小疮。局部表现为红、肿、热、痛，呈小结节，并可逐渐增大，呈锥形隆起。

② 疽（jū）：局部皮肤下发生的疮肿。中医指局部皮肤肿胀坚硬而皮色不变的毒疮。中医按疽病早期有头和无头而分为有头疽和无头疽两大类。

晕，木动变鬼亦然。震在外卦勿以脚断，可言其病坐卧不宁，心神恍惚，盖震主动，故也。更加螣蛇发动，必是颠狂惊痫之病，小儿乃惊风[①]也。逢冲，则有逾墙上屋之患。艮逢火鬼，必生痈疽，若遇变出土鬼，可言浮肿、蛊胀等症。余可类推。

卦内无财，饮食不纳；

财主饮食。若遇空亡，饮食不纳；若不上卦，不思饮食。

间中有鬼，胸膈不宽。

世应中间，即病入胸膈处也，官鬼临之，必然痞塞不通。金鬼胸膈骨痛，土官饱闷不宽，木鬼心痒嘈杂，水鬼痰饮填塞，火鬼多是心痛。若化财爻或财爻化鬼，必是宿食未消，以致胸膈不利。

鬼绝逢生，病体安而复作；

官鬼逢绝，其病必轻。如遇生扶，谓之“绝处逢生”，其病必将复作。

世衰入墓，神思困而不清。

世爻入墓，病必昏沉。旺相有气，则懒于行动；衰则不言不语，是怕明喜暗，不思饮食，爱眠怕起，懒开目。更坐阴宫，必是阴症。用爻入墓、鬼墓临用、原神入墓，皆依此法断。

应鬼合身，缠染他人之症；

应临官鬼，刑克合用爻，必因探访亲友病而缠染也。鬼爻属土，是时行疫症。用爻临应，必然病卧他家。

世官伤用，重发旧日之灾。

大抵官爻持世，必然原有病根，伤用必是旧病再发，否则必难脱

校者注　① 惊风：是小儿时期常见的一种急重病证，以临床出现抽搐、昏迷为主要特征。又称“惊厥”，俗名“抽风”。任何季节均可发生，一般以1-5岁的小儿为多见，年龄越小，发病率越高。其证情往往比较凶险，变化迅速，威胁小儿生命。所以，古代医家认为惊风是一种恶候。如《东医宝鉴·小儿》说：“小儿疾之最危者，无越惊风之证。”《幼科释谜·惊风》也说：“小儿之病，最重惟惊。”本病西医学称“小儿惊厥”。其中伴有发热者，多为感染性疾病所致，颅内感染性疾病常见有脑膜炎、脑脓肿、脑炎、脑寄生虫病等；颅外感染性疾病常见有高热惊厥、各种严重感染（如中毒性菌痢、中毒性肺炎、败血症等）。不伴有发热者，多为非感染性疾病所致，除常见的癫痫外，还有水及电解质紊乱、低血糖、药物中毒、食物中毒、遗传代谢性疾病、脑外伤、脑瘤。

体。卦身持鬼，亦是旧病。

用受金伤，肢体必然酸痛；主遭木克，皮骨定遭伤残。

火为仇，则喘咳之灾；水来害，则恍惚之症。

如金动来克，则木爻受伤，支节酸痛；木动来克，则土爻受制，皮骨伤损。余可类推。

空及第三，此病须知腰软；

第三爻如值旬空，为腰软；或旺相而空，为腰痛。不空而遇动爻日辰官鬼冲克者，乃闪腰痛也，动爻亦然。鬼在此爻者，亦主腰痛。

官伤上六，斯人当主头疼。

不惟官鬼克伤上六而头疼，即如官鬼所临之处，亦有病也。如官鬼克间爻，或临间爻，皆主胸膈不利，忌神亦然。余可类推。

财动卦中，非吐则泻；

财爻动临上卦主吐，动临下卦主泻。若逢合住则欲吐不吐，欲泻不泻。

木兴世上，非痒即疼。

寅卯二爻属木，寅木主痛，卯木主痒。

病　体

既明症候，当决安危，再把爻神搜索；个中之玄妙，重加参考，方穷就里之精微。先看子孙，最喜生扶拱合。

子孙能克制鬼煞，古人谓解神，又名福德。占病又为医药，卦中无此则鬼无制，服药无效验，祷神不灵，所以先宜看此。推占父母、丈夫病，不宜子孙发动，动则伤克夫星，又克伤父母之原神也。

次观主象，怕逢克害刑冲。

主象即用神也，如占夫以官为用神，占妻以财为用神类。如遇刑冲克害，即病人受病磨折，故怕见之。克害处若得生扶，必不至死。

世持鬼爻，病纵轻而难疗；

占自病，怕鬼持世，必难脱体。

身临福德，势虽险而堪医。

月卦身，乃一卦之体，子孙临之，决然无虞。纵然病势凶险，用药可以痊愈。

用壮有扶，切恐太刚则折；

凡用神临月建，又得日辰生扶拱合，再遇动爻生扶者，乃“太刚则折”之兆。最怕用神又值日建，必凶；若有日辰动爻刑克，则不嫌其旺矣。所谓“太过者损之则利”也。

主空无救，须防中道而殂。

非独指空而言也。凡主象墓绝空破，有救者无妨，无救者必死。救者，生扶拱合也。

禄系妻财，空则不思饮食；寿属父母，动则反促天年。

占病，以妻财为食禄，卦若无财或落空亡，乃是不思饮食。父母爻动，占病所忌，以其克制福神，官煞能肆其虐，故也。主服药无效，故云“反促天年”。占兄弟病，反宜动也。

主象伏藏，定主迁延乎岁月；

用爻不上卦，纵有提拔扶引者，必待其值日出露，或久病必值年值月病方愈，故曰“定主迁延岁月”也。

子孙空绝，必乏调理之肥甘。

子孙固为药，又为酒肉，若临死绝，或在空亡，或不上卦，病中必无肥甘调理。或日辰、或应爻带子孙，生合用爻者，必有人馈送食物资养。

世上鬼临，不可随官入墓；

凡占自己病，若世上临鬼入墓于日辰，或化入墓库于爻，固非吉兆，世爻持鬼墓发动亦凶。

身临福德，岂宜父动来伤？

占病，以子孙为解神，身若临之，大吉之兆。如父母动来克伤，仍为不美，如父母有制无妨。

鬼化长生，日下正当沉重；

鬼爻发动，病势必重，若鬼化入长生 ，乃一日重一日之象。

用连鬼煞，目前必见倾危。

“连”字当作“变”字解。今术家以用神变出官鬼者，断其病必死，是以辞害义矣。孰知鬼煞者是忌神也，用连鬼煞，即指用化回头克耳。用神变回头克，而无月日动爻解救者，目前立见其危也。

福化忌爻，病势增加于小愈；

子孙发动制伏官鬼，其病必减，若化父母回头克坏子孙，必因病势少愈不能谨慎，以致复加沉重，子孙化官爻亦然。

世挠兄弟，饮食减省于平时。

兄弟持世，饮食必减，其病亦因多食而得。

用绝逢生，危而有救；

凡用爻逢绝，如得卦中动爻相生，谓之“绝处逢生”，凶中回吉之象，虽危有救。

主衰得助，重亦何妨？

用神不宜太弱，弱则病人体虚，力怯难痊。若得日辰动爻生合扶助最吉，纵有十分重病，亦不致死也。

鬼伏空亡，早备衣冠防不测；

此两句，惟言父母、官府、丈夫病，如遇官爻伏而又空者，须防不测。

日辰带鬼，亟为祈祷保无虞。

如日辰带官鬼，生合世爻或用爻者，当为祈祷。看其生合者是何等神。如生合青龙父母，是花幡香愿，勾陈则土地[①]城隍[②]，朱雀则香灯

校者注 ① 土地：即土地神，又称“福德正神”、“土地公公”、“土地公”、“土地爷”、“后土”、“土正”、“社神”、“土伯”。其庙宇则称为“土地庙”、“伯公庙”、“福德正神庙” 等。民间信仰最为普遍的众神之一，流行于汉族地区及部分受汉族文化影响的少数民族也有信仰。我国民间供奉的土地神有远古的“句龙”、“后土”、“共工”，周朝的“张福德”，三国时期的“蒋子文”，唐代的“韩愈”，南宋的“岳飞”等。相传农历二月初二为土地公诞辰，八月十五日，为其成道升天日。土地神属于民间信仰中的地方保护神，在中国传统文化中，祭祀土地神即祭祀大地，现代多属于祈福、保平安、保收成之意。土地神也是道教诸神中地位较低的神祇。土地神属于基层的神明，有专家学者认为土地公为地方行政神，保护乡里安宁平静。也有专家学者认为其属于城隍之下，掌管乡里死者的户籍，是地府的行政神。

② 城隍：有的地方称为城隍爷。是中国宗教文化中普遍崇祀的重要神祇之一，为儒教《周宫》八神之一。也是中国民间和道教信奉守护城池之神。他是冥界的地方官，职权相当于阳界的市长。祭祀城隍神的例规形成于南北朝时，唐宋时城隍神信仰滋盛。宋代列为国家祀典，元代封之为佑圣王。明初，大封天下城隍神爵位，分为王、公、侯、伯四等，岁时祭祀，分别由国王及府州县守令主之。明太祖此举之意，“以鉴察民之善恶而祸福之，俾幽明举不得幸免”。

口愿，螣蛇则百怪惊神，白虎则伤司[①]五道[②]，玄武则玄帝[③]北阴[④]。阳象阳爻是神，阴象阴爻是鬼。今陈大略，后有《鬼神章》尽细，阅之照断方是，

切不可妄断！有费民财。

动化父来冲克，劳役堪忧；

卦中父母爻动来冲克用爻，或用爻动变父母不冲克者，宜自在，少劳碌，不然病即反覆，又加沉重矣。

日加福去生扶，药医则愈。

日辰临子孙生扶拱合用爻，必得药力而愈。

身上飞伏双官，膏肓之疾；

身者，卦身及用神也。如身爻上已临官鬼，又他爻动而飞入身上来者，或身之前后夹有官鬼，或用爻前后夹有官鬼，或世上有鬼而身上又有鬼，皆谓之“双官夹用夹身”，大象不死，亦是沉困考终之疾也。即如占子病吉凶，得恒卦，三五爻皆是官爻，午火子孙居其四爻，鬼之中

校者注　①　伤司：迷信谓执役的鬼魂。

②　五道：指道教本身轮回转世体系，今人多知六道而不知五道轮回。道教认为人应修性守道，清静寡欲，否则迷沦有欲，淆乱本真。不能返朴归根，与道同体，其神便入五道。据《太上老君虚无自然本起经》载：一道者，梦神上天为天神（神道）；二道者，梦神入骨肉，形而为人（人道）；三道者，动物梦神入动物，为动物；人梦动物，形而为人（畜生道）；四道者，梦入薜荔，薜荔者饿鬼名也（饿鬼道）；五道者，梦入泥黎，泥黎者地狱人名（地狱道）。

③　玄帝：指的是玄天上帝，又称真武大帝、玄武大帝。全称为“北极玄天上帝真武荡魔大天尊”，原是北方天帝“玄帝”颛顼的坐下神兽玄武，也是古代汉族神话中辅佐颛顼的北方之神。宋代以后，被人格化，取代颛顼的北方天帝之位，成为镇守北方的天帝。《玄天宝诰》记载：玄天，又称玄帝、玄天上帝。道经称，玄帝乃北极玄武星君之化身。是北方大神，有保国宁家、赐福消灾之职能。

④　北阴：即北阴酆（fēng）都大帝，又称酆都大帝，中国民间神话中则称之为“阎王”。地府冥界的最高神灵，主管冥司。古代中国神话传说中的地狱之神。酆都大帝信仰起源较早，《山海经》中即有鬼国的记载，称度朔山上有大桃木，出蟠三千里，其枝间东门叫鬼门，为万鬼出入的地方，门上有二神人，一叫神荼，一叫郁垒，主阅领万鬼。酆都大帝是道教尊神，九月九日生。上清派宗师陶弘景《真灵位业图》说其任期是三千年，任期一到即改任。酆都大帝所管辖区域是酆都，即地狱，内分有六宫，其专责处理阴间事物。古语说：十恶不赦及大奸大恶的人及鬼怪魑魅等都要关进此酆都地狱，永不能超生天界。

是也。余仿此。

命入幽冥两墓，泉世之人。

以卦看有鬼墓，以世看有世墓，以用神看有主墓，凡遇此三墓出现卦中者，人皆见之，其墓为明；变入墓中者，人所不见，其墓为幽。不拘幽明，病主危困。或世爻用爻被官鬼两头夹之，或见有两重鬼墓夹身者，必死。得日辰动爻冲破墓爻，庶几无事。

应合而变财伤，勿食馈来之物；

应爻动来生合用爻，当有问安之人，带财福必有馈送，兄弟则清访而已。若应虽生合，而用爻或变妻财，或被财爻刑冲克害用神者，倘有馈送，切宜戒食！否则，反生伤害。若占长辈，尤宜忌之。

鬼动而逢日破，何妨见险之虞？

官爻发动，或忌神发动，其祸成矣。若得日辰动爻冲之，谓已冲散，主其病虽凶而不死。

欲决病痊，当究福神之动静；要知命尽，须详鬼煞之旺衰。

读是篇者，不可以辞害义。福神者，其义轻于子孙，而重于原神也。鬼煞者，其理在于忌神，而不在于官鬼也。凡占病，如遇原神旺动，即使用神空破伏藏者，其病可痊；如遇忌神旺动，即使用神出现不空破者，禄命当尽矣！

医　药

病不求医，全生者寡；药不对症，枉死者多。欲择善者而从之，须就蓍人而问也。应作医人，空则瞯[1]亡而不遇；子为药饵，伏则扞格[2]以无功。

凡卜医药，以子孙爻为药饵，以应爻为医生。如子孙受伤或墓绝，

校者注　①　瞯（jiàn）：窥视；偷看。《东周列国志》第九十七回："魏齐复使人瞯其家，举哀带孝，方始坦然。"

②　扞格（hàn gé）：有抵触，互相抵触，格格不入的含义。宋·苏轼《策略五》："器久不用而置诸箧笥，则器与人不相习，是以扞格而难操。"

或官爻生旺，是药不对症，必不能去病。如应爻旬空，医生非他出不来，定用药无效。

鬼动卦中，眼下速难取效；

占药要鬼爻安静无气，若遇发动，虽有妙药，一时难以取效，待鬼爻墓绝日用药，方始有效。

空临世上，心中强欲求医。

世爻空亡，必不专心求医，或自不相信他，虽请彼看，亦不用其药石。

官临福衰，药饵轻而病重；

官爻无气，子孙旺相，药能胜病，服之有效。若子孙休囚，官爻旺相者，乃是药轻病重，服之无功。

应衰世旺，病家富而医贫。

世为病家，应为医家。相合相生，非亲即友。若应旺世衰，病家贫乏，医必富，应衰世旺反此断。

父母不宜持世，鬼煞岂可临身？

卦身与世爻，皆不宜临官临父，遇之则药不效。

官化官病变不一，子化子药杂不精。

此言官爻化进神，症候不一，或病势不定，化退神反此断。子孙乃占药用神，如子孙化进神而药有效，如化退神及伏吟卦，不可服此剂。

福化忌爻，误服杀身之恶剂；

盖有动则有变，变出父母回头来克，难伤官鬼，必致因药伤命。

应临官鬼，防投增病之药汤。

应临官鬼，必非良医，更来刑克身世用神，须防误药损人。或临忌爻，或化官鬼，皆不宜用此人之药。

鬼带日神，定非久病；

鬼带日神动出卦中者，必是日下暴病。若日辰虽是官爻，不现卦中则不然，可言其病眼下正炽，必须过此方可用药。

应临月建，必是官医。

应持太岁，必是世医，持月建日辰，必是官医。更待月日临子孙，用药神效。应临子孙，乃专门医士，可托之。

世下伏官子动，则药虽妙而病根常在；

大抵自占病遇鬼伏世下，或占他人病遇鬼伏用爻下，其病不能断根，日后恐再发也。

衰中坐鬼身临，则病虽轻而药力难扶。

卦身虽临衰弱之鬼，缠绵难愈之象，或主象身临官墓者，亦然。

父若伏藏，名虽医而未谙脉理；

卦中父动，子孙不能专权，固非吉，然又不可无，宜静不宜动，何也？盖人气脉皆属父母，故占医或无此爻，必是草泽医人，虽然用药，而脉理未明也。

鬼不出现，药总用而莫识病源。

官鬼为病，出现则易受克制，用药有效。或不上卦，其病隐伏，根因不知，症候莫决，率意用药，亦难取效。

主绝受伤，卢医难救；

主象若遇休囚墓绝，或变入墓绝，再有克伤者，虽良医不能救也。

父兴得地，扁鹊无功。

父母发动，子孙受伤，药必不效。若得子孙有气，日辰动爻克父母，必须多服有功。

察官爻而用药，火土寒凉；

火土官爻，其病必热，宜用凉药攻之；金水官爻，其病多寒，必温热之剂治之。然火必寒、土必凉、水必热、金必温等剂是也。又如，火鬼在生旺之地，又遇生扶者，必用大寒之药攻之；水鬼在生旺之地，又遇合助者，须用大热之药。如火鬼在阴宫阴爻，乃是阴虚火动之症，可用滋

阴降火之药；水鬼在阳宫内卦，乃是血气虚损之症，可用补中益气之药。宜通变，余仿此。

验福德以迎医，丑寅东北。

凡占服药，须看子孙何爻，便知何处医人可治。如在子爻宜北方医人，丑爻东北方医人类。又如，寅爻子孙五行属木，其医是木旁草头姓名，或是虎命者，虽非东北，皆能医治。余仿此。

水带财兴，大忌鱼鲜生冷；

财为饮食，资以养生，然动则生助鬼爻，反为所害。若更属水，必忌鱼鲜生冷等物，药治见功。如值木爻，忌食动风之物，值火忌炙煿[①]热物，值金忌坚硬盐物，值土忌油腻滑物。财如不动，不可妄言。又忌鬼爻生肖物，如丑忌牛、酉忌鸡类。余仿此。

木加龙助，偏宜舒畅情怀。

青龙为喜悦之神，更临木爻生合世爻主象，病人必抛却家事，放宽怀抱，然后服药有功。

财合用神居外动，吐之则痊；

财在外宫主吐，若得生合用爻，以药吐之则愈。

子逢火德寓离宫，炙之则愈。

子孙属火，又在离宫，宜用热药疗之，或用艾炙则愈。

坎卦子孙，必须发汗；木爻官鬼，先要疏风。

子孙属水，或在坎宫发动，皆宜表汗。官鬼属木，先散风邪，用药有效。

用旺有扶休再补，鬼衰属水莫行针。

用爻休囚墓绝，必是补药方效。若用爻得时旺相，又有生扶合助，须用克伐之药治之，若再补则反害矣。子孙属金，利用刀针。鬼爻属水，而用刀针，则金能生水，反助病势。土鬼忌用热药，木鬼忌用寒药，火鬼忌用风药，金鬼忌用丸药。

福鬼俱空，当不治而自愈；子官皆动，宜内补而外修。

占病，子官二爻俱空，乃吉兆也。或俱衰静，无冲无并者，其病自愈，不用服药。若二爻俱动，此非药不对病，乃是神祟作祸，故曰“无功”，必须祈祷服药，方得病痊，俗所谓“外修内补”也。

卦动两孙，用药须当间服；

卦有二爻子孙发动，用药不必连服，以其分权，故也。或用两般汤药，间服之则效矣。

鬼伤二间，立方须用宽胸。

官鬼动来冲克间爻，或鬼在间爻动，必然胸膈不利，须用宽胸之

校者注　①　煿（bó）：烘烤。

药。逢兄弟发动，则是气逆，治宜调气。

父合变孙，莫若闭门修养；

卦中福官衰静，若有父母动来生合世身主象者，不须服药，宜居僻静，闭门修养。

五兴化福，可用路遇医人。

如卦中第五爻变出子孙，不须选医服药，不如路遇草医能治。若子孙不现，而日辰临子孙生合者，意外自有医生可治也。

世应比和无福德，须用更医；

世应比和，卦无福德，此药无损无益，须更换医人，方可得痊。

财官发动子孙空，徒劳服药。

财官俱动，其势已凶，子孙又空，服之无益。

凡占医药者，须诚心默祷，用何人药，有效无效，不必说明姓氏。卜家据此章而断，自无荐医之弊，则诚无不格，卦无不验矣，岂非彼此心安乎！

鬼　神

徼福[①]鬼神，乃当今之所尚；祷尔上下，在古昔而皆然。不质正于易爻，亦虚行乎祀典[②]。先看卦内官爻，便知鬼神情状。

官鬼能为祸福，故观此可知其情状也。

旺神衰鬼，方寓乾巽堪推；阴女阳男，老幼旺衰可决。

凡鬼爻旺相是神，休囚是鬼，阳为神为男，阴为鬼为女。乾宫西北方，巽宫东南方之鬼也。

若在乾宫，必许天灯斗愿；如居兑卦，定然口愿伤神。

坎是北朝，艮则城隍宅土；离为南殿，

坤则土地坟陵。

校者注　①　徼福（jiǎo fú）：祈福，求福。《左传·成公十三年》：“君亦悔祸之延，而欲徼福于先君献穆。”

②　祀典：祭祀的仪礼。唐·陈羽《明水赋》：“神灵是享，祀典攸传。”

震恐树神，或杖伤之男鬼；巽必缢死，或颠仆之阴人。

八卦仔细推详，诸鬼自能显应。

此以八卦推之，乾象为天神，在此宫属火，宜许点天灯斗愿类。

更值勾陈，必有土神见碍；如临朱雀，定然咒诅相侵。

白虎血神，玄武则死于不明之鬼；青龙善愿，螣蛇则犯乎施相之人。

此以六神推之。勾陈职专田土，鬼爻临之，乃是土神为祸类。

金乃伤司，火定灶神香愿；木为枷锁，水为河泊江神。

此以五行推之。金乃刀兵所伤之鬼，旺是伤神，衰是伤鬼类。

若见土爻，当分厥类。

土鬼阴爻是阴土，阳爻是阳土，或从木化是树头土，临应冲世是飞来土。若日月动变者，五方土类也。

鬼墓乃伏尸为祸，财库则藏神不安。

鬼爻属金，卦有丑动是金墓；妻财属木，卦有未动是木墓。余仿此。

修造动土，必然煞遇勾陈；口舌起因，乃是土逢朱雀。

此亦土鬼也，如勾陈，必因修造动土，以致不安。

或犯井神，水在初爻遇鬼；或干司命，火临二位逢官；

若在门头，须犯家堂部属；如临道上，当求五路神祇[①]。

四遇世神，鬼必出门撞见；六逢月合，神须远地相干。

水鬼临于初爻断井神，火鬼临于二爻断司命，如鬼临三爻断家堂，如临五爻断路头五圣，临四爻断出门撞祟，临六爻断远处染邪。

鬼克身冤家债主，身克鬼妻妾阴人。

我去生他，卑幼儿童僧道；他来生我，宗祖尊长爹娘。

若无生合克刑，必是兄弟朋友。

此以卦身推之。鬼生卦身为父母，卦身生鬼为子孙，鬼克卦身为冤

校者注　①　五路神祇：即五路神，又称路头神。是中国民间所信奉的一位财神。人们在正月初五祭拜路头神，并以此日为其生日，祭晒迎接，颇为壮观。文武财神是中国民间所谓的正财神，在正财神之外，还有偏财神，这是就财神所在的神像位置而言的。中国民间的偏财神经常是指被称为“五路神”的财神。

仇，卦身克鬼为妻妾，二者比和为兄弟朋友姊妹之鬼。

刑不善终，绝则无祀。

鬼带刑爻，必非善终之鬼，当以五行所属，推其何死鬼。不上卦，看伏何爻下，便知是何鬼祟；如伏父下为家先，伏福下为小儿类。

如临日月，定然新死亡灵；

卦无官鬼，而日辰是鬼者，必然新死亡灵为祸。若日辰是鬼，而卦中又有鬼，是近日新许之愿未酬也。

自入墓刑，决是狱中囚犯。

如未日占卦，得木爻官鬼入墓，必是死于囹圄囚狱之鬼。旺相发动，则是庙神。

旁爻财合，必月下之情人；应位弟生，乃社中之好友。

财爻动合鬼爻，或财化鬼，鬼化财，自相作合者，必与病人私通之人为祸。

化出鬼爻临玄武，则穿窬之鬼；变成父母遇螣蛇，则魇魅[①]之精。

鬼动化出六亲，即以化出者断。如化兄为朋友、兄弟、妯娌类。若化鬼加玄武，必是盗贼。化父母，是伯叔六亲；加螣蛇，乃其家因匠人造作魇魅，以致人口不安。父化官，虽非螣蛇，亦是匠人作弊。

太岁鬼临，乃祖法之旧例；日辰官并，是口许之初心。

若太岁日辰俱官，则目下许酬祖先例未完。

持世则来酬旧愿，伏为有口无心；变财乃不了心斋，空则有头无尾。

鬼爻持世，有旧愿宜酬类。

鬼在宅中，居住不稳；官临应上，朝向不通。

内卦第二爻为宅，若动鬼临之，住宅不安，常有疾病；若应爻临鬼，其宅朝向不利，宜改作为喜。

兑卦金龙千佛像，坎宫木动犯划舟。

校者注　①　魇魅：用邪道致人死亡。厌魅之术是古代一种邪恶的巫术。清·纪昀《阅微草堂笔记·滦阳消夏录四》：“而世有蛊毒魇魅之术，明载于刑律。”此处魇魅指工匠搞鬼致宅内人丁不安。

金在兑宫发动，金身佛像；木在坎宫发动，舟辑之象。

水土交加在乾宫，则三元大帝；火金互动于兑卦，为五道伤官。

三官，天、地、水三官。乾宫土水互化，遇官爻者是也。五道，乃刀剑之神，在兑宫互相发动，而遇官鬼者是也。

三空无香火之堂，怪动有不祥之祸。

三爻空，其家不奉香火。怪爻四季月，初六爻是仲月，二五爻是孟月，三四爻是季月[①]。临父母必有怪器，加玄武是盗人之物，凡遇此爻动，虽非鬼爻，必是怪事。螣蛇又动临鬼爻，然后可言妖怪。

龙遇文书独发，经文可断；

如父母独发，乃祖宗求祀，临青龙则有善愿经文。

蛇逢官鬼属阴，梦寐难当。

鬼临螣蛇，必有虚惊怪异，若在阴宫阴象则有梦寐，冲克世爻用爻，必梦中所见神祟。

动入空中值鬼，恐失孝思之礼；

官爻动空化空，皆主先亡中有失祀礼。若在他宫外卦，则是眷属中曾会祀礼，不设其位。

静居宅上临木，家停暴露之棺。

木爻官鬼静临二爻，或木鬼伏于父母下，其家必然停柩不安。

（卜筮正宗卷之七终）

校者注　①　据《卜筮全书》，初爻、六爻是季月，二爻、五爻是仲月，三爻、四爻是孟月。原注解有误。

卜筮正宗卷之八　黄金策

刘诚意　撰　　王洪绪　注

种　作

农为国本，食乃民天；五谷不同，孰识异宜？

而布种一年关系，全凭卦象以推详。旺相妻财，丰登可卜。

妻财为农之本。凡占种作，先看财爻现与不现，有伤无伤，便知吉凶。然此一爻，虽不可无，亦不宜动，动则官鬼有气，终有损耗。若变出福爻则吉。

空亡福德，损耗难凭。

子孙为原神，最喜生旺发动为吉，若遇空亡，则财无生气，官鬼当权，定多损耗。

父母交重，耘耔徒知费力；

父母为辛勤劳苦之神，动则必主费力，收成亦减分数。

兄爻发动，年时莫望全收。

兄弟劫财，大怕发动。倘得子孙亦动，反许全熟年时。如子孙之爻衰静，莫望全收，又主工本欠缺。

鬼在旺乡，遇水神而禾苗淹腐；

鬼爻发动，若临水爻冲克身世，禾苗必为淹腐，更逢月建日辰动爻生扶，当有洪水横流之灾。

官居生地，加火煞而稼穑焦枯。

鬼在生旺之地，而临火爻动者，必主缺水；冲克刑克，恐有焦禾杀稼之祸。若有制伏，虽旱无妨。

土忌克身，水旱不调之岁；

土鬼发动，必主水旱不调，又主里社兴灾，否则田禾欠熟。

金嫌伤世，螟蝗交括之年。

金鬼发动克世，主有蝗虫，若不伤身伤世，财爻静旺者不为害也。

木则风摧，静须谷粃，生扶合世，主许无虞。

木爻发动，伤克世身，所种之物，必遭恶风摧挫。若化水爻，或与水兴同发，当有风潮颠没之患。木鬼不动。亦主虚粃，盖木爻乃五谷主星。更若福静财衰，必主秀而不实，财福动空化空，俱是虚粃，空好看之象也。

二爻坐鬼，必难东作于三春；五位逢官，定阻西成于八月。

二爻为内卦之主，五爻为外卦之主。内卦有官，种作时多阻；外卦有官，收成时多阻。若二五爻日辰刑伤，更看何爻受伤，便知何事阻节，如兄弟为口舌，如官爻为官讼、疾病也。

初旺则种籽有余，四空则耕牛未办。

初爻旺相，种籽有余，空则欠缺。四爻旺相，牛必强壮，衰空则无。动空化出子孙，或化丑爻而与应爻作合，俱租佃他人之牛也。

应爻生合世，天心符合人心；

当以应为天，以世为地。应爻生合世爻，治田遇好天；冲克世爻，则凡有所作，非风即雨。

卦象叠财爻，多壅争如少壅。

卦中财爻重叠太过，不宜多加垩壅；财爻不空、兄弟不动，而遇子孙发动者，多壅则多收也。

日带父爻，一倍工夫一倍熟；

父母若临日辰，或坐世上，必主辛勤劳苦。若非勤作，决然少收，盖一倍工夫则有一倍熟也。

财临帝旺，及时耕种及时收。

凡遇财在生旺爻上，不宜种作太迟，迟则少收。

要知始终吉凶，但看动爻变化；

动爻变财福吉，变兄鬼凶。父化兄鬼，辛勤不熟；父化财福，辛勤有收。财化兄、子化官，始则畅茂，终则空虚。兄化财、官化子，先遭伤损，后必如意。若然财旺化子孙，五谷丰登也。

欲识栽培可否，分详子位持临。

凡卜种植，当指定种籽分占。得子孙持临身世，财爻无刑伤克害，此种是必多收。如官鬼持身世，或父动、或财爻动变兄鬼，定主此种无收。

世值三刑，农须带疾；

世为治田之人，被日辰动爻刑冲克害，最为不利。若带白虎、三刑，农夫必然带疾，世持官爻亦然。如朱雀恐涉是非，持兄弟必欠工本，或种作不精。持财福，或得财生福合，皆大欢喜。

爻逢两鬼，地必同耕。

凡卦有两鬼出现，或鬼临应上动来作合，或日辰带鬼爻合世，或被兄弟合并，皆是包揽与人合种也。

父在外爻水辅地，虽高而潮湿；父居内卦日生田，固小而膏腴。

父母为田，在外卦其田必高，在内卦其田必低。生旺田肥，墓绝田瘦。临木田形必长，临土田形必短。临火是干旱地，临水是潮湿地，临金是白沙地。日辰冲克，人不顾恋；日辰生合，必是好田。

父化父，一丘两段；

卦有两父，或化出父爻见两重，或卦身出现重叠，皆出两处耕种。

冲并冲，七坎八坑。

日辰动爻冲克父爻，其田必不平坦，非七高八低，或六畜伤损，或行人践踏。

阳象阳爻，此地必然官科则[①]；

父母在阳宫阳爻，是官田科则也。

或空或动，其田还恐属他人。

父母空亡，田种不成，否则必非己产。临世发动，其田必有变更。化入空亡，或空合应爻，当卖与人。世临勾陈动，亦主田有更变。

坐落胎养，开辟未久；

校者注　①　科则：赋役制度名。科与课通，课即赋税之意。政府按田地类别等级而定的田赋标准，也指按田赋标准收税。清制，凡田地征收赋税，均依田地质量而立有科则，即纳赋之等级规则，亦即分等第纳赋。其等第之划分，按土地之优薄，分为上、中、下三则，各则内还可以划分等级。各则应纳之赋额有差，各地不一，均载于编征册内。

胎养，言其衰弱也。如父母安静，若遇衰弱之爻动来冲者，乃是新辟之田，父爻自值衰弱，动者亦然，或是新置者。若父持太岁月建，乃是祖遗产业。卦无父母，从世化出，自己续置。若财化出者，乃妻家奁田。从兄弟化出，合户之田。从鬼化出，官家田地，不然乃官斗则也。应爻化出，必是他人之田。

变成福德，沟洫分明。

父母化出福财，必然沟洫分明，其地亦善，必得高价。化兄，田不值钱，或未分析，或与他家之田合段。若系卦身，则是与人合种。化官，其田不美。

若是坎宫，必近江湖之侧；

父在乾宫，其田必高，纵在内卦，亦非洼下低田。父在坎宫，田必傍江湖。父在离宫，田边遭旱。父在震巽宫，田边必有树木。父在坤宫，田在郊外，田心之田也。父在兑宫，田边有官沟，或近池沼。

若伏兄弟，乃租乡邻之田。

此指种租而言。若父爻出现，看父爻，则知何人家之田。卦无父母，须看伏在何爻，如伏兄下，是邻家之田。若无父而动爻有化出者，是即其人之田也。如财爻化出，是妇人之田。余仿此。

蚕　桑

既言种植，合论蚕桑。采饲辛苦，只为丝绵而养育；吉凶悬惑，因凭卜筮于蓍龟。

诸家以水爻为忌，以火爻为用。孰知卜蚕以子孙为蚕，卜丝以财爻为丝，卜叶以财爻为叶价，至于水火，何忌何喜之有？倘财爻临应，或合应，或与动爻相合之财，皆为养蚕妇女，非丝非价也。宜变通。

初论子孙得地，则蚕苗必利；

凡占蚕，独以子孙为用，如子孙旺相得地，无刑冲克害，必蚕苗盛利也。

次凭财位当权，则丝茧多收。

凡占丝茧，独以财爻为用，如财爻旺相，有生合无冲克，自然丝茧多收。

福德要兴，更喜日辰扶助；

子孙为蚕身，旺相发动，蚕必兴旺。若衰弱，偶得日辰动爻生扶拱合，大吉之象。惟怕父爻及日辰伤克，蚕必有损。

妻财怕绝，尤嫌动象刑克。

凡占丝绵，如财爻休囚死绝，或日辰动爻刑冲克害，必无好茧，亦无好丝。若得生旺有气，不受伤克，大吉也。

兄弟临身，叶费而丝还微薄；

卦身如临兄弟，必主多费桑叶；克世伤世，必然缺饲，丝绵少收。

父母持世，心劳而蚕必难为。

父母为子孙之忌神，若临身世，虽或安静，必费收拾，倍加勤劳，然后可望，故言“蚕必难为”。日月不宜值之。

五行如遇官爻，必遭伤损；

官鬼发动属金，主有雾露，以至蚕多僵死。属木，主门窗不谨，蚕冒风寒。属水，主食湿叶，以致蚕泄。属火，克世，须防火灾，不然火仓太热，不通风气。属土，寒暖失宜，饲叶不均，眠起不齐，或分台迟缓，致蚕沙发热、蒸伤等类。

一卦皆无鬼煞，方始亨佳。

凡卜蚕一事，一卦无官，眠起无变，故云“亨佳”。

日主冲身，切忌秽人入室；

遇日辰相冲身世，或应爻动克，须防秽污人带魇入室，解犯蚕花，以致变坏。

妻财合应，必然污妇临蚕。

妻爻为养蚕妇，临太岁财爻，必是惯家，化子孙必然精制，化父母难为蚕苗，化官鬼有病。财爻化兄弟墓绝，蚕姑当有大难；临子孙胎或化子孙胎，必有孕。若与鬼爻应爻作合者，蚕妇必与外有情，遇有冲克，其事已露。

子受暗冲，每遇分台须仔细；

子孙为蚕身，出现不动，而被日辰动爻暗冲者，主分台时不加仔细，蚕恐伤损。

财无伤克，凡占叶价必腾增。

独占叶价贵贱，惟重财爻。若遇动爻日辰相生，后必叶贵；或财衰无气，或化入墓绝，皆主叶贱。

兄弟落空亡，丝翻白雪；

如遇兄弟死绝空伏不动，利有所望。独占丝必好，独占叶必贵，独占蚕反不旺也。

福身临巳午，茧积黄金。

凡养春蚕，在清明后收蚕苗，立夏后收丝茧，此时春末夏初，最宜子孙临巳午二爻。巳午者，言其旺相也。若子孙兴，财会局，大吉之兆。

父动化财，不枉许多辛苦；

父动克子，此非吉兆，如化财爻回头克制，不能伤克子孙矣，故曰“不枉许多辛苦”。

官兴变福，亦遭几度虚惊。

官鬼发动，育蚕必有损耗，若化子孙回头克制，庶几无事，然亦有虚惊。如买出火蚕养，比自收蚕苗更好。

卦出乾宫，若养夏蚕偏吉利；

蚕有春蚕、夏蚕。春蚕者，俗名“头蚕”也，清明后收蚕苗，立夏后收丝茧；夏蚕者，俗名“二蚕”也，芒种后收蚕苗，夏至后收丝茧。此时夏火炎炎，如得子孙爻属水反吉，因乾兑二宫子孙属水，故曰“若养夏蚕偏吉利”也。

母居刑地，如言蚕室定崩摧。

蚕房以父母论，生旺有气，修治整齐；死绝刑害，崩摧破败；带水自刑，蚕室必漏。水化父、父化水，皆作前断。

蚕茧献功，三合会财局而旺相；卦宫定位，六爻随动静以推详。

卦有三合，最怕会成父官局，大为不利。盖会局之爻不论四时，皆为旺论。如会父局则伤子孙，如会鬼局则伤兄弟，兄弟乃子孙之原神也。故占蚕，得三合财福二局，可作十分吉断。

六　畜

道形万物，理总归于一心；《易》尽三才，占岂遗乎六畜？

惟能精以察之，自得明而著矣。

凡占六畜，不可以其本命论之，当以指实一畜而卜，以子孙爻为用神，以财爻为身价断之。

命在福神，若遇兴隆须长养；

禽虫六畜之命，皆属子孙。旺相有气不空，必然长养易大；休囚墓绝，决然不济；若不上卦，或落空亡，皆不可畜养。

利归财位，如逢囚死定轻微。

大抵此占，惟牛马为力，其他为利而占。然力与利同归财爻，如逢休囚墓绝，财利必薄，气力不多，旺相方为大吉。

二者不可相无，一般皆宜出现。

无福则难养，无财则利少，财福不空俱出现，六畜相宜。

财旺福衰，虽瘦弱而善走；财空福动，纵迟钝而可观。

凡占牛马等物，子孙爻旺相主肥，休囚主瘦，动则强健。财爻旺相，则主有力，又主善走，后亦有力。

财若空亡，虽利暂时无远力；

财爻发动，但不宜化入空亡，必无久远力。

福临刑害，若非齾[①]鼻定凋疤。

子孙爻带刑败等爻，其畜主有破相。齾音亚，缺齿也。

相合相生，必主调良且善；相冲相克，定然顽劣不驯。

子孙生合世爻，六畜驯善，于我有益；若来刑冲克害，必主性劣不驯。

要知蹄足身形，须看临持八卦；欲别青黄白黑，须参生克六神。

乾为头，坎为耳，震为前足，艮为后足，巽为腰，离为目，坤为腹，兑为口。青龙色青，白虎色白，朱雀色赤，玄武色黑，勾陈、螣蛇

校者注　①　齾（yà）：缺齿；（器物）缺损。

色黄。凡占要以子孙所临为本身颜色，以他动来生克者断别处有异色。如子孙临玄武在乾宫，而被坤宫动克之，乃是黑身黄足；若被艮宫白虎动克，可言黄身白足。他仿此。凡克处多于生处，衰处少于旺处，自宜通变。

阴阳有雌雄牡牝之分；

禽曰雌雄，兽曰牡牝。以子孙属阴属阳，如阳爻子孙，占牛为牡，占马为雄之类是也。

胎养为驹犊羔雏之类。

马子曰“驹”，牛子曰“犊”，羊子“曰羔”，鸡子曰“雏”。凡遇子孙之胎养临于世爻上，必是此类。

身坐子胎，必是受胎之六畜；

如子孙之胎爻，临于身爻上，是有胎之畜，化出胎爻亦是。

福临鬼墓，须知有病于一身。

福临鬼墓，畜必有病，或被鬼冲，皆主有病也。

父动有伤，子绝则徒为劳碌；

父母发动，则伤子孙，六畜必有损失，更子孙墓绝无气，必主死亡，牧养亦徒劳碌。

兄兴不长，福兴则反有生扶。

兄弟发动，六畜不长；若得子孙，亦动财爻，则反叨其生扶，主易养利厚。

世若空亡，到底终须失望；

世爻空亡，必不称意，畜之亦有始无终。

鬼如发动，从来弗克如心。

鬼爻发动，占畜大忌。或六畜自有疾病，或因事而起祸端，日后必不如愿。详具于下。

逢金生旺，当虑啮人；值土交重，须忧病染。

金鬼发动，有蹼脾之患，若克世爻，必难触犯，世爻更绝，必被伤人。木鬼发动，主有结草之病；水鬼发动，主有寒病；火鬼发动，必主畏热；土鬼发动，须防瘟病。

官加蛇雀，必因成讼成惊；

官带腾蛇发动，异日此畜必有怪异惊骇。若临朱雀，必致口舌争讼；临玄武防偷盗，临白虎防跌蹼。

子变兄财，可验食粗食细。

子孙化出兄弟，主口娇食细；化出财爻，主食粗口杂。

财连兄弟，乃刍豢之失时；

子化兄是口娇不食，财化兄乃人之豢养失时，以致饥饿，非不食也。

子化父爻，必劳心之太过。

子孙发动，其畜必良，若化父回头来克，是人不爱惜，过劳其力，以致于伤。

福连官鬼，须防窃取之人；鬼化子孙，恐是盗来之畜。

子孙化鬼，日后必被人盗，否则病死；若官化子，恐人盗来者。生合世必有利，冲克世必有害。

官兄交变，难逃口舌之相侵；

卦中鬼变兄，或官兄俱动，必因此畜起是非口舌。

日月并刑，岂免死亡于不测？

日辰、月建、动爻，俱来刑克子孙，不免病死。

若占置买，亦宜福动生身；

凡占置买六畜，子孙发动，出产必多。要求生合世爻，必然好买易成，与世冲克，定难置买。

若问利时，最怕财兴化绝。

财爻出现，不空有气，持世生合世，不受伤克，不变兄鬼，即为有利。或化绝化克，皆主无利。

或赌或斗，皆宜世旺财兴；

北人好斗鹌鹑、鸡、羊，南人促织[①]、黄头。凡遇占此，要世爻有气克应，子孙发动，即是我胜；得月建、日辰、动爻刑克应爻，亦胜。

校者注　①　促织（cù zhī）：蟋蟀的别称，属于蟋蟀科，也叫蛐蛐儿。因其能鸣善斗，自古便为人饲促平民百姓，人们在闲暇之余都喜欢带上自己的“宝贝”，聚到一起一争高下。唐杜甫《促织》诗：“促织甚微细，哀音何动人。”

若世被应克，子孙空伏，官鬼发动，日月动爻反来刑克，必是他胜。

或猎或渔，总怕应空福绝。

凡占猎渔，要应生世，福神旺相，生合世身为吉，倘或空绝，不能得意。

乳抱者，宜胎福生旺而无伤；

凡占畜养母猪羊，要胎福二爻生旺，不受刑克，便无损害。

医治者，要父官衰绝而有制。

六畜有病，占医治疗，要子孙旺相有气，不遭刑克，而父母、官鬼休囚墓绝，或虽动而有制者，无妨。

求　名

书读五车，固欲致身于廊庙[①]；胸藏万卷，肯甘遁迹于丘园[②]？

要相国家，当详易卦。

父爻旺相，文成掷地金声；鬼位兴隆，家报泥金[③]喜捷。

凡占功名，以父爻为文章，鬼为官职。二者一卦之主，伤一则不成。若父爻旺相，文章必佳；官鬼得地，功名有望，泥金报喜。总言金榜题名，功成名就之意，非以鬼为音信也。

校者注　①　廊庙：指殿下屋和太庙，后指朝廷。《国语·越语下》："谋之廊庙，失之中原，其可乎？王姑勿许也。"

②　丘园：家园；乡村。《周易·贲卦》："六五：贲于丘园，束帛戋戋。吝，终吉。"王肃注："失位无应，隐处丘园。"

③　泥金：借指泥金帖子。宋·张元干《喜迁莺慢》词："姓标红纸，帖报泥金，喜信归来俱捷。"清·李渔《慎鸾交·耳醋》："少不的泥金捷到也香车至，不教望得眼生泪。"

财若交重，休望青钱之中选[①]；福如发动，难期金榜之题名。

惟卜功名，以财福反为恶煞。盖财能克父，子能克鬼，故也。如财爻持世，若得官动来生，而财无忌也；子孙固为忌客。

兄弟同经，乃夺标之恶客；

同类者为兄弟，求名见之，乃是与我同经之人。如遇发动，或月建日辰俱带兄弟，则同经者多，必能夺我之标。纵大象可成，名亦落后。

日辰辅德，实劝驾之良朋。

如父母官鬼无气，若得日辰扶起，克制恶煞，仍旧有望，故曰"辅德"。或世爻衰静空亡，得日辰生扶冲实，主有亲友资助盘费，辅其前往求名也。

两用相冲，题目生疏而不熟；

以官爻为用爻，喜合而不喜冲，若见官、父相冲，主出题生涩不熟也。

六爻竞发，功名恍惚以难成。

六爻皆喜安静，只要父母官鬼有气不空，月建日辰不来伤克，则吉。凡动则有变，变出之爻又有死墓绝空、刑克等论，皆为破败。故凡乱动卦，其大概不吉可知矣。

月克文书，程式背而不中；

父旺而得动爻日辰生合，其文字字锦绣。妻财伤克，必多破绽；月建冲克，其文必不中试官之程式也。

世伤官鬼，仕途窒而不通。

世乃求名之人，若持官鬼，或得官鬼生合，功名有望。若临子孙，则克制官鬼，是仕途未通，徒去求谋无济。

校者注　① 青钱之中选：青钱，指初唐及盛唐时铸造的开元通宝中的一些由白铜铸成的钱。这种钱轮廓深峻，精美异常，当时称作青钱，由于通体发出青白色光泽，十分受人喜爱。《新唐书·张荐传》："员外郎员半千数为公卿，称'鷟（张鷟）文辞犹青铜钱，万选万中'，时号鷟'青钱学士'。"唐朝工部侍郎张荐的爷爷张鷟（字文成），在唐高宗李治时考中进士，被任命为岐王李范府里的参军，因为他不善于巴结，官运一直不好。他想通过科举考试去解决官职问题，他一连考了八次，每次都是"甲科"均没有安排，人称他是"青钱学士"。"文辞犹青铜钱，万选万中"，后遂以"青钱万选"喻文才出众，屡试屡中。

妻财助鬼父爻空，可图侥幸；

父母空亡，若得财爻发动，生扶官鬼，侥幸可成。若财官两动，而父爻旬空，反不宜用，父爻不空可望。

福德变官身位合，亦忝科名。

正卦无官，若得子孙变出官鬼，与世身生合，得文书有气，功名有望，但不能高中也。

出现无情，难遂青云之志[①]；

卦中官父若不临持身世，反而临应爻；或发动而反生他爻，不来生合世身；或破坏墓绝，皆谓“出现无情”。虽在卦中，与我无益，所以“难遂青云之志”也。

伏藏有用，终辞白屋[②]之人。

官爻不现，但观其所伏何处，如得有用之官爻，俟值年当辞白屋矣。

月建克身当被责，财如生世必帮粮。

月建若在身爻，发动刑克世爻，而官爻失时者，必遭杖责。卦中官爻持世，而财爻发动生合世爻者，必有帮粮之喜。

父官三合相逢，连科及第；

卦有三合，会成官局者，必主连科及第[③]，会成父局亦吉。

龙虎二爻俱动，一举成名。

青龙白虎俱在卦中，动来生合世爻，必中魁选。若持官父，或持身世尤妙。

杀化生身之鬼，恐发青衣[④]；

以子孙为煞，乘旺发动，必遭斥退；若得化鬼爻生世，终不脱白，

校者注　①　青云之志：指远大的志向。语出唐王勃《滕王阁序》：“老当益壮，宁移白首之心？穷且益坚，不坠青云之志。”

②　白屋：古代指平民的住屋。因无色彩装饰，故名。

③　连科及第：古代把连中乡试、会试、殿试三个第一的称为连科及第。能取得这样成绩可谓仕途光明、前程远大。

④　青衣：青色的衣服。多为古代低阶文官或卑贱者所穿的衣服。亦称为“青衫。”

无过降青衣而已。卦有财动，合住子孙，可用资财谋干，能复旧职。

岁加有气之官，终登黄甲[①]。

太岁之爻，最喜有情。若临鬼爻，是人臣面君之象，更得生旺有气，必然名姓高标。

病阻试期无故，空临于世位；

动爻日辰不伤世爻，而世爻落空，大凶之象。试前占，去不成，强去终不利，轻则病，重则死。

喜添场屋有情，龙合于身爻。

若大象既吉，更得龙动生合世身，不但名成，必然别有喜事。空动，出空之月日见喜。

财伏逢空，行粮必乏；

六爻无财，伏财又居空地，必乏行粮，盘缠欠缺。

身兴变鬼，来试方成。

卦遇不成之兆，而得身世爻变官鬼有气，而父母不坏者，下科可中也。

卦值六冲，此去难题雁塔[②]**；爻逢六合，这回必占鳌头**[③]。

占功名，得六冲卦必难成，得六合卦必易得也。

校者注　①　黄甲：科举甲科进士及第者的名单。因用黄纸书写，故名。宋·赵昇《朝野类要·举业》："正奏名五甲也，吏部谓之黄甲阙榜，第五甲旧多贵显，故或称为相甲。"亦指进士及第者。

②　题雁塔：即雁塔题名。古代科举制度中，进士及第的代称。雁塔即大雁塔，在陕西西安的慈恩寺中。为唐玄奘所建。唐朝新中进士，均在大雁塔内题名。故以"雁塔题名"代称进士及第。

③　占鳌头：即独占鳌头，科举时代称中状元。鳌头：宫殿门前台阶上的鳌鱼浮雕，科举进士发榜时，状元站此迎榜，皇帝在殿前召见新考中的状元、榜眼等人。状元跪在前面，正好是飞龙巨鳌浮雕的头部。后来比喻占首位或第一名。语出元·无名氏《陈州粜米》楔子："殿前曾献升平策，独占鳌头第一名。"

父旺官衰，可惜刘蕡[①]之下第；父衰官旺，堪嗟张奭[②]之登科。

父母官鬼，皆宜有气无损，功名可成。若父母爻旺相，官鬼空亡，或不上卦，文字虽好，不能中式。如刘蕡之锦绣文章，竟不登第。若父爻衰弱，得官爻旺动，扶起文书，文字虽平常，可许成名。如张奭之文章，虽欠精美，反登高第也。

应合日生，必资鹗荐[③]；动伤日克，还守鸡窗[④]。

父官化绝，名必不成。若应爻、动爻或月建日辰扶起官鬼，必须浼人推荐，或用财买求可成。

世动化空用旺，则豹变翻成蝴蝶[⑤]；

若得必中之卦，如遇世爻发动，变入墓绝，恐成名之后不能享福。游魂死于途中，归魂卦到家而死。墓绝是太岁，逾年而死也。

校者注　① 刘蕡（fén）：字去华，唐代宝历二年（826年）进士，善作文，耿介嫉恶，祖籍幽州昌平，就是今天的北京市昌平区。太和一年参加“贤良方正”科举考试时，秉笔直书，主张除掉宦官，考官虽赞善他的策论，但不敢录取。时被选者二十三人，所言皆亢龊常务，颇得优调。河南府参军李郃（tái）谓人曰：“刘蕡下第，我辈登科，实厚颜矣！”

② 张奭（shì）：唐天宝年间御史中丞张倚之子。天宝二年（743年），张奭到吏部候选。吏部侍郎苗晋卿与宋遥因张倚正受唐玄宗宠信，欲攀附于他，便在录取的六十四名官员中将张奭列为第一。时人都知张奭从不读书，因此群议沸腾。前蓟县县令苏孝韫告知安禄山，安禄山则趁觐见之时奏与唐玄宗。唐玄宗亲自在花萼楼测试，录取官员能通过考核者只有十之一二，张奭则直接交白卷。唐玄宗大怒，将苗晋卿、宋遥、张倚一同贬官。奭：盛大的样子。

③ 鹗荐：比喻推举有才能的人。东汉孔融《荐祢衡疏》：“鸷鸟累百，不如一鹗。使衡立朝，必有可观。”孔融，字文举，建安七子之一。他举荐人才，非常重视真才实学，不欣赏夸夸其谈的人。他认为一百只猛禽枭鸟，也没有一只鱼鹰来得实际。他觉得祢衡人品才能兼备，便上表举荐他。后遂以“鹗荐”比喻推举有才能的人。亦作“荐鹗”、“祢鹗”、“荐衡”、“孔融荐祢衡”等。

④ 鸡窗：亦作“鸡牕”。《艺文类聚》卷91引南朝宋·刘义庆《幽明录》：“晋兖州刺史沛国宋处宗尝买得一长鸣鸡，爱养甚至，恒笼著窗间。鸡遂作人语，与处宗谈论，极有言智，终日不辍。处宗 因此言巧大进。”后以“鸡窗”指书斋。

⑤ 豹变翻成蝴蝶：豹变，像豹子的花纹那样变化。刚出生的小豹子很丑陋，但逐渐会变得雄健而美丽。这是一个漫长的过程，不知不觉中，平凡已化为卓越。比喻润饰事业、文字或迁善去恶。出自《周易·革卦》：“上六，君子豹变，小人革面。”也用来比喻地位高升而显贵。翻成蝴蝶，指化为幻影。

身官化鬼月扶，则鹏程连步蟾宫[①]。

卦身为事体，功名尤宜见之，怕临财福。如得官爻临之，必有成望，更若发动化官爻，而得月建生合者，必主连科及第。

更详本主之爻神，方论其人之命运。

本主者，本人之主爻也；自占以世爻论，占子侄看子孙爻类。此爻最怕伤克变坏。如此搜索，吉凶自应。

虽赋数言，总论穷通之得失；再将八卦，重推致用之吉凶。

仕宦

为国求贤，治民为本；致身辅相，禄养为先。

旺相妻财，必得千钟之粟[②]；兴隆官鬼，定居一品[③]之尊。

未仕求名，不要财爻；已仕贵人，要见财爻。盖有爵必有禄，未有无俸而居官者。故凡占官员，得此爻旺相，俸禄必多；若财爻休囚，或空或伏，未得俸禄；财动逢冲，因事减俸；或日辰月建冲财，而刑害世爻及官爻者，恐有停俸罢职之患。官鬼旺相，官高爵大；休囚死绝，

校者注 ① 鹏程连步蟾宫：鹏程，鹏鸟的飞程，比喻远大的前程。语出道潜《次韵孔天瑞秀才见寄》："来岁如今好时节，看君高步蹑鹏程。"蟾宫，指月宫。连步蟾宫是指在科举应考中接连得中。

② 千钟之粟：即千钟粟，指官员的优厚俸禄。宋真宗赵恒《励学篇》："富家不用买良田，书中自有千钟粟。安居不用架高楼，书中自有黄金屋。出门莫恨无人随，书中车马多如簇。娶妻莫恨无良媒，书中自有颜如玉。男儿欲遂平生志，五经勤向窗前读。"

③ 一品：封建社会中官品的最高一级。自三国魏以后，官分九品，最高者为一品。一品分为正一品和从一品。正一品是古代官品等级的最高级别，官职为太师，太傅，太保，光禄大夫，中和殿大学士、保和殿大学士、武英殿大学士、文华殿大学士、文渊阁大学士、体仁阁大学士、东阁大学士，领侍卫内大臣，銮仪卫掌卫事大夫，建威将军，子爵（清朝时期）。从一品是封建社会九品十八级官制中的第二等级，正一品和从一品是不同职位的，简单的说，同品阶中，正一品比从一品官阶稍大。从一品官职为少师、傅、保，太子太师、傅、保，协办大学士，六部尚书，理藩院尚书，都察院左、右都御史，内大臣，满洲、蒙古、汉军八旗都统，驻防将军，乌鲁木齐都统，察哈尔都统，提督，荣禄大夫，振威将军（清朝时期）。

官小职卑。若发动生合世爻，得月建日辰生扶，必有升擢①。

子若交重，当虑剥官削职；

子孙若在卦中发动，所谋必不遂意。已任者，恐有褫职②之祸。

兄如发动，须防减俸除粮。

兄弟发动，不免费财多招诽谤；如与子孙同发，或化子孙，必有除粮减俸之事。持身临世，皆不吉利也。

父母空亡，休望差除宣敕③；

父母爻为印绶、文书、诰牒④、宣敕、奏书、表章，卦中不可无，宜旺不宜衰，扶世最吉。若持太岁有气，生合世爻，主有朝廷宣召；如加月建，乃上司奖励之类；若空亡则休望也。

官爻隐伏，莫思爵位升迁。

官爻临持身世，或动来生合世爻，不受月建日辰冲克者，凡有谋望，必能称意。

月建生身，当际风云之会⑤；岁君合世，必承雨露之恩⑥。

太岁乃君象，月建是执政之官，若得生合世身，必有好处。惟怕冲克世身，必遭贬谪⑦。如月建扶出官爻世爻者，必是风宪⑧之职。太岁加父母，扶出官爻及世爻者，必有天恩，更得生旺尤美。

世动逢空，居官不久；

若是出巡之职，世动逢空，反利已任。遇日辰动爻相冲，必不久任

校者注　①　升擢：提拔晋升。唐韩愈《除崔群户部侍郎制》："及贰仪曹，升擢惟允。"

②　褫职（chǐ zhí）：革去官职。褫：剥夺。

③　宣敕（chì）：公布帝王的诏书、命令。

④　诰牒：皇帝赐爵或授官的凭证。牒：是中国古代官府往来文书的文种名称之一。原是文书载体名称，指用竹或木制成的短简。将短简编连在一起也称为牒。图牒指书籍。

⑤　当际风云之会：即风云际会，比喻有才华、有作为的人在难得的好时机聚合。

⑥　雨露之恩：滋生万物的雨露的恩情。比喻恩泽、恩情。明·程登吉《幼学琼林·天文》："望切者，若云霓之望；恩深者，如雨露之恩。"

⑦　贬谪：古代官吏因过失或犯罪而被降职或流放。

⑧　风宪：古代御史掌纠弹百官，正吏治之职，故以"风宪"称御史；泛指监察、法纪部门。

政事。

身空无救，命尽当危。

世临无救之空，不拘已任、未任，必有大难，甚至死亡。若欲求谋干事，则主不成。

鬼化福冲当代职，

出巡官，宜鬼爻发动；牧守官，宜官爻安静。若鬼动化子，必有别官替代。

财临虎动必丁忧[1]。

凡占官，不可无财，亦不可发动，若鬼爻无气而得财动扶起，必须用财谋干，方得升迁。若父母衰弱，而遇此爻加临白虎旺动者，必有丁忧之事。

日辰冲克，定然诽谤之多招；

日辰刑冲克世，必遭诽谤。依五类推之。如带兄弟，因贪贿赂或征科太急；带财爻，因财赋不起；带子孙，因贪酒好游，怠于政事；带父母，因政事繁剧，不能料理；带官鬼，非酷刑则同僚不协。若世临月建，虽有诽谤，不能为害。

鬼煞伤身，因见灾殃之不免。

官鬼动来生合世者为用神，如动来克伤世爻者为鬼煞。生扶合世，必有进取之兆；刑冲克世，必有凶祸。

兄爻化鬼无情，同僚不协；

兄弟为僚属。卦中鬼动，化出兄弟，冲克世爻，主同僚不和，或兄弟刑害伤世皆然；世克兄爻，是我欺他也。

太岁加刑不顺，贬责难逃。

太岁动伤世爻，必遭贬责，更加刑害虎蛇，必有锁钮擒拿之辱也。

卦静世空，退休之兆；身空煞动，避祸之征。

已任，世爻空亡，若六爻安静，日月岁君未伤，乃是休官之象。若

校者注　①　丁忧：根据儒家传统的孝道观念，朝廷官员在位期间，如若父母去世，则无论此人任何官何职，从得知丧事的那一天起，必须辞官回到祖籍，为父母守制二十七个月。丁忧源于汉代，至宋代则由太常主其事。丁，遭逢、遇到之意。忧，居丧。

动鬼同日月岁君伤克世爻者，如世爻旬空，急宜避之，可免祸也。

身边伏鬼若非空，头上乌纱终不脱。

或得鬼爻临身持世，或本宫鬼伏世下，虽见责罚，官职犹在。若不临持身世，或不伏于世下，或虽伏仍遇空亡者，必遭黜革。

财空鬼动，声名震而囊箧空虚；

凡得官动，生合世爻，日月动变又无冲克者，为官必有声名闻望；更得财爻生扶合助，则内实贪赂，外不丧名；若财爻空伏死绝，声名虽有，贿赂却无也。

官旺父衰，职任高而衙门冷落。

父母旺相，衙门必大，休囚则衙门必小。若官旺父衰，又非小职，乃闲静冷落衙门；官父俱衰，职卑衙小。

职居风宪，皆因月值官爻；

官鬼不临月建，定非风宪之职；若临月建，又得扶出世爻，决是风宪之任，必非州县之官。如带白虎刑爻，主镇守边陲，职掌兵权。

官在贰司[①]，只为鬼临傍位。

官临子午卯酉是正应官也，官临寅申巳亥乃佐贰职官，临辰戌丑未乃杂职官，如临月建日辰，乃掌印之官也。

抚绥[②]百姓，兄动则难化愚顽；

凡任牧民之官，要财爻旺而不动，父母扶而不空，方是善地。若财爻空绝，父爻受制，则地脊民贫；父母动临世上，政必繁剧；兄弟持世，财赋不起，或贫民难冶。

巡察四方，路空则多忧惊怪。

钦差出巡，怕世爻逢空。若世在五爻空，须防日月刑克，恐途中有患难莫测之祸害耳。

出征剿捕，福德兴而寇贼歼亡；

凡任将帅之职，或征讨之官，平居卜问，不宜子孙发动，主有降

校者注　①　贰司：古代官员的简称，多指司徒、司空两个官职。

②　抚绥：基本意思为安抚，安定。《书·太甲上》：“天监厥德，用集大命，抚绥万方。”

调。如临卜问，则喜子孙发动，必成剿捕大功。更得岁君月建生合世爻，主有升赏。官鬼不作爵位，当作寇贼论。世克应亦吉。

镇守边陲，卦爻静而华夷安泰。

镇守地方，不拘文武官职，皆宜六爻安静，日辰月建不相冲克，则安然无惊。若遇官鬼发动，世应冲克，必多骚扰。宜通变推之。

奏陈谏诤，哪堪太岁刑冲；

凡遇奏对、陈疏、上章、谏诤，及赴召面君类，皆忌动爻冲克，并忌太岁刑克世爻。若太岁月建生合世爻，必见谕允；如来冲克，须防不测之祸。

僧道医官，岂可文书发动？

僧道医官皆以子孙为用，如父动则伤僧道医官，则用药不灵，反为不美。克冲须防是非。

但随职分以推详，可识仕途之否泰。

（卜筮正宗卷之八终）

卜筮正宗卷之九 黄金策

刘诚意 撰 王洪绪 注

求 财

居货曰“贾”，行货曰“商”，总为资生之计；

蓍所以筮，龟所以卜，莫非就利之谋。

要问吉凶，但看财福。

财为本，福为利，二者不可损坏。卦中子孙之爻，称曰“福神”。

财旺福兴，无问公私皆称意；财空福绝，不拘营运总违心。

财爻旺相，子孙发动，不拘公私之谋，皆能称意；或伤克，或临墓绝无救，不拘买卖，皆违心所愿。

有福无财，兄弟交重偏有望；

有者，言其发动之意；无者，言其伏藏之意。凡卜求财，卦中子孙爻动而无伤，则财源丰厚，固吉。如再见兄弟爻发动，生扶子孙，则财愈加根深蒂固，故曰“兄弟交重偏有望”，皆为子孙亦动也。

有财无福，官爻发动亦堪求。

子孙藏伏，财无生气，一遇兄弟便被劫夺，须得卦中官爻发动，或日辰是鬼克制兄弟，亦可求谋。如有子孙，而官鬼动则有阻滞，反不易矣。

财福俱无，何异守株而待兔；

有财无福，财必艰难，岂可财福俱无？守株待兔[①]，喻妄想也。

校者注 ① 守株待兔：原比喻希图不经过努力而得到成功的侥幸心理。现也比喻死守狭隘经验，不知变通。株：露出地面的树根。汉·王充《论衡》：“犹守株待兔之蹊；藏身破置之路也。”

父兄皆动，无殊缘木以求鱼。

父母能克子孙，能生兄弟，父兄皆动，犹如缘木求鱼[②]，言必不可得也。

月带财神，卦中无而月中必有；

月建为提纲，若带财爻，虽正卦无财，而伏财亦叨，月建拱扶所伏之神，值日必有得也。

日伤妻位，财虽旺而当日应无。

财爻旺相，生合持世，乃是必得之象，若被日神克制，须过此日，然后可得。

多财反覆，必须墓库以收藏；

卦中财现三、五重为太过，其财反覆难求，须有财之库爻持世身，谓之"财有收藏"，必得厚利也。

无鬼分争，又怕交重而阻滞。

无鬼，兄必专权，财虽有气，亦多虚耗，兄更发动，必有争夺分散财物之患；官鬼又不宜动，动则必有阻隔。

兄如太过，反不克财；

兄弟乃占财之忌煞，日月动变俱带兄弟，重叠太过，一见子孙发动，反不克财，其利无穷！子孙安静多不吉。

身或兄临，必难求望。

卦身一爻，占财体统，若持兄，不拘作何买卖，问何财物，皆无利益；兄弟持世亦然。

财来就我终须易，我去寻财必是难。

财爻生合世爻，持世克世，皆谓"财来就我"，必然易得。若财爻而与世爻不相干者，谓"我去寻财"，必难望也。

身遇旺财，似取囊中之物；世持动弟，如捞水底之针。

世为求财之人，若临财爻，虽或无气，必主易得，旺相更美。若临兄弟，虽或安静，亦主难得，发动尤甚。

---

② 缘木求鱼：爬到树上去找鱼。比喻方向或办法不对头，不可能达到目的。缘木：爬树。语出《孟子·梁惠王上》："以若所为，求若所欲，犹缘木而求鱼也。"

福变财生，穰穰利源不竭；

占财，得子孙发动，利必久远，更兼财爻生合世身，乃绵绵不绝之象，尽求尽有；财化子亦然。

兄连鬼克，纷纷口舌难逃。

旧注言“兄弟变官鬼来克世，是有口舌纷纷”，予以为谬。大凡卦中兄弟动克世爻，化官鬼回头克制，则不能口舌耗损矣。予之屡验者，卦中官鬼兄弟皆发动，固有口舌是非。兄连鬼克者，此谓“兄弟与官鬼”也，非谓“兄弟化官鬼”也。

父化财，必辛勤而有得；

父化财，不能自然而得，必勤劳可有。兄化财，先散后聚，或利于后、不利于前。官化财爻，生合世身，最利公门谒贵，及九流艺术之人，求财十分有望。如官来克世，谓之“助鬼伤身”，公私皆不吉也。

财化鬼，防耗折而惊忧。

财化官或化兄，最凶，主损折驳耗，更见世爻有伤，恐因财致祸。

财局会福神，万倍利源可许；

卦有三合，会成财局，而在卦中动来生世，主财利绵绵不竭，更得财旺，可许万倍财利。会成福局，动来生合世爻者亦然。

岁君逢劫煞，一年生意无聊。

凡占久远买卖，最怕太岁临持兄弟，主一年无利。持官鬼一年惊忧，持父一年艰辛，持财福一年顺利也。

世应二爻空合，虚约难凭；

世空有财难得，应空难靠他人，世应俱空，谋无准实。空动带合，谓之“虚约”，化空亦然。

主人一位刑伤，往求不遇。

主人如求贵人财，鬼为主；求妇人财，财为主类。若主爻遇日辰动爻刑伤，或自空、或化空，皆主不遇，遇亦不利。

世持空鬼，多因自己迟疑；

鬼爻持世，财必相生，凡求必易；若遇空亡，乃自不上前，迟疑退怯，故无成也。世持空财亦然。

日合动财，却被他人把住。

财爻动来生合，固是易得之兆，若被动爻日辰合住，其财必有人把住，不能与我。要知何人把持，以合爻定之；如父母合住，为尊长把持类。要知何日到手，必待逢冲之日方有也。

要知何日得财，不离旺衰生合；

财动入墓或被合，皆待冲日得。或动财遇绝，必待生日得。逢冲，合日得。动逢月破，填实逢合日得。或安静，逢冲日得。旬空，出旬得。伏藏，出现日得。

欲决何时有利，但详春夏秋冬。

凡占货物，何时得价，不可概以财临五行断之，如木财断春冬得价。又宜以冲待合、合待冲、绝逢生、墓待开等法断，又宜以子孙爻断。又如，财坐长生之地，一日得价一日；若坐帝旺，目下正及时，迟则贱而无利。

合伙不嫌兄弟，

凡占合伙买卖，若世应俱财爻，必然称意。兄临卦身，必至分财故也。静者无嫌，动则不宜。

公门何虑官爻。

占财皆忌官动，主有阻隔。惟求公门之财，必然倚托官府，必得旺相生合世身则吉，刑克世爻，祸害立至！

九流①术士，偏宜鬼动生身；

九流求财，以鬼爻为主顾，出现发动，生合世爻，必然称意，忌刑克世爻。

六畜血财，尤喜福兴持世。

凡卜贩卖牲口、蓄养六畜，皆要子孙旺相，持世临身则吉；父母发动，则有损伤；化出土鬼，须防瘟死；福旺财空，六畜虽好而无利。

校者注　①　九流：中国古代对儒家、道家、阴阳家、法家、名家、墨家、纵横家、杂家、农家等九个学术流派的总称。九流又分为上九流、中九流、下九流。上九流：一流佛祖二流天，三流皇上四流官，五流阁老六宰相，七进（进士）八举（举人）九解元。中九流：一流秀才二流医，三流丹青（画家）四流皮（皮影），五流弹唱六流金（卜卦算命），七僧八道九棋琴。下九流：一流高台二流吹，三流马戏四流推，五流池子六搓背，七修八配九娼妓。

世应同人，放债必然连本失；

凡放私债，最忌世应值兄弟，必无讨处；财爻更绝，连本俱无，世应值空亦然。

日月相合，开行定主有人投。

开行人占财，世应要不空，财福要全备，官鬼要有气，父兄要衰静，斯为上吉。更得月建、日辰、动爻生合世爻，则近悦远来，财利必顺。动出官兄，常有是非口舌，应空主开不成。

应落空亡，索借者失望；

求索假借，不宜应空，空则不实，必得物爻不空，缓图庶可有望。如衣服、经史看父母，六畜、酒器看福爻。其余财物、食物，皆看财爻。

世遭刑克，赌博者必输。

凡占赌博，要世旺应衰，世克应我胜，应克世他胜。兄鬼动来刑克世爻，或临兄弟，或世爻空，皆主不胜。世应静空，赌博不成。世坐官爻，防他合谋骗我。间爻动出官鬼兄弟，多致争斗。

鬼克身爻，商贩者必遭盗贼；

买卖经商，若遇官临玄武动来克世，必遭盗贼之祸。

间兴伤世，置货者当虑牙人①。

买货要应爻生合世位，必然易成；刑克世，必难置。物爻太过货多，物爻不及货少，空伏货无。物爻者，六畜看子，五谷看财爻类。最怕兄鬼交重，须防光棍诓骗。在间爻伤克世爻，当虑牙人谋劫财物。出路买货应空，多不顺利。

停塌者，喜财安而鬼静；

积货不宜财动，动恐有变；亦不宜空，空恐有更。官鬼若动，兴灾

校者注　①　牙人：旧时居于买卖人双方之间，从中撮合，以获取佣金的人。又叫牙子，牙郎，牙侩。在西周时期，这种中介人称为质人，到了西汉就称作驵（zǎng）侩，最后唐朝以后才叫牙人。现代代替牙人的商业中介组织主要为各种交易所、信托公司、经纪人等等。

作祸莫测；即如父母化官鬼刑克世爻，货被雨水渰[1]腐。故塌货[2]者宜六爻安静，惟子孙喜动。

脱货者宜财动而身兴。

财动则主易脱，世动主易卖也。如财在外动生世，宜往他处卖；如在内动生世，就本地脱之可也。倘财爻持世，有子孙爻在外动，亦宜往他处脱。学者宜通变。

路上有官休出外，

五爻为道路，临官发动，途中必多惊险，不宜出外。要知有何灾咎，以所临六神断，如白虎为风波，玄武为盗贼之类。

宅中有鬼勿居家。

二爻为住宅，在家求财，鬼动此爻，必然不利，以所临五行断，火鬼忌火烛类。得子孙持世发动，庶几无害，如无子孙发动，宜迁店铺可解。

内外无财伏又空，必然乏本；

动变必无财，又伏空地，其人虽欲经营，必无赀本。

父兄有气财还绝，莫若安贫。

父兄二爻有气，恐防折本，故不若安贫守份为高也。

生计多端，占法不一，但能诚敬以祈求，自可预知其得失。

家　宅

创基立业，虽本人之经纬；关风敛气，每由宅以肇端[3]。

故要知人宅之兴衰，当察卦爻之内外。

内为宅，外为人，详审爻中之真假；

内者，内卦也，内卦第二爻为宅舍；外者，外卦也，外卦第五爻为人口。凡占家宅，最重者宅舍、人口、财官父兄子、世应、日辰、月

校者注　① 渰（yǎn）：通“淹”。淹没。

② 塌货：积货。

③ 肇端：开端；起始。宋·王楙《燕翼诒谋录》卷五：“详考前后诏令，肇端于真宗之朝，而详密于仁宗之朝。”

建、岁君。凡内卦二爻克五爻，谓“宅去克人”，凶；或外卦五爻克二爻，谓“人来克宅”，吉。或内卦二爻生五爻，谓“宅去生人”，吉。

合为门，冲为路，不论卦内之有无。

合二爻为门，冲二爻为路，卦爻内不必明现冲合。且如，天风姤卦，二爻辛亥水为宅，寅与亥合，以寅为门，巳亥相冲，以巳为路，卦内本无寅巳二爻。姤属金，以寅木为财，巳火为鬼。寅为财，即是门，利；巳为鬼，即是路，不吉也。余仿此。

龙德贵人乘旺，岳岳[①]之侯门；官星父母长生，潭潭[②]之相府。

龙者，青龙也；德者，年月日建谓之德。官星，即官鬼也；贵人，即天乙贵人也。如青龙、文书、官鬼、贵人临年月日建、临宅、临身、临命，主有官职之象也。

门庭新气象，交重得合青龙；

交重青龙不空，在日辰旬内得生旺，主鼎新创造；倘值休囚，主修旧合新门之象。临财新修旧厨，临父新修旧堂，临兄新修门户，临子新修房舍，临官新修厅堂屋宇。

堂宇旧规模，宅舍重侵白虎。

白虎交重，休囚空绝，主远年建造，破旧不整。

土金发动，开辟之基；父母空亡，租赁之宅。

土化金、金化土，为开辟之基。父母为房屋，逢空无气，更逢应爻、日辰、动爻化文书，与宅相生相合，主是租赁之地。

门庭热闹，财官临帝旺之乡；

财、鬼、龙、德、贵人，乘旺长生之位，临宅生合世爻，主家庭热闹。

家道兴隆，福禄在长生之地；交重生克，重新更换厅堂。

福即子孙，禄即妻财，在生旺之位，临宅临人，生身生世，主家道兴隆。第二爻发动，或生或克，主改造厅堂。

校者注　①　岳岳：挺立貌；耸立貌。《楚辞·九思·悯上》：“丛林兮崯崯，株榛兮岳岳。”王逸 注：“岳岳，众木植也。”

②　潭潭：深广的样子。唐·韩愈《符读书城南》：“一为马前卒，鞭背生虫蛆；一为公与相，潭潭府中居。”

世应比和，一合两般门扇。

比和者，兄弟也。或临兄弟，或世应化兄弟，或临宅爻，或合宅爻，主一合两般门扇。

门路与日辰隔断，偏曲往来；宅基与世应交临，互相换易。

且如，巽卦辛亥水为宅，以寅合为门，日辰与动爻如临子，子与寅虚有丑字隔之；如临辰，辰与寅虚有卯字隔之，谓之“隔门”。又如，巳冲亥为路，日辰与动爻临卯，卯与巳虚有辰字隔之，如临未，未与巳虚有午字隔之，谓之“隔路”。如遇隔断者，门路曲折也。宅临之爻在世，世临之爻在日，宅并日辰、动爻，主换易宗族之家基地。应临之爻在宅，宅临之爻在应，并日辰、动爻，主易换外人基地。

世与日辰克宅，破阻不宁；

世爻与日辰同去克宅爻，主破阻不宁。

宅临月破克身，生灾不已。

月破之爻动克世爻及身命之爻，主生灾不已。

应飞入宅，合招异姓同居；

应临之爻与宅爻相同，谓之“应飞入宅”，主有异姓同居。

宅动生身，决主近年迁往。

宅爻动来生世生身，必主近年迁往。

门逢三破，休败崩颓；

三破，谓年月日冲破也。如临兄弟，主门户破，墙壁毁；临子财，主房舍、厢廊、烟厨破坏类也。

宅遇两空，荒闲虚废。

如宅爻在日辰旬之空，又在当家本命旬之空亡，主荒闲虚废，或是逃亡死绝之屋。

世临外宅，离祖分居；

宅爻与正卦世临之爻相同，或与变卦世临之爻相同。如明夷卦，二爻己丑为宅，世临四爻，为世临外宅。余仿此。动则离祖分居，不动则主偏宅也。

应入中庭，外人同住。

应临之爻与宅临之爻相同者是，如剥卦、井卦。应临宅爻，亦为应入中庭，主外人同居，日辰同临为寄居也。

宅合有情之玄武，门庭柳陌花街；

木临无气之螣蛇，宅舍茅檐篷户。

宅爻合玄武，又临沐浴爻动，主女人淫欲，如花街柳陌[①]人也。螣蛇木爻死气临宅，主瓮牖绳枢[②]之地也。

鬼有助而无制，鬼旺人衰；

如纳音木命人，占乾兑卦以火为官，木能生火，谓之“本命助鬼”；若卦体无水生命，又谓“鬼无制”，主人衰旺。若金命人助离宫水鬼，水命人助坤宫木鬼，火命人助坎宫土鬼类。

宅无破而逢生，宅兴财旺。

岁、日、月三破，不临宅爻，更逢三件动爻生宅爻，与财爻旺相有气，为宅兴财旺。

有财无鬼，耗散多端；

若无鬼爻，则兄弟无制，恐兄弟当权之时财爻破散，妻宫亦有驳杂也。

有鬼无财，灾生不已。

鬼不宜动，财不可无，若官鬼动克世爻克宅爻，主连生灾咎。

有人制鬼，鬼动无妨；

且如，木命人占得坎卦，以土为鬼。木命人克土鬼，金命人则制坤宫木鬼。但以本命克鬼为制，乃无害也。

助鬼伤身，财多何益？

如金命人占得乾卦，以火为鬼，以木为财，木能生火，火能克金，有财为助鬼伤身，总然财多无益。

忌鬼爻交重临白虎，须防人眷刑伤；

忌鬼爻并白虎发动，冲克何纳音命，即指其人有灾殃。

校者注　①　花街柳陌：指妓院聚集的街市。语出元·无名氏《货郎旦》第四折：“那李秀才不离了花街柳陌，占场儿贪杯好色，看上那柳眉星眼杏花腮。”

②　瓮牖绳枢（wèng yǒu shéng shū）：亦作“瓮牖桑枢”，比喻贫穷人家。瓮：一种陶制的坛子。牖：窗子；枢：门的转轴。以破瓮作窗户，以草绳系户枢。语出西汉·贾谊《过秦论》：“然而陈涉瓮牖绳枢之子，氓隶之人，而迁徙之徒也。”

催尸煞身命入黄泉，大忌墓门开合。

鬼动克人命为催尸煞，人命逢死绝为黄泉路。忌人命爻冲合墓爻。日辰动爻合墓爻为墓门开合，凡卦中必见鬼墓爻便是。

木金年命，最嫌乾兑卦之火爻；

木金年命人，占得乾兑卦之火鬼，木命生火，谓之“助鬼”。火鬼克金，为伤身。金爻木命皆然。

水火命人，不怕震巽宫之金鬼。

凡本命纳音是水火，占得震巽卦金鬼，金能生水，火能克金，故水火命人，不怕震巽二宫之鬼也。

官星配印居玉堂，乃食禄之人；

若有官、有贵、有禄、有印，并太岁生身命，登金门而步玉堂之人。

贵刃加刑控宝马，必提兵之将。

贵，贵人；刃，羊刃；刑，三刑。贵人同吉星相辅，刃加三刑临贵人之位，受太岁之生，旁爻有马，乃提兵将帅也。

财化福爻，入公门多致滞留；

官爻持世财来生，吉也；化福乃财倍有力，更吉也。倘财爻持世化子孙，反生他爻之鬼，凡仕官公门之人，反不利也。

贵印加官，在仕途必然迁转。

官父带贵人临世，并日辰旬中发动，在仕途必有迁转之喜兆。

子承父业，子有跨灶之风[1]；

子命爻临五爻之位，相生相合，主子有跨灶之风；相克相冲，主悖

校者注　①　跨灶之风：儿子胜过父亲。明·程登吉《幼学琼林》卷二：“子光前曰充闾，子过父曰跨灶。”

逆[1]不肖[2]，不克绍箕裘[3]之业。

妻夺夫权，妻有能家之兆。

妻命临夫五爻之上，与夫相生相合，得内助能家之兆；若妻克夫爻，主妻凌夫，或破夫家也。

弟紾[4]乃兄之臂，身命相伤；

弟爻起临兄之命爻，或兄爻起临弟之命爻，若刑克，主不友不恭；若生合，主兄弟怡怡如也[5]。

妇僭姑嫜[6]之爻，家声可见。

二为媳妇之爻，与姑之命爻相刑相克，主凌上，悖逆不孝；相生相合，主能敬顺，尽妇道也。

妻犯夫家之煞，妻破夫家；

妻命临月破，兄弟加白虎发动，主破夫家。

夫临妻禄之爻，夫食妻禄。

如妻年甲子生，禄在寅，夫命临之，生旺有气者，主夫食妻禄；若逢羊刃空鬼耗破，虽食妻禄，亦无用矣。

交重兄弟克妻身，再理丝弦；

校者注　① 悖逆：指违背正道。《礼记·祭义》："致义，则上下不悖逆矣。"

② 不肖（bù xiào）：指子不如父。亦指不才，不贤；品行不好，没出息。不肖子孙：指不能继承祖先事业的，没有出息的子孙。

③ 克绍箕裘（kè shào jī qiú）：比喻能继承父、祖的事业。克：能够；绍：继承；箕：扬米去糠的竹器，或者畚箕之类的东西；裘：冶铁用来鼓气的风裘。箕裘：比喻祖先的事业。典出西汉·戴圣《礼记·学记》："记问之学，不足以为人师。必也其听语乎？力不能问，然后语之；语之而不知，虽舍之可也。良冶之子，必学为裘。良弓之子，必学为箕。始驾马者反之，车在马前。君子察于此三者，可以有志于学矣。"

④ 紾（zhěn）：扭；拧。《孟子·告子下》："紾兄之臂而夺之食。"

⑤ 怡怡如也：指兄弟和睦的样子。怡怡：和和气气。语出《论语·子路》："子路问曰：'何如斯可谓之士矣？'子曰：'切切偲（sī）偲、怡怡如也，可谓士矣。朋友切切偲偲，兄弟怡怡。'"（意思是：子路问道："怎么样做才可以叫做'士'呢？"孔子说："相互勉励，相互督促，又能和睦共处，就可以叫做'士'了。朋友之间，相互勉励，相互督促；兄弟之间，和睦相处。"

⑥ 姑嫜：古代妻子对丈夫的母亲和父亲的称呼。

兄弟之爻发动，克伤妻命，或夫命临兄弟发动，主琴瑟再续[①]也。

内外子孙生世位，多招财物。

内外子孙发动，生合世之财爻，必多招财物也。

世为日辰飞入宅，鸠踞鹊巢[②]；

世并日辰与鬼飞入宅爻，主他人之屋，或租赁之宅。如大过卦，内巽辛亥为宅，外兑丁亥持世，发动是也。

应临父母动生身，龙生蛇腹。

应临父母之爻，占者命爻临之，得应爻生之，或动生子命，主婢生庶出，或前后父母所生。身命俱临父母，必主重拜双亲。

世应隔异，兄弟多因两姓。

如晋卦，己酉兄弟持世，乙未临应，隔“申”字。又如遁卦，应临壬申金，世持丙午火，有“未”间断，但申爻是本宫兄弟，是真兄弟。或日月建动爻隔断，亦依此断，余皆仿此。

应爻就妻相合，外人入舍为夫；

应爻飞入宅，与妻命生合，主招外人入舍为夫。

假宫有子飞来，异姓过房作嗣。

假如子孙在假宫，飞来伏在身命爻下，主有异姓过房之子。本宫飞动应爻，过房与人也。

妻带子临夫位，引子嫁人；

妻命带子孙，动临夫位并日辰，主妻引子嫁来是也。

夫身起合妻爻，将身就妇。

世爻动临妻命爻，或自命爻动临合妻合爻，定然将身就妇也。

本命就中空子，见子应迟；

子孙在命旬之空，主得子迟。

身爻合处逢妻，娶婚必早。

夫身爻起合妻之命爻，娶妻必早；妻身爻起合夫之命爻，妇嫁

校者注 ① 琴瑟再续：指丧妻再娶。古时以琴瑟来比喻夫妻，故丧妻称断弦，再娶为续弦。

② 鸠踞鹊巢：本喻女子出嫁，住在夫家。后比喻强占别人的房屋、土地、妻室等。

无迟。

夫妇合爻见鬼，婚配不明；

夫合之爻、妻合之爻见鬼，主婚配不明，但有合爻见鬼是也。

子孙绝处刑伤，儿多不育。

子孙逢绝，更受刑伤克害，主子多不育难招。

夫妻反目，互见刑冲；兄弟无情，互相凌制。

夫身爻并日辰动刑妻命，主夫不和妻；妻身爻并日辰动刑夫命，主妻不合夫。或妻命冲夫身，或夫命冲妻身，主夫妻反目。兄带日辰克弟身命爻，或弟带日辰克兄身命爻，主兄弟不和，互相凌虐。

日将与世身相生，当主双胎；身命与世应同爻，多应两姓。

身世日辰动爻同位两生合者，必主双胎；命临应上，世亦临之，主有两姓。

妻财发动，不堪父值休囚；父母交重，最忌子临死绝。

上有父母，不堪财爻发动，主有克害之患；父动则克子也。

妻克世身重合应，妻必重婚；

财爻动克夫命，或妻命动克夫爻，并日辰又与应相合，主妻再嫁。若带咸池与应爻相合，克夫命身爻，主妻与外人谋杀夫主。若临父爻，主未来之事。

夫刑妻命两逢财，夫当再娶。

夫刑克妻命，或刑克财爻，更逢克处两财，主夫克两妻；并日辰合旁爻之财，主再娶；并日辰动爻，带刃刑等煞，伤妻命爻，主遭夫毒手也。

妻与应爻相合，外有私通；

妻命财爻与应相合咸池、玄武，主妻有外情；夫并日辰克妻与应爻，主获妻奸。

男临女子互爻，内多淫欲。

男命爻起合女命爻，女身爻起临男命爻，为互合，尊卑失序，主有淫乱之事。若夫妻互相合，主先奸后娶。

青龙水木临妻位，多获奁财；

如财临水木有气，夫命临之，主得妻财。

玄武桃花犯命中，荒淫酒色。

身命带玄武咸池，主贪酒色。男女同论。

世应妻爻相合，当招偏正之夫；

为世应财爻三合，逢两鬼合妻命，主有偏正之夫。

财爻世应六冲，必是生离之妇。

妻命值鬼爻，与世应并日辰破合，重重相冲，与财两合，或妻命爻与世应动爻相冲，或日辰相冲，主是生离之妇。

世应为妻爻相隔逢冲，必招外郡之人；

世应在日辰旬中隔断，妻爻与夫爻相隔，在日辰旬外逢冲，主夫是外郡之人。

夫妻与福德相逢带合，必近亲邻之女。

夫妻二命爻俱在本宫，就中合见子孙，主因亲致亲。

命逢死炁，最嫌忌煞当头；

主象逢死绝，若日辰动爻临忌煞来克，或克本命，主有死亡。

鬼入墓乡，尤忌身爻溅血。

命爻带鬼入墓，怕身爻再带煞受刑，最不吉之兆。

恶莫恶于三刑迭刃；

刑无刃不能伤人，刃无刑祸亦不大，若刑刃两全，克身临官，主犯官刑。临玄武劫煞，盗贼图财劫命。世并日辰动爻克应，主我杀他人；应并日辰动爻带煞克世，主他人伤我。若是遇子孙发动，凶中有吉。

凶莫凶于四虎交加。

四虎者，年、月、日、时建也。若带鬼煞重重，举家遭祸死亡；若卦中福德动，主悲喜相伴之象。

四鬼贴身，防生灾咎；

四鬼者，亦谓年、月、日、时值官鬼持世，临身临命，主有灾咎。

三传克世，易惹灾厄。

三传，年、月、日也。若带煞克世身命，主宅丁人眷灾危；太岁主一岁之祸，月建主数月之灾也。

劫亡两贼伤身，青草坟头之鬼；身命两空遇煞，黄泉路上之人。

身命逢绝，在旬中空亡，遇鬼伤身克命，主有死亡之患。

勾陈伤玄武之妻财，女多凶祸；白虎损青龙之官鬼，夫忌死亡。

新增家宅搜精分别六爻断法

初爻非水休言井，酉金干涉道鸡鹅。

初爻如临亥子水爻，方可以井断，值财福以吉论，值官鬼忌神以凶推。若初爻与酉爻刑冲克害生合，即是干涉也，如有干涉，方可言畜养养鸡鹅鸭之吉凶，不可混而言也。

临土逢冲基地破；

初爻临辰戌丑未土爻，被日月冲破者，其宅基必有挖开破缺之象。

无官无鬼小儿和。

初爻临官鬼，白虎父母发动，其家主伤小儿，若非官鬼忌煞临持，小儿必平和无恙也。

宅边若有坟和墓，须知鬼墓值爻初。

鬼墓者，指卦中官鬼之墓库爻也。如得震巽宫卦，金为官鬼，金库在丑，如丑爻临于初爻，则宅边必有古墓也。

水临白虎将桥断，

如初爻临子亥水，附临白虎，主有桥梁，临财福则吉，逢冲桥必坏也。

寅木猫良鼠耗无。

如初爻临寅木吉神，主其家有好猫能捕鼠。

玄武水乘沟利瀹，木爻官鬼树为戈。

如初爻临亥子水，附玄武，不可论桥论井，当以沟渠之通塞断；如木爻官鬼值此，主其家左近有树根穿破灶基。

二爻木鬼梁横灶，

言二爻如临木爻官鬼，主灶上有横梁。

父母持之主堂奥[1]。

校者注　①　堂奥：厅堂和内室。奥，室的西南隅。宋·洪迈《夷坚丙志·九圣奇鬼》："明夜十六人复集，自设供张，变堂奥为广庭。"

如二爻临父母爻，不论金木水火土，皆以房之堂奥推断。如临旺相安静则吉，如逢休囚克破，主房屋破漏不堪。

雀火官持虑火灾，土金变化宜兴造。

如朱雀并火官在二爻，主有火灾；如二爻土化金或金化土，主有兴造。

木被金冲锅盖摧，金局摧残锅破坏。

如二爻临木爻，被金日金爻冲之，知其锅盖破碎，摧者坏也；倘二爻会金局被冲，其灶上必有破锅也。

玄武土乘灶不洁，土逢冲克灶崩败。

如二爻玄武同土持之，主灶前不洁；如二爻值土，被日月动爻冲克，则灶必坍颓。

世鬼并临非祖屋，福财遭克苦相逐。

世临官鬼在二爻，此屋决非祖产。如福德财爻在二爻，旺相有气，主其家安亨丰足；倘遭休囚破克，主其家穷苦相逐也。

戌土干连以犬言，

如二爻与戌爻生克冲合，当以防家犬断，临财福吉，临忌煞凶。

应飞此地人同宿。

如应临之爻飞入二爻，主有外人同住。同宿者，言同住也。

此爻不独断宅母，各分名分安危卜。

古以二爻为宅母之位断吉凶，予以为谬。凡人家祖母、母、嫂、弟妇、姊妹、妻女，同居一室，各有名分，宜以用神观其生克，卜其吉凶也。

三爻亥水断猪牲，兄弟临爻方论门。

第三爻非临亥爻，不可便断猪牲吉凶；如兄弟爻临于三爻上，方可以门户断。如临财、官、父、子，不可概推。

兄弟卯爻床榻论，

如兄弟是卯爻，不可言门户，当以床榻论之。大凡卯爻兄弟临三爻，必神堂前有床榻，或楼上做房，关碍神堂。

无官莫妄断家神。

第三爻若临官爻，方可实指神堂，若非官爻临持，不可便断神堂也。

金官临主香炉破，木鬼青龙牌位新。

如三爻临金官，主香炉破损；或值木鬼青龙旺相，神牌自然新彩画也。

四爻若动来冲克，门门相对似穿心。

若第四爻冲克三爻，主家中门门相对。或穿心走破，不利。

三四互临兄弟位，门多屋少耗伤金。

如三四爻俱临兄弟爻，主其家屋少门多，耗散金银之象。

若被动爻冲本位，出入不在正门行。

如本爻被日月动爻冲克，主其家旁门出入，不走正门。

爻临卯木主床帐，木临蛇鬼妇虚惊。

如第三爻临卯木，是床帐也，临财福则床帐新鲜；若临螣蛇官鬼，其妇女在床，有意外虚惊。

三爻不是弟兄位，官摇父陷始难宁。

古以第三爻为兄弟之位，谬也。如官爻发动，克害兄弟爻，又遇父母空陷，不来救护，方可论兄弟之有患难，不宁安也。

四爻兄弟方言户，四二相合主大门。

三门四户是古法，然无兄弟临之，不可便言门户，如临兄弟，当以户断。第四爻或动或静，与第二爻相合者，当以大门决断。

未变鬼临第四位，畜羊不利见灾迍。

未爻临于第四爻上，当以羊断，如变鬼爻，畜羊有损。

玄武官鬼门破漏，青龙财福喜更新。

四爻上如临玄武官鬼，门主破漏。如临青龙财福，与二爻生合者，可知其门楼有更新之象。

朱雀临官主狱讼，

朱雀临官爻在四爻上，主有官非讼事。

玄武乘兄有水侵。

如玄武临兄弟，不可以兄弟为户论，必有池潭水浸住宅，如冲克二爻，有碍住居也。

兄弟螣蛇临爻位，邻人坑厕碍家庭。

四爻兄弟临螣蛇，不可以兄弟为户论，当主邻家有破坑相碍。

旬空月破当爻见，不是无门是破门。

若第四爻值旬空月破，当以无大门或破门断之。

冲克相乘旁出入，外族不应将此论。

如遇冲遇克，必主旁门出入。至于外族之论，系《易林》[①]之谬，不可为法也。

财克子临伤父母，阴阳两断内中分。

财动克父，若再得子孙爻动，而助财来克，主父母有伤。如父母爻临阳象，则克父，阴象则克母，卦中六爻内见之皆如此。古以四爻为母位，而论克其母，此说大谬！

五爻克二人口宁，

五爻为人口之爻，克二爻则人口安宁，如动来克宅亦不宜也。又宜以六亲生克论之。如二爻动来克五爻，此屋居之不安稳也。

官连蛇鬼长房迍。

五爻为长房长子，如官鬼同蛇虎持之，主长房长子多悔也。

若遭白虎刑冲克，主有惊痫不得生。

倘五爻被白虎爻动来刑冲克害，又不可以长子长房断，主其家有惊痫之疾者，不能医治，而难生也。

世临阴位女为政，财爻持世赘为姻。

如世居五爻，爻是阴位，主其家内阃[②]为政，主持家事。财爻持世居此位，其人赘去为婚，又非女人主事也。

若是二爻冲克破，当家夫妻少恩情。

二爻如逢冲克，主夫妇乖张，又非赘婚之论也。

水临世合水浇屋，兄弟临时墙有坑。

五爻临水，与二爻生合，或与世爻生合，主宅边有水环绕；如临兄弟，主墙内有坑碍。

校者注 ① 《易林》：指张世宝《易林补遗》。

② 内阃（kǔn）：内室，借指妇女。

丑土克冲牛不利，椿庭[①]休咎父爻寻。

如丑爻发动克五爻，或与五爻刑冲，畜牛不利。若以五爻为父，谬矣！欲问其父之吉凶休咎，应向父爻论其生克可也。

六爻财位论奴丁，父母相临祖辈人。阳木栋梁阴是柱，官库侵入乃是坟。

第六爻若临财位，方言奴仆。如遇旬空月破，则奴仆无力；倘遇日冲爻冲，主有逃亡之事。若临父母，当论祖辈的休咎；倘阳爻临木父，不可以祖辈言，当以栋梁断；如阴临木父母爻，当以庭柱论。如官爻之库临于六爻上，当以坟墓论。其生克合冲，分别吉凶。

父临属土主墙壁，

如父母属土，当以墙壁断。

卯木藩篱定吉凶。

如临卯木，不论阴阳，当以藩篱断之。以生克合冲，定其吉凶。如卯爻旬空，向有藩篱。如动来克世，当以凶推；若逢生合，当以吉断。

身世相临第六爻，离祖成家断可必。

如卦身临于第六爻，或世爻临之，主来卜之人必离祖业，方可成家。

位临于酉动爻冲，锅破悬知在此中。

如第六爻临酉金，被日月动爻冲之，主家中有破锅不安。

雀鬼临爻颠女断，爻爻分别不相蒙。

如朱雀官鬼临爻，主有女人染风颠之疾。蒙者，蒙昧不明也。

（卜筮正宗卷之九终）

校者注　①　椿庭：指父亲。以椿有寿考之征，庭即趋庭的庭，所以世称父为椿庭。《庄子·逍遥游》云："上古有大椿者，以八千岁为春，八千岁为秋。"《论语·季氏》述孔鲤趋庭接受其父孔丘训导之事，后因以椿庭为父亲的代称。

卜筮正宗卷之十　黄金策

刘诚意　撰　　王洪绪　注

坟　墓

葬埋之理，乃先王之所定；风水之因，特后世之所兴。

虽为送死而然，祸福吉凶攸系。故坟占三代，穴有定爻。

一世二世，子孙出王侯将相之英；三世四世，后世主富贵繁华之茂。

绝嗣无人，端为世居五六；为商外出，只因世在游魂。

八纯凶兆，归魂亦作凶推。吉兆相生相合，凶兆相克相冲。

内卦为山头，外卦为朝向，世爻为穴场。世临初、二爻穴场，乃得山头之生气，后代当应王侯将相之英；世临三、四爻穴场，乃得山头之余气，故后嗣不过富贵繁华；世临五、六两位，乃山头生气已脱，是不合山形地势，故主绝嗣。游魂好动为商，归魂气滞不吉。世得相生相合，自然环绕多情；若遇相克相冲，自然沙飞水背[①]。

穴骑龙，龙入穴，穴嫡龙真；

以亡人本命纳音为穴，或世临穴爻，或世穴相生相合，或动爻月日

校者注　①　沙飞水背：即砂飞水背。砂指龙穴四周的小山。砂所指极为广泛，举凡朝迎护卫之山，都包含在内。徐善继《地理人子须知·砂法》云：“夫砂者，合前朝后乐、左右龙虎、罗城侍卫、水口诸山，与夫官、鬼、禽、曜，皆谓之砂也。”穴与砂之间，构成君臣关系，砂要清秀圆润，如后宫之妃嫔佳丽；要朝迎揖逊，如殿下之群臣拜伏；要簇拥相从，如君主的龙贲虎卫。又如名将将兵，一呼百应。砂的作用：一、护龙——龙无砂随则势孤；二、卫穴——穴无砂合则局露；三、关水——水无砂关则局散，有砂则藏风聚气。如砂飞水走则八风乘，而生气飘散。水背即是穴地水势不是湾环有情向穴，而是荡散不聚。

生合世爻穴爻，谓之“穴骑龙，龙入穴，穴嫡龙真”。

山带水，水连山，山环水抱[1]。

山者，内宫也；水者，亥子水也。如亥子水临财福吉神在内宫，与世爻相合相生，或与穴爻相合相生，谓之“山环水抱”。

交重逢旺气，闻鸡鸣犬吠之声；

旺相之爻发动，临水火，穴近民居，故曰“闻鸡鸣犬吠之声”。

世应拱穴爻，有虎踞龙蟠[2]之势。

世应生扶拱合于穴爻，或龙虎生合于穴爻，或穴居于世应之间，或穴叨世应龙虎扶拱，皆是虎踞龙蟠之势。

校者注 ① 山环水抱：指山峦环绕，溪水围抱，形容村庄、寺院等座落在背山面水的幽雅环境中。明·王守仁《添设和平县治疏》：“本峒羊子一处，地方宽平，山环水抱，水陆俱通。”

② 虎踞（jù）龙蟠（pán）：形容地势雄伟险要。同“虎踞龙盘。语出宋·辛弃疾《念奴娇·登建康赏心亭呈史留守致道》词：“虎踞龙蟠何处是？只有兴亡满目。”

三合更兼六合，聚气[①]藏风[②]；

世为主山，应为宾山，世应与穴爻三合成局，或得六合卦，或龙虎二爻与穴爻三合成局者，皆聚气藏风之地也。

来山番作朝山，回头顾祖。

来山者，内卦之世爻也；朝山者，外卦之应爻也。如世临之爻与应爻同，谓之"回头顾祖"也。

死绝之鬼边有荒坟，长生之爻中有寿穴。

卦中官爻休囚死绝，知穴旁有荒坟古冢。如鬼爻遇长生于日，或化长生者，知有寿穴也。

合处与应爻隔断，内外之向不同；

亡人本命纳音为穴，纳音之墓为墓，合纳音之爻为向。假如己未纳

校者注 ① 聚气：即是聚生气，乘生气。气，亦名内气、五气、阴阳之气。气是六合太初之清气，化而生乎天地万物者，乃万物之源。郭璞《葬经》云："葬者，乘生气也。"注云："生气即一元运行之气，在天则周流六虚，在地则发生万物，天无此则气无以资，地无此则形无以载，故磅礴乎大化，贯通乎品汇，无处无之而无时不运也。"因其行乎地中，其形不见，故又名内气。堪舆家认为内气行则万物发生，内气聚则山川融结，故土为气之外体，水为气之外形，是以山水之势行，即气脉之行；山水之势止，即气脉之止。山水之奇秀明丽者，乃地中吉气，即生气所融结。《葬经》云："经曰：'气感而应，鬼福及人。'"注曰："形穴既就，则山川之灵秀，造化之精英，凝结融会于其中矣。苟盗其精英，窃其灵秀，以父母遗骨葬于融合之地，由是子孙之心寄托于此。……以人心之灵合山川之灵，故降神孕秀，以钟于生息之源，而其富贵、贫贱、寿夭、贤愚，靡不修系。至于形貌之妍丑，并皆肖像山川之美恶。故嵩岳生申，尼丘孕孔，岂偶然哉"因此所谓葬事，即以父母之体葬于山川灵秀——生气凝聚之所，以期己身及子嗣感应其生气而受福。是以风水之事，举凡寻龙脉、察形势、觅星峰、辨水源、测方位、定穴场、倒杖放棺究深浅，诸如此类，其最终目的，即是求乘生气。

② 藏风：指穴场必须垣城完整，拱护周密，不使外风荡刮穴场而生气飘散。堪舆家认为，生气因水而聚，因风而散，故风水之法，得水固然重要，但若穴不避风，生气随之散逸，得犹如不得。郭璞《葬经》云："经曰：'气乘风则散，界水则止。'古人聚之使不散，行之使有止，故谓之风水。"注曰："……及其止也，必得城郭完密，前后左右环围，然后能藏风而不致有荡散之患。经曰：'明堂穴水如惜血，堂里避风如避贼。'可不慎哉！高垅之地，天阴自上而降，生气浮露，最怕风寒，易为荡散。如人深居密室，稍有罅隙通风，适当肩背，便能成疾。故当求其城郭密固，使气之有聚也。"是以堂穴之四维四正前后八方，须当求其完密而无空缺，使生气避风而凝聚。一有空缺，则风荡穴场，不唯无吉，反致灾殃。

音属土，即以土为穴；土库于辰，即以辰为墓；午与未合，即以午为向；辰与酉合，酉亦为向。如辰申二日，或应临辰申，谓之“隔断午”。或未亥二日，或应临未亥，谓之“隔断酉”。当和金井墓门之向不同也。

穴中为世日冲开，左右之穴相反。

穴临巳未二爻，世并日辰临午爻，午居巳未之中，谓之“分开巳未穴，知左右之穴相反”也。余例仿此。

穴道得山形之正，重逢本象之生；

穴即亡人本命纳音，临内宫世爻，皆得山形之正。如穴爻临水，遇内属金，或水爻在于金宫内，皆谓之“本象之生”也。

世应把山水之关，宜见有情之合。

第六爻为水口之爻，世应临之，若带合，则有关锁，或第六爻与世相合亦是。

坐山有气，怕穴逢空废之爻；

且如，坎山属水，坎山者，坎居内宫也，得穴逢申爻，而水长生于申，最怕申爻逢旬空与月破耳。

本命逢生，忌运入刑伤之地。

凡占生墓，要看本人年命，亦将本人年命纳音为穴。运即穴爻也，忌穴爻与内宫及卦爻刑克。如穴爻得生有气为吉，若遇旬空，而亡人且忌，生人却不畏空，反吉。

青龙摆尾，就中逢泄气子孙；白虎昂头，落处逢生身父母。

若青龙子孙有气生穴，谓之“摆尾多情”；如白虎临父母爻生穴者，谓之“昂头有势”。

后来龙余气未尽，有玄武吐舌之形；前朝案动爻逢冲，为朱雀开口之象。

日辰入穴临玄武，谓“余气未尽”，有吐舌之形；后者，玄武也。世前一位为案，被日辰月建冲破，朱雀临之，有开口之象；前者，朱雀也。

世坐勾陈之土局，破坎田园；应临玄武之水爻，沟坑池井。

世坐穴爻，并临勾陈值辰戌丑未之土局，或被克冲，乃破坎田园之

所也。应临亥子水爻，加临玄武，或会水局，乃沟坑池井之所也。

白虎在破耗之位，古墓坟茔；螣蛇临父母之爻，交加产业。

若白虎再加月破持世、持穴、持身者，知是古墓坟茔也；在归魂卦或鬼飞入穴，谓“还魂之地”。螣蛇为勾绞之神，父母为文书契字，非重埋叠卖，即重分交加之产也。

勾陈土鬼，冢墓累累；

勾陈临戊己辰戌丑未土，逢死绝之爻，为古墓游魂。鬼动逢冲空，旁有改墓之地；日辰去克白虎穴爻，有崩颓之墓；青龙临土鬼，主有新坟；若归魂卦或土鬼飞入穴爻，主有改墓之地。

玄武金神，岩泉滴滴。

金为石，玄武为水，主淋漓自出之泉；临穴爻，或伏穴爻之下，或白虎临金，皆主有石有水。

青龙发动临子孙，决主新迁；朱雀飞来带官鬼，必然争讼。

若青龙发动，或值子孙，必主迁移；朱雀官鬼并动爻日辰飞入穴，主夺地争讼。

应爻加木临玄武，前有溪桥；日辰冲土镇螣蛇，边通道路。

若应爻并木爻临玄武，主墓前定有溪桥。螣蛇为路，临辰戌丑未之爻，与日辰动爻冲克，主近道路。螣蛇土爻飞入穴爻，或与穴爻相冲，主有道路穿坟。

朱雀火爻发动，厨庭炊爨[①]之旁；青龙财库相生，店肆仓库之畔。

朱雀火爻发动临财，必近厨庭烟灶之所。青龙临四墓，逢财相生有气，必近店铺酒肆；若遇庚申、癸酉、丁酉金，为仓库之所。

玄武世龙入穴，暗地偷埋；勾陈土动落空，依山浅葬。

玄武世爻并日辰动飞入穴，主偷埋盗葬，或暗地瞒人出殡；勾陈土动，或空、或发动，必是依山浅葬也。

日合鬼爻有气，近神庙社坛之旁；

校者注 ① 炊爨（cuàn）：烧火煮饭。《东观汉记·第五伦传》：“伦性节俭，作会稽郡，虽为二千石，卧布被，自养马，妻炊爨。”南朝宋·刘义庆《世说新语·德行》：“（祖讷）性至孝，常自为母炊爨作食。”

鬼旺有气，或临青龙贵神人与日辰相合，主近神庙、或古迹灵坛之所。

动临华盖逢空，傍佛塔琳宫之所。

华盖穴爻并鬼动逢空，乘旺有气，主近寺观，不然为匠艺人家，有响应之声。

世应逼左右之山欺穴，龙虎磕头；

世应逢青龙辰爻、白虎寅爻，为龙虎碰磕头，克穴则凶。

交重并旬内之水伤身，沟河插脚。

水爻动在日辰旬中，居穴之前，主有沟河插脚之水。

水生福合三传上，百子千孙；重重墓在一爻中，三坟四穴。

三传即年、月、日三建也。或福德逢穴爻，更在三传之位相生相合，主百子千孙。六亲、世应、日辰、动爻，重重墓在一爻之内，主有三坟四穴；应爻鬼爻墓归一爻之内，主有外人同葬。

神不入墓，游魂之鬼逢空；鬼已归山，本命之爻逢合。

亡命并鬼爻逢空，穴爻化鬼逢空，及临游魂卦，皆主鬼不入墓。游魂世居外卦，空穴空墓，主无埋葬之地或葬他乡。若带凶煞克卦身者，必主恶死。亡命穴爻相生相合，或鬼爻逢墓，谓“鬼已归山”。若在外卦应爻，亦主附葬也。

日带应爻劫煞入穴，劫冢开棺；用并世象动爻克应，侵人作穴。

日辰并玄武，应爻带煞飞入穴，或动爻破穴破墓，主劫冢开棺；冲克亡命，主暴弃尸骸。世应并日辰之煞，动破穴爻，主自家起墓开棺，盗财移葬；若克亡命，主暴露不葬。用为世爻并日辰动爻克应，主侵人坟地作穴；动与应爻并日辰克世克穴，主他人侵自己坟地而埋葬。

客土动而墓爻合，担土为坟；朝山尊而穴法空，贪峰失穴。

客土者，外卦土、应土是也，与穴爻墓爻发动相合相生，主是担土为坟。或旁土为左右臂，朝山在长生贵人位，主前有贵峰耸秀。若穴空，主有贪峰失穴之象；苟或不空，却朝山耸秀之。

子孙空在日辰之后，穴在平阳；兄弟爻落世应之间，坟迁两界。

子孙在日辰之后逢空，或勾陈亲戊、己、辰、戌、丑、未爻，或爻在明堂宽大之地，多主平地作穴。世应同临穴爻，更临兄弟之爻，或在世应之间，皆主坟迁两界。若在日辰前后，两间之爻亦然。

日辰与动爻破穴破墓，定合重埋；世应并穴道冲尸冲棺，当行改葬。

日辰发动冲破墓爻，世应冲尸冲棺，或父化父、兄化兄、鬼化鬼、财化财，皆主重埋改葬。又云“金为尸首，木为棺，土为墓兮仔细看”。

重交生穴，经营非一日之功；龙德临财，迁造为万年之计。

交重二爻发动，并日辰皆生穴爻，主加工用事，非一日之可成。喜龙临财爻，子孙生旺有气，与穴相生相合，主所造之坟美丽悠久。

应飞入穴，必葬他人，煞动临爻，凶逢小鬼。

如应爻飞入穴爻，主外人同葬，或是他人旧墓之旁。凶煞犯亡人本命，或亡人本命临死绝之地，主亡人不得善终，或不得善疾而死。

犯天地六空亡之煞，骸骨不明；穴遇三传刑刃之空，尸首损伤。

六空，即六甲旬空也；三传，乃太岁、月建、日辰也；刑刃，即三刑、羊刃。且如，己卯日占得坤卦，甲子亡命，穴临上六癸酉金，乃甲戌旬中空金，并甲寅旬之空甲子。三传带刑刃凶煞，伤克本命穴爻，或有在日辰旬之空亡，主骸骨不明，尸首有损。

逢冲逢克，怕犯凶神；相合相生，真为吉兆。

用爻逢凶神相克、相冲、相刑，为凶恶之兆；青龙福德为吉神，生合拱扶，为吉祥之兆。

爻生之子孙逢官逢贵，临三传必作官人。

穴生之爻临子孙，逢官星贵人，临三传生本命，作印绶，主官职之荣。

穴中之象数合禄合财，若两全当为财主。

穴临旺气，有子孙财官爻在五爻之下，若子孙相生相合，如财禄两全，乃富家之子也。

游魂福德空冲，主流荡逃移；恶鬼凶神变动，见死亡凶横。

子孙逢空冲在游魂卦，主逃离之人；空亡主流荡不回乡；白虎塍蛇凶神并鬼克身世，主有死亡横祸。

损父母子孙之财鬼，鳏寡孤独；

卦内父受损兼不上卦，主出孤儿；子孙受损兼不上卦，主绝嗣；财爻受伤兼不上卦，出鳏夫；鬼爻受伤兼不上卦，出寡妇。要指引明白，不可概论。

叠刃刑鬼破之劫亡，疲癃残疾。

鬼临月破，兼三刑六害，同克用爻，或乾宫，主头面、喘息、嗽咳、小肠之疾。

坎宫，主头面、两耳、小便、气血、腰痛、胁心之疾。

艮宫，主鼻疮、手指、腿足之疾。

震宫，主骨、足、肝、腿、三焦、颠狂之疾。

巽宫，主额、鬓、膝、血气、风邪之疾。离宫，主脾胃、痈疽、眼目、心痛、热症、汤火之疾。

坤宫，主肚腹、呕吐、衄血[①]、泻痢、黄肿之疾。

兑宫：主口齿缺、唇撇、皮肤之疾。

金鬼痨嗽，木鬼风邪，火鬼热症，水鬼吐泄，土鬼黄肿之疾。中间不可尽述，依理推详。

玄武遇咸池之劫煞，既盗且娼；青龙临华盖之空亡，非僧则道。

玄武岁破月破，共位临世爻，在坎出奸盗，或因盗致死；玄武咸池带合，主女堕风尘，或淫奔败化。世爻并胎神受克，主有堕胎、产难之厄。青龙华盖孤神值空亡有气，是为僧道之类。

月卦勾陈之土鬼，瘟疫相侵；阳宫朱雀之凶神，火灾频数。

月卦是月将勾陈土鬼临世身爻，主时灾瘟疫相侵；朱雀怕逢火，更在火位，主有火灾。

父母临子孙之绝气，后嗣伶仃；福德临兄弟之旺宫，假枝兴旺。

父母以为孤煞，且如子孙爻属火，火绝在亥，若父母临亥爻动，主后嗣伶仃。若子爻临亡命，或在兄弟爻临旺相，自假宫来，故主假枝兴旺也。

动并旬中之凶煞，立见灾危；穴临日下之进神，当臻吉庆。

校者注　①　衄血（nǜ xuè）：凡非外伤所致的某些部位的外部出血症。包括眼衄、耳衄、鼻衄、齿衄、舌衄、肌衄等，以鼻衄（见鼻出血）为多见。

劫刃、刑害、月破等煞，在日辰旬中发动，若被刑冲伤克身命，主见灾危劫杀之事。穴逢日辰进神值财福，主臻吉庆康宁。例如戊寅日占，得巳卯穴爻，逢财福星也。

看已形知既往，察过去知未来。

看已往可见之形察吉凶，过去未来之兆，无不验也。

事与世应互同，可见卦中之体用；

世为体，应为用，有体用发动，系于事体如何也。

动与日辰相应，方知爻内之吉凶。

事与日辰生合者吉，日辰与事冲克者凶。

求师

捐金馔食，教养虽赖乎严君[①]；明善复初[②]，启发全资于先觉。凡求师傅，须究文书。

文书即父母，为书籍，为学馆，为学分。

用居弱地，必不范不模；若在旺乡，则可矜可式。

所请之师，无尊卑称呼者，以应爻为用神也。如有尊卑名分，不可看应爻，当以名分论之。如门人卜投师，不论老幼，皆以父母爻为师长。如用神休囚，其师必然畏惧局促，不能为人之模范；旺相有气，则魁梧雄伟，堪为学者矜式[③]。

临刑临害，好施贾楚[④]之威；

校者注 ① 严君：父母之称；或指父亲。《易经·家人卦》：“家人有严君焉，父母之谓也。”晋·潘尼《乘舆箴》：“国事明王，家奉严君。”

② 明善复初：明白本性的善良，恢复人性最初的本善。

③ 矜式（jīn shì）：敬重和取法，犹示范，犹楷模。《孟子·公孙丑下》：“我欲中国而授孟子室，养弟子以万钟，使诸大夫、国人皆有所矜式。”赵岐注：“矜，敬也；式，法也。欲使诸大夫、国人皆敬法其道。”

④ 贾楚（jiǎ chǔ）：即槚楚，用槚木荆条制成的刑具，用以笞打。贾，通“槚”。

贾楚，儆顽之杖。若带刑害白虎，其师性暴少慈，必好笞挞[1]，旺动尤甚。

逢岁逢身，业擅束脩之养。

用爻卦身或持太岁，其师专以严训为业，务得束脩以养家者。

兑金震巽，杂学堪推；离火乾坤，专经可断。

凡推师之专经杂学者，当以父母在震、巽、艮、坎、兑五卦为杂学[2]，离、乾、坤三宫为专经[3]。

本象同乡，在内则离家不远；他宫异地，在外则隔属须遥。

用象在本宫而居外卦，是本处人，其住居必远；在他宫而居内卦，是外郡人，其居住却近。

与世相生，非亲则友；

与世爻生合，必有亲道；若与世爻不同宫者，是相识朋友。

与官交变，不贵亦荣。

用化官爻，其师异日必贵。如白虎带刑害，则是有病之人。如持月建更加青龙，必有前程在身。

静合福爻，喜遇循循之善诱；动加龙德，怕逢凛凛之威严。

用神与子孙作合最吉，必能博文约礼，循循善诱，甚得为师之道，必主师徒契合。惟怕父动则克子孙，更加白虎刑害，必然难为子弟，主其师严毅方正，凛然不可少犯。

校者注　①　笞挞（chī tà）：拷打。出自《书·益稷》“挞以记之”孔传。《书·益稷》：“挞以记之。”孔传：“笞挞不是者，使记识其过。”《后汉书·崔寔传》：“右趾者既殒其命，笞挞者往往至死，虽有轻刑之名，其实杀也。”

②　杂学：繁杂的学说。亦指科举文章以外的各种学问，与显学相对应。《四库全书》分类法中子部的一个子目。

③　专经：专研经学；专治某一经或某几经。《魏书·李瑒传》：“每谓弟郁曰：‘士大夫学问，稽博古今而罢，何用专经为老博士也？’”

父入墓中，边孝先[①]爱眠懒读；

父爻入墓，其师惟爱安逸，懒于教训，学分欠通，逢空化墓皆然。若日辰冲破墓爻，又主聪察。

文临身上，李老聃[②]博古通今。

凡求师，以父为师之才学。六爻无父，必欠学问，若得静临卦身，或居生旺之地，其师才学非常。

母化子孙，必主能诗能赋；

父化福，其师善作杂文。带刑害病败等爻，虽能作文，必多破绽。子带月建又加青龙，必然出口成章。与父作合，其师或有小儿带来。

鬼连兄煞，定然多诈多奸。

凡遇兄动化鬼，鬼动化兄，皆主奸诈；刑克世爻，必有是非口舌。

校者注 ① 边孝先：即边韶，字孝先，陈留郡浚仪县（今河南省开封市）人。生卒年不详，约汉桓帝建和初年前后在世。《后汉书·边韶传》记载：边韶以写文章著名，教授学生几百人。边韶有口才，曾经白天假卧，学生们暗暗地嘲笑道："边孝先，腹便便，懒读书，只想眠。"边韶悄悄地听了，应时回答道："边为姓，孝为字。腹便便，《五经》笥（sì，藏书的竹箱子）。但欲眠，思经事。寐与周公通梦，静与孔子同意。师而可嘲，出何典记。"嘲笑他的学生，惭愧的无地自容。边韶才华敏捷，大多如此。桓帝时，任临颍侯相，征授大中大夫，在东观从事著作。再升北地太守，入朝授尚书令。后来做陈相，死在任上。著诗、颂、碑、铭、书、策共十五篇。

② 李老聃：老子（约公元前571年-前471年）：字伯阳，谥号聃，又称李耳（古时"老"与"李"同音；"聃"和"耳"同义），出生于周朝春秋时期陈国苦县厉乡曲仁里，曾做过周朝"守藏室之官"（管理藏书的官员）。老子是中国古代伟大的思想家、哲学家、文学家和史学家，被道教尊为教祖，世界文化名人。老子思想主张"无为"，《老子》以"道"解释宇宙万物的演变。"道"为客观自然规律，同时又具有"独立不改，周行而不殆"的永恒意义。《老子》书中包括大量朴素辩证法观点，如以为一切事物均具有正反两面，并能由对立而转化，是为"反者道之动"，"正复为奇，善复为妖"，"祸兮福之所倚，福兮祸之所伏"。又以为世间事物均为"有"与"无"之统一，"有、无相生"，而"无"为基础，"天下万物生于有，有生于无"。他关于民众的格言有："天之道，损有余而补不足，人之道则不然，损不足以奉有余"；"民之饥，以其上食税之多"；"民之轻死，以其上求生之厚"；"民不畏死，奈何以死惧之"。他的哲学思想和由他创立的道家学派，不但对中国古代思想文化的发展作出了重要贡献，而且对中国2000多年来思想文化的发展产生了深远的影响。关于他的身份，还有人认为他是老莱子，也是楚国人，跟孔子同时，曾著书十五篇宣传道家之用。老子长寿，一百零一岁仙逝。

口是心非，临空亡而发动；

用爻宜静不宜动，宜旺不宜空，动空不诚实，静空懒教训，化空亦然。

彼延此请，持世应而兴隆。

世应俱动，主有两家延请；两爻俱空，皆不能成。

应值母而世生，须知假馆；

父临应上，而世爻动来生合者，必馆于他家，而欲附学也。

父在外而福合，必是担囊。

凡卜求师，若子弟自占，以世为徒，不看福爻；父兄来占，以子弟为徒，不看世爻。若父在外卦，又系他宫，安静，而子孙动去相合，必游学他方，担囊从师也。

鬼化文书克世，则讼由乎学；

鬼动若化出父母，刑克世爻，异日必主争讼；父化鬼爻，或官父皆动，有伤世者亦然。

月扶福德日生，则青出于蓝。

须得子孙有气不空，又遇日月动爻生合，则学有进益；若用爻反衰，则弟子反胜于师，如青出于蓝也。

刑克同伤父子，必罹其害；合生为助官鬼，莫受其扶。

父卜延师训子，以世为自，以子孙为儿，以应为师。如世与子孙皆受刑克，日后父子必遭其害。如官爻动来刑克世爻子孙，不可又加财动生合助之。

或击或冲，父母逢之不久；

父母虽要有气，然不宜动变，动变则伤克子孙，必不能久。

或空或陷，世身见之不成。

世应身爻空亡冲克，皆见难成之象。

财化父爻，妻族荐之于不日；

若卦有父母，遇本宫财爻又化出一重者，不日间妻家又荐一师来也；兄弟化出，则朋友来荐。动爻是重，已荐过矣；动爻是交，将荐来也。

母藏福德，僧家设帐于先年。

如父爻伏在子孙爻下，其师必前年设帐于僧房道观；父伏世下，乃是旧师。

搜索六爻，无过求理，思量万事，莫贵读书。

凡求师，不可专指道学[①]之师，如欲投学百工技艺，及拜僧道为师类皆是。但师之主象，自占不异父母；而学者主象，自占当以世爻看之。如隔手来占，须问是何人，如朋友兄弟，则以兄弟为主之类。皆要师弟相生相合则吉，相冲相克则凶。

学　馆

学得明师，可继程风[②]于满座；师非良馆，难期谷粟之盈仓。

故欲笔耕，先须蓍筮。世为西席[③]，如逢父母必明经[④]；

凡占书馆，以世爻为西席之位。如临父母，自必明经，在离、乾、

校者注　① 道学：又名理学，两宋时期产生的主要哲学流派。理学是中国古代最为精致、最为完备的理论体系，其影响至深至巨。理学的天理是道德神学，同时成为儒家神权和王权的合法性依据。理学以儒家学说为中心，兼容佛道两家的哲学理论，论证了封建纲常名教的合理性和永恒性，至元朝被采纳为官方哲学。重要的理学家有北宋五子（周敦颐、程颢、程颐、邵雍、张载），南宋的杨时、朱熹、陆九渊、林希逸以及元朝的吴澄、许衡、刘因、郝经、姚枢、廉希宪、张文谦、刘秉忠、赵汸、汪克宽、华幼武、吴海、戴良、李祁、张宪、梁寅、苏天爵、张昶等等，明朝的湛若水、王阳明、朱得之等，广义上包含三苏（苏洵、苏轼、苏辙）、王安石、司马光等人。他们哲学的中心观念是“理”，把“理”说成是产生世界万物的精神的东西。理学的出现对后世政治文化产生了深远影响。

② 程风：即“程门立雪”之风。程门立雪：旧指学生恭敬受教，现指尊敬师长。比喻求学心切和对有学问长者的尊敬。出自《宋史·杨时传》：“至是，游酢（zuò）、杨时见程颐于洛（今洛阳），时盖年四十矣。一日见颐，颐偶瞑坐，游酢与时侍立不去。颐既觉，则门外雪深一尺矣。”

③ 西席：古人席次尚右，右为宾师之位，居西而面东。后尊称受业之师或幕友为西席。

④ 明经：唐代科举以诗赋取士谓之进士，以经义取士谓之明经。到明清时代，明经便作为贡生的别称。贡生：科举时代，挑选府、州、县生员（秀才）中成绩或资格优异者，升入京师的国子监读书，称为贡生。意谓以人才贡献给皇帝。明代有岁贡、选贡、恩贡和纳贡；清代有恩贡、拔贡、副贡、岁贡、优贡和例贡。

坤三宫亦然；临官带鬼，或本宫官伏世下，多是秀才①。

应乃东家，若遇官爻须作吏。

应爻为占馆东家主人。若临官，必是官吏户役人家。加白虎，则是病人。应临父母勾陈，种田人家；加朱雀，读书人家；加白虎，宰杀人家；加螣蛇，工艺人家。应临子属金，僧道作主；应临财在阴宫阴爻，而卦无官鬼者，必是妇人作主；若应爻临官又举贵人，则是富贵

人家；财化财、财化子，做买卖人家。

临官兮少壮，休囚则贫乏之家；墓库兮高年，旺相则富豪之主。

应爻临旺爻，主人必然强壮；如临墓库，必是老年。临财福，必然富贵。若论其德性，当以五类六神参断。

值土火空无父母，逢金水绝少儿孙。

卦得坤艮属土，如火爻旺空、动空、冲空，主父母不全，衰空必无父母。若卦得乾兑属金，如无水爻，水又绝于飞爻，或绝于日辰，则主无子孙。余皆仿此。

不拱不合，决定主宾不协；相生相合，必然情意相投。

世应刑冲克害，异日宾主不和；若得生合比和，情意相投；生而化克，始和终不睦；冲而化合，始疏后密。世与子孙生合，师、弟则多恩义；若见冲克，亦多不睦也。

财作束脩，不宜化弟；

占馆以财爻为束脩，独怕兄弟发动或财爻化兄，主束脩有名无实。财爻无气，而遇日辰动爻生扶拱合者，束脩虽则不多，而四季节礼反周备也。

父为书馆，岂可逢空？

占馆以父母爻为书馆，旺相则有好馆。卦无父或落空，必无书馆，事亦难成。

校者注　①　秀才：别称茂才，原指才之秀者，汉以来成荐举人才的科目之一。亦曾作为学校生员的专称，现代也比喻知识量丰富的人。始见于《管子·小匡》："农之子常为农，朴野不慝，其秀才之能为士者，则足赖也。"尹知章注："农人之子，有秀异之材可为士者，即所谓生而知之，不习而成者也。"唐宋间凡应举者皆称秀才，明清则称入府、州、县学生员为秀才。

鬼动合身，须得贵人推荐；

官鬼发动，当有间阻，若来生合世身，必得贵人推荐可成。

兄兴临应，决多同类侵谋。

凡应持兄动，必有同道之人争谋其馆，兄临卦身亦然。若在间爻动来冲克世爻，主有人破说也。

官如藏伏，应无督集之人；

鬼能生扶父母，故占馆以此爻为纠率子弟之人。皆不出现，或出现旬空，主无人聚生徒，以成学馆也。

应若空亡，未有招贤之主。

应爻空亡，无人延请，更若父不出现或落空，必难成就；应爻动空化空，是假言作主也。

动象临财难称意，

文书为占馆用神，若遇财动，则被克坏，未成者不能成，已成者不能遂意。

空爻持世岂如心？

卦中父母出现，应来生合，而世爻空亡者，求馆不成。

身位受伤，虽成不利；

世身被日建、月建、动爻刑克，虽成而日后有官非疾病。

间爻有动，纵吉难成。

间爻动克，事多阻隔，故难成也。

鬼或化兄，备礼先酬乎荐馆；

凡遇鬼爻动出兄弟，必得礼物先酬荐馆之人，则可成就；兄临世身亦然。

世如变鬼，央人转荐于东家。

鬼爻出现而世又化出者，再得推荐可成；卦无官而动爻有化出者，初无人荐，亦必央人荐之可成也。

世无生合，漫看白眼之纷纷；

应不克世，父母不空，兄鬼不动，而月日动爻并不生合世爻者，其事纵成，但主人不钦敬，故白眼待之也。

福或兴隆，会见青衿[①]之济济。

占馆以福爻为门生，旺相多，休囚少。

衰逢扶起，日加负笈[②]之徒；

子孙衰弱，得日辰动爻生合扶起，学徒始虽不多，开馆后日渐增益也。

动遇冲开，时减执经之子。

子孙爻动，若被日辰动爻冲散，其徒必背师而去者。如被世冲，是先生叱退其徒也。

逢龙则俊秀聪明，遇虎则刚强顽劣。

子孙临青龙，逢月建生合，而又临金水，必有颖悟非常之徒；若临白虎，则多顽劣之徒。

阳卦阳爻居养位，座前有刘恕之神童[③]；阴宫阴象化财爻，帐后列马融之女乐[④]。

子孙在阳宫阳爻，而临金水旺相不空，有拱扶者，其徒必有出类拔萃，如刘恕之神童在门；若阴宫阴爻，主有女徒受学。

两福自冲，鬼谷值孙膑庞涓之弟子；子孙皆合，伊川遇杨时、游酢

校者注　① 青衿（jīn）：出自《诗经·郑风·子衿》："青青子衿，悠悠我心。"由于该诗描写的是周朝学子的服装，因此"青衿"代指周朝国子生，此后也成为北齐、隋、唐、两宋学子的制服。古指读书人，亦为贤士的代称。

② 负笈（fù jí）：背着书箱到远处去求学。负：背着（指负重）。笈：书箱。《晋书·王裒传》："负笈游学。"

③ 刘恕之神童：刘恕（1032年–1078年），字道原，筠州（即今江西高安）人。生于宋仁宗明元年，卒于神宗元丰年，享年47岁。恕少颖悟，书过目即成诵。笃好史学，自太史公所记，下至周显德末，纪传之外至私记杂说，无所不览，上下数千载间，钜微之事，如指诸掌。中进士后，先后任婺源县令、和川令，官至秘书丞。《资治通鉴》副主编之一。刘恕把毕生精力都献给了史学，献给了《资治通鉴》。

④ 马融之女乐：马融（79年–166年），字季长。扶风茂陵（今陕西兴平东北）人。东汉著名经学家，东汉名将马援的从孙。他尤长于古文经学。设帐授徒，门人常有千人之多。他不拘于儒者的礼节，"居宇器服，多存侈饰。尝坐高堂，施绛纱帐，前授生徒，后列女乐。"涿郡人卢植、北海人郑玄等都是其门徒。

之门生[①]。

卦有两爻子孙俱动相冲，弟子中必多不合，若来伤世，必然责及先生。如遇二爻俱来生合世爻，则门生自尽弟子之礼。

世动妻爻，决主亲操井臼[②]；

世临财动，乃自炊爨，非供膳也。

应生财值，定然供膳饔餐[③]。

财爻临应生合世身，定主供膳；月建、日辰、动爻俱带妻财，乃诸生轮流供膳；旺相款待厚，休囚款待薄。

如索束脩，可把妻财推究；若居伏地，还求朋友维持。

凡占取索束脩，以财爻为主，若不出现，必须浼求朋友取讨可有。

出现不伤，旺相生身，名曰吉；入空无救，休囚死绝，号为凶。

占束脩，得财爻出现旺相，而月建日辰动爻不来伤克，则不缺欠；若财出现被克，或绝、或空、或墓，皆不遂意。

变出父爻，书债必然偿货物；

财动化父，或父动化财，主束脩以货物准折。

化成兄弟，砚田[④]必定欠收成。

财爻化兄，有名无实。

身空应空福财空，必然虚度；

校者注 ① 伊川遇杨时、游酢之门生：就程门立雪典故而言。伊川即北宋理学家、教育家程颐（1033年-1107年），洛阳伊川人，世称伊川先生。杨时（1053年-1135年）：字中立，号龟山，祖籍弘农华阴（今陕西华阴东），南剑将乐人。北宋哲学家、文学家、官吏。先后学于程颢、程颐，同游酢、吕大临、谢良佐并称程门四大弟子。游酢（1053年-1123年）：字定夫，建州建阳人，北宋著名理学家。少颖悟，过目成诵。程颐一见，谓其资可适道。在程门四大弟子中，游酢被列为第一大弟子。他与杨时“程门立雪”的故事成为尊师重道的佳话。

② 井臼：指汲水舂米，泛指操持家务。汉·刘向《列女传·周南之妻》：“亲操井臼，不择妻而娶。”

③ 饔餐（yōng cān）：指饭食。《警世通言·钝秀才一朝交泰》：“（德称）自此饔餐不缺，且训诵之暇，重温经史，再理文章。”

④ 砚田：即砚台。旧时读书人以文墨维持生计，以砚喻田，因此把砚台叫做砚田。清·蒋超伯《南漘楛语·砚》：“近得一砚，上有（伊秉绶）先生铭云：‘惟砚作田，咸歌乐岁。墨稼有秋，笔耕无税’。”

凡占束脩，遇卦身应爻及子孙妻财皆空，或不上卦者，主束脩无得。

月克日克动变克，恐受刑伤。

月建日辰动变，诸爻皆来刑克世爻者，占馆有不测之凶。

鬼化财生，非讼则学金休矣；

卦中无财，而遇兄、鬼、文书化出财爻，生合世爻者，必须讼诉公庭，束脩可有。

子连父合，因学而才思加焉。

世若衰绝无气，而遇子孙动化生合世爻者，主子弟之才日加进益也。

词　讼

小忿不惩，必至争长竞短；大亏既负，宁不诉枉申冤？

欲定输赢，须详世应。

卦中世应，即状中原被，看此则两边胜负可知。

应乃对头，要休囚死绝；世为自己，宜帝旺长生。

不拘原被告，占以世为自己，应为对头。应旺世衰，他强我弱；世旺应衰，他弱我强。

相冲相克，乃是欺凌之象；

世爻刑克应爻，未为我胜，乃是欺他之象。必得鬼克应爻，方为我胜。动爻与月建日辰克之亦然。

相生相合，终成合好之情。

世应生合，原被有和释之意。世生应，我欲求和；应生世，他欲求和；应世动空化空者，俱是假意言和也。

世应比和官鬼动，恐公家捉打官司；

世应比和是和释之象，倘官鬼动克，主官府捉打官司，不依和议；子孙亦动，终成和议。

卦爻安静子孙兴，喜亲友劝和公事。

六爻安静，世应虽不生合，而子孙发动者，必有亲邻劝和也。

世空则我欲息争，

世空则我欲息争，应空则他欲息争；世应俱空，两怨销息。

应动则他多机变。

世动，则我必使心用谋，若化官兄回头克制，反为失计。应动，则他必有谋，若加月建，必有贵人依靠，克世则为不吉。

间伤世位，须防硬证同谋；鬼克间爻，且喜有司明见。

间爻为中证之人。生世合世必然向我，生应合应必然向他。与世冲克，与我有仇；与应冲克，与彼有隙。若旺爻生应，衰爻合世，是助彼者有力，助我者无功。或静生应动克世，是向彼者虽不上前，怪我者偏来出面。若冲克我之爻反去生应合应，须防证人同谋陷害；若得鬼爻克制，或被日辰冲克，是官府不听其言，我得无事。间爻若受刑克，中证必遭杖责，近世必是我之干证，近应为彼之干证也。

身乃根因事体，空则情虚；

卦身系词讼根由，旺则事大，衰则事小；动则事急，静则事缓；如空伏，皆是虚捏故事；飞伏俱无，毫厘不实。

父为案卷文书，伏须未就。

卦无父母，文书未就，带刑临败病，必多破绽；化财亦然，化兄有驳。月建作合，上司必吊卷[①]。有冲皆不依允。

鬼作问官，克应则他遭杖责；

鬼为听讼官，动去克应，讼必我胜，克世我败。

日为书吏，伤身则我受刑名。

日辰能救事、能坏事，如鬼动克世，自必有刑；得日辰制鬼冲鬼，必得旁人一言解释，问官必能宽宥于我也。

逢财则理直气壮；

以财为理，临世我有理，临应他有理；鬼来刑害，虽有理而官府不听，兄动不容分辩。如下状，则财为忌爻。

遇兄则财散人离。

兄弟若在世身爻上，事必干众，动则广费资财；或加白虎，必主倾

校者注　① 吊卷：同“调卷”，提取案卷之意。

家荡产。临应爻，则以赔断之。

世入墓爻，难免狱囚之系；

世爻入墓、化墓、或临鬼墓，卦象凶者，必有牢狱之灾；临白虎，在狱中有病。

官逢太岁，必非州县之词。

官居第五爻，若值太岁，此事必干朝廷，逢月建必涉台宪[①]。

内外有官，事涉一司终不了；

官不上卦，无官主张；内外有官，权不归一，主事体反覆，必经两司，然后了事。

上下有父，词兴两度始能成。

官父二爻不宜重见，主有转变不定之象，其事必主缠绵，卒难了结。如占告状，遇此象，必再告方成也。

官父两强，词讼表章皆准理；妻财一动，申呈诉告总徒劳。

凡欲上表、申奏、申呈、告诉等事，皆要官父两全，有气不空，则能准理；最怕财动伤父，必不可成。

父旺官衰，雀角鼠牙之讼；

父母旺相，官鬼休囚，情词[②]若大，事实细，故乃“雀角鼠牙之讼[③]”。

变衰动旺，虎头蛇尾之人。

凡世应旺动，是有并吞六国之势；若变入墓绝空亡，乃先强后弱，虎头蛇尾之象。世以己言，应以彼言也。

世若逢生，当有贵人依靠；应衰无助，必无奸恶刁唆。

世爻衰弱，遇月建日辰动爻生合，必有贵人扶持，彼亦无可奈何。

校者注　①　台宪：指御史台或御史台官员。《新唐书·王源中传》：“源中上言：‘台宪者，纪纲地，府县责成之所。’”

②　情词：犹口供。《京本通俗小说·菩萨蛮》：“郡王大怒，将新荷送交府中五夫人勘问。新荷供说：‘我与可常奸宿有孕。’五夫人将情词覆恩王。”

③　雀角鼠牙之讼：比喻因细小之事引起的争讼。雀、鼠：比喻强暴者。原指强逼女子成婚而引起的争讼，后泛指狱讼，争吵。出自《诗经·召南·行露》：“谁谓雀无角，何以穿我屋？……谁谓鼠无牙，何以穿我墉？”

应爻遇之反是。

无合无生，纵旺何如独脚虎？有刑有克，逢空当效缩头龟。

应爻旺动无生合者，彼虽刚强，是独脚虎不足畏；世无生合，又遇日月动爻刑克，当效缩头龟，勿与对理。

兄在间中，事必干众；

兄弟在间爻，词内干犯众多；动则中证人贪索贿赂，克应索彼之财，克世须用财托为安。

父临应上，彼欲兴词。

父母为文书，临世我欲告理，临应他欲申诉。动则欲行，静则不举。

父动而官化福爻，事将成而偶逢兜劝；父空而身临刑煞，词未准而先被笞刑。

凡占告诉，遇官父两动，讼事可成。若父有气或官化子孙，则主身到公门将投词，而有人兜劝。若父化空亡墓绝，官鬼刑克世爻，或被日辰刑冲克害，告状且不准，先遭杖责也。

妻动生官，须用赀财嘱托；

若讼已成，卦有财动，必须用财嘱托官府；如遇子孙冲官，虽费赀财，亦无所益。

世兴变鬼，必因官讼亡身。

世持鬼，我失理；应持鬼，他失理。世变鬼，恐因官事而丧身；应变鬼，以彼断之。

子在身边，到底不能结证；官伏世下，讼根犹未芟除[1]。

卦身临福德出现发动，随即消散。惟怕官鬼伏世下，则讼根常在，日下虽不成讼，至官旺出透举发也。

墓逢日德刑冲，目下即当出狱；岁挈福神生合，狱中必遇天恩。

世墓、鬼墓爻动，皆是入狱之象，若得日辰刑冲克破，目下即当出

校者注 ① 芟除（shān chú）：删削；斩伐，消灭；除草，刈除。最早见于《三国志·魏书·王朗传》："赖先王芟除寇贼。"唐·韦应物《新理西斋》诗："草木无行次，闲暇一芟除。"

狱。在狱占卜，最喜太岁生合世爻，主有天恩赦宥[1]；月建生合，上司审出；日辰生合，有司饶恕；父母生合，必须申诉可得免也。

若问罪名，须详官鬼；

凡卜罪名轻重，以官爻定之，旺则罪重，衰则罪轻。加刑白虎旺动克世，火受极刑，金主充军[2]，木主笞杖，水、土徒罪。须以衰旺，有制无制断之，不可执滞。

要知消散，当看子孙。

若福动鬼静，以生旺月日断；鬼动福静，以官墓月日断。

卦象既成，胜负了然明白；讼庭一部，是非判若昭彰[3]。

（卜筮正宗卷之十终）

校者注 ① 赦宥（shè yòu）：宽恕、赦免。《左传·襄公十一年》："凡我同盟，小国有罪，大国致讨，苟有以藉手，鲜不赦宥。"

② 火受极刑，金主充军：根据《卜筮全书》所载，这两句应改为"金受极刑，火主充军"为妥。

③ 昭彰：显著；彰明。南朝梁·萧统《序》："词采精拔，跌宕昭彰，独超众类。"

卜筮正宗卷之十一　黄金策

刘诚意　撰　　王洪绪　注

避　乱

人有穷通①，世有否泰②。自嗟薄命，运当离乱之秋；每叹穷途，聊演变通之《易》。因录已验之卦爻，为决当今之贼寇。

官鬼之方并官鬼所克之处，休往；子孙之方并生我之处，宜去。如占守旧处，得子孙独发生我，终无惊恐，占往他方亦然。此一注是一篇之大旨也。

鬼位兴隆，贼势必然猖獗；官爻墓绝，人心始得安康。

官鬼旺相发动，贼必猖獗；若得休囚安静，日辰动爻制他，则安卧无惊。

路上若逢休出外，宅中如遇勿归家。

内卦为宅，外卦为路。鬼在外动，出外必遇，宜守家中；若在内动，宜避于外。

动来刑害，总教智慧也难逃；变入空亡，若被拘留犹可脱。

若鬼动不伤世，任彼猖獗，不遭其祸；如被刑冲克害，必难逃避。若官爻变入死墓空绝，则是虎头蛇尾，虽凶无咎之兆。

日辰制伏，何妨卦里刑伤；月建临持，勿谓爻中隐伏。

官鬼动来刑克世爻，固是凶兆，若得日辰动爻克制冲散之，皆谓

校者注　①　穷通：困厄与显达。《庄子·让王》："古之得道者，穷亦乐，通亦乐，所乐非穷通也；道德于此，则穷通为寒暑风雨之序矣。"

②　否泰（pǐ tài）：出自《易经》的两个卦名。天地交，万物通谓之"泰"；不交闭塞谓之"否"。后常以指世事的盛衰，命运的顺逆。

“有救”，必不为害。惟怕月建日辰带鬼刑克世爻，虽卦中无鬼，不免遭害。

所恶者提起之神，所赖者死亡之地。

鬼爻伏藏固吉，若被动爻日辰冲开飞神，提起伏神，仍被其害；如鬼爻真空真破，方许无灾。

自持鬼墓，坟中不可潜藏；或值水神，舟内犹当仔细。

官鬼墓库之爻，动来刑克或持世身是也，凡遇此象，不可避于坟墓内。木鬼不可避于草木丛中，水鬼不可避于舟船，金鬼不可避于寺观，火鬼不可避于窑冶。

子爻福德北宜行，午象官爻南勿往。

官鬼所临之方，乃寇出入之处，宜避之；子孙所临之地，乃贼不到之处，宜往之。

鬼逢冲散，何须克制之乡；福遇空亡，莫若生扶之地。

子孙之方固吉，以其制鬼故也，若发动则取之。若福静官动，而卦内有冲散官爻者，即以冲散之方为吉，以其为得用之神故也。若子孙空伏，衰静受制，而鬼爻又无冲散者，宜取生世合世之方为吉。

旺相内卦，终来本境横行；

凡占贼寇来我境否，若官在本宫内卦发动，必来；在他宫外卦，则不侵境也。若持世临内宫，直到我家；临外卦持应，虽来不入我室。卦身亦忌临之。

动化退神，必往他乡剽掠[①]。

官爻发动，若化退神，将往他处劫掠也；如化进神，倭必速到，宜早避之。

官运旺福合生身，反凶为吉；

官爻发动克世，必遭毒手。若得化出子孙制鬼，或动子财，反来生合世身者，必然因祸致福。

阳化阴财刑克世，弄假成真。

官爻发动不伤世爻，而被动财反伤世爻者，必因贪得财物而惹

校者注　①　摽掠（biāo lüè）：抢劫、掳掠。摽，通“剽”。

祸也。

贼兴三合爻中，必投陷阱[①]**；**

最怕动会鬼局，必主倭寇四边合来，虽欲避之，前遭后遇不能脱离。卦有两鬼俱动克世亦然。三合兄局，身虽无事，财物失散；三合父局，小儿仔细；三合财局，生合世爻，反主得财。刑克世爻，则主父母失散；三合子局，克制鬼爻，为最吉也。

身在六旬空处，终脱樊笼[②]。

身世空亡，避之为吉。

官鬼临身，任尔潜踪犹撞见；

官爻持世，乃是倭贼临身，如何可避？如被捉去而占，亦不能脱彼而回。

子孙持世，总然对面不相逢。

子孙持世，不动亦吉，发动尤妙。若临月建，或带日辰，或在旁爻旺动，皆吉。卦中虽有鬼动，不足畏也！

兄变官爻，窃恐乡人劫掠；

卦中无鬼，而遇兄动变出者，须防邻人乘机劫盗财物，非真贼寇也。兄在内卦，是近邻；在外卦，远方人也。

财连鬼煞，须防臧获私藏。

卦中无鬼，财变官爻者，是奴婢假妆贼寇劫物，或在乱中被其藏匿也。若在外卦，乃邻里妇人。

日辰冲克财爻，妻孥失散；动象刑伤福德，儿女抛离。

官动必有惊险，不拘日辰、动爻，被其伤处即不太平。如冲克财爻，主妻孥失散；冲克子孙，必主儿女抛离。

火动克身，恐有燎毛之苦；水兴伤世，必成灭首之凶。

卦中火鬼动来克世，主有火烧之祸；若水鬼克世，主有水患。

父若空亡，包裹须防失脱；妻如落陷，财物当虑遗亡。

校者注　① 陷阱：比喻使人受骗上当的圈套；诱捕野兽的坑穴。

② 樊笼：关鸟兽的笼子。比喻受束缚而不自由的境地。语出晋·陶渊明《归园田居（其一）》："久在樊笼里，复得返自然。"

父爻空亡，非包裹失脱，则须防父母有不测之祸；财空防失财物，否则妻妾有殃；子孙空则忧小口。类推之。

五位交重，两处身家无下落；

凡遇五爻发动，东奔西走，避乱不暇，身宅两处。更遇日辰动爻冲散世爻，必无安身下落之所。

六爻乱动，一家骨肉各西东。

六冲卦及六爻乱动者，主父母、兄弟、夫妇、骨肉各自逃命，不能聚于一处。

福临鬼位刑冲带煞，则官兵不道；

子动固是吉兆，若带刑害虎蛇，而又变出官鬼者，乃是官兵乘乱劫掠。

官变兄爻克合伤财，则妻妾遭淫。

官动刑克世爻，合住财爻，则身被擒，妻遭淫污。如不伤世，而但合财爻者，自身虽无事，妻必被辱也。更化兄爻，被奸而难望放回。

妻去生扶，只为贪财翻作祸；

鬼动最喜衰绝，若有财动生扶，必因贪财惹祸。世以己方，应以人言。

子来冲动，皆因儿哭惹成灾。

鬼静最吉，若被子孙冲动，必有小儿啼叫，因而知觉，乃被其害。福旺官衰不妨。

得值六亲生旺，虽险何妨；如临四绝刑伤，逢迍即死。

用爻遭克，必有灾咎。若受伤之爻如值生旺，不致伤命。惟怕临于绝地，若遇衰弱，一克即倒，必致丧命也。

世遇乱离，既已逐爻而决矣；时遭患难，亦当随象以推之。

平居无事，何暇占卜？或刑罚所加，户役所累；或官府捉拿，仇家报复；或祸起于无辜，殃生于不测。苟不避之，终为所害，是以不能无避害之占也。然大概与避乱相似，故并附列于此。

最怕官爻克世，则必难回避；

凡脱祸避祸，遇鬼动伤世，皆不能避，持世亦然。若鬼空绝静，如伏于世下者，目下无事，后当令，恐复发觉。

大宜福德临身，则终可逃生。

子孙能制鬼，为解神。若临身世，或在旁爻发动，或值月建日辰，虽遇官鬼亦不妨事。大怕空亡墓绝受制。

官化父冲，必有文书挨捕；

旺爻发动，名已入册，或有官批在外。鬼爻亦动，事体紧急。父化官、官化父，刑克世爻者，必着公差挨捕。

日冲官散，必多亲友维持。

官动固难逃避，若得日辰动爻冲散克制之，必有心腹亲友与我周旋解释。

鬼伏而兄弟冲提，祸由骨肉；

官伏而被兄弟冲飞提拔者，或兄弟冲动官鬼来刑克者，是自家骨肉搜踪捕迹，恐难逃避也。

官静而旁爻刑克，事出吏书。

鬼静，而卦中爻动刑克世爻者，乃是下役及仇家陷害也。若化兄爻，彼欲索诈财物。

应若遭伤当累众，

官鬼伤克应爻，必然累及他人，月建日辰亦然。

妻如受克定伤财。

如遇兄动，必主破费财物。

偏喜六爻安静；

六爻不动，官爻无冲并者，患难可避，户役可脱。

又宜一卦无官。

无鬼，则无官主张，事必平安，空亡亦吉。

或身世之逢空，

世身空亡，百事消散，虽有鬼动，亦不妨事。

或用神之得地。

用神旺相，而无刑冲克害，不化死墓空绝，皆为吉兆。

天来大事也无妨，海样深仇何足虑！

此二句，总节上文四节而言，卦中有一吉神，决然无事也。

事有百端，理无二致。潜心玩索，若能融会贯通，据理推占，自得圆神不滞！

逃　亡

宽以御众，侮慢斯加；严以治人，逃亡遂起。故虽大圣之有容，尚谓小人之难养。须察用爻，方知实迹。

用爻者，如占奴婢、妻妾逃亡，看财爻类是也。

若临午地，必往南方；或化寅爻，转移东北。

用爻安静，以所临之地为逃去之向，故云“临午是南方”。如用爻发动，以变爻定向。转移者，转往一方也。即如午变寅爻，定然先往正南，后往东北也。

木属震宫，都邑京城之内；金居兑象，庵观寺院之中。

用神如临震宫木爻，必在都邑；如临九五，必往京城。若用临兑宫金象，必避在庵院寺观之中。

鬼墓交重，庙宇中间隐匿；休囚死绝，坟陵左右潜藏。

用持鬼墓，其人必隐庙宇之中；用临死绝，必藏身于坟墓左右也。

如逢四库，当究五行；

四库，即辰戌丑未四支。如用爻属木，卦有未动类。如辰为水土库，必在水边；戌为火库，在寺庙侧；丑为金库，在银铁匠家；未为木库，在园林柴草间，或木工蔑匠之家。凡占逃亡盗贼若遇墓爻，决难寻见，直待冲破墓爻日月，方可得见也。

倘伏五乡，岂宜一类？

卦无用神，须看伏在何爻下，便知其人在于何处。如伏鬼下，在官仓、官库之中；旺加月建，在官户家；休囚无气，在公吏家。伏父母下，在叔伯父母家，不然在手艺家。伏兄下，在兄弟姊妹，及相识朋友家。伏财下，在奴婢妻妾阴人处。伏子下，在寺观及卑幼处也。又如，伏于鬼墓下，不在庙宇中，则在寺庵内。又如，伏于财库爻下，不在仓库中，则在富豪家也。

木兴水象，定乘舟辑而逃；

用爻属木，在坎宫动者，必乘舟逃去；木化水，水化木，或木在水宫动，水在木宫动者皆然。

动合伏财，必拐妇人而去；

用爻动来与本宫财爻作合，其人必拐妇人逃去。财若伏于世下，必是妻妾；在应爻下，乃是邻家妇女。

内近外远，生世则终有归期；

用爻在本宫内卦，人在本地；在本宫外卦，在别府别县。他宫内卦，外县交界处；他宫外卦，外府州县。如在六爻，远方去矣。最喜生世合世持世，其人虽去，日后当自归来，寻亦易见也。

静易动难，坐空则必无寻路。

用爻不动，其人易寻，动则迁移无常，指东言西，或更改名姓，必难寻觅。若落空亡，杳无踪迹。

合起合住，若非容隐即相留；

用静逢合则合起，用动逢合则合住；若日辰动爻合起用神，必有窝藏容隐相留。要知相留容隐之人，以合爻定之。如在子孙为僧道，父母为尊长类。合爻与世冲克，决不来报！

冲动冲开，不是使令当败露。

静爻逢冲为冲动，动爻逢冲为冲开。用爻遇动爻日辰冲动，家中必有人使令逃亡者，如父母，是尊长类。

动爻刑克，有人阻彼登程；日建生扶，有伴纠他同去。

用爻逢冲，被人喝破；遇克，被人捉住；有扶有并有生，有人纠他同去。已上刑克等爻与世有情，必来报我！

间爻作合，原中必定知情；

间爻为原保人，无保，以邻里断之。如与用爻相合，必知其情，更与世爻冲克，必是此人诱去。

世应相冲，路上须当撞见。

世应俱动相冲，在途撞见，用爻与世动冲亦然。世爻动克用爻，或世旺应衰，必然擒拿；应旺世衰，或用爻克世，虽能遇见，不能捕之。

无冲无破居六位，则一去不回；有克有生在五爻，则半途仍走。

用爻不受刑冲克害，又不生合世爻，而世爻不克用爻者，是逃者不思归，寻者不得见，乃一去不回之象。若动爻日辰克制用爻，是可擒之兆；若遇变出之爻，反生合用爻者，主捕后仍被逃走。

主象化出主象，归亦难留；

卦有用爻，不宜化退神，谓之“化去”，必难捕获。若被世爻、动爻、日辰克制，纵捉回之后，亦难久留。

本宫化入本宫，去应不远。

本宫仍化本宫卦者，譬如乾卦化入姤、遁、否、观等本宫卦也，主其人逃在本处地方，必不远出。若用爻在他宫动，而又化入他宫者，远去又转方也。

归魂卦用仍生合，不捕而自回；游魂卦应又交重，能潜而会遁。

得归魂卦，彼意归切，若生合世爻者，彼必自归，寻之易见。遇游魂卦，其人必无归意，能潜会遁，寻必难见。

世克应爻，任尔潜身终见获；应伤世位，总然对面不相逢。

世克用，是我制他，去不甚远，寻之易见；用克世，是他得志，自由之象，寻之难见。

父母空亡，杳无音信；

父母主信，逢空则无信，如动来生世合世，定有报信人来也。

子孙发动，当有维持。

子孙临身世，自然去必顺利；如得日辰生合世爻，必有维持，纵有逆事，不能为害。此言逃人自卜也。

众煞伤身，窃恐反遭刑辱；

动变日月刑冲克害世爻者，谓“众煞伤身”也，反遭刑，不逃者吉。

动兄持世，必然广费赀财。

兄弟持世，费财可寻，费财可逃。若加玄武旺动克世，须防有人劫骗。

父动变官，必得公人捕捉；

父化官、官化父，或官父俱动，必须兴词告官，差捕可获也。

世投入墓，须防窝主拘留。

凡遇世爻入墓者，反被拘留人之辱，或后有灾病。

世应比和不空，必潜于此；

凡卜逃人在此处否，须得世应生合、比和，用爻出现不空，必然潜于此也。

世应空亡独发，徒费乎心。

世空则去寻不成，用空则寻亦不见，世应俱空，必主无可寻处空回。兄弟独发，虚诈不实，亦寻不见也。

但能索隐探幽，何处深潜远遁？

失脱（附：盗贼、捕盗、捉贼）

居民饥寒，每有穿窬之辈；勿忘检束，亦多遗失之虞。要知其中之得失，须详卦上之妻财。

财爻为所失物之主，如得冲中逢合，失必可得；如合处逢冲，既失不能复得矣。

自空化空，皆当置而勿问；日旺月旺，总未散而可寻。

用爻自空，或动化空，皆难寻见。若财值月令，或在日辰生旺之地，此物未散可寻也。

内卦本宫，搜索家庭可见；他宫外卦，追求邻里能知。

财在本宫内卦，其物未出家庭，可见；财在他宫外卦，物已出外，难得；在间爻，邻里人家可寻。

五路四门，六乃栋梁阁上；

此指六爻，言其大略。用神在五爻，道路可寻；在四爻，门户可寻；在第六爻，梁阁上可寻。学者不可执泥，宜当活泼。

初井二灶，三为闺阃房中。

如用临初爻子亥水，井中可寻；在二爻，灶前可寻；在三爻，房内可寻；如伏三爻官鬼下，神堂内可寻。

水失于池，木乃柴薪之内；土埋在地，金为砖石之间。

财临水爻，物在池沼。财临木爻，竹木树林柴薪内。财临金爻旺相，在铜铁锡器中；休囚，缸甏[1]罐瓶内。外卦旺相，砖石内；休囚，瓦砾中类。

校者注 ① 甏（bèng）：大瓮，坛子。一种口小腹大的陶制盛器。

动入墓中，财深藏而不见；

倘用爻入墓化墓，或伏墓下，必在器物中。要知何日见，待到冲墓之日。

静临世上，物尚在而何妨。

凡占失脱，用爻不宜动，动有更变。若得安静持世，生世合世，其物皆主未散，必易寻得，生旺不空尤妙。

鬼墓爻临，必在坟边墓侧；

用临鬼墓，其物必在寺庙中，无气则在坟墓内。如系本宫内卦，则在柩旁，或在座席上。更加螣蛇，恐在神图佛像之前。在三爻，香火堂中类。

日辰合住，定然器掩遮藏。

用爻发动，遇日辰合住，必然有物遮藏，冲中逢合必得，合处逢冲难寻。

子爻福变妻财，须探鼠穴；酉地财逢福德，当检鸡栖。

财化福、福化财，其物必在禽兽巢窟中。如值子爻，是鼠衔去，更在初爻，在地穴。寅是猫衔，丑在牛栏，午在马厩，未在羊牢，酉在鸡栖，亥在猪圈是也。有合则在内，无合则在旁。

鬼在空中世动，则自家所失；

卦无官或落空，而世爻动者，乃自遗失，非被人偷去也。

财伏应下世合，则假贷于人。

官鬼或空或伏，或死绝不动，而财临应上或伏应下，乃自借于人也。要知何人假借，以应临六亲定之，如临子为卑幼类。

若伏子孙，当在僧房道院；如伏父母，必遗衣笈书箱。

用神不上卦，须寻伏于何处。若伏子孙爻下，物在寺院或卑幼处。如伏父母下，物在正屋中，或在尊长处。无合，衣服书卷中；有合，衣箱书箱内。若伏兄下，本宫，兄弟姊妹处；他宫，相识朋友处。

在内则家中失脱，在外则他处遗亡。

用爻在内卦，失于家中；用爻在外卦，失于他处。

财伏逢冲，必是人移物动；

财伏卦中，遇动爻日辰暗冲者，若鬼爻衰静，其物被人移动，非人偷也。

鬼兴出现，定为贼窃人偷。

鬼不上卦或落空亡，或衰绝不动，皆不是人偷；游魂卦，多是忘记；若鬼爻变动，方是人偷。

阴女阳男内卦，则家人可决；生壮墓老他宫，则外贼无疑。

鬼爻属阳，男子偷；属阴，女人偷。阴化阳，女偷与男；阳化阴，男偷寄女。生旺壮年人，墓绝老年人，胎养小儿偷，带刑害有病人偷。本官内卦家中人偷，他宫内卦宅上借居人偷，或家中异姓人偷。

乾宫鬼带螣蛇，西北方瘦长男子；巽象官加白虎，东南上肥胖阴人。

此指八卦以定方向，六神以定贼形。如鬼在乾宫，西北方人；在巽宫，东南方人。带螣蛇，身长而瘦；加白虎旺相，贼必肥大，休囚瘦小。余皆仿此。

与世刑冲，必是冤仇相聚；与福交变，必然僧道同谋。

鬼爻与世刑冲，其贼向有仇隙者；与世生合，乃是兼亲带故之人；鬼化子、子化鬼，必有僧道杂在其中。

鬼遇生扶，惯得中间滋味；

鬼爻无气又临死绝，若遇动爻日辰扶起者，此贼惯得其中滋味。带月建是强盗，加太岁是官贼。

官兴上下，须防内外勾连。

卦有二鬼，偷非一人；俱动，是外勾里连。内动外静，是家人偷与外人；外动内静，家中有人知情。

木克六爻，窬墙而入；金伤三位，穿壁而来。

木爻克土，窬墙掘洞；金鬼克木，割壁钻篱；火鬼克金，劈环开锁；水鬼克火，灌水灭灯；土鬼克水，涉溪跳涧；木火交化，明灯执仗。要知何处可进，以鬼克处定之。如木鬼克六爻，逾垣而入；克初爻，后门掘洞而进也。

世去冲官，失主必会惊觉；

世冲鬼爻，失主知觉；应冲鬼爻，他人知觉；旁爻冲鬼，旁人知觉。

日来克鬼，贼心亦自惊疑。

鬼被日辰动爻刑克，彼时贼心惊疑，贼必捕获。

子动丑宫，问牧童必知消息；福兴酉地，是酒客可探情由。

子动，必有人撞见，询之可知消息。

如在子爻，可问科头男子、或捕鱼人。

在丑爻，可问牧童筑墙等人。

在寅爻，是木客木匠、担竹木器等人。在卯爻，问织席卖履、挑柴、斫草等人。

在辰爻，问凿井、傍河锄地等人。

在巳爻，问穿红女子，或弄蛇乞丐人。在午爻，问烧窑、乘马、讨火、提灯等人。

在未爻，问挑灰、耕种、牧羊者等人。

在申爻，问铜铁匠，或弄猴人。

在酉爻，问针工、酒客、捉鸡等人。

在戌爻，问挑泥、锄地、牵狗等人。

在亥爻，问担水、踏车、洗衣、沐浴等人。

兄动劫财，若卜起赃无处觅；

卜起赃及寻物，若见兄动，皆主财物失散，终难寻觅。

官兴克世，如占捕盗必伤身。

凡占捕盗，要世旺鬼衰，世动鬼静，则易于捕获。若鬼爻乘旺，动来刑克世爻，须防反被其害。

世值子孙，任彼强梁何足虑；

子为捕盗之人，若旺动或临世，或日月临之，则鬼有制，贼必可获，纵凶恶强盗，不足畏也。

鬼临墓库，纵能巡捕亦难擒。

鬼爻入墓及化入墓，或伏墓下，皆主其贼深藏难捕；得动爻日辰破墓可获。

日合贼爻，必有窝藏之主；

鬼为贼爻。捕盗遇合贼，必有人窝藏，不能得见，待冲合之日可获也。

动冲鬼煞，还逢指示之人。

鬼爻逢冲动及受克，必有人指示贼隐之处。

卦若无官，理当论伏；财如发动，墓处推详。

捕盗无官，贼必隐迹。须看伏在何爻之下，便知贼在何处，如伏财下，在妻奴家类。若动爻有化出者，即以变爻论之，不须看伏。若卜起赃，见财爻发动，看其墓在何处，便知藏匿何方。

伏若克飞，终被他人隐匿；飞如克伏，还为我辈擒拿。

此伏只论鬼爻，此飞只论世爻。如鬼伏世下克飞，终难擒获；如世克伏，必可擒拿。

若伏空爻，借赁屋居非护贼；

鬼伏空爻下，赁屋居住，非是窝藏。或潜住他家，亦非容隐，后终败露。

如藏世下，提防窃盗要留心。

凡占防盗，最要鬼爻衰静及空，或日辰冲散，或子孙克制，皆为吉兆。若鬼爻无制，动克世爻，当受其害。若鬼伏世下，目下虽无事，至其出透时，宜提防累及。

倘失舟车衣服，不宜妻位交重；或亡走兽飞禽，切忌父爻发动。

失脱不可专以财为用神。若失舟车、衣帽、文书、奏章，则以父母为用爻，故忌财动。若失飞禽走兽，则以子孙为用爻，故忌父动，受克则难寻觅。学宜通变。

卦爻仔细搜求，盗贼难逃捉获。

新增痘疹

六气司天，寒暑灾祥之感应；五行迭运，痘瘀疮疹之流行。

欲问安危，须凭易卦。先察用象旺衰，次究忌神动静。

生扶拱合，痘长灵根；克害刑冲，花遭妒雨[①]。

父动则护持乎兄弟，儿孙安得云宜；兄兴则为难于妻奴，子侄喜其相遇。

校者注　①　妒雨：急骤凶猛的雨。

最吉者，官安用旺；最凶者，鬼旺忌兴。

凡卜痘痧，必先分别用神、原神旺衰，次究忌神、仇神动静。如卜兄弟出花，以兄弟爻为用神，父母爻为原神，动而生之是吉。倘卜子侄，以子孙爻为用神，父动则克子是凶。如卜妻奴婢妾，以财爻为用神，兄动则克财矣！凡卜子侄，喜遇兄弟动也。官鬼为痘花，不宜伤损，亦不宜动，动恐变坏；如遇刑冲克害伏藏等象，是险逆之症也；即勉强起发，亦难收功。如用神旺相，官鬼安静而得生扶拱合者，是顺症而无忧虑也。

用得长生，百年之内保无虞；

用神长生于日辰，或化长生者，虽百年之内无忧，目下何必虑之！

原临死绝，一月之外终有害。

如用神休囚，再受伤克，又遇原神临于死绝之处，旦夕难延。若用神出现旺相，而原神静逢死绝，或动化伤克者，目下得令虽见收功，出月退炁，仍有不测之害也。

官强而痘难开朗，福旺则花必稀疏。

官鬼爻为痘症，宜静不宜动，动则有变。静而衰者痘稀，旺而动者痘密。福神为痘花之主，亦宜安静有气，最忌动化伤克。若得福旺官衰，痘花定然稀朗，必好收功也。

墓库不宜临用，

痘喜起发，既发又喜神清，若用神入墓库，初难起发，后必神思昏倦，主难收功也。

休囚岂可持身？

出花之人宜于体旺，则易收功。如用神休囚，必是体弱，再无原神日月生扶者，后亦有变。

卦现官多，防贼痘之为祸；

官鬼不宜多现，多则痘分粗细。如无子孙出现，恐痘密之，中间有毒痘，其名曰“贼痘”，如不去之，则害一身痘矣！

爻临福众，虑进补以招殃。

子孙之爻不宜多现，只要旺相有气。如多现，不宜用补药，食补物，若用补反恐有害也。

乱动皆非吉，伏吟亦是凶。

诸卦皆怕乱动，何况于痘花？凡占皆畏伏吟，岂独于痘症乎？

子孙发现，当勿药而自痊；父母交重，纵延医而难治。

如子孙发动，不遇日月动变伤克者，倘卜用药，当许立效，故喻之不药而能愈也。

财动卦中，宜调脾胃；

财为饮食，宜旺不宜空，空则不思饮食；宜静不宜动，动则生助官鬼。恐因多食而伤脾胃，故须调养。

兄兴象内，须理胸怀。

财为调理之物，兄为气闷之神。如遇兄弟爻发动，动则伤克财爻，主饮食少进，或乏于调理；如在间爻，宜宽胸理气；如临朱雀，必感怒而不思饮食。

贪口腹而增忧，多为帮官伤世；

财爻发动则生官鬼，若卦中又见官鬼发动，而克世身主象者，必因贪口腹以致增病，或未出痘之前已停食也。

爱滋味而进食，定因助福生身。

兄弟本是克财，动则不思饮食。若得子孙亦动，动来生世身用象者，谓之“助福生世”，主出痘之人，初不思食，因爱一味，引开胃口，始能进食也。

卦遇六冲难起发，爻逢六合好收功。

凡卜近病，喜遇六冲，谓之“冲散灾殃”。惟卜痘症则不然，谓之“花逢冲则败”，犹如妒雨侵花，初难起发，后不收功。如遇六合卦，或用神逢生合，则易起发，必好收功也。

闷而不发，皆缘用伏加伤；发而不浆，只为官空增制。

用神出现，不遇日月动爻刑冲克害，是大吉之兆。如用神伏藏，再受日月动爻刑冲克害者，必是闷症，难过四、五朝者，屡验。如官爻旬空月破，又遇日辰动爻克害者，痘纵起发，在七、八朝，恐不灌浆，难于收功也。

原神若坏，纵用现兮不祥；主象受伤，得救护兮无碍。

原神者，生用神之爻也。如原神旬空，若伏藏而无伤克者，主症虚体弱，非补不能起发。既起发，主无力灌浆。若原神值真空真破，或伏而受伤太过，或化回头克伤，谓之“原神受伤”，用神无根，焉能得生？非吉祥之兆也。如主象逢伤克，而遇原神临月建、日辰、动爻救护者，痘症虽险，可断不妨。学者宜变通。

福鬼若值青龙，方宜种痘；

或子孙爻临青龙，或官鬼爻临青龙，不遇日月动爻刑冲克害者，如卜种痘，为大吉之兆。如官爻旬空或伏藏，福神不值青龙，纵种痘亦不出也。

用煞如临白虎，且慢栽花。

或用神临白虎，或忌神临白虎，用神受日月动变爻刑冲克害者，不宜种痘，恐反被害耳。

玄武冲世冲身，污妇魇而作变；

玄武临财爻，动来冲世身用象者，主因污妇冲魇，以致痘花作变。如玄武临应爻，动来冲世身主象者，因外人闯魇作变也。

白虎临官临用，火毒甚而未清。

白虎是血神，如临官鬼或临用神，而遇日月动爻刑冲克害，若非生痰，定是结毒。如在乾宫，毒结头面，坤腹、震足、巽股、艮手、离目、坎耳、兑口等类推之。

身上虎，须向五行言带疾；

大凡卦身一爻，主痘人始终之事。若临福德吉神，主无痘毒；如临官鬼，必有结毒成疾之处。如遇金鬼，系肺经火毒未消，鼻孔内生疮，或左耳带疾。如临木鬼，系肝经火毒未清，主两目内出痘，或右耳带疾。如遇水鬼，系肾经火毒未清，主两耳干枯，嘴唇带疾。如官鬼属火，系心经火毒未消，舌上干焦，主带目疾。如官鬼属土，系脾经火毒未清，主口如鱼口，鼻梁带疾。已上官鬼所属临持卦身，如值休囚，见福神发动者，用药可愈。如无福神克制，反加白虎

附持则有损矣，乃终身之疾也。

爻中煞，当凭八卦论周身。

如虎鬼居乾宫，则带疾在头；如居兑象，则带疾在面；如居震卦，带疾在足；如居巽卦，则带疾在股；如居坎卦，则带疾在耳；如居离卦，则带疾在目；如居艮卦，则带疾在手；如居坤卦，则带疾在腹。已

上八宫所值鬼爻，如遇福神克制，则医治易愈；如再加白虎持临，定成终身之疾也。

金为肺腑，增疼增嗽非宜；火属心经，发疮发斑大忌。

官鬼属金，毒发肺部，主身体作痛或咳嗽，须防鼻扇；如官鬼属火，毒发心经，乃火毒之症，起初防发斑，继防发疮，及舌头宿硬。衰静者轻，旺动者重。

木鬼乃风邪未表，水宫而寒食尚停。

木能生风，故主风邪。如官爻属木，必因未表风寒，肝经受毒，防呛喘发痒及两目直视。如官爻属水，毒发肾经，防腰疼及两耳焦干，尚有寒食停积，发热缩浆。

麻面官乘四土，破碎位遇三冲。

官鬼为痘花，如临辰戌丑未四土，土属脾经，脾经主痘，粗扁多密，故云“麻面”，防口如鱼口。如官爻遇年月日三建冲者，灌浆后防破碎泄气。

玄武主阴虚黑缩，勾陈应胀闷黄浮；

玄武临官爻，或临忌神及阴虚之症，防缩浆黑陷。勾陈若附鬼爻，主胀闷黄浮。

螣蛇木摆似惊风，朱雀火炎真血热。

螣蛇临木爻官鬼，主初起未见点时似乎惊风。若卦中官鬼属火，又临朱雀，是血热火毒之症，须用大黄、黄莲等剂，必清火泻毒，方能有救，如迟服则斑甚，痘隐焦黑，不能挽回也。

白虎同忌煞交重，哭声将至；

白虎临忌神发动克伤用神，又无原神救护者，立见其危。

青龙会恩星发动，庆贺齐来。

青龙临原神发动，生合用神，痘必收功也。

定死活于五行生克之中，决轻重于六神临持之上。

生死全凭生克轻重，兼看六神。此节乃一章之大旨也。

儿孙满目未出花，耽许多忧虑；金玉满堂失教训，枉费尽心机。

（卜筮正宗卷之十一终）

卜筮正宗卷之十二　黄金策

刘诚意　撰　　王洪绪　注

出　行

人非富贵，焉能坐享荣华？苟为名利，宁免奔驰道路！

然或千里之迢遥，夫岂一朝之跋涉？

途中休咎，若个能知？就里灾祥，神灵有准。

父为行李，带刑则破损不中；妻作盘缠，生旺则丰盈足用。

出行以父母为行李，旺相多，休囚少类；旺空虽有而不多，带刑害，破损旧物。妻财为财物本钱类，旺相充满，休囚微少；若从兄弟化出，必是合本，或是借来，非己之物也。

世若衰弱，哪堪水宿风餐；

世为自己，生旺则健，休囚则倦，所以不堪劳碌于风霜中也。

应若空亡，难望谋成事就。

应爻为所往之处，最怕空亡，主地头寂寞，谋事难成，不能得意而回。

间爻安静，往来一路平安；

间爻为往来经历所在，动则途中阻滞。若得安静，则往来平安无阻。临财福动，途中谋望胜于地头。

太岁克冲，行止终年挠括。

太岁发动冲克世爻，其人出外，终年不利，更加白虎凶煞，尤非吉兆也。

世伤应位，不拘远近总宜行；应克世爻，无问公私皆不利。

世克应，是我制他，所向通达，去无阻节；应克世，所向闭塞，更遇动爻日辰刑克，更不吉利。

八纯乱动，到处皆凶；

八纯乃六冲之卦，六爻不和，又遇乱动，何吉之有？

两间齐空，独行则吉。

间爻若空，主无阻滞。又为伴侣，若二爻皆值旬空，宜自独行，庶免同伴之累。

世动订期，变鬼则自投罗网；官临畏缩，化福则终脱樊笼。

世爻不动，行期不定，动则期已定矣。世应俱动，宜速行。若世动变出鬼爻，去后必遭祸患。或鬼持世，乃是逡巡畏缩，欲行不行之象。鬼化子孙，虽有灾患，不足畏也。

静遇日冲，必为他人而去；动逢间合，定因同伴而留。

世爻安静，遇日辰动爻暗冲者，他人浼去，非为自己谋也，日辰并起合起皆然。若世爻发动，遇日辰动爻合住者，是将行而有羁绊，未能起程；间爻方是同伴羁留。欲断行期，须逢冲日。

世若逢空，最利九流出往；

世空去不成，强去终难得意，徒劳奔走。若九流艺术及公门等人，是空拳问利，反吉。

土如遇福，偏宜陆地行程。

卦中火土爻乃是陆路，水木爻是水路；若临财福吉，兄鬼凶。

鬼地墓乡，岂宜践履[1]？财方父向，却可登临。

鬼地墓乡，财方父向，如自占卜，皆以世位而言。官鬼之方，及鬼之墓方，世之墓方，并克世之方，此等凶方，不可践履。宜往财福之方及生世之方，为大吉也。

官挈玄爻刑克，盗贼惊忧；

官鬼临玄武，本是盗贼，若与世爻刑克，不免盗贼之忧。

兄乘虎煞交重，风波险阻。

校者注　① 践履（jiàn lǚ）：本为足踏地之意。《诗经·大雅·行苇》：“敦彼行苇，牛羊勿践履。”后转为步行、经历等义，再引申为行动、实行、实践，从而具有了一定的哲学意义。

兄加白虎及忌神动，或鬼在巽宫，动来克世，皆有风波险阻。

妻来克世，莫贪无义之财；财合变官，勿恋有情之妇。

财动刑克世爻，恐因财致祸，故言“勿贪无义之财”。若世与财爻相合，而财爻变出鬼来刑克者，恐因色致殃，勿恋可免。

父遭风雨之淋漓，舟行尤忌；

父为辛勤劳苦之神，动则跋涉程途，不能安利；刑克世爻，必遭风雨所阻。父为舟，克世行船不利，故尤忌。

福遇和同之伴侣，谒贵反凶。

子孙持世最吉，主逢好侣，行路平安。若为谒贵而出行，则为不宜。子动谓之“伤官”，反不利矣！

艮宫鬼坐寅爻，虎狼仔细；

艮为山，寅属虎，若艮宫见寅鬼，是虎狼也。若不伤世，与我无害，倘或伤应，即啖[①]他人。

卦见兄逢蛇煞，光棍宜防。

兄主劫财，若加螣蛇动，必有光棍劫拐财物。无制宜防，有制无妨。

鬼动间中，不谐同侣；

鬼在间爻动，若非伴侣不和，即是伴中有病，克世主自有悔。

兄兴世上，多费盘缠。

兄弟爻主耗费赀财，持世则自多虚费；不临世上，动自他人，损耗我也。

一卦如无鬼煞，方得如心；

官鬼主祸灾，故不宜见之。即如出现，或得安静，或有制伏，纵见无妨。

六爻不见福神，焉能称意？

子为福德，又为解神，若不上卦或落空亡，不能制鬼，则鬼煞专权，恐有灾祸。

主人动遇空亡，半途而返；

校者注　①　啖（dàn）：吃或给人吃；拿利益引诱人。

隔手来占，须看何人出行。如卜子侄则看子孙。主人者，用神也。余仿此。如动遇空亡，行至半路复回；动化退神亦然。

财气旺临月建，满载而归。

出行若得财爻旺临月建，生合持世，不受刑克，定主满载回家。

但能趋吉避凶，何虑登高涉险。

行　人

人为名利，忘却故乡生处乐；家无音信，全凭《周易》卦中推。要决归期，但寻主象。

主象者，用神也，卜官员看官爻，幼辈看子孙爻，妻奴看财爻，兄弟朋友看兄爻，尊长看父爻，不在六亲之中者看应爻。

主象交重身已动，用爻安静未思归。

主象即用爻也，动则行人已行；如用爻安静，又无日辰动爻冲并者，安居异乡，未起归念。

克速生迟，我若制他难见面；

用动克世，或世落空亡，人必速至；生合世爻，人必归迟。最忌世爻动克用爻，乃未能归也。

三门四户，用如合世即回家。

三、四爻为门户，临用爻动，归程已近；而用爻又无制伏，动来生合世爻者，可立而待也。

动化退神，人既来而复返；

用爻若化进神，行人急回，不日可望；化退神，行人虽来仍返，或又往他处。既来而复返者，总言不能归也。

静生世位，身未动而怀归。

六爻安静，人不思归。若用爻生合世爻，身虽未动，已起归意。

若遇暗冲，睹物起伤情之客况；

用爻安静，本无归意，若遇日辰冲动，必然睹物思乡，将欲回家。倘月建动爻克之，亦难起程也。

如逢合住，临行有尘事之羁身。

用神发动，本是归象，若遇动爻日辰合之，因事绊住不得归来，须待月日冲之可到。远断年月，近断日时。

世克用而俱动，转往他方；

不宜世克用爻，若安静受克者，原在旧处；若发动，人已起程。如被动世克之，而用爻亦动者，则转往他处。

用比世而皆空，难归故里。

世爻旬空者速至，如用爻亦值旬空，纵世空而不能来也。不可一概而言，故曰“用比世而皆空，难归故里”。

远行最怕用爻伤，尤嫌入墓；

凡卜远行，若用神出现，不受伤克，不值真空真破，主在外吉利，归迟无妨；若逢墓绝，及日月动变刑克，皆主不吉。

近出何妨主象伏，偏利逢冲。

近出若用爻伏藏，必因事故不归，值日便到；如安静，至冲动日到；如旬空安静，至出旬逢冲日到。

若伏空乡，须究卦中之六合；

用神若伏不空之飞爻下，须待冲飞之日可来；如伏空爻之下，得日辰动爻合之即出。速则当日来，迟则值日到。

如藏官下，当参飞上之六神。

用爻伏于官爻下，必为凶事所羁。临勾陈，蹼跌损伤；临螣蛇，勾连惊恐；临白虎，或官鬼属土，卧病不归；临玄武，盗贼所阻，或贪色不归。其余下文，引证类推之。

兄弟遮藏，缘是非而不返；

用爻伏于兄弟下，必因赌博。加朱雀，是口舌争斗；临白虎，为风波所阻。

子孙把持，由乐酒而忘归。

用爻伏于子孙下，必为游乐饮酒，不然因僧道，或六畜，或子孙幼辈之阻，不得归也。

父为文书之阻滞，

用爻伏于父爻下，必为文书阻节，或因尊长、手艺人拘留。

财因买卖之牵连。

用爻伏于旺财下，必为经营买卖得利忘家；财若空亡，或遇兄动，多因折本；若加咸池，定然恋色而忘归。

用伏应财之下，身赘他家；

用爻伏于应位阴财之下，必赘他家；若临阳象生合世身，必代他人掌财不返。

主投财库之中，名留富室。

用爻伏于财库下，其人必在富家掌财；伏神如遇墓绝，则是依傍度日耳。

五爻有鬼，皆因途路之不通；

用爻伏于五爻官鬼之下，必因关津[①]不通而阻也。

一卦无财，只为盘缠之缺乏。

卦中动变日月皆无财爻者，为无路费不归。

墓持墓动，必然卧病呻吟；

用爻入墓化墓，或持鬼墓，或伏于鬼墓爻下者，皆主卧病不回；若伏官爻下或临白虎，必在狱中，非病也。

世合世冲，须用遣人寻觅。

用爻安静，而世动冲起之，合起之；用爻伏藏，世去提起；若用爻入墓，世去破墓，皆宜自去寻觅方回。

合逢玄武，昏迷酒色不思乡；

或用临玄武动，而遇财爻合住，或用伏玄武财下，皆主贪花恋色不思乡也。待冲破合爻，庶可归来；若用伏玄武鬼下，而财爻不相合者，其人在外为贼未归也。

卦得游魂，漂泊他乡无定迹。

游魂卦用爻发动，行人东奔西走，不在一方；游魂化游魂，行迹不定；游魂化归魂，游遍方归。

日并忌兴休望到，身临用发必然归。

忌神临身世，或日辰克用，皆主不归；若得用临身世，出现发动，

校者注 ① 关津：指水陆交通必经的要道，关口和渡口。泛指设在关口或渡口的关卡。

或持世动，立可望归。

父动卦中，当有鱼书[①]之寄；

凡占书信，卦有父母爻动，主有音信寄来。

财兴世上，应无雁信[②]之来。

独占书信，以父母爻为用神。若世持财动，则克父矣，故无雁信之来也。

欲决归期之远近，须详主象之兴衰。

断归期，全在合待冲、冲待合、空待出旬、破待补合、绝待逢生、墓待冲开等法，当以如是推详。要知远近，兼决于兴衰。

动处静中，含蓄许多凶吉象；天涯海角，羁留多少利名人。

舟　船

凡卜买船，断同船户。

凡卜买船与雇船，断法相同。如舟子自卜，当以船家宅断之，又非此断法也。

六亲持世，可推新旧之由；

凡推船之新旧，当以六亲持世决之，财福是新，父母是旧，兄弟是半新旧，官鬼多灾惊。兼以衰旺决之。

诸鬼动临，可识节病之处。

金鬼钉少，土鬼灰少，木鬼有缝，水鬼有漏，火鬼有燥裂。

初、二爻为前仓，要持财福；五、六爻为后舵，怕见官兄。

初、二爻为前仓，三、四爻为中仓，五、六爻为后舵。

爻作梢公，不宜伤克；

卜船以父母为舟船，卜驾撑以父母爻为梢公。要旺相生合世爻为吉，如发动伤克世爻为凶。

校者注　① 鱼书：古时对书信的称谓。纸张出现以前，书信多写在白色丝绢上，为使传递过程中不致损毁，古人常把书信扎在两片竹木简中，简多刻成鱼形，故称。

② 雁信：指传递书信者。唐温庭筠《寄湘阴阎少府乞钓轮子》："若向三湘逢雁信，莫辞千里寄渔翁。"

龙为舟尾，岂可空刑？

青龙为船尾，临财福旺动，持世生合世，皆主利益称意。

螣蛇辨索缆之坚牢；

螣蛇为索缆，休囚值旬空则枯烂，旺相持吉神则坚牢。

白虎为帆樯之顺利。

白虎属风，故取为风帆。若生旺带财福吉神，动持生合身世，则船有好帆，使风顺快；若白虎带凶鬼恶煞，旺动克害世身，或卦得反吟，主遭失风倾覆之患。

六爻皆吉不伤身，四海遨游无阻滞。

六爻生合财福吉神，又生旺持世持身，动爻又不来伤克，则无往不吉，虽远游于五湖四海，亦皆顺利也。

娼　家

养身于花柳之家[①]，曰娼曰妓；识祸福于几微之际，惟蓍惟龟。花街托迹，柳巷安身。门外纷纷，总是风流子弟；窗前济济，无非歌舞佳人。若要安宁，必得世无冲克；欲求称意，还须应去生扶。

凡娼家卜住居家宅生意类，皆以世为主娼之人，应为宿娼之客。若月建日辰动爻俱不刑冲克世，必主家宅吉利，人口安宁。更遇应来生合，十全之好，凡事遂意。

卦见六冲，往来亦徒迎迓[②]；

冲者散也，如得六冲卦，或合处逢冲，不但往来之客无惠，更防驱逐不安。

爻当六合，晨昏幸尔盘桓[③]。

校者注　① 花柳之家：花、柳：旧指风尘女。游乐的地方，亦指妓院。

② 迎迓（yà）：迎接。迓：迎也。《儒林外史》第三四回：“前日枉顾，有失迎迓。”

③ 盘桓（pán huán）：玩弄，逗弄；徘徊，逗留；周旋，交往；盘旋；曲折回绕。

得六合卦最吉，盖合则情分相投，必主人多顾恋，内外合同，家门雍睦[①]。

财若空亡，钱树子[②]慎防倾倒；

财为娼妓，若值真空，或衰绝受克，主妓女衰亡。财若重叠，妓女必多。旺相则颜色美丽，衰弱则容貌不妍，刑则有病。日月动爻无生无合，主人不眷恋。

官如墓绝，探花郎[③]哪得栖迟[④]。

官为宿客之主，若动来生合世爻，必多商客下顾，更得日辰生扶，必有贵人招接。惟不宜空亡墓绝。

妻财官鬼二者，不可相无；

无财主无出色之女，无官主无贵客招接，钱财破耗。若财官俱无，或一空一伏，是时运不济也。

财鬼父兄子孙，皆宜不动。

常人占宅，宜子孙动，惟妓家动则伤官。若鬼动，子孙亦宜动也。最喜六亲安静，故曰“皆不宜动”也。

鬼煞伤身，火盗官灾多恐怖；

鬼爻生合世爻，是宿客顾恋之象，虽动亦吉。若冲克刑害，则是鬼煞为祸，重则官灾火盗，轻则是非口舌。

校者注　①　雍睦（yōng mù）：指团结、和谐之意。亦作“雍穆”。《梁书·韦放传》：“放性弘厚笃实，轻财好施，于诸弟尤雍睦。”南朝陈·徐陵《晋陵太守王励德政碑》：“家门雍睦，孝友为风，上交不谄，下交不渎。”

②　钱树子：唐·段安节《乐府杂录》载，旧时妓院鸨母把妓女当成摇钱树，因称妓女为“钱树子”。妓女许和子，能歌善舞，为鸨母嫌了不少金银。死的时候，对她的母亲说：“钱树子倒了啊！”

③　探花郎：殿试取中的前三名进士，分别称为状元、榜眼、探花，合称三鼎甲。唐代无榜眼，却有探花郎。唐代新进士榜公布后，他们在曲江有盛大宴游活动，以进士中最年少貌美者为探花郎，到各名园采摘鲜花，迎接状元。原意只是戏称，与登第名次无关。北宋开始，进士必须经过皇帝殿试，并且定立进士一甲只有三人。初时第一名称状元，第二、三名俱称为榜眼，意思是第二、三名分立状元左右，如其两眼。至北宋末年，只以第二名为榜眼，第三名则称探花。此处“探花郎”为寻欢商客。

④　栖迟（qī chí）：游玩休憩。《后汉书·张衡传》：“淹栖迟以恣欲兮，耀灵忽其西藏。”（耀灵：指太阳。）

日辰冲父，住居屋宅有更张。

父母为住居屋宅，或被日辰冲克，或父母化出财爻，当有更变，必住不久。

兄弟交重，罄囊[①]用度；

兄动主生涯冷淡，破耗多端，更有生扶，则罄赀用度无了日也。

子孙藏伏，蹙额[②]追陪[③]。

子孙为福德喜悦之神，娼家虽不宜动，然不可空伏，主家宅不安，住居不稳，生涯不旺。

财化福爻，家出从良之妓；

不宜财动，动则妓女走失，若逢冲克，或空动皆然。化子合应，妓有从良之志；化子生世，可称“钱树子”也。

官居刑地，门招恶病之人；

鬼带刑爻生合世身，多招恶病之人来往；与世生合，与财刑冲，须防妓亦沾染。

忌动衰空，闲是闲非闲挠舌；

克世之神发动，衰空有制者，不过闲是闲非而已，无制不吉。

财兴克世，有财有利有惊忧。

凡财爻旺相，不宜动来伤克世爻，盖财乃生祸之端，必然因财致祸。

能将玄理以推详，真乃黄金而不易。

校者注 ① 罄囊：竭尽囊中所有。

② 蹙额（cù é）：不高兴或全神贯注时的皱眉头。

③ 追陪：追随，伴随。唐·韩愈《奉酬卢给事荷花行见寄》：“上界真人足官府，岂如散仙鞭笞鸾凤，终日相追陪。”

船家宅章

既明住宅之根因，再看船居之奥妙。青龙父母，祖代居船；白虎妻财，初当船户。要识平居安稳，须观福德青龙。

初是船头，必须子孙兴旺；六为后舵，定宜福德交重。父母刑冲，必主风狂浪急；妻财克陷，定然惹是招非。若逢兄弟交重，怪木必须重换；但遇鬼爻临用，魇祷急宜祈祥[①]。二为猎木，须要坚方。若遇螣蛇，必生怪异；但逢朱雀，口舌灾殃。青龙利益加添，白虎损人招祸；玄武忧疑盗贼，勾陈耗散赀财。三为仓口，怕逢刑冲克害；四为桅杆[②]，喜遇拱合生扶。五为毛缆，六为橹篷，若得相生，行船必定致富；如逢冲克，船居多主灾殃。

世爻发动，宜弃旧而从新；应位兴隆，宜世居而迪吉[③]。世临玄武，盗贼相侵；持世勾陈，翻船损货。白虎防坠水不虞，青龙主临危有救。螣蛇爻动，主暴病之忧；朱雀爻兴，有断桅之祸。

初位逢空，船头破损；二爻遇鬼，绳缆损伤。三爻最忌刑冲，仓内平基作祟；四位怕逢凶煞，破篷发漏须防。五为毛缆，逢空必有忧疑；六是舵门，遇煞定当修换。

若能依此而推，船居必无他事。

校者注　①　祈祥：烹羊以祭。古代祭山的一种祭仪。《管子·国准》：“立祈祥以固山泽。”

②　桅杆：船上挂帆的杆子；轮船上悬挂航海信号、装设天线、支撑观测台的高杆。

③　迪吉：吉祥，安好。语出《尚书·虞书·大禹谟》：“惠迪吉，从逆凶。”孔传（西汉经学家孔安国《尚书传》的简称）：“迪，道也。顺道吉，从逆凶。”清·朱之瑜《与三木高之书》之六：“归乡之后，屡询兴居，知阖宅迪吉，可胜欣慰。”

何知章

何知人家父母疾？白虎临爻兼刑克。
何知人家父母殃？财爻发动煞神伤。
何知人家有子孙？青龙福德爻中论。
何知人家无子孙？六爻不见福德临。
何知人家子孙疾？父母爻动来相克。
何知人家子孙灾？父母当临福德来。
何知人家小儿死？子孙空亡加白虎。
何知人家兄弟亡？用落空亡白虎伤。
何知人家妻有灾？虎临兄弟动伤财。
何知人家妻有孕？青龙财临添喜神。
何知人家有妻妾？内外两财旺相决。
何知人家损妻房？财爻带鬼落空亡。
何知人家讼事休？空亡官鬼又休囚。
何知人家讼事多？雀虎持世鬼来扶。
何知人家旺六丁[①]？六亲有气吉神临。
何知人家进人口？青龙得位临财守。
何知人家大豪富？财爻旺相又居库。
何知人家田地增？勾陈入土子孙临。
何知人家进产业？青龙临财旺相说。
何知人家进外财？外卦龙临财福来。
何知人家喜事临？青龙福德在门庭。
何知人家富贵昌？临财旺福青龙上。
何知人家多贫贱？财爻带耗休囚见。

校者注　①　六丁：泛指家内男丁较多。在古代，男人叫丁，女人叫口。丁字在古时有能担任赋役的成年男子的意思，不同于男孩。唐·白居易《新丰折臂翁》："无何天宝大征兵，户有三丁点一丁。"传说古时四十为丁，到隋朝时定为二十一岁，唐天宝年间则为二十三岁，宋朝男子二十岁为丁，六十岁为老。成丁后要服徭役、纳人头税。

何知人家无依倚？卦中福德落空死。
何知人家灶破损？玄武带鬼二爻惘。
何知人家锅破漏？玄武入水鬼来就。
何知人家屋宇新？父入青龙旺相真。
何知人家屋宇败？父入白虎休囚坏。
何知人家墓有风？白虎空亡巽巳攻。
何知人家墓有水？白虎空亡临亥子。
何知人家无香火？卦中六爻不见火。
何知人家无风水？卦中六爻不见水。
何知人家两爨户？卦中必主两重火。
何知人家不供佛？金鬼爻落空亡决。
何知二姓共屋居？两鬼旺相卦中推。
何知一家有两姓？两重父母卦中临。
何知人家鸡乱啼？螣蛇入酉不须疑。
何知人家犬乱吠？螣蛇入戌又逢鬼。
何知人家见口舌？朱雀持世鬼来掇[①]。
何知人家口舌到？卦中朱雀带木笑。
何知人家多争竞？朱雀兄弟推世应。
何知人家小人生？玄武官鬼动临身。
何知人家遭贼徒？玄武临财鬼旺扶。
何知人家灾祸至？鬼临应爻来克世。
何知人家痘疹病？螣蛇爻被火烧定。
何知人家病要死？用神无救又入墓。
何知人家多梦寐？螣蛇带鬼来持世。
何知人家出鬼怪？螣蛇白虎临门在。
何知人家人投水？玄武入水煞临鬼。
何知人家有吊颈？螣蛇木鬼世爻临。
何知人家孝服来？交重白虎临鬼排。

校者注　①　掇（duō）：拾取；摘取。

何知人家见失脱？玄武带鬼应爻发。
何知人家失衣裳？勾陈玄武入财乡。
何知人家损六畜？白虎带鬼临所属。
何知人家失了牛？五爻丑鬼落空愁[①]。
何知人家失了鸡？初爻带鬼玄武欺。
何知人家无牛猪？丑亥空亡两位虚。
何知人家无鸡犬？酉戌二爻空亡卷。
何知人家人不来？世应俱落空亡排。
何知人家宅不宁？六爻俱动乱纷纷。
仙人造出何知章，留与后人作饭囊。
祸福吉凶真有验，时师句句细推详。

妖孽赋

知之者罕，用之者难，传入其门，百发百中。卦卦有怪，若非神授，莫窥其奥，学者细详。

乾蛇鬼，巳冲刑，蓬头赤脚夜惊人，化猪化马作妖精。多拮括，宅不宁，逆钗赖镜损人丁。

坎蛇鬼，午来冲，没头没尾成何用。黑而矮，又无踪，拖浆弄水空声哄。

艮蛇鬼，若遇申，妖声似犬夜狺狺[②]。空中常拍手，家鬼弄家人。狗作怪，家业倾，抛砖弄瓦何曾定！

震蛇鬼，酉冲刑，空中椅桌动闻声。踢踏响，似人行。大蛇常出

校者注　① 五爻丑鬼落空愁：此句疑为有误。五爻为“丑土”是不可能出现的，读者朋友仔细查阅本书“卷之二”即可知晓。此句应改为“四爻丑鬼落空愁”。

② 狺狺（yín）：犬吠声；比喻议论中伤之声喧嚷；比喻争辩不休。宋·陆游《旅舍》诗：“勿为无年忧寇窃，狺狺小犬护篱门。”唐·白居易《与杨虞卿书》：“其余附离之者，恶仆独异，又信狺狺吠声，唯恐中伤之不获。”清·刘鹗《<老残游记续集遗稿>自序》：“呜呼！以此更虚于梦之百年，而必孜孜然，斤斤然，骎（qīn）骎然，狺狺然，何为也哉？”

现，窑器响惊人，桶箱作孽人丁病。

巽蛇鬼，亥又冲，鸡声报炀火[1]，鬼怪起狂风。缢死之鬼扰虚空，床下响，及房中。

离蛇鬼，子来刑，锅釜作妖声，空中忽见火光焰。红衣者，是何人，年深龟鳖已成精。

坤蛇鬼，冲遇寅，锅灶上，作妖精，似牛叹气是亡人。虚黄大肚鬼，出现不安宁。

兑蛇鬼，受卯刑，空中叹气重而轻。羊出现，囐[2]嘴瓶，骨殖苦暴露，刀石更成精，移南换北幼亡魂。

搜鬼论

子

作怪鼠咬屋，黄昏忌火灾；小儿夜里叫，檐前祸鬼催。

丑

古墓西北方，牛栏又接仓；开土有坟穴，伏尸夜作殃。

寅

蛇虎来作怪，六畜血财亡：人口有病患，急需保安康。

卯

隔墙带血鬼，作灾母病床：破伞并橱柜，及有死人床。

辰

鸡犬灶中死，神庙不烧香：秽犯神龙位，有祸小儿郎。

校者注　①　炀火：烈火。

②　囐（zá）：（声音）杂乱而喧闹。

巳

买得旧衣裳，亡人身上物：作怪蛇入屋，防损豕牛羊。

午

作怪鼠咬屋，不觉火烧裳；急遣白虎去，人口却安康。

未

小儿奴婢走，甑[①]叫沸锅汤；外来门与厨，在家作祸殃。

申

客亡鬼入屋，作怪在家堂；黄昏鸡啼叫，枯木被风伤。

酉

家有鼠咬柜，灯檠[②]不成双，灶有三条损，咒咀一女娘。

戌

飞禽来入屋，遗粪污衣裳；灶破并锅漏，神灯被鼠伤。

亥

公婆归尘土，从来不装香；小儿秽触犯，引鬼作怪殃。

（卜筮正宗卷之十二终）

校者注　①　甑（zèng）：中国古代的蒸饭用具。底部有许多透蒸气的孔格，置于鬲上蒸煮，如同现代的蒸锅。

②　灯檠（qíng）：指古代照明用具。檠：灯架，烛台。语出韩愈《短灯檠歌》：“长檠八尺空自长，短檠二尺便且光。黄帘绿幕朱户闭，风露气入秋堂凉。”

卜筮正宗卷之十三　十八问答（附占验）

刘诚意　撰　　王洪绪　注

第一问　三传克用（计答占验五卦）

第一问：三传（年、月、日建）克用，有一爻动来生，有一爻动来克，亦谓贪生忘克乎？答曰：寡固不可敌众也。即如一爻生一爻克，又自化克，皆不宜也，何况三传助克乎？

又问：月克日生、日克月生，如何？

答曰：匹也。再看动出一爻生，是生；动出一爻克，是克也。

辰月、丙申日，占弟病，业已临危，得既济之革卦：

		坎宫：水火既济				坎宫：泽火革		
六神	伏　神	【本　卦】				【变　卦】		
青龙		兄弟戊子水	▅▅ ▅▅	应		官鬼丁未土	▅▅ ▅▅	
玄武		官鬼戊戌土	▅▅▅▅▅			父母丁酉金	▅▅▅▅▅	
白虎		父母戊申金	▅▅ ▅▅		×→	兄弟丁亥水	▅▅▅▅▅	世
腾蛇	妻财戊午火	兄弟己亥水	▅▅▅▅▅	世		兄弟己亥水	▅▅▅▅▅	
勾陈		官鬼己丑土	▅▅ ▅▅			官鬼己丑土	▅▅ ▅▅	
朱雀		子孙己卯木	▅▅▅▅▅			子孙己卯木	▅▅▅▅▅	应

断曰：此卦亥水兄弟为用神，辰月克之，申日生之，又得申金动爻生之，临危有救。果于本日酉时得名医救治，亥日痊愈。

午月、丁未日，占弟被讼，吉凶如何，得困之恒卦：

六神	兑宫：泽水困（六合） 【本　卦】		震宫：雷风恒 【变　卦】
青龙	父母丁未土 ▅▅ ▅▅		父母庚戌土 ▅▅ ▅▅ 应
玄武	兄弟丁酉金 ▅▅▅▅	○→	兄弟庚申金 ▅▅ ▅▅
白虎	子孙丁亥水 ▅▅▅▅ 应		官鬼庚午火 ▅▅▅▅
腾蛇	官鬼戊午火 ▅▅ ▅▅	×→	兄弟辛酉金 ▅▅▅▅ 世
勾陈	父母戊辰土 ▅▅▅▅		子孙辛亥水 ▅▅▅▅
朱雀	妻财戊寅木 ▅▅ ▅▅ 世		父母辛丑土 ▅▅ ▅▅

断曰：酉金兄弟为用神，午月克之，未日生之，似可相敌；但动出午火月建相克，大凶之象。彼云：凶在何时？答曰：今岁辰年太岁相合，自是无妨，化退神于申，恐危于午年申月。果至午年申月而被重刑。

午月、戊辰日，占妹临产吉凶，得晋卦：

六神	伏　神	乾宫：火地晋（游魂） 【本　卦】
朱雀		官鬼 ▅▅▅▅ 己巳火
青龙		父母 ▅▅ ▅▅ 己未土
玄武		兄弟 ▅▅▅▅ 己酉金　世
白虎		妻财 ▅▅ ▅▅ 乙卯木
腾蛇		官鬼 ▅▅ ▅▅ 乙巳火
勾陈	子孙甲子水	父母 ▅▅ ▅▅ 乙未土　应

断曰：酉金兄弟为用神，月克日生，许之无碍，明日卯时必生，母子平安。应卯时者，酉金与辰日相合也。《黄金策》云："若逢合住，必待冲开。"此月克日生，无增生克也。

巳月、乙未日，一人占自病，得大过之鼎卦：

		震宫：泽风大过（游魂）			离宫：火风鼎		
六神	伏　　神	【本　卦】			【变　卦】		
玄武		妻财丁未土	▅▅ ▅▅	×→	子孙己巳火	▅▅▅▅▅	
白虎		官鬼丁酉金	▅▅▅▅▅	○→	妻财己未土	▅▅ ▅▅	应
腾蛇	子孙庚午火	父母丁亥水	▅▅▅▅▅	世	官鬼己酉金	▅▅▅▅▅	
勾陈		官鬼辛酉金	▅▅▅▅▅		官鬼辛酉金	▅▅▅▅▅	
朱雀	兄弟庚寅木	父母辛亥水	▅▅▅▅▅		父母辛亥水	▅▅▅▅▅	世
青龙		妻财辛丑土	▅▅ ▅▅	应	妻财辛丑土	▅▅ ▅▅	

断曰：世爻亥水为用神，未土动来克世，酉金动来生世，是谓贪生忘克，化凶为吉矣！但不宜日辰来克，又逢月冲，虽有酉金原神发动相生，如树无根，生不起也。果卒于卯日。应卯日者，冲去原神之日，忌神共来克害也。

申月戊子日，占坟地，得剥卦：

		乾宫：山地剥		
六神	伏　　神	【本 卦】		
朱雀		妻财丙寅木	▅▅▅▅▅	
青龙	兄弟壬申金	子孙丙子水	▅▅ ▅▅	世
玄武		父母丙戌土	▅▅ ▅▅	
白虎		妻财乙卯木	▅▅ ▅▅	
腾蛇		官鬼乙巳火	▅▅ ▅▅	应
勾陈		父母乙未土	▅▅ ▅▅	

断曰：日辰子孙持世，月建生之。青龙戏水，水必从左绕，穴必近大水，不然长流之水到堂。白虎临卯木，子卯刑中带生，是临财爻为无碍。应为朝山属火，被世克，朝山不高；世前戌土为对案，土克世，对案略高。彼曰：一一皆是。葬后未出三年，二子皆发科甲。

第二问　何以谓之回头克（计答占验十一卦）

第二问：何以谓之“回头克”？克者有吉凶乎？答曰：土爻动而变木，木爻动而变金，金爻动而变火，火爻动而变水，水爻动而变土，此是爻之回头克也。乾兑卦之离、离之坎、坎之艮坤、艮坤之震巽、震巽之乾兑，此是卦之回头克也。凡遇回头克者，彻底克尽。原用二神遇之则凶，忌仇二神遇之反吉也。

卯月、癸亥日，占家宅人口平安否，得需之乾卦：

		坤宫：水天需（游魂）		乾宫：乾为天（六冲）
六神	伏　神	【本　卦】		【变　卦】
白虎		妻财戊子水 ▅▅ ▅▅	×→	兄弟壬戌土 ▅▅▅▅▅ 世
腾蛇		兄弟戊戌土 ▅▅▅▅▅		子孙壬申金 ▅▅▅▅▅
勾陈		子孙戊申金 ▅▅ ▅▅ 世	×→	父母壬午火 ▅▅▅▅▅
朱雀		兄弟甲辰土 ▅▅▅▅▅		兄弟甲辰土 ▅▅▅▅▅ 应
青龙	父母乙巳火	官鬼甲寅木 ▅▅▅▅▅		官鬼甲寅木 ▅▅▅▅▅
玄武		妻财甲子水 ▅▅▅▅▅ 应		妻财甲子水 ▅▅▅▅▅

断曰：申金子孙持世，午火化回头之克，乃自身及子孙皆受克也。子水财爻化戌土回头之克，财为妻妾奴仆，一家受克之卦。后至午月，火旺克世，助土克财，财逢月破，一家数口被回禄，俱死。

寅月、辛酉日，占开店，得艮之明夷卦：

	艮宫：艮为山（六冲）			坎宫：地火明夷（游魂）		
六神	【本　卦】			【变　卦】		
腾蛇	官鬼丙寅木	▅▅▅	世 ○→	子孙癸酉金	▅ ▅	
勾陈	妻财丙子水	▅ ▅		妻财癸亥水	▅ ▅	
朱雀	兄弟丙戌土	▅ ▅		兄弟癸丑土	▅ ▅	世
青龙	子孙丙申金	▅▅▅	应	妻财己亥水	▅▅▅	
玄武	父母丙午火	▅ ▅		兄弟己丑土	▅ ▅	
白虎	兄弟丙辰土	▅ ▅	×→	官鬼己卯木	▅▅▅	应

断曰：世临寅木，得令当时，目下开张可许，独嫌日主克世，又化回头之克，鬼临世爻，须防疾病。至六月世入墓时当防。果至六月病，至八月，店中财物被伙计盗尽，鸣之于官。

申月、戊午日，一人占自久病，问过得今年否，得遁之姤卦：

		乾宫：天山遁			乾宫：天风姤		
六神	伏　神	【本　卦】			【变　卦】		
朱雀		父母壬戌土	▅▅▅		父母壬戌土	▅▅▅	
青龙		兄弟壬申金	▅▅▅	应	兄弟壬申金	▅▅▅	
玄武		官鬼壬午火	▅▅▅		官鬼壬午火	▅▅▅	应
白虎		兄弟丙申金	▅▅▅		兄弟辛酉金	▅▅▅	
腾蛇	妻财甲寅木	官鬼丙午火	▅ ▅	世 ×→	子孙辛亥水	▅▅▅	
勾陈	子孙甲子水	父母丙辰土	▅ ▅		父母辛丑土	▅ ▅	世

断曰：世爻午火临日辰，可称旺相，但不宜申月建生助亥水，回头一克。此人至亥月戌日而故。应亥月者，午火乃日辰之火，彼时亥水不得令，不敢克也。戌日者，火库在戌也。

卯月、乙未日，一人占卖货，得家人之小畜卦：

六神	伏　神	巽宫：风火家人 【本　卦】			巽宫：风天小畜 【变　卦】		
玄武		兄弟辛卯木	▅▅▅		兄弟辛卯木	▅▅▅	
白虎		子孙辛巳火	▅▅▅	应	子孙辛巳火	▅▅▅	
腾蛇		妻财辛未土	▅ ▅		妻财辛未土	▅ ▅	应
勾陈	官鬼辛酉金	父母己亥水	▅▅▅		妻财甲辰土	▅▅▅	
朱雀		妻财己丑土	▅ ▅	世 ×→	兄弟甲寅木	▅▅▅	
青龙		兄弟己卯木	▅▅▅		父母甲子水	▅▅▅	世

断曰：丑土财爻持世，卯月克之，未日冲之，谓之“散”。又化寅木回头之克，不独财被克，而世亦遭伤矣。后至未月，世值月破，回禄伤身而死。

酉月、丙寅日，占何日雨，得升之师卦：

六神	伏　神	震宫：地风升 【本　卦】			坎宫：地水师（归魂） 【变　卦】		
青龙		官鬼癸酉金	▅ ▅		官鬼丙酉金	▅ ▅	应
玄武		父母癸亥水	▅ ▅		父母丙亥水	▅ ▅	
白虎	子孙庚午火	妻财癸丑土	▅ ▅	世	妻财丙丑土	▅ ▅	
腾蛇		官鬼辛酉金	▅▅▅	○→	子孙戊午火	▅ ▅	世
勾陈	兄弟庚寅木	父母辛亥水	▅▅▅		妻财戊辰土	▅▅▅	
朱雀		妻财辛丑土	▅ ▅	应	兄弟戊寅木	▅ ▅	

断曰：亥水父爻为用神，值旬空，酉金官鬼爻是原神，化午火回头之克，旬内不雨，至子日有几点小雨。应于子日者，冲去午火仇神故也；雨小者，旬空无根也。

卯月、戊辰日，一人占父官事，得萃之同人卦：

	兑宫：泽地萃			离宫：天火同人（归魂）		
六神	【本　卦】			【变　卦】		
朱雀	父母丁未土	▅▅ ▅▅	×→	父母壬戌土	▅▅▅▅▅	应
青龙	兄弟丁酉金	▅▅▅▅▅	应	兄弟壬申金	▅▅▅▅▅	
玄武	子孙丁亥水	▅▅▅▅▅		官鬼壬午火	▅▅▅▅▅	
白虎	妻财乙卯木	▅▅ ▅▅	×→	子孙己亥水	▅▅▅▅▅	世
腾蛇	官鬼乙巳火	▅▅ ▅▅	世	父母己丑土	▅▅ ▅▅	
勾陈	父母乙未土	▅▅ ▅▅	×→	妻财己卯木	▅▅▅▅▅	

断曰：外卦未土，卯月克之，况土值春令气败，又会成亥卯未木局克之，全无救助，必至重罪！后果斩。

巳月、丁亥日，一人占仆何日回，得夬之履卦：

		坤宫：泽天夬			艮宫：天泽履		
六神	伏　神	【本　卦】			【变　卦】		
青龙		兄弟丁未土	▅▅ ▅▅	×→	兄弟壬戌土	▅▅▅▅▅	
玄武		子孙丁酉金	▅▅▅▅▅	世	子孙壬申金	▅▅▅▅▅	世
白虎		妻财丁亥水	▅▅▅▅▅		父母壬午火	▅▅▅▅▅	
腾蛇		兄弟甲辰土	▅▅▅▅▅	○→	兄弟丁丑土	▅▅ ▅▅	
勾陈	父母乙巳火	官鬼甲寅木	▅▅▅▅▅	应	官鬼丁卯木	▅▅▅▅▅	应
朱雀		妻财甲子水	▅▅▅▅▅		父母丁巳火	▅▅▅▅▅	

断曰：亥水财爻为用神，亥水虽是日建，不谓月破，但不宜重重土动伤之。谚云：“双拳不敌四手”，不独难望归期，还要防途中不测。后至午月火旺，合未助土时，中途遇害矣！

午月、丙寅日，一人占自病，得离之坎卦：

六神	离宫：离为火（六冲）【本　卦】			坎宫：坎为水（六冲）【变　卦】	
青龙	兄弟己巳火 ▅▅▅▅	世	○→	官鬼戊子水 ▅▅ ▅▅	世
玄武	子孙己未土 ▅▅ ▅▅		×→	子孙戊戌土 ▅▅▅▅	
白虎	妻财己酉金 ▅▅▅▅		○→	妻财戊申金 ▅▅ ▅▅	
腾蛇	官鬼己亥水 ▅▅▅▅	应	○→	兄弟戊午火 ▅▅ ▅▅	应
勾陈	子孙己丑土 ▅▅ ▅▅		×→	子孙戊辰土 ▅▅▅▅	
朱雀	父母己卯木 ▅▅▅▅		○→	父母戊寅木 ▅▅ ▅▅	

断曰：离火化坎水，乃卦变回头之克。巳火世爻化出子水，回头之克，名为“反吟卦”。今午月火旺之时，日主生扶，近来无碍，冬令防之。后果死于戌月、丁亥日。应戌月者，世入墓之月也；亥日者，克冲世之日也。

卯月、乙酉日，一人占索房价，得坎之坤卦：

六神	坎宫：坎为水（六冲）【本　卦】			坤宫：坤为地（六冲）【变　卦】	
玄武	兄弟戊子水 ▅▅ ▅▅	世		父母癸酉金 ▅▅ ▅▅	世
白虎	官鬼戊戌土 ▅▅▅▅		○→	兄弟癸亥水 ▅▅ ▅▅	
腾蛇	父母戊申金 ▅▅ ▅▅			官鬼癸丑土 ▅▅ ▅▅	
勾陈	妻财戊午火 ▅▅ ▅▅	应		子孙乙卯木 ▅▅ ▅▅	应
朱雀	官鬼戊辰土 ▅▅▅▅		○→	妻财乙巳火 ▅▅ ▅▅	
青龙	子孙戊寅木 ▅▅ ▅▅			官鬼乙未土 ▅▅ ▅▅	

断曰：坎卦变坤，亦是卦变回头之克。世爻虽得日生，不宜两重土动来伤，此卦甚凶。不但房价事小，宜防不测之祸。后果于午月覆舟而亡。应于午月者，辰戌土鬼出春令，遇火增威，世临月冲也。此占房价，验在其命，乃神之预报其凶，占此获彼，占轻验重也。

申月、戊辰日，占具题，得中孚之损卦：

六神	伏　神	艮宫：风泽中孚（游魂） 【本　卦】			艮宫：山泽损 【变　卦】		
朱雀		官鬼辛卯木	▅▅▅		官鬼丙寅木	▅▅▅	应
青龙	妻财丙子水	父母辛巳火	▅▅▅	○→	妻财丙子水	▅ ▅	
玄武		兄弟辛未土	▅ ▅	世	兄弟丙戌土	▅ ▅	
白虎	子孙丙申金	兄弟丁丑土	▅ ▅		兄弟丁丑土	▅ ▅	世
腾蛇		官鬼丁卯木	▅▅▅		官鬼丁卯木	▅▅▅	
勾陈		父母丁巳火	▅▅▅	应	父母丁巳火	▅▅▅	

断曰：五位巳火生世，化子水回头克，不宜具题。问曰：有害否？予曰：巳火虽不能生，幸卦中无动爻克世，利害皆无。后题而果不准行。

寅月、丁巳日，占虑大计，得旅之明夷卦：

六神	伏　神	离宫：火山旅 【本　卦】			坎宫：地火明夷（游魂） 【变　卦】		
青龙		兄弟己巳火	▅▅▅	○→	妻财癸酉金	▅ ▅	
玄武		子孙己未土	▅ ▅		官鬼癸亥水	▅ ▅	
白虎		妻财己酉金	▅▅▅	应 ○→	子孙癸丑土	▅ ▅	世
腾蛇	官鬼己亥水	妻财丙申金	▅▅▅		官鬼己亥水	▅▅▅	
勾陈		兄弟丙午火	▅ ▅		子孙己丑土	▅ ▅	
朱雀	父母己卯木	子孙丙辰土	▅ ▅	世 ×→	父母己卯木	▅▅▅	应

断曰：子孙持世，化回头之克，但嫌世位临之。世为自己，不宜受克，虽有金局生扶，伏官难称无恙。后果削职。

第三问　生用神者为原神（计答占验四卦）

第三问：生用神者为原神，本主吉，吉中亦有凶者乎？答曰：原神动来生用，用神出现旺相者，其吉更倍也。如用神旬空衰弱，或伏藏不现，待用出旬得令值日，所求必遂也。如用神旺相，原神休囚不动，或动而变克、变绝、变墓，月破、日冲，或仇神动克原神，或被日月相克，或化退神，皆不能生用，则用神根蒂被伤，不惟无益，反而有损矣！

申月、戊辰日，妻占夫近病，得同人之离卦：

	离宫：天火同人（归魂）				离宫：离为火（六冲）		
六神	【本　卦】				【变　卦】		
朱雀	子孙壬戌土	▅▅▅	应		兄弟己巳火	▅▅▅	世
青龙	妻财壬申金	▅▅▅		○→	子孙己未土	▅ ▅	
玄武	兄弟壬午火	▅▅▅			妻财己酉金	▅▅▅	
白虎	官鬼己亥水	▅▅▅	世		官鬼己亥水	▅▅▅	应
腾蛇	子孙己丑土	▅ ▅			子孙己丑土	▅ ▅	
勾陈	父母己卯木	▅▅▅			父母己卯木	▅▅▅	

断曰：世爻亥水夫星墓于辰日，其病若论随鬼入墓，岂不凶乎？幸申金原神动来生用，又化出未土生助原神，又戌土暗动生助原神，是夫星根蒂固深。所嫌亥水旬空，不受其生，必待巳日冲起亥水，即愈。果己巳日痊愈也。

卯月、甲寅日，占风水，得困之节卦：

六神	兑宫：泽水困（六合） 【本　卦】			坎宫：水泽节（六合） 【变　卦】		
玄武	父母丁未土	▅▅ ▅▅		子孙戊子水	▅▅ ▅▅	
白虎	兄弟丁酉金	▅▅▅▅▅		父母戊戌土	▅▅▅▅▅	
腾蛇	子孙丁亥水	▅▅▅▅▅	应 ○→	兄弟戊申金	▅▅ ▅▅	应
勾陈	官鬼戊午火	▅▅ ▅▅		父母丁丑土	▅▅ ▅▅	
朱雀	父母戊辰土	▅▅▅▅▅		妻财丁卯木	▅▅▅▅▅	
青龙	妻财戊寅木	▅▅ ▅▅	世 ×→	官鬼丁巳火	▅▅▅▅▅	世

余曰：占祖茔，必有他故，葬后因何事不亨，今日何事而问，明以告我，方敢决断。彼曰：自葬后被论而归，年近五旬，尚无子息，是以卜此坟有何碍否？余曰：六合化合，风藏气聚，但嫌亥水申金被日辰冲之，申乃水之原神，必然源流水不归漕之故耳。若使水归漕，不至旁流，巳年再拜丹墀，申年生子。后果验。应巳年起用者，世上寅木化出官星之年也；申年生子者，亥水子孙化出申金回头之生也。

丑月、戊子日，一人自占近病，得同人之旅卦：

六神	离宫：天火同人（归魂） 【本　卦】			离宫：火山旅 【变　卦】		
朱雀	子孙壬戌土	▅▅▅▅▅	应	兄弟己巳火	▅▅▅▅▅	
青龙	妻财壬申金	▅▅▅▅▅	○→	子孙己未土	▅▅ ▅▅	
玄武	兄弟壬午火	▅▅▅▅▅		妻财己酉金	▅▅▅▅▅	应
白虎	官鬼己亥水	▅▅▅▅▅	世	妻财丙申金	▅▅▅▅▅	
腾蛇	子孙己丑土	▅▅ ▅▅		兄弟丙午火	▅▅ ▅▅	
勾陈	父母己卯木	▅▅▅▅▅	○→	子孙丙辰土	▅▅ ▅▅	世

断曰：占自病，世为用神，世爻亥水，子日拱之，又得申金原神动来生世，乃不死之症。

惟嫌申金化出未土，乃是月破旬空，则原神无根矣。目下无碍，恐危于春月。至立春日果死。

应正月死者，申金原神亦逢月冲，春月木旺，未土又被克也。

寅月、乙丑日，子占父病，得升之师卦：

六神	伏神	震宫：地风升 【本卦】				坎宫：地水师（归魂） 【变卦】		
玄武		官鬼癸酉金	▅▅ ▅▅			官鬼丙酉金	▅▅ ▅▅	应
白虎		父母癸亥水	▅▅ ▅▅			父母丙亥水	▅▅ ▅▅	
腾蛇	子孙庚午火	妻财癸丑土	▅▅ ▅▅	世		妻财丙丑土	▅▅ ▅▅	
勾陈		官鬼辛酉金	▅▅▅▅▅		○→	子孙戊午火	▅▅ ▅▅	世
朱雀	兄弟庚寅木	父母辛亥水	▅▅▅▅▅			妻财戊辰土	▅▅▅▅▅	
青龙		妻财辛丑土	▅▅ ▅▅	应		兄弟戊寅木	▅▅ ▅▅	

断曰：亥水父爻为用，虽值旬空，有酉金原神动来生之，可许无碍。但不宜酉金化出午火回头一克，此乃原神被伤，用神无根矣。此人果死于卯日卯时。应卯日卯时者，生助午火，克冲原神也。

第四问　三合入卦成局（计答占验十二卦）

第四问：三合八卦成局，何以断之？答曰：原用二神局则吉，忌仇二神局则凶。成局者，结党也。卦中动爻虽敢制之，如三爻齐发合成用神局，必有一爻用神；合成原神局，必有一爻原神；合成仇忌局，必有一爻仇忌。宗其一爻有病关因者断之。或遇日冲者曰暗动（此言静而日冲），曰填实（此言动而逢空，日辰冲也），曰破（此言月建冲也）。但其冲破也，必待相合之期至，而应事之吉凶。如一爻静，二爻发者，必待一爻静者值日应事。如一爻静而逢空者，或动而逢空者，或化而逢空者，待其出空之期，应事之吉凶。如空而逢合，静而逢合，动而逢合者，必待冲期至，而应事之吉凶。如自化合或与日合，如自化墓或墓于日者，必待期冲（此言三爻齐发，二爻无病，指自化者言也）。如自化绝或绝于日者，必待期生（亦指一爻有病者而言也）。

卯月、丁巳日，两村戽水斗欧，得离之坤卦：

	离宫：离为火（六冲）			坤宫：坤为地（六冲）		
六神	【本　卦】			【变　卦】		
青龙	兄弟己巳火	▅▅▅ 世	○→	妻财癸酉金	▅ ▅	世
玄武	子孙己未土	▅ ▅		官鬼癸亥水	▅ ▅	
白虎	妻财己酉金	▅▅▅	○→	子孙癸丑土	▅ ▅	
腾蛇	官鬼己亥水	▅▅▅ 应	○→	父母乙卯木	▅ ▅	应
勾陈	子孙己丑土	▅ ▅		兄弟乙巳火	▅ ▅	
朱雀	父母己卯木	▅▅▅	○→	子孙乙未土	▅ ▅	

断曰：内为我村，外为彼村。内卦亥卯未为木局，外卦巳酉丑为金局。金来克木，幸衰金不克旺木，又日主制金，不足畏也。况六冲化冲，不至为非，其事即散。果验。合成内外两局，即彼我之分，不动不成局，即看世应。今且人众同心，彼我合局，神之妙用也。

巳月、丁酉日，占递呈图谋补缺，得乾之需卦：

	乾宫：乾为天（六冲）			坤宫：水天需（游魂）		
六神	【本　卦】			【变　卦】		
青龙	父母壬戌土	▅▅▅ 世	○→	子孙戊子水	▅ ▅	
玄武	兄弟壬申金	▅▅▅		父母戊戌土	▅▅▅	
白虎	官鬼壬午火	▅▅▅	○→	兄弟戊申金	▅ ▅	世
腾蛇	父母甲辰土	▅▅▅ 应		父母甲辰土	▅▅▅	
勾陈	妻财甲寅木	▅▅▅		妻财甲寅木	▅▅▅	
朱雀	子孙甲子水	▅▅▅		子孙甲子水	▅▅▅	应

断曰：寅午戌三合官局生世，此缺必得，内少寅字发动，须待寅日递呈可也。后果验。此虚一待用也。

寅月、丙辰日，占选期，得乾之小畜卦：

	乾宫：乾为天（六冲）			巽宫：风天小畜	
六神	【本　卦】			【变　卦】	
青龙	父母壬戌土	世		妻财辛卯木	
玄武	兄弟壬申金			官鬼辛巳火	
白虎	官鬼壬午火		○→	父母辛未土	应
腾蛇	父母甲辰土	应		父母甲辰土	
勾陈	妻财甲寅木			妻财甲寅木	
朱雀	子孙甲子水			子孙甲子水	世

断曰：此卦戌爻暗发，寅爻如明动者，必以午火官星化未土作合，合待冲开。今不然，以午火明动，戌土暗动，三合官局，独少寅动，借寅月建补成三合，本月必选。果验。此虚一补用也。

辰月、丁亥日，占辨复，得萃之革卦：

	兑宫：泽地萃			坎宫：泽火革	
六神	【本　卦】			【变　卦】	
青龙	父母丁未土			父母丁未土	
玄武	兄弟丁酉金	应		兄弟丁酉金	
白虎	子孙丁亥水			子孙丁亥水	世
腾蛇	妻财乙卯木		×→	子孙己亥水	
勾陈	官鬼乙巳火	世		父母己丑土	
朱雀	父母乙未土		×→	妻财己卯木	应

断曰：巳火官星持世，临驿马暗动，辨复在即。内卦亥卯未合财局，原神生世，因于未土旬空，必待未月定蒙题允，即得美缺。后果验。未月者，实空之月也。

丑月、己卯日，占父急病，得乾之贲卦：

	乾宫：乾为天（六冲）				艮宫：山火贲（六合）		
六神	【本　卦】				【变　卦】		
勾陈	父母壬戌土	━━━	世		妻财丙寅木	━━━	
朱雀	兄弟壬申金	━━━		○→	子孙丙子水	━ ━	
青龙	官鬼壬午火	━━━		○→	父母丙戌土	━ ━	应
玄武	父母甲辰土	━━━	应		子孙己亥水	━━━	
白虎	妻财甲寅木	━━━		○→	父母己丑土	━ ━	
腾蛇	子孙甲子水	━━━			妻财己卯木	━━━	世

断曰：世爻戌土父母为用，近病不宜日合，幸寅午戌合成火局生用，大象无妨。但戌爻被合，必待明日辰时，合逢冲而病愈也。果验。

丑月、戊午日，占婶病，得离之明夷卦：

	离宫：离为火（六冲）				坎宫：地火明夷（游魂）		
六神	【本　卦】				【变　卦】		
朱雀	兄弟己巳火	━━━	世	○→	妻财癸酉金	━ ━	
青龙	子孙己未土	━ ━			官鬼癸亥水	━ ━	
玄武	妻财己酉金	━━━		○→	子孙癸丑土	━ ━	世
白虎	官鬼己亥水	━━━	应		官鬼己亥水	━━━	
腾蛇	子孙己丑土	━ ━			子孙己丑土	━ ━	
勾陈	父母己卯木	━━━			父母己卯木	━━━	应

断曰：卯木父母爻为用神，外卦巳酉丑合成金局克之，目今丑土旬空，旬内无妨，乙丑日防之。果于丑日酉时卒。应于丑日者，出旬之日也。

未月、戊申日，占子何日归，得睽之鼎卦：

六神	伏　神	艮宫：火泽睽【本　卦】				离宫：火风鼎【变　卦】		
朱雀		父母己巳火	▅▅▅			父母己巳火	▅▅▅	
青龙	妻财丙子水	兄弟己未土	▅ ▅			兄弟己未土	▅ ▅	应
玄武		子孙己酉金	▅▅▅	世		子孙己酉金	▅▅▅	
白虎		兄弟丁丑土	▅ ▅		×→	子孙辛酉金	▅▅▅	
腾蛇		官鬼丁卯木	▅▅▅			妻财辛亥水	▅▅▅	世
勾陈		父母丁巳火	▅▅▅	应	○→	兄弟辛丑土	▅ ▅	

断曰：卦内巳酉丑合成金局作用神，丑土系月破，必待立秋后甲子日到家。后果验。此应立秋后者，丑土月破，出月则出破矣。果于甲子日归，此其破而逢合也。

巳月、丙申日，占父何日归，得大畜之乾卦：

六神	伏　神	艮宫：山天大畜【本　卦】				乾宫：乾为天（六冲）【变　卦】		
青龙		官鬼丙寅木	▅▅▅			兄弟壬戌土	▅▅▅	世
玄武		妻财丙子水	▅ ▅	应	×→	子孙壬申金	▅▅▅	
白虎		兄弟丙戌土	▅ ▅		×→	父母壬午火	▅▅▅	
腾蛇	子孙丙申金	兄弟甲辰土	▅▅▅			兄弟甲辰土	▅▅▅	应
勾陈	父母丙午火	官鬼甲寅木	▅▅▅	世		官鬼甲寅木	▅▅▅	
朱雀		妻财甲子水	▅▅▅			妻财甲子水	▅▅▅	

断曰：寅午戌三合父局，独有寅字日冲，又绝于申日，己亥日必归。果验。己亥日到者，此冲中逢合也，绝处逢生也。

丑月、戊辰日，占防参劾，得井之中孚卦：

		震宫：水风井			艮宫：风泽中孚（游魂）		
六神	伏　　神	【本　卦】			【变　卦】		
朱雀		父母戊子水	▅▅ ▅▅	×→	兄弟辛卯木	▅▅▅▅▅	
青龙		妻财戊戌土	▅▅▅▅▅	世	子孙辛巳火	▅▅▅▅▅	
玄武	子孙庚午火	官鬼戊申金	▅▅ ▅▅		妻财辛未土	▅▅ ▅▅	世
白虎		官鬼辛酉金	▅▅▅▅▅	○→	妻财丁丑土	▅▅ ▅▅	
腾蛇	兄弟庚寅木	父母辛亥水	▅▅▅▅▅	应	兄弟丁卯木	▅▅▅▅▅	
勾陈		妻财辛丑土	▅▅ ▅▅	×→	子孙丁巳火	▅▅▅▅▅	应

此公因新换抚军，防其参劾。予曰："此卦甚奇，世空逢日冲不为空矣，世不受克而暗动，虽无参论，离任不免。"彼曰："既无参论，如何离任？"予曰："世爻暗动必主动摇，内卦合金局生应，果知此位已属他人矣。"后因裁他处缺，上台题留他处官顶此公位，将此公赴京另补。此亦少见少闻之事，知我者惟神明也。

寅月、戊午日，占地造葬可否，得颐之无妄卦：

		巽宫：山雷颐（游魂）			巽宫：天雷无妄（六冲）		
六神	伏　　神	【本　卦】			【变　卦】		
朱雀		兄弟丙寅木	▅▅▅▅▅		妻财壬戌土	▅▅▅▅▅	
青龙	子孙辛巳火	父母丙子水	▅▅ ▅▅	×→	官鬼壬申金	▅▅▅▅▅	
玄武		妻财丙戌土	▅▅ ▅▅	世×→	子孙壬午火	▅▅▅▅▅	世
白虎	官鬼辛酉金	妻财庚辰土	▅▅ ▅▅		妻财庚辰土	▅▅ ▅▅	
腾蛇		兄弟庚寅木	▅▅ ▅▅		兄弟庚寅木	▅▅ ▅▅	
勾陈		父母庚子水	▅▅▅▅▅	应	父母庚子水	▅▅▅▅▅	应

断曰：世爻戌土春天休囚，化午火子孙回头之生，日辰月建共成三合，青龙临水化申长生，水源极远，必从左首而来；但化月破，戌土日辰冲散，此水有时干否？彼曰："正是。"予曰："无妨，卦中日月世与

子孙共成三合，自然亡者安、生者乐，葬之必发。”辰年下葬，酉年孙中亚魁，子年次孙又登乡榜。

巳月、甲辰日，占何日雨止，得鼎之睽卦：

		离宫：火风鼎			艮宫：火泽睽		
六神	伏　　神	【本　卦】			【变　卦】		
玄武		兄弟己巳火	▅▅▅		兄弟己巳火	▅▅▅	
白虎		子孙己未土	▅ ▅	应	子孙己未土	▅ ▅	
腾蛇		妻财己酉金	▅▅▅		妻财己酉金	▅▅▅	世
勾陈		妻财辛酉金	▅▅▅	○→	子孙丁丑土	▅ ▅	
朱雀		官鬼辛亥水	▅▅▅	世	父母丁卯木	▅▅▅	
青龙	父母己卯木	子孙辛丑土	▅ ▅	×→	兄弟丁巳火	▅▅▅	应

断曰：若执古法，父伏空无雨，财福动晴明。今不然，巳酉丑合成财局克父，父若不空受其克，是无雨也。今伏而又空，谓之“避克”，其雨不能止。必待卯日出透出空被克，方可雨止。后至甲寅日，其雨更大，卯日大晴。其寅日虽出空，而寅未载卦中，不受其克，果大雨也。

酉月、辛卯日，占妻去摇会可得否，得恒之蛊卦：

		震宫：雷风恒			巽宫：山风蛊（归魂）		
六神	伏　　神	【本　卦】			【变　卦】		
腾蛇		妻财庚戌土	▅ ▅	应 ×→	兄弟丙寅木	▅▅▅	应
勾陈		官鬼庚申金	▅ ▅		父母丙子水	▅ ▅	
朱雀		子孙庚午火	▅▅▅	○→	妻财丙戌土	▅ ▅	
青龙		官鬼辛酉金	▅▅▅	世	官鬼辛酉金	▅▅▅	世
玄武	兄弟庚寅木	父母辛亥水	▅▅▅		父母辛亥水	▅▅▅	
白虎		妻财辛丑土	▅ ▅		妻财辛丑土	▅ ▅	

断曰：若执古法，财动福生，此会必得也。今亦不然，应上之财非财也，乃邻友之妻也。寅午戌合成火局，生应克世，卯日合应冲世，是

谓出现无情于我，会局有情于他，必邻人之妻得会也。果验。

第五问　反吟之凶有轻重分别乎（计答占验五卦）

第五问：反吟之凶有轻重分别乎？答曰：凡得反吟卦，用神不变冲克者，事虽主反覆，亦主事就，最嫌用神化冲克者，凡谋大凶。

卯月、壬申日，占随官上任如何，得比之井卦：

	坤宫：水地比（归魂）				震宫：水风井		
六神	【本　卦】				【变　卦】		
白虎	妻财戊子水	▅▅ ▅▅	应		妻财戊子水	▅▅ ▅▅	
腾蛇	兄弟戊戌土	▅▅▅▅▅			兄弟戊戌土	▅▅▅▅▅	世
勾陈	子孙戊申金	▅▅ ▅▅			子孙戊申金	▅▅ ▅▅	
朱雀	官鬼乙卯木	▅▅ ▅▅	世	×→	子孙辛酉金	▅▅▅▅▅	
青龙	父母乙巳火	▅▅ ▅▅		×→	妻财辛亥水	▅▅▅▅▅	应
玄武	兄弟乙未土	▅▅ ▅▅			兄弟辛丑土	▅▅ ▅▅	

断曰：世临卯木化酉金克冲，内卦乃爻之反吟也，此行不吉，不去为上。后因官府掣签得缺，近于贼营，辞而不去。及至官府去后，又因他事而去，至七月城破，与官府一同被害。盖与官同被害者，世上官爻同受酉金之冲克也；不去而又去者，此内卦反吟之故也。

卯月、乙亥日，占升选，得临之中孚卦：

	坤宫：地泽临			艮宫：风泽中孚（游魂）		
六神	【本　卦】			【变　卦】		
玄武	子孙癸酉金	▅▅ ▅▅	×→	官鬼辛卯木	▅▅▅▅▅	
白虎	妻财癸亥水	▅▅ ▅▅	应 ×→	父母辛巳火	▅▅▅▅▅	
螣蛇	兄弟癸丑土	▅▅ ▅▅		兄弟辛未土	▅▅ ▅▅	世
勾陈	兄弟丁丑土	▅▅ ▅▅		兄弟丁丑土	▅▅ ▅▅	
朱雀	官鬼丁卯木	▅▅▅▅▅	世	官鬼丁卯木	▅▅▅▅▅	
青龙	父母丁巳火	▅▅▅▅▅		父母丁巳火	▅▅▅▅▅	应

断曰：世临卯木月建，官星得长生于日，世与官星同临旺地，许彼升任。果于本月闻报，由江西升任山东。未及一载，复任江西。此外卦之反吟，去而复返也。

未月、丁巳日，占嫂复病吉凶如何，得剥之坤卦：

		乾宫：山地剥			坤宫：坤为地（六冲）		
六神	伏　神	【本　卦】			【变　卦】		
青龙		妻财丙寅木	▅▅▅▅▅	○→	兄弟癸酉金	▅▅ ▅▅	世
玄武	兄弟壬申金	子孙丙子水	▅▅ ▅▅	世	子孙癸亥水	▅▅ ▅▅	
白虎		父母丙戌土	▅▅ ▅▅		父母癸丑土	▅▅ ▅▅	
螣蛇		妻财乙卯木	▅▅ ▅▅		妻财乙卯木	▅▅ ▅▅	应
勾陈		官鬼乙巳火	▅▅ ▅▅	应	官鬼乙巳火	▅▅ ▅▅	
朱雀		父母乙未土	▅▅ ▅▅		父母乙未土	▅▅ ▅▅	

断曰：外卦艮变坤，乃卦之反吟也，明是病愈而复病也。但不宜寅木用神化酉金回头之克，又墓于未月，日辰刑之，此病危于申日。果验。

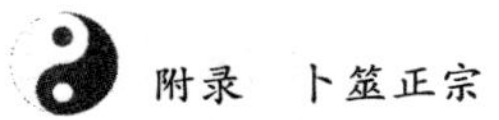

巳月、戊申日，占往前处脱货有利否，得小畜之乾卦：

		巽宫：风天小畜			乾宫：乾为天（六冲）		
六神	伏　　神	【本　卦】			【变　卦】		
朱雀		兄弟辛卯木	▅▅▅		妻财壬戌土	▅▅▅	世
青龙		子孙辛巳火	▅▅▅		官鬼壬申金	▅▅▅	
玄武		妻财辛未土	▅ ▅	应 ×→	子孙壬午火	▅▅▅	
白虎	官鬼辛酉金	妻财甲辰土	▅▅▅		妻财甲辰土	▅▅▅	应
腾蛇		兄弟甲寅木	▅▅▅		兄弟甲寅木	▅▅▅	
勾陈		父母甲子水	▅▅▅	世	父母甲子水	▅▅▅	

断曰：小畜卦变乾，是卦之反吟也。所喜世与财爻长生于日，指此处占，以应爻作地头，临午火回头生合，比前利息更倍。后此人往返三次，俱得倍利。

卯月、戊子日，占坟地，得巽之升卦：

	巽宫：巽为风（六冲）			震宫：地风升		
六神	【本　卦】			【变　卦】		
朱雀	兄弟辛卯木	▅▅▅	世 ○→	官鬼癸酉金	▅ ▅	
青龙	子孙辛巳火	▅▅▅	○→	父母癸亥水	▅ ▅	
玄武	妻财辛未土	▅ ▅		妻财癸丑土	▅ ▅	世
白虎	官鬼辛酉金	▅▅▅	应	官鬼辛酉金	▅▅▅	
腾蛇	父母辛亥水	▅▅▅		父母辛亥水	▅▅▅	
勾陈	妻财辛丑土	▅ ▅		妻财辛丑土	▅ ▅	应

断曰：世为穴，临月建，子日生之，是为吉地，但不宜爻变反吟，子孙与世皆化克冲，不可葬。彼曰："重价已成久矣，地师皆称美地。"后竟葬之，四年内，二子一女并自身相继而死。

第六问　伏吟之凶有轻重分别乎（计答占验四卦）

第六问：伏吟之凶有轻重分别乎？答曰：伏吟者，忧郁呻吟之象。内卦伏吟内不利，外卦伏吟外不利。凡占皆不如意，动如不动，懊恼呻吟。占名，久困宦途，淹留仕路；占利，本利消乏；占坟茔宅舍，欲迁不能，守之不利；久病呻吟，婚姻难就，官司兜搭，出行有阻。如问行人，恐他在外忧郁；如占彼此之势，内则我心不遂，外则他意难安。欲问吉凶，研究用神生克；要知祸福，须详用忌伏吟。

申月、乙卯日，占兵到一家当避何处，得无妄之大壮：

	巽宫：天雷无妄（六冲）			坤宫：雷天大壮（六冲）		
六神	【本　卦】			【变　卦】		
玄武	妻财壬戌土	▅▅▅	○→	兄弟庚戌土	▅ ▅	
白虎	官鬼壬申金	▅▅▅	○→	子孙庚申金	▅ ▅	
腾蛇	子孙壬午火	▅▅▅	世	父母庚午火	▅▅▅	世
勾陈	妻财庚辰土	▅ ▅	×→	兄弟甲辰土	▅▅▅	
朱雀	兄弟庚寅木	▅ ▅	×→	官鬼甲寅木	▅▅▅	
青龙	父母庚子水	▅▅▅	应	妻财甲子水	▅▅▅	应

断曰：内外伏吟，忧郁未解。所喜世爻午火子孙为自己，应爻子水作父母，月建生应，日辰生世，世应安静，父母与自己无碍。最嫌寅木兄弟爻伏吟，又是月破，昆仲有厄。彼曰："我父母在西方舍亲家，得无妨否？"答曰："西方属金，生扶父母，万无忧疑矣。汝自己宜避于东方，东方木能生火，兄弟妻仆俱从汝走，子孙持世，可保无虞。"彼回，即领家眷往东方去。后来复我曰："平安，惟其弟牵念父母往探之，行至半途遭害矣！"

申月、甲午日，占父在任平安否，得姤之恒卦：

		乾宫：天风姤		震宫：雷风恒	
六神	伏　　神	【本　卦】		【变　卦】	
玄武		父母壬戌土 ▅▅▅	○→	父母庚戌土 ▅ ▅	应
白虎		兄弟壬申金 ▅▅▅	○→	兄弟庚申金 ▅ ▅	
腾蛇		官鬼壬午火 ▅▅▅	应	官鬼庚午火 ▅▅▅	
勾陈		兄弟辛酉金 ▅▅▅		兄弟辛酉金 ▅▅▅	世
朱雀	妻财甲寅木	子孙辛亥水 ▅▅▅		子孙辛亥水 ▅▅▅	
青龙		父母辛丑土 ▅ ▅	世	父母辛丑土 ▅ ▅	

断曰：独嫌外卦伏吟，任上必有事，故不得已而呻吟也。彼曰：“地方苗獞之变，可有碍否？”

答曰：“日辰生父，他事无虞。”又问：“今年归否？”答曰：“伏吟欲归而不能，来年辰月平静当裁缺，午月复补。”此应辰月裁缺者，戌父伏吟又逢破也；应午月复补者，日辰官星帮比生用，得时而旺也。

寅月、乙卯日，客在外，占家中安否，得无妄之乾卦：

	巽宫：天雷无妄（六冲）		乾宫：乾为天（六冲）	
六神	【本　卦】		【变　卦】	
玄武	妻财壬戌土 ▅▅▅		妻财壬戌土 ▅▅▅	世
白虎	官鬼壬申金 ▅▅▅		官鬼壬申金 ▅▅▅	
腾蛇	子孙壬午火 ▅▅▅	世	子孙壬午火 ▅▅▅	
勾陈	妻财庚辰土 ▅ ▅	×→	妻财甲辰土 ▅▅▅	应
朱雀	兄弟庚寅木 ▅ ▅	×→	兄弟甲寅木 ▅▅▅	
青龙	父母庚子水 ▅▅▅	应	父母甲子水 ▅▅▅	

断曰：内卦为家中，已是伏吟，恐有变异呻吟之事出。彼曰：“当主何事？”答曰：“寅月卯日共来克辰土财爻，恐是妻妾奴婢事耳。”

是日，其人又占妻在家安否，得豫之否卦：

六神	伏神	震宫：雷地豫（六合）【本卦】			乾宫：天地否（六合）【变卦】		
玄武		妻财庚戌土	▅▅ ▅▅	×→	妻财壬戌土	▅▅▅▅▅	应
白虎		官鬼庚申金	▅▅ ▅▅	×→	官鬼壬申金	▅▅▅▅▅	
腾蛇		子孙庚午火	▅▅▅▅▅	应	子孙壬午火	▅▅▅▅▅	
勾陈		兄弟乙卯木	▅▅ ▅▅		兄弟乙卯木	▅▅ ▅▅	世
朱雀		子孙乙巳火	▅▅ ▅▅		子孙乙巳火	▅▅ ▅▅	
青龙	父母庚子水	妻财乙未土	▅▅ ▅▅	世	妻财乙未土	▅▅ ▅▅	

断曰：戌土财爻又是伏吟，月日相克，令妻必有大危。彼曰："应在何时?"答曰："日辰合戌，目下虽寅卯皆克，可许无妨，交辰月，伏吟又逢月冲，必难逃矣!"果于三月，乃妻去世矣!

第七问 爻遇旬空（计答占验十四卦）

第七问：爻遇旬空，欲断为到底全空，却应乎填实。欲断作不空，却又到底空，何也？答曰：无生有克者到底空也，有生无克者待时用也。卦之最凶者，喜用爻之旬空；卦之最善者，忌用爻之旬空。

巳月、戊戌日，占求财，得益卦：

六神	伏神	巽宫：风雷益【本卦】		
朱雀		兄弟辛卯木	▅▅▅▅▅	应
青龙		子孙辛巳火	▅▅▅▅▅	
玄武		妻财辛未土	▅▅ ▅▅	
白虎	官鬼辛酉金	妻财甲辰土	▅▅ ▅▅	世
腾蛇		兄弟甲寅木	▅▅ ▅▅	
勾陈		父母甲子水	▅▅▅▅▅	

断曰：辰土财爻持世，因值旬空，戌日冲之，谓之“冲空则起”，本日即得。果验。应于本日者，戌日亦是财星冲我也。此冲空有用是也。

亥月、甲子日，占仆何日回，得革卦：

坎宫：泽火革

六神	伏神	【本卦】		
玄武		官鬼丁未土	▅▅ ▅▅	
白虎		父母丁酉金	▅▅▅▅▅	
腾蛇		兄弟丁亥水	▅▅▅▅▅	世
勾陈	妻财戊午火	兄弟己亥水	▅▅▅▅▅	
朱雀		官鬼己丑土	▅▅ ▅▅	
青龙		子孙己卯木	▅▅▅▅▅	应

断曰：伏午火财为用神，被日月之克，问其吉凶否？凶也。今问，何日回。世空者速至，忌神旬空，旬内必到，己巳日必回。后果验。验于巳日者，巳火亦是财星耳，冲其飞而露其伏

也。《黄金策》云：“空下伏神易于引拔”，此即是矣。

申月、丁卯日，占见贵求财，得同人卦：

离宫：天火同人（归魂）

六神	【本卦】		
青龙	子孙壬戌土	▅▅▅▅▅	应
玄武	妻财壬申金	▅▅▅▅▅	
白虎	兄弟壬午火	▅▅▅▅▅	
腾蛇	官鬼己亥水	▅▅▅▅▅	世
勾陈	子孙己丑土	▅▅ ▅▅	
朱雀	父母己卯木	▅▅▅▅▅	

断曰：亥水官星持世旬空，出旬亥日必见；月建财爻生世，财利如心。果验。此出空待用也。

子月、癸酉日，一人自占婚，得恒之鼎卦：

		震宫：雷风恒			离宫：火风鼎		
六神	伏　神	【本　卦】			【变　卦】		
白虎		妻财庚戌土	▅▅ ▅▅	应 ×→	子孙己巳火	▅▅▅▅▅	
腾蛇		官鬼庚申金	▅▅ ▅▅		妻财己未土	▅▅ ▅▅	应
勾陈		子孙庚午火	▅▅▅▅▅		官鬼己酉金	▅▅▅▅▅	
朱雀		官鬼辛酉金	▅▅▅▅▅	世	官鬼辛酉金	▅▅▅▅▅	
青龙	兄弟庚寅木	父母辛亥水	▅▅▅▅▅		父母辛亥水	▅▅▅▅▅	世
玄武		妻财辛丑土	▅▅ ▅▅		妻财辛丑土	▅▅ ▅▅	

断曰：世官应财乃云得地，今戌土财爻旬空，化巳火回头之生，动生不空，次日求之必允也。果于次日巳时允婚。

午月、癸丑日，占妻病何日愈，得萃之比卦：

	兑宫：泽地萃			坤宫：水地比（归魂）		
六神	【本　卦】			【变　卦】		
白虎	父母丁未土	▅▅ ▅▅		妻财戊子水	▅▅ ▅▅	应
腾蛇	兄弟丁酉金	▅▅▅▅▅	应	兄弟戊戌土	▅▅▅▅▅	
勾陈	子孙丁亥水	▅▅▅▅▅	○→	子孙戊申金	▅▅ ▅▅	
朱雀	妻财乙卯木	▅▅ ▅▅		官鬼乙卯木	▅▅ ▅▅	世
青龙	官鬼乙巳火	▅▅ ▅▅	世	父母乙巳火	▅▅ ▅▅	
玄武	父母乙未土	▅▅ ▅▅		兄弟乙未土	▅▅ ▅▅	

断曰：卯木财爻为用神，值旬空，有亥水原神相生，次日必愈。有旁有人曰："卯爻旬空宜断卯日，何言寅日？"予曰："汝不知其法，交甲寅日卯木已出空矣，寅木亦是用星耳。"果先愈一日，应甲寅日也。

寅月、庚戌日，占子病何时愈，得姤之无妄卦：

		乾宫：天风姤			巽宫：天雷无妄（六冲）		
六神	伏　神	【本　卦】			【变　卦】		
腾蛇		父母壬戌土	▅▅▅		父母壬戌土	▅▅▅	
勾陈		兄弟壬申金	▅▅▅		兄弟壬申金	▅▅▅	
朱雀		官鬼壬午火	▅▅▅	应	官鬼壬午火	▅▅▅	世
青龙		兄弟辛酉金	▅▅▅	○→	父母庚辰土	▅ ▅	
玄武	妻财甲寅木	子孙辛亥水	▅▅▅	○→	妻财庚寅木	▅ ▅	
白虎		父母辛丑土	▅ ▅	世 ×→	子孙庚子水	▅▅▅	应

断曰：亥水子孙化寅木旬空，近病逢空即愈，但嫌亥水化寅木旬空，则不能受酉金之生，必待寅日愈。果验。此化空出空也。

未月、庚子日，占求财何日到手，得小畜卦：

		巽宫：风天小畜		
六神	伏　神	【本　卦】		
腾蛇		兄弟辛卯木	▅▅▅	
勾陈		子孙辛巳火	▅▅▅	
朱雀		妻财辛未土	▅ ▅	应
青龙	官鬼辛酉金	妻财甲辰土	▅▅▅	
玄武		兄弟甲寅木	▅▅▅	
白虎		父母甲子水	▅▅▅	世

断曰：未月持财，月内必有。今问何日到手，卦中辰土旬空，必关因所现也。断其辰日得财。果验。此乃舍未土之不空而应辰土之空也。

酉月、庚辰日，占岳母近病，得师之升卦：

	坎宫：地水师（归魂）			震宫：地风升		
六神	【本　卦】			【变　卦】		
螣蛇	父母癸酉金	▬ ▬	应	父母癸酉金	▬ ▬	
勾陈	兄弟癸亥水	▬ ▬		兄弟癸亥水	▬ ▬	
朱雀	官鬼癸丑土	▬ ▬		官鬼癸丑土	▬ ▬	世
青龙	妻财戊午火	▬ ▬	世 ×→	父母辛酉金	▬▬▬	
玄武	官鬼戊辰土	▬▬▬		兄弟辛亥水	▬▬▬	
白虎	子孙戊寅木	▬ ▬		官鬼辛丑土	▬ ▬	应

断曰：酉金父母旬空，近病逢空即愈；日辰合之，近病逢合即死。但不宜世持忌神克之，此病必危。问曰：“危于何日？”答曰：“午火自化旬空，旬空不能克之，近病逢空不死，旬内不死，乙酉日防之。”果于乙酉日卯时而死矣。

酉月、壬辰日，占子病，得大过卦：

		震宫：泽风大过（游魂）		
六神	伏　神	【本 卦】		
白虎		妻财丁未土	▬ ▬	
腾蛇		官鬼丁酉金	▬▬▬	
勾陈	子孙庚午火	父母丁亥水	▬▬▬	世
朱雀		官鬼辛酉金	▬▬▬	
青龙	兄弟庚寅木	父母辛亥水	▬▬▬	
玄武		妻财辛丑土	▬ ▬	应

断曰：午火子孙伏世亥水之下，月建生助，亥水克之，目下用神旬空，不受其克，甲午日难逃矣！果死于午日午时，此谓“伏无提拔”也。

子月、乙巳日，一人占弟死太湖，尸首可见否，得复卦：

六神	伏神	坤宫：地雷复（六合） 【本　卦】		
玄武		子孙癸酉金	▅▅ ▅▅	
白虎		妻财癸亥水	▅▅ ▅▅	
腾蛇		兄弟癸丑土	▅▅ ▅▅	应
勾陈		兄弟庚辰土	▅▅ ▅▅	
朱雀	父母乙巳火	官鬼庚寅木	▅▅ ▅▅	
青龙		妻财庚子水	▅▅▅▅▅	世

断曰：凡占尸首，以鬼爻为用神。今寅木爻旬空，而亥水乃得令之水，暗动合之，明明尸首在于大水之中矣。但寅木旬空，被合须待出旬逢冲，庚申日可见。后至庚申日不见，直至丑月，甲子旬内壬申日，尸首浮起得见，此意何也？总之，寅鬼出旬，而亥水太旺，交丑建丑土制水，甲子旬亥水遇空，水空者如水退矣；木在水中，非冲不起。故验于甲子旬壬申日也。岂非神之奇报？学者不可不深究之。

丑月、甲午日，一人占父近病，得复之噬嗑卦：

六神	伏神	坤宫：地雷复（六合） 【本　卦】				巽宫：火雷噬嗑 【变　卦】		
玄武		子孙癸酉金	▅▅ ▅▅		×→	父母己巳火	▅▅▅▅▅	
白虎		妻财癸亥水	▅▅ ▅▅			兄弟己未土	▅▅ ▅▅	世
腾蛇		兄弟癸丑土	▅▅ ▅▅	应	×→	子孙己酉金	▅▅▅▅▅	
勾陈		兄弟庚辰土	▅▅ ▅▅			兄弟庚辰土	▅▅ ▅▅	
朱雀	父母乙巳火	官鬼庚寅木	▅▅ ▅▅			官鬼庚寅木	▅▅ ▅▅	应
青龙		妻财庚子水	▅▅▅▅▅	世		妻财庚子水	▅▅▅▅▅	

断曰：巳火父母为用神，值旬空，日辰拱之，近病逢空不死，但不利于六合卦，六合即死。

予想，用空六合可以相敌，独不宜世上忌神暗动，外卦巳酉丑合成金局，助水克之，此病必凶。彼曰：“凶在何日？”答曰：“巳亥日克冲巳火，还在旬空不妨，恐危于出旬辛亥日也。”果至其日而死。此应出旬又被冲克也。

未月、戊戌日，因大旱占何日有雨，得观卦：

乾宫：风地观

六神	伏　神	【本　卦】		
朱雀		妻财辛卯木	▅▅▅	
青龙	兄弟壬申金	官鬼辛巳火	▅▅▅	
玄武		父母辛未土	▅ ▅	世
白虎		妻财乙卯木	▅ ▅	
腾蛇		官鬼乙巳火	▅ ▅	
勾陈	子孙甲子水	父母乙未土	▅ ▅	应

断曰：月建未土父母爻为用神，日辰帮比，有雨必大；但巳火官爻为原神，值旬空安静，静必待冲，空必待出旬。断辛亥日得大雨。果至其日申酉时，得雨五寸。

未月、戊戌日，占交疏之人何日来，得蹇卦：

兑宫：水山蹇

六神	伏　神	【本　卦】		
朱雀		子孙戊子水	▅ ▅	
青龙		父母戊戌土	▅▅▅	
玄武		兄弟戊申金	▅ ▅	世
白虎		兄弟丙申金	▅▅▅	
腾蛇	妻财丁卯木	官鬼丙午火	▅ ▅	
勾陈		父母丙辰土	▅ ▅	应　冲起

断曰：凡卜至交之朋友，以兄弟为用，今卜交疏之人，当以应爻为

用。今应爻旬空，得日辰冲起，必待甲辰日到。果验。

未月、甲辰日，卜何日有大雨，得小过之革卦：

六神	伏 神	兑宫：雷山小过（游魂） 【本 卦】			坎宫：泽火革 【变 卦】	
玄武		父母庚戌土 ▅▅ ▅▅			父母丁未土 ▅▅ ▅▅	
白虎		兄弟庚申金 ▅▅ ▅▅		×→	兄弟丁酉金 ▅▅▅▅▅	
腾蛇	子孙丁亥水	官鬼庚午火 ▅▅▅▅▅	世		子孙丁亥水 ▅▅▅▅▅	世
勾陈		兄弟丙申金 ▅▅▅▅▅			子孙己亥水 ▅▅▅▅▅	
朱雀	妻财丁卯木	官鬼丙午火 ▅▅ ▅▅			父母己丑土 ▅▅ ▅▅	
青龙		父母丙辰土 ▅▅ ▅▅	应	×→	妻财己卯木 ▅▅▅▅▅	应

断曰：日辰辰土父母爻为用神，发动，月建帮之，又值土王用事，其辰土旺莫胜言，得雨决不小也。但不宜化卯木旬空，化卯木回头之克。虽有申金化酉金进神，克木救土，而卯木旬空，空则谓之“畏避”，避金之克，致辰土父爻终成病于卯木也。必至甲寅旬乙卯日，卯木出空值日，谓之“出头难避”，戌土暗动助金克之；而卯木已受金克，不能为害辰土，必待甲寅旬乙卯日有雨也。至期竟无，过立秋，辛酉日申时方雨。应于立秋后酉日者，何也？明现申化酉，即申月酉日也。卯木出空值日，到底被克不尽，交申月克之，酉日又冲之，方始得雨。予因此卦，学问又进一层矣！

第八问　月破之爻（计答占验七卦）

第八问：月破之爻，欲定其破为无用，却又应于破，欲谓之“不破”，却又到底破而无用，何也？答曰：神机现于破。祸福之机在于动，动而有生无克之破爻，有出破、填实、合破之法；安静有克无生之破爻，则到底破矣！

戌月、丁卯日，占讼事，得泰卦：

六神	伏神	坤宫：地天泰（六合）【本卦】		
青龙		子孙癸酉金	▅▅ ▅▅	应
玄武		妻财癸亥水	▅▅ ▅▅	
白虎		兄弟癸丑土	▅▅ ▅▅	
腾蛇		兄弟甲辰土	▅▅▅▅▅	世
勾陈	父母乙巳火	官鬼甲寅木	▅▅▅▅▅	
朱雀		妻财甲子水	▅▅▅▅▅	

断曰：爻逢六合，官事必审。不宜戌建冲世，乃是月破，卯日克世，必输无疑。果被杖责。

此应日克月破故耳。

亥月、己丑日，占将来有官否，得兑之讼卦：

六神	兑宫：兑为泽（六冲）【本卦】				离宫：天水讼（游魂）【变卦】		
勾陈	父母丁未土	▅▅ ▅▅	世	×→	父母壬戌土	▅▅▅▅▅	
朱雀	兄弟丁酉金	▅▅▅▅▅			兄弟壬申金	▅▅▅▅▅	
青龙	子孙丁亥水	▅▅▅▅▅			官鬼壬午火	▅▅▅▅▅	世
玄武	父母丁丑土	▅▅ ▅▅	应		官鬼戊午火	▅▅ ▅▅	
白虎	妻财丁卯木	▅▅▅▅▅			父母戊辰土	▅▅▅▅▅	
腾蛇	官鬼丁巳火	▅▅▅▅▅		○→	妻财戊寅木	▅▅ ▅▅	应

断曰：未土父母爻持世化进神，未土虽是旬空，日辰冲之曰“实”，不为空矣。巳火官星动而生世，化出寅木长生，显然有官。彼问：“应在何时?”答曰：“巳年必然食禄王家也。”果于巳年得县缺，应实破之年也。

辰月、戊子日，占父近出何日归，得乾之夬卦：

六神	乾宫：乾为天（六冲） 【本　卦】			坤宫：泽天夬 【变　卦】	
朱雀	父母壬戌土 ▅▅▅	世	○→	父母丁未土 ▅ ▅	
青龙	兄弟壬申金 ▅▅▅			兄弟丁酉金 ▅▅▅	世
玄武	官鬼壬午火 ▅▅▅			子孙丁亥水 ▅▅▅	
白虎	父母甲辰土 ▅▅▅	应		父母甲辰土 ▅▅▅	
腾蛇	妻财甲寅木 ▅▅▅			妻财甲寅木 ▅▅▅	应
勾陈	子孙甲子水 ▅▅▅			子孙甲子水 ▅▅▅	

断曰：父母持世，破而化空化退，若执死法，其父不能归也。莫非转往他方也，来而复返也。予以朱雀临爻动而持世，卯日有信，未日必归。果于卯日得信，乙未日到家。此应卯日得信者，破而逢合之日也；未日回家者，父化未土旬空，出空之日也。

午月、癸卯日，占后运功名，得艮之观卦：

六神	艮宫：艮为山（六冲） 【本　卦】			乾宫：风地观 【变　卦】	
白虎	官鬼丙寅木 ▅▅▅	世		官鬼辛卯木 ▅▅▅	
腾蛇	妻财丙子水 ▅ ▅		×→	父母辛巳火 ▅▅▅	
勾陈	兄弟丙戌土 ▅ ▅			兄弟辛未土 ▅ ▅	世
朱雀	子孙丙申金 ▅▅▅	应	○→	官鬼乙卯木 ▅ ▅	
青龙	父母丙午火 ▅ ▅			父母乙巳火 ▅ ▅	
玄武	兄弟丙辰土 ▅ ▅			兄弟乙未土 ▅ ▅	应

断曰：寅木官星持世，申金动来克之，今年七月必有凶非。彼曰："看因何事？"答曰："应动克世，必是仇家。"又问："碍于功名否？"答曰："若非子水动摇，去位必矣，幸有子水接续相生，本云是吉，嫌破而化空，降级不免。"果于七月，彼此揭参，结成大非，子月事结，

降级调用。后至子年四月，原品起用，连官二任。此应子水原神初时空破，无力生世，有此祸端，后至填实之年月，仍复有用之验也。

寅月、甲午日，占子病吉凶，得艮之蒙卦：

	艮宫：艮为山（六冲）				离宫：山水蒙		
六神	【本　卦】				【变　卦】		
玄武	官鬼丙寅木	▅▅▅▅▅	世		官鬼丙寅木	▅▅▅▅▅	
白虎	妻财丙子水	▅▅ ▅▅			妻财丙子水	▅▅ ▅▅	
腾蛇	兄弟丙戌土	▅▅ ▅▅			兄弟丙戌土	▅▅ ▅▅	世
勾陈	子孙丙申金	▅▅▅▅▅	应	○→	父母戊午火	▅▅ ▅▅	
朱雀	父母丙午火	▅▅ ▅▅		×→	兄弟戊辰土	▅▅▅▅▅	
青龙	兄弟丙辰土	▅▅ ▅▅			官鬼戊寅木	▅▅ ▅▅	应

断曰：申金子孙为用，临月破，不宜日建克之，动爻克之，又化回头之克，有克无生，可急回家，汝子死矣！此人未到家，一人报曰："令郎申时去世矣。"此应填实之时，受克而死也。

丑月、庚申日，占坟地风水，得咸卦：

		兑宫：泽山咸		
六神	伏　神	【本　卦】		
腾蛇		父母丁未土	▅▅ ▅▅	应
勾陈		兄弟丁酉金	▅▅▅▅▅	
朱雀		子孙丁亥水	▅▅▅▅▅	
青龙		兄弟丙申金	▅▅▅▅▅	世
玄武	妻财丁卯木	官鬼丙午火	▅▅ ▅▅	
白虎		父母丙辰土	▅▅ ▅▅	

断曰：日辰临青龙持世，来龙由左而来，龙虎皆有气，必然环抱，但嫌应上未土临月破。

应为照山，世前一位为朝案，喜亥水得申日生之，必有朝水，宜取水作朝，不宜取山作向。间爻为明堂，旺相必阔大。彼曰："一一果然，葬可好否？"予曰："依予取水作朝，弃山为向，许必大发。"彼果依断葬，后即如所言。

申月、辛卯日，占买宅吉否，得革之夬卦：

六神	伏　神	坎宫：泽火革 【本　卦】				坤宫：泽天夬 【变　卦】		
腾蛇		官鬼丁未土	▅▅ ▅▅			官鬼丁未土	▅▅ ▅▅	
勾陈		父母丁酉金	▅▅▅▅▅			父母丁酉金	▅▅▅▅▅	世
朱雀		兄弟丁亥水	▅▅▅▅▅	世		兄弟丁亥水	▅▅▅▅▅	
青龙	妻财戊午火	兄弟己亥水	▅▅▅▅▅			官鬼甲辰土	▅▅▅▅▅	
玄武		官鬼己丑土	▅▅ ▅▅		×→	子孙甲寅木	▅▅▅▅▅	应
白虎		子孙己卯木	▅▅▅▅▅	应		兄弟甲子水	▅▅▅▅▅	

断曰：月建生世，酉金暗动生世，但不宜化寅木子孙临月破，又受金克，惟防损子。彼竟得此屋迁入，不半月，其子出花而死。后执此卦问余曰："果死矣，此屋自后可居否？"予曰："宜再卜可决。"

第九问　用神不现（计答占验六卦）

第九问：用神不现，看伏神在何爻之下，得出不得出，何以论之？答曰：伏神得出者有四：盖日月生者，日月持之者，一也；飞神生伏，动爻生者，二也；日月动爻冲克飞神，三也；飞神空破休囚墓绝于日者，四也。此四者皆有用之伏神也。伏神不得出者亦有四：休囚无气，日月克者，一也；飞神旺相，日月生助飞神，克害伏神者，二也；伏神墓绝于日月及飞爻者，三也；伏神休囚，兼旬空月破者，四也。此四者乃无用之伏神，虽有如无，终不得出。凡用神旺相，如遇旬空，出空之日则出矣。

卯月、壬辰日，占候文书何日领，得贲卦：

艮宫：山火贲（六合）

六神	伏　神	【本　卦】		
白虎		官鬼丙寅木	▅▅▅	
腾蛇		妻财丙子水	▅ ▅	
勾陈		兄弟丙戌土	▅ ▅	应
朱雀	子孙丙申金	妻财己亥水	▅▅▅	
青龙	父母丙午火	兄弟己丑土	▅ ▅	
玄武		官鬼己卯木	▅▅▅	世

断曰：午火父母为用神，伏于二爻丑土之下，又值旬空，许甲午日出空必领。果验。此应出旬之日也。

辰月、丁巳日，占逃仆，得蹇卦：

兑宫：水山蹇

六神	伏　神	【本　卦】		
青龙		子孙戊子水	▅ ▅	
玄武		父母戊戌土	▅▅▅	
白虎		兄弟戊申金	▅ ▅	世
腾蛇		兄弟丙申金	▅▅▅	
勾陈	妻财丁卯木	官鬼丙午火	▅ ▅	
朱雀		父母丙辰土	▅ ▅	应

断曰：占仆以财爻为用神。取兑卦二爻卯木，伏于本卦二爻午火之下，午火为飞神，卯木为伏神。今申金持世，克制卯木，终不能逃；但因伏去生飞，名为“泄气”，盗去财物，必尽费于炉火之家，许甲子日拿获。果于子日得信，窝赌铁匠之家，申时拿获。应子日者，冲克午火之飞神，生起卯木之伏神也。《黄金策》云：“伏无提挈终徒尔，飞不推开亦枉然。”此卦应验是矣！

酉月、丙辰日，占子病，得升卦：

六神	伏　神	震宫：地风升 【本 卦】		
青龙		官鬼癸酉金	▅▅ ▅▅	
玄武		父母癸亥水	▅▅ ▅▅	
白虎	子孙庚午火	妻财癸丑土	▅▅ ▅▅	世
腾蛇		官鬼辛酉金	▅▅▅▅▅	
勾陈	兄弟庚寅木	父母辛亥水	▅▅▅▅▅	
朱雀		妻财辛丑土	▅▅ ▅▅	应

断曰：午火子孙，伏于世爻丑土之下，丑土旬空，易于引拔，许午日必愈。果验。

卯月、丙辰日，占父病，得复卦：

六神	伏　神	坤宫：地雷复（六合） 【本　卦】		
青龙		子孙癸酉金	▅▅ ▅▅	
玄武		妻财癸亥水	▅▅ ▅▅	
白虎		兄弟癸丑土	▅▅ ▅▅	应
腾蛇		兄弟庚辰土	▅▅ ▅▅	
勾陈	父母乙巳火	官鬼庚寅木	▅▅ ▅▅	
朱雀		妻财庚子水	▅▅▅▅▅	世

断曰：巳火父母，伏于二爻寅木之下，飞来生伏，伏遇长生，许次日愈。果验。

辰月、庚申日，占大例桑叶价贵贱，得既济卦：

坎宫：水火既济

六神	伏　神	【本　卦】	
腾蛇		兄弟戊子水 ▅▅ ▅▅	应
勾陈		官鬼戊戌土 ▅▅▅▅▅	
朱雀		父母戊申金 ▅▅ ▅▅	
青龙	妻财戊午火	兄弟己亥水 ▅▅▅▅▅	世
玄武		官鬼己丑土 ▅▅ ▅▅	
白虎		子孙己卯木 ▅▅▅▅▅	

断曰：午火财爻为用，伏于世爻亥水之下，申日生扶亥水，午火财爻又绝在亥，叶价主贱，无疑也。旁人曰："目今现价三钱，不为贱论，如先生之言，必以三钱价为贱论耶?"予曰："非也，目下尚早，三钱之价，人之虑贵，是年规定价也；今问大例价，必至大市断之。"旁人曰："大市何日贵，何日贱?"答曰："交甲子旬亥水值空，惟巳午日好卖；交甲戌旬亥水值旬，午火财爻永不得起，则渐渐贱矣。"果验。

寅月、戊辰日，占病有何鬼神为祸，得小畜卦：

巽宫：风天小畜

六神	伏　神	【本　卦】	
朱雀		兄弟辛卯木 ▅▅▅▅▅	
青龙		子孙辛巳火 ▅▅▅▅▅	
玄武		妻财辛未土 ▅▅ ▅▅	应
白虎	官鬼辛酉金	妻财甲辰土 ▅▅▅▅▅	
腾蛇		兄弟甲寅木 ▅▅▅▅▅	
勾陈		父母甲子水 ▅▅▅▅▅	世

断曰：凡卜鬼神，以官爻为用。今官鬼伏于辰爻之下，与飞神作

合，又得日辰合之。予想，伏合乃藏匿之象，酉金是正气之神，第三爻为房室，即断曰："汝家房中藏有神像作祟。"

彼曰："仙哉！果有观音轴藏于厨中。"后送至寺内，病即愈。七月庚辰日，亦得此卦，予亦如前断。彼曰："有铜达摩祖师[①]在匣中。命其送于寺内，其病亦愈。

（卜筮正宗卷之十三终）

校者注 ① 达摩祖师：即菩提达摩，南北朝禅僧，略称达摩或达磨，意译为觉法。据《续高僧传》记述，南天竺人，属刹帝利种姓，通彻大乘佛法，为修习禅定者所推崇。北魏时，曾在洛阳、嵩山等地传授禅教。据《景德传灯录》在民间常称其为达摩祖师，即禅宗的创始人，达摩祖师的思想，对中华文化有很大影响。著作有《少室六门》上下卷，包括《心经颂》、《破相论》、《二种入》、《安心法门》、《悟性论》、《血脉论》6种。还有敦煌出土的《达摩和尚绝观论》、《释菩提达摩无心论》、《南天竺菩提达摩禅师观门》等，大都系后人所托。。达摩在中国始传禅宗，"直指人心，见性成佛，不立文字，教外别传"。佛陀拈花微笑，迦叶会意，被认为是禅宗的开始。不立文字的意思是禅是脱离文字的，语言和文字只是描述万事万物的代号而已。这也是为什么慧能大字不认识一个，但是却通晓佛经的原因，只要明心见性，了解自己的心性，就可以成佛。经二祖慧可，三祖僧璨、四祖道信、五祖弘忍、六祖慧能等大力弘扬，终于一花五叶，盛开秘苑，成为中国佛教最大宗门，后人便尊达摩为中国禅宗初祖，尊少林寺为中国禅宗祖庭。东魏天平三年（公元536年）卒于洛滨，葬熊耳山。

卜筮正宗卷之十四　十八问答

第十问　进退神（计答占验五卦）

第十问：进退神乃动爻变出之神也，吉凶祸福有喜忌之分，何以论之？答曰：吉神宜于化进，忌神宜于化退。而进神之法有三：旺相者，乘势而进，一也；休囚者，待时而进，二也；动爻变爻，有一而逢空破冲合者，待期填补合冲而进，三也。退神之法亦有三：旺相者，或有日月动爻生扶，占近事，暂时而不退者，一也；休囚者，即时而退，二也；动爻变爻，有一而逢空破冲合者，待期填补合冲而退，三也。

申月、癸卯日，占乡试，得恒之大过卦：

		震宫：雷风恒			震宫：泽风大过（游魂）		
六神	伏　神	【本　卦】			【变　卦】		
白虎		妻财庚戌土	▅▅ ▅▅	应	妻财丁未土	▅▅ ▅▅	
腾蛇		官鬼庚申金	▅▅ ▅▅	×→	官鬼丁酉金	▅▅▅▅▅	
勾陈		子孙庚午火	▅▅▅▅▅		父母丁亥水	▅▅▅▅▅	世
朱雀		官鬼辛酉金	▅▅▅▅▅	世	官鬼辛酉金	▅▅▅▅▅	
青龙	兄弟庚寅木	父母辛亥水	▅▅▅▅▅		父母辛亥水	▅▅▅▅▅	
玄武		妻财辛丑土	▅▅ ▅▅		妻财辛丑土	▅▅ ▅▅	应

断曰：酉金官星持世，日冲暗动，又得九五爻官化进神拱扶，不独今秋折桂，来春定占鳌头。果登乡榜，即于次岁辰年联捷。盖化进神者，今秋也，联捷也；辰年者，冲而逢合也。

酉月、庚戌日，占何年生子，得屯之节卦：

		坎宫：水雷屯			坎宫：水泽节（六合）	
六神	伏　神	【本　卦】			【变　卦】	
腾蛇		兄弟戊子水	▅▅ ▅▅		兄弟戊子水	▅▅ ▅▅
勾陈		官鬼戊戌土	▅▅▅▅▅	应	官鬼戊戌土	▅▅▅▅▅
朱雀		父母戊申金	▅▅ ▅▅		父母戊申金	▅▅ ▅▅ 应
青龙	妻财戊午火	官鬼庚辰土	▅▅ ▅▅		官鬼丁丑土	▅▅ ▅▅
玄武		子孙庚寅木	▅▅ ▅▅	世 ×→	子孙丁卯木	▅▅▅▅▅
白虎		兄弟庚子水	▅▅▅▅▅		妻财丁巳火	▅▅▅▅▅ 世

断曰：寅木子孙持世化进神，寅木旬空，卯木空而且破。后至寅年卯月，妻婢连生三子。

此卯木虽为月破，得日辰合补，乃休囚待时而用也。

卯月、乙丑日，一人自占求婚，得噬嗑之比卦：

	巽宫：火雷噬嗑			坤宫：水地比（归魂）	
六神	【本　卦】			【变　卦】	
玄武	子孙己巳火	▅▅▅▅▅	○→	父母戊子水	▅▅ ▅▅ 应
白虎	妻财己未土	▅▅ ▅▅	世 ×→	妻财戊戌土	▅▅▅▅▅
腾蛇	官鬼己酉金	▅▅▅▅▅	○→	官鬼戊申金	▅▅ ▅▅
勾陈	妻财庚辰土	▅▅ ▅▅		兄弟乙卯木	▅▅ ▅▅ 世
朱雀	兄弟庚寅木	▅▅ ▅▅	应	子孙乙巳火	▅▅ ▅▅
青龙	父母庚子水	▅▅▅▅▅	○→	妻财乙未土	▅▅ ▅▅

断曰：财爻持世化进神，巳火子孙动而生世，但因巳火化子水回头之克，必待午日冲去子水，此是“锅底退薪”之法也；午日又生合世爻，其婚必成。果于午日完婚。或曰：“间爻酉金鬼动，竟无阻耶?”予曰：“月破化退神，虽有阻而无力也。”

酉月、甲辰日，因被论占自陈如何，得师之明夷卦：

	坎宫：地水师（归魂）				坎宫：地火明夷（游魂）		
六神	【本　卦】				【变卦】		
玄武	父母癸酉金	▆▆ ▆▆	应		父母癸酉金	▆▆ ▆▆	
白虎	兄弟癸亥水	▆▆ ▆▆			兄弟癸亥水	▆▆ ▆▆	
腾蛇	官鬼癸丑土	▆▆ ▆▆			官鬼癸丑土	▆▆ ▆▆	世
勾陈	妻财戊午火	▆▆ ▆▆	世	×→	兄弟己亥水	▆▆▆▆▆	
朱雀	官鬼戊辰土	▆▆▆▆▆		○→	官鬼己丑土	▆▆ ▆▆	
青龙	子孙戊寅木	▆▆ ▆▆		×→	子孙己卯木	▆▆▆▆▆	应

断曰：世化回头之克，官星化退，子孙化进，内三爻皆非吉兆。果于次年二月拿问。应卯月者，子孙出空，填破之月也。

未月、丁卯日，占功名终得出仕否，得同人之革卦；

	离宫：天火同人（归魂）				坎宫：泽火革		
六神	【本　卦】				【变　卦】		
青龙	子孙壬戌土	▆▆▆▆▆	应	○→	子孙丁未土	▆▆ ▆▆	
玄武	妻财壬申金	▆▆▆▆▆			妻财丁酉金	▆▆▆▆▆	
白虎	兄弟壬午火	▆▆▆▆▆			官鬼丁亥水	▆▆▆▆▆	世
腾蛇	官鬼己亥水	▆▆▆▆▆	世		官鬼己亥水	▆▆▆▆▆	
勾陈	子孙己丑土	▆▆ ▆▆			子孙己丑土	▆▆ ▆▆	
朱雀	父母己卯木	▆▆▆▆▆			父母己卯木	▆▆▆▆▆	应

断曰：若以子孙动而克官，是终身无官也。予许辰年出仕，果于辰年得选。此理何也？戌土忌神化退神，不能克也。卯日合之，合待逢冲辰也，此是“有病有医”之法也。

第十一问　冲中逢合、合处逢冲（计答占验八卦）

第十一问：冲中逢合，合处逢冲，何以断其吉凶？答曰：合者聚也，冲者散也，冲中逢合，先散后聚，先失后得，先淡后浓；合处逢冲反是。

午月、丙辰日，占出外贸易如何，得恒之豫卦：

六神	伏　神	震宫：雷风恒 【本　卦】				震宫：雷地豫（六合） 【变　卦】		
青龙		妻财庚戌土	▅▅ ▅▅	应		妻财庚戌土	▅▅ ▅▅	
玄武		官鬼庚申金	▅▅ ▅▅			官鬼庚申金	▅▅ ▅▅	
白虎		子孙庚午火	▅▅▅▅▅			子孙庚午火	▅▅▅▅▅	应
腾蛇		官鬼辛酉金	▅▅▅▅▅	世	○→	兄弟乙卯木	▅▅ ▅▅	
勾陈	兄弟庚寅木	父母辛亥水	▅▅▅▅▅		○→	子孙乙巳火	▅▅ ▅▅	
朱雀		妻财辛丑土	▅▅ ▅▅			妻财乙未土	▅▅ ▅▅	世

断曰：世上酉金，化卯木相冲，正谓反吟卦也，而卯木有冲之能，无克之力，得日辰辰土生合世爻，此谓“冲中逢合”也。况变卦六合，又得戌土财爻暗动生世，此为反吟，主反覆觅利也。果验。

戌月、甲辰日，占借银有否，得坤卦：

六神	坤宫：坤为地（六冲）【本　卦】
玄武	子孙癸酉金 ▅▅ ▅▅ 世
白虎	妻财癸亥水 ▅▅ ▅▅
腾蛇	兄弟癸丑土 ▅▅ ▅▅
勾陈	官鬼乙卯木 ▅▅ ▅▅ 应
朱雀	父母乙巳火 ▅▅ ▅▅
青龙	兄弟乙未土 ▅▅ ▅▅

断曰：应落空亡，《黄金策》云："索借者失望。"今应爻旬空，又是六冲卦，本主不肯，妙乎戌建合应生世，辰日合世，此乃冲中逢合，先难后易，去借必有。彼曰："前月去借彼不允，今去再借允否？"予曰："前月去借不允，明现六冲；今借必允，明现日合。"彼曰："应于何日有？"答曰："卯木旬空，交甲寅，应巳出空，寅日又合水财爻，即允矣。"果验。

寅月、戊戌日，占失银物，可得复否，得巽之讼卦：

六神	巽宫：巽为风（六冲）【本　卦】		离宫：天水讼（游魂）【变　卦】
朱雀	兄弟辛卯木 ▅▅▅▅▅ 世		妻财壬戌土 ▅▅▅▅▅
青龙	子孙辛巳火 ▅▅▅▅▅		官鬼壬申金 ▅▅▅▅▅
玄武	妻财辛未土 ▅▅ ▅▅	×→	子孙壬午火 ▅▅▅▅▅ 世
白虎	官鬼辛酉金 ▅▅▅▅▅ 应	○→	子孙戊午火 ▅▅ ▅▅
腾蛇	父母辛亥水 ▅▅▅▅▅		妻财戊辰土 ▅▅▅▅▅
勾陈	妻财辛丑土 ▅▅ ▅▅		兄弟戊寅木 ▅▅ ▅▅ 应

断曰：卦得六冲，未土财爻化午火回头生合，现失而复得之象。旁人曰："应持白虎金鬼，玄武临财，难言复得。"予曰："应是他人，被

午火回头克制，财为用神，冲中逢合，日主合世，管许必得。”彼问：“应于何日?”答曰：“巳火青龙原神旬空，其病在巳，必待乙巳日，原神出空值日，当许复得。”果验。

辰月、丁酉日，自占婚姻成否，得否卦：

乾宫：天地否（六合）

六神	伏　　神	【本　卦】		
青龙		父母壬戌土	▅▅▅	应
玄武		兄弟壬申金	▅▅▅	
白虎		官鬼壬午火	▅▅▅	
腾蛇		妻财乙卯木	▅　▅	世
勾陈		官鬼乙巳火	▅　▅	
朱雀	子孙甲子水	父母乙未土	▅　▅	

断曰：卦得六合，婚姻最宜。今世被日冲，应爻月破，谓之“合处逢冲”，总不言吉。彼曰：“年庚已经送来，算命又说甚佳。”答曰：“予屡占屡验，故敢此断。”果于本月自得大病，未月世财亦入墓，此女病故。

卯月、乙卯日，占谋望求财，得旅卦：

离宫：火山旅

六神	伏　　神	【本　卦】		
玄武		兄弟己巳火	▅▅▅	
白虎		子孙己未土	▅　▅	
腾蛇		妻财己酉金	▅▅▅	应　冲
勾陈	官鬼己亥水	妻财丙申金	▅▅▅	
朱雀		兄弟丙午火	▅　▅	
青龙	父母己卯木	子孙丙辰土	▅　▅	世

断曰：此世应相生，卦逢六合，谋望本可成就，但不宜卯月、日冲

应上酉金财爻，恐他人之财，无缘失望耳。彼曰：“有字来，约我明日去，岂有不成之理？”果次日去，成议，至壬戌日悔议，复不成。应次日成议者，辰日合应；戌日复不成者，世亦逢冲，是合处逢冲也。

午月、辛亥日，占师近病，得节卦：

坎宫：水泽节（六合）

六神	【本　卦】		
腾蛇	兄弟戊子水	▅▅ ▅▅	
勾陈	官鬼戊戌土	▅▅▅▅▅	
朱雀	父母戊申金	▅▅ ▅▅	应
青龙	官鬼丁丑土	▅▅ ▅▅	
玄武	子孙丁卯木	▅▅▅▅▅	
白虎	妻财丁巳火	▅▅▅▅▅	世　冲

断曰：占近病得六合卦，屡验必死。今世上巳火财爻，日辰冲之，是合处逢冲，临危得救。

彼问：“危于何日？得救何日？”答曰：“金库于丑，丑日防险；甲寅日冲发应上用爻，则有救矣。”果于丑日人事不知，寅日乃愈。

寅月、戊辰日，占兄近病吉凶，得晋卦：

乾宫：火地晋（游魂）

六神	伏　神	【本　卦】		
朱雀		官鬼己巳火	▅▅▅▅▅	
青龙		父母己未土	▅▅ ▅▅	
玄武		兄弟己酉金	▅▅▅▅▅	世　合
白虎		妻财乙卯木	▅▅ ▅▅	
腾蛇		官鬼乙巳火	▅▅ ▅▅	
勾陈	子孙甲子水	父母乙未土	▅▅ ▅▅	应

断曰：酉金兄弟为用神，辰日合之，近病不宜逢合，幸明日交卯月

节，可即愈。果验。此亦合处逢冲也。

未月、丁巳日，占已悔婚，可复成否，得离之旅卦：

	离宫：离为火（六冲）				离宫：火山旅		
六神	【本　卦】				【变　卦】		
青龙	兄弟己巳火	▅▅▅	世		兄弟己巳火	▅▅▅	
玄武	子孙己未土	▅ ▅			子孙己未土	▅ ▅	
白虎	妻财己酉金	▅▅▅			妻财己酉金	▅▅▅	应
腾蛇	官鬼己亥水	▅▅▅	应		妻财丙申金	▅▅▅	
勾陈	子孙己丑土	▅ ▅			兄弟丙午火	▅ ▅	
朱雀	父母己卯木	▅▅▅		○→	子孙丙辰土	▅ ▅	世

断曰：此卦六冲变成六合，屡验散而又成，离而复合；又得卯木动来生世，此婚一定可成。

果于次岁寅年三月复成婚。应辰月者，求婚以财爻为用，得六冲卦既变六合，财爻又逢合也。

卯木化出之辰土，是卜时所现之机关也。寅年者，应爻暗动合冲之岁也。

第十二问　四生墓绝（计答占验十三卦）

第十二问：四生墓绝，吉凶何以断之？答曰：四生墓绝有三：生墓绝于日辰，一也；生墓绝于飞爻，二也；动而变出者，三也。忌辰长生，祸来不小；用神墓绝，有救无凶。定法如是，活变在人。

巳月、戊寅日，占何日得财，得离之丰卦：

	离宫：离为火（六冲）			坎宫：雷火丰		
六神	【本　卦】			【变　卦】		
朱雀	兄弟己巳火	▅▅▅	世 ○→	子孙庚戌土	▅ ▅	
青龙	子孙己未土	▅ ▅		妻财庚申金	▅ ▅	世
玄武	妻财己酉金	▅▅▅		兄弟庚午火	▅▅▅	
白虎	官鬼己亥水	▅▅▅	应	官鬼己亥水	▅▅▅	
腾蛇	子孙己丑土	▅ ▅		子孙己丑土	▅ ▅	应
勾陈	父母己卯木	▅▅▅		父母己卯木	▅▅▅	

断曰：酉金财爻安静，明日卯日必得。彼曰：“兄弟动而持世，何以得财？”答曰：“兄弟化入戌墓，不能克也，次日用静逢冲之日，汝不知耶？”果验。

午月、己卯日，占妻病，得震之丰卦：

	震宫：震为雷（六冲）			坎宫：雷火丰		
六神	【本　卦】			【变 卦】		
勾陈	妻财庚戌土	▅ ▅	世	妻财庚戌土	▅ ▅	
朱雀	官鬼庚申金	▅ ▅		官鬼庚申金	▅ ▅	世
青龙	子孙庚午火	▅▅▅		子孙庚午火	▅▅▅	
玄武	妻财庚辰土	▅ ▅	应 ×→	父母己亥水	▅▅▅	
白虎	兄弟庚寅木	▅ ▅		妻财己丑土	▅ ▅	应
腾蛇	父母庚子水	▅▅▅		兄弟己卯木	▅▅▅	

一人执此卦问予曰：“辰土发动，以辰土财爻为用，化亥水乃是临官，断其不死，但辰土死于卯日，此卦将何断之？还是将土死于卯，断其必死耶？”答曰：“近病六冲不死。”又问：“何日愈？”予曰：“辰土动来冲世，世上戌土日合，必待次日，辰日冲发世上戌土，财爻即愈。果验。

寅月、戊子日，占生产，得剥之观卦：

六神	伏　神	乾宫：山地剥 【本　卦】			乾宫：风地观 【变　卦】		
朱雀		妻财丙寅木	▅▅▅▅		妻财辛卯木	▅▅▅▅	
青龙	兄弟壬申金	子孙丙子水	▅▅ ▅▅	世 ×→	官鬼辛巳火	▅▅▅▅	
玄武		父母丙戌土	▅▅ ▅▅		父母辛未土	▅▅ ▅▅	世
白虎		妻财乙卯木	▅▅ ▅▅		妻财乙卯木	▅▅ ▅▅	
腾蛇		官鬼乙巳火	▅▅ ▅▅	应	官鬼乙巳火	▅▅ ▅▅	
勾陈		父母乙未土	▅▅ ▅▅		父母乙未土	▅▅ ▅▅	应

断曰：子水子孙化巳火，水绝在巳，本日巳时落草而亡。旁有知易者曰："青龙临子孙，如何此断？"予曰："且看验否。"后果验。此人又问予曰："子孙值日，青龙附之，如何神断？"答曰："日辰子孙今日也，巳时者今时也，落草而亡者，吉神化绝化鬼也。"

子月、辛未日，占子病吉凶，得渐之中孚卦：

六神	伏　神	艮宫：风山渐（归魂） 【本　卦】			艮宫：风泽中孚（游魂） 【变　卦】		
腾蛇		官鬼辛卯木	▅▅▅▅	应	官鬼辛卯木	▅▅▅▅	
勾陈	妻财丙子水	父母辛巳火	▅▅▅▅		父母辛巳火	▅▅▅▅	
朱雀		兄弟辛未土	▅▅ ▅▅		兄弟辛未土	▅▅ ▅▅	世
青龙		子孙丙申金	▅▅▅▅	世 ○→	兄弟丁丑土	▅▅ ▅▅	
玄武		父母丙午火	▅▅ ▅▅	×→	官鬼丁卯木	▅▅▅▅	
白虎		兄弟丙辰土	▅▅ ▅▅	×→	父母丁巳火	▅▅▅▅	应

断曰：申金子孙持世，化出丑土，金库在丑，未日冲开，又得日辰与辰土动爻生之，今日午后愈。果验。

辰月、甲寅日，占友父病，得屯之震卦：

		坎宫：水雷屯		震宫：震为雷（六冲）
六神	伏　神	【本　卦】		【变　卦】
玄武		兄弟戊子水 ▅▅ ▅▅		官鬼庚戌土 ▅▅ ▅▅ 世
白虎		官鬼戊戌土 ▅▅▅▅▅ 应	○→	父母庚申金 ▅▅ ▅▅
腾蛇		父母戊申金 ▅▅ ▅▅	×→	妻财庚午火 ▅▅▅▅▅
勾陈	妻财戊午火	官鬼庚辰土 ▅▅ ▅▅		官鬼庚辰土 ▅▅ ▅▅ 应
朱雀		子孙庚寅木 ▅▅ ▅▅ 世		子孙庚寅木 ▅▅ ▅▅
青龙		兄弟庚子水 ▅▅▅▅▅		兄弟庚子水 ▅▅▅▅▅

一人持此卦问予曰：“申金父母爻为用神，金绝于寅日，是绝耶？”答曰：“是绝也。”“戌土原神化申，乃化长生，生扶父母，是绝处逢生耶？”予曰：“是也。”又问：“某翁之父病重，无妨乎？”答曰：“今日午时难保。”彼不言而去，后果午时寿终。此人又来问予曰：“绝处逢生，竟无用耶？”答曰：“绝处逢生，屡试危而有救，今申金绝于寅日，不宜寅日生助午火回头克制，戌土生金，本云是吉，戌土乃是月破，无力生扶，虽化长生于申，申被日冲，又绝于寅日，故此凶断。”

申月、丙辰日，占弟病，得既济之丰卦：

		坎宫：水火既济		坎宫：雷火丰
六神	伏　神	【本　卦】		【变　卦】
青龙		兄弟戊子水 ▅▅ ▅▅ 应		官鬼庚戌土 ▅▅ ▅▅
玄武		官鬼戊戌土 ▅▅▅▅▅	○→	父母庚申金 ▅▅ ▅▅ 世
白虎		父母戊申金 ▅▅ ▅▅	×→	妻财庚午火 ▅▅▅▅▅
腾蛇	妻财戊午火	兄弟己亥水 ▅▅▅▅▅ 世		兄弟己亥水 ▅▅▅▅▅
勾陈		官鬼己丑土 ▅▅ ▅▅		官鬼己丑土 ▅▅ ▅▅ 应
朱雀		子孙己卯木 ▅▅▅▅▅		子孙己卯木 ▅▅▅▅▅

断曰：子水旬空，亥水不空，今舍实从空，以子水兄弟为用。墓库

于日，申金原神发动，又得戌土动来反生原神，而子水虽入墓库，不过病重，交甲子日用神出空，冲去午火，则原神之伤即愈矣。果验。若以入库必死，螣蛇动主死，白虎动主丧，秋令戌爻又是沐浴煞，病人最忌，今此病不死，何也？但凡看卦，用神推尊。有生无克最吉，助忌伤用最凶。卦卦研究其法，爻爻精察天机。细心变通，岂让君平之卜易哉！

申月、癸丑日，占子在楚生理，何日回，得损卦：

六神	伏神	艮宫：山泽损 【本卦】		
白虎		官鬼丙寅木	▅▅▅	应
腾蛇		妻财丙子水	▅ ▅	
勾陈		兄弟丙戌土	▅ ▅	
朱雀	子孙丙申金	兄弟丁丑土	▅ ▅	世
青龙		官鬼丁卯木	▅▅▅	
玄武		父母丁巳火	▅▅▅	

断曰：申金子孙，伏于世爻丑土墓库之下，本是不宜，岂可又墓于日辰？令郎恐有大患。彼曰："近有信至，内云八月起身，故占其来否。"予曰："此卦难以断其归期。"乃叔曰："我来占侄在外平安否。"

又得无妄之颐卦：

六神	巽宫：天雷无妄（六冲） 【本卦】				巽宫：山雷颐（游魂） 【变卦】		
白虎	妻财壬戌土	▅▅▅			兄弟丙寅木	▅▅▅	
腾蛇	官鬼壬申金	▅▅▅		○→	父母丙子水	▅ ▅	
勾陈	子孙壬午火	▅▅▅	世	○→	妻财丙戌土	▅ ▅	世
朱雀	妻财庚辰土	▅ ▅			妻财庚辰土	▅ ▅	
青龙	兄弟庚寅木	▅ ▅			兄弟庚寅木	▅ ▅	
玄武	父母庚子水	▅▅▅	应		父母庚子水	▅▅▅	应

断曰：前卦子孙不现入墓，后卦现而化墓，况寅木原神乃是真破真空，并无生助；又申金月建官鬼，临于道路发动，两卦并看，不祥之兆也。彼曰："前日有口信来说，五月长江履舟而死，此信已的，闻得卦理甚明，故戏卜之耳。"

亥月、丙寅日，嫂占姑病，得咸之蹇卦：

	兑宫：泽山咸		兑宫：水山蹇
六神 伏　神	【本　卦】		【变　卦】
青龙	父母丁未土 ▬ ▬ 应		子孙戊子水 ▬ ▬
玄武	兄弟丁酉金 ▬▬▬		父母戊戌土 ▬▬▬
白虎	子孙丁亥水 ▬▬▬	○→	兄弟戊申金 ▬ ▬ 世
腾蛇	兄弟丙申金 ▬▬▬ 世		兄弟丙申金 ▬▬▬
勾陈 妻财丁卯木	官鬼丙午火 ▬ ▬		官鬼丙午火 ▬ ▬
朱雀	父母丙辰土 ▬ ▬		父母丙辰土 ▬ ▬ 应

断曰：姑乃夫之姊妹也，以官鬼爻为用神。今午火官爻长生于日，亥水克之不宜，亥水自化长生，又动出申金助水来克，此病必死。后于乙亥日卒。应乙亥日者，亥水旬空，实空之日也。

卯月、乙未日，姑占弟妇怀孕足月，因有病生产平安否，得困之坎卦：

	兑宫：泽水困（六合）		坎宫：坎为水（六冲）
六神	【本　卦】		【变　卦】
玄武	父母丁未土 ▬ ▬		子孙戊子水 ▬ ▬ 世
白虎	兄弟丁酉金 ▬▬▬		父母戊戌土 ▬▬▬
腾蛇	子孙丁亥水 ▬▬▬ 应	○→	兄弟戊申金 ▬ ▬
勾陈	官鬼戊午火 ▬ ▬		官鬼戊午火 ▬ ▬ 应
朱雀	父母戊辰土 ▬▬▬		父母戊辰土 ▬▬▬
青龙	妻财戊寅木 ▬ ▬ 世		妻财戊寅木 ▬ ▬

断曰：弟妇乃弟之妻也，以财爻为用神。今寅木财爻墓库于未日，此现在病也；亥水化申金得长生，生合财爻，脱身平安。彼问："何日产?"答曰："亥水化申动来合世，明日必产。"果次日产，母子平安，生产后连旧病全愈。

巳年、巳月、丁卯日，占劾奏他人，得旅卦：

离宫：火山旅

六神	伏　神	【本　卦】		
青龙		兄弟己巳火	━━━	
玄武		子孙己未土	━ ━	
白虎		妻财己酉金	━━━	应　冲
腾蛇	官鬼己亥水	妻财丙申金	━━━	
勾陈		兄弟丙午火	━ ━	
朱雀	父母己卯木	子孙丙辰土	━ ━	世

彼曰："我欲劾奏权奸，恐反遭其害，故占，相烦直断。"予曰："应爻酉金，若无卯日冲之，当论其长生于年月也，今得卯冲，当以巳年月克论，谓之'有伤无救'，彼之权势，自今衰矣。"又问："有害于我否?"答："子孙持世，何害之有？"果题准究奸。

未月、戊申日，占因误军粮被参，得丰之旅卦：

	坎宫：雷火丰				离宫：火山旅		
六神	【本　卦】				【变　卦】		
朱雀	官鬼庚戌土	━ ━		×→	妻财己巳火	━━━	
青龙	父母庚申金	━ ━	世		官鬼己未土	━ ━	
玄武	妻财庚午火	━━━			父母己酉金	━━━	应
白虎	兄弟己亥水	━━━			父母丙申金	━━━	
腾蛇	官鬼己丑土	━ ━	应		妻财丙午火	━ ━	
勾陈	子孙己卯木	━━━		○→	官鬼丙辰土	━ ━	世

断曰：世临日辰，月建生之，动出戌土，又生官位，可保无虞。诸人不以为然，岂知因获奇功，功名仍复！一人曰："卯木子孙动，如何无碍？"予曰："木绝于日，又墓于月，如何碍之？"

卯月、壬寅日，占寻穴地，得革之既济卦：

六神	伏神	坎宫：泽火革【本卦】			坎宫：水火既济【变卦】		
白虎		官鬼丁未土	▅▅ ▅▅		兄弟戊子水	▅▅ ▅▅	应
腾蛇		父母丁酉金	▅▅▅▅▅		官鬼戊戌土	▅▅▅▅▅	
勾陈		兄弟丁亥水	▅▅▅▅▅	世 ○→	父母戊申金	▅▅ ▅▅	
朱雀	妻财戊午火	兄弟己亥水	▅▅▅▅▅		兄弟己亥水	▅▅▅▅▅	世
青龙		官鬼己丑土	▅▅ ▅▅		官鬼己丑土	▅▅ ▅▅	
玄武		子孙己卯木	▅▅▅▅▅	应	子孙己卯木	▅▅▅▅▅	

断曰：世爻亥水，化申金回头之生，虽休囚，逢生为旺，所嫌寅日冲申，必待秋令，可得美地。世化生申，地在西南。果于七月得地，葬后，三子皆发科甲。一人问予曰："申金被冲，该断巳月合之，何应申月耶？"予曰："巳可合申也，而亥世逢冲，岂能就乎？"

第十三问　六冲六合（计答占验十一卦）

第十三问，六冲六合，何以断之？答曰：人之所恶者宜冲，所好者宜合。惟占病有近病、久病论，近病逢冲即愈，久病逢冲即死，六合反是。凡六冲卦，有日辰相合、变爻相合，谓之"冲中逢合"；凡六合卦，有日辰相冲，变爻相冲，谓之"合处逢冲"。如冲忌神合用神，名为"去煞留恩"，般般有吉；冲用神合忌神，名为"留煞害命"，件件皆凶。

酉月、壬子日，占侄有事被害否，得大壮之泰卦：

	坤宫：雷天大壮（六冲）				坤宫：地天泰（六合）		
六神	【本　卦】				【变　卦】		
白虎	兄弟庚戌土	▅▅ ▅▅			子孙癸酉金	▅▅ ▅▅	应
腾蛇	子孙庚申金	▅▅ ▅▅			妻财癸亥水	▅▅ ▅▅	
勾陈	父母庚午火	▅▅▅▅▅	世	○→	兄弟癸丑土	▅▅ ▅▅	
朱雀	兄弟甲辰土	▅▅▅▅▅			兄弟甲辰土	▅▅▅▅▅	世
青龙	官鬼甲寅木	▅▅▅▅▅			官鬼甲寅木	▅▅▅▅▅	
玄武	妻财甲子水	▅▅▅▅▅	应		妻财甲子水	▅▅▅▅▅	

断曰：六冲卦，事必主散，世上午火父母爻被日辰冲之，令侄无害。彼曰："回来我自责之！"

后有人解散，乃叔不至责侄。此应六冲卦又冲去忌神之验也。

巳月、丁酉日，占文书何日到，得乾卦：

	乾宫：乾为天（六冲）		
六神	【本　卦】		
青龙	父母壬戌土	▅▅▅▅▅	世
玄武	兄弟壬申金	▅▅▅▅▅	
白虎	官鬼壬午火	▅▅▅▅▅	
腾蛇	父母甲辰土	▅▅▅▅▅	应
勾陈	妻财甲寅木	▅▅▅▅▅	
朱雀	子孙甲子水	▅▅▅▅▅	

断曰：应爻旬空，日辰相合，以辰爻父母为用，至甲辰日必到。果验。此六冲卦独合用神，乃冲中逢合也；甲辰日到者，实空之日也。

午月、丙子日，占开店，得大壮之巽卦：

	坤宫：雷天大壮（六冲）			巽宫：巽为风（六冲）	
六神	【本　卦】			【变　卦】	
青龙	兄弟庚戌土 ▅▅ ▅▅		×→	官鬼辛卯木 ▅▅▅▅▅	世
玄武	子孙庚申金 ▅▅ ▅▅		×→	父母辛巳火 ▅▅▅▅▅	
白虎	父母庚午火 ▅▅▅▅▅	世	○→	兄弟辛未土 ▅▅ ▅▅	
腾蛇	兄弟甲辰土 ▅▅▅▅▅			子孙辛酉金 ▅▅▅▅▅	应
勾陈	官鬼甲寅木 ▅▅▅▅▅			妻财辛亥水 ▅▅▅▅▅	
朱雀	妻财甲子水 ▅▅▅▅▅	应	○→	兄弟辛丑土 ▅▅ ▅▅	

断曰：六冲卦，变出又是六冲，不开为上。彼曰：“业已成矣。”答曰：“午火月建当时，化未土作合，日冲不散，恐今冬有变。”果冬底伙计有事而止。

申月、乙卯日，一人因自及子俱被拿问，得巽之坤卦：

	巽宫：巽为风（六冲）			坤宫：坤为地（六冲）	
六神	【本　卦】			【变　卦】	
玄武	兄弟辛卯木 ▅▅▅▅▅	世	○→	官鬼癸酉金 ▅▅ ▅▅	世
白虎	子孙辛巳火 ▅▅▅▅▅		○→	父母癸亥水 ▅▅ ▅▅	
腾蛇	妻财辛未土 ▅▅ ▅▅			妻财癸丑土 ▅▅ ▅▅	
勾陈	官鬼辛酉金 ▅▅▅▅▅	应	○→	兄弟乙卯木 ▅▅ ▅▅	应
朱雀	父母辛亥水 ▅▅▅▅▅		○→	子孙乙巳火 ▅▅ ▅▅	
青龙	妻财辛丑土 ▅▅ ▅▅			妻财乙未土 ▅▅ ▅▅	

断曰：六冲卦，每事主散，但不宜又变六冲，内外爻见反吟，乱冲乱击，世与子孙皆化克，其象不吉。果俱受重刑。

未月、乙亥日，占往买卖求利，得兑之震卦：

	兑宫：兑为泽（六冲）			震宫：震为雷（六冲）	
六神	【本　卦】			【变　卦】	
玄武	父母丁未土 ▅▅ ▅▅	世		父母庚戌土 ▅▅ ▅▅	世
白虎	兄弟丁酉金 ▅▅▅▅▅		○→	兄弟庚申金 ▅▅ ▅▅	
腾蛇	子孙丁亥水 ▅▅▅▅▅			官鬼庚午火 ▅▅▅▅▅	
勾陈	父母丁丑土 ▅▅ ▅▅	应		父母庚辰土 ▅▅ ▅▅	应
朱雀	妻财丁卯木 ▅▅▅▅▅		○→	妻财庚寅木 ▅▅ ▅▅	
青龙	官鬼丁巳火 ▅▅▅▅▅			子孙庚子水 ▅▅▅▅▅	

断曰：六冲变六冲，又是卦反吟，月建当时持世，汝意必去，去必亏折。彼曰："即日起身。"

予曰："反吟卦立意，买货货少，更改他货无利。"又问："太平否？"予曰："兑变震，有冲之力，无克之能，平安可许。"此人去买绿豆，地头缺少，改买棉花，果亏折。学者当知，六冲变冲，总之吉象吉爻，得生得合，俱云散矣！

子月、己巳日，占赌钱，得坤卦：

	坤宫：坤为地（六冲）	
六神	【本　卦】	
勾陈	子孙癸酉金 ▅▅ ▅▅	世
朱雀	妻财癸亥水 ▅▅ ▅▅	冲空
青龙	兄弟癸丑土 ▅▅ ▅▅	
玄武	官鬼乙卯木 ▅▅ ▅▅	应
白虎	父母乙巳火 ▅▅ ▅▅	
腾蛇	兄弟乙未土 ▅▅ ▅▅	

断曰：世克应爻，乃为我胜，但不宜巳日冲动亥水，反生应爻，与世无益，此去必输。幸六冲卦，定不终局。果输不多，因争钱而散。不

久者，六冲也；输不多者，空财生应也；争财而散者，朱雀临财暗动也。

辰月、庚午日，占会试，得观之否卦：

六神	伏　神	乾宫：风地观 【本　卦】			乾宫：天地否（六合） 【变　卦】		
腾蛇		妻财辛卯木	▅▅▅		父母壬戌土	▅▅▅	应
勾陈	兄弟壬申金	官鬼辛巳火	▅▅▅		兄弟壬申金	▅▅▅	
朱雀		父母辛未土	▅ ▅	世 ×→	官鬼壬午火	▅▅▅	
青龙		妻财乙卯木	▅ ▅		妻财乙卯木	▅ ▅	世
玄武		官鬼乙巳火	▅ ▅		官鬼乙巳火	▅ ▅	
白虎	子孙甲子水	父母乙未土	▅ ▅	应	父母乙未土	▅ ▅	

断曰：未土持世，化出日辰午火官星生合，鼎甲在掌。果中探花。

寅月、甲午日，占子久病，得大壮卦：

六神	坤宫：雷天大壮（六冲） 【本　卦】		
玄武	兄弟庚戌土	▅ ▅	
白虎	子孙庚申金	▅ ▅	
腾蛇	父母庚午火	▅▅▅	世
勾陈	兄弟甲辰土	▅▅▅	
朱雀	官鬼甲寅木	▅▅▅	
青龙	妻财甲子水	▅▅▅	应

断曰：久病六冲即死。今申金子孙用神月破，午火持世，日辰克之，本日应该见凶。而卦中有子水，暗动制火，乃因机所现，今日不死，明日子水受制，忌神遇合，次日当防。果死于未日辰时。

卯月、甲午日，占赶去寄信可遇否，得否卦：

六神	伏　　神	乾宫：天地否（六合）【本　卦】		
玄武		父母壬戌土	▅▅▅▅	应
白虎		兄弟壬申金	▅▅▅▅	
腾蛇		官鬼壬午火	▅▅▅▅	
勾陈		妻财乙卯木	▅▅ ▅▅	世
朱雀		官鬼乙巳火	▅▅ ▅▅	
青龙	子孙甲子水	父母乙未土	▅▅ ▅▅	

断曰：卦得六合，凡事成就。但明日未时清明节，宜星夜赶去必会。恐交清明月建是辰，则应被月冲，冲即去不能会也。果赶去寄之，次日即开舟矣。

巳月、甲戌日，有同乡人占借贷，得复之豫卦：

六神	伏　　神	坤宫：地雷复（六合）【本　卦】				震宫：雷地豫（六合）【变　卦】		
玄武		子孙癸酉金	▅▅ ▅▅			兄弟庚戌土	▅▅ ▅▅	
白虎		妻财癸亥水	▅▅ ▅▅			子孙庚申金	▅▅ ▅▅	
腾蛇		兄弟癸丑土	▅▅ ▅▅	应	×→	父母庚午火	▅▅▅▅	应
勾陈		兄弟庚辰土	▅▅ ▅▅			官鬼乙卯木	▅▅ ▅▅	
朱雀	父母乙巳火	官鬼庚寅木	▅▅ ▅▅			父母乙巳火	▅▅ ▅▅	
青龙		妻财庚子水	▅▅▅▅	世	○→	兄弟乙未土	▅▅ ▅▅	世

断曰：六合变六合，凡谋易就，久远和同。但亥水财爻月破，酉金原神旬空，世上子水财爻，化未土回头之克，又日辰克，辰土暗动克，午火生扶应爻丑土克，克之太过，在借银事内，须防不测。彼曰："昨有友人约我同去，或不允有之。"予曰："那友何人？"彼曰："广东人。"予正颜止之，不从，竟去借银，回不数里遭其害。

巳月、甲寅日，占延师训子，得否之乾卦：

六神	伏神	乾宫：天地否（六合） 【本卦】				乾宫：乾为天（六冲） 【变卦】		
玄武		父母壬戌土	▅▅▅	应		父母壬戌土	▅▅▅	世
白虎		兄弟壬申金	▅▅▅			兄弟壬申金	▅▅▅	
腾蛇		官鬼壬午火	▅▅▅			官鬼壬午火	▅▅▅	
勾陈		妻财乙卯木	▅ ▅	世	×→	父母甲辰土	▅▅▅	应
朱雀		官鬼乙巳火	▅ ▅		×→	妻财甲寅木	▅▅▅	
青龙	子孙甲子水	父母乙未土	▅ ▅		×→	子孙甲子水	▅▅▅	

断曰：以应爻为用神，临戌父可称饱学，独嫌六合变六冲，其间恐有变局不久。问曰："因何事耶？"答曰："卦中惟初爻未土父母化子水，子孙值旬空，父动克水，防子孙灾变。"后至午月，子水逢月破，其子病故，即辞师矣。

第十四问　三刑六害（计答占验四卦）

第十四问：三刑六害，犯之必凶乎？答曰：三刑者，寅巳申三全为刑，子卯两遇为刑，丑未戌三全为刑，辰午酉亥谓之"自刑"。夫三刑者，用神休囚，有他爻之克，内有兼犯三刑者，主见凶灾。卦中三刑俱全不动，用神不伤损，有生扶，从无有验。六害屡试无验，故不录出。

寅月、庚申日，占侄孙病，得家人之离卦：

		巽宫：风火家人				离宫：离为火（六冲）		
六神	伏　神	【本　卦】				【变　卦】		
腾蛇		兄弟辛卯木	▅▅▅			子孙己巳火	▅▅▅	世
勾陈		子孙辛巳火	▅▅▅	应	○→	妻财己未土	▅ ▅	
朱雀		妻财辛未土	▅ ▅		×→	官鬼己酉金	▅▅▅	
青龙	官鬼辛酉金	父母己亥水	▅▅▅			父母己亥水	▅▅▅	应
玄武		妻财己丑土	▅ ▅	世		妻财己丑土	▅ ▅	
白虎		兄弟己卯木	▅▅▅			兄弟己卯木	▅▅▅	

断曰：巳火用神月生日合，可治之症，但不宜月建寅、日建申与巳爻会成三刑，恐危。后果死于寅日寅时。

辰月、戊午日，占夫病，得离之颐卦：

	离宫：离为火（六冲）				巽宫：山雷颐（游魂）		
六神	【本　卦】				【变　卦】		
朱雀	兄弟己巳火	▅▅▅	世		父母丙寅木	▅▅▅	
青龙	子孙己未土	▅ ▅			官鬼丙子水	▅ ▅	
玄武	妻财己酉金	▅▅▅		○→	子孙丙戌土	▅ ▅	世
白虎	官鬼己亥水	▅▅▅	应	○→	子孙庚辰土	▅ ▅	
腾蛇	子孙己丑土	▅ ▅			父母庚寅木	▅ ▅	
勾陈	父母己卯木	▅▅▅			官鬼庚子水	▅▅▅	应

断曰：亥水夫星为用，戌土生扶酉金动来生，但不宜化入墓库，又回头化月建克，又是午日，辰午酉亥自刑俱全，此病立见凶危。果本日午时死。

亥月、戌戌日，占妾近病，得巽之大有卦：

六神	巽宫：巽为风（六冲） 【本　卦】			乾宫：火天大有（归魂） 【变　卦】	
朱雀	兄弟辛卯木 ▅▅▅ 世			子孙己巳火 ▅▅▅	应
青龙	子孙辛巳火 ▅▅▅		○→	妻财己未土 ▅ ▅	
玄武	妻财辛未土 ▅ ▅		×→	官鬼己酉金 ▅▅▅	
白虎	官鬼辛酉金 ▅▅▅ 应			妻财甲辰土 ▅▅▅	世
腾蛇	父母辛亥水 ▅▅▅			兄弟甲寅木 ▅▅▅	
勾陈	妻财辛丑土 ▅ ▅		×→	父母甲子水 ▅▅▅	

断曰：未土财爻为用神，不宜化酉金官鬼，又不宜巳火原神值旬空月破，巳火又入墓库于日辰，又丑戌未三刑见全，全无吉兆，即日防之。果卒于本日未时。

戌月、庚子日，占一冬生意，得贲之家人卦：

六神	伏　神	艮宫：山火贲（六合） 【本　卦】		巽宫：风火家人 【变　卦】	
腾蛇		官鬼丙寅木 ▅▅▅		官鬼辛卯木 ▅▅▅	
勾陈		妻财丙子水 ▅ ▅	×→	父母辛巳火 ▅▅▅	应
朱雀		兄弟丙戌土 ▅ ▅	应	兄弟辛未土 ▅ ▅	
青龙	子孙丙申金	妻财己亥水 ▅▅▅		妻财己亥水 ▅▅▅	
玄武	父母丙午火	兄弟己丑土 ▅ ▅		兄弟己丑土 ▅ ▅	世
白虎		官鬼己卯木 ▅▅▅	世	官鬼己卯木 ▅▅▅	

断曰：卯木持世，月建合之，日辰生之，今冬必获厚利。彼曰："子日与子爻刑世，有何吉耶？"答曰："凡看卦，世用推尊，生克最重，今刑中带生，谓之'贪生忘刑'"。后一冬果获大利。

第十五问 独静独发（计答占验七卦）

第十五问：独静独发，如何应验？答曰：五爻俱动，惟一爻安静，谓之“独静”；惟一爻发动，谓之“独发”。若卦中六爻有一爻明动，有一爻遇日辰冲者，非云独发也。倘六爻安静，内有一爻日辰冲动者，亦云独发也。然独静、独发，不过观事之成败迟速，至于吉凶，当推用神，若舍用神而决事者，迂且谬也。

午月、丙午日，占自去寻父回，得大有之离卦：

	乾宫：火天大有（归魂）				离宫：离为火（六冲）		
六神	【本　卦】				【变　卦】		
青龙	官鬼己巳火	▅▅▅	应		官鬼己巳火	▅▅▅	世
玄武	父母己未土	▅ ▅			父母己未土	▅ ▅	
白虎	兄弟己酉金	▅▅▅			兄弟己酉金	▅▅▅	
腾蛇	父母甲辰土	▅▅▅	世		子孙己亥水	▅▅▅	应
勾陈	妻财甲寅木	▅▅▅		○→	父母己丑土	▅ ▅	
朱雀	子孙甲子水	▅▅▅			妻财己卯木	▅▅▅	

一友人知《易》，同问其父，执此卦对予曰：“寅木一爻独发，正月得见否？”予曰：“非也。卦中父爻持世，被寅木克制，自身不能动，父亦不得见也。欲身动见父，必待冲克寅木之年月也。”命彼再占一卦，合决之，得革之既济卦：

六神	伏神	坎宫：泽火革 【本　卦】				坎宫：水火既济 【变　卦】		
青龙		官鬼丁未土	▅▅ ▅▅			兄弟戊子水	▅▅ ▅▅	应
玄武		父母丁酉金	▅▅▅▅▅			官鬼戊戌土	▅▅▅▅▅	
白虎		兄弟丁亥水	▅▅▅▅▅	世	○→	父母戊申金	▅▅ ▅▅	
腾蛇	妻财戊午火	兄弟己亥水	▅▅▅▅▅			兄弟己亥水	▅▅▅▅▅	世
勾陈		官鬼己丑土	▅▅ ▅▅			官鬼己丑土	▅▅ ▅▅	
朱雀		子孙己卯木	▅▅▅▅▅	应		子孙己卯木	▅▅▅▅▅	

断曰：此卦正合前卦，前卦应冲开寅木者申也，此卦世化申金回头生，亦应申也。果于申年八月寻父回家。应于申年者，前卦冲去忌神，后卦化出申金父母用神生世也。

申月、辛卯日，占子嗣，得复卦：

六神	伏　　神	坤宫：地雷复（六合） 【本　卦】		
腾蛇		子孙癸酉金	▅▅ ▅▅	
勾陈		妻财癸亥水	▅▅ ▅▅	
朱雀		兄弟癸丑土	▅▅ ▅▅	应
青龙		兄弟庚辰土	▅▅ ▅▅	
玄武	父母乙巳火	官鬼庚寅木	▅▅ ▅▅	
白虎		妻财庚子水	▅▅▅▅▅	世

来占人曰："我有一子，因乱失散，今无子，特问将来有子否?"断曰："子水持世，月建作子孙生世，有子之兆；第六爻酉金子孙暗动生世，亦云'独发'，在外卦动，所失之子必来之象。"问曰："何时得见?"予曰："明岁甲辰年与酉金相合，定得意而归。"后果验。此用神独发，冲而逢合之年也。

午月、甲申日，占雨久伤麦否，得同人之革卦：

	离宫：天火同人（归魂）			坎宫：泽火革		
六神	【本　卦】			【变　卦】		
玄武	子孙壬戌土	▅▅▅	应 ○→	子孙丁未土	▅ ▅	
白虎	妻财壬申金	▅▅▅		妻财丁酉金	▅▅▅	
腾蛇	兄弟壬午火	▅▅▅		官鬼丁亥水	▅▅▅	世
勾陈	官鬼己亥水	▅▅▅	世	官鬼己亥水	▅▅▅	
朱雀	子孙己丑土	▅ ▅		子孙己丑土	▅ ▅	
青龙	父母己卯木	▅▅▅		父母己卯木	▅▅▅	应

一友执此卦，问予曰："戌土子孙一爻独发，昨日丙戌日定该天晴，如何还雨？"答曰："尔忧麦水伤，神以子孙发动克去世上之鬼，叫尔勿忧，非应晴也。决不损伤。但戌土化退，不能克尽忧心，故天还雨，必待卯日合之则大晴耳。果验。

申月、甲午日，占开煤窑，何时见煤，得家人之益卦：

		巽宫：风火家人			巽宫：风雷益		
六神	伏　神	【本　卦】			【变　卦】		
玄武		兄弟辛卯木	▅▅▅		兄弟辛卯木	▅▅▅	应
白虎		子孙辛巳火	▅▅▅	应	子孙辛巳火	▅▅▅	
腾蛇		妻财辛未土	▅ ▅		妻财辛未土	▅ ▅	
勾陈	官鬼辛酉金	父母己亥水	▅▅▅	○→	妻财庚辰土	▅ ▅	世
朱雀		妻财己丑土	▅ ▅	世	兄弟庚寅木	▅ ▅	
青龙		兄弟己卯木	▅▅▅		父母庚子水	▅▅▅	

断曰：以辰土财爻为用。此卦亥水独发，化出明示辰月建可见。果至次年清明后，始得见煤。此应独发化出之用神也。

寅月、庚戌日，占女病，得未济之蹇卦：

六神	伏　神	离宫：火水未济 【本　卦】			兑宫：水山蹇 【变　卦】		
腾蛇		兄弟己巳火	▅▅▅	应 ○→	官鬼戊子水	▅ ▅	
勾陈		子孙己未土	▅ ▅	×→	子孙戊戌土	▅▅▅	
朱雀		妻财己酉金	▅▅▅	○→	妻财戊申金	▅ ▅	世
青龙	官鬼己亥水	兄弟戊午火	▅ ▅	世 ×→	妻财丙申金	▅▅▅	
玄武		子孙戊辰土	▅▅▅	○→	兄弟丙午火	▅ ▅	
白虎		父母戊寅木	▅ ▅		子孙丙辰土	▅ ▅	应

此卦寅木独静，若不看用神，断寅日生耶？寅日死耶？卦中土为用神，得巳午火动来生之，未土子孙化进神，辰土子孙化回头相生，卦象既吉也，许之寅日愈，果验。

寅月、甲辰日，占父远出何日回，得遁之归妹卦：

六神	伏　神	乾宫：天山遁 【本　卦】			兑宫：雷泽归妹（归魂） 【变　卦】		
玄武		父母壬戌土	▅▅▅	○→	父母庚戌土	▅ ▅	应
白虎		兄弟壬申金	▅▅▅	应 ○→	兄弟庚申金	▅ ▅	
腾蛇		官鬼壬午火	▅▅▅		官鬼庚午火	▅▅▅	
勾陈		兄弟丙申金	▅▅▅	○→	父母丁丑土	▅ ▅	世
朱雀	妻财甲寅木	官鬼丙午火	▅ ▅	世 ×→	妻财丁卯木	▅▅▅	
青龙	子孙甲子水	父母丙辰土	▅ ▅	×→	官鬼丁巳火	▅▅▅	

断曰：外卦伏吟，在外有忧愁之象。彼曰："无害否？"答曰："内卦辰土父母，化巳火回头之生，世爻午火化卯木助火生之，并无有害；第四爻午火独静，五月必归也。"后三、四月，乃父在湖广生理，不料省城兵乱，五月方归。

第十六问　卦得尽静尽发（计答占验四卦）

第十六问：卦得尽静尽发者，何以断之？答曰：六爻安静，无日主冲爻者，谓之“尽静”；六爻俱动者，谓之“尽发”。尽静者如春花之含蕊，人未见其妙，一沾雨露，油然渐放矣；尽发者如百花齐放，人多见其艳，一遇狂风，翻然而损矣。故静者恒美，动者常咎。

午月、庚辰日，占仆近出何日回，得离卦：

	离宫：离为火（六冲）		
六神	【本　卦】		
腾蛇	兄弟己巳火	▅▅▅	世
勾陈	子孙己未土	▅ ▅	
朱雀	妻财己酉金	▅▅▅	合空
青龙	官鬼己亥水	▅▅▅	应
玄武	子孙己丑土	▅ ▅	
白虎	父母己卯木	▅▅▅	

断曰：酉金财爻为用，月克日生，似可相敌，并无生克。一卦之中，惟酉金用神旬空日合，神机现此。但旬空必待出旬，合空虽有半用，须待冲发。交小暑节辛卯日，则酉金值旬不空，冲发必至。果于辛卯日来家。此应静而逢冲也，合而逢冲也，空待出空也。

辰月、己卯日，占今日有人还银否，得坤卦：

	坤宫：坤为地（六冲）		
六神	【本　卦】		
勾陈	子孙癸酉金	▅▅ ▅▅	世　空
朱雀	妻财癸亥水	▅▅ ▅▅	
青龙	兄弟癸丑土	▅▅ ▅▅	
玄武	官鬼乙卯木	▅▅ ▅▅	应
白虎	父母乙巳火	▅▅ ▅▅	
腾蛇	兄弟乙未土	▅▅ ▅▅	

断曰：酉金原神旬空，日辰冲之，静而逢冲曰“起”；况日辰临应冲世，彼必今日巳时送还也。果于本日巳时还一半，乙酉日巳时还清。一半者，静空冲起，有一半之力，而财亦有一半者也；乙酉日还清者，已经冲起之神值日，是财之原神填足矣。子孙，喜悦之星，还清岂不喜悦耶？

子月壬申日，占父在乱军中吉凶，得大畜之萃卦：

		艮宫：山天大畜			兑宫：泽地萃		
六神	伏　神	【本　卦】			【变　卦】		
白虎		官鬼丙寅木	▅▅▅▅▅	○→	兄弟丁未土	▅▅ ▅▅	
腾蛇		妻财丙子水	▅▅ ▅▅	应×→	子孙丁酉金	▅▅▅▅▅	应
勾陈		兄弟丙戌土	▅▅ ▅▅	×→	妻财丁亥水	▅▅▅▅▅	
朱雀	子孙丙申金	兄弟甲辰土	▅▅▅▅▅	○→	官鬼乙卯木	▅▅ ▅▅	
青龙	父母丙午火	官鬼甲寅木	▅▅▅▅▅	世○→	父母乙巳火	▅▅ ▅▅	世
玄武		妻财甲子水	▅▅▅▅▅	○→	兄弟乙未土	▅▅ ▅▅	

断曰：六爻乱动，正乱军中象也。以化出巳火父母爻为用，月建克之，寅木原神又被日辰冲克，恐性命难保。后果死无踪迹。

辰月、甲子日，占造坟葬亲，得乾之坤卦：

六神	乾宫：乾为天（六冲）【本　卦】			坤宫：坤为地（六冲）【变　卦】		
玄武	父母壬戌土	▅▅▅	世○→	兄弟癸酉金	▅ ▅	世
白虎	兄弟壬申金	▅▅▅	○→	子孙癸亥水	▅ ▅	
腾蛇	官鬼壬午火	▅▅▅	○→	父母癸丑土	▅ ▅	
勾陈	父母甲辰土	▅▅▅	应○→	妻财乙卯木	▅ ▅	应
朱雀	妻财甲寅木	▅▅▅	○→	官鬼乙巳火	▅ ▅	
青龙	子孙甲子水	▅▅▅	○→	父母乙未土	▅ ▅	

断曰：此卦甚凶，不必细论。彼曰：“坟已造成，即候开金井落葬，卜之以决吾房安否？”予力止之曰：“不可葬！”正论之间，有人来报曰：“穴场下俱是斗大石块，不计其数，并无点穴之处。”后有地师看之，则曰：“背水走石，不成坟地也。”

第十七问　用神多现（计答占验五卦）

第十七问：用神多现，何以取之？答曰：予屡验者，舍其闲爻而用持世，舍其无权而用月日，舍其安静而用动摇，舍其不破而用月破，舍其不空而用旬空。天机尽泄于有病之间，断法总在于医药之处。

未月、庚子日，占求财，得小畜卦：

巽宫：风天小畜

六神	伏神	【本卦】		
腾蛇		兄弟辛卯木	▅▅▅▅	
勾陈		子孙辛巳火	▅▅▅▅	空
朱雀		妻财辛未土	▅ ▅	应
青龙	官鬼辛酉金	妻财甲辰土	▅▅▅▅	空
玄武		兄弟甲寅木	▅▅▅▅	
白虎		父母甲子水	▅▅▅▅	世

断曰：未土月建为用，何以辰土旬空？空必关因。竟断月内辰日得财，果甲辰日巳时到手。

此应出空之日时也，正是“舍其不空而用空”也。

未月、甲午日，占自升迁，得师之涣卦：

	坎宫：地水师（归魂）			离宫：风水涣		
六神	【本卦】			【变卦】		
玄武	父母癸酉金	▅ ▅	应×→	子孙辛卯木	▅▅▅▅	
白虎	兄弟癸亥水	▅ ▅	×→	妻财辛巳火	▅▅▅▅	世
腾蛇	官鬼癸丑土	▅ ▅		官鬼辛未土	▅ ▅	
勾陈	妻财戊午火	▅ ▅	世	妻财戊午火	▅ ▅	
朱雀	官鬼戊辰土	▅▅▅▅		官鬼戊辰土	▅▅▅▅	应
青龙	子孙戊寅木	▅ ▅		子孙戊寅木	▅ ▅	

断曰：日辰世爻极旺，得月建作官星合世，但卦中两现官星，一空一破，将何爻为用，断其何年升迁？则曰：“今岁是卯年，来岁辰年，必以辰爻为用，来岁可升。但外卦反吟，常得验者，去而复来。”果辰年调至河南，五月又调回，十月升督府。一年两调一升，皆应实空之年也。

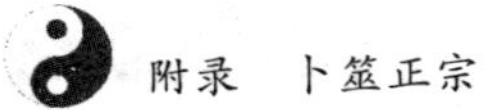

亥月、丙午日，占子何日脱厄，得豫之归妹卦：

六神	伏　神	震宫：雷地豫（六合） 【本　卦】			兑宫：雷泽归妹（归魂） 【变　卦】		
青龙		妻财庚戌土	▅▅ ▅▅		妻财庚戌土	▅▅ ▅▅	应
玄武		官鬼庚申金	▅▅ ▅▅		官鬼庚申金	▅▅ ▅▅	
白虎		子孙庚午火	▅▅▅▅▅	应	子孙庚午火	▅▅▅▅▅	
腾蛇		兄弟乙卯木	▅▅ ▅▅		妻财丁丑土	▅▅ ▅▅	世
勾陈		子孙乙巳火	▅▅ ▅▅	×→	兄弟丁卯木	▅▅▅▅▅	
朱雀	父母庚子水	妻财乙未土	▅▅ ▅▅	世×→	子孙丁巳火	▅▅▅▅▅	

断曰：卦中子孙三现，俱生世爻，是必脱厄。日建午爻安静，两爻巳火月破，许巳年脱厄。

果验。此乃用神多现，而用月破，验在有病之爻，实破之年也。

未月、丁丑日，占子久出何日回，得鼎之需卦：

六神	伏　神	离宫：火风鼎 【本　卦】			坤宫：水天需（游魂） 【变　卦】		
青龙		兄弟己巳火	▅▅▅▅▅	○→	官鬼戊子水	▅▅ ▅▅	
玄武		子孙己未土	▅▅ ▅▅	应×→	子孙戊戌土	▅▅▅▅▅	
白虎		妻财己酉金	▅▅▅▅▅	○→	妻财戊申金	▅▅ ▅▅	世
腾蛇		妻财辛酉金	▅▅▅▅▅		子孙甲辰土	▅▅▅▅▅	
勾陈		官鬼辛亥水	▅▅▅▅▅	世	父母甲寅木	▅▅▅▅▅	
朱雀	父母己卯木	子孙辛丑土	▅▅ ▅▅	×→	官鬼甲子水	▅▅▅▅▅	应

断曰：未土化进神，日辰冲之，丑土化子水合住，巳火原神动来生用，化子水回头克制，目下不来。问曰："终须来否？"答曰："午年必来。"果于午年午月到家。应于午年月者，未土动而日冲，是动冲逢合之年月也；丑土化子水合，合要冲开之年月也；巳火化子水之克，冲去子水，是去煞留恩也。

寅月、癸亥日，占子嗣多否，得坤之艮卦：

六神	坤宫：坤为地（六冲）【本　卦】		艮宫：艮为山（六冲）【变　卦】	
白虎	子孙癸酉金 ▅▅ ▅▅	世 ×→	官鬼丙寅木 ▅▅▅▅▅	世
腾蛇	妻财癸亥水 ▅▅ ▅▅		妻财丙子水 ▅▅ ▅▅	
勾陈	兄弟癸丑土 ▅▅ ▅▅		兄弟丙戌土 ▅▅ ▅▅	
朱雀	官鬼乙卯木 ▅▅ ▅▅	应 ×→	子孙丙申金 ▅▅▅▅▅	应
青龙	父母乙巳火 ▅▅ ▅▅		父母丙午火 ▅▅ ▅▅	
玄武	兄弟乙未土 ▅▅ ▅▅		兄弟丙辰土 ▅▅ ▅▅	

彼曰：“婢妾三四，在三、五年内，生者生、死者死；子有九人，并无一存，今后可有子否？”

予曰：“子化鬼，鬼化子，不但狼藉，后难许有。”果无子，以侄为嗣。

第十八问　诚明不验（计答占验六卦）

第十八问：卜者心诚，断者精明，亦有不验，何也？答曰：此其故在卜者，而不在断者，乃卜者之意虽诚，或密事难以语人，或问此而意别有在也，所以有不验之故耳。

酉月、戊申日，占伯父何日回，得旅之艮卦：

六神	伏　神	离宫：火山旅【本　卦】		艮宫：艮为山（六冲）【变　卦】	
朱雀		兄弟己巳火 ▅▅▅▅▅		父母丙寅木 ▅▅▅▅▅	世
青龙		子孙己未土 ▅▅ ▅▅		官鬼丙子水 ▅▅ ▅▅	
玄武		妻财己酉金 ▅▅▅▅▅	应○→	子孙丙戌土 ▅▅ ▅▅	
白虎	官鬼己亥水	妻财丙申金 ▅▅▅▅▅		妻财丙申金 ▅▅▅▅▅	应
腾蛇		兄弟丙午火 ▅▅ ▅▅		兄弟丙午火 ▅▅ ▅▅	
勾陈	父母己卯木	子孙丙辰土 ▅▅ ▅▅	世	子孙丙辰土 ▅▅ ▅▅	

此卦若问伯父平安否，卯木父母伏而不现，被日、月、动爻克冲，必不安矣！今问其回来否，不以此断，只可断用神伏藏受克不来。后果不来，在外平安。

申月、乙亥日，占家宅，得井之节卦：

六神	伏　神	震宫：水风井 【本　卦】			坎宫：水泽节（六合） 【变　卦】		
玄武		父母戊子水	▅▅ ▅▅		父母戊子水	▅▅ ▅▅	
白虎		妻财戊戌土	▅▅▅▅▅	世	妻财戊戌土	▅▅▅▅▅	
腾蛇	子孙庚午火	官鬼戊申金	▅▅ ▅▅		官鬼戊申金	▅▅ ▅▅	应
勾陈		官鬼辛酉金	▅▅▅▅▅	○→	妻财丁丑土	▅▅ ▅▅	
朱雀	兄弟庚寅木	父母辛亥水	▅▅▅▅▅	应	兄弟丁卯木	▅▅▅▅▅	
青龙		妻财辛丑土	▅▅ ▅▅	×→	子孙丁巳火	▅▅▅▅▅	

断曰：应居二爻，谓之“应飞入宅”，临父母，必有外姓长者同居。彼曰：“从无外人同舍。”“内卦合成官鬼局，宅内不安。”彼曰：“从无驳杂。”“寅木兄弟月破伏藏，官局克之，或昆仲家不利。”彼曰：“吾占家宅，即日欲同家业师乡试，实为功名耳。”予曰：“功名与家宅，天远地隔矣！功名以官鬼为官星，家宅以鬼为祸害。既占功名，兄之功名不许，令业师必高中也。”彼曰：“何以知之？”答曰：“官局生应，不来生世，谓之‘出现无情’，与我无干也。”后果至八月酉金实空之月，此人自己头场贴出，其业师中式第四名。

未月、癸亥日，占流年，得艮卦：

	艮宫：艮为山（六冲）		
六神	【本　卦】		
白虎	官鬼丙寅木	▅▅▅	世
腾蛇	妻财丙子水	▅ ▅	
勾陈	兄弟丙戌土	▅ ▅	
朱雀	子孙丙申金	▅▅▅	应
青龙	父母丙午火	▅ ▅	
玄武	兄弟丙辰土	▅ ▅	

此人往军前求名，说占流年，却不知占名以官爻为官，最喜官星持世；占流年以鬼爻为煞，不宜官鬼持世。予以此理告之，彼曰：“烦人援例，不知成否？”答曰：“此卦官星持世，日辰生合，业已成矣！”果壬申日文书实收到。应申日者，寅木官星，日辰合之，合待逢冲之日也。若以流年断之，则谬矣！

子月、乙酉日，占现任吉凶，得需卦：

		坤宫：水天需（游魂）		
六神	伏　神	【本　卦】		
玄武		妻财戊子水	▅ ▅	
白虎		兄弟戊戌土	▅▅▅	
腾蛇		子孙戊申金	▅ ▅	世
勾陈		兄弟甲辰土	▅▅▅	
朱雀	父母乙巳火	官鬼甲寅木	▅▅▅	
青龙		妻财甲子水	▅▅▅	应

此公因本省有缺出，不便明问，故以现任吉凶而问，殊不知问缺之得否，子孙持世不得，占现任之吉凶，子孙持世则休官。予即问明。彼曰：“占升迁。”答曰：“此缺不得。”果不得，在任甚安。若以占现任之吉凶，休官必矣！岂非天渊耶？

午月、辛丑日，因母病占问流年，得益之无妄卦：

		巽宫：风雷益			巽宫：天雷无妄（六冲）		
六神	伏　神	【本　卦】			【变　卦】		
腾蛇		兄弟辛卯木	▅▅▅	应	妻财壬戌土	▅▅▅	
勾陈		子孙辛巳火	▅▅▅		官鬼壬申金	▅▅▅	
朱雀		妻财辛未土	▅ ▅	×→	子孙壬午火	▅▅▅	世
青龙	官鬼辛酉金	妻财庚辰土	▅ ▅	世	妻财庚辰土	▅ ▅	
玄武		兄弟庚寅木	▅ ▅		兄弟庚寅木	▅ ▅	
白虎		父母庚子水	▅▅▅		父母庚子水	▅▅▅	应

如买卖人问流年，自然以财爻为重，此卦旺财持世，未土之财化午火生合，即许之发财。

彼曰："我因老母有病，故来占之，欲占何日安否。"予曰："占求财流年与母病，是天渊矣！"断曰："令堂甲辰日危也。"果验，此应世爻辰土出旬之日也。

午月、辛酉日，占功名，得萃之遁卦：

	兑宫：泽地萃			乾宫：天山遁		
六神	【本　卦】			【变　卦】		
腾蛇	父母丁未土	▅ ▅	×→	父母壬戌土	▅▅▅	
勾陈	兄弟丁酉金	▅▅▅	应	兄弟壬申金	▅▅▅	应
朱雀	子孙丁亥水	▅▅▅		官鬼壬午火	▅▅▅	
青龙	妻财乙卯木	▅ ▅	×→	兄弟丙申金	▅▅▅	
玄武	官鬼乙巳火	▅ ▅	世	官鬼丙午火	▅ ▅	世
白虎	父母乙未土	▅ ▅		父母丙辰土	▅ ▅	

此子十二岁，乃父命其占名。若以官爻持世，夏火当令，未土父母为文章，化进神，功名有望。岂知父叫子占？此心发于乃父之诚也，是父占子也。卯木不能克父，则父动克子也。此子未月戌日而亡。